Handbuch Wertpapiere

Handbuch

Wertpapiere

Vermögensbildung
mit Aktien,
Anleihen,
Fonds & Co.

STIFTUNG WARENTEST

Thomas Luther

Die Deutsche Bibliothek – CIP-Einheitsaufnahme

Luther, Thomas:
Handbuch Wertpapiere : Vermögensbildung mit Aktien,
Anleihen, Fonds & Co.. –
Berlin : Stiftung Warentest, 2002
(Ein Buch von FINANZtest)

ISBN 3-931908-61-5

Zu diesem Buch

Haben die Deutschen tatsächlich die Börse entdeckt? Fasst die Aktienkultur auch in Deutschland Fuß? So stand es in den Medien, als auch die Privatanleger vor etwa sechs Jahren ihre Lust an der Börsenspekulation entdeckten. Die schnelle Geldvermehrung durch Wertpapiere, der Siegeszug des Neuen Marktes und der beispielhafte Höhenflug der Telekom-Aktie – alles schien plötzlich möglich und machbar zu sein. Mit jedem Tag, an dem die Kurse höher kletterten und die Stimmung noch euphorischer wurde, wagten auch die größten Skeptiker nicht mehr zu widersprechen. Die Börsenrevolution von unten, der Trend zur Aktie für jedermann schien nicht mehr aufzuhalten zu sein. Mehr noch: Mit dem rapide steigenden Interesse an Wertpapieren sahen viele Politiker und Experten schon die Börse als Antwort auf drängende gesamtwirtschaftliche Fragen – wie zum Beispiel der Umbau der staatlichen Altersvorsorge und die Forcierung der privaten Absicherung vonstatten gehen könnten. Die hohe Rendite von Aktien, so die allgemeine Überzeugung, versprach die Lösung für die vielschichtigen Finanzprobleme.

Nur leider: Dieses Szenario entsprach nicht der Wirklichkeit. Und schon gar nicht berücksichtigte es den Charakter der Börse, ihre Besonderheiten und ihre Verläufe, die unberechenbar und kaum vorauszusagen sind. Die Börse erwies sich als Spielverderber. Als die Kurse um den Jahrtausendwechsel drastisch einbrachen, verfolgten nicht nur die Privatanleger ziemlich ratlos das tagtägliche Geschehen an den Finanzmärkten – und vor allem diejenigen, die bis dahin gezögert hatten, fühlten sich in ihrer Skepsis bestätigt.

Was aber ist tatsächlich geschehen? Im Grunde nichts anderes als dass in den meisten Fällen Basiswissen und eine durchdachte Strategie für den Einstieg fehlten. Blindes Vertrauen, die Gier nach dem schnellen Gewinn und ein unrealistischer Optimismus haben unverrückbare Gesetzmäßigkeiten vergessen lassen: Zwangsläufig muss auf einen steilen Aufschwung eine Korrektur erfolgen, und die fassungslose Überraschung der Anleger zeigt nur, dass das, was mit der T-Aktie begann und schon als „Aktienkultur“ gelobt wurde, bestenfalls in den Kinderschuhen steckt.

Doch die panikartige Flucht und ein bedingungsloser Rückzug sind ebenso unangebracht wie leichtsinnig auf den immer schneller fahrenden Börsenzug aufzuspringen. Die Lehre, die jeder an der Wertpapieranlage Interessierte ziehen muss: Der Einstieg an der Börse erfordert solides Grundwissen, Urteilsvermögen, Verständnis für die Abläufe an den Kapitalmärkten und fundierte Informationen. Nur so können Chancen und vorhandene Risiken eingeschätzt werden.

Dass das alles keine Geheimwissenschaft ist – eben das will dieses Buch zeigen. Es will Einsteiger, aber auch Fortgeschrittene mit den Spielregeln an der Börse vertraut machen, erklären, wie die Finanzmärkte funktionieren und welches Handwerkszeug der Anleger dafür benötigt. Dazu werden die wichtigsten Anlageformen detailliert beschrieben. Anhand eines Chance-Risiko-Profils kann jeder Leser erkennen, ob und inwieweit die jeweilige Anlageform zu seiner eigenen Strategie und, was viel entscheidender ist, zu seiner persönlichen Anlegermentalität passt.

Dieses theoretische Wissen muss sich paaren mit praktischem Knowhow: Zum Beispiel mit der Kenntnis, wie die steuerlichen Aspekte zu berücksichtigen sind und welchen Stellenwert sie haben. Ebenso wichtig ist es, darüber informiert zu sein, welche Rechte ein Anleger hat. Auch wenn die Börse gut organisiert ist und kontrolliert wird, heißt das noch nicht, dass dort immer alles mit rechten Dingen zugeht. Deshalb sollten Anleger auch wissen, wie sie sich wehren können, wenn sie den Verdacht haben, bei einem Geschäft falsch beraten oder übervorteilt worden zu sein. Auch der Gesetzgeber hat im Übrigen seine Lehren aus den Missständen und Skandalen gezogen, die mit dem allgemeinen Kursrückgang offenbar wurden und werden. Mit der Vierten Novelle des Finanzmarktförderungsgesetzes hat er dafür gesorgt, dass der deutsche Kapitalmarkt den Anschluss an internationales Niveau hält. Die wichtigsten Neuregelungen und Änderungen des Gesetzes, das bei Redaktionsschluss noch nicht verabschiedet war, finden sich im Anhang.

Das Buch ist mit einem Stichwortverzeichnis versehen, mit dessen Hilfe sich auch Begriffe aus dem aktuellen Wirtschaftsgeschehen nebst Erläuterung auffinden lassen. Darüber hinaus ist jedem Einzelkapitel ein ausführliches Inhaltsverzeichnis vorangestellt, mit dem sich der Kapitelaufbau und die Besonderheiten der einzelnen Anlageformen mit einem Blick erkennen lassen.

Inhalt

Drum prüfe, wer ...

sich ewig bindet – so lautet das Sprichwort. Für die Börse trifft der zweite Teil dieses Spruches nicht zu, den ersten sollte man allerdings beherzigen. Insgesamt aber gilt, dass an der Börse sich zu betätigen, keineswegs so kompliziert ist, wie viele denken. Die Anlagekunst besteht darin, mit Ausdauer, Geduld und Nervenstärke eine vorher geplante Strategie zu verfolgen. Die Kursrückgänge der jüngsten Vergangenheit haben zwar gezeigt, dass die Börse von starken Schwankungen gekennzeichnet sein kann. Doch deswegen sollte man sich nicht entmutigen lassen, in Wertpapieren zu investieren. Das wäre eine ähnlich falsche Schlussfolgerung wie die Entscheidung, sein Anlageglück auf Biegen und Brechen erzwingen zu wollen. Wichtig ist es vielmehr, mit Sorgfalt vorzugehen. Jeder Börsenneuling sollte sich vorher über die eigene Anlagementalität und seine Anlageziele Gedanken machen. Welche Summe habe ich zur Verfügung? Wie weit reicht mein Anlagehorizont? Kann ich mit Verlusten umgehen?

Fragen vor dem Einstieg

Wer sich Gedanken darüber macht, wie er sein Geld anlegen soll, wird schnell feststellen, dass die Möglichkeiten vielfältig sind: Banksparpläne, Immobilien, Lebensversicherungen, Bausparverträge, Wertpapiere, die Anlage in Gold – um nur Stichworte zu nennen. Darunter findet fast jeder das, was seinen Vorstellungen und Anlagemöglichkeiten entspricht. Gemessen an internationalen Maßstäben werden Wertpapiere hierzulande aber immer noch zurückhaltend betrachtet. Offensichtlich trauen deutsche Anleger dieser Anlageform nur zögernd. Über die Gründe dafür kann man nur spekulieren. Die meisten dürfte das ständige Auf und Ab der Kurse schrecken. Andere wiederum sind unentschlossen, weil sie wohl der Meinung sind, sich in diese Materie nicht hineindenken zu können. Oder sie glauben, man benötige große Summen, um mit dem Wertpapiersparen beginnen zu können.

Dabei ist diese Sorge gänzlich unbegründet, denn es gibt durchaus Wertpapieranlagen, die die Möglichkeit bieten, auch mit wenig Geld an der Börse – dem Handelsplatz für Wertpapiere – dabei zu sein. Auch was die notwendigen Kenntnisse über die Börse im Allgemeinen und die einzelnen Wertpapierarten im Speziellen angeht, sind Befürchtungen übertrieben. Allerdings ist es wichtig zu wissen, wie Aktien und Anleihen funktionieren, welche Chancen sie bieten, aber auch welche Risiken sie beinhalten. Deshalb finden sich gerade hierzu im Folgenden alle notwendigen Informationen.

Bleibt das Problem der Kursschwankungen. Die drastischen Kurseinbrüche an den Aktienbörsen in den vergangenen Jahren haben gewiss nicht dazu beigetragen, Skeptiker zu überzeugen. Andererseits kann wohl kaum jemand leugnen, dass gerade starke Kursrückgänge eine günstige Gelegenheit bedeuten, um den Sprung an die Börse zu wagen. Was also tun: Den Einstieg wagen oder lieber abwarten?

Die Antwort auf diese Frage mag unbefriedigend sein und gleichzeitig banal klingen: Die Zukunft ist auch an der Börse ungewiss. Niemand kann mit Bestimmtheit sagen, welchen weiteren Verlauf die Kurse nehmen, wann der optimale Zeitpunkt für den Einstieg gekommen oder wann er bereits vorüber ist. Das lässt sich bestenfalls im Nachhinein feststellen. Jeder Kursabschwung hat aber irgendwann ein Ende und bislang haben die Notierungen die alten Höhen nicht nur immer wieder erreicht, sondern sogar übertroffen.

Vielfalt der Wertpapiere

Grundsätzlich sollte sich also kein Anleger, der sich ernsthaft für die Anlage in Wertpapieren interessiert, von Kursschwankungen und Börsenturbulenzen abschrecken lassen. Das ist unnötig. Zudem besteht die Welt der Wertpapiere nicht nur aus Aktien. Zu einem systematisch zusammengestellten Wertpapierdepot gehören ebenso Anleihen (→ Seite 222), Genussscheine (→ Seite 272) und unter bestimmten Voraussetzungen auch Optionsscheine und Optionen (→ Seite 320). Letztgenannte bieten im Übrigen die Möglichkeit, nicht nur auf steigende, sondern auch auf fallende Kurse zu setzen. Darüber hinaus gibt es im weiten Feld der Aktien wiederum einzelne Werte, mit denen sich auch im Zuge eines breiten Kursabschwungs Gewinne machen lassen.

Allerdings: Es wäre auch falsch, zu behaupten, dass es einfach ist, solche Chancen zu entdecken, auf mögliche Gefahren und Fehlentwicklungen rechtzeitig zu reagieren und umzuschichten – eben zu spekulieren im besten Sinne des Wortes. Aber dazu bedarf es keineswegs eines Universitätsabschlusses und einer

Bankausbildung. Die Erfahrung zeigt, dass man mit gesundem Menschenverstand, einem gewissen Maß an Erfahrung und dem notwendigen Quäntchen Glück am ehesten an der Börse Erfolg hat. Dennoch kommt vor dem ersten Kauf niemand darum herum, sich mit den formalen Spielregeln, die dort gelten, zu beschäftigen und sich ein Grundgerüst an ökonomischem Wissen anzueignen.

Wer sein Geld an der Börse anlegen will, sollte sich vorher mit ihren Spielregeln und grundlegenden wirtschaftlichen Zusammenhängen beschäftigen.

Was die Märkte bewegt

Auch wenn vor allem Einsteiger mitunter den Eindruck haben (müssen), dass sich die Kurse an der Börse völlig chaotisch und unvorhersehbar entwickeln, folgen sie doch bestimmten wirtschaftlich geprägten Grundmustern beziehungsweise Mechanismen. Die Konjunkturentwicklung und der Trend bei den Zinsen und Unternehmensgewinnen sind zum Beispiel wichtige Faktoren, die die Finanzmärkte beeinflussen. Die Frage ist im Einzelfall nur: in welche Richtung und wie stark?

Eine gute Recherche und sorgfältige Analyse sind die Voraussetzungen jeder Wertpapieranlage. Bei der Interpretation der gesammelten Informationen und den Schlussfolgerungen daraus gilt es zu beachten, dass der „Augenblick" und die gegenwärtige Situation an der Börse kaum von Interesse sind. Was zählt, ist die Zukunft. Wie viel Gewinn erwirtschaftet ein bestimmtes Unternehmen im nächsten Jahr? Wie sicher sind seine Prognosen für den weiteren Geschäftsverlauf? Wie entwickelt sich die unmittelbare Konkurrenz? Wohin gehen die Zinsen in den nächsten Monaten? Und vor allem: Wie urteilt der Markt?

Das Problem dabei ist, dass 1 und 1 an der Börse leider nicht immer 2 ergeben. Soll heißen: Es gehört zur Tagesordnung, dass die Börse auf ein Ereignis anders reagiert, als nach der wirtschaftlichen Logik eigentlich zu erwarten ist.

Dazu ein einfaches Beispiel: Ein Großkonzern vermeldet Rekorde bei Umsatz und Gewinn. Börsenunerfahrene sind sicher der Meinung, dass das für die Aktionäre des jeweiligen Unternehmens eigentlich ein Grund zum Feiern ist. Doch nicht selten sinkt stattdessen der Kurs der betroffenen Aktie.

Der Markt als „Spiegel der Erwartungen"

Die Reihe solcher „unlogischer" Beispiele lässt sich beliebig fortführen. Der Grund dafür ist, dass sich in den Kursen Erwartungen widerspiegeln. Wenn ein Anleger eine bestimmte Aktie kauft, ist er offensichtlich der Meinung, dass dieses Papier billig und in einigen Tagen oder Monaten mehr wert ist. Folglich ist er unter Umständen sogar bereit, über den aktuellen Preis noch hinauszugehen. Der Verkäufer ist gegenteiliger Ansicht, sonst würde er die Aktie nicht zu Geld machen wollen. Je nachdem, ob Käufer oder Verkäufer in der Überzahl sind, steigt oder fällt der Kurs.

Es liegt in der Natur der Sache, dass jede Erwartung positiv oder negativ übertroffen werden kann – was die Anleger wiederum zu entsprechenden Neudispositionen veranlasst. Bezogen auf das oben geschilderte Beispiel kann der Käufer unter Umständen zu dem Entschluss kommen, die Aktie wieder abzustoßen, auch wenn das jeweilige Unternehmen eine positive Meldung veröffentlicht hat – nämlich dann, wenn die Meldung nicht so gut ausgefallen ist, wie er es sich erhofft hat.

Noch komplizierter wird es, wenn man versucht vorauszuahnen, welche Art von Erwartung bei einem bestimmten Ereignis den Markt beherr-

„Finanzmärkte denken nicht rational. Sie verhalten sich von Natur aus unvorhersehbar.“

George Soros, einer der erfolgreichsten Spekulanten der jüngeren Finanzgeschichte

schen wird. Ist es zum Beispiel positiv, wenn die Wirtschaftsforschungsinstitute ein niedrigeres Wirtschaftswachstum prognostizieren, weil dadurch gleichzeitig auch die Inflationsgefahren sinken? Oder überwiegt die Gruppe derjenigen Anleger, die in ihrem Kalkül vor allem die niedrigeren Unternehmensgewinne, die aufgrund der Vorhersage zu erwarten sind, berücksichtigen?

Genau genommen lebt die Börse von den Widersprüchen, die daraus resultieren, dass dort Tag für Tag die unterschiedlichsten Meinungen aufeinander treffen. Denn immer geht es darum, ob der Preis für ein bestimmtes Papier angesichts zukünftiger Ereignisse für zu hoch oder zu niedrig gehalten wird.

Wie passen Zufall und Börsenzyklen zusammen?

Dass an der Börse alles nur auf Zufall und Spekulation beruht, stimmt nur bei kurzfristiger Betrachtungsweise. Auf lange Sicht, also auf 10 bis 15 Jahre, zeigt sich, dass vor allem die Aktienkurse einem stabilen Aufwärtstrend folgen. Über einen kurzen Zeitraum betrachtet besteht dieser Trend allerdings tatsächlich aus mehr oder weniger heftigen Kursauf- und -abschwüngen. Der Grund dafür liegt darin, dass die Börse in diesen Zeitabschnitten geprägt ist von Visionen, Mutmaßungen, Wünschen und Erwartungen. Das führt zwangsläufig zu Übertreibungen und Fehleinschätzungen, sodass sich die Erwartungen von den fundamentalen Zahlen abkoppeln und zu einer Art Selbstläufer werden. Überwiegend optimistisch geprägte Annahmen führen zum Beispiel zu steigenden Kursen. Das wiederum beflügelt die Fantasie der Anleger zusätzlich, was sich in erneut steigenden Kursen niederschlägt und so weiter und so weiter. Dieses Spiel funktioniert nicht zuletzt deshalb, weil sich viele Anleger mehr von der allgemeinen Stimmung an den Märkten als von der eigenen Vernunft leiten lassen.

Die Folge: Emotionen wie Gier und Angst bestimmen in hohem Maße das Auf und Ab der Kurse. Die Masse des Anlegerpublikums bewegt sich in eine Richtung: Bei steigenden Kursen springen immer mehr von ihnen auf den fahrenden Zug auf, um am Aufschwung zu verdienen.

Wodurch kommen Aufwärtsbewegungen an der Börse zum Erliegen?

Die Stimmung kippt, wenn die Realität die mittlerweile überzogenen Erwartungen nicht mehr erfüllen kann – wobei der Anlass beziehungsweise der Auslöser für den Umschwung vergleichsweise geringe Bedeutung haben kann. Nach und nach verlieren dann immer mehr Anleger die Nerven, weil sie Angst haben, Gewinne einzubüßen oder sogar Verluste zu machen. Also wird Hals über Kopf verkauft. Ab diesem Zeitpunkt läuft der Mechanismus zwischen Erwartung und Kursen dann in die andere Richtung ab – so lange, bis die ursprüngliche Übertreibung zumindest korrigiert ist. Kursstürze gehören also zur Börse ebenso wie rasante Aufschwünge. Sie sind fester Bestandteil des Geschehens an den Finanzmärkten (→ Seite 205).

→ Auch wenn es in der Praxis schwierig ist: Lassen Sie sich von diesem Wechselspiel möglichst wenig beeindrucken und legen Sie sich Ihre eigene Marschroute zurecht! Behalten Sie vor allem die Nerven, wenn die Märkte zwischenzeitlich einbrechen!

Trau, schau, wem

Das Geschehen an der Börse ist nicht nur eine ziemlich anonyme, sondern auch abstrakte Angelegenheit. Viele Anleger neigen deshalb dazu, einen Schuldigen zu suchen, wenn ein Investment für sie schlecht läuft. Davon weiß auch Manfred Krug ein Lied zu singen. Der Schauspieler hatte sowohl zum Börsengang als auch danach für die Aktie der Deutschen Telekom geworben und war auf diese Weise so etwas wie ein Sympathieträger für das Papier geworden. Als der Kurs der Aktie von über 100 auf 25 Euro drastisch abstürzte, erhielt Krug Briefe von verbitterten Kleinaktionären. „Bei Ihnen ging ich von einem todsicheren Tipp aus", beklagte sich einer der enttäuschten Anleger bei ihm. Die Antwort von Manfred Krug war nicht weniger deutlich: Es liege im Wesen der Aktie, dass diese unentwegt schwanke, entgegnete er in seinem Brief. Er hätte eben verkaufen sollen, als das Papier bei über 100 Euro stand. Dazu gab er dem Anleger noch einen Sinnspruch mit auf den Weg:

„Manchmal stehen die Aktien hoch
und manchmal stehen sie niedrig,
ein Auf und Ab grad wie beim A…
vom alten Kaiser Friedrich."

Die Geschichte zeigt deutlich, was es heißt, Aktionär zu sein. Wenn ein Anleger bereits beim Börsengang der Telekom dabei war, konnte er zwischenzeitlich seinen Einsatz auf Basis des Ausgabekurses mehr als versechzehnfachen – wenn er so klug war, den Kurshöhenflug zum Verkauf zu nutzen. Hat er das Papier aber gehalten – in der Hoffnung auf weitere Steigerungen –, muss er die Verluste akzeptieren.

Quelle: Die Welt vom 5. März 2001

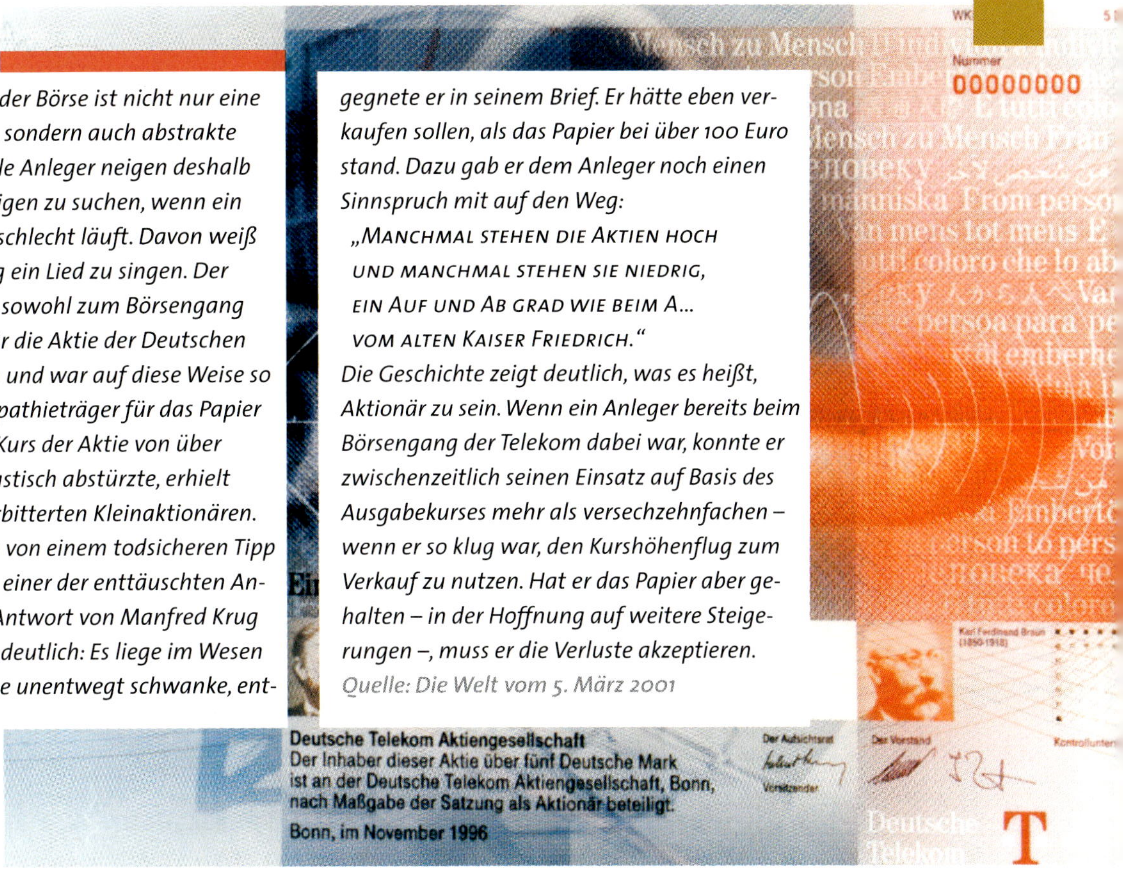

Wie finde ich eine Anlagestrategie?

Bei der Anlage in Wertpapieren kommt der Anleger mit System am besten – also am erfolgreichsten – zu seinem Ziel. Das beginnt mit einer langfristigen und umfassenden Vermögensplanung und mündet in eine Strategie, nach der er seine Aktien, Anleihen oder anderen Anlageformen auswählt.

Die größten Unfälle an der Börse passieren, weil Anleger alles, aber wirklich alles auf eine einzige Karte setzen. Das ist mehr als leichtsinnig und fahrlässig zugleich! Eine Fehlspekulation kann sich so schnell zu einer bedrohlichen Krise ausweiten, denn wenn der Anleger in diesem Fall nicht rechtzeitig die Notbremse zieht, läuft er Gefahr, sein gesamtes Kapital zu verlieren.

→ Verteilen Sie Ihr Geld immer auf mehrere Anlageformen und den Anteil einer Anlageform auf verschiedene Titel. Die Kunst besteht darin, sich dabei nicht zu verzetteln. Welche Aufteilung und wie viele verschiedene Titel sinnvoll sind, hängt von mehreren Faktoren ab – zum Beispiel von Ihrer Anlagementalität und Ihrer Lebenssituation (→ Seite 16 und „Die Mischung machts", Seite 24).

→ Orientieren Sie sich an harten Daten und Fakten und denken Sie bei der Auswertung der Informationen daran, dass vor allem zukünftige Entwicklungen für die Kurse Bedeutung haben. Dabei sind Sie zwangsläufig auf Schätzungen und Prognosen angewiesen, die immer einen Unsicherheitsfaktor aufweisen, auch wenn sie noch so sorgfältig erstellt wurden. Seien Sie kritisch, wenn sich Analysten und

Bankexperten sehr exponiert zur weiteren Entwicklung an den Börsen äußern. Häufig verfolgen diese eigene Interessen. Wenn zum Beispiel ein Händler sagt, dass sich eine bestimmte Aktie nach einem Kursrückgang ganz sicher wieder erholen wird, ist er nicht selten im Besitz eines großen Postens, den er zu einem günstigen Kurs wieder abstoßen will.

Gibt es Regeln für den Zeitraum, über den ich mein Geld anlegen sollte?

Geduld hat nur derjenige, der sein eingesetztes Kapital nicht zu einem bestimmten Zeitpunkt benötigt. Dieser Grundsatz ist vor allem bei der Aktienanlage wichtig. Jeder Anleger sollte dort nur Geld investieren, das er auf unbestimmte Zeit – mindestens aber fünf Jahre oder länger – entbehren kann.

☞ Dax: Der deutsche Aktienindex Dax ist ein Index (→ Seite 102), der die Wertentwicklung der 30 wichtigsten deutschen Aktien misst beziehungsweise nachzeichnet.

→ Wenn Sie einen genau abgesteckten Anlagezeitraum haben, sollten Sie besser zu Anleihen greifen. Sie sind aufgrund ihrer festen Laufzeit und Verzinsung wesentlich kalkulierbarer.

Deutsche Aktien auf Achterbahnfahrt

Dax: 1. Januar 1992 bis 31. Dezember 2001 = 10 Jahre

Quelle: Thomson Financial Datastream

Doch keine Regel ohne Ausnahme. Sowohl bei Aktien als auch bei Anleihen gibt es Unterschiede in puncto Sicherheit. Es besteht immer die Möglichkeit, dass sich die wirtschaftliche Situation des Unternehmens oder des Schuldners verschlechtert, sodass die betroffenen Anleger um ihr Geld fürchten müssen. Die Frage ist nur: Wie wahrscheinlich ist es zum Zeitpunkt des Kaufs, dass dieser Ernstfall eintritt? Bei einem renommierten, international tätigen Großkonzern mit mehreren Standbeinen ist dieses Risiko vergleichsweise gering. Bei einem kleinen, hoch spezialisierten Unternehmen in der Computerbranche müssen die Anleger mit dieser Möglichkeit viel eher rechnen. Als Faustregel gilt: Je unsicherer und damit spekulativer ein Investment ist, desto flexibler sollte der Anlagezeitraum sein. Der Anleger muss bei sehr riskanten Investments bereit sein, sich auch kurzfristig wieder von dem Papier zu trennen.

Gibt es eine Regel, wann ich aus einem Geschäft aussteigen sollte?

Nein, jedenfalls keine, die pauschal gilt. Es kann unter Umständen sehr lange dauern, bis eine Anlageidee von Erfolg gekrönt ist. Bringen Sie also Geduld und Beharrlichkeit mit und lassen Sie sich von kurzfristigen Kursschwankungen nicht irritieren. Das gilt vor allem bei Aktien.

Wer zum Beispiel Ende 1991 sein Geld in deutsche Aktien angelegt hatte, konnte seinen Einsatz gemessen am deutschen Aktienindex ☞ Dax innerhalb von zehn Jahren mehr als verdreifachen – trotz der zwischenzeitlichen Kurseinbrüche in den Jahren 1998 und 2000 beziehungsweise 2001. Allerdings muss dabei berücksichtigt werden, dass der Dax einen Marktdurchschnitt repräsentiert. Bei Einzelwerten fallen die Schwankungen wesentlich stärker aus, wie beispielsweise der drastische Kurseinbruch der Telekom-Aktie im Jahre 2001 zeigt. Zudem ist bei ihnen das Risiko größer, dass der Kurs nach dem Kauf auf Dauer in die Verlustzone abgleitet.

Auf der anderen Seite ließe sich natürlich das Gesamtergebnis noch verbessern, wenn man es schafft, zu Höchstkursen zu verkaufen und im Kurstal wieder einzusteigen. Doch solche Kursausschläge sind selbst für Profis nicht vorhersehbar. Auch ihnen gelingt es nur gelegentlich, diese Schwankungen zu erahnen und optimal zu nutzen – oft ist es nur Zufall.

→ Gewöhnen Sie sich an den Gedanken, dass Sie nie den idealen Zeitpunkt für den Ein- und Ausstieg treffen. Wenn Sie langfristig und mit einer durchdachten Strategie Ihr Geld anlegen, wird es in der Endabrechnung kaum ins Gewicht fallen, dass ein bestimmtes Papier nach dem Einstieg noch etwas günstiger zu haben war. Die Grenze zwischen „üblichen" Kursschwankungen und einer dauerhaften Abwärtsbewegung lässt sich nicht genau ziehen. Niemand schafft es, an der Börse immer nur Treffer zu landen. Gestehen Sie sich das Recht zu, dass sich eine Ihrer Spekulationen auch einmal als Flop erweisen wird. Solche Missgriffe passieren jedem. Wichtig ist dabei, rechtzeitig und konsequent zu reagieren (→ „Psychologische Fehler vermeiden", Seite 210).

Soll ich mich beraten lassen?

Aktien und Anleihen sind anders als ein Sparkonto keine pflegeleichten Anlageformen. Jeder Anleger muss sich bei der Auswahl der einzelnen Titel und der Zusammenstellung seines Depots ausreichend Zeit nehmen und sorgfältig vorgehen. Damit allein ist es aber noch nicht getan. Ebenso wichtig ist es, auf dem Laufenden zu bleiben und die getätigten Anlagen zu beobachten. Als Faustregel gilt: Je spekulativer das jeweilige Papier, desto wichtiger ist es, regelmäßig die dazu passenden Informationen zu sammeln und auszuwerten, um schnell reagieren zu können.

→ Wenn Sie nicht bereit sind, Zeit für Ihr Wertpapierdepot aufzubringen, sollten Sie auf andere Investments ausweichen oder einen guten Bankberater oder freien Vermögensverwalter suchen, der – gegen Honorar – diese Arbeit übernimmt.

Wertpapiere kaufen auf Kredit – was ist davon zu halten?

Viele Banken bieten ihren Kunden die Möglichkeit an, ihre Wertpapiere zu beleihen, um dieses Geld zusätzlich an der Börse anzulegen. Die vorhandenen Papiere dienen dabei als Sicherheit, wobei das Depot einen gewissen Mindestwert, die so genannte Beleihungsgrenze, aufweisen muss. Solche Angebote sind ein zweischneidiges Schwert. Zwar sind die Kredite in der Regel sehr günstig, doch wenn sich die Kurse nicht so entwickeln wie vorgesehen, muss der Anleger nicht nur die Verluste verkraften, sondern auch noch den Kredit aus dem Kapitalstock zurückzahlen. Ausgesprochen gefährlich wird es, wenn der Wert des Depots in einer allgemeinen Abwärtsbewegung unter die Beleihungsgrenze fällt. Die Bank wird dann die sofortige Rückzahlung zumindest eines Teils des Darlehens verlangen. Kann der Anleger dies nicht aus seinen Ersparnissen bestreiten, droht der Zwangsverkauf einzelner Positionen.

→ Lassen Sie sich nie zu Wertpapierkrediten überreden und legen Sie immer nur eigenes Geld an der Börse an!

Zeitlose Börsenabschläge

Bernhard M. Baruch gilt in den USA als eine Börsenlegende. Seinen Ruf als Spekulant und Self-made-Millionär begründete er vor allem damit, dass er 1929, am Vorabend des Börsenkrachs an der New Yorker Börse, der als „schwarzer Freitag" in die Geschichtsbücher einging, fast seine gesamten Investments auflöste und zu Geld machte. In einer an sich

An der Börse ist es wie in einem Paternoster, sagt eine Börsenweisheit. Bei der Fahrt in den Keller sollte niemand die Nerven verlieren – es geht automatisch wieder aufwärts.

selbst gerichteten Denkschrift, die er 1930 verfasste, machte er sich Gedanken über die Grundlagen der Kapitalanlage und Spekulation. Obwohl seitdem über 70 Jahre vergangen sind, sind seine Ratschläge immer noch aktuell. Hier die wesentlichen Passagen:

Aus: James Grant: Bernhard M. Baruch: Der Weg einer Wall Street-Legende. TM Börsenverlag, Rosenheim, 1999

Persönliche Ausstattung

- **Selbstvertrauen:** Denke selbst. Lass dich dabei nicht von Emotionen beeinflussen. Halte dich von jeder Umgebung fern, die vernünftiges Handeln beeinflussen kann.
- **Urteilskraft:** Ziehe alle Fakten in Betracht und wäge sie ab. Lass nicht zu, dass deine Wünsche dein Urteil beeinflussen.
- **Mut:** Überschätze nicht den Mut, den du aufbringen kannst, wenn die Dinge gegen dich laufen.
- **Klugheit:** Sei flexibel, oder du wirst nicht klug sein. Werde bescheidener, wenn sich der Markt in deine Richtung bewegt. Es ist nicht klug zu kaufen, wenn man meint, dass der Tiefpunkt erreicht ist. Es ist besser, abzuwarten und zu spät zu kaufen.
- **Flexibilität:** Erwäge die Fakten und deine Einschätzung immer wieder. Halsstarrigkeit in Bezug auf Einschätzungen muss vollständig ausgemerzt werden. Wenn man in einer bestimmten Zeit einen bestimmten Betrag verdienen will, geht die Flexibilität vollständig verloren. Wenn du dich entschieden hast, handle sofort – warte nicht erst die Marktentwicklung ab.

Die Fakten

Man muss gründlich sein, was die Fakten angeht.

Psychologie

So gut wie alle Menschen werden von ihren Emotionen bestimmt: Sie sind abwechselnd zu optimistisch und zu pessimistisch. [...] Bilde dir deine Meinung darüber, wie der Markt sich entwickeln sollte, aber lege dich nicht darauf fest, wie der Markt sich entwickeln wird. Je größer das Interesse des Publikums an Aktien, desto größer seine Macht. Versuche nicht gegen den Strom zu schwimmen, und folge der Masse aber nicht bei ihren Exzessen. [...] Sei wachsam in Bezug auf alles, was das Publikum mit Enthusiasmus oder Furcht erfüllen könnte. Wenn das Kursniveau hoch ist, hüte dich, an Dinge zu denken, die die Kurse noch höher treiben können; denke an das Gegenteil und erinnere dich an die Vergangenheit; und umgekehrt. [...] Begrenze Verluste und lasse Gewinne laufen. [...] Obwohl du schnell handeln solltest, wenn du dich entschlossen hast, egal, was der Markt tut, musst du dennoch gelegentlich die Marktbewegung bei deinen Plänen berücksichtigen. [...] und berücksichtige psychologische Faktoren. Auf eine übertriebene Aktion folgt immer eine übertriebene Reaktion.

- **Das Unvorhergesehene:** Berücksichtige immer den Zufall. Halte eine finanzielle, mentale und physische Reserve.

Welcher Anlegertyp bin ich?

Viele Anleger sind gerade am Anfang nicht in der Lage, mit den Chancen, aber auch den Risiken, die sich aus den Kursschwankungen von Aktien und Anleihen ergeben, richtig umzugehen. Manche möchten nur den schnellen Kursgewinn und ihr Geld lediglich für zwei oder drei Monate anlegen – was das Verlustrisiko unweigerlich vergrößert. Andere wiederum bringt es bereits um den Schlaf, wenn die Kurse nur 1 oder 2 Prozent unter den gezahlten Einstandspreis ihrer Papiere rutschen – auch wenn sie gar nicht verkaufen müssen und das Minus zunächst nur auf dem Papier steht.

Anleger auf der Psychocouch

Für Erfolg und Misserfolg an der Börse ist es ganz entscheidend, dass die gewählten Anlageformen von ihrem Charakter zur eigenen Mentalität passen. Allein das Wissen um die Möglichkeit von Gewinnen, vor allem aber von Verlusten reicht dabei in vielen Fällen noch nicht aus. Es bedeutet nur, dass der Anleger theoretisch weiß, was auf ihn zukommt, aber nicht, mit welchen Gefühlen und Empfindungen er in diesen Situationen reagiert.

Kapitalmarktwissenschaftler und Psychologen sind deshalb systematisch der Frage nachgegangen, wie stark bestimmte Merkmale – zum Beispiel Risikoorientierung, Frustrationstoleranz (in Verbindung mit Verlusten), Fähigkeit zur Einschätzung der eigenen Kompetenz, Selbstsicherheit und emotionale Orientierung – bei einzelnen Anlegern ausgeprägt sind. Hinweise darauf liefert zum Beispiel die Art und Weise, wie der Anleger seine Anlageentscheidungen trifft – eher „aus dem Bauch heraus" oder analytisch. Oder wie er mit Verlusten und Fehlentscheidungen umgeht.

Aus der individuellen Kombination der einzelnen Eigenschaften ergibt sich für die Wissenschaftler ein bestimmter Anlagestil mit Stärken und Schwächen, der zur besseren Einordnung einem bestimmten Anlegertyp wie etwa konservativ oder risikobereit zugeordnet wird. KONTAKT ▶

Wenn Frauen sich trauen, haben sie häufig die Nase vorn

In fast allen Lebensbereichen sind Frauen dabei, die angeblich „männlichen Domänen" aufzubrechen. Doch wenn es um Kapitalanlage und Vermögensaufbau geht, bleibt es in der Partnerschaft – ob mit oder ohne Trauschein – oft bei der traditionellen Rollenverteilung: Der Mann verwaltet das Geld. So wundert es kaum, dass sich Frauen als Anlegerinnen nicht ernst genommen fühlen. In mehreren Befragungen gaben sie an, dass sie in den Wertpapierabteilungen der Kreditinstitute schlecht beraten werden (nach Untersuchungen der STIFTUNG WARENTEST ist dies allerdings die Norm – unabhängig vom Geschlecht, → Seite 41).

Ein Grund dürfte sein, dass Frauen als Wertpapierkunden für Banken und Sparkassen weniger attraktiv sind als Männer, weil sie im Schnitt über weniger Vermögen verfügen – und das heißt für das Kreditinstitut weniger Provision. Das liegt daran, dass sie es meist sind, die zugunsten der Kindererziehung ganz oder teilweise im Beruf aussetzen und häufig nach einer Trennung als Alleinerziehende die Verantwortung für den Nachwuchs übernehmen. Dadurch bleibt ihnen in der Regel deutlich weniger Geld für den eigenen Vermögensaufbau – zumal Frauen im Schnitt weniger verdienen als Männer.

Auf der anderen Seite müssen gerade sie verstärkt private Altersvorsorge betreiben, da sie statistisch gesehen eine um fünf Jahre höhere Lebenserwartung haben.

Schon deshalb sollten Frauen damit beginnen, ihr Geld selbst zu verwalten und den Einstieg in die eigene Geldanlage wagen – Geld ist schließlich auch eine wesentliche Voraussetzung für Sicherheit und Unabhängigkeit.

Frauen haben im Übrigen allen Grund, selbstbewusst zu sein, denn an der Börse beweisen sie oft ein besseres Händchen als die männliche Konkurrenz. Wissenschaftler der University of California zum Beispiel untersuchten über sechs Jahre die Anlageergebnisse von 35 000 Kunden eines Discountbrokers. Ergebnis: Die weiblichen Kunden erzielten mit ihrem Depot im Durchschnitt 1,4 Prozentpunkte mehr Rendite als die Männer. Zu ähnlichen Ergebnissen kamen Stichproben bei deutschen Discountbrokern. Aus dem Datenmaterial analysierten die Forscher zwei Ursachen dafür.

▶ KONTAKT

Im Internet gibt es mehrere Möglichkeiten, eine anonyme, aber persönliche Auswertung des eigenen Anlageverhaltens und Anlegertyps vorzunehmen – unter anderem unter den Adressen

www.adig.de

www.allianz-vermoegen.de

www.boerse-online.de/Tools&Community

▶ KONTAKT
Finanzberatung für Frauen
Frauen, die sich in finanziellen Fragen von einer Geschlechtsgenossin beraten lassen möchten, können sich an folgende Adressen wenden:

Bundesverband unabhängiger Finanzdienstleisterinnen für Frauen e. V.
Weberstr. 92
53113 Bonn
Tel. 02 28/24 66 45
www.finanzexpertinnen.de

Arbeitskreis Finanzfachfrauen
Tel. 0 30/4 48 48 83
Adressensammlung im Internet:
www.finanzfachfrauen.de

Weitere Internetadressen
www.frauenfinanzseite.de
www.frauenfinanztreff.de
www.frauenfinanzdienst.de

Die erste: Frauen sind in ihrem Anlageverhalten defensiver, das heißt, sie setzen eher auf eine ausgewogene Mischung mehrerer Anlageformen. Dabei streuen sie ihr Vermögen auf wesentlich mehr Titel und verzichten auf allzu spekulative Einzelinvestments. Männer dagegen neigen dazu, alles auf eine Karte zu setzen. Das erhöht zwar die Chance, im direkten Vergleich ganz vorn, aber eben auch ganz hinten zu landen; im breiten Mittelfeld und damit im durchschnittlichen Gesamtergebnis dominieren hingegen die Frauen.
Der zweite Unterschied: Männer schichten ihr Depot im Allgemeinen wesentlich häufiger um. Die höheren Transaktionskosten wirken sich bereits renditemindernd aus. Das „starke Geschlecht" hat seine Bilanz darüber hinaus dadurch endgültig verdorben, dass die neuen Papiere in der Regel schlechter abschnitten als die zuvor verkauften.
Nach Ansicht der Anlageexperten ist dieses unterschiedliche Verhalten geschlechterspezifisch: Frauen sind im Schnitt eher einem konservativen Anlegertypus zuzuordnen. Sie informieren sich oftmals genauer, treffen ihre Entscheidungen überlegter und bewusster und haben ein ausgeprägteres Risikobewusstsein, das sie vor Flops schützt. Darüber hinaus bringen sie meist mehr Geduld mit, was sich vor allem bei Aktieninvestments als Vorteil erweist. Weiblichen Anlegern wird außerdem zugeschrieben, dass sie – anders als Männer – schneller Fehler einsehen und Entscheidungen revidieren können.
In der Handelsfreudigkeit der Männer dagegen drücken sich oft ein übersteigertes Selbstbewusstsein und der Glaube an eine vermeintlich hohe Kompetenz aus. Hinsichtlich ihrer Anlagementalität sind damit viele Männer zumindest in Teilbereichen einem Spielertyp zuzuordnen. Die durchschnittlich höhere Umschlaghäufigkeit spricht mehr für ein kurzfristiges Agieren. Aus den allgemeinen Kursschwankungen sollen schnelle, aber verhältnismäßig kleine Gewinne erzielt werden. Dass Männer dabei eher schlecht abschneiden, liegt unter anderem daran, dass sie sich bei der Titelauswahl und der Wahl von Kauf- und Verkaufszeitpunkten stärker gegen den allgemeinen Trend stellen und versuchen, klüger zu sein als der Markt.
Frauen bringen also alles mit, was für den Erfolg an der Börse wichtig ist – außer Erfahrung, aber die kommt mit den ersten eigenen Investments. KONTAKT ▶

Der nötige finanzielle Überblick

Das Wissen um die persönliche Anlagementalität ist eine wichtige Voraussetzung für den Einstieg an der Börse. Genauso wichtig ist es allerdings auch, sich vor dem ersten Kauf darüber klar zu werden, wie viel Geld – einmalig oder regelmäßig – wie lange für die Anlage in Wertpapieren zur Verfügung steht. Wer zum Beispiel sein erspartes Geld in einem Jahr für eine Anschaffung benötigt, sollte auf die Investition in schwankungsanfällige Aktien verzichten.

Bei der Kalkulation und Aufteilung des Börsenbudgets spielt auch die individuelle Einkommens- und Familiensituation eine Rolle. Ein vermögender Anleger kann zum Beispiel sein Geld in Teilen riskanter anlegen als ein junger Familienvater mit Durchschnittseinkommen, der mögliche Verluste viel schlechter verkraften kann.

Vor dem Sprung an die Börse ist es deshalb ratsam, sich einen Überblick bei den eigenen Finanzen zu verschaffen. Der systematische Weg dahin heißt „private Finanzplanung". Für jedes halbwegs gut geführte Unternehmen ist es selbstverständlich, Einnahmen, Ausgaben und den verbleibenden Gewinn der kommenden Jahre systematisch zu kalkulieren. Das sollten sich Privatleute zum Vorbild nehmen. Selbst wenn es für sie am Ende dann doch anders kommt, ist es besser, die Finanzen zu planen, als die Dinge einfach laufen zu lassen.

Lebens- und Vermögensplan aufstellen
Jeder Anleger ist außerdem gut beraten, sich vorab Gedanken über die eigene Lebensplanung, persönliche Wünsche (Weltreise, teures Auto oder was auch immer) und Vermögensziele (Eigentumswohnung/Haus, Absicherung des Lebensstandards im Alter und so weiter) zu machen. Auf diese Weise kann er herausfinden, wie viel Kapital für jeden Wunsch und jedes Vermögensziel angespart werden muss und welche Wünsche und Ziele bis zu welchem Zeitpunkt erfüllt oder erreicht sein sollen. Das geht in der Regel nicht, ohne entsprechende Prioritäten zu setzen.

Als halber Millionär in den Ruhestand

Diesen Betrag müssen Sie monatlich sparen, um mit 65 Jahren 500 000 Euro zu haben:

Startalter	Durchschnittliche Verzinsung			
	5 %	6 %	7 %	8 %
20	254	190	141	103
25	336	261	201	154
30	449	362	291	232
35	611	511	425	353
40	850	736	635	547
45	1 227	1 097	980	873
50	1 880	1 734	1 598	1 472
55	3 226	3 036	2 907	2 758

Private Bilanz erstellen
Der erste Schritt bei der Finanzplanung besteht darin, einen Kassensturz zu machen. Das heißt, sämtliche monatlichen oder besser jährlichen Einnahmen werden den Ausgaben gegenübergestellt. Das Führen eines Haushaltsbuchs, das zum Beispiel die Verbraucherzentralen oder einzelne Banken und Sparkassen bereithalten, vereinfacht diese Arbeit enorm.

TIPP
Die Publikation „Das Haushaltsbuch" kann für 4,80 Euro online unter anderem bei der Verbraucherzentrale NRW (**www.vz-nrw.de** oder **www.verbraucherzentrale.de**) geordert werden.

Was am Ende der Auflistung als Plus übrig bleibt, ist der Ausgangspunkt für weitere Überlegungen zur Vermögensbildung.

Der zweite Schritt: Es ist darüber hinaus notwendig zu wissen, was an Vermögen bereits vorhanden ist. Es geht also um eine Bestandsaufnahme sämtlicher Vermögenswerte – eine Art privater Bilanz. Das lässt sich einfach berechnen, indem sämtliche Guthaben auf Spar-, Tagesgeld- und Festgeldkonten, unter Umständen auch vom Girokonto (nur wenn dort größere Geldsummen geparkt werden), alle Bausparverträge und Sparbriefe aufsummiert werden. Soweit vorhanden kommt dazu der Wert sämtlicher Wertpapiere (zum aktuellen Kurs), Lebensversicherungen (zum Rückkaufswert) und Immobilien (zum ungefähren Verkehrswert. Einen Anhaltspunkt geben Immobilienanzeigen in der Tageszeitung oder eine Nachfrage bei einem Makler oder der Hausbank). Sämtliche noch laufenden Darlehen werden zum aktuellen Schuldenstand von der Gesamtsumme abgezogen. Am Ende der Rechnung stehen vor allem zwei Informationen:

- ein Überblick über das Nettovermögen und die Anlageformen, auf die sich das Vermögen des Anlegers verteilt,
- die Höhe des Betrags, der theoretisch pro Jahr oder Monat zum Vermögensaufbau zur Verfügung steht.

Anhand dieser Daten ist abzulesen, welche Vermögensziele ein Wunschtraum bleiben und welche einigermaßen realistisch innerhalb einer festgelegten Zeitspanne und mit den geeigneten Anlageformen erreicht werden können.

Das Lebensphasenkonzept

Was als Anlage geeignet sein kann, hängt allerdings nicht nur von den bereits vorhandenen Vermögenswerten ab. Auch die persönliche Lebenssituation spielt wie erwähnt eine Rolle. Erfahrungsgemäß ändert sich mit dem Alter nicht nur der Familienstand und das Einkommen. Auch der monatliche Finanzbedarf, die Sparziele und damit die Risikoneigung müssen der jeweiligen Lebenslage angepasst und bei der Vermögensplanung beachtet werden. Nach Meinung von Wirtschaftswissenschaftlern gibt es in jedem Lebensalter eine sinnvolle Mischung von verschiedenen Anlageformen – unabhängig von der jeweiligen Anlegermentalität. Immer wieder wird dabei auf folgende Faustregel zurückgegriffen:

→ Der Anteil von Aktien am Gesamtvermögen sollte 100 minus Lebensalter betragen.

Geht man nach dieser Faustregel vor, dann kann also ein 30-Jähriger 70 Prozent seines Geldes in Aktien stecken. Bei einem 65-jährigen Ruheständler sind es immerhin noch 35 Prozent – allerdings in Relation zu einem in der Regel wesentlich höheren Gesamtvermögen.

Deutlich durchdachter als diese Faustregel ist das so genannte Lebensphasenkonzept. Danach wird das Leben in vier Phasen eingeteilt, wobei jede Phase einen Abschnitt in der Vermögensbildung darstellt: Einstiegsphase (Beruf), Aufbauphase (Karriere und Familie), Risiko- beziehungsweise Korrekturphase, Erntephase (Ruhestand).

Einstiegsphase

Für Berufsanfänger ist es zunächst wichtig, eine Rücklage für Notfälle anzusparen. Darüber hinaus können sie es sich leisten, hemmungslos zu spekulieren, solange sie Single sind und keine Familie zu ernähren haben. Der mögliche Schaden durch Fehler und Flops hält sich in Grenzen, denn die Beträge, die zur Verfügung stehen, sind in der Regel relativ gering. Außerdem können Verluste meist noch ausgeglichen werden, bevor die ersten konkreten Vermögensziele feststehen (Immobilie, Familienabsicherung und Ähnliches). Dazu trägt auch bei, dass das Einkommen in den ersten Jahren nach dem Berufseinstieg meistens rasch steigt.

Trotz aller finanziellen Anforderungen und Konsumwünsche sollte auch schon in den ersten Berufsjahren regelmäßig etwas für die Altersvorsorge angespart werden – am besten mit Aktienfonds (→ Seite 299), denn sie bieten langfristig die höchsten Renditen, und bei einer Anlagedauer von 30 oder 35 Jahren fallen Kursschwankungen kaum ins Gewicht.

Aufbauphase

Wer eine Familie gründet, muss seine Risikoanlagen deutlich zurückfahren – vor allem, wenn einer der Ehe- oder Lebenspartner seine Erwerbstätigkeit zugunsten der Kindererziehung einschränkt. Mit den Kindern steigen auch die Ausgaben für die Lebenshaltung. Gleichzeitig müssen die Familie und die Arbeitskraft des Hauptverdieners finanziell abgesichert werden (Kapital- oder Risikolebensversicherung, Bank- und Investmentfondssparverträge für die Ausbildung der Kinder, Berufsunfähigkeitsversicherung und so weiter). Wenn die Berufskarriere positiv verläuft, fangen weitere Einkommenssteigerungen die erhöhten Ausgaben in der Regel auf. Darüber hinaus sollte, wenn möglich, das Vermögen mit Aktien, Anleihen und Investmentfonds weiter aufgebaut werden. Bei einem doppelt verdienenden Ehepaar ohne Kinder werden dabei zunehmend auch steuerliche Gesichtspunkte relevant.

In dieser Phase steht auch die Entscheidung über den Erwerb einer Immobilie an. Fällt sie positiv aus, kommt nur das gezielte Ansparen in Festzinssparformen infrage. Ein Haus oder eine Eigentumswohnung bindet allerdings die finanziellen Ressourcen auf Jahre hinaus.

Risiko- oder Korrekturphase

Wer bis zu diesem Zeitpunkt seines Lebens die finanzielle Vorsorge vernachlässigt hat, muss jetzt die letzte Chance nutzen, den Kurs zu ändern. Ein Zeitraum von 10 oder 15 Jahren bis zum Beginn der gesetzlichen Rente reicht immer noch aus, um zusätzlich privat vorzusorgen, indem entsprechend hohe Beträge in renditestarke Anlageformen wie beispielsweise Aktien- und Rentenfonds investiert werden.

Wer dagegen schon seit längerem für das Alter privat vorsorgt und entsprechendes Vermögen gebildet hat, sollte in der Mitte seines Lebens damit beginnen, diesen Kapitalstock abzusichern. Damit ist sozusagen der Pflichtteil erledigt. Die Finanzierung auch eines gehobenen Lebensstandards ist in dieser Phase in der Regel kein Problem mehr. Viele Konsumwünsche sind erfüllt – auch weil die Ehefrau oder Lebenspartnerin (wieder) mitarbeitet und -verdient und die Kinder kurz davor stehen, selbstständig zu werden. Das Ende ihrer Ausbildung und des damit verbundenen finanziellen Aufwands ist absehbar. Die Belastungen durch die Immobilie sinken ebenfalls, weil Haus oder Wohnung in dieser Phase oft schuldenfrei sind oder in Kürze werden. Die dann frei werdenden Finanzmittel können zusätzlich angelegt werden. Dasselbe gilt für eine Kapitallebensversicherung, die möglicherweise in dieser Phase zur Auszahlung ansteht.

Bei der Auswahl passender Anlagen müssen auch Durchschnittsverdiener mehr und mehr auf steuerliche Gesichtspunkte achten. Ist bereits eine relativ sichere Vermögensbasis vorhanden, können deshalb steuergünstige, aber risikoreichere Anlageformen wie Aktien (→ Seite 146) bevorzugt werden.

Erst vier oder fünf Jahre vor dem Ruhestand sollte dann der größte Teil des Kapitalstocks Schritt für Schritt in relativ sichere Anlageformen mit laufenden Erträgen umgeschichtet werden. Sie dienen dazu, die gesetzliche Rente aufzustocken. Der verbleibende Rest bleibt allerdings zunächst so angelegt wie bisher, denn er wird erst in späteren Jahren zur Finanzierung des Ruhestandes benötigt.

Zubrot aus eigener Tasche

So viel Kapital müssen Sie bis zum Beginn der Rente ansparen, um 1 000 Euro private Zusatzrente[1] zu erhalten

Zusatzrente reicht für	Durchschnittliche Verzinsung des Kapitalstocks			
	5%	6%	7%	8%
5 Jahre	53134	51924	50762	49645
10 Jahre	94766	90724	86954	83432
15 Jahre	127385	119718	112759	106428
20 Jahre	152943	141384	131157	122078
25 Jahre	172969	157574	144275	132729
30 Jahre	188660	169673	153628	139978
35 Jahre	200954	178713	160296	144912
ewig	245452	205442	176861	155424

[1] ohne Kapitalverzehr

Erntephase

Im Ruhestand werden in Deutschland immer mehr Menschen auf die Erträge ihres jahrzehntelangen Vermögensaufbaus angewiesen sein, denn die gesetzliche Rente wird kaum so hoch ausfallen, den bisherigen Lebensstandard abzusichern. Je nach Höhe der Rente und des angesparten Kapitalstocks reichen auch die zusätzlichen Zinsen unter Umständen noch nicht aus. Dann muss auch das Kapital angezapft werden. Wer allerdings früh genug mit der Altersvorsorge angefangen und seine Finanzen diszipliniert im Griff hat, wird im Alter von seiner Rente und den Erträgen seines Vermögens gut leben können. Meist ist dann sogar die finanzielle Sicherheit so groß, dass auch noch etwas „Spielgeld" übrig bleibt, mit dem der Ruheständler wie in jungen Jahren an der Börse spekulieren kann.

Anlegen mit System

Niemals alles auf ein Pferd setzen – dies ist eine der wichtigsten Regeln, die Einsteiger an der Börse mit auf den Weg nehmen sollten. Doch leider sagt das noch nichts darüber aus, wie man sein Geld am sinnvollsten aufteilt. Angesichts der Vielzahl von Aktien, Anleihen und anderen Wertpapieren besteht gerade am Anfang die Gefahr, zu stark zu mischen und nicht die notwendige Balance zu finden. Sinn und Zweck von Streuung ist es nämlich, Kursverluste einzelner Titel durch Gewinne anderer auf Dauer auszugleichen. Umsichtige Anleger machen es deshalb wie die Profis: Sie gehen mit Methode vor. Das heißt, sie teilen ihr Anlagekapital entsprechend ihrer Risikoneigung zunächst auf die einzelnen Anlageformen auf und streuen es dann auf verschiedene Titel. Dazu schätzen sie vorher Rendite und Kursrisiko des jeweiligen Wertpapiers ab. Auf diese Weise wird aus einem – immer möglichen – Ausrutscher auf dem glatten Börsenparkett nicht gleich ein Sturz mit bösen Folgen.

Die Mischung machts

Die meisten Anleger, die gefragt werden, warum sie ihr Geld an der Börse investieren, haben eine einfache Antwort parat: Mehr erzielen als die Minizinsen, die das Sparbuch bietet. Eine hohe Rendite ist also für viele das ausschlaggebende Argument bei ihrer Entscheidung. Eine genauere Untersuchung der einzelnen Anlagestile zeigt dann aber recht deutlich, dass Sicherheit – also das Gegenteil von Risiko (→ Seite 26) – für die meisten Anleger eine ebenso wichtige Rolle spielt.

Das ideale Investment beschreibt die Mehrzahl wie folgt: Es bringt eine hohe, zweistellige Rendite, die nie gefährdet ist. Außerdem kann die Anlage jederzeit und ohne Kursrisiko verkauft oder zurückgegeben werden. Jedes dieser Ziele ist an sich realistisch und tatsächlich werden Wertpapiere insgesamt betrachtet diesen Einzelanforderungen gerecht. Der Haken ist nur, dass keines alle drei gleichzeitig erfüllt. Im Gegenteil: Je mehr man sich dem einen Kriterium – zum Beispiel eine hohe Rendite – nähert, desto größere Abstriche muss man bei den anderen beiden machen. Es ist nicht möglich, alle in gleichem Maße zu verwirklichen. Aus diesem Grund spricht man auch vom magischen Dreieck der Geldanlage.

Die Tücken des magischen Dreiecks

Der Anleger muss also Prioritäten setzen. Wer zum Beispiel sehr viel Wert auf Sicherheit legt, muss sich bei der Rendite bescheiden und in sehr wertstabile Anlageformen investieren – zum Beispiel Immobilien oder Bundeswertpapiere. Umgekehrt ist eine höhere Rendite nur dann möglich, wenn er ein größeres Risiko und/oder eine geringere Liquidität in Kauf nimmt. Die Beteiligung an einem nicht börsennotierten Unternehmen ist ein sehr extremes Beispiel dafür.

☞ „Total return“: Der „total return“ (engl.) berücksichtigt sämtliche Ertragskomponenten (Dividenden, Zinsen, Kursveränderungen und so weiter), die während der Laufzeit beziehungsweise der Anlagedauer angefallen sind. Er lässt sich am ehesten mit dem deutschen Begriff der „effektiven Verzinsung“ beschreiben.

Rendite

Unter diesem Begriff versteht man ganz allgemein den Ertrag, den das eingesetzte Kapital innerhalb einer bestimmten Zeit abwirft oder erwirtschaftet. Üblicherweise wird die Rendite dabei als ein auf das Jahr umgerechneter Prozentwert angegeben.

Unterschiede bei der Berechnung

Bei der Voraussage der Rendite gibt es allerdings deutliche Unterschiede zwischen den einzelnen Wertpapierformen. Bei den meisten Anleihen (→ Seite 222) und anleiheähnlichen Genussscheinen (→ Seite 272) lässt sich bereits vor dem Kauf berechnen, was sie einbringen, denn die dafür notwendigen Angaben wie Rückzahlungstermin und Höhe der jährlichen Ausschüttungen werden mit der Ausgabe des Papiers festgelegt.

Anders sieht es dagegen zum Beispiel bei Aktien und Investmentfonds aus. Da sie keine feste Laufzeit haben, kann die Rendite immer nur im Nachhinein entweder zu einem bestimmten Stichtag – beispielsweise jeweils zum Jahresende – oder zum Verkaufstag ermittelt werden. Zudem steht die Höhe der Ausschüttungen nicht von vornherein fest. Bei Aktien zum Beispiel ist die Ausschüttung, die so genannte Dividende, abhängig vom Jahresgewinn des jeweiligen Unternehmens (→ Seite 153). Und um ganz genau zu wissen, welchen Ertrag der Anleger im Verhältnis zu seinem Kapitaleinsatz erwirtschaftet hat, müssen bei der Renditeberechnung nicht nur die laufenden Erträge, sondern auch noch die erzielten Kursgewinne oder -verluste auf Basis des Einstandskurses berücksichtigt werden. Fachleute sprechen in diesem Zusammenhang vom ☞ total return.

Brutto ist eben nicht gleich netto

Wer zudem wissen will, wie rentabel ein Investment tatsächlich war, darf nicht nur die

Habenseite, sondern muss auch die Sollseite betrachten – zum Beispiel die Kosten für die Verwaltung und den An- und Verkauf des Papiers. Sie zehren einen Teil der Rendite wieder auf und müssen in der Gesamtrechnung berücksichtigt werden. Was dann unter dem Strich bleibt, ist die Nettorendite.

Mit den Kosten ist es aber nicht getan. Auch das Finanzamt verlangt in den meisten Fällen von den Kapitalerträgen seinen Anteil (→ Seite 365). Das Entscheidende ist deshalb die Rendite nach Steuern. Sie sagt aus, welchen steuerlichen Nettoertrag eine Anlage gebracht hat. Eine genaue Berechnung ist allerdings immer nur für den Einzelfall möglich, denn dazu muss der persönliche Grenzsteuersatz des Anlegers zugrunde gelegt werden. Exemplarische Rechnungen – zum Beispiel bei Anleihen mit fiktiver Quellensteuer (→ Seite 363) – taugen deshalb nur dann als Entscheidungskriterium, wenn mit einem Steuersatz gerechnet wird, der in etwa dem des jeweiligen Anlegers entspricht.

Wenn der Anleger sein Papier verkauft, wird er die „historische" Rendite berechnen können. Doch schon bei der Auswahl ist er daran interessiert zu wissen, was ihm ein bestimmtes Investment einbringt. Bei Anleihen hat er mit der konkreten Rendite zum Fälligkeitstermin bereits ein handfestes Kriterium.

Bei Aktien ist dagegen die Kursentwicklung naturgemäß nicht vorhersehbar. Deshalb ziehen professionelle Anleger wie zum Beispiel Fondsmanager in diesem Fall eine statistische Hilfsgröße als Anhaltspunkt heran: die zu erwartende Rendite. Sie ergibt sich aus den historischen Durchschnittswerten des jeweiligen Papiers innerhalb eines längeren Zeitraums – zum Beispiel aus der durchschnittlichen Jahresrendite der vergangenen 10 oder 15 Jahre.

Exkurs

Das Vokabular der Profis

Wenn es um den Ertrag einer Kapitalanlage geht, verwenden Bankberater und Finanzexperten die unterschiedlichsten Begriffe. Die einen sprechen von „Performance", andere wiederum von „Wertentwicklung" oder „Wertzuwachs" und nicht zuletzt gibt es eben auch noch die „Rendite". Im Prinzip meinen alle Begriffe das Gleiche: Sie drücken aus, welchen Ertrag eine Kapitalanlage innerhalb eines bestimmten Zeitraums im Verhältnis zum Kapitaleinsatz gebracht hat. Steigt zum Beispiel der Kurs einer Aktie innerhalb eines Monats von 100 auf 120 Euro, dann entspricht das einem Wertzuwachs beziehungsweise einer Wertentwicklung von 20 Prozent. Im Unterschied dazu berücksichtigt die Performance nicht nur die reinen Kursveränderungen, sondern auch alle während des Zeitraums angefallenen Ausschüttungen wie etwa Dividenden, um beim Aktienbeispiel zu bleiben, und legt sie rein rechnerisch wieder an.

Die Performance entspricht jedoch nur in Ausnahmefällen der Rendite. Das Verwirrende an der Wertentwicklung und Performance ist nämlich, dass sie sich nicht auf einen festen Zeitraum beziehen. Die Zeitspanne kann von Fall zu Fall beliebig lang festgelegt werden. Sie kann ebenso einen Monat wie zehn Jahre betragen. Die Performances zweier Aktien sind also nur dann miteinander vergleichbar, wenn sie exakt im gleichen Zeitraum erzielt worden sind. Gleichzeitig besitzt die Angabe der Performance beziehungsweise der Wertentwicklung nur einen eingeschränkten Informationsgehalt, wenn nicht genau gesagt wird, auf welche Zeitspanne sich dieser Wert bezieht. Eine Performance von beispielsweise 100 Prozent in einem Jahr stellt eine ganz andere Leistung dar als in zehn Jahren.

Wesentlich klarer und eindeutiger ist deshalb die Angabe der Rendite. Manchmal wird auch der Begriff der Anlegerrendite verwendet, wenn etwa die Kaufkosten wie zum Beispiel Ausgabeaufschläge und Provisionen mit berücksichtigt werden.

Stolpersteine bei der Renditeberechnung
Bei der Rendite wird die Wertentwicklung oder Performance auf das Jahr umgerechnet. Ein typischer Stolperstein ist dabei, dass der Wert bei unterjährigen Angaben einfach im Verhältnis zur Anzahl der Monate multipliziert wird, also zum Beispiel mit zwölf, wenn die Performance für einen Monat angegeben wurde. Oder dass er bei mehrjährigen Angaben durch die Anzahl der Jahre dividiert wird.

Im obigen Beispiel ergibt sich dadurch nicht etwa eine Rendite von 10 Prozent (100 Prozent dividiert durch 10 Jahre), sondern wegen des Zinseszinseffekts von nur rund 7,2 Prozent.

Eine weitere Fehlerquelle ist es, wenn Performance- oder Wertentwicklungszahlen einfach addiert beziehungsweise subtrahiert werden. Dazu ein einfaches Beispiel: Eine Aktie erwirtschaftet in einem Jahr eine Performance von 20 Prozent und im nächsten Jahr von minus 10 Prozent. Der Anleger hat nach zwei Jahren nicht etwa eine Gesamtperformance von 10 Prozent, sondern nur von 8 Prozent erzielt. Denn angenommen der Einstandskurs liegt bei 100 Euro, dann sind daraus nach dem ersten Jahr 120 Euro geworden. Ende des zweiten Jahres ist das Papier aber nur noch 108 Euro wert (120 – [120 × 0,1]).

☞ Volatilität: Abgeleitet vom Lateinischen „volatilis" = flüchtig, ist die Volatilität das Schwankungsmaß für Kursbewegungen von Aktien, Zinsen, Anleihen, Indizes, um das Kursrisiko einer Anlage abzuschätzen. Wichtig ist die „Vola", wie sie kurz genannt wird, vor allem bei der Preisberechnung von Optionen und Optionsscheinen (→ Seite 326).

Risiko versus Sicherheit

Unter Sicherheit verstehen Anleger üblicherweise, dass sie ihr eingesetztes Kapital am Ende der Laufzeit oder bei einem Verkauf auf jeden Fall in voller Höhe zurückbekommen. Daraus lässt sich ableiten, dass die meisten mit dem Begriff Risiko die Möglichkeit verbinden, einen Verlust zu erleiden – zum Beispiel aufgrund von Kursschwankungen. Für diese Kursschwankungen wiederum können – je nach Anlageform – im Einzelfall ganz unterschiedliche Risiken verantwortlich sein – beispielsweise Zins- (→ Seite 234) oder Währungsrisiken (→ Seite 267).

Messzahlen für das Risiko
Allein mit der Information, dass die Kurse schwanken, geben sich Anlageprofis deshalb nicht zufrieden. Sie interessiert, wie groß dieses Risiko im Einzelfall ist. Da es dabei das bereits erwähnte Prognoseproblem gibt, wird die Hilfe der Statistiker in Anspruch genommen. Sie errechnen auf Basis der historischen Kurse nicht nur die potenziellen Renditen, sondern auch die Schwankungsintensität. Eine der gängigsten Kennzahlen, die dazu ermittelt werden, ist die so genannte Standardabweichung, in der Fachsprache ☞ Volatilität genannt. Die Standardabweichung drückt einfach gesagt aus, welche durchschnittliche prozentuale Abweichung ein Kurs von seinem Mittelwert innerhalb eines bestimmten Zeitraums aufweist.

Beispiel: Die Auswertung eines Aktienkurses über einen Zeitraum von 15 Jahren ergibt, dass die Notierung im Schnitt 10 Prozent pro Jahr zugelegt hat. Sämtliche „Ausreißer" nach oben und unten weichen im Durchschnitt um 20 Prozent von diesem Wert ab. Bei einem Kaufkurs von 100 Euro kann der Anleger aufgrund dieser Ausgangsdaten damit rechnen, dass der Preis der Aktie nach einem Jahr mit einer Wahrscheinlichkeit von 66,6 Prozent zwischen 130 und 90 Euro liegt. Die Spanne ermittelt sich nach den Regeln der Wahrscheinlichkeitsrechnung aus dem erwarteten Zuwachs um 10 Euro plus/minus der Volatilität von 20 Prozent (das entspricht 20 Euro).

Das Problem der Volatilität ist, dass sie nur einen Anhaltspunkt für die generelle Schwankungsintensität der jeweiligen Anlageform liefert. In der Praxis ist die Fragestellung jedoch umgekehrt. Die meisten Anleger möchten wissen, wie groß die Gefahr ist, ein bestimmtes Renditeziel, zum Beispiel 8 Prozent pro Jahr, mit einer bestimmten Anlageform zu verfehlen. Professionelle Vermögensverwalter arbeiten deshalb mit so genannten Downside-Risiken. Dazu gibt der Anleger eine bestimmte Mindestrendite vor und sagt gleichzeitig, wie stark sie schwanken darf. Hier ist die Kenntnis der Volatilität allerdings von Nutzen, denn es wäre keine sinnvolle Vorgabe, zum Beispiel eine „aktientypische" Rendite von beispielsweise 10 Prozent anzugeben, gleichzeitig aber den Abweichungskorridor so eng einzugrenzen, dass er deutlich unter der für Aktien üblichen Volatilität liegt.

Das Verhältnis von Rendite und Risiko

Grundsätzlich gilt die Regel, dass die Renditechancen in demselben Maße steigen wie die Risiken. Anleihen besitzen zum Beispiel eine eher niedrigere Volatilität als Aktien, bringen aber auch nicht so hohe Renditen. Optionsscheine und Optionen (→ Seite 321) wiederum weisen ein wesentlich größeres Risiko als Aktien auf, dafür bieten sie aber ein erheblich höheres Gewinnpotenzial.

Dieses theoretische Wissen hilft dem Anleger allerdings nicht weiter. Für ihn ist vor allem wichtig, dass Rendite und Risiko in einem angemessenen Verhältnis stehen. Eine hohe Rendite nützt beispielsweise wenig, wenn sie mit überdurchschnittlich hohen Risiken „erkauft" wird. Auf der anderen Seite ist eine relativ geringe Kursschwankung zwar durchaus positiv, doch davon profitiert der Anleger nicht, wenn er gleichzeitig eine Rendite auf Sparbuchniveau erzielt.

Um nun herauszufinden, welcher Einzelwert aus einer größeren Gruppe gleicher Wertpapiere die beste Wahl ist, berücksichtigen Profis beides: sowohl die Rendite als auch das Risiko. Der einfachste Weg das zu tun, besteht darin, die historische Rendite jedes einzelnen Papiers ins Verhältnis zu seiner Volatilität zu setzen.

Beispiel: Angenommen, es werden drei Aktien untersucht. Der erste Wert hat eine historische Rendite von 9 Prozent und eine Volatilität von 18 Prozent, die Datenpaare der anderen beiden Titel sind 12 und 24 beziehungsweise 8 und 25 Prozent.

Proportional gesehen sind Aktie eins und zwei in etwa gleich zu bewerten, denn bei Aktie zwei steigt im Vergleich zu Papier eins das Risiko im gleichen Maße wie die Rendite. Die schlechteste Chance-/Risiko-Kombination vor allem gegenüber Aktie zwei weist Aktie drei auf, denn trotz geringerer Rendite besitzt sie ein höheres Risiko.

Dies ist, wie gesagt, ein einfaches Beispiel. In der Praxis stellen Profis auf Basis größerer Datenmengen mithilfe von Computerprogrammen ungleich kompliziertere Berechnungen an. Wichtig für den Privatanleger ist vor allem, dass er nicht den Fehler macht, die absoluten Zahlen von Rendite und Risiko gleichzusetzen. Ein Prozent Volatilität ist nicht vergleichbar mit einem Prozent Rendite.

Darüber hinaus ist zu beachten: Die vergleichende Betrachtung von Rendite und Risiko macht nur für relativ homogene Gruppen von Wertpapieren Sinn. Da dies auf einzelne Aktien nicht zutrifft, bringen Aussagen, die sich aufgrund solcher Vergleiche treffen lassen, für den privaten Anleger letzten Endes doch wenig praktischen Nutzen, da sie keine Rückschlüsse auf die Zukunft zulassen. Noch schwieriger wird es, wenn unterschiedliche Anlageformen wie Renten und Aktien auf diese Weise miteinander verglichen werden. Anders sieht dagegen die Situation im Bereich Investmentfonds aus, wo solche Analysen regelmäßig durchgeführt werden.

Liquidität

Neben Rendite und Risiko interessiert natürlich auch die Frage, wie schnell und einfach der Anleger aus einer Anlage wieder aussteigen kann. Grundsätzlich sollte er, wenn er sich für einen längeren Zeitraum festlegt, dafür mit einer höheren Rendite „entschädigt" werden. Der Vorzug börsennotierter Wertpapiere ist, dass sie an jedem Handelstag ohne große Formalitäten verkauft und zu Geld gemacht werden können. Im Gegensatz dazu kann zum Beispiel ein Sparbrief während der Laufzeit nicht so ohne weiteres veräußert werden, weil die Übertragung auf eine andere Person mit erheblichem juristischen Aufwand verbunden ist.

Allerdings geht die höhere Liquidität erneut zulasten der Sicherheit – womit sich wiederum der Kreis von Rendite, Risiko und Liquidität schließt. Denn der Preis, den der Anleger erhält, wenn er an einem bestimmten Tag auf jeden Fall verkaufen will, ist nicht garantiert. Er muss den Kurs akzeptieren, der sich aus dem aktuellen Verhältnis von Angebot und Nachfrage ergibt, wobei auch das Risiko besteht, dass sich gar kein Käufer findet. Unter Umständen heißt das, er bekommt weniger Geld zurück, als er ursprünglich eingesetzt hat, er macht also einen Verlust.

Die Tatsache, dass ein Wertpapier an der Börse notiert ist, heißt nämlich noch nicht, dass zu jedem Zeitpunkt auch ein entsprechender Handel zustande kommt. Unter den börsennotierten Wertpapieren gibt es eine ganze Reihe von Titeln, die sehr illiquide sind, wie Finanzexperten sagen. Dazu zählen zum Beispiel viele Genussscheine (→ Seite 272) und Pfandbriefe (→ Seite 243). Bei diesen Papieren kann es vorkommen, dass ein Kauf oder Verkauf an einem bestimmten Tag zu einem einigermaßen fairen Kurs nicht möglich ist.

Der richtige Dreh

Da sich Rendite und Risiko relativ genau bestimmen lassen, wäre es natürlich am einfachsten, wenn sich jeder Anleger nur die Papiere vom Kurszettel aussuchen würde, die genau seinen Anforderungen entsprechen. Doch in der Praxis ist diese Methode mit erheblichen Schwierigkeiten verbunden. Meist scheitert es schon daran, dass kaum ein Privatanleger seine Vorstellungen konkret in Zahlen ausdrücken kann. Dazu kommt, dass das Ergebnis am Ende des Auswahlprozesses in vielen Fällen so aussehen wird, dass nur eine Hand voll Papiere in Betracht kommt. Damit steigt aber das Risiko, auf das falsche Pferd zu setzen – eine sinnvolle Streuung ist jedenfalls bei drei oder vier Werten kaum gegeben.

Die so genannte Asset-Allocation

Die zündende Idee zur Lösung dieses Problems hatte Harry M. Markowitz. Er fand Ende der 50er Jahre heraus, dass sich durch die Zusammensetzung des Depots mit zwei oder mehreren verschiedenen Aktien das Gesamtrisiko gegenüber der Summe der Einzelrisiken verringern lässt, ohne dass die Ertragschancen wesentlich sinken. Indem innerhalb einer Anlageform mehrere Titel miteinander gemischt und kombiniert werden, lässt sich der Grundsatz, nach dem hohe Chancen auch ebenso hohe Risiken bedeuten, aushebeln. Für den Anleger bedeutet das, dass er sein Depot nicht wahllos zusammenwürfeln, sondern von Anfang an systematisch und strukturiert zusammenstellen sollte.

Die erste Aufgabe
Die erste Aufgabe, vor der der Anleger dabei steht, ist, sein Gesamtvermögen so auf Aktien, Anleihen und Bargeld beziehungsweise liquide Mittel aufzuteilen, wie es seinem Risikoprofil

entspricht. Der Fachmann spricht in diesem Zusammenhang von der Aufteilung auf die einzelnen ☞ Assetklassen.

Andere Wertpapiere wie zum Beispiel Investmentfonds (→ Seite 284) und Genussscheine (→ Seite 272) zählen nicht zu einer eigenen Kategorie, weil sie streng genommen von Aktien oder Anleihen abgeleitete Anlageformen sind. Eine vierte eigenständige Assetklasse ist die Anlagewährung. Jeder Anleger muss sich also zusätzlich überlegen, welchen Prozentsatz seines Aktien- und Anleiheanteils er in Euro und welchen er in fremde Währungen investiert, denn bei Währungsinvestments ergeben sich durch entsprechende Veränderungen des Wechselkurses zusätzliche Chancen und Risiken – und zwar unabhängig von der Wertschwankung der jeweiligen Anleihe oder Aktie. Dabei können sich beide Faktoren gegenseitig verstärken oder teilweise aufheben (→ Kapitel Währung, Seite 260).

Depotbeispiele für unterschiedliche Anlegertypen

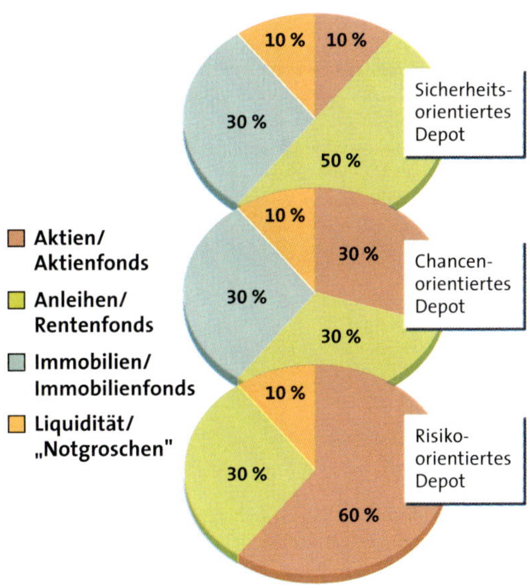

Die zweite Aufgabe

Der zweite Schritt, um das Depot systematisch zu strukturieren, ist, das Anlagekapital innerhalb der einzelnen Assetklassen auf verschiedene Branchen und Märkte beziehungsweise Währungen zu verteilen. Profis achten dabei darauf, Papiere auszuwählen, deren Kurse sich weitgehend unabhängig oder sogar entgegengesetzt voneinander entwickeln. Nur so wird der von Markowitz entdeckte Effekt optimal genutzt. Um herauszufinden, bei welchen Papieren das der Fall ist, werden wieder die Statistiker befragt. Sie liefern aus der Kurshistorie die so genannte Korrelation. Diese Kennziffer wird als Wert zwischen minus 1 und plus 1 ausgedrückt. Eine 1 heißt: Die Kursentwicklung zweier Papiere verläuft im Gleichschritt. Bei einem Wert von minus 1 entwickelt sich der Kurs des einen Papiers genau entgegengesetzt zu dem des anderen. Die Null dagegen bedeutet: Die Kurse beider Papiere haben keine erkennbare Verbindung. In der Praxis hat sich zum Beispiel gezeigt, dass sich US-amerikanische und japanische Aktien weitgehend unabhängig voneinander entwickeln, während deutsche Dividendenpapiere relativ eng an den Trend der US-Werte gekoppelt sind.

☞ Assetklasse: Als Asset (engl.) wird allgemein ein Vermögensgegenstand bezeichnet. Im Zusammenhang mit der Kapitalanlage zählt jede einzelne Anlageform aufgrund ihrer individuellen Chancen und Risiken als eine eigene Assetklasse. Dazu gehören im weiteren Sinne zum Beispiel auch Immobilien und Immobilienfonds, Gold und Kontenanlagen, die allerdings im Rahmen dieses Buches nicht weiter verfolgt werden.

Anlagekonzept für die Praxis

Zugegeben, das Ganze klingt gerade für Einsteiger am Anfang ziemlich kompliziert und scheint nicht gerade leicht zu handhaben zu sein. Wer sich allerdings die Mühe macht, sich mit den Fragen nach Anlegertyp, Lebensphase und ☞ Asset-Allocation zu beschäftigen, erhält ein Anlage-Grundkonzept, das auf Dauer am ehesten gute Ergebnisse verspricht, ohne Kursschwankungen – vor allem der Aktien – fürchten zu müssen.

☞ Asset-Allocation: In der internationalen Fachsprache der Begriff für die Verteilung des Anlagekapitals auf Assetklassen.

Am Anfang steht die Entscheidung, wie das Geld, das man an der Börse anlegen will, ganz allgemein zwischen Aktien und Anleihen aufgeteilt werden soll. Im zweiten Schritt ist es wichtig zu streuen, indem man zum Beispiel Aktien aus verschiedenen Branchen und Märkten kauft. Wenn das Geld nicht reicht, um eine gewisse Streuung zu erzielen, sollte man sich bei der Auswahl von Einzeltiteln auf einen Markt konzentrieren – zum Beispiel Deutschland. Andere Märkte und Branchen lassen sich dann mit entsprechenden Investmentfonds (→ Seite 304) oder Indexprodukten (→ Seite 347) abdecken.

Die drei Säulen der Asset-Allocation

Struktur	Streuung	Risikokontrolle
Depotaufteilung Aufteilung zwischen Aktien, Anleihen und Währungsanteil.	**Titeldiversifikation** Aufteilung auf Einzeltitel und Branchen.	**Kapitaleinsatz** Festlegung von Höchstbeträgen pro Investment.
Liquidität Bemessung der Barreserve, des Börsenbudgets.	**Marktdiversifikation** Aufteilung auf verschiedene Märkte.	**Risikobegrenzung** Festlegung von Höchstgrenzen für mögliche Verluste bzw. Schwankungsintensität.

Das ungeliebte Thema Steuern

Neben der Frage nach der möglichen Rendite, dem zu erwartenden Risiko und der Liquidität spielen für viele Anleger bei der Auswahl einer Kapitalanlage auch steuerliche Aspekte eine Rolle.

Grundsätzlich gilt: Niemals sollte ein Wertpapier oder eine Anlageform nur aus steuerlichen Gründen gewählt werden.

Andererseits kann der Anleger dieses Thema bei der Zusammenstellung seines Depots auch nicht völlig außer Acht lassen – besonders dann nicht, wenn er seine Freibeträge bereits überschritten hat oder kurz davor ist, das zu tun (→ Seite 354).

Vor allem bei der generellen Aufteilung des Depots auf Aktien, Anleihen und andere Wertpapierarten sollte er berücksichtigen, dass bestimmte Ertragsbestandteile steuerfrei sind. Dazu zählen vor allem Kursgewinne, wenn sie erst nach einem Jahr realisiert werden. Andere Komponenten wie etwa Zinsen sind voll steuerpflichtig. Es gibt aber eine Reihe von Strategien, mit denen die Steuerlast gesenkt werden kann. Wer all diese Faktoren berücksichtigt, kann sein Depot auch steuerlich optimieren (→ Kapitel Steuern, Seite 359).

Der Sprung aufs Parkett: Regeln und Rüstzeug

Grau ist bekanntermaßen alle Theorie. Ihre Umsetzung in die Praxis, der tatsächliche Börseneinstieg, macht den Theoretiker zum „Börsianer". Allerdings: Vorab müssen einige Voraussetzungen geschaffen und Entscheidungen getroffen werden. Zum Beispiel die Wahl eines passenden Kreditinstituts, das den Kauf der Wertpapiere übernimmt und sich um die Verwahrung und Verwaltung kümmert. Ebenso will die korrekte Form der Auftragserteilung gelernt sein, damit das Geldhaus den Auftrag richtig ausführt. Und nicht zuletzt muss der Anleger die Frage beantworten, ob und von wem er sich bei seinen Wertpapiergeschäften beraten lassen will. Ein großes Vermögen ist für die Anlage in Wertpapieren keineswegs notwendig. Denn es gibt für jeden Geldbeutel etwas und unter Umständen leisten Arbeitgeber und Finanzamt zusätzlich Starthilfe.

Fünf wichtige Schritte

Wer Aktien oder Anleihen kaufen will, ist auf die Dienste einer Bank oder eines Brokers angewiesen, der die Kauf- und Verkaufsaufträge an der Börse ausführt. Die Auswahl ist groß, denn Wertpapier- und Börsengeschäfte gehören zum Standardangebot jedes Geldhauses. Entscheidend ist aber, ein Institut zu finden, das zu den persönlichen Bedürfnissen passt. Das ist nicht ganz einfach.

Der erste Schritt: Die Wahl der passenden Bank

Der Anleger muss sich erst einmal überlegen, was er von „seiner" Bank erwartet. Zwei Kriterien sollten dabei im Mittelpunkt stehen: Service und Preis.

Kreditinstitute vor Ort: Vor- und Nachteile

Die Institute mit Filialen vor Ort unterscheiden sich kaum in ihren Konditionen im Wertpapiergeschäft. Für den Kauf von Aktien und Optionsscheinen (→ Seite 321) an einer deutschen Börse berechnet die Mehrzahl der Banken und Sparkassen 1 Prozent vom Auftragswert als Provision. Dazu kommen dann noch Börsengebühren zwischen 2 und 5 Euro und unter Umständen einige Cents Maklercourtage. Bei einer Anleihe halbiert sich der Provisionssatz meistens auf 0,5 Prozent, alles andere bleibt gleich.

☞ Discountbroker: Discountbroker sind spezielle Banken, die ausschließlich Wertpapier- und andere Anlagegeschäfte zu sehr günstigen Konditionen anbieten.

Die Kosten scheinen – auf den ersten Blick – niedrig zu sein. Dabei darf aber nicht vergessen werden, dass beim Verkauf erneut Provisionen und Gebühren fällig werden.

Besonders kostenträchtig wirken sich dabei die Mindestprovisionen aus, die viele Kreditinstitute berechnen. Das heißt, dass bei jeder Order unabhängig von der Höhe immer ein bestimmter Mindestbetrag fällig wird. Das schlägt bei kleineren Orders besonders zu Buche.

Beispiel: Ein Aktienkauf im Wert von 500 Euro würde bei einem Provisionssatz von 1 Prozent eigentlich 5 Euro kosten. Durch eine Mindestprovision von angenommen 15 Euro steigt die Kostenbelastung aber tatsächlich auf 3 Prozent. Bei Orders, die an einer ausländischen Börse ausgeführt werden, kann es durch zusätzliche Auslagen und Gebühren leicht doppelt so teuer werden.

Ihre Stärke: Die persönliche Beratung

Die grundsätzliche Stärke der Filialbanken ist, dass der Anleger dort einen speziellen Berater als Ansprechpartner findet. Der Anlageexperte nimmt am Anfang eine persönliche Beratung vor, erstellt einen Depotvorschlag, hilft bei der Auswahl der Papiere und steht im Idealfall auch danach noch mit Rat und Tat zur Seite – zum Beispiel wenn es um die Erteilung der ersten Kaufaufträge oder Fragen zur Abrechnung geht.

Direktbanken: Vor- und Nachteile

Seit Mitte der 90er Jahre haben die Filialbanken in Deutschland Konkurrenz bekommen: die Direktbanken und ☞ Discountbroker. Rund ein Dutzend hat sich mittlerweile etabliert. Deren Hauptmerkmal ist, dass sie auf ein teures Netz von Geschäftsstellen verzichten und ausschließlich über Telefon, Fax und Internet zu erreichen sind. Dafür bieten sie ihren Kunden vielfach günstigere Konditionen und in einigen Punkten einen besseren Service als die Filialkonkurrenz – zum Beispiel Öffnungszeiten vom frühen Morgen bis spät in die Nacht. Das werden gerade Berufstätige zu schätzen wissen, die während der banküblichen Öffnungszeiten keine Möglichkeit haben, sich mit ihrer Geldanlage zu beschäftigen. Bei den Direktbanken lassen sich sämtliche Anlagegeschäfte in der Mittagspause bequem vom Büro aus oder nach Arbeitsschluss erledigen, wenn die Filialbanken längst geschlossen haben.

Größter Vorteil: Niedrige Kosten

Der große Trumpf, den die Direktbanken gegenüber den Filialbanken ausspielen können, sind zweifellos die günstigeren Konditionen. Wie groß dieser Kostenvorteil bei Wertpapiergeschäften ist, lässt sich allerdings nur für den Einzelfall sagen.

Viele Direktbanken verwenden sehr individuelle und damit zum Teil auch undurchsichtige Preismodelle. Zum Beispiel verlangen einige Institute einen festen Sockelbetrag plus einen prozentualen Zuschlag, dessen Höhe sich nach Ordervolumen richtet – zum Beispiel 10 Euro plus 0,3 Prozent des Ordervolumens bei Aufträgen, deren Gegenwert über 5 000 Euro liegt.

Aber es gibt auch eine ganze Reihe von Direktinstituten, die auf das von den Filialbanken verwendete Preismodell (Mindestprovision, darüber hinaus prozentualer Zuschlag) zurückgreifen – allerdings mit geringeren Sätzen. Mitunter sind auch sämtliche Orders durch eine so genannte ☞ Flatfee abgedeckt. Noch einmal niedrigere Sätze verlangen viele Direktbanken, wenn der Kunde seine Order auf elektronischem Wege per Computer und Internet aufgibt.

Die Vielfalt der Preismodelle macht es schwer, konkret zu vergleichen. Das geht am besten, wenn der Kunde die Kosten für einen ganz bestimmten Auftrag bei allen Anbietern nachrechnet. Nach den Erhebungen der STIFTUNG WARENTEST lässt sich dennoch feststellen, dass die Direktbanken und Discountbroker im Schnitt um knapp die Hälfte preiswerter sind als die Filialkonkurrenz. Dazu kommen dann noch andere angenehme und vor allem geldwerte Extras – zum Beispiel Rabatte beim Kauf ausgewählter Investmentfonds und verzinste Verrechnungskonten. KONTAKT ▶

▶ KONTAKT
Einen Überblick über die Konditionen und Angebote der Discountbroker und Direktbanken bietet die Seite **www.diskountbroker.de.**

Der Haken:
Keine persönliche Beratung

Geht es einzig nach dem Preis, spricht also eigentlich alles für die Wahl einer Direktbank. Doch es gibt einen nicht unwesentlichen Haken: Discountbroker und Direktbanken verzichten – von Ausnahmen abgesehen – auf persönliche Beratung. Das heißt, wer sein Geld in Wertpapieren anlegen will, muss sich allein zurechtfinden und wissen, welche Aktien und Anleihen er wann und wie kaufen und verkaufen will. Gerade Börseneinsteiger sind dabei oft überfordert, auch wenn die Direktinstitute eine Fülle von Informationsunterlagen bereithalten – ob auf ihren Internetseiten oder als Prospektmaterial.

Die richtige Bankstrategie für Einsteiger

Anlegern, die zum ersten Mal an der Börse tätig werden, stehen vor der Entscheidung, welche der beiden Möglichkeiten sie wählen sollen. Obwohl es mit den Beratungsqualitäten der Filialbanken nicht immer zum Besten steht (→ Seite 41), sind sie dort wohl in den meisten Fällen besser aufgehoben. Wer dann Erfahrung gesammelt hat und Wertpapiere in größerem Umfang kauft, kann sich immer noch überlegen, zu einem der Direktanbieter zu wechseln. Allerdings bieten auch immer mehr traditionelle Banken und Sparkassen als Reaktion auf den Markterfolg der Konkurrenz hausinterne Discountmöglichkeiten an, wenn der Kunde auf Beratung verzichtet. Für den Einsteiger hat das den Vorteil, dass er später zu einem anderen Preis- und Servicemodell wechseln kann, ohne die Bankverbindung ändern zu müssen.

☞ Flatfee:
Aus dem Englischen übersetzt: Pauschalgebühr. Das bedeutet: Der Kunde zahlt eine monatliche oder vierteljährliche Pauschale und kann dafür so oft Wertpapiergeschäfte tätigen, wie er will.

Der zweite Schritt: Die Eröffnung eines Depotkontos

Wer Wertpapiere kauft, muss auch eine Möglichkeit haben, seine Papiere zu verwahren. Er muss deshalb vor dem ersten Kauf bei der Bank ein Depot einrichten und ein Giro- oder Sparkonto eröffnen, auf dem die Käufe und Verkäufe abgerechnet werden können. Technisch funktioniert das Depot wie ein Girokonto – mit dem Unterschied, dass darauf Wertpapierein- und -ausgänge statt Geldbeträge verbucht werden.

☞ **Nonvaleurs:** Aus dem Französischen frei übersetzt: wertlos.

Effektive Stücke: Nur selten eine gute Wahl

Jeder Anleger hat theoretisch natürlich auch die Möglichkeit, seine Papiere im eigenen Tresor oder Bankschließfach selbst zu verwahren. Die Auslieferung effektiver Stücke, wie das bei den Bankern heißt, ist allerdings teuer – zusätzlich zu den Kauf- und Verkaufsspesen fallen zwischen 20 und 75 Euro an – und es dauert nach dem Kauf in der Regel zwei bis drei Wochen, ehe der Käufer seine Urkunden in Händen hält. Will er seine Papiere wieder abstoßen, muss er für die Einbuchung bei der Wertpapiersammelbank noch einmal die gleiche Zeit kalkulieren, erst dann ist ein Verkauf möglich. Dieser hohe Zeitaufwand macht die Auslieferung effektiver Aktien wenig sinnvoll, denn an der Börse kommt es darauf an, auf aktuelle Ereignisse rasch zu reagieren und von einem auf den anderen Tag verkaufen zu können. Deshalb werden in effektiver Form fast ausschließlich Anleihen bei so genannten ☞ **Tafelgeschäften** gehandelt.

☞ **Tafelgeschäfte:** Tafelgeschäfte sind Zug-um-Zug-Geschäfte. Der Anleger zahlt das Geld direkt am Bankschalter ein und erhält dafür anonym seine Papiere. Bei fälligen Erträgen – beispielsweise Zinsen – schneidet er die entsprechenden Kupons (→ Seite 222) ab und löst sie bar am Schalter ein. Allerdings fallen dabei höhere Kosten als auf dem Depotkonto an und es wird eine höhere Kapitalertragsteuer fällig (→ Seite 355).

In manchen Fällen, beispielsweise bei Bundeswertpapieren, ist eine effektive Auslieferung aber noch nicht einmal mehr möglich (→ Exkurs: Wertpapiere hinter Schloss und Riegel, folgende Seite).

Effektive Stücke – Wertpapieranlage zum Anfassen

Wenn eine Aktiengesellschaft erlischt oder eine Anleihe zurückgezahlt wurde, beginnt für viele effektive Urkunden eine Art zweiter Frühling, denn ☞ **Nonvaleurs**, wie sie in der Fachsprache heißen, sind bei Sammlern und Anlegern aufgrund ihrer aufwendigen Machart und dekorativen Gestaltung begehrt – so begehrt, dass mittlerweile sogar ein regelrechter Markt entstanden ist. Paradoxe Folge: Besonders seltene und begehrte Stücke erzielen auf Auktionen und Sammlerbörsen mitunter viel höhere Preise als zuletzt an der Börse. Aber auch viele von den an der Börse gelisteten Unternehmen wissen um den Werbewert und die emotionale Bindung, wenn ihre Aktionäre zu Hause eine Aktie zum „Anfassen" haben. Zum Beispiel haben das Erotik-Unternehmen Beate Uhse und die Achterbahn AG, die die Comic-Figur Werner vermarktet, im Rahmen ihres Firmen-Marketings einen Teil ihrer Aktien in Form effektiver Stücke als Werbemittel und Aushängeschild auflegen lassen.

Die Verwahrung von Wertpapieren: Ein Extrakostenpunkt

Natürlich bitten die meisten Geldhäuser auch für das Depotkonto zusätzlich zu den reinen Kauf- und Verkaufsgebühren zur Kasse, was die Kosten der Wertpapieranlage weiter erhöht. Allerdings hält sich die Belastung im Vergleich zu den Transaktionskosten in Grenzen. Nach Untersuchungen der Stiftung Warentest schlägt ein Durchschnittsdepot, das Aktien, Anleihen und Investmentfonds im Gesamtwert von rund 30 000 Euro enthält, mit 20 bis 60 Euro pro Jahr zu Buche. Dazu kommen unter Umständen noch Kosten für das Verrechnungskonto, die oftmals auf ähnlichem Niveau liegen. Ein Sparkonto als Alternative ist zwar durchweg kostenfrei. Dabei muss man allerdings berücksichtigen, dass das Kreditinstitut in den meisten Fällen Vorschusszinsen berechnet, wenn ein Kauf den Betrag übersteigt, über den der Anleger ohne Kündigungsfrist verfügen kann – meist sind das 1500 Euro. Häufig werden Ausnahmen nur bei hauseigenen Papieren gemacht.

Laufende Verwaltung inklusive

Mit dem Depotkonto bietet die Bank allerdings nicht nur eine Verwahrung, sondern auch die laufende Verwaltung der Papiere an. So kümmert sie sich zum Beispiel um die termingerechte Verbuchung und das Inkasso fälliger Zinsen und Dividenden. Sie benachrichtigt die betroffenen Aktionäre etwa bei einer Kapitalmaßnahme eines Unternehmens (→ Seite 160) oder bei Übernahmeangeboten (→ Seite 175). Darüber hinaus leitet sie Einladungen zu Hauptversammlungen (→ Seite 151) weiter und nimmt für die eigenen Wertpapierkunden auf Wunsch deren Rechte als Aktionäre (→ Seite 154) wahr.

Um dem Anleger regelmäßig einen Überblick über den Inhalt seines Depots zu geben, ist die Bank verpflichtet, einmal im Jahr einen Depotauszug zu erstellen – vergleichbar mit dem Auszug vom Girokonto. Der Depotauszug listet zu einem Stichtag – meistens zum Jahresende – alle Papiere mit Stückzahlen, aktuellem Kurs und den Gesamtwert auf.

Teurer Wechsel des Depotkontos

Ein Depotkonto kann ebenso wie ein Girokonto von einem auf den anderen Tag gekündigt werden. Die anteiligen Depotgebühren, die dann von der Bank berechnet werden, fallen dabei in vielen Fällen kaum ins Gewicht. Was dagegen kräftig zu Buche schlagen kann, sind die Kosten für die Übertragung der im Depot enthaltenen Wertpapiere auf die neue Depotverbindung. Viele Kreditinstitute berechnen dafür pro Posten zwischen 6 und 10 Euro – also zum Beispiel für alle im Depot befindlichen Siemens-Aktien oder eine bestimmte Bundesanleihe. Wer wie empfohlen sein Kapital auf mehrere Titel verteilt, muss also damit rechnen, dass ihn ein Wechsel der Depotverbindung leicht einen dreistelligen Betrag kosten kann.

TIPP

Wenn Sie ein Depot bei einer anderen Bank eröffnen, wählen Sie einen Zeitpunkt, zu dem Sie nur wenige verschiedene Wertpapiere halten – zum Beispiel, weil einige Anleihen gerade fällig geworden sind oder Sie einen Großteil Ihrer Aktien zu Geld gemacht haben, weil Sie einen Kursabschwung befürchten. Noch sinnvoller kann es allerdings sein, für eine Übergangszeit zwei Depots zu unterhalten, wobei Neuanlagen nur über das „neue" abgewickelt und die vorhandenen Wertpapiere im „alten" Depot gehalten werden, bis sie je nach Börsensituation verkauft oder bei Fälligkeit eingelöst werden. Wenn das Depot auf diese Weise leer geräumt ist, kann es aufgelöst werden. Auch wenn bei dieser Variante eine Zeit lang doppelte Depotkosten anfallen, kommt der Anleger damit meist wesentlich günstiger weg als beim Depotwechsel von einem auf den anderen Tag.

EXKURS

Wertpapiere hinter Schloss und Riegel

Früher verschwanden die Aktien und Anleihen, die die Anleger kauften, tatsächlich im Tresor ihrer Hausbank. Daran ist heute allerdings nicht mehr zu denken. Im modernen Wertpapierhandel werden physische Urkunden, also die effektiven Stücke, nur noch in Ausnahmefällen zwischen den depotführenden Instituten hin- und hergefahren und in deren Kellern gelagert. Angesichts des Volumens, das mittlerweile tagtäglich an der Börse gehandelt wird, wäre ein solcher Transport schon aus organisatorischen Gründen nicht mehr möglich – und aufgrund der Diebstahlgefahr auch viel zu riskant. Stellvertretend für ihre Kunden geben die Kreditinstitute deshalb die Papiere bei einer speziellen Wertpapiersammelbank zentral zur Aufbewahrung. In deren Tresoren lagern Wertpapiere im Gegenwert von Milliarden Euro. Meist handelt es sich dabei aber noch nicht einmal um einzelne Stücke, sondern um so genannte Globalurkunden. Da der Druck einzelner Urkunden sehr teuer und umständlich ist, haben die Emittenten seit 1995 die Möglichkeit, stellvertretend für eine gesamte Emission eine solche Globalurkunde auszustellen, die zum Beispiel eine größere Anzahl von Aktien, 100 000 oder gar eine Million, auf einem Stück Papier verbrieft – was die Verwahrung wesentlich vereinfacht.

Bei Bundeswertpapieren gibt es noch nicht einmal mehr Globalurkunden. Vielmehr werden die Käufer in das elektronische Bundesschuldbuch eingetragen, wodurch ihre Rechte als Gläubiger der Bundesrepublik Deutschland dokumentiert sind.

Girosammel- und Einzelurkunden werden bei der Wertpapiersammelbank allerdings nicht nach Kreditinstituten getrennt aufbewahrt – also etwa in einem Bereich nur die Papiere der Deutsche-Bank-Kunden, in einem anderen die der Commerzbank. Stattdessen werden zum Beispiel alle BASF-Aktien quasi auf einen Stapel gelegt und en bloc verwaltet. Das ist vergleichbar mit einer Gruppe von Sparern, die ihre Banknoten zu gleichartigen Bündeln von Geldscheinen zusammenlegen. Will ein Sparer aussteigen, „verkauft" er sein anteiliges Miteigentum an der Gesamtsumme an einen Dritten, der ihn auszahlt. Genau das ist der Ablauf und damit der Vorteil der Girosammelverwahrung. Damit kann die Übertragung des Eigentums bei Kauf und Verkauf sehr schnell und einfach vonstatten gehen. Es muss also nur eine Gutschrift in Höhe des anteiligen Miteigentums bei der Bank des Käufers und eine entsprechende Lastschrift bei der Bank des Verkäufers vorgenommen werden. Die Geldinstitute brauchen sich dann hausintern nur noch um die Verbuchung auf dem Kundendepot zu kümmern. Der Vorgang läuft in etwa so unkompliziert ab wie eine Überweisung.

Sonderfall ausländische Papiere

Einen Sonderfall stellen ausländische Wertpapiere dar, die in Deutschland gehandelt werden. Können die Originalurkunden solcher Wertpapiere nicht in Deutschland hinterlegt werden – japanische und chinesische Urkunden zum Beispiel kann ein Bank- oder Börsensachbearbeiter nur in den seltensten Fällen lesen und auf ihre Echtheit prüfen –, besteht die Möglichkeit, gesonderte Zertifikate zu erstellen, die stattdessen bei einer Wertpapiersammelbank hinterlegt werden und durch einen entsprechenden Bestand an Originalpapieren, die bei einer Drittbank liegen, gedeckt sind.

Bei deutschen Anlegern, die Papiere im Ausland kaufen, beauftragt die Depotbank in der Regel ein Partnerinstitut vor Ort mit der Verwahrung. Das ist insofern von Bedeutung, als der Anleger dadurch kein Eigentum an den Papieren nach deutschem Recht erwirbt. Rein rechtlich wird seine Bank oder Sparkasse Eigentümerin, die dieses Eigentum allerdings treuhänderisch für ihn verwahrt. In solchen Fällen wird die Kaufabrechnung in der Regel mit der Angabe des Lagerortes und dem Zusatz „Wertpapierrechnung" versehen. Aber Achtung: Solche Posten schlagen bei der Berechnung des Depotkontopreises gesondert zu Buche. Der Kauf an einer ausländischen Börse ist also auch in Sachen Verwahrung kein preiswertes Vergnügen.

Bei bestimmten Papieren wie beispielsweise vinkulierten Namensaktien (→ Seite 148) oder auf ausdrücklichen Wunsch des Anlegers ist die depotführende Bank verpflichtet, eine so genannte Streifbandverwahrung vorzunehmen. Dabei wird das Wertpapier aus dem Sammelbestand entnommen und getrennt nach Depotkunde verwahrt. Allerdings muss der Kunde dafür meistens höhere Depotgebühren zahlen.

Der dritte Schritt: Das erste Beratungsgespräch

Mit der Eröffnung eines Depots nimmt jede seriöse Filialbank eine erste einführende Anlageberatung vor. Dazu ist sie gesetzlich verpflichtet. Das Wertpapierhandelsgesetz (WpHG) schreibt den Kreditinstituten seit 1995 vor, dass sie bestimmte Aufklärungs- und Sorgfaltspflichten gegenüber ihren Wertpapierkunden zu erfüllen haben. Dazu gehört, dass sich Banken und Sparkassen über die Vermögens- und Einkommensverhältnisse ihrer Wertpapierkunden, die Kenntnisse und bisherigen Erfahrungen mit Wertpapieren und über die Anlageziele – zum Beispiel Altersvorsorge, allgemeiner Vermögensaufbau oder Spekulation – informieren.

Seit einer ergänzenden Richtlinie des Bundesaufsichtsamts für den Wertpapierhandel ermittelt fast jede Bank mithilfe eines standardisierten Fragebogens die wichtigsten Kundenangaben inklusive der Risikoeinstellung und der persönlichen Anlagewünsche. Auf Basis dieser Informationen ordnet die Bank den Anleger dann einer bestimmten Risiko- oder Anlegerkategorie zu. Jede dieser Kategorien umfasst bestimmte Anlageformen, für die der Anleger dann „zugelassen" ist. Dabei steht es jedem Institut mehr oder weniger frei, wie viele Risikoklassen oder Anlegertypen es festlegt und welche Anlageformen es diesen Kategorien zuordnet. Ein Teil der Institute arbeitet mit vier Klassen, die von 1 bis 4 durchnummeriert sind, andere verwenden sechs Stufen, die dann von A bis F geordnet sind.

Beispiel für eine Anlegerklassifizierung

Risikoklasse	Anlegertyp	Anlageformen	Anlagerisiko
A	Sicherheitsorientiert	Bundeswertpapiere, Geldmarktfonds	Zinsänderungsrisiko bei Wiederanlage der Erträge
B	Konservativ	A plus Pfandbriefe, Bankschuldverschreibungen, geldmarktnahe Fonds, offene Immobilienfonds	Wie oben plus Kursrisiko und Risiko sinkender Ausschüttungen (bei Fonds)
C	Ausgewogen	B plus Euro-Anleihen ausländischer Schuldner, Genussscheine, Rentenfonds (in Euro anlegend), gemischte Fonds, deutsche Aktien (Standardwerte), internationale Aktienfonds (marktbreit anlegend)	Wie oben plus Risiko von Zahlungsausfall/Zahlungsunfähigkeit (Anleihen, Aktien und Genussscheine), Ausschüttungsrisiko (Fonds und Aktien) und Risiko vorzeitiger Kündigung bzw. Rückzahlung (Genussscheine, Anleihen)
D	Dynamisch	C plus Wandel- und Optionsanleihen, Unternehmensanleihen, deutsche und ausländische Aktien (Standardwerte)	Wie oben plus Währungsrisiko, höheres Risiko von Zahlungsausfällen
E	Spekulativ	D plus Fremdwährungsanleihen, deutsche und internationale Aktien (Standard-, Neben- und Wachstumswerte), Spezialitätenfonds	Höheres Kurs-, Währungs- und Zahlungsausfallrisiko
F	Hochspekulativ	E plus Optionsscheine, Optionen, Termingeschäfte und sonstige Finanzderivate	Sehr hohes Kursrisiko und Risiko des Totalverlusts des Kapitals

Welches Ziel soll die Beratung haben?

Sinn und Zweck der gesetzlichen Verpflichtung ist es, dass die Banken eine anleger- und anlagegerechte Beratung durchführen. Dazu gehört vor allem, dass der Kunde vor dem Kauf eindeutig über den Charakter und mögliche Verlustrisiken bei den ausgewählten Anlageformen informiert wird. Diese im Grundsatz sinnvolle Verpflichtung wird allerdings dadurch ausgehebelt, dass den Anforderungen des Gesetzes bereits Genüge getan ist, wenn die Bank ihrem Kunden entsprechende Informationsbroschüren aushändigt und im ersten Gespräch eine Reihe formaler Punkte abfragt.

Darüber hinaus führt die schematische Kategorisierung in der Praxis oft zu einer Art „Schubladendenken", die für den Anleger nicht unproblematisch ist. Dazu trägt bei, dass die Einteilung für Institut und Anleger erst einmal bindend ist. Wer beispielsweise in eine mittlere Risikostufe eingeordnet wurde, kann nicht so ohne weiteres Aktien am Neuen Markt kaufen, denn diese Anlageform entspricht nicht seiner Risikoeinstufung. Ein entsprechender Kaufauftrag würde demnach nicht bearbeitet werden. Führt die Bank die Order dennoch aus und macht der Kunde bei diesen Geschäften Verluste, kann er verlangen, dass die Bank für den Schaden aufkommt – vorausgesetzt er weist nach, dass er über die Risiken der Papiere nicht entsprechend aufgeklärt worden ist.

Eine Regelung nicht ohne Gefahr

So anlegerfreundlich diese Regelung auf den ersten Blick aussieht – sie birgt die Gefahr, dass das Interesse des Beraters beim Einführungsgespräch stärker darauf gerichtet ist, die vom Gesetz verlangte Risikoklassifizierung vorzunehmen, um das Haftungsrisiko der Bank einzugrenzen, als die damit verbundenen Börsenrisiken zu erläutern. Zusätzlich können die Institute durch möglichst wenige Kategorien ihr Haftungsrisiko und ihre Aufklärungspflichten zulasten des Kunden begrenzen. Wie geht das? Zum Beispiel dadurch, dass die Bank nur drei oder vier Risikoklassen vorgibt. Gemessen an seinem Informations- und Erfahrungsstand kann der Anleger dadurch unter Umständen in einer „zu hohen" Gruppe eingestuft werden, die für ihn nicht angemessen ist. Selbst bei relativ stark aufgegliederten Klassen kann ein Anleger, der mit Fremdwährungsanleihen vertraut ist, unter Umständen einer Gattung zugeordnet werden, in der er auch Aktien kaufen kann – auch wenn er auf diesem Gebiet überhaupt keine Erfahrungen hat.

Jeder Einsteiger sollte deshalb bei der Bank seiner Wahl eine individuelle Beratung voraussetzen und bekommen – sonst sollte er es von vornherein anderswo versuchen. Dabei kann er Auskunft darüber verlangen, in welche Risikokategorie er eingestuft wird und welche Anlageformen dadurch für ihn infrage kommen. Das Bundesaufsichtsamt für den Wertpapierhandel (→ Seite 94) hat unmissverständlich klargestellt, dass die Einstufung und die zugrunde liegenden Kriterien dem Kunden mitzuteilen sind. Der Kunde wiederum tut gut daran, seine Bank zu informieren, wenn sich später seine Vermögensverhältnisse verändert haben oder der Wunsch zum Kauf risikoreicherer Anlageformen besteht. Dann können eine zusätzliche Beratung und eine Umgruppierung vorgenommen werden.

Niemand ist verpflichtet, seiner Bank die gewünschten Auskünfte zu geben. Allerdings ist diese Blockadepolitik nicht unbedingt empfehlenswert: Die Bank oder Sparkasse kann entweder die Geschäftsverbindung von vornherein ablehnen und der potenzielle Wertpapierkäufer muss sich nach einem anderen Institut umsehen. Oder die Bank wird den Verzicht auf Beratung und die mangelnde Auskunftsbereitschaft schriftlich festhalten. Der Anleger kann dann zwar in der Regel alle Arten von Börsengeschäften tätigen, hat aber später keine Möglichkeit, seine Bank wegen mangelnder Aufklärung haftbar zu machen.

Gute Beratung verzweifelt gesucht

Wenn sich Einsteiger über die Anlage in Wertpapieren informieren wollen, wenden sie sich meistens zuerst an die Wertpapierabteilungen von Banken und Sparkassen. Bei den Kundenberatern dort können sie allerdings nur in den seltensten Fällen eine umfassende und sachkundige Unterstützung erwarten. In den vergangenen Jahren hat die STIFTUNG WARENTEST die Anlageberatung der Kreditinstitute mehrfach unter die Lupe genommen und dabei immer wieder ein zum Teil erschreckend niedriges Niveau festgestellt. Bei der letzten Untersuchung im Frühjahr 2000 wurden 25 Banken und Sparkassen getestet. Das Ergebnis: Nur zwei Institute erhielten die Note „gut", 19 Mal wurde dagegen ein „Ausreichend" oder „Mangelhaft" vergeben.

Weitgehend auf sich gestellt sind auch die Kunden der Direktbanken und Discountbroker. Sie müssen mit der Depoteröffnung die entsprechenden Fragebögen selbst ausfüllen. Was die Kunden dabei an Aufklärung erwarten dürfen, ist unter Experten noch umstritten. Umso stärker werden von den Direktinstituten die Risikokategorien beachtet. Bei den per Internet, Telefon und Fax erteilten Kaufaufträgen wird die Ausführung automatisch verweigert, wenn der Kunde nicht die dafür entsprechende Klassifizierung aufweist.

Achtung, Termingeschäfte!

Wer sich einige Zeit mit Aktien und Anleihen beschäftigt hat und bereit ist, höhere Risiken einzugehen, wird sich irgendwann für Optionen und Optionsscheine (→ Seite 320) interessieren. In diesem Fall ist vor dem Kauf eine zusätzliche Beratung und Aufklärung obligatorisch. Dazu muss der Kunde eine spezielle Erklärung unterschreiben, damit er termingeschäftsfähig wird. Nach einem und dann wieder nach drei Jahren muss die Unterschrift erneuert werden.

Ohne diese Erklärung können Privatanleger, die nicht von Berufs wegen Kaufleute sind, bei Optionsschein- und Optionsgeschäften bislang den so genannten Differenzeinwand geltend machen, wie es juristisch heißt. Das heißt, sie können sich darauf berufen, dass diese Anlagegeschäfte einem Spiel oder einer Wette vergleichbar sind. Da Spiel- und Wettschulden nach deutschem Recht Ehrenschulden sind, die nicht einklagbar sind, hatte das zur Folge, dass Privatanleger für Verluste, die sie mit Optionsscheinen und anderen Termingeschäften erleiden, nicht einzustehen brauchten. Mit der vierten Novelle des Finanzmarktförderungsgesetzes, die im Laufe des Jahres 2002 in Kraft tritt, wird dies allerdings geändert (→ Seite 424). Dann verändert sich auch der Rhythmus für die Erneuerung der Unterschrift.

→ Die Vereinbarung sollte sich jeder Optionsscheininteressent gut durchlesen und er sollte genau nachfragen, wenn ihm etwas unklar ist.

■ TIPPS
für ein sinnvolles Beratungsgespräch

- ZIELE ABSTECKEN. Bereiten Sie sich auf das Beratungsgespräch vor. Überlegen Sie sich, warum Sie Ihr Geld an der Börse anlegen wollen und welche Ziele Ihnen wichtig sind – etwa langfristiger Vermögensaufbau, Finanzierung der Ausbildung für die Kinder und Ähnliches.
- TERMIN VEREINBAREN. Eine Anlageberatung gibt es meistens schon in der Filiale um die Ecke. Viele Kreditinstitute haben aber eine spe-

zielle Vermögensberatungs- oder Wertpapierabteilung, in der besonders geschulte Mitarbeiter zur Beratung bereitstehen. Nutzen Sie solche Angebote und vereinbaren Sie nach Möglichkeit einen Termin. Damit erreichen Sie auf jeden Fall, dass sich der Bankmitarbeiter ausreichend Zeit für Sie nehmen kann.

- Ehrlich bleiben. Füllen Sie den Fragebogen der Bank entweder allein oder – noch besser – zusammen mit dem Anlageberater korrekt aus. Geben Sie nicht, etwa aus Eitelkeit, vor, mehr über die Börse und einzelne Anlageformen zu wissen, als es tatsächlich der Fall ist, und betonen Sie nicht Ihre Risikobereitschaft. Auf diese Weise stellen Sie am ehesten sicher, dass eine Einordnung in diejenige Risikokategorie erfolgt, die Ihren Anlagezielen und Ihrem Kenntnisstand entspricht. Anderenfalls verschlechtern Sie Ihre Chancen, die Bank bei einer möglichen Falschberatung haftbar machen zu können. Denken Sie aber auch daran, dass Sie nicht verpflichtet sind, alle Fragen zu beantworten.
- Einblick fordern. Lassen Sie sich vor allem ausreichend aufklären: Verlangen Sie gründliche Erläuterung über das Kategoriesystem Ihrer Bank und darüber, warum Sie in welche Risikostufe eingeordnet worden sind. Sie haben ein gesetzlich verankertes Recht, dies zu erfahren.
- Beratungsgespräch dokumentieren. Verlangen Sie eine Kopie des ausgefüllten Fragebogens und lassen Sie sich die Anlagevorschläge des Beraters am besten schriftlich geben. Machen Sie sich außerdem Notizen während des Gesprächs – zum Beispiel welche anderen Anlagevarianten Ihnen vorgeschlagen wurden oder wovon abgeraten wurde und welche Kosten genannt wurden. Gehen Sie, wenn möglich, nicht allein zum Beratungsgespräch.

Guter Rat ist teuer

Wenn die Filialbanken vor Ort kaum in der Lage sind, eine qualitativ gute Beratung zu leisten, und sich ein Einsteiger auf der anderen Seite nicht zutraut, seine Anlageentscheidungen auf eigene Faust zu treffen, stellt sich natürlich die Frage, wer dann für eine gute Beratung infrage kommt. Eine Alternative zu den Banken sind freie Vermögensverwalter und Honorarberater. Deren Vorteil ist, dass sie anders als der Bankberater nicht darauf angewiesen sind, möglichst „hauseigene" Anlageprodukte zu verkaufen. Die Anlageberatung, die die Banken und Sparkassen bieten, ist nämlich nur vordergründig kostenlos. Tatsächlich muss sich der Aufwand unter dem Strich auch rechnen, und dies geschieht durch die Provisionen, die die Kunden bei ihren Wertpapiergeschäften zahlen.

Für einen Handschlag arbeiten natürlich auch die freien Berater nicht – im Gegenteil: 500 bis 1 000 Euro für eine vollständige, aber einmalige Beratung oder 1 bis 1,5 Prozent jährliche Vergütung vom Anlagevermögen plus Erfolgsbeteiligung bei einer laufenden Depotverwaltung sind üblich. Das scheint auf den ersten Blick hoch, ist aber bei einem sorgfältig arbeitenden Berater durchaus gut angelegtes Geld. Denn er stellt nicht nur Anlagevorschläge zusammen, sondern erarbeitet in der Regel eine komplette Vermögensstrategie wie im ersten Kapitel (→ „Der nötige finanzielle Überblick", Seite 18), beschrieben. Da er nicht an eine Bank oder Versicherung gebunden ist, hat er grundsätzlich die Möglichkeit, objektiv und kundenorientiert zu beraten. Zudem ist er verpflichtet, beim Abschluss einer konkreten Anlage eventuelle Provisionen, die ihm der entsprechende Finanzdienstleister für die Vermittlung zahlt, mit seinem Honorar zu verrechnen.

So weit die Theorie. In der Praxis tummelt sich leider eine Reihe von schwarzen Schafen auf dem Markt, die entgegen ihrer Beteuerung unabhängig zu sein, doch nur bestimmte Produkte vermitteln. Oder sie schinden durch häufiges Umschichten des Depots Provisionen, die – verdeckt, versteht sich – von der depotbetreuenden Bank an sie zurückfließen. Diese Missstände sind nicht zuletzt deswegen möglich, weil es kein festes Berufsbild und keine Lizenz für Finanz- oder Vermögensberater gibt. Kein Anleger sollte sich also vorbehaltlos an einen freien Berater wenden. Einige Punkte helfen bei der Auswahl:

TIPPS
für die Auswahl eines Vermögensberaters

- LIZENZ ZUR ANLAGEBERATUNG BESITZEN. Der Berater verfügt über die Lizenz eines anerkannten Berufsverbandes, und er sollte eine Berufserfahrung von mindestens fünf Jahren mitbringen. KONTAKT ▶
- VERBINDUNGEN NENNEN. Der Berater legt von sich aus eventuell bestehende Vertrags- und Kooperationspartnerschaften offen.
- KLARE VEREINBARUNG TREFFEN. Der Berater gibt vor dem Gespräch über seine Honorare Auskunft und kalkuliert einen ungefähren Gesamtpreis.
- NEUGIER ZEIGEN. Ein guter Berater fragt von sich aus nach den Einkommens- und Vermögensverhältnissen, der Risikobereitschaft, den Anlagezielen und dem Anlagehorizont. Er erarbeitet eine vollständige Vermögensstrategie und gibt dazu ausreichende und verständliche Informationen über die ins Auge gefassten Anlageformen und begründet seine Anlagevorschläge. Dazu erwähnt er auch die Kosten der Anlage und weist auf steuerliche Aspekte hin. Fragen Sie unbedingt nach, wenn Ihnen etwas unklar erscheint oder einzelne Fachbegriffe unverständlich sind.
- ZIELE ABKLÄREN. Ein guter Berater vereinbart mit seinem Klienten klare Anlageziele einschließlich Risikogrenzen – und er zeigt den Weg auf, wie diese zu erreichen sind. Dabei sollte der in Aussicht gestellte Anlageerfolg realistisch sein – zum Beispiel aufgrund historischer Renditen.
- BERATUNG DOKUMENTIEREN. Der Berater überreicht dem Kunden von sich aus ein unterschriebenes Beratungsprotokoll.

Der vierte Schritt: Das Einmaleins des Wertpapierhandels erlernen

Wertpapiere zu kaufen (und wieder zu verkaufen) ist nicht ganz so einfach, wie im Supermarkt Lebensmittel in den Korb zu legen und an der Kasse zu bezahlen. Da der Anleger nicht selbst, sondern über seine Bank an der Börse tätig wird, braucht der Händler vor Ort genaue Angaben über die gewünschte Transaktion.

Keine Formvorschriften, aber Mindestangaben

Für die Übermittlung der Order an die Bank gibt es mehrere Möglichkeiten. Der Auftrag kann zum Beispiel schriftlich am Schalter oder per Fax aufgegeben werden. Im schnellen Börsengeschäft ist es allerdings sinnvoll, Orders per Telefon oder Internet zu erteilen. So ist am ehesten gewährleistet, dass die Order zügig bearbeitet wird.

▶ KONTAKT
Informationen zum Thema Honorarberatung im Internet beim Verband deutscher financial planners **www.deufp.de** und beim Verband unabhängiger Vermögensverwalter **www.vvv.de**

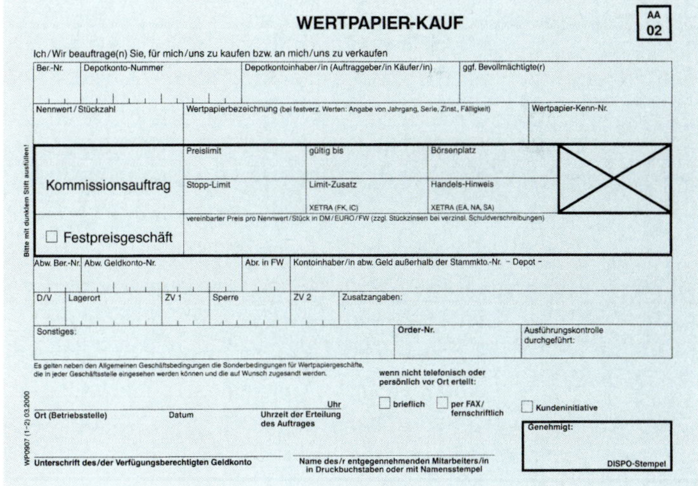
WERTPAPIER-KAUF
AA 02
Ich/Wir beauftrage(n) Sie, für mich/uns zu kaufen bzw. an mich/uns zu verkaufen
Ber.-Nr. | Depotkonto-Nummer | Depotkontoinhaber/in (Auftraggeber/in Käufer/in) | ggf. Bevollmächtigte(r)
Nennwert / Stückzahl | Wertpapierbezeichnung (bei festverz. Werten: Angabe von Jahrgang, Serie, Zinst., Fälligkeit) | Wertpapier-Kenn-Nr.
Kommissionsauftrag | Preislimit | gültig bis | Börsenplatz
Stopp-Limit | Limit-Zusatz XETRA (FK, IC) | Handels-Hinweis XETRA (EA, NA, SA)
☐ Festpreisgeschäft | vereinbarter Preis pro Nennwert/Stück in DM/EURO/FW (zzgl. Stückzinsen bei verzinsl. Schuldverschreibungen)
Bitte mit dunklem Stift ausfüllen!
Abw. Ber.-Nr. | Abw. Geldkonto-Nr. | Abr. in FW | Kontoinhaber/in abw. Geld außerhalb der Stammkto.-Nr. – Depot –
D/V | Lagerort | ZV 1 | Sperre | ZV 2 | Zusatzangaben:
Sonstiges: | Order-Nr. | Ausführungskontrolle durchgeführt:
Es gelten neben den Allgemeinen Geschäftsbedingungen die Sonderbedingungen für Wertpapiergeschäfte, die in jeder Geschäftsstelle eingesehen werden können und die auf Wunsch zugesandt werden.
wenn nicht telefonisch oder persönlich vor Ort erteilt:
☐ brieflich ☐ per FAX/fernschriftlich ☐ Kundeninitiative
Ort (Betriebsstelle) Datum Uhr Uhrzeit der Erteilung des Auftrages
Genehmigt: DISPO-Stempel
Unterschrift des/der Verfügungsberechtigten Geldkonto
Name des/r entgegennehmenden Mitarbeiters/in in Druckbuchstaben oder mit Namensstempel
WP0907 (1-2) 03.2000

Die Tücken der Technik

Direktbanken und Discountbroker sind nur per Telefon, Fax oder Internet zu erreichen. In der Vergangenheit hat sich das auch schon einmal als Stolperstein erwiesen. An Tagen, an denen an der Börse viel gehandelt wurde, kam es immer wieder vor, dass die Daten- oder Telefonsysteme der filiallosen Banken zusammenbrachen. Für die Kunden fatal, denn sie hatten keine Möglichkeit, in dieser Zeit Aufträge zu übermitteln. Nachdem allerdings das Bundesaufsichtsamt für das Kreditwesen (BaKred) in dieser Angelegenheit tätig geworden ist, haben in der Zwischenzeit alle Direktbanken ihre technischen Kapazitäten erheblich ausgebaut, sodass lange Wartezeiten am Telefon oder Totalausfälle selten geworden sind.

Sollte der Fall dennoch vorkommen, haben die Kunden die Möglichkeit, sich beim Bundesaufsichtsamt für den Wertpapierhandel oder dem Aufsichtsamt für das Kreditwesen zu beschweren. Kontakt ▶

☞ SMS = Short Message Service, übersetzt Kurzmitteilungsservice: schriftliche Nachrichten, die im Display des Mobiltelefons angezeigt werden.

▶ Kontakt

Bundesaufsichtamt für das Kreditwesen
Graurheindorfer Str. 108
53117 Bonn
Tel. 02 28/2 07-0
www.bakred.de

Bundesaufsichtsamt für den Wertpapierhandel
Lurgiallee 12
60318 Frankfurt
Tel. 0 69/9 59 52-0
www.bawe.de

Welches Papier gekauft oder verkauft werden soll, ist die wichtigste Information, die der Anleger geben muss; daneben seinen Namen und die Depotnummer.

Fester Bestandteil jedes Auftrags ist auch die genaue Angabe der gewünschten Anzahl der Wertpapiere. Aktien, Investmentzertifikate und Optionsscheine werden an der Börse in Stück gehandelt. Der Börsenkurs gibt dabei den Wert für einen einzelnen Anteil beziehungsweise Schein an. Wer zum Beispiel 2 000 Euro in einer bestimmten Aktie anlegen möchte, muss bei einem Kurs von 50 Euro 40 Stück ordern, wenn man die Kaufspesen und Gebühren außer Acht lässt. Anleihen und Genussscheine werden in Prozentpunkten vom so genannten Nennwert notiert (→ Seite 224).

Mobiles Telefon – entscheiden von unterwegs?

Dank Mobilfunk können Anleger von nahezu jedem Ort aus mit ihrem Anlageberater oder der Orderannahmestelle ihrer Direktbank telefonieren, wenn sie einen Wertpapierauftrag aufgeben möchten. Einige Banken bieten auch Wertpapiergeschäfte und Depotabfragen per Handy an – ein System, das technisch allerdings noch in den Kinderschuhen steckt.

Nur wenige Mobiltelefon-Nutzer wissen, dass sie Aktienkurse auch per Handy abfragen können. Einige Telefongesellschaften wie T-D1 und D2 Vodafone bieten ihren Kunden automatisch Zugang zu externen Datenanbietern. Dabei spielt sich die Kommunikation über ☞ SMS ab.

Dieser Service verursacht allerdings Kosten. Jede Kursabfrage schlägt sich zusätzlich in der monatlichen Telefonrechnung nieder. Eine Alternative ist der Empfang vordefinierter Kurslisten, die einmal pro Tag oder auf Anfrage an den Mobiltelefonbesitzer verschickt werden. Einige Banken und spezielle Anbieter haben einen Sonderservice im Angebot: Der Nutzer kann für bestimmte Wertpapiere Stopkurse definieren. Werden diese Marken überbeziehungsweise unterschritten, klingelt automatisch das Handy oder es erfolgt eine Benachrichtigung per SMS. Auch diesen Service gibt es je nach Anbieter nicht zum Nulltarif oder nur für Kunden.

Allerdings stellt sich die Frage nach dem tatsächlichen Vorteil dieses Informationsservice. Wer wirklich zum angegebenen Kurs kaufen oder verkaufen möchte, kann auch mit Stop-Limiten arbeiten und mit diesem Instrument den gleichen Effekt erzielen (→ Seite 47).

Exkurs

Bestellnummer für Wertpapiere

Damit es im Wertpapierhandel nicht zu kostspieligen Verwechslungen oder Missverständnissen kommt, erhält jedes gattungsgleiche, das heißt mit identischen Rechten ausgestattete Wertpapier eine spezielle Nummer zugeordnet: die Wertpapierkennnummer, kurz WKN genannt. Die sechsstellige Kennnummer muss bei jedem Kauf- und Verkaufsauftrag mit angegeben werden, damit eine Identifizierung möglich ist. Normalerweise trägt die Bank die WKN auf den Orderzettel ein. Internetnutzer, die Aufträge am PC selbst eingeben, müssen sich allerdings die Mühe machen und mithilfe von Datenbanken (zum Beispiel **www.onvista.de**) den Kennungscode selbst heraussuchen, wenn sie ihn nicht parat haben. Vom Grundsatz her ist das WKN-System systematisch gegliedert. Die letzte Ziffer lässt etwa Rückschlüsse auf die Art des Wertpapiers zu. Eine **5** zum Beispiel wird für einen Genussschein (→ Seite 272) vergeben, die **0** steht für eine Stammaktie (→ Seite 148) und die **3** für eine Vorzugsaktie (→ Seite 149). Dazu waren lange Zeit einzelne Nummernbereiche für bestimmte Emittenten beziehungsweise Branchen reserviert. Die Nummern 100 000 bis 199 999 zum Beispiel wurden ausschließlich für öffentliche Anleihen des Bundes und anderer Institutionen verwendet.
Das organisatorische Problem daran ist, dass jede WKN nur einmal verwendet wird. Angesichts der Flut an neuen Papieren in den vergangenen Jahren werden die Nummern knapp. Eine Reform des WKN-Systems ist deshalb unvermeidlich. Sie steht am 23. April 2003 an. Dann nämlich werden die deutschen Börsen, die Banken und Sparkassen den international üblichen ISIN-Standard als Primärschlüssel einführen. Die zwölfstellige ☞ International Securities Identification Number (ISIN), ist in Deutschland keine Unbekannte. Schon heute wird sie parallel zur WKN verwendet.

Weitere Pflichten der Banken

Aufgrund der Richtlinie des Bundesaufsichtsamts sind die Banken nicht nur bei der Depoteröffnung, sondern auch bei der Abwicklung der Kundenaufträge an eine Reihe von Sorgfaltsvorschriften gebunden. Rechtlich gesehen handelt das Kreditinstitut als Kommissionär, das heißt, es kauft und verkauft Wertpapiere im Auftrag und auf Rechnung ihres Kunden. Die Geldhäuser haben von daher die Verpflichtung, sämtliche Aufträge schnellstmöglich („zeitnah und in der Reihenfolge des Eingangs") und unter Wahrung des Kundeninteresses abzuwickeln. Dazu gehört auch, dass sich die Bank konkret bemüht, den günstigsten Preis zu erzielen. Eine als Einheit in Auftrag gegebene Order darf – zumindest in der Theorie – nur dann in Teilaufträge gesplittet werden, wenn das unter Berücksichtigung der anfallenden Kosten wirtschaftlich sinnvoll ist. Nach Abwicklung des Auftrags muss die Gutschrift beziehungsweise Lastschrift unverzüglich erfolgen, das heißt spätestens zum Abrechnungs- beziehungsweise Liefertermin, zwei Börsentage nach dem Handelstag.

Eigentlich selbstverständlich ist auch die Pflicht, für den Kunden eine Abrechnung zu erstellen, die alle wesentlichen Angaben (Wertpapier, Kurs, Handelstag und so weiter) enthält und alle Kostenbestandteile (zum Beispiel Bankprovision, Börsengebühren) transparent und verständlich auflistet. Über Orders, die nicht sofort am Tag der Erteilung ausgeführt worden sind, muss der Kunde spätestens am Tag nach der Auftragserteilung eine schriftliche Bestätigung erhalten.

Wenn die Bank gegen diese Verpflichtungen verstößt, bedeutet das allerdings noch nicht, dass der Anleger auch ein Anrecht auf Schadenersatz besitzt (→ Seite 399). Er kann sich lediglich beim Bundesaufsichtsamt für den Wertpapierhandel beschweren.

☞ International Securities Identification Number, kurz ISIN genannt: Eine internationale Wertschriften-Identifikationsnummer.

TIPP

Wenn Sie eine Reklamation haben, der nachzugehen sich Ihre Bank oder Sparkasse weigert, wenden Sie sich bei privaten Banken an den zuständigen Ombudsmann und bei den Instituten anderer Bankengruppen an die zuständige verbandsinterne Beschwerdestelle (→ Seite 410). Informieren Sie das Bundesaufsichtsamt für den Wertpapierhandel, wenn Sie den Verdacht haben, dass Ihr Institut gegen Auflagen des Wertpapierhandelsgesetzes verstoßen hat.
Das Aufsichtsamt wird zwar nicht in Einzelfällen tätig, nimmt Beschwerden aber zum Anlass für gezielte Prüfungen und Kontrollen. Mit dem Inkrafttreten des Vierten Finanzmarktförderungsgesetzes wird die neu gegründete Bundesanstalt für Finanzdienstleistungsaufsicht diese Aufgabe übernehmen (→ Seite 424).

☞ Ultimo: Auf dem Auftrag wird das Monatsende mit Ultimo oder Ultimo + 1 (= der letzte Tag des Folgemonats) oder 2 (= Ende des übernächsten Monats) vermerkt.

Nicht zu jedem Preis kaufen und verkaufen

Normalerweise würde kaum jemand auf ein Geschäft eingehen, bei dem er den Preis nicht kennt. Doch genau das geschieht an der Börse. Da sich die Kurse dort permanent verändern, weiß der Anleger nicht, was er zum Beispiel für eine Aktie bezahlen muss beziehungsweise was sie einbringt, wenn er seinen Auftrag erteilt. Ein Blick ins Internet oder eine Nachfrage bei der Bank gibt zwar einen Anhaltspunkt über den aktuellen Kursverlauf. Aber bis die Order an der Börse vorliegt, vergehen einige Minuten, in denen sich die Marktlage und damit der Preis verändern können. Um zu verhindern, dass ein Papier zu teuer eingekauft oder zu billig verkauft wird, kann der Anleger bei einer Kauforder eine Preisobergrenze und bei einer Verkaufsorder eine Preisuntergrenze angeben. In der Fachsprache wird dies Kauf- beziehungsweise Verkaufslimit genannt. Wenn ein Anleger zum Beispiel eine bestimmte Aktie kaufen möchte, dafür jedoch nicht mehr als 75 Euro bezahlen will, setzt er bei der Auftragserteilung ein Kauflimit von 75 Euro. Notiert die Aktie bei 77 Euro, wird die Order so lange nicht ausgeführt, bis der Kurs des Papiers unter diese vorgegebene Grenze sinkt.

☞ Market-Orders: Market-Kauforders werden auch „Billigst"-Orders genannt und Market-Verkaufsorders „Bestens"-Orders.

Eine Order lässt sich allerdings nicht nur im Preis, sondern auch zeitlich limitieren. Üblicherweise gelten Limitorders bis zum Ende des laufenden Monats, auf Wunsch aber auch bis Ende der jeweils darauf folgenden Monate. ☞ Ultimo

Der Anleger kann aber auch bestimmen, dass die Order ausschließlich am Tag der Auftragserteilung, in der Fachsprache tagesgültig genannt, oder etwa auch eine Woche gültig ist und danach erlischt. Fällt im genannten Beispiel der Kurs des Papiers erst am Folgetag unter die Marke von 75 Euro und der Auftrag war nicht als tagesgültig aufgegeben, wird er noch ausgeführt.

Teilausführung vermeiden

Bei limitierten Orders muss der Anleger allerdings damit rechnen, dass nur ein Teil seines Auftrags ausgeführt wird (→ Seite 84). Wenn er zum Beispiel 500 Stück bestellt hat, bekommt er möglicherweise nur 100 Stück, weil sich zu diesem Zeitpunkt nicht genügend Verkäufer zu dem angegebenen Preis gefunden haben. Den Rest erhält er dann später oder gar nicht. Solche Teilausführungen können vor allem bei kleineren Mengen teuer werden, denn jedes Mal werden die vollen Bankspesen und vor allem Mindestgebühren fällig.

Wer diesen Ärger vermeiden will, muss eine preislich unlimitierte Order, auch ☞ Market-Order genannt, erteilen. Market-Orders werden am Tag der Auftragserteilung mit hoher Wahrscheinlichkeit vollständig ausgeführt.

Allerdings hat der Anleger bei einer Market-Order keine Kontrolle über den zu zahlenden beziehungsweise den erzielbaren Preis. Bei großen Werten ist das kein Problem. Dagegen kann es bei kleinen Werten durchaus zu hohen Kursausschlägen kommen, sodass in diesem Fall grundsätzlich ein Limit angebracht ist.

Eine andere Möglichkeit, Teilausführungen vorzubeugen, besteht darin, Orders, die im elektronischen Handelssystem Xetra (→ Seite 86) aufgegeben werden, mit dem Zusatz ☞ **Fill-or-kill** (FOK) zu versehen. Das heißt, die Order wird als Ganzes ausgeführt oder – falls das nicht möglich ist – als Ganzes umgehend wieder gelöscht.

Mit Limits arbeiten

Limits können allerdings nicht nur gezielt beim Kauf oder Verkauf eingesetzt werden, sondern auch, um sich vor überdurchschnittlich starken Kursschwankungen zu schützen beziehungsweise davon zu profitieren. Diese so genannten Stop-Orders werden deshalb in der Regel nur bei Aktien und Optionsscheinen eingesetzt. Dabei gibt der Anleger zunächst eine bestimmte Kursmarke vor. Bei einer Stop-Loss-Order wird das betreffende Papier verkauft, wenn der aktuelle Börsenkurs die Limitmarke berührt beziehungsweise unterschreitet – allerdings nicht zu diesem Preis, sondern erst zum nächsten, darauf folgenden Kurs, den der Makler feststellt (→ Seite 82) oder der im Handelssystem Xetra zustande kommt. An sehr schwachen Börsentagen kann das unter Umständen dazu führen, dass die Papiere zu Tiefstkursen verschleudert werden. Angenommen der Anleger hat zehn Aktien der Deutschen Bank in seinem Depot, für die er ein Stop-Loss-Limit von 80 Euro erteilt. An einem Tag fällt die Aktie tatsächlich auf diese Limitmarke. Daraufhin werden die zehn Stück unverzüglich als unlimitierter Bestens-Auftrag an der Börse zum Verkauf gestellt. Herrscht an diesem Tag starker Verkaufsdruck, ist es wahrscheinlich, dass die Notierung weiter fällt, sodass der Posten unter Umständen erst zu 77 oder 76 Euro einen Abnehmer findet.

Umgekehrt wird bei Stop-Buy-Orders eine Billigst-Order über die gewünschte Stückzahl an die Börse geleitet, wenn der Kurs über die Limitmarke ansteigt. Solche Orders sind vor allem dann sinnvoll, wenn ein Papier vom Markt „entdeckt" wird, der Kurs anspringt und der Anleger noch auf den fahrenden Zug aufspringen will.

Wichtig ist, dass bei bestimmten Ereignissen wie zum Beispiel dem Abschlag von Bezugsrechten (→ Seite 161), der Ausgabe von Berichtigungsaktien (→ Seite 162), Auslosungen (ausschließlich bei Anleihen, → Seite 226) und Kursaussetzungen (→ Seite 132) sowie in der Regel zum Jahresende Limitaufträge automatisch von der Börsenverwaltung gelöscht werden. Der Anleger muss dann einen neuen Auftrag erteilen.

■ TIPPS
für den Umgang mit Limits

- Limits sind keine preiswerte Angelegenheit. Viele Kreditinstitute verlangen für die Erteilung, Änderung und/oder Nichtausführung eines Limits Gebühren. Gehen Sie deshalb überlegt damit um.
- Bei sehr liquiden, das heißt umsatzstarken Aktien wie zum Beispiel Siemens, Bayer und DaimlerChrysler sind Limits in der Regel nicht notwendig. Sinnvoll sind sie dagegen bei wenig gehandelten Werten mit großen Kursschwankungen – zum Beispiel am Neuen Markt. Auch im elektronischen Handelssystem Xetra sollten Sie nie eine Order ohne Preisgrenze erteilen, da Sie dort Gefahr laufen, von den Profis übervorteilt zu werden (→ Seite 86).
- Einem Limit sollte immer eine klare Strategie zugrunde liegen. Möchten Sie zum Beispiel eine bestimmte Aktie unbedingt haben und geht es nur darum, sich vor unerwünschten Ausreißern nach oben zu schützen, setzen Sie ein Limit 3 bis 4 Prozent über dem aktuellen Kurs. Aktuelle Kursinformationen erhalten Sie im Internet (→ Seite 126) und bei Ihrer Bank.

☞ **Fill-or-kill:** Frei übersetzt aus dem Englischen „ganz oder gar nicht".

- Wenn Sie dagegen gezielt bei „Kursausrutschern" zum Zuge kommen wollen, legen Sie ein „Abstauberlimit in den Markt", das heißt, Sie setzen das Limit zum Beispiel 5 bis 10 Prozent unter (beim Kauf) beziehungsweise über (beim Verkauf) dem aktuellen Kurs fest.
- Nutzen Sie Stop-Loss-Limits als Notbremse, um Verluste zu begrenzen – zum Beispiel, wenn Sie eine bestimmte Aktie eine Zeit lang nicht permanent verfolgen wollen oder können. In dem Fall setzen Sie die Marke etwa 15 bis 20 Prozent unter dem aktuellen Kurs fest. Denken Sie aber daran, bei steigenden Kursen die Limitmarke regelmäßig nach oben anzupassen, um Ihre zwischenzeitlichen Kursgewinne abzusichern. Da einige Banken jedes erteilte Limit gesondert in Rechnung stellen, kann diese Methode allerdings ins Geld gehen. Die Alternative, um Kosten zu sparen: Wenn Sie die Kurse „Ihrer" Papiere regelmäßig verfolgen und in der Lage sind, schnell zu reagieren, können Sie „fiktive" Limits legen, bei deren Erreichen Sie von sich aus aktiv werden.
- Kontrollieren Sie Ihre Stop-Limits! Hat der aktuelle Kurs bei der Eingabe der Stop-Loss-Order die Limitmarke bereits unterschritten, wird die Order im Präsenzhandel umgehend als Bestens-Auftrag (→ Seite 46) abgerechnet. Im Handelssystem Xetra wird sie als nicht ausführbar gar nicht angenommen beziehungsweise gelöscht.
- Vermeiden Sie bei Ihren Limits „runde" Zahlen. Erfahrungsgemäß wählen sehr viele Anleger glatte Kursmarken. Erreicht der Kurs diesen Wert, kann das leicht eine kleine Verkaufs- oder Kaufwelle auslösen. Deshalb vor allem Stop-Limits leicht über solchen psychologischen Preisgrenzen ansetzen.

Der fünfte Schritt: Börsenplätze prüfen

Neben dem Wertpapier selbst, der Menge und dem Limit kann der Anleger auch bestimmen, an welchem Börsenplatz seine Order ausgeführt wird. Die Wahl des Börsenplatzes ist für den Anleger keineswegs unwichtig, denn nur an einer Börse mit lebhaftem Handel hat er grundsätzlich die Gewähr, einen marktgerechten Preis zu bekommen.

In Deutschland gibt es insgesamt acht verschiedene Wertpapierbörsen – und zwar in Berlin, Bremen, Düsseldorf, Frankfurt, Hamburg, Hannover, München und Stuttgart. Dazu kommt eine spezielle Warenterminbörse in Hannover, an der Argrarprodukte wie zum Beispiel Kartoffeln und Raps „auf Termin" (→ Seite 320) gehandelt werden, und eine Strombörse in Leipzig, die den Handel mit Stromkontrakten organisiert. Die Eurex als dritte Ergänzung der deutschen Börsenlandschaft ist die deutsch-schweizerische Terminbörse für Wertpapiere (zu Optionen und Futures → Seite 325).

Kaum ein privater Anleger weiß allerdings, welches Papier an welchem Platz und mit welchem Umsatz gehandelt wird. Darüber hinaus hat jeder Börsenplatz seine eigenen Stärken und Schwächen. Meist übernimmt die Bank mit der Auftragseingabe die Entscheidung und leitet die Order entweder an die nächstgelegene Börse weiter oder nach Frankfurt – den mit Abstand größten und handelsstärksten Finanzplatz in Deutschland, an dem über 80 Prozent des Börsenhandels abgewickelt werden.

Die Regionalbörsen: Klein, aber oho

Mit der Mainmetropole können die Regionalbörsen in puncto Umsatz nicht mithalten. Um im Wettbewerb dennoch zu bestehen, haben sie es sich auf die Fahne geschrieben, Vorreiter in Sachen Service zu sein.

Die Regionalbörsen waren zum Beispiel die ersten, die ihre ☞ Handelszeiten auf den heute üblichen Rahmen ausgedehnt haben. Bremen und Stuttgart haben 1999 die Mindestgrößen für Aktienaufträge, die so genannte Mindestschlussgröße, von 100 beziehungsweise 50 auf 1 herabgesetzt und damit die anderen Börsen in Zugzwang gebracht. Mittlerweile werden an allen deutschen Börsen – mit Ausnahme von Frankfurt – während der gesamten Handelszeit Aufträge in jeder beliebigen Größenordnung gehandelt.

Exkurs

Deutsche Börsenplätze im Profil

Jede deutsche Regionalbörse hat sich mittlerweile ein eigenes Profil zugelegt.

Berlin: Mekka für ausländische Aktien

Die Berliner Börse gilt als das Mekka der Auslandswerte. Mehr als 10 000 Titel aus rund 70 Ländern werden im Freiverkehr (→ Seite 77) gehandelt. Der Schwerpunkt liegt dabei auf US-amerikanischen Unternehmen aus Technologiebranchen (Internet, Computer, Software und so weiter), dazu kommen viele Werte aus Osteuropa. Zusätzlicher Clou der Börse in der Bundeshauptstadt: Der Anleger kann per Internet die Orderbücher (→ Seite 82) einsehen und erhält auf diese Weise einen tieferen Einblick in das Handelsgeschehen. Allerdings muss er damit rechnen, dass diese Bücher gerade bei kleineren Werten leer sind, weil dort kaum Handel zustande kommt. Aber auch diese Information ist für ihn von Nutzen, weil er damit weiß, dass es besser ist, an einem liquideren Platz zu ordern. KONTAKT ▶

Bremen: Der kleinste Börsenplatz auf der Deutschlandkarte

An der Bremer Börse werden die wichtigsten deutschen, europäischen und US-amerikanischen Titel gehandelt. Sie ist gemessen an den Geschäftsabschlüssen nach Hannover die zweitkleinste deutsche Wertpapierbörse. Interessant für den Privatanleger ist in Bremen die Kursgarantie: Alle Orders werden innerhalb der Preisspanne, die zu diesem Zeitpunkt im elektronischen Handelssystem Xetra (→ Seite 86) oder auf dem Frankfurter Parkett gelten (→ Seite 65), ausgeführt. Der Anleger kann also relativ sicher sein, einen marktgerechten Kurs zu bekommen, obwohl er seine Order an einem sehr kleinen Handelsplatz ausführen lässt. KONTAKT ▶

Düsseldorf: Für den privaten Anleger

Die Rheinisch-Westfälische Börse zu Düsseldorf hat sich ganz dem privaten Anleger verschrieben. Gehandelt werden dort alle großen deutschen und ausländischen Aktien und eine Vielzahl von Optionsscheinen. KONTAKT ▶

Die Düsseldorfer Börse wirbt mit „quality trading", das heißt, 95 Prozent aller Orders werden innerhalb von zwei Minuten nach Eintreffen auf dem Parkett ausgeführt. An einigen anderen Handelsplätzen wie zum Beispiel Frankfurt muss der Anleger dagegen warten, bis der Makler einen neuen Kurs feststellt (→ Seite 82). Das kann je nach Kursentwicklung wertvolle Zeit kosten. Außerdem muss der Skontroführer (→ Seite 65) in Düsseldorf bei der Kursfeststellung für ein bestimmtes Wertpapier auch die Order- und Preislage an der Börse oder in dem Handelssystem berücksichtigen, an der beziehungsweise in dem die höchsten Umsätze getätigt werden. Der Anleger bekommt dadurch immer einen Preis, der in unmittelbarer Nähe zum aktuellen Kurs am so genannten Referenzmarkt liegt – zum Beispiel in Xetra. Darüber hinaus betreibt die Düsseldorfer Börse zusammen mit Partnern aus der Finanzindustrie ein gesondertes Handelssystem mit Namen Quotrix, das privaten wie institutionellen Anlegern den direkten elektronischen Handel mit Banken und Maklern nach dem Market-Maker-Prinzip (→ Seite 51) ermöglicht. Die Anleger können dort börsentäglich von 8 bis 23 Uhr die wichtigsten deutschen, europäischen und

☞ Handelszeiten: Bis vor wenigen Jahren lief der Börsenhandel täglich nur von 10.30 bis 13.30 Uhr. Heute haben die deutschen Börsen dagegen von 9.00 bis 20.00 Uhr geöffnet. Eine erneute Verlegung, nämlich die Vorverlegung des Handelsschlusses auf 17.30 Uhr steht wieder zur Diskussion.

▶ KONTAKT

Berliner Wertpapierbörse
Fasanenstr. 85
10623 Berlin
Tel. 0 30/31 10 91-0
www.berlinerboerse.de

Bremer Wertpapierbörse
Obernstr. 2–12
21895 Bremen
Tel. 0 41 21/32 12 82
www.boerse-bremen.de

Rheinisch-Westfälische Börse zu Düsseldorf
Ernst-Schneider-Platz 1
40212 Düsseldorf
Tel. 02 11/13 89-0
www.rwb.de

US-amerikanischen Aktien direkt handeln (→ „Ohne Umwege ...“, Seite 51).

Hamburg und Hannover: Gemeinsam stark

Die beiden Nordbörsen Hamburg und Hannover haben sich zum 1. Januar 1999 zusammengeschlossen.

Die Stärke der Niedersachsen ist der Handel mit Anleihen, in der Hansestadt bilden ausländische Aktien einen Schwerpunkt. Hamburg bietet als Besonderheit für sehr risikofreudige Investoren den OTC Bulletin Board an. Dort werden Aktien hoch spekulativer US-Unternehmen gehandelt, die weder an der US-Technologiebörse Nasdaq noch an einer anderen US-Börse notiert werden. KONTAKT ▶

München: Neue Handelssegmente

Die Bayerische Börse in München legt das Augenmerk auf den Ausbau ihrer Handelssegmente (→ Seite 69) – so zum Beispiel den so genannten Prädikatsmarkt, der ähnlich wie der Neue Markt an der Frankfurter Börse (→ Seite 70) jungen, innovativen Unternehmen den Weg an den Kapitalmarkt ebnen soll. Im „Prädikatsmarkt Select“ und im „Top Quality Market“ unterwerfen sich die teilnehmenden Unternehmen freiwillig schärferen Publizitätsvorschriften als den gesetzlich geforderten (→ Seite 78). Auf diese Weise soll die Attraktivität für den Anleger steigen. Daneben listet München eine große Zahl von Auslandsaktien aus über 50 Ländern. Die Börse gibt dabei für 130 große US-Werte eine Preisgarantie: Der Makler führt den Auftrag mit einer Abweichung von maximal 0,5 Prozent zum Kurs an der Heimatbörse aus. Allerdings nur in der Zeit von 15.30 Uhr (Öffnung der US-Börsen) bis 20 Uhr (Handelsschluss München). Dazu kommt eine Price-Plus-Garantie, das heißt, dass die Börse dafür einsteht, 85 Prozent aller Aufträge innerhalb von zwei Minuten zu einem marktgerechten Preis – gemessen am aktuellen Kurs am jeweils liquidesten Börsenplatz – auszuführen. KONTAKT ▶

Stuttgart: Die Nr. 1 bei Optionsscheinen

Nach Umsatz und Zahl der Orders ist die Baden-Württembergische die Nummer 2 der deutschen Börsen. Beim Handel mit Optionsscheinen nimmt sie sogar den Spitzenplatz ein. Dafür betreibt sie seit Juli 1999 unter ihrem Dach eine spezielles Börsensegment, die ☞ Euwax.

Rund 80 Prozent aller über die Börse abgewickelten Optionsscheingeschäfte werden über die Euwax abgewickelt. Insgesamt notieren dort über 25 000 verschiedene Scheine. Im Laufe des Jahres 2002 soll nach den Plänen der Börsenverwaltung sogar eine Internetplattform für den weltweiten Optionsscheinhandel aufgezogen werden.

Auch Stuttgart wirbt im Parketthandel mit einer „Best-Price-Garantie“: Der Auftrag des Anlegers wird nie mit einem schlechteren Kurs abgerechnet als zur selben Zeit im elektronischen Handelssystem Xetra. Bei den großen europäischen Titeln aus dem Stoxx-Index (→ Seite 102) wird die Order sogar zum selben Preis abgerechnet, der zu diesem Zeitpunkt am jeweiligen Heimatmarkt gilt. Zusätzliches Bonbon für Internetnutzer: Seit Anfang 2002 stellt die Börse ihre Kurse ohne Zeitverzögerung, in so genannter Echtzeit, ins Netz. KONTAKT ▶

Frankfurt: Finanzzentrum am Main

Die Frankfurter Wertpapierbörse (FWB) ist der mit Abstand größte deutsche Handelsplatz für Wertpapiere. Über 18 000 verschiedene Wertpapiere werden hier gelistet. Mit dem Neuen Markt, Handelssegment für junge, innovative Unternehmen aus Wachstumsbranchen (→ Seite 70), und dem elektronischen Handelssystem Xetra hat die FWB in der deutschen Börsenlandschaft Standards gesetzt. Auf eine Preisgarantie kann sie dabei in vielen Fällen verzichten. Da sie der Platz mit dem größten Handelsvolumen ist, übernimmt sie bei der Kursbildung oft die Leitfunktion für die anderen Börsenplätze. Allerdings hat die FWB in den letzten

☞ Euwax: European Warrant Exchange, zu Deutsch: Europäische Optionsscheinbörse.

▶ KONTAKT

Börse Hamburg
Zippelhaus 5
20457 Hamburg
Tel. 0 40/36 13 02-0
www.boersenag.de

OTC Bulletin Board:
www.highriskmarket.de

Niedersächsische Börse zu Hannover
c/o BÖAG Börsen AG
Rathenaustr. 2
30159 Hannover
Tel. 05 11/32 76 61
www.boersenag.de

Bayerische Wertpapierbörse
Lehnbachplatz 2a
80333 München
Tel. 0 89/54 90 45-0
www.bayerische-boerse.de

Baden-Württembergische Wertpapierbörse
Königstr. 28
70173 Stuttgart
Tel. 08 00/2 26 88 53
www.boerse-stuttgart.de

Jahren die Privatanleger vernachlässigt. Mit neuen Serviceangeboten will sie deshalb verloren gegangenes Terrain gegenüber den Regionalbörsen wieder gutmachen. KONTAKT ▶

Wo was ordern ?

Der Vorteil der Preisgarantien, die einige Börsen geben, ist, dass der Anleger dadurch einen ebenso guten Preis erzielen kann wie am liquidesten Markt. Allerdings muss er die konkrete Ausgestaltung der Garantien kennen, um zu wissen, was sie im Einzelnen versprechen. Zum Teil betreffen sie nur Teilmärkte oder weisen zeitliche Einschränkungen auf. Eine verzögerte Ausführung kann den Anleger aber unter Umständen viel Geld kosten. Wer bei diesem vielfältigen Angebot aus Profilen und Garantien nicht jedes Mal erneut entscheiden will, welcher Platz der jeweils beste für eine Order ist, kann folgende Faustregel verwenden: Die großen deutschen Aktien kann man an allen acht Börsenplätzen mit ruhigem Gewissen kaufen und verkaufen. Bei Aktien des Neuen Marktes geht man am besten an die Heimatbörse Frankfurt. Bei Optionsscheinen ist Stuttgart erste Wahl. Bei ausländischen Aktien sind Berlin, Düsseldorf und München stark. Wer Aktien kleinerer deutscher Unternehmen, die so genannten Nebenwerte, oder ausländische Exoten kaufen will, muss zwangsläufig an den Börsen ordern, an denen sie notiert werden.

Vorteilhaft sind in diesem Fall Preisgarantien, die sich auf ausländische Papiere (beispielsweise an der Börse in Düsseldorf, München und Stuttgart) beziehen. Der Käufer beziehungsweise Verkäufer wird dabei so gestellt, als würde er an der – liquiden – Heimatbörse des jeweiligen Wertes handeln und durch den Kauf über die deutsche Börse zahlt er nur die Spesen wie für eine inländische Aktie. Auf diese Weise wird auch der Kauf kleinerer Stückzahlen rentabel. KONTAKT ▶

Ohne Umwege kaufen und verkaufen

Viele Privatanleger möchten gern sofort nach Erteilung eines Auftrags wissen, ob und zu welchem Preis die Order ausgeführt wurde. Das erfahren sie aber erst, wenn die Abrechnung vorliegt. Einige Direktbanken bieten ihren Kunden deshalb als Alternative zum organisierten Börsenhandel Zugang zu speziellen, außerbörslichen Handelssystemen an. Damit können sie per Internet direkt mit Maklerhäusern und Banken handeln. Der Anleger startet dabei per Computer eine Preisanfrage für ein bestimmtes Wertpapier und bekommt von einem Market Maker (→ Seite 86) verbindliche Geld- und Briefkurse genannt. Ist er damit einverstanden, kann er den Handel mit einem weiteren Mausklick abschließen. Verbucht wird die Transaktion dann ganz normal über das Depotkonto bei seiner Direktbank.

▶ KONTAKT
Deutsche Börse AG
Börsenplatz 7–11
60313 Frankfurt
Tel. 0 69/21 01-0
www.
deutsche-boerse.com

Vorteil: Der Kurs liegt bei Ordererteilung fest

Der Vorteil für den Anleger ist, dass es keine Unsicherheit mehr gibt bezüglich des ausgehandelten Preises. Teilausführungen werden vermieden. Außerdem kann er bei vielen Systemen auch nach Börsenschluss handeln, was bedeutet, auch außerhalb der üblichen Börsenöffnungszeiten auf kursrelevante Ereignisse unmittelbar reagieren zu können (→ Tipp, Seite 52).

Nachteil: Keine Preistransparenz

Der Service hat natürlich seinen Preis. Der Makler oder die Bank verlangen eine zusätzliche Provision oder bieten die jeweiligen Papiere mit einem Aufschlag beziehungsweise Abschlag zum aktuellen Börsenkurs an. Schließlich wollen auch sie an dem Geschäft verdienen. Es ergibt sich beim Direktgeschäft also in vielen Fällen ein etwas schlechterer Kurs als an der Börse. Wer abschätzen will, wie groß dieser Nachteil ist, muss gleichzeitig Zugriff auf die entsprechenden Echtzeitkurse der Börse haben. Dann lassen sich beide Preise verglei-

▶ KONTAKT
Internetnutzer können sich auf den Homepages der Börsen, bei Discountbrokern oder anderen Börsendiensten über die Umsätze einzelner Papiere an unterschiedlichen Börsenplätzen informieren – zum Beispiel unter **www.dabbank.de** (kostenlose Registrierung erforderlich) oder **www.comdirect.de**

chen. Als Faustregel gilt: Je marktgängiger das jeweilige Papier ist, desto geringer ist die Differenz zum Börsenkurs. Bei den großen liquiden Aktien zum Beispiel aus dem Deutschen Aktienindex Dax fällt der Unterschied in der Regel kaum ins Gewicht. Dagegen kann der Kauf einer Aktie vom Neuen Markt via Direkthandel deutlich teurer werden als über die Börse, denn dort sind Auf- beziehungsweise Abschläge von 1 bis 2 Prozent keine Seltenheit.

Kosten gegen Nutzen

Der Anleger muss also im Einzelfall abwägen, was ihm die Sicherheit bei der Ausführung und beim Kurs wert ist. Wenn er zum Beispiel ein bestimmtes Papier auf jeden Fall abstoßen will, weil der Kurs stark fällt, kann ein schneller Verkauf bares Geld wert sein. Auf der anderen Seite kann er nur an der Börse mit Limits arbeiten, mit deren Hilfe er im Handelsverlauf unter Umständen noch günstigere Ergebnisse erzielt.

▶ Kontakt
Alle Informationen zu und aktuelle Kurse in Quotrix unter www.quotrix.de

■ **TIPP**

Nur in Ausnahmefällen empfiehlt es sich, außerhalb der offiziellen Börsenzeiten in Direkthandelssystemen zu handeln. Da es keinen Börsenkurs gibt, der als Vergleichsmaßstab herhalten kann, hat der Anleger keinen Anhaltspunkt für einen marktgerechten Preis. Auch die Profis, Makler und Banken, sind in dieser Zeit bei ihrer Preisgestaltung weitgehend auf sich gestellt. Um nicht selbst auf dem falschen Fuß erwischt zu werden und Papiere viel zu billig zu verkaufen beziehungsweise zu teuer einzukaufen, weiten sie die Spannen zwischen ihren Handelskursen aus. Für den Anleger heißt das: Er läuft Gefahr, viel zu teuer einzusteigen oder seine Papiere zu einem schlechten Kurs zu verkaufen. Deshalb ist es besser abzuwarten, bis der offizielle Handel wieder beginnt.

Eine Sonderstellung nimmt bislang das Direkthandelssystem „Quotrix“ der Rheinisch-Westfälischen Börse ein, mit dem der Anleger unmittelbar mit Market Makern handeln kann. Der Vorteil: Die in Quotrix abgeschlossenen Direktgeschäfte fallen unter das Regelwerk und die Kontrolle einer organisierten und staatlich beaufsichtigten Börse. Wichtig dabei ist vor allem, dass auch in Quotrix die von der Börsenverwaltung unter dem Begriff „Quality Trading“ (→ Seite 49) aufgestellten Grundsätze und Handelsregeln gelten. Das heißt, bei den liquiden Aktientiteln etwa aus dem Dax- und MDax-Index (→ Seite 107) wird der Anleger fast so gestellt wie die Profis, die ihre Orders zum Beispiel über das elektronische Handelssystem Xetra der Frankfurter Börse abwickeln. Für eine fortgeschrittene Ausbaustufe ist zusätzlich geplant, bei jedem in Quotrix gehandelten Papier den aktuellen Kurs in Xetra oder an der Heimatbörsen online darzuzustellen, sodass der Anleger bei einer Preisabfrage per Internet genau ablesen kann, wie viel mehr oder weniger er in Quotrix gegenüber dem jeweiligen Referenzmarkt zahlt beziehungsweise bekommt. Kontakt ▶

Festpreisgeschäfte – nur bei Anleihen empfehlenswert

Eine andere Form des Direkthandels sind so genannte Festpreisgeschäfte. Diese werden oft bei Anleihen abgeschlossen – meist, wenn die Bank eine eigene Emission (→ Seite 228) aufgelegt oder einen größeren Posten von einem befreundeten Institut übernommen oder günstig an der Börse eingekauft hat. Statt zum aktuellen Börsenkurs werden die Papiere dann päckchenweise zu einem festen Preis, der alle Spesen enthält, an die Anleger weiterverkauft. Im Gegensatz zum üblichen Börsengeschäft kommt hierbei also ein Kaufvertrag zwischen der Bank und ihrem Kunden zustande. Alle Konditionen werden dabei fest vereinbart und können hinterher nicht geändert werden. Darauf muss das Institut ausdrücklich hinweisen. Ob ein solches Festpreisgeschäft vorteilhaft ist, muss der

Kunde selbst kalkulieren. Er kann dazu die Rendite inklusive Kosten mit der Rendite anderer festverzinslicher Wertpapiere vergleichen (→ Seite 230), indem er zum Beispiel dem Kurs einer Bundesanleihe mit ähnlicher Laufzeit und Verzinsung die üblichen Gebühren hinzuaddiert. Das Festpreisgeschäft sollte einen besseren Ertrag bringen als ein Kauf über die Börse.

Das nötige Startkapital

Zusammen mit der Ermittlung des eigenen Börsenbudgets und der Wahl einer geeigneten Bank spielt natürlich die Frage eine Rolle, wie viel Geld man für den Start an der Börse überhaupt zur Verfügung haben sollte. Viele Anleger, die bislang noch nicht in Wertpapiere investiert haben, sind der Meinung, dass die Börse nur Vermögenden vorbehalten ist. Doch das ist ein Vorurteil. Auch mit kleinen Beträgen lässt sich ein Start verwirklichen.

Vermögenswirksame Leistungen für den Einstieg nutzen

Vor allem: Beim Gang an die Börse helfen unter Umständen der Arbeitgeber und das Finanzamt im Rahmen der staatlich geförderten Vermögensbildung mit einem Zuschuss.

Voraussetzung dafür ist zunächst, dass der Börseninteressierte in einem tarifvertraglich geregelten Beschäftigungsverhältnis steht. In über 90 Prozent aller Fälle hat er damit nämlich Anspruch auf die so genannten vermögenswirksamen Leistungen seines Arbeitgebers – kurz VL genannt. Im Tarifvertrag steht auch, wie hoch diese VL sind, die zusätzlich zum normalen Lohn oder Gehalt gezahlt werden. 6,50 Euro ist der Mindestbetrag, 13 oder 26 Euro sind die Regel. Besonders großzügige Unternehmen zahlen ihren Mitarbeitern sogar den Höchstbetrag von 40 Euro pro Monat.

Das Prozedere bei der VL-Anlage

Dieser Zuschuss landet jedoch nicht auf dem Girokonto des Arbeitnehmers. Er muss einen Sparvertrag abschließen und die vermögenswirksamen Leistungen bei seinem Arbeitgeber beantragen. Dieser ist dann verpflichtet, den VL-Betrag nach Abrechnung der darauf entfallenden Sozialabgaben und Steuern vom Nettolohn abzuziehen und auf den Sparvertrag zu überweisen. So ist es im Vermögensbildungsgesetz geregelt. Dort steht auch, welche Sparformen für die VL-Anlage infrage kommen. Der Katalog ist reichhaltig. Er reicht von Banksparplänen, Lebensversicherungen und Bausparverträgen bis zu Investmentfonds und Beteiligungspapieren (→ Tabelle, nachfolgende Seite). Wer sein Geld vor allem in Wertpapieren anlegen will, wird fast zwangsläufig bei einem Investmentfonds landen (→ Seite 283). Fonds sind für die Anlage der relativ geringen Monatsbeträge und unter dem Aspekt der Risikostreuung (→ Seite 28) am besten geeignet. Reine Aktiensparpläne werden meist im Rahmen der Mitarbeiterbeteiligung angeboten (→ Seite 57).

Unabhängig von der gewählten Anlagevariante muss jeder VL-Vertrag sechs Jahre lang angespart werden und ruht dann ein Jahr. Erst nach Ablauf dieser insgesamt siebenjährigen Sperrfrist kann der Sparer frei über das Kapital verfügen. Diese Frist lässt sich aber mit etwas Geschick verkürzen. Das Kalenderjahr, in dem die erste Einzahlung erfolgt, zählt bei den sieben Jahren nämlich voll mit – auch wenn der Vertrag beispielsweise erst im Dezember abgeschlossen wird. De facto verkürzt sich dadurch die Sperrfrist auf sechs Jahre und einen Monat.

Zusätzliche Arbeitnehmersparzulage vom Staat

Nicht nur der Arbeitgeber unterstützt die Vermögensbildung. Unter bestimmten Voraussetzungen legt auch der Staat noch etwas dazu: die so genannte Arbeitnehmersparzulage. Mit

Sparen mit VL – ein Überblick

Sparform	Zulagen begünstigt	Höhe der Arbeitnehmersparzulage (in Prozent)	Förderungsfähiger Höchstbetrag (in Euro)
Investmentfonds [1]	Ja	20/25 [2]	408
Aktien	Ja	20/25 [2]	408
Bausparvertrag	Ja	10	480
Kapitallebensversicherung	Nein	–	–
Kontensparvertrag	Nein	–	–
Genossenschaftsanteile	Ja	20/25 [2]	408
Genussscheine, Wandelschuldverschreibungen, GmbH-Anteile und Gewinnschuldverschreibungen vom arbeitgebenden Unternehmen	Ja	20/25 [2]	408

[1] Nur Fonds, deren Aktienanteil ständig über 60 Prozent liegt.
[2] Arbeitnehmer in den neuen Bundesländern bis einschließlich 2004.

dieser Zulage fördert der Fiskus die Anlage der vermögenswirksamen Leistungen in Bausparverträgen und Beteiligungssparformen wie zum Beispiel Genossenschaftsanteilen, Genussscheinen, GmbH-Anteilen, Aktien und Investmentfonds.

Die Zulage beträgt bei Bausparverträgen 10 Prozent bis zu einem Förderungshöchstbetrag von 480 Euro pro Jahr. Bei den Beteiligungspapieren steigt die Zulage auf 20 Prozent der Sparsumme. Allerdings sinkt gleichzeitig der förderungsfähige Höchstbetrag auf jährlich 408 Euro.

Das Besondere seit Anfang 1999: Beide Fördertöpfe können mit zwei parallel laufenden Verträgen gleichzeitig angezapft werden – also einem Bausparvertrag und beispielsweise einem Fondssparvertrag. Die vermögenswirksamen Leistungen des Arbeitgebers erhöhen sich in diesem Fall allerdings nicht, sodass der Arbeitnehmer die Sparraten aus seinem Netto-Gehalt entsprechend aufstocken muss.

So viel dürfen Arbeitnehmer verdienen, um Sparzulage zu erhalten[1] ***(Bruttolohn in Euro)***

Familienstand	Arbeiter/ Angestellter	Beamter
Alleinstehende		
ohne Kind	20 960	20 096
mit einem Kind	23 864	23 000
mit zwei Kindern	26 768	25 904
mit drei Kindern	29 672	28 808
Ehepaar, ein Ehepartner berufstätig		
ohne Kind	40 912	39 184
mit einem Kind	46 720	44 912
mit zwei Kindern	52 528	50 800
mit drei Kindern	58 336	56 608
Ehepaar, beide Ehepartner berufstätig		
ohne Kind	41 956	40 228
mit einem Kind	47 764	46 036
mit zwei Kindern	53 572	51 844
mit drei Kindern	59 380	57 652

[1] Stand 1. 1. 2002. Gültig für Arbeitnehmer, deren sonstige Einkünfte (zum Beispiel Kapitaleinkünfte wie Zinsen und Dividenden) unter den entsprechenden Freibeträgen liegen. Der Bruttolohn kann im Einzelfall höher ausfallen – zum Beispiel bei höheren Werbungskosten. *Quelle: LBS Baden-Württemberg*

Die Zulage bekommt er nicht in bar, sondern muss sie im Rahmen der jährlichen Einkommensteuererklärung beantragen. Der staatliche Zuschuss wird dann mit der zu viel gezahlten Einkommensteuer ausgezahlt beziehungsweise bei einer Nachzahlung angerechnet. Um aber überhaupt in den Genuss der Zulage zu kommen, darf der Arbeitnehmer als Lediger nicht mehr als 17 900 Euro und dürfen Ehepaare zusammen nicht mehr als 35 800 Euro im Jahr verdienen. Bei diesen Einkommensgrenzen ist allerdings das zu versteuernde Einkommen entscheidend. Das Bruttoeinkommen kann je nach Familienstand, Zahl der Kinder und persönlicher Steuersituation weitaus höher sein (→ nebenstehende Tabelle).

Vorzeitiger Ausstieg nicht so ohne weiteres möglich

VL-Verträge können nicht so ohne weiteres vorzeitig gekündigt werden. Meist gilt es, bestimmte Kündigungsfristen zu beachten. Dazu kommt: Bei einer Kündigung verlangt das Finanzamt die bereits ausgezahlte Arbeinehmersparzulage zurück. Nur unter bestimmten Umständen verzichtet der Fiskus darauf – zum Beispiel bei Eintritt einer Erwerbsunfähigkeit oder lang anhaltender Arbeitslosigkeit. Allerdings: Der Sparer kann jederzeit seine Zahlungen einstellen und einen neuen Vertrag beispielsweise bei einer anderen Fondsgesellschaft oder Bausparkasse abschließen. Der alte Vertrag wird dann beitragsfrei weitergeführt und bei Fälligkeit ausgezahlt.

Welche Investmentfonds sind geeignet?

Entscheidet sich der VL-Sparer – vernünftigerweise – für einen Investmentfonds als Anlageform, bleibt immer noch die Qual der Wahl.

Die Auswahl ist groß. Die Förderkriterien des Vermögensbildungsgesetzes sehen lediglich vor, dass der Fonds mindestens 60 Prozent seines Geldes ständig in Aktien investieren und eine offizielle Vertriebszulassung in Deutschland besitzen muss. Dadurch kommen weltweit anlegende Fonds ebenso für die VL in Betracht wie hoch spekulative Fonds, die sich auf einzelne Branchen (zum Beispiel Internet) oder exotische Märkte (zum Beispiel asiatische Börsen) spezialisiert haben. In der Praxis ist davon jedoch wenig zu spüren, denn dem potenziell großen Angebot haben die Fondsgesellschaften selbst einen Riegel vorgeschoben. Sie betrachten die VL-Verträge wegen des hohen Verwaltungsaufwands und der geringen Anlagebeträge oft als Zuschussgeschäft. Aktiv für die VL-Anlage angeboten werden von der Fondsbranche rund 150 Fonds (Stand 1. 2. 2002) – oftmals große Publikumsfonds, die überwiegend in Aktien großer und weltweit bekannter Firmen investieren. Hat sich der VL-Sparer nun aber einen bestimmten Fonds herausgesucht, der nicht zu dieser Gruppe gehört, hilft gegebenenfalls eine gezielte Nachfrage bei der jeweiligen Fondsgesellschaft.

■ TIPP

Eine Übersicht über alle angebotenen VL-Fonds hält der Bundesverband Deutscher Investmentgesellschaften (BVI) auf seiner Homepage **www.bvi.de**, Menüpunkt „Vorsorge mit Fonds/ Vermögensbildung" bereit.

Kleiner Aufwand – große Wirkung

VL-Anleger sollten nicht vergessen, dass bei Aktienfonds ebenso wie bei Aktien Geduld und Durchhaltevermögen gefragt sind. Denn auch die Kurse der Aktienfonds sind Schwankungen unterworfen. Deshalb lässt sich nicht exakt vorhersagen, wie viel Geld bis zum Fälligkeitszeitpunkt des Vertrags zusammenkommt. Ein plötzlicher Kurseinbruch an den Weltbörsen während der Ruhephase zum Beispiel kann einen Großteil der zwischenzeitlich erzielten Gewinne aufzehren. VL-Sparer, die auf Aktienfonds setzen, sind deshalb gut beraten, langfristig anzulegen und sich nicht an der Vertragslaufzeit von sieben Jahren zu orientieren. Dazu besteht auch gar kein Grund, denn anders als bei einem Banksparplan etwa werden die Fondsanteile zum Vertragsende nicht automatisch verkauft und das Geld ausgezahlt. Der Sparer kann sie bis zu einem geeigneten Verkaufszeitpunkt halten und mit seinen VL gleichzeitig neue Anteile kaufen.

Mit den vermögenswirksamen Leistungen kann der Arbeitnehmer quasi zum Nulltarif seine private Altersvorsorge stärken.

Auf diese Weise kann ein Arbeitnehmer zum Beispiel seine private Altersvorsorge ohne großen finanziellen Aufwand aufstocken: Bezogen auf das gesamte Berufsleben hat er die Möglichkeit, bis zu sechs VL-Verträge hintereinander abzuschließen. Dabei kann er in der Ruhephase am Ende des Vertrags bereits einen neuen Vertrag ansparen.

Altersvorsorge mit VL

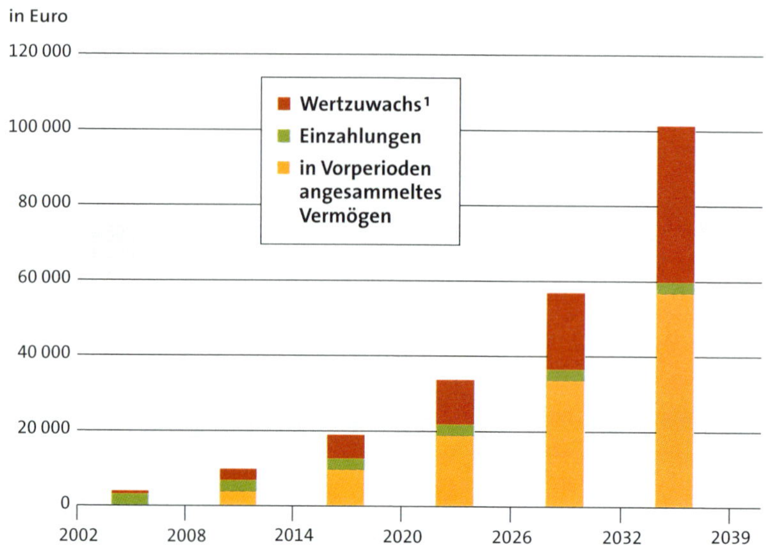

[1] Bei einer durchschnittlichen Rendite von 8 Prozent.

☞ Berechnungsmethode: Bei diesen Berechnungen hat die Stiftung Warentest keine Ausgabeaufschläge berücksichtigt. Bei einem Aufschlag von beispielsweise 5 Prozent müssen die genannten Beträge durch 1,05 geteilt werden.

Beispiel: Vorausgesetzt, der Arbeitnehmer spart in jedem Monat 40 Euro an, dann kommen in 36 Jahren Einzahlungen in Höhe von 17 280 Euro zusammen. Erzielt der Fonds eine durchschnittliche Rendite von 8 Prozent pro Jahr – was nach den bisherigen Untersuchungen der Stiftung Warentest nicht unrealistisch ist –, sammelt sich auf dem Fondskonto eine Summe von 101 147,40 Euro an. Bei einer durchschnittlichen Rendite von 10 Prozent steigt der Betrag auf 166 369,43 Euro. Falls der Sparer für die gesamte Zeit 20 Prozent Sparzulage bekommt, verbessert sich das Ergebnis nochmals um 3 456 auf 169 825,43 Euro. ☞ Berechnungsmethode

Allerdings beruhen diese Zahlen nur auf einer Modellrechnung. Fondsanalysen zeigen, dass es bei den VL-Fonds wie bei allen Investmentfonds erhebliche Qualitätsunterschiede in puncto Wertschwankung und Rendite gibt (→ Seite 313). Es ist also empfehlenswert, vor dem Abschluss eines VL-Vertrags eine aktuelle Auswertung – beispielsweise in FINANZtest – zurate zu ziehen, um einen Anhaltspunkt für die Auswahl zu haben.

Mitarbeiterbeteiligung – Rabatt für Arbeitnehmer

Neben den vermögenswirksamen Leistungen gibt es eine zweite Möglichkeit, um mithilfe des Arbeitgebers die Anlage in Wertpapieren zu beginnen: die Mitarbeiterbeteiligung. Als Ende der 90er Jahre die Aktienkurse vieler Technologie- und Internetunternehmen immer weiter stiegen, es gleichzeitig aber einen Mangel an qualifizierten Fachkräften in diesen Bereichen gab, überlegten viele Personalchefs, wie sie ihre Mitarbeiter halten oder neue für das Unternehmen gewinnen konnten. Dass immer mehr Gesellschaften heutzutage ihre Mitarbeiter über Beteiligungspapiere – vorzugsweise über Aktien – an das eigene Unternehmen binden, gehört mittlerweile zum Normalfall.

Möglichkeiten, sich am eigenen Unternehmen zu beteiligen

Für diese Art der Beteiligung können die Mitarbeiter zunächst, wie jeder andere Arbeitnehmer auch, die Möglichkeiten des Vermögensbildungsgesetzes nutzen. Großkonzerne mit mehreren Tausend Mitarbeitern scheuen aber oft den mit der VL-Anlage verbundenen bürokratischen Aufwand. Sie bieten zwar die Möglichkeit zum Erwerb so genannter Belegschaftsaktien an, aber nicht im Rahmen der VL. Doch auch dann ist der Erwerb von Anteilen am eigenen Betrieb eine lukrative Sache. In der Regel gewährt das Unternehmen einen deutlichen Preisnachlass zum aktuellen Börsenkurs.

Das Prinzip dabei ist, die Konditionen, also Preis und Menge der angebotenen Papiere, an die Dauer der Betriebszugehörigkeit zu koppeln. Damit, so das Kalkül der Unternehmen, wird ein Wechsel erschwert, denn je nach Stellung und Qualifikation stehen für den einzelnen Mitarbeiter mitunter erhebliche Summen auf dem Spiel. Das jeweilige Unternehmen muss noch nicht einmal börsennotiert sein, um seine Mitarbeiter zu binden. Das Konzept funktioniert zum Beispiel auch bei GmbHs und Aktiengesellschaften, die nicht an der Börse notiert sind. Darüber hinaus ist auch in diesen Fällen nicht ausgeschlossen, dass der Gang an den Aktienmarkt irgendwann einmal bevorsteht.

Einige Bankstudien belegen, dass sich börsennotierte Unternehmen mit hoher Mitarbeiterbeteiligung im Vergleich zur übrigen Branche oftmals deutlich besser entwickeln.

Exkurs

Gedanke mit Tradition

Die Mitarbeiterbeteiligung ist keine neue Erfindung. Eine stärkere Beteiligung der Arbeitnehmer am Produktivkapital – vorzugsweise an dem des eigenen Unternehmens – war eines der Grundmotive für das Vermögensbildungsgesetz, das Anfang der 60er Jahre in Kraft gesetzt worden ist und die Anlage der vermögenswirksamen Leistungen regelt. Die Idee dabei ist, dass beide Seiten – die Alteigentümer des Unternehmens und die Belegschaft – aus dieser Form der Partnerschaft Nutzen ziehen:

- der Betrieb, weil die Mitarbeiter gleichzeitig auch Mitunternehmer sind, dadurch seltener kündigen und motivierter sind – so die These, die durch eine Reihe von wissenschaftlichen Studien gestützt wird;
- die angestellten Teilhaber, weil sich ihr Einsatz nicht nur auf dem Gehaltsstreifen, sondern auch auf dem Bank- beziehungsweise Depotkonto bemerkbar macht. Sie profitieren von den höheren Renditechancen, die Beteiligungspapiere gegenüber Festzinsanlagen bieten.

Formen der Mitarbeiterbeteiligung

Unter allen Beteiligungssparformen bildet die Aktie die mit Abstand wichtigste und am weitesten verbreitete Anlageform – zumindest wenn man die Zahl der auf diese Weise beteiligten Mitarbeiter und die Summe des eingesetzten Kapitals als Maßstab nimmt.

Eine andere oft genutzte Variante der Mitarbeiterbeteiligung über Aktien sind so genannte Aktienoptionen (→ Seite 321). Dabei hat der Arbeitnehmer die Möglichkeit, zu einem bestimmten Zeitpunkt eine bestimmte Anzahl von Aktien zu einem vorher festgelegten Kurs zu erwerben. Der Unterschied zu Belegschaftsaktien besteht vor allem darin, dass dieses Optionsrecht erst nach Ablauf eines längeren Zeitraums ausgeübt werden kann. Wenn der Arbeitnehmer also vorher kündigt, verfallen seine Optionsrechte wertlos. Bereits erworbene Aktien darf er allerdings behalten.

Belegschaftsaktionäre gehen doppeltes Risiko ein. Wenn in Krisenzeiten der Aktienkurs im Steilflug abwärts geht, müssen sie auch um ihren Job fürchten.

Ein drittes gängiges Konzept sind so genannte Phantomaktien. Dabei erhält der Mitarbeiter keine „echten" Papiere, sondern es werden nur imaginäre Aktien zugeteilt – eine reine Luftbuchung also. Steigt der reale Aktienkurs über den fiktiven Kaufpreis an, wird der Unterschiedsbetrag meist zu einem bestimmten Stichtag in bar ausgezahlt. Tritt umgekehrt ein Kursverfall ein, bleibt der Arbeitnehmer davon verschont. Der Nachteil dieser Variante besteht darin, dass die Besitzer der Phantomaktien keine „echten" Aktionäre sind und dementsprechend auch nicht bei wichtigen Entscheidungen auf der Hauptversammlung mitreden können (→ Aktionärsrechte, Seite 151).

Diesen Makel hat allerdings auch die vierte Möglichkeit von Beteiligungssparformen, zu der Gewinnschuldverschreibungen, Mitarbeiterdarlehen und stille Beteiligungen gehören. Da es sich dabei um nicht börsennotierte Anlageformen handelt, gibt es zudem keinen organisierten Handel. Manchmal sorgt allerdings die Geschäftsleitung dafür, dass es eine Art firmeninterne Börse gibt, über die sich Abnehmer finden lassen, wenn ein Mitarbeiter verkaufen will – zum Beispiel, weil er in den Ruhestand geht und das Geld für die Altersvorsorge benötigt.

Doch gleichgültig, mit welcher Sparform sich Arbeitnehmer an ihrem Unternehmen beteiligen, sie müssen sich darüber klar sein, dass sich ihre Risiken im Rahmen ihrer gesamten Vermögensaufteilung, der Asset-Allocation (→ Seite 28), erheblich vergrößern. Kommt nämlich das eigene Unternehmen in finanzielle Schwierigkeiten, rauscht nicht nur der Wert der Beteiligungspapiere in den Keller. Am Ende steht unter Umständen auch noch der eigene Job auf dem Spiel.

Mitarbeiterbeteiligung in deutschen Unternehmen

Art der Beteiligung	Zahl der Firmen	Mitarbeiter (in Tausend)	Beteiligungskapital (in Mio. Euro)	Beteiligungskapital pro Kopf (in Euro)
Belegschaftsaktien[1]	400	1800	11197,29	6220,72
Genussscheine	300	100	766,94[2]	7669,40
Mitarbeiterdarlehen	500	100	409,03	4090,30
Stille Beteiligungen	650	200	181,51	907,55
GmbH-Beteiligungen	150	5	25,56	5112,00
Genossenschaftsanteile	300	5	23,01	1534,00
Sonstige Beteiligung	400	80	184,06	2300,75

[1] Zuzüglich 200 Unternehmen mit Aktienoptionen.
[2] Davon entfallen allein rund 670 Mio. Euro auf die Bertelsmann AG.

Quelle: AGP
Stand: 1. 1. 1999

KARL MARX
DAS KAPITAL
DER PRODUKTIONS PROZESS DES KAPITALS
KARL MARX
DAS KAPITAL

Die Börse: Kein Ort von Geheimnissen

Die Börse ist der Platz, an dem Wertpapiere gehandelt werden. Aber was passiert dort genau? Wer agiert dort? Wie kann man selbst an dem Geschehen teilnehmen? Jeder Wertpapierkäufer sollte sich dafür interessieren, nach welchen Regeln der Börsenhandel abläuft, welche Vorteile er bringt und welchen Schutz der Anleger dort genießt. Dazu gehört beispielsweise auch zu wissen, dass es unterschiedliche Handelssegmente, also Teilmärkte, gibt, die sich hinsichtlich Zugangshürden und Qualität der dort gehandelten Wertpapiere deutlich voneinander unterscheiden.

Das Geschehen live vor Ort zu verfolgen, wird vielleicht in einigen Jahren nicht mehr möglich sein, denn der technische Fortschritt macht auch vor den Börsen nicht Halt. Immer mehr Händler haben mittlerweile ihren Arbeitsplatz vom Börsensaal an einen Computerbildschirm verlegt. Für die Privatanleger ist der Trend zur vollelektronischen Computerbörse mit Vor-, aber auch Nachteilen verbunden.

Markt der Märkte

Als Anfang des 15. Jahrhunderts Händler und Kaufleute damit begannen, sich vor dem Haus der Patrizierfamilie van der Beurse in Brüssel zu versammeln, um Geschäfte zu tätigen und Informationen auszutauschen, hatten sie sicher nicht vorausgesehen, dass sie damit den Grundstein für eine Institution legen würden, die aus der heutigen Finanzwelt nicht mehr wegzudenken ist: die Börse. Wertpapierbörsen gehören heutzutage zum Wirtschaftsleben ganz selbstverständlich dazu. Sie sind das Schwungrad des globalen Finanzsystems. Ohne sie wäre es kaum möglich, Kapital schnell und ohne größere Reibungsverluste zwischen den Weltregionen und Wirtschaftsteilnehmern hin und her zu bewegen.

Die Börse als Sammelbecken

Unternehmen benötigen zum Beispiel Kapital für ihre Investitionen, etwa um neue Produkte zu entwickeln und zu produzieren oder um zu expandieren. Neue Maschinen, mehr Personal, zusätzliche Büros und Fabriken – all das kostet Geld. Viel mehr Geld als die Banken in Form von Darlehen bereit und in der Lage sind, auszuleihen. Außerdem benötigen natürlich auch die Geldhäuser selbst und nicht zuletzt der Staat ständig neues Kapital.

Auf der anderen Seite gibt es Millionen von Sparern und Anlegern, die auf der Suche nach Anlagemöglichkeiten für ihr Geld sind. Der organisatorische Haken dabei: Sie verfügen über ganz unterschiedlich hohe Anlagebeträge – von einigen Hundert bis hin zu mehreren Millionen Euro, die jeder für unterschiedlich lange Zeiträume investieren möchte.

☞ Wertpapiere: Das sind Urkunden, die ein bestimmtes Vermögensrecht verbriefen – bei einer Anleihe zum Beispiel ein Schuldrecht (→ Seite 222).

Die Lösung dieses Problems besteht darin, dass die Nachfrager von Kapital – Unternehmen, Staat, Kreditinstitute – ☞ Wertpapiere wie zum Beispiel Aktien und Anleihen ausgeben – emittieren, wie es in der Fachsprache heißt – und an das breite Anlegerpublikum verkaufen. Auf diese Weise werden viele kleine Beträge zu einer großen Kapitalmenge zusammengefasst.

Dadurch, dass diese Wertpapiere an der Börse gehandelt werden, hat jeder Anleger die Möglichkeit, seine Papiere jederzeit wieder zu veräußern, ohne sich dazu an den jeweiligen Emittenten wenden zu müssen. Er sucht stattdessen über die Börse nach einem Käufer. So kommt er wieder an sein Geld, während die Emittenten mit dem ursprünglich an sie gezahlten Kapital langfristig kalkulieren können.

Die Vorteile einer Börse

Die Funktion einer Börse besteht also ganz allgemein darin, den Handel mit Wertpapieren an einem bestimmten Platz zu organisieren. Mit einer solchen Zentralisierung sind Vorteile verbunden, die sich am Beispiel eines großen Wochenmarkts erklären lassen. Der Wochenmarkt bietet zunächst den Vorzug, dass Angebot und Nachfrage – beispielsweise bei Gemüse und Obst – an einem bestimmten Ort und zu einer bestimmten Zeit gebündelt werden. Sowohl Käufer als auch Anbieter stellen sich auf diesen Termin ein und reisen teilweise von weit her an. Je größer die Teilnehmerzahl, desto besser fallen Liquidität, also die Möglichkeit zu handeln, und Markttiefe aus. Die Markttiefe bezieht sich auf die Tatsache, dass die einzelnen Marktteilnehmer ein sehr unterschiedliches Angebots- und Nachfrageverhalten hinsichtlich Qualität und Preis haben. Während einige zum Beispiel auf der Suche nach Schnäppchen sind, sind andere ausschließlich an ausgefallenen oder seltenen Obst- und Gemüsesorten interessiert, die entsprechend teuer sind.

Ein guter und großer Markt bietet alles, wobei eine Unterteilung der einzelnen Reihen nach

Obst-, Gemüse-, Käseständen und so weiter den Besuchern die Orientierung erleichtert und für eine transparente Preisübersicht sorgt. Denn durch die Bündelung gleichartiger Stände können potenzielle Käufer den Preis einer Ware bei mehreren Anbietern schnell und einfach vergleichen.

Das breite Angebot sorgt gleichzeitig für eine marktgerechte Preisgestaltung. Auch wenn es zum Beispiel bei Äpfeln Qualitätsunterschiede gibt, kann es sich kein Händler leisten, das Preisniveau seiner Konkurrenten stark zu überschreiten – sonst bleibt er auf seiner Ware sitzen. Auf der anderen Seite können die Geschäftsleute auf eine veränderte Marktlage sehr schnell reagieren. Werden bestimmte Saisonprodukte plötzlich knapp, setzen sie den Preis höher an.

Börsen funktionieren durch Spezialisierung und Standardisierung
Institutionelle Börsen sind so etwas wie die hoch entwickelte Form eines Wochenmarkts – sozusagen der Markt aller Märkte. Im Unterschied zum Marktplatz, auf dem jeder Händler in bestimmten Grenzen machen kann, was er will, sind Börsen straff organisiert und funktionieren nach festen Regeln. In den meisten Fällen werden sie sogar staatlich kontrolliert.

Typisch für institutionelle Börsen ist, dass sie sich auf den Handel mit bestimmten Produkten konzentrieren. So gibt es spezielle Wertpapier-, Devisen-, Strom-, Rohstoff-, Termin- und Warenbörsen – um die wichtigsten zu nennen. An einer Wertpapierbörse zum Beispiel werden ausschließlich Aktien, Anleihen und andere verbriefte Forderungen gehandelt, an der Devisenbörse ausschließlich ausländische Währungen. An der Terminbörse schließen die Teilnehmer – vereinfacht gesagt – Geschäfte ab, die erst in einigen Wochen oder Monaten abgerechnet werden (→ Kapitel „Derivate", Seite 320). Ein Geldmarkt, der weitgehend von den Banken organisiert wird, ergänzt das Börsengeschehen. An ihm werden kurzfristige Anlagen wie zum Beispiel Termin- und Tagesgelder gehandelt.

Organisierte Börsen sind auf wenige Standorte beschränkt. Selbst in großen Staaten wie den USA gibt es nur eine Hand voll Börsenplätze. Dadurch ist gewährleistet, dass die Zahl der Marktteilnehmer hoch ist und ein Handel in großem Stil aufgezogen werden kann.

Das geht allerdings nur, wenn die gehandelten Waren und Vermögenswerte so weit wie möglich standardisiert sind. Die Verbriefung von identischen, genau bestimmten Vermögensrechten in Globalurkunden oder die Zusammenfassung in einem Girosammelbestand (→ Seite 38) vereinfacht nicht nur die Verwahrung. Sie ist auch eine Voraussetzung für schnelle und reibungslose Geschäfte an der Börse. Fachleute sprechen dabei von Fungibilität oder Vertretbarkeit. Ziel dieser Fungibilität ist es, dass Käufer und Verkäufer sich nicht lange über das Handelsobjekt zu verständigen brauchen. Sie müssen sich nur noch über Menge und Preis einigen. Alle anderen Modalitäten wie zum Beispiel Liefertermin und Zahlungsweise gibt die Börsenverwaltung vor.

Die Börse bündelt Nachfrage und Angebot. Dadurch ergeben sich ein liquider Handel und marktgerechte und transparente Preise.

Die Standardisierung der Wertpapiere ermöglicht es außerdem, dass Anbieter und Käufer über die Börse miteinander ins Geschäft kommen können, ohne dass sie selbst oder die Wertpapiere vor Ort sein müssen. Die Eigentumsübertragung der Papiere gegen Zahlung des Kaufpreises wird zentral von den Wertpapiersammelbanken beziehungsweise den so genannten Clearingbanken schnell und einfach organisiert (→ Seite 67). Auf diese Weise können in sehr kurzer Zeit sehr große Stückzahlen beziehungsweise Volumina von Aktien und Anleihen den Besitzer wechseln.

→ Die hohe Liquidität und ein Handel an fünf Tagen in der Woche sind Gewähr dafür, dass Anleger ihre Papiere über die Börse mit wenig Aufwand und fast zu jeder Zeit verkaufen oder kaufen können.

Die wichtigsten Börsen der Welt

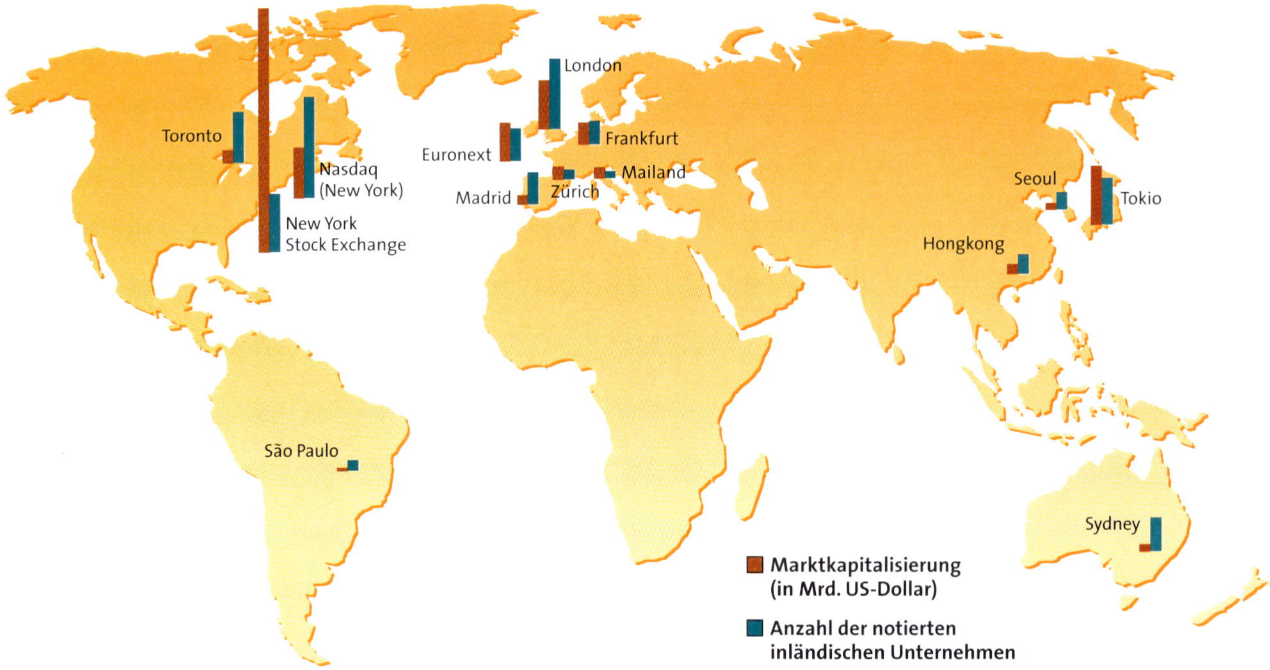

Börse	Internetadresse	Marktkapitalisierung (in Mrd. US-Dollar)	Anzahl der notierten inländischen Unternehmen
New York Stock Exchange	www.nyse.com	10 138	2 418
Tokio	www.tse.org.jp	2 461	1 937
Nasdaq (New York)	www.nasdaq.com	2 120	4 195
London	www.londonstockexchange.com	2 050	2 919
Euronext (Paris, Brüssel, Amsterdam, Lissabon[1])	www.euronext.com	1 630	1 376
Frankfurt	www.deutsche-boerse.com	946	985
Zürich	www.swx.com	569	414
Toronto	www.tse.com	564	2 129
Mailand	www.borsaitalia.it	482	298
Hongkong	www.sehk.com.hk	438	837
Madrid	www.bolsamadrid.es	417	1 342
Sydney	www.asx.com	317	1 418
Seoul	www.sec.com.sg	296	725
São Paulo	www.bovespa.com.br	142	438

[1] Ab 30. 01. 2002 Stand: 30. September 2001 *Quelle: International Federation of Stock Exchanges (FIBV)*

Eine Sammlung von Links zu allen wichtigen Weltbörsen findet sich unter **www.fibv.com** Menüpunkt „Members" oder **www.finix.at** Menüpunkt „Links".

Der Handel: Nur für Mitglieder

Ohne Menschen, die den Handel organisieren, Wertpapiere kaufen und verkaufen und am Ende dafür sorgen, dass die Handelspartner zu ihrem Geld oder den erworbenen Papieren kommen, würde eine Börse nicht funktionieren. Angesichts der Millionengeschäfte, die in kürzester Zeit und jeden Tag dort abgewickelt werden, ist die Arbeit von Profis notwendig, die die Technik und die Regeln im Handel beherrschen. Wer aktiv am Handel teilnehmen will, muss vorher eine Prüfung ablegen und von der Börsenverwaltung zugelassen werden. Dabei gibt es zwei Gruppen von Teilnehmern auf dem Börsenparkett: Händler und Makler.

Die Funktion der Händler

Die Händler vertreten die Banken und Broker an der Börse. Sie sind vor allem für die Eigengeschäfte des jeweiligen Finanzhauses zuständig und wickeln größere Kundenorders ab. Die Zeiten, in denen sie alle Orders selbst in die Hand nahmen und sich um die Ausführung kümmerten, sind schon lange vorbei. Der überwiegende Teil der Orders, die per Telefon oder im persönlichen Beratungsgespräch in der Zentrale und den Filialen auflaufen, wird dort direkt in elektronische Systeme eingegeben und an die Börse „durchgeroutet", wie es in der Fachsprache heißt.

An der Börse verläuft der Handel nur deshalb so reibungslos, weil für jeden Akteur genau festgelegt ist, was er tun und nicht tun darf.

Geht die Kundenorder an die so genannte ☞ Präsenzbörse, landet sie bei einem Makler. Alternativ wird sie an einer ☞ Computerbörse wie zum Beispiel Xetra (→ Seite 86) ausgeführt.

Die Funktion der Makler

Sämtliche börslich gehandelten Aktien, Anleihen und sonstigen Wertpapiere werden von einem so genannten Skontroführer betreut. Bei amtlich gehandelten Werten (→ Seite 69) sind das, wie der Name bereits sagt, die amtlichen Kursmakler, bei allen anderen Papieren ein skontroführender Freimakler.
☞ Skontroführung

Im Zeitalter des Computers werden sie bei dieser Arbeit natürlich von elektronischen Systemen unterstützt. Allerdings kommt es auch heute noch vor, dass einzelne Geschäfte auf traditionelle Weise abgeschlossen werden: per Zuruf unter den Bankenhändlern und anderen freien Maklern auf dem Börsenparkett. Früher war das die gängige Form, um einen Handel perfekt zu machen. Gleichzeitig war der Lärmpegel, der im Börsensaal herrschte, ein Gradmesser für die Aktivität an der Börse. Je lauter und hektischer das Stimmengewirr, desto reger war der Handel.

Spezialisierung der Makler
Jeder Skontroführer, ob amtlicher oder freier Makler, ist für eine bestimmte Gruppe von Wertpapieren zuständig, die meist die gleiche Branche betreffen. Während der eine zum Beispiel die BMW- und VW-Aktien betreut, wickelt sein Kollege sämtliche Orders für die Bayer- und BASF-Aktien ab. Die amtlichen Kursmakler arbeiten selbstständig und sind nicht Angestellte der Börse. Für jeden Geschäftsabschluss erhalten sie eine Maklercourtage, die jeweils zur Hälfte vom Käufer und Verkäufer zu zahlen ist.

Die Funktion der freien Makler
Die freien Makler dürfen im Unterschied zu ihren amtlichen Kollegen grundsätzlich Geschäfte

☞ Skontroführung: Fachausdruck für die Tätigkeit des Maklers, für ein bestimmtes Wertpapier, etwa eine Aktie, in Abhängigkeit von der aktuellen Marktlage An- und Verkaufskurse festzustellen.

☞ Präsenzbörse: Auf dem Börsenparkett stehen sich alle Teilnehmer von Angesicht zu Angesicht gegenüber und schließen so ihre Geschäfte ab.

☞ Computerbörse: Im Gegensatz zur Präsenzbörse werden hier alle Geschäfte voll elektronisch, das heißt per Bildschirm und Datenleitung abgewickelt (→ Seite 86).

in allen Wertpapieren vermitteln, auch wenn sie nicht mit der Skontroführung für das jeweilige Papier betraut sind. Bei amtlich gehandelten Werten müssen sie ihre Orders wiederum über den Kursmakler abwickeln. Freie Makler vermitteln deshalb vorzugsweise Geschäfte bei Papieren, die an der jeweiligen Börse außerhalb des amtlichen Handels notieren.
☞ Notierung

☞ Notierung: Man spricht von einer Notierung oder Notiz, wenn die Papiere im amtlichen Handel oder im geregelten Markt gehandelt werden – im Gegensatz zum Listing bei einem Handel im Freiverkehr.

Dabei werden sie von der Börsenverwaltung oftmals mit der Skontroführung für Werte im geregelten Markt (→ Seite 70) oder im Freiverkehr (→ Seite 77) beauftragt. Während Kursmaklern Geschäfte auf eigene Rechnung nur in begrenztem Maße, im Rahmen des so genannten Selbsteintritts (→ Seite 84), erlaubt sind, haben freie Makler dafür generell eine Erlaubnis. Indem sie selbst als Handelspartner eintreten, verbessern sie die Liquidität bei den nicht so häufig gehandelten Papieren. Freie Makler werden auch für Kreditinstitute tätig, die keine eigenen Händler an der Börse haben.

Zeit ist Geld

Hektik gehört an der Börse zum Geschäft. Die Orders, die in den Börsensaal kommen, müssen sofort bearbeitet werden. Je nachdem, in welche Richtung die Kurse laufen, kann jede Minute Verzögerung zusätzlichen Verlust oder weniger Gewinn bedeuten. Für ausführliche Absprachen haben die Börsenhändler und -makler deshalb keine Zeit. Für die wenigen Geschäfte, die noch per Zuruf abgewickelt werden, verwenden sie deshalb eine eigene Sprache. So kommt es zu Ausrufen wie „Anilin 30 Geld" oder „Telekom 8 Brief". Das Prinzip: So wenig Wörter wie möglich verwenden. Das fängt mit der Abkürzung des Unternehmensnamens an. Beispielsweise steht Anilin für das Chemieunternehmen BASF, das früher ausführlich **B**adische **A**nilin & **S**oda-**F**abrik hieß. Der Ausruf „Röhren" galt lange Zeit den Anteilen der Mannesmann AG, bevor das Unternehmen vom Telekommunikationsunternehmen Vodafone übernommen wurde. Wer einen Kaufauftrag auszuführen hat, ruft „Geld", Verkaufsaufträge werden mit dem Wort „Brief" angekündigt. Die Zahlenangabe bezeichnet bei wertmäßig kleinen Kursen nur die beiden Stellen hinter dem Komma. „30 Geld" bedeutet also, dass die BASF-Aktie zu 36,30 Euro gesucht wird, wenn das Papier etwa zwischen 36 und 37 Euro pendelt. Bei glatten Zahlen wird oft nur die Einerstelle und „Geld rund" ausgerufen. Ein „SAP 8 Brief" könnte heißen, dass das Papier zu 148 Euro angeboten wird.
Haben sich zwei Handelspartner gefunden, wird das Geschäft mit den Worten: „an dich" und der Antwort: „von dir" abgeschlossen.
Wenn Händler eigene Handelspositionen eingehen, fallen oft auch die englischen Begriffe „short" und „long". „Long" meint dabei: Ein Händler ist in ein bestimmtes Papier eingestiegen. Ist er dagegen „short", hat er ein Papier verkauft, das er gar nicht im Bestand hat, das heißt, er hat einen so genannten Leerverkauf getätigt.
Mit dem Vormarsch der Computer im Börsensaal dürften die Rufe auf dem Parkett bald ganz verstummen. Einzige Begriffe wie zum Beispiel „Geld", „Brief", „long" und „short" gehören aber zum allgemeinen Sprachschatz der Börsianer.

Abgerechnet wird hinterher und andernorts

Anders als von vielen Anlegern angenommen, findet an der Börse selbst das klassische Geschäft „Ware gegen Geld" gar nicht statt. Dort wird lediglich der Preis für ein bestimmtes Wertpapier festgelegt, verbunden mit der Verpflichtung, dass der Käufer das Papier zum vereinbarten Preis abnimmt und der Verkäufer den entsprechenden Posten liefert. Die Erfüllung dieser Verpflichtung, das so genannte Clearing, wird außerhalb der Börse von einer speziellen Clearingstelle vorgenommen und überwacht. Die so genannten Kassageschäfte werden zwei Börsentage nach dem Handelstag abgerechnet. Diesen Erfüllungstermin hat die Börsenverwaltung verbindlich festgelegt.

Die Clearingstelle sorgt dafür, dass der Verkäufer sein Geld bekommt und die Papiere auf dem Depot des Käufers verbucht werden. Hat ein Kreditinstitut zum Beispiel eine Order falsch eingegeben oder es versäumt, die Deckung auf dem Konto zu überprüfen, muss es am Erfüllungstag selbst einspringen und den entstandenen Schaden intern regeln. Denn wenn ein Geschäft ordnungsgemäß über die Börse abgeschlossen worden ist, darf ein Handelspartner nicht unter Versäumnissen des anderen leiden, indem er beispielsweise sein Geld nicht erhält. Andernfalls würde das Vertrauen der Anleger in die Börse nachhaltig erschüttert und das Funktionieren dieses Marktes wäre gefährdet.

Schlussnote besiegelt den Handel

Täglich wickeln die Händler Tausende von Geschäften ab. Damit nicht die Übersicht verloren geht, erstellt der Makler am Ende jedes Handelstags so genannte Schlussnoten, die er auf elektronischem Wege an die Händler und anderen Makler, für die er Geschäfte vermittelt hat, schickt. Diese Schlussnoten sind vergleichbar mit den Abrechnungen, die der Anleger nach jeder Wertpapiertransaktion von seiner Bank bekommt. Anhand dieser offiziellen Belege haben die Handelsteilnehmer einen Überblick darüber, welche Geschäfte sie getätigt haben, und können diese anhand ihrer eigenen Unterlagen nachverfolgen und prüfen.

Mit der Schlussnote gilt der Handel rein rechtlich als endgültig abgeschlossen. Im anderen Fall können Irrtümer und Fehler, die in der Hektik des Tagesgeschäfts immer vorkommen können, mithilfe der Schlussnote dokumentiert und nachträglich korrigiert werden.

Auch die Börse muss verwaltet werden

Zur Organisation eines Handelsplatzes gehört auch eine Verwaltung, die dafür sorgt, dass der Handel ordnungsgemäß stattfinden kann und überwacht wird. Eine ihrer wichtigsten Aufgaben ist es deshalb, Richtlinien für die Teilnehmer an der Börse vorzugeben und auf deren Einhaltung zu achten. Dazu gehört zum Beispiel die Festlegung so genannter ☞ **Handelsusancen** wie etwa die Frist, bis zu der ein Geschäft abgerechnet werden muss. Ebenso wichtig sind die Überwachung und Regelung der Zugangsvoraussetzungen der einzelnen Marktteilnehmer.

☞ Handelsusancen: Bezeichnung für die allgemein üblichen und gebräuchlichen Gepflogenheiten und Modalitäten im börslichen und außerbörslichen Handel.

Die Organe der Börse im Überblick

Das oberste Organ der Börse ist der Börsenrat. Er entscheidet in Zusammenarbeit mit der Börsenaufsicht über alle börslichen Regeln und bestellt die Börsengeschäftsführung. Die Geschäftsführung leitet die Börse und ist verantwortlich für die Einhaltung der festgesetzten Spielregeln. Der Börsenverwaltung ist gesetzlich vorgeschrieben, eine Zulassungsstelle einzurichten, die darüber entscheidet, ob und wann ein bestimmtes Wertpapier an der Börse gehandelt werden darf. Dabei achtet sie vor allem darauf, inwieweit die Zugangsvoraussetzungen für die jeweiligen Handelssegmente (→ Seite 78) erfüllt werden. Die Handelsüberwachungsstelle (HüSt) ist ebenfalls ein feststehendes Börsenorgan. Sie hat die unmittelbare Aufsicht über den ordnungsgemäßen Ablauf des Handels (zu Anlegerschutz und Handelskontrolle → „Vertrauen ist gut – Kontrolle ist besser", Seite 94). Hinzu kommt noch

Organisationsstruktur einer deutschen Börse

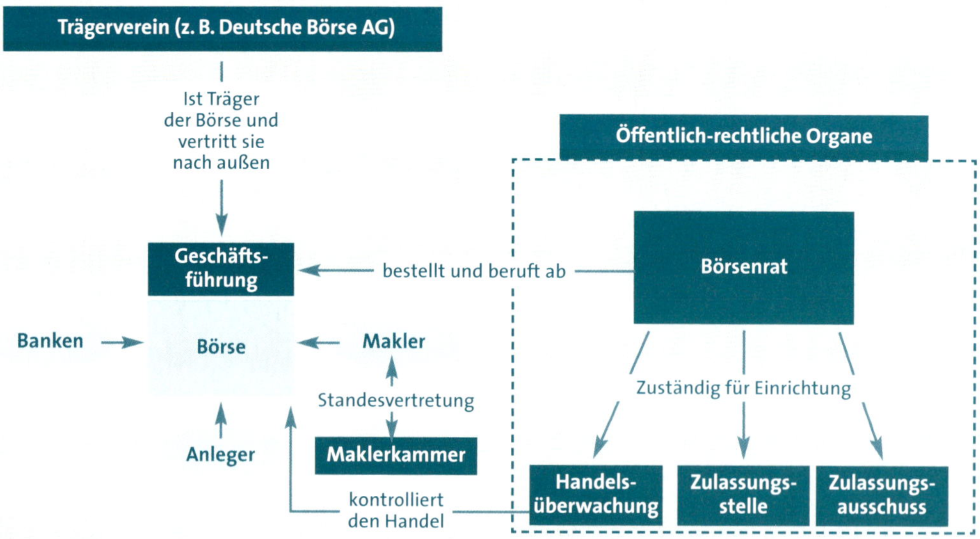

die Maklerkammer, die als eine Standesvertretung der Makler Streitigkeiten schlichtet. Wichtig: All diese Börsenorgane sind selbstständig und bilden dadurch die Basis für eine neutrale, öffentlich-rechtlich überwachte Börse.

Wenn Börsen an die Börse gehen

In Deutschland besitzen Börsen keine eigene Rechtspersönlichkeit. Das heißt: Die Börse selbst kann zum Beispiel keine Verträge abschließen. Bevor der Handel mit Wertpapieren starten kann, muss deshalb zuerst ein Verein gegründet werden, dem die Börse „gehört" und der sie als Rechtsperson nach außen vertritt. Beispielsweise ist seit 1991 die Deutsche Börse AG Träger der größten deutschen Börse, der Frankfurter Wertpapier Börse (FWB). Die Aktien der Trägergesellschaft liegen überwiegend bei Banken und zu einem kleinen Teil bei Maklern. Nach der Ende 2000 gescheiterten Partnerschaft mit der Londoner Börse entschlossen sich die Anteilseigner, das Unternehmen Börse an die eigene Börse zu bringen und einen Teil des Aktienkapitals an das breite Publikum zu verkaufen. Am 5. Februar 2001 war es so weit: Die Börse betrat das eigene Parkett.

Der Grund für diesen Schritt war der gleiche wie bei jeder anderen Wertpapieremission auch: Die Börse benötigte weiteres Kapital, denn die Entwicklung neuer und technisch aufwendiger Handelssysteme und Infrastrukturen verschlingt immer mehr Geld. Der Börsengang brachte allerdings nicht nur Bargeld in die Kasse, sondern schaffte zugleich die Möglichkeit, eine Übernahme (→ Seite 175) oder Verschmelzung mit einem Partner mit eigenen Aktien zu bezahlen. Darüber hinaus: Die Börse weiß jetzt, wie viel sie selbst wert ist.

Konzentration bei Europas Börsen

Das ist nicht ganz unwichtig, denn die Börsenlandschaft in Europa steht vor einer Konzentrationswelle. Bislang konkurrieren noch 30 nationale Börsen. Mit der Einführung des Euro ist

ein einheitlicher Aktien- und Anleihemarkt aber nur noch eine Frage der Zeit, auch wenn es noch an gesetzlichen und organisatorischen Rahmenbedingungen mangelt. Experten rechnen damit, dass auf Dauer nur die größten Börsen in Europa überleben werden – beispielsweise die Börse Frankfurt, London und der Verbund Euronext (→ Tabelle, Seite 64). Inwieweit die Privatanleger davon betroffen sind und ob sie von dieser Entwicklung profitieren werden, lässt sich noch nicht abschätzen.
Am Kapitalmarkt ist die Deutsche Börse AG jedenfalls nicht allein. Die Betreiber des Stockholmer Aktienmarkts (OM-Gruppen) und die Börse Oslo sind ebenso börsennotiert wie die Börsen Singapur, Sydney und Hongkong. Darüber hinaus plant einer der weltgrößten Handelsplätze, die US-Börse Nasdaq, die Emission eigener Anteile.

Börse ist nicht gleich Börse: Die Handelssegmente

Streng genommen gibt es an der Börse keinen einheitlichen Aktien- und Anleihemarkt, sondern mehrere Teilmärkte. Sie unterscheiden sich hinsichtlich ihrer Zulassungsvorschriften voneinander. Dazu kommen eine Reihe von so genannten ☞ **Publizitätspflichten**.

Amtlicher Handel

Der amtliche Handel gilt als Oberhaus an den deutschen Börsen. Hier werden die Aktien der wichtigsten und größten deutschen Publikumsgesellschaften, bekannte Konzerne wie Siemens und Bayer, gehandelt. Dazu kommen andere Wertpapiere wie Genussscheine (→ Seite 272), Bundesanleihen und Pfandbriefe (→ Seite 241).

Vorteile für Anleger
Amtlich heißt: Die Kurse in diesem Segment werden von Maklern festgestellt, die von Amts wegen dazu bestellt sind (→ Seite 82). Wichtig für die Anleger ist dabei vor allem, dass sie sich auf die am nächsten Tag im ☞ **amtlichen Kursblatt** veröffentlichten Kurse berufen können.

Das heißt: Sie haben Anspruch, dass ihre unlimitierte Order auf jeden Fall ausgeführt und zu keinem ungünstigeren als dem amtlichen Kurs abgerechnet wird.

→ Aufgrund des stark regulierten Handels in diesem Segment kann der Anleger davon ausgehen, dass er die bekannten Titel jederzeit zu marktgerechten Kursen ordern kann.

Hohe Zugangshürden schützen Anleger
Für Emittenten sind die Zugangsvoraussetzungen in diesem Segment relativ hoch. Eine der wichtigsten Anforderungen ist die Veröffentlichung eines Börsenzulassungsprospekts, in dem der Emittent einen vollständigen Einblick in seine rechtlichen und wirtschaftlichen Verhältnisse gewährt. Der Zulassungsprospekt ist so etwas wie die Vertragsgrundlage für den Emittenten und den Erstkäufer der Wertpapiere. Für die Richtigkeit der Angaben haften sowohl das Unternehmen als auch die Bank beziehungsweise die Banken, die die Emission (→ Seite 165) begleiten. Wird der Anleger dabei unzureichend informiert oder werden ihm bestimmte Informationen bewusst verschwiegen, kann er auf Basis des Zulassungsprospekts Schadenersatz sowohl gegen den Emittenten als auch gegen die Emissionsbanken geltend machen (→ Seite 402).

Eine Aktienemission muss als weitere Voraussetzung ein Mindestvolumen von 1,25 Millionen Euro aufweisen (→ Tabelle, Seite 78) und das Unternehmen muss seit mindestens

☞ Amtliches Kursblatt: Früher wurde das amtliche Kursblatt ähnlich wie eine Tageszeitung an allen deutschen Wertpapierbörsen ausgelegt. Es enthält eine genaue Aufzeichnung aller am vorangegangenen Handelstag festgestellten Kurse für die im amtlichen Handel, geregelten Markt, Neuen Markt (nur Frankfurt) und geregelten Freiverkehr notierten Papiere.

Mittlerweile veröffentlicht die Deutsche Börse AG das amtliche Kursblatt der Frankfurter Wertpapierbörse nur noch im Internet: **www.deutsche-boerse.com** unter „Market-Data“.

☞ Publizitätspflicht: Der Emittent eines Wertpapiers ist verpflichtet, in bestimmten Abständen eine Reihe von Informationen wie zum Beispiel einen Jahres- oder Quartalsbericht zu veröffentlichen (→ Seite 129).

fünf Jahren bestehen. Zudem müssen mindestens 25 Prozent der Aktien breit gestreut sein beziehungsweise werden. ☞ Freefloat

Zu den regelmäßigen Informationspflichten der Emittenten gehören die Veröffentlichung von Bilanzen und Zwischenberichten in wenigstens einem ☞ Börsenpflichtblatt.

☞ Freefloat: Als Freefloat wird der prozentuale Anteil der Aktien bezeichnet, die breit gestreut und damit frei handelbar sind, die also nicht bei einem Großaktionär liegen. Mitunter wird für den Freefloat auch der deutsche Begriff „Streubesitz" verwendet.

☞ Börsenpflichtblatt: Die Zulassungsstelle jeder Börse benennt eine Reihe regionaler und überregionaler Tageszeitungen sowie Zeitschriften als Börsenpflichtblätter, in denen die Emittenten vorgeschriebene Veröffentlichungen per Anzeige bekannt geben müssen.

Geregelter Markt

Der geregelte Markt sollte ursprünglich das Einstiegssegment für börsenwillige Unternehmen sein, denen die Hürden des amtlichen Handels zunächst zu hoch waren, die aber auf lange Sicht dorthin wechseln wollten. Folglich sind die Zugangsvoraussetzungen, aber auch die Publizitätspflichten wesentlich niedriger als beim amtlichen Handel. So muss zum Beispiel das Emissionsvolumen bei Aktienemissionen nur 250 000 Euro erreichen. Statt eines vollständigen Emissionsprospekts genügt ein einfacherer Unternehmensbericht, der alle relevanten Angaben über das Unternehmen und die Aktie enthält. Hinsichtlich der Haftung und möglicher Schadenersatzansprüche bestehen allerdings keine Unterschiede zum amtlichen Handel.

Rund 15 Jahre nach der Einführung dieses Marktes haben allerdings nur wenige Titel den Sprung ins Oberhaus geschafft. Einer der Gründe dafür ist, dass es sich um überwiegend kleinere Unternehmen handelt, deren Freefloat sehr gering ist.

Folge: Die täglichen Umsätze an der Börse sind niedrig. Selbst kleinere Orders führen deshalb zu erheblichen Kurssprüngen. Fachleute sprechen in diesem Zusammenhang auch von marktengen Werten. Anders als beim amtlichen Handel gibt es im geregelten Markt keinen Anspruch auf Ausführung einer Order.

☞ Lock-up-Periode: Festlegungsfrist, in der bestimmte Aktionäre – meist ein Alteigentümer – nicht über ihre Anteile frei verfügen können.

Spezialfall: Neuer Markt

Es gibt immer eine Reihe junger, aufstrebender Unternehmen, die eine gute Geschäftsidee, ein innovatives Produkt oder eine zukunftsträchtige Technik entwickelt haben. Die Geschäftsaussichten sind teilweise glänzend, aber den meisten Unternehmen mangelt es am nötigen Eigenkapital, um weiteres Wachstum zu finanzieren. Ziel des 1997 gegründeten Neuen Marktes ist es, diesen Gesellschaften Zugang zum Kapitalmarkt zu ermöglichen, für den sie nach gängigen Maßstäben eigentlich noch nicht reif sind. Voraussetzung ist aber, dass diese Gesellschaften in Zukunftsbranchen wie zum Beispiel Internet, Telekommunikation und Biotechnologie tätig sind oder entsprechend zukunftsträchtige Produkte und Dienstleistungen anbieten.

Rasantes Wachstum und ein gutes Unternehmenskonzept allein sind aber noch kein Garant für dauerhaften Erfolg. Das wirtschaftliche Risiko dieser jungen Unternehmen ist hoch, zumal das Betriebskapital in vielen Fällen aus nicht mehr als Know-how und qualifizierten Mitarbeitern besteht. Zum Schutz der Anleger sind die Auflagen, die die Unternehmen im Neuen Markt erfüllen müssen, deshalb noch strenger als die im amtlichen Handel.

Anforderungen an die Teilnehmer

Um an den Neuen Markt zu kommen, sollten nach der Emission mehr als ein Viertel der Aktien, mindestens aber 20 Prozent im Streubesitz sein. Zum Handel werden ausnahmslos nur Stammaktien (→ Seite 148) zugelassen. Mindestens die Hälfte der emittierten Aktien muss aus einer Kapitalerhöhung (→ Seite 160) stammen und die Altaktionäre sind verpflichtet, ihre Papiere wenigstens ein halbes Jahr – beginnend mit dem offiziellen Zulassungstermin – zu halten. Diese so genannte ☞ Lock-up-Periode dient dazu, dass der Kurs nach dem Börsenstart nicht sofort unter Druck kommt, weil die Alteigentümer ihre Aktien auf den Markt werfen.

Der Jahresabschluss muss nach US-amerikanischen (☞ US-GAAP) oder internationalen Bilanzierungsregeln (☞ IAS) erstellt werden – und zwar in deutscher und englischer Sprache, dazu kommen Quartalsberichte.

Beides muss relativ zeitnah veröffentlicht werden (→ Übersicht „Zulassungskriterien und Folgepflichten“, Spalte „Publizitätsanforderungen“, Seite 78). Außerdem verpflichten sich Neue-Markt-Unternehmen, regelmäßig, das heißt mindestens einmal pro Jahr, Analystentreffen zu veranstalten. Auf denen stehen sie Bankexperten (→ Seite 133) Rede und Antwort.

Betreuer sorgen für Liquidität

Damit der Handel auch nach dem Börsenstart in Schwung bleibt, sind die Teilnehmer am Neuen Markt verpflichtet, mindestens zwei Betreuer zu beauftragen. Die Hauptaufgabe dieser so genannten Designated Sponsors besteht darin, im elektronischen Xetra-System der Frankfurter Börse ☞ Quotes zu stellen. Dadurch soll sichergestellt werden, dass bei den jeweiligen Aktien ausreichende Liquidität vorhanden ist.

Die Sponsoren orientieren sich bei ihren Quotes natürlich an den aktuellen Marktverhältnissen. Wie beispielsweise auch beim Tausch ausländischer Zahlungsmittel am Bankschalter ist es im Wertpapierhandel üblich, dass zwischen Ankauf- und Verkaufskurs eine Spanne liegt (der Ankaufkurs ist niedriger als der Verkaufskurs). Diese Spanne, die als ☞ Spread bezeichnet wird, ist bei liquiden Werten sehr gering.

Da die Betreuer am Neuen Markt verpflichtet sind, Orders bis zu einem Gegenwert von 20 000 Euro beziehungsweise 2 000 Stück auszuführen, nehmen sie bei ihren Handelskursen gegenüber dem aktuellen Preis einen gewissen Sicherheitsabschlag nach unten beziehungsweise oben vor, um nicht von plötzlichen Marktveränderungen überrascht zu werden. Dieser Abschlag ist umso größer, je schwankungsanfälliger das jeweilige Neue-Markt-Papier ist und je weniger es gehandelt wird. Der Spread darf aber insgesamt nicht mehr als 4 Prozent ausmachen.

Bei den relativ kleinen Werten, die an der Wachstumsbörse gehandelt werden, können allerdings auch die Betreuer nicht verhindern, dass es immer wieder zu unberechenbaren Kurssprüngen kommt, denn bislang wechseln sich überschäumende Nachfrage mit panikartigen Verkaufswellen ab.

Betreuer im Test

Seit dem Jahr 2000 überprüft und bewertet die Deutsche Börse AG regelmäßig die Arbeit der insgesamt rund 70 Banken und Handelshäuser, die ein Betreuermandat für Unternehmen aus dem Neuen Markt oder dem Smax (→ Seite 76) ausüben. Dabei untersucht die Börsenverwaltung, wie lange ein Designated Sponsor während einer Börsensitzung verbindliche An- und Verkaufskurse im elektronischen Handel stellt. Daneben wird die Höhe der Spanne zwischen den beiden Preisen begutachtet. Für beide Disziplinen vergibt die Börse eine Note von A bis D. Ein A bekommt ein Betreuer zum Beispiel dann, wenn er länger als neuneinhalb Stunden Quotes stellt. Bei weniger als einer Stunde gibt es nur ein D. In der Kategorie „Spanne“ werden diejenigen Sponsoren mit einem A bedacht, die die maximal zulässige Spanne von 4 Prozent um mindestens ein Viertel enger stellen.
Immerhin bekamen zum Beispiel Ende 2000 über 90 Prozent der Betreuer die Idealnote AA,

☞ IAS und US-GAAP: Die internationalen Bilanzierungsstandards (International Accounting Standards – IAS) und US-amerikanischen Bilanzierungsregeln (Generally Accepted Accounting Principles – US-GAAP) gelten als aussagekräftiger und anlegerfreundlicher als die Abschlüsse nach dem deutschen Handelsgesetzbuch (HGB). Viele großen börsennotierten deutschen Unternehmen bilanzieren mittlerweile nach US-GAAP. Nach dem Konkurs des US-Unternehmens Enron Ende 2001 (→ Seite 193) wird die Einschätzung allerdings kritisch betrachtet.

☞ Quote: Als Quotes werden verbindliche Ankauf- (Geld) oder Verkaufskurse (Brief), die eine Bank oder ein Handelshaus stellt, bezeichnet.

☞ Spread: Als Spread wird im Allgemeinen die Differenz zwischen zwei Preisen bezeichnet. Sie kann Handelskurse eines Maklers betreffen, kann aber auch die Differenz zwischen den Kursen, beispielsweise von Stamm- und Vorzugsaktien (→ Seite 148), sein. Bei Anleihen bezeichnet der Spread den Unterschied zwischen zwei Zinssätzen beziehungsweise Renditen (→ Seite 24).

☞ Rating:
Fachbegriff für eine Beurteilung oder Klassifizierung anhand bestimmter Kriterien oder Maßstäbe. Eine Ratingnote soll den Anlegern eine einfache und leicht verständliche Information zum Beispiel über die Qualität eines Investmentfonds oder die Bonität eines Anleiheschuldners liefern (→ Seite 247).

▶ KONTAKT
Ausführliche Informationen zu den Aufgaben der Betreuer und die Liste aller von der Deutschen Börse AG benoteten Institute finden sich unter www.xetra.de/Handel/Designated Sponsors/Rating.

dagegen fielen sieben Institute bei der Prüfung durch.
Direkte Konsequenzen hat die Benotung, die in der Fachsprache auch ☞ **Rating** genannt wird, für die jeweiligen Banken und Häuser nicht. Die Erfahrung zeigt aber: Gut betreute Aktien steigen deutlich in der Gunst der Anleger. Kaum ein Unternehmen, das aufwärts strebt, wird also auf Dauer mit einem als schlecht eingestuften Betreuer zusammenarbeiten wollen. KONTAKT ▶

Die stürmische Anfangsphase

Eine Darstellung des Neuen Marktes wäre unvollständig ohne Schilderung seiner Sturm- und Drangphase in den ersten Jahren. Diese Phase zeigt auf der einen Seite die gefährlichen Begleiterscheinungen einer zügellosen Spekulation. Andererseits hat sie dazu geführt, dass der Neue Markt mittlerweile eine Vorreiterrolle bei den Zugangs- und Publizitätsstandards an den deutschen Wertpapierbörsen einnimmt.

Als der Neue Markt 1997 aus der Taufe gehoben wurde, fiel die Reaktion der Finanzszene zunächst abwartend, zum Teil sogar skeptisch aus. Eine Börse für junge, wachstumsträchtige Unternehmen – wozu sollte das gut sein? Dabei gab es ein erfolgreiches Vorbild: die US-Börse ☞ **Nasdaq**.

☞ Nasdaq:
Abkürzung für National Assocation of Securities Dealers Automated Quotations.
Aus dem Englischen frei übersetzt etwa: Nationale Vereinigung von Wertpapierhändlern zum Betreiben eines elektronischen Kurs- und Handelssystems.

Dort starteten zum Beispiel Erfolgsunternehmen wie der Softwareriese Microsoft ihre Börsenkarriere. In der Boomphase des Internets Ende der 90er Jahre hofften viele Anleger, unter den Werten an der Nasdaq eine ähnliche Perle ausfindig zu machen. Entsprechend groß war das Interesse für relativ kleine US-Unternehmen.

Am Neuen Markt in Frankfurt war davon jedoch zunächst nicht viel zu spüren. Der Start mit gerade zwei Teilnehmern – dem Telekommunikationsunternehmen Mobilcom und Bertrandt, einem Beratungs- und Konstruktionsspezialisten für die Automobilindustrie – verlief schleppend. Doch dann interessierten sich vor allem Privatanleger für die zunehmend zahlreicheren Werte an der jungen Börse. Da von den kleinen Unternehmen nur wenige Aktien frei handelbar waren, reichte bereits eine verhältnismäßig geringe Nachfrage, um die Kurse nach oben zu treiben. Die Mobilcom-Aktie zum Beispiel verzwölffachte sich innerhalb eines Jahres – bis dahin eine unvorstellbare Entwicklung, die natürlich immer mehr Börsianer anlockte.

Nach und nach rückte der Neue Markt in das Interesse der Öffentlichkeit. Die Wirtschafts- und Finanzpresse berichtete immer ausführlicher über die junge Börse und die Protagonisten, die Vorstände bekannter Neue-Markt-Unternehmen wie beispielsweise EM.TV und Mobilcom und eine Hand voll Fondsmanager und Vermögensverwalter wurden zu Medienstars.

Gleichzeitig wurde der Neue Markt zum Vorzeigeobjekt in Europas Börsenlandschaft, obwohl die Börsen in Paris und Amsterdam schon vorher ein entsprechendes Segment unter ihrem Dach betrieben. Andere wichtige Weltbörsen folgten dem Vorbild in Frankfurt und schufen ebenfalls eine eigene Handelsplattform für Wachstumswerte. An die Größe und die Bedeutung der bereits 1971 gegründeten US-Wachstumsbörse Nasdaq kommen sie aber bislang nicht heran.

1998 und 1999 strömte immer mehr Anlagekapital in den Neuen Markt, was die Kurse im Zuge des allgemeinen Börsenaufschwungs weiter nach oben katapultierte. Kursgewinne von 300 und 400 Prozent bereits zum Start waren an der Tagesordnung. So war es kein Wunder, dass weitere Emittenten Schlange

Wachstumsbörsen

Markt	Sitz	Anzahl der gelisteten Unternehmen	Marktkapitalisierung[1] (in Mrd. Euro)	Gegründet
Neuer Markt	Frankfurt/M.	330	66,45	1997
Nouveau Marché	Paris	165	10,69	1996
Swiss New Market	Zürich	15	2,91	1999
AIM und Techmark	London	583/242	18,1/697,1	1995/1999
Nuovo Mercato	Mailand	45	15,88	1999
Nuevo Mercado	Madrid	11	16,32	2000
NASDAQ Europe	Brüssel	50	7,75	1996

[1] Stand: 1.12.2001

Quelle: Blättchen & Partner

standen (→ „Neuemissionen – Nachschub für den Kurszettel“, Seite 165). Nach etwas mehr als zwei Jahren waren über 100 Unternehmen am Neuen Markt gelistet, nach drei Jahren war die Marke von rund 300 Teilnehmern erreicht.

Die Gründe für die Krise

Zu dieser Zeit waren bereits alle Beteiligten mit der Entwicklung überfordert. Die Zulassungsstelle der Börse und die Emissionsabteilungen der Banken zum Beispiel waren angesichts des Andrangs kaum mehr in der Lage, die Emittenten so genau zu prüfen, wie es bei so jungen Unternehmen eigentlich erforderlich gewesen wäre. Und das lukrative Geschäft, das die Geldhäuser mit jeder neuen Börseneinführung machten, verführte sie dazu, im einen oder anderen Fall auch nicht mehr so genau hinzuschauen. Auf diese Weise gelangten immer mehr Kandidaten an den Markt, denen die notwendige Börsenreife fehlte. Das fiel zunächst, solange die Kurse allgemein stiegen, allerdings kaum auf.

Als entscheidender Stolperstein für den Neuen Markt erwies sich die Tatsache, dass es viele Unternehmen mit der Einhaltung des Regelwerks nicht so genau nahmen – zulasten der Anleger. Mehr als einmal zum Beispiel verkauften skrupellose Alteigentümer ihre Papiere „unter der Hand“ vor dem Ende der vorgeschriebenen Haltefrist von sechs Monaten, um das hohe Kursniveau, das ihre Papiere nach der Emission erreicht hatten, auszunutzen.

Mangelnde Kontrollmöglichkeiten seitens der Banken und Börse erleichterten ihnen ihr Manöver. Und selbst wenn die Lock-up-Periode eingehalten wurde: Trennten sich dann die Großaktionäre von ihren Aktienpaketen, kamen die entsprechenden Papiere ebenso unter Druck.

Andere Emittenten dagegen erfüllten ihre Publizitätspflichten nicht ordnungsgemäß. Sie veröffentlichten ihre Jahres- und Quartalsberichte mit erheblicher Zeitverzögerung und ließen so die Öffentlichkeit über die geschäftliche Situation bewusst im Unklaren. Oder sie versuchten mit vollmundigen Ankündigungen und unrealistischen Prognosen, die sie über manipulierte oder verfälschte ☞ **Ad-hoc-Mitteilungen** veröffentlichten, ihren Aktienkurs weiter nach oben zu treiben.

☞ Ad-hoc-Mitteilung: Unternehmen im amtlichen Handel und geregelten Markt müssen kursbeeinflussende Tatsachen und Informationen umgehend (ad hoc) der Öffentlichkeit durch Publikation auf der firmeneigenen Internetseite und durch Übermittlung an Nachrichtenagenturen bekannt geben (→ Seite 132).

Allerdings haben auch die Anleger ihren Teil zu den Kursexzessen am Neuen Markt beigetragen. Bedenkenlos waren sie bereit, in jede noch so zweifelhafte Geschäftsidee ihr Geld zu investieren, und bedenkenlos folgten sie jedem noch so windigen Kauftipp von selbst ernannten Börsengurus – immer in dem Glauben, man könne die Aktien in einigen Wochen zu einem höheren Preis leicht wieder verkaufen.

Die Krise auf dem Höhepunkt

Lange Zeit versäumte es die Börse, konsequent gegen das Treiben vorzugehen. Da alle Beteiligten – Banken, Unternehmen, Berater und Anleger – am Höhenflug des Neuen Marktes verdienten, fielen die Missstände nicht weiter ins Gewicht. Als aber die Stimmung an den Weltbörsen im März 2000 drehte, kam der Wendepunkt und eine fast unvorstellbare Kurstalfahrt begann. Immer mehr Anlegern wurde bewusst, dass die mittlerweile erreichten Kurshöhen Hoffnungen und Erwartungen widerspiegelten, die mit der Wirklichkeit nichts mehr zu tun hatten – zumal bei vielen Gesellschaften die Geschäftszahlen weit hinter den eigenen Prognosen zurückblieben. Die Veröffentlichung katastrophaler Jahres- und Quartalsergebnisse wurde zur unangenehmen Hauptaufgabe für Vorstände, und einige unternehmerische Höhenflüge endeten mit einer unsanften Bauchlandung vor dem Insolvenzgericht. Ein Skandal nach dem anderen erschütterte den Neuen Markt, denn mehr als einmal stellte sich heraus, dass die Anleger teilweise monatelang gezielt getäuscht worden waren. Innerhalb von eineinhalb Jahren fiel der marktumfassende Nemax-all-share-Index (→ Seite 108) von seinem historischen Höchststand bei rund 8 560 Punkten im März 2000 um sage und schreibe über 90 (!) Prozent auf 724 Punkte bis zum September 2001.

☞ Marktkapitalisierung: Mit dem Begriff wird der Börsenwert eines Unternehmens umschrieben. Sie ergibt sich aus der Zahl der an der Börse zugelassenen Aktien, multipliziert mit dem aktuellen Kurs.

Die Gegenmaßnahmen der Börsenverwaltung

Anfang 2001 begann die Börsenverwaltung, ernsthafte Konsequenzen zu ziehen und das Regelwerk in mehreren Schritten zu verschärfen. Seitdem müssen die Unternehmen unter anderem Quartals- und Jahresabschlüsse auf standardisierten Meldeformularen fristgerecht an die Deutsche Börse AG übermitteln. Verstöße gegen diese Pflicht werden mit Geldstrafen bis zu 100 000 Euro belegt. Zudem hat die Börse das Recht, entsprechende Pflichtversäumnisse der Neue-Markt-Unternehmen für jeden Anleger nachlesbar im Internet zu publizieren. Kontakt ▶ Seite 75

Im schlimmsten Fall droht der Rauswurf aus dem Neuen Markt – was bereits etliche Male praktiziert worden ist, wie beispielsweise beim Telekommunikationsunternehmen Gigabell und der Softwarefirma Brokat.

Penny-Stocks

Dazu gibt es eine Reihe anderer Ausschlussregeln, mit denen die Verbannung eines Unternehmens vom Wachstumssegment der Frankfurter Börse möglich ist. Das ist zum Beispiel dann der Fall, wenn ein Unternehmen am Neuen Markt nur noch über eine ☞ Marktkapitalisierung von weniger als 20 Millionen Euro verfügt und die Aktie 30 Handelstage in Folge unterhalb der Ein-Euro-Marke notiert. Diese so genannten Penny-Stocks kommen danach für weitere 90 Tage auf eine Beobachtungsliste; innerhalb dieser Frist müssen sie mindestens an 15 aufeinander folgenden Handelstagen die Mindestmarktkapitalisierung und den Minimalkurs von 1 Euro wieder erreichen. Andernfalls steht der Ausschluss vom Neuen Markt bevor.

Zusätzlich sperrt die Börse auch Aktien solcher Gesellschaften vom Neuen Markt aus, bei denen das Insolvenzverfahren eröffnet oder mangels Masse abgewiesen worden ist. Die betroffenen Unternehmen sind verpflichtet, dies der Börsenverwaltung unverzüglich mitzuteilen. Der Ausschluss wird wirksam, einen Monat nachdem die Deutsche Börse dies auf ihrer Internetseite bekannt gegeben hat. Für die Aktien, deren Notierung am Neuen Markt gelöscht wird, bedeutet das nicht, dass sie ihre

Zulassung zum Börsenhandel verlieren. Sie können im geregelten Markt oder Freiverkehr weiter gehandelt werden. KONTAKT ▶

Aktien für einen Euro

Auf dem Kurszettel des Neuen Marktes sind Aktien, die weniger als 1 Euro kosten, keine Rarität. Rein optisch sehen diese ☞ **Penny-Stocks** im wahrsten Sinne des Wortes billig aus, doch davon sollte sich niemand beeindrucken lassen. Denn Penny-Stocks werden regelmäßig zum Spielball von Zockern.
30 oder 40 Prozent Kursgewinn oder -verlust an einem Tag – in absoluten Zahlen ausgedrückt sind das „nur“ 30 oder 40 Euro-Cent – sind bei ihnen keine Seltenheit. Jede noch so unbedeutende Nachricht löst massive Kurssprünge aus. Das erhöht die Gefahr von Manipulationen.
Professionelle Anleger befassen sich deshalb erst gar nicht mit Billig-Aktien. Denn sie achten nicht auf den Kurswert, sondern auf die wirtschaftliche Perspektive eines Unternehmens – und da stimmt oft das Vorurteil: „Was nichts kostet, taugt nichts“. Viele der einstmals an der Börse hoch angesehenen Unternehmen kämpfen um ihre wirtschaftliche Existenz und nicht selten droht der Gang zum Insolvenzrichter. Selbst für die wenigen Werte, die den Weg zurück in die Profitabilität schaffen, ist es schwer, das Vertrauen der Anleger zurück zu gewinnen. Und in den USA ist es Analysten sogar verboten, Penny-Stocks zu empfehlen.

Querschüsse der Neue-Markt-Unternehmen

Gedacht sind die neuen Regeln zur Qualitätsverbesserung des Neuen Marktes und damit zum Schutz der Anleger. Die ersten der vom Ausschluss betroffenen Unternehmen haben allerdings Rechtsmittel dagegen eingelegt. Eine Reihe von Delisting-Kandidaten konnte per Gerichtsbeschluss ihren drohenden Ausschluss auf diese Weise sechs oder sogar zwölf Monate hinausschieben. In Einzelfällen haben sie in erster Instanz sogar den dauerhaften Verbleib im Wachstumsegment der Frankfurter Börse eingeklagt. Der endgültige Ausgang dieser Rechtsverfahren ist aber noch offen.

Wer langfristig in Aktien investiert, sollte grundsätzlich Spekulationen mit riskanten Insolvenzkandidaten und Penny-Stocks meiden – unabhängig, ob am Neuen Markt oder in einem anderen Handelssegment gelistet!

Kritik bleibt

Aktionärsschützern gehen diese Änderungen aber nicht weit genug. Sie kritisieren unter anderem, dass die Sanktionen nicht scharf genug sind. Außerdem verlangen sie bessere Möglichkeiten, die Verantwortlichen eines Unternehmens juristisch haftbar zu machen, sodass die Aktionäre zum Beispiel Schadenersatz einklagen können, wenn die Unternehmensverwaltung bewusst falsche Prognosen gestellt hat oder die Alteigentümer Regelverstöße begangen haben – eine Forderung, die mit der Novelle des Finanzmarktförderungsgesetzes erfüllt werden könnte (→ Anhang, Seite 424).

Als problematisch gilt auch, dass der Neue Markt eine rein privatrechtliche Veranstaltung auf Basis des geregelten Marktes ist. Das heißt, es besteht für ihn keine gesonderte börsengesetzliche Regelung, die den Anlegern eine juristische Handhabe gegen Regelverstöße einräumt. Für die Überwachung des Regelwerks ist allein die Deutsche Börse AG zuständig. Allerdings soll auch dieses Problem mit dem neuen Finanzmarktförderungsgesetz (→ Anhang, Seite 424) gelöst werden.

▶ KONTAKT
Sünder und Ausschlusskandidaten im Internet unter **www.deutsche-boerse.com/listingcenter,** Menüpunkt „Veröffentlichung der deutschen Börse zum Neuen Markt“.

☞ Penny-Stocks: Übersetzt (engl.) „Pfennig-Aktien“.

Absturz eines Vorzeigeunternehmens

Erst machte das Software-Unternehmen Brokat als Börsenstar am Neuen Markt und Aushängeschild der „New Economy" Schlagzeilen, dann als Kapitalvernichter. Im September 1994 gründeten fünf Partner das Unternehmen. Vier Jahre später folgte der Gang an den Neuen Markt. Im Mai 1999 wird der Vorstand von den Wirtschaftsprüfern Ernst & Young mit dem Preis „Entrepreneur des Jahres" ausgezeichnet. Brokat bezeichnet sich als Weltmarktführer bei Software für das Internet-Banking. Im Juni 2000 übernimmt Brokat die amerikanischen Software-Unternehmen GemStone und Blaze für fast 1 Milliarde Euro in Aktien. Das Unternehmen erhält Anfang 2001 ein Patent für das elektronische Unterschreiben per Handy. Ende des Jahres sollen nach Angaben des Vorstands schwarze Zahlen geschrieben werden, doch im Mai 2001 korrigiert er aufgrund der Absatzkrise in der Software-Branche die Umsatzprognose nach unten. Im Juni 2001 sucht das Management händeringend nach Investoren. Die Hälfte des Grundkapitals ist aufgebraucht. Wütende Aktionäre toben auf der Hauptversammlung. Im Juli 2001 meldet das Unternehmen einen Quartalsverlust in Höhe von 824 Millionen Euro und verhandelt mit Gläubigern. Einen Monat später fällt der Beschluss, Brokat aufzuspalten. Das Unternehmen verkauft die teuer erworbenen US-Firmen wieder für zirka 25 Millionen Euro – ein riesiges Verlustinvestment. Das Zukunftsgeschäft für das Bezahlen per Handy will Brokat auch abstoßen. Vorstandschef Stefan Röver kündigt seinen Rückzug an. Im September 2001 rutscht die Aktie des einstigen Börsenstars mit Höchstkursen um 200 Euro unter einen Euro und wird damit zur Penny-Stock. Im November 2001 meldet Brokat Insolvenz an.

Quelle: dpa vom 24. 11. 2001

Spezialfall: Smax

Sowohl im amtlichen Handel als auch im geregelten Markt gibt es eine Reihe von Unternehmen, die ein ausgesprochenes Schattendasein führen. Oft handelt es sich um alteingesessene Unternehmen aus Traditionsbranchen wie zum Beispiel Maschinenbau und Konsum, die bereits seit Jahren an der Börse notiert werden. Aber ihr Anteil am gesamten Börsenumsatz beträgt nur etwas mehr als 2 Prozent.

☞ Smax: Abkürzung für „small cap exchange". Frei übersetzt (engl.) „Börse für kleine Aktienwerte".

▶ Kontakt
Der Smax im Internet unter www.smax.de

Problem Liquidität

Professionelle Anleger wie zum Beispiel Fondsmanager meiden solche Werte, weil es kaum möglich ist, größere Stückzahlen über die Börse zu erwerben oder wieder zu verkaufen. Mit der sehr geringen Zahl frei handelbarer Aktien ist die mangelnde Liquidität allein nicht zu erklären, denn bei einer Reihe von Werten am Neuen Markt ist der Freefloat in absoluten Zahlen gesehen weit geringer. Dennoch schreckt das dort kaum einen Anleger ab. Der Grund für den anfänglichen Erfolg der Wachstumsbörsen waren die hohen Publizitäts- und Handelsanforderungen. 1999 hat deshalb die Deutsche Börse AG das Konzept des Neuen Marktes kopiert und das Qualitätssegment ☞ Smax aus der Taufe gehoben. Kontakt ▶

Die Qualitätskriterien

Smax ist kein Handelssegment im börsenrechtlichen Sinne, denn Zugang haben alle Werte, die bereits im geregelten Markt oder im amtlichen Handel notiert sind – mit Ausnahme der Indexwerte im MDax (→ Seite 107). Der Grundgedanke auch bei Smax: Die Emittenten unterwerfen sich freiwillig höheren Anforderungen hinsichtlich der Publizität, um auf diese Weise ihre Attraktivität für die Anleger zu steigern. Dazu gehört zum Beispiel, mindestens einen Designated Sponsor (→ Seite 71) mit der laufenden Kursstellung zu beauftragen. Allerdings kann auch er keine Wunder bei der Verbesserung der Liquidität vollbringen. Er gleicht in erster Linie Angebots- und Nachfragespitzen aus.

Jährliche Analystenveranstaltungen sind für Smax-Teilnehmer ebenso Pflicht wie eine Quartalsberichterstattung – auch in englischer Sprache. Seit 2002 müssen die Unternehmen dabei, ebenso wie beim Abschluss für das Kalenderjahr, internationale Bilanzierungsstandards (→ Seite 71) beachten.

Freiverkehr

Im Freiverkehr geht es wesentlich lockerer zu als in den anderen Segmenten. Das fängt damit an, dass für den Start kein Emissionsprospekt notwendig ist. Auch ein bestimmtes Mindestvolumen bei der Emission und ein Mindestalter des Unternehmens sind nicht erforderlich. Es reicht die Vorlage einiger weniger Unterlagen wie zum Beispiel Geschäftsbericht oder Satzung. Ganz unkompliziert ist das Zulassungsprozedere, wenn das Unternehmen bereits an einer in- oder ausländischen Börse, etwa am Neuen Markt oder in seinem Heimatland, notiert wird. In dem Fall kann zum Beispiel auch ein freier Makler die Zulassung beantragen. Der Emittent muss lediglich benachrichtigt werden. Ein Vetorecht dagegen steht ihm nur in Frankfurt in bestimmten Fällen zu. Die Zulassung zum Handel regeln nicht die Zulassungsstellen, sondern spezielle Freiverkehrsausschüsse an den jeweiligen Börsenplätzen.

Aufgrund der einfachen und vergleichsweise kostengünstigen Emission gilt der Freiverkehr als Tummelplatz vor allem für Optionsscheine und ausländische Aktien – aber auch für fast alle Titel, die an einer jeweils anderen deutschen Börse im amtlichen Handel oder geregelten Markt gehandelt werden. Auf diese Weise sorgen die einzelnen Börsen beziehungsweise die jeweiligen Makler dafür, dass auch diejenigen Titel, deren Emittenten von sich aus auf die Zulassung an einem bestimmten Börsenplatz verzichten, dennoch überall gehandelt werden können. Das dient insgesamt der Verbesserung der Liquidität und bedeutet für den Anleger mehr Service. Er braucht sich zum Beispiel bei einer Aktie aus dem Dax nicht vorher darüber zu informieren, an welcher Börse er den Wert überhaupt kaufen kann.

Beispiel: Das Computerunternehmen und Dax-Mitglied SAP hat nur an der Frankfurter Börse die Aufnahme zum amtlichen Handel beantragt. Durch die Aufnahme in den Freiverkehr der Regionalbörsen (→ Seite 48) kann der Anleger die Aktie an jedem Börsenplatz ordern.

Von den insgesamt rund 10 000 verschiedenen Aktien, die an allen deutschen Wertpapierbörsen gehandelt werden, entfallen etwa 60 Prozent allein auf den Freiverkehr. Doch der hohe Anteil täuscht. Der Umsatz dieser Titel macht nur einen Bruchteil dessen aus, was mit den großen Werten im amtlichen Handel erzielt wird.

Im Freiverkehr gibt es so gut wie keine Publizitätsvorschriften. Der Emittent muss weder laufende Zwischenberichte noch besondere kurs-beeinflussende Tatsachen ad hoc veröffentlichen – es sei denn, der Titel notiert an einer anderen deutschen Börse im amtlichen Handel oder geregelten Markt. Der Freiverkehr gilt in einigen Teilen als Zockersegment, denn durch die niedrigen Zugangshürden haben auch zweifelhafte Unternehmen vor allem aus dem Ausland Zugang zur Börse.

Die Zulassungskriterien zu den einzelnen Börsensegmenten

	Amtlicher Handel	Geregelter Markt	Neuer Markt
Emissionsvorschriften	Erstellung Börsenzulassungsprospekt mit allen Angaben, die für die Beurteilung des Emittenten und der zuzulassenden Wertpapiere notwendig sind (u. a. letzter Jahresabschluss inklusive Anhang und Lagebericht, Bilanz und Gewinn-und-Verlust-Rechnung für die vergangenen drei Jahre. Dazu allgemeine Informationen wie Geschäftstätigkeit, Kapitalverhältnisse, Risikofaktoren)	Verminderte Anforderungen an Unternehmensbericht mit Beschreibung des Emittenten (u. a. durch letzten offen gelegten Jahresabschluss sowie Ausblick für das laufende Geschäftsjahr) und der zuzulassenden Wertpapiere	Emissionsprospekt mit Anforderungen ähnlich wie beim amtlichen Handel, Rechnungslegung zusätzlich nach internationalen Standards (IAS oder US-GAAP), nur Stammaktien erlaubt, gleichzeitiger Antrag auf Zulassung zum geregelten Markt ist Voraussetzung für die Aufnahme am Neuen Markt
Zulassung	Durch die Zulassungsstelle der Börse	Durch den Zulassungsausschuss der Börse	Durch den Vorstand der Deutschen Börse AG
Anforderung an Emittenten (Unternehmen)	Emissionsvolumen bei Aktien mindestens 1,25 Mio. Euro [1], bei sonstigen Wertpapieren 250 000 Euro [1] Mindestalter des Unternehmens: fünf Jahre Mindestens 25 Prozent der Aktien müssen breit gestreut, das heißt, frei verfügbar sein	Aktienemission über mindestens 250 000 Euro [1]	Grundkapital vor Emission mindestens 1,5 Mio. Euro, Emissionsvolumen mindestens 5 Mio. Euro, mindestens 50 Prozent der emittierten Aktien müssen aus Kapitalerhöhung stammen Unternehmen sollte mindestens drei Jahre alt sein, Ausnahme möglich Streubesitz nach Emission mindestens 20 Prozent, bei Emissionsvolumen von über 100 Mio. Euro 10 Prozent
Publizitätsanforderungen	Veröffentlichung des Börsenzulassungsprospekts in überregionalem Börsenpflichtblatt	Veröffentlichung des Unternehmensberichts in überregionalem Börsenpflichtblatt	Veröffentlichung des Emissionsprospekts im Börsenpflichtblatt
Folgepflichten	Veröffentlichung von Jahresabschluss und mindestens einem Zwischenbericht in überregionalem Börsenpflichtblatt Unverzügliche Veröffentlichung kursrelevanter Ereignisse und Informationen (Ad-hoc-Berichterstattung)	Wie amtlicher Handel Unverzügliche Veröffentlichung kursrelevanter Ereignisse und Informationen (Ad-hoc-Berichterstattung)	Jahresabschluss innerhalb drei Monaten nach Berichtszeitraum, standardisierte Quartalsberichte in deutscher und englischer Sprache innerhalb zwei Monaten nach Berichtszeitraum, regelmäßige Analystentreffen, Erstellung Unternehmenskalender mit wichtigen Terminen Unverzügliche Veröffentlichung kursrelevanter Ereignisse und Informationen (Ad-hoc-Berichterstattung)
Handel Präsenzhandel	Fortlaufender Handel während der gesamten Börsensitzung, bei Gesellschaften mit geringer Streuung und wenig Umsatz nur Einheitskurs (Kassakurs)	Freie Makler, die mit Betreuung beauftragt sind, stellen An- und Verkaufskurse	Es gelten die Regeln des amtlichen Handels
Elektronischer Handel (Xetra)	Fortlaufender Handel während der gesamten Börsensitzung	Wie amtlicher Handel	Fortlaufender Handel während der gesamten Börsensitzung, zusätzlich Betreuung durch mindestens zwei Designated Sponsors
Ausführung Im Präsenzhandel	Anspruch auf Ausführung bei unlimitierten und allen über (Kauf) und unter (Verkauf) den amtlichen Kursen limitierten Aufträgen	Anspruch auf Ausführung bei unlimitierten Aufträgen	Wie amtlicher Handel
Im elektronischen Handel (Xetra)	Automatische Ausführung zum Limit, Teilausführung möglich	Wie amtlicher Handel	Wie amtlicher Handel

[1] Betrag nach Umstellung der Börsenzulassungsverordnung im Zuge der Euro-Einführung bzw. -Umstellung.

Smax	Geregelter Freiverkehr	Ungeregelter Freiverkehr außerbörslicher Handel
Voraussetzung: Zulassung zum amtlichen Handel oder geregelten Markt	Vorlage von Unternehmensberichten bei Freiverkehrsausschuss ausreichend	Keine besonderen Vorschriften
Durch den Vorstand der Deutschen Börse AG	Durch Freiverkehrsausschuss der jeweiligen Börse	Keine besonderen Zulassungsvorschriften
Wie amtlicher Handel bzw. geregelter Markt Streubesitz mindestens 20 Prozent	Gegebenenfalls Zustimmung erforderlich	Keine besonderen Vorschriften
Wie amtlicher Handel bzw. geregelter Markt	Keine besonderen Anforderungen	Keine besonderen Anforderungen
Quartalsberichterstattung, regelmäßige Analystentreffen, Veröffentlichung des Anteilsbesitzes von Organmitgliedern (Vorstand und Aufsichtsrat) in Aktien des eigenen Unternehmens Wie amtlicher Handel und geregelter Markt	Keine besonderen Anforderungen	Keine besonderen Anforderungen
Es gelten die Regeln des amtlichen Handels bzw. des geregelten Markts Fortlaufender Handel während der gesamten Börsensitzung, zusätzlich Betreuung durch mindestens einen Designated Sponsor	Skontroführung durch Freimakler Soweit zum elektronischen Handel zugelassen: fortlaufender Handel während der gesamten Börsensitzung	Fortlaufende Stellung von An- und Verkaufskursen Kein Handel möglich
Wie amtlicher Handel bzw. geregelter Markt Wie amtlicher Handel	Kein Anspruch auf Ausführung Wie amtlicher Handel	Kein Anspruch auf Ausführung Kein Handel möglich

Quelle: Deutsche Börse AG

Außerbörslicher Handel

☞ Interbankenmarkt: Mit diesem Begriff wird ein organisierter Handel ausschließlich zwischen Banken bezeichnet. Bedeutende Interbankenmärkte gibt es bei Devisen, Anleihen und Finanzderivaten.

Der außerbörsliche Handel gehört nicht mehr zum eigentlichen Börsenterrain. Die Geschäfte werden per Telefon überwiegend im ☞ **Interbankenmarkt** abgewickelt, was nicht ausschließt, dass zum Beispiel auch freie Makler von der Börse aus mitmischen. Da der Telefonhandel an keinerlei offizielle Handelszeiten gebunden ist, läuft er, solange sich Handelspartner finden – von frühmorgens bis spät in den Abend. Diese Form des Handels ist faktisch ein Parallelhandel zum Börsenbetrieb. Es werden dort auch Wertpapiere gehandelt, die zum offiziellen Handel an der Börse nicht zugelassen sind – beispielsweise weil der Emittent die Zulassungsvorschriften nicht erfüllt oder weil er sich das kostspielige und zeitraubende Verfahren ersparen will. Bei vielen Genussscheinen (→ Seite 272), Optionsscheinen (→ Seite 321) und Zertifikaten (→ Seite 347) stellen die Banken für ihre eigenen Papiere, aber auch außerbörslich An- und Verkaufskurse, um die Liquidität zu verbessern. Für Wertpapiere gilt, dass es in Deutschland keine gesetzliche Pflicht gibt, dass sie auf jeden Fall über die Börse gehandelt werden müssen. Deshalb können Broker und Vermittler zum Beispiel Aktien völlig unbekannter Gesellschaften auch per Internet anbieten.

Welches Handelssegment für wen?

Für die meisten Einsteiger dürfte die Vielzahl von Segmenten, Zugangsvoraussetzungen und zusätzlichen Qualitätssiegeln erst einmal verwirrend sein. Die Unterteilung in einzelne Handelssegmente ist allerdings durchaus im Sinne der Anleger, denn sie dient ihrem Schutz – vor allem, wenn es um den Kauf von Aktien geht. Durch die Vorgabe und Einhaltung bestimmter Zugangshürden und Folgepflichten wird sichergestellt, dass die jeweiligen Emittenten eine bestimmte „Anlagequalität" mitbringen und erhalten müssen. Dies allein ist allerdings kein Garant für Kursgewinne. Kein Anleger darf sein Geld sorglos in eine Aktie investieren, nur weil sie in einem vermeintlich „sicheren" Segment notiert. Die Gefahr, dass ein Unternehmen Insolvenz anmeldet, ist am Neuen Markt zweifellos am größten – auch wenn es das Segment ist, das den Emittenten die strengsten Folgepflichten aufbürdet. Aber auch Titel im amtlichen Handel sind nicht schon allein aufgrund ihrer Zugehörigkeit zum „Oberhaus" vor finanziellen Krisen gefeit.

Auf der anderen Seite sollte ein Papier nicht allein deswegen für einen Kauf ausscheiden, weil es im Freiverkehr notiert. Die Regeln für die Kursfeststellung im Freiverkehr haben die Börsen weitgehend an die des amtlichen Handels angeglichen.

Liquidität entscheidend

Pauschale Empfehlungen, wann welches Segment zu bevorzugen ist, sind deshalb nicht möglich. Entscheidend bei der Frage, ob eine Aktie für ein Investment taugt, ist, in welcher Branche das jeweilige Unternehmen tätig ist, welche Zukunftsperspektiven es besitzt und wie solide es wirtschaftet – die so genannte „Story" also (→ Seite 192). Dazu muss die Liquidität geprüft werden. Grundsätzlich gilt: Je marktgängiger ein Titel ist, das heißt, je größer die Umsätze und die Zahl der Orders, die abgewickelt werden, desto eher ist gewährleistet, dass der Anleger zu marktgerechten Kursen handeln kann.

Da fast alle Händler und Makler über elektronische Handelssysteme sekundenschnellen Zugang zu mehreren Börsen haben, sind zumindest die deutschen Börsenplätze mehr und mehr zu einer Art virtuellem Marktplatz verschmolzen, an dem der Makler jede Order platzübergreifend zum aktuell günstigsten Kurs ausführen kann, soweit es ein eventuell vorhandenes Limit zulässt.

Der jeweilige Makler berücksichtigt bei der Kursfindung also nicht nur das eigene Orderbuch, sondern auch die Gebote an anderen Börsen – etwa die an der Computerbörse Xetra (→ Seite 86) und/oder der Heimatbörse. In diesem gemeinsamen Markt wird die Frage, an welchem Platz die größte Liquidität besteht und in welchem Handelssegment das entsprechende Papier dort notiert, eher zweitrangig.

Jederzeit handelbar

Ein Makler in Berlin oder Düsseldorf braucht zum Beispiel bei einer Kauforder, die in sein Skontro einläuft, nicht zu warten, bis auf der Verkaufsseite entsprechende Aufträge vorhanden sind, um sein Buch zu schließen und mit dem Kursrechnen zu beginnen (→ Seite 82). Er kann umgehend passende Gegengeschäfte an der Computerbörse Xetra tätigen und dann über sein Buch abwickeln. Bei einem Wert aus dem Smax oder dem Neuen Markt hat er zudem die Möglichkeit, die benötigten Stücke über einen der Sponsoren zu besorgen, wenn anderweitig kein Handel zustande kommt. Nur vor diesem Hintergrund sind die Preis- und Ausführungsgarantien überhaupt machbar, die eine Reihe von deutschen Börsen ihren Kunden bieten (→ Seite 49).

Allerdings spielen bei der Liquidität auch die Rahmenbedingungen eine Rolle. Ein Papier kann sehr liquide sein in Zeiten allgemein steigender Kurse. Wenn der Trend an den Aktienbörsen aber dreht und abwärts zeigt, kann sich der gleiche Titel plötzlich als sehr illiquide erweisen – eine Erfahrung, die in der Vergangenheit vor allem Anleger am Neuen Markt gemacht haben.

Index als Liquiditätsmaßstab

Es gibt also sehr wohl einige Faustregeln, an denen sich Einsteiger bei ihrer Segmentwahl orientieren können: Wer zum ersten Mal Aktien kauft und entsprechend wenig Erfahrung besitzt, sollte bevorzugt zu Werten aus dem deutschen ☞ Leitindex Dax (→ Seite 102) greifen. Dort sorgt ein hohes Orderaufkommen dafür, dass die Anleger jederzeit zu marktgerechten Kursen zum Zuge kommen – unabhängig davon, an welchem Börsenplatz sie ordern. Orders für Werte aus dem Neuen Markt beziehungsweise dem Nemax-50-Index (→ Seite 108), dem Smax und teilweise aus dem MDax sollten dagegen limitiert werden. KONTAKT ▶

☞ Leitindex: Dax und MDax gelten als Leitindizes der deutschen Aktienbörse. Sie erfassen zusammen die durchschnittliche Kursentwicklung der 100 wichtigsten und größten deutschen Aktiengesellschaften (→ Seite 107).

▶ KONTAKT
Eine Rangliste zur Entwicklung von Marktkapitalisierung und Liquidität der wichtigsten deutschen Aktien veröffentlicht die Deutsche Börse AG unter **www.deutsche-boerse.com**, Menüpunkte „Market Data/Statistik/Indexdaten".

Selbst wenn bei diesen Werten ein Betreuer für zusätzliche Liquidität sorgt und an Smax- und Neue-Markt-Mitglieder teilweise höhere Anforderungen gestellt werden als im amtlichen Handel, darf man nicht vergessen, dass viele dieser Aktien wenig gehandelt werden. Scharfe Kurswechsel sind dort an der Tagesordnung, sodass der Anleger bei einer unlimitierten Order riskiert, viel zu teuer einzusteigen oder seine Papiere unter Wert zu veräußern.

Sehr viel schwieriger ist die Lage, wenn ein bestimmter Wert nur an ein oder zwei Börsen notiert – wie zum Beispiel Optionsscheine oder bei bestimmten Auslandswerten etwa aus Übersee oder den Schwellenländern (→ Seite 187) und kein liquider Handel zustande kommt. Das gilt insbesondere für viele Werte im Freiverkehr. In diesen Fällen ist die Angabe eines Limits unbedingt erforderlich, denn für die Kursfeststellung ist nur die Orderlage an dem jeweiligen Handelsplatz entscheidend. Und da die meisten Werte sehr markteng sind, können selbst kleine Aufträge die Kurse nach oben oder unten treiben.

▶ KONTAKT
Mehr Informationen zur Arbeit der Kursmakler unter www. kursmakler-fwb.de

Finger weg von außerbörslichen Aktiengeschäften!

Von außerbörslichen Geschäften sollten Privatanleger auf jeden Fall die Finger lassen – zumindest wenn es um Aktien geht. Der Grund: Sie besitzen sehr oft weder Informationen über die Seriosität des jeweiligen Händlers noch zu dem betreffenden Unternehmen.

Auf der anderen Seite ist nicht alles, was auf diese Weise angeboten wird, zu beanstanden. Aber kaum ein Papier, das auf diesem Wege propagiert wird, lässt sich ähnlich gut beurteilen wie zum Beispiel eine Bayer- oder Deutsche-Bank-Aktie, zu denen es eine Vielzahl unabhängiger Informationsquellen gibt.

Schwierig wird ein außerbörsliches Geschäft vor allem dann, wenn die Anteile wieder verkauft werden sollen. Da es keinen organisierten Markt gibt, mangelt es häufig an Abnehmern und bei der Ermittlung des Preises sind der Manipulation Tür und Tor geöffnet.

Wie entsteht ein Kurs?

Damit ein Wertpapierhandel zustande kommt und die Orders ausgeführt werden können, müssen Käufer und Verkäufer eines Papiers zusammenfinden und es muss ein Preis festgelegt werden, zu dem sich die Parteien handelseinig werden.

Kursfindung auf dem Parkett

Im Präsenzhandel übernehmen Makler diese Aufgabe. Dabei können sie Geschäfte nicht nach Gutdünken vermitteln, wie es ihnen nach Auftragseingang gerade passt. Das Börsengesetz verpflichtet sie, den Preis eines Wertpapiers so zu ermitteln, dass er die marktgerechte Situation von Angebot und Nachfrage widerspiegelt. KONTAKT ▶

Privilegierte Stellung der Kursmakler
Durch die Kenntnis der Orderlage nimmt der Kursmakler gegenüber den Anlegern eine Vertrauensposition ein. Er könnte diese Informationen jederzeit zu seinem eigenen Vorteil ausnutzen, indem er zum Beispiel durch gezielte Eigengeschäfte, den so genannten Selbsteintritt, die Kurse abweichend von der tatsächlichen Orderlage nach oben oder unten manipuliert. Aus diesem Grunde werden die Kursmakler amtlich bestellt und vereidigt und unterliegen einer strengen Kontrolle durch die Börsenaufsicht (→ Seite 94). So soll sichergestellt werden, dass sie als neutrale Vermittler zwischen Käufern und Verkäufern agieren. Anleger, die kleinere und unlimitierte Aufträge aufgeben, werden davor geschützt, zu ungünstigen Kursen zum Zuge zu kommen. Und nur durch Selbsteintritt in genau definierten Grenzen sorgt der Makler für notwendige Liquidität und Kurskontinuität.

Das Meistausführungsprinzip
Für die Ermittlung eines Kurses gibt es deshalb ein genau festgelegtes Prozedere. Das Hauptziel dabei ist, zu einem bestimmten Zeitpunkt so viele Kauf- und Verkaufsaufträge abzuwickeln wie möglich und dabei einen optimalen Umsatz zu erzielen. Börsianer sprechen daher auch vom Meistausführungsprinzip. Um dieser Anforderung gerecht zu werden, muss sich der Makler als erstes einen Überblick über die Situation von Angebot und Nachfrage verschaffen. Dazu werden die jeweils vorliegenden Aufträge für jedes Papier getrennt in einem so genannten Skontrobuch aufgenommen. Dieses Skontro ist im Prinzip nichts anderes als eine elektronische Tabelle, in der die Kauf- und Verkaufsorders getrennt voneinander aufgelistet werden. Die Reihenfolge erfolgt dabei nicht

nach dem Zeitpunkt des Auftragseingangs, sondern nach den angegebenen Limits.

In regelmäßigen Abständen schließt der Makler das elektronische Orderbuch – zum Beispiel kurz nach Eröffnung des Handels. Das heißt, es werden zunächst keine neuen Aufträge mehr in das Skontro eingegeben. Dann beginnt der Kursmakler, anhand seines Buches auszurechnen, wie viel Umsatz zu welchem Kurs angesichts der jeweiligen Auftragslage zustande kommt. Der Einsatz von Computern macht diese Arbeit zu einer Angelegenheit von wenigen Sekunden. Am Ende legt der Makler denjenigen Preis fest, der den bestmöglichen, das heißt umsatzstärksten Ausgleich zwischen Käufen und Verkäufen ermöglicht.

BEISPIEL: Beim Blick in sein Orderbuch findet der Kursmakler folgende Auftragslage für eine Aktie vor:

Kaufaufträge XY-Aktie

Stück	Kurslimit	Möglicher kumulierter Umsatz
25	Billigst	25
40	62	65 (25 + 40)
75	61	140 (65 + 75)
60	60	200 (140 + 60)
50	59	250 (200 + 50)
40	58	290 (250 + 40)

25 Stück sollen auf jeden Fall gekauft werden. Diese Aufträge werden auch Market oder „Billigst"-Orders genannt. (→ Seite 46). Alle anderen Orders sind limitiert. 40 Stück sollen zum Beispiel zu höchstens 58 Euro gekauft werden, 50 zu höchstens 59 Euro, 60 zu 60 Euro und so weiter.

Würde der Makler den Kurs auf 63 Euro festlegen, könnten nur die Billigst-Aufträge ausgeführt werden, ansonsten ist keiner bereit zu kaufen. Bei 62 Euro kämen die Aufträge hinzu, die genau zu diesem Kurs limitiert waren – so ergäbe sich ein Umsatzvolumen von insgesamt 65 Stück. Auf diese Weise lässt sich das gesamte Skontro durchrechnen. Erst zu einem Kurs von 58 Euro könnten alle Kaufaufträge im Gesamtvolumen von 290 Stück ausgeführt werden.

Verkaufsaufträge XY-Aktie

Stück	Kurslimit	Möglicher kumulierter Umsatz
80	63	245 (165 + 80)
40	62	165 (125 + 40)
65	61	125 (60 + 65)
10	60	60 (50 + 10)
30	59	50 (20 + 30)
20	Bestens	20

Bei den Verkaufsaufträgen erfolgt die Berechnung nach derselben Methode. Allerdings ist die Interessenlage genau entgegengesetzt. 20 Stück sollen auf jeden Fall verkauft werden – dies sind die „Bestens"-Aufträge. Bei 59 Euro kommen 30 Stück aus den entsprechend limitierten Orders dazu – macht zu diesem Kurs eine Gesamtnachfrage von 50 Stück. Bei 60 Euro steigt die Zahl auf 60 Stück und am Ende könnten erst zu 63 Euro alle 245 Stück aus dem vorliegenden Bestand umgesetzt werden.

Durch Gegenüberstellung der jeweiligen Zwischensummen kann der Makler herausfinden, wie hoch der Umsatz bei einem bestimmten Kurs ist. Natürlich ist das in der Praxis, bei Hunderten von Ordern im Skontrobuch wesentlich aufwendiger als bei diesem einfach konstruierten Beispiel. Deshalb wird der Makler zuerst eine so genannte Taxe, also eine Schätzung, von beispielsweise „1 zu 2" stellen, weil er noch nicht absehen kann, ob sich ein Kurs von 61 oder 62 Euro ergibt. Auf diese Weise erhalten die umstehenden Makler und Händler eine erste Preisinformation, sodass sie ihre weiteren Orders daran orientieren können.

Kaufaufträge XY-Aktie

Stück	Kurslimit	Möglicher kumulierter Umsatz
25	Billigst	25
40	62	65
75	61	140
60	60	200
50	59	250
40	58	290

Verkaufsaufträge XY-Aktie

Stück	Kurslimit	Möglicher kumulierter Umsatz	Handelsausgleich
80	63	245	25
40	62	165	65
65	61	125	125
10	60	60	60
30	59	50	50
20	Bestens	20	20

Angenommen der Makler schließt sein Buch, dann ergibt sich die Situation, dass zu einem Kurs von 62 Euro insgesamt 165 Aktien verkauft werden könnten. Aber nur für 65 Stück liegen entsprechende Kaufaufträge vor. Bei 60 Euro werden 200 Stück nachgefragt, aber nur 60 Stück können zu diesem Preis verkauft werden. Der größte Umsatz kommt mit 125 Stück bei 61 Euro zustande. Allerdings findet auch zu diesem Kurs kein vollständiger Marktausgleich statt. Es bleibt ein Überhang von 15 Stück auf der Kaufseite. Für diese Menge kann der Makler versuchen, einen entsprechenden Kontrahenten auf dem Parkett zu finden. Gelingt ihm das nicht, hat er die Möglichkeit, 15 Stück aus seinem eigenen Handelsbestand zu verkaufen. In diesem Fall ist ihm der Selbsteintritt gestattet, da das auf die marktgerechte Preisbildung keinen Einfluss hat, denn zum Kurs von 61 Euro würde sich auch ohne sein Einspringen der größtmögliche Umsatz ergeben. Der Makler hat allerdings auch die Möglichkeit, die Kaufaufträge zu rationieren, also einzuteilen. In diesem Fall würden alle vorliegenden Kaufaufträge nur mit einer prozentualen Quote bedient werden – zum Beispiel bekommen alle Käufer nur 90 Prozent der gewünschten Stückzahl. Dieser Fall tritt allerdings recht selten ein und in der Regel nur bei sehr illiquiden Titeln. Im Interesse der Anleger wird der Makler zumindest bei umsatzstarken Titeln immer die Variante des Selbsteintritts wählen, wenn der Überhang nicht zu groß ist.

Abschließend setzt er den Kurs offiziell mit 61 Euro und dem Zusatz „bezahlt" oder ohne weiteren Kommentar fest.

■ **TIPP**

Wer selbst einmal ein elektronisches Orderbuch betreuen und Kurse feststellen möchte, hat dazu per Internet bei der baden-württembergischen Börse Gelegenheit. Die Stuttgarter Börsianer bieten unter der Adresse **www.boerse-stuttgart.de/animate** eine Handelssimulation, mit der jeder Interessent sein Talent zum Kursmakler testen kann.

Zusammengefasst:

Bei der Ermittlung des Börsenpreises muss der Makler folgende Forderungen erfüllen:

- Es muss der größtmögliche Umsatz zustande kommen.
- Es müssen alle „Bestens"- und „Billigst"-Orders ausgeführt werden.
- Alle über dem Kurs limitierten Kaufaufträge müssen ausgeführt werden.
- Alle unter dem Kurs limitierten Verkaufsaufträge müssen ausgeführt werden.
- Zumindest ein Teil der genau zum festgestellten Kurs limitierten Aufträge muss ausgeführt werden.

Ob und wie diese Bedingungen erfüllt wurden, lässt sich anhand der Kurszusätze ablesen (→ Kasten, nebenstehend). Bei dem Kursfeststellungsverfahren durch den Makler sprechen Fachleute auch von ordergetriebenen Handelssystemen, da sich die ermittelten Kurse aufgrund der jeweiligen Orderlage ergeben.

Kürzel für Kenner

Nicht bei jeder Kursfeststellung lassen sich Angebot und Nachfrage vollständig ausgleichen. Das kommt vor allem bei Werten vor, bei denen wenig Handel zustande kommt. Der Makler verwendet deshalb bei der Kursfeststellung bestimmte Kürzel, die dem Publikum Informationen über die Marktlage zum Zeitpunkt der Kursfeststellung geben. Nachfolgend eine Übersicht über die häufigsten Kürzel auf dem Kurszettel:

b oder kein Zusatz = bezahlt. Alle Aufträge wurden ausgeführt.

bG = bezahlt Geld. Nicht alle zu diesem Kurs limitierten Kaufaufträge konnten ausgeführt werden. Es bestand weitere Nachfrage.

bB = bezahlt Brief. Nicht alle zu diesem Kurs limitierten Verkaufsaufträge konnten ausgeführt werden. Es bestand weiteres Angebot.

G = Geld. Zu diesem Kurs fand kein Umsatz statt. Es bestand nur Nachfrage.

B = Brief. Zu diesem Kurs fand kein Umsatz statt. Es bestand nur Angebot.

ebG = etwas bezahlt Geld. Zu diesem Kurs konnte nur ein geringer Teil der Kaufaufträge ausgeführt werden.

ebB = etwas bezahlt Brief. Zu diesem Kurs konnte nur ein geringer Teil der Verkaufsaufträge ausgeführt werden.

ratG = rationiert Geld. Alle limitierten und unlimitierten Kaufaufträge konnten nur eingeschränkt ausgeführt werden.

ratB = rationiert Brief. Alle limitierten und unlimitierten Verkaufsaufträge konnten nur eingeschränkt ausgeführt werden.

– G = gestrichen Geld. Ein Kurs konnte nicht festgestellt werden, da nur unlimitierte Kaufaufträge vorlagen.

– B = gestrichen Brief. Ein Kurs konnte nicht festgestellt werden, da nur unlimitierte Verkaufsaufträge vorlagen.

T = Taxe. Ein Kurs konnte nicht ermittelt werden. Der Preis ist geschätzt.

ausg = ausgesetzt. Die Kursnotierung ist ausgesetzt.

ex D = ohne Dividende. Erste Notiz unter Abzug der Dividende (→ Seite 199).

ex BR = ohne Bezugsrecht. Erste Notiz unter Abzug des Bezugsrechts (→ Seite 161).

ex BA = ohne Berichtigungsaktien. Erste Notiz nach Erhöhung des Grundkapitals aus Gesellschaftsmitteln (→ Seite 162).

ex SP = nach Splitting. Erste Notiz nach Teilung der Aktien (→ Seite 164).

Kassakurs versus fortlaufender Handel

Die dargestellte Form des Rechenverfahrens hatte früher vor allem für die Ermittlung des so genannten Einheits- oder Kassakurses Bedeutung. Dieser Kassakurs wurde börsentäglich nur einmal, ungefähr zur Handelsmitte um kurz nach 12 Uhr, festgestellt.

Vor allem für Privatanleger war der Kassakurs von Bedeutung, denn zu ihm wurden alle Kleinaufträge abgerechnet. Nur Aktienorders über 50 beziehungsweise 100 Stück oder ein Vielfaches davon konnten während der ganzen Handelszeit in den so genannten fortlaufenden oder variablen Handel gegeben werden. Fand der Makler dafür einen Kontrahenten, schloss er das Geschäft ab und stellte einen fortlaufenden Kurs fest.

Nach und nach haben die deutschen Börsen allerdings im Präsenzhandel die so genannten Mindestschlussgrößen sowohl für Aktien als auch für Anleihen abgeschafft. Heute können Orders in jeder beliebigen Größe während der gesamten Handelszeit platziert werden (→ Seite 49). Der Kassakurs wird dabei nur noch bei einigen wenigen Werten festgestellt, bei denen kaum Handel zustande kommt.

Für die Mehrzahl der Aktien wird dabei börsentäglich ein Eröffnungs- und ein Schlusskurs errechnet. Dazwischen kann der Makler je nach Orderaufkommen entscheiden, wann er auch im fortlaufenden Handel einen Kurs stellt. Einige Börsenplätze verpflichten allerdings ihre Makler dazu, sämtliche Aufträge, die im Präsenzhandel hereinkommen, unmittelbar zu bearbeiten und wenn möglich auszuführen (→ Seite 49).

☞ Xetra: Abgeleiteter Name aus „**ex**change electronic **tra**ding", zu deutsch etwa: elektronisch organisierter Börsenhandel.

▶ Kontakt
Xetra im Internet unter www.xetra.de

Kursfeststellung durch freie Makler

Im Unterschied zum amtlichen Handel erfolgt die Kursfeststellung in den anderen Segmenten wie geregelter Markt und Freiverkehr durch freie Makler. Grundsätzlich nehmen sie die Kursfeststellung nach den gleichen Regeln vor wie die Kursmakler. Allerdings unterliegen die Freimakler keinem so strengen Reglement und keiner solch umfassenden Aufsicht wie ihre Kollegen aus dem amtlichen Handel (→ Seite 49). Der wichtigste Unterschied besteht darin, dass die Freimakler an keinerlei Vorschriften hinsichtlich ihrer Eigengeschäfte gebunden sind, sodass sie aktiv in den Handel eingreifen können.

Als Besonderheit bei Titeln am Neuen Markt und im Smax stellt mindestens ein beziehungsweise stellen zwei Betreuer (→ Seite 71), im Idealfall während der gesamten Börsensitzung An- und Verkaufskurse – zusätzlich zu dem mit der Skontroführung beauftragten Freimakler. Der Skontroführer kann dadurch eventuelle Überhänge bei der Kursfeststellung über den Betreuer decken oder abbauen.
Der Betreuer übernimmt damit eine ähnliche Funktion wie der Kursmakler im amtlichen Handel, ohne gleichzeitig Skontroführer zu sein. Bei dieser Konstellation sprechen Fachleute von einem Mischsystem eines ordergetriebenen Handels, der durch einen so genannten ☞ Market-Maker ergänzt wird.

☞ Abschluss: Diese Art des Abschlusses wird auch als automatisches „Matching" oder „matchen" bezeichnet. Übersetzt (engl.): zusammenführen.

☞ Market-Maker: Händler, der durch Stellung verbindlicher An- und Verkaufskurse beide Marktseiten darstellt.

Xetra – Handel per Computer

Zunächst als Ergänzung zum Präsenzhandel hat die Deutsche Börse AG in den letzten Jahren ein elektronisches Handelssystem mit dem Namen ☞ Xetra aufgebaut. Kontakt ▶

In Xetra werden mittlerweile alle Aktien, Anleihen, Genuss- und Optionsscheine, die an der Frankfurter Wertpapierbörse notiert sind, gehandelt, wobei der Großteil des Umsatzes auf die 100 wichtigsten deutschen Werte aus den beiden Indizes Dax und MDax (→ Seite 102) entfällt.

Xetra ist eine lupenreine Computerbörse, das heißt, sämtliche Orders werden per Tastatur und Maus an einem PC erteilt, der per Datenleitung mit einem Zentralrechner an der Börse verbunden ist. Dieser wiederum wickelt den gesamten Handel elektronisch ab.

Noch setzt die Deutsche Börse auf einen Mischbetrieb von Computer- und Präsenzbörse, das heißt, Xetra läuft während der gesamten Börsensitzung parallel zum Parketthandel – vor allem, weil die Makler auf ihre gesetzlich verankerte Funktion und ihren Umsatz bestehen.

Für elektronisch abgeschlossene Geschäfte gelten zwar die gleichen Spielregeln und Vorschriften wie auf dem Parkett. Kursmakler sind bei Xetra allerdings nicht mehr erforderlich, denn die Kauf- und Verkaufsaufträge für ein Wertpapier werden in einem zentralen, elektronischen Orderbuch gesammelt und per Computer zum ☞ Abschluss gebracht. Kommt ein Geschäft zustande, wird der entsprechende Preis allen Teilnehmern sofort als offizieller Kurs am Bildschirm angezeigt und die beiden Kontrahenten erhalten automatisch eine Ausführungsbestätigung.

Die Handelsphasen in Xetra

Während einer Börsensitzung gibt es auf dem virtuellen Parkett zwei unterschiedliche Handelsphasen, die sich konzeptionell an den Präsenzhandel anlehnen. Grundsätzlich können die Händler jederzeit Orders in Xetra eingeben. Im fortlaufenden Xetra-Handel sind diese Gebote allerdings mit dem letzten Mausklick verbindlich. Danach können sie bis zur nächsten so genannten Auktion nicht mehr geändert und auch nicht mehr gelöscht werden.

Bei jeder neu eingegebenen Order prüft das System, ob sie zu einer bereits bestehenden Gegenposition hinsichtlich Preis und Menge passt. Werden zwei gleich lautende Aufträge ins System gestellt, kommt derjenige zuerst zum Zuge, der früher eingegeben wurde. Xetra wird deshalb auch als ☞ **ordergetriebenes Handelssystem** mit Preis-/Zeitpriorität bezeichnet.

Wenn ein Gebot mangels passendem Gegengebot nicht sofort ausgeführt werden kann, wird die Order bis zum Handelsende als offene Position im Orderbuch weitergeführt. Für den fortlaufenden Handel in Xetra gibt es anders als auf dem Parkett in bestimmten Fällen Mindestschlussgrößen. Wer eine Aktie aus dem Dax in Xetra kaufen oder verkaufen möchte, muss mindestens 100 Stück oder ein Vielfaches davon ordern. Diese Handelshürde soll allerdings nach den Plänen der Deutschen Börse AG im Laufe des Jahres 2002 fallen. Alle anderen in Xetra notierten Wertpapiere können in jeder beliebigen Stückzahl gehandelt werden.

Viermal am Tag wird der fortlaufende Handel für spezielle ☞ **Auktionen** unterbrochen. Diese Auktionen sind in etwa vergleichbar mit der Errechnung des Kassakurses auf dem Parkett. Sie beginnen mit einer Aufrufphase, in der kein Handel stattfindet. Die Teilnehmer können zunächst unverbindlich neue Orders in das System eingeben. Dabei gibt es keine Mindestschlussgrößen. Gleichzeitig besteht die Gelegenheit, bestehende offene Orders zu ändern oder zu löschen.

Nach einer vorgeschriebenen Mindestdauer errechnet der Computer in der sich daran anschließenden Preisermittlungsphase nach einem modifizierten Meistausführungsprinzip denjenigen Kurs, zu dem der größte Umsatz möglich ist. Alle Orders, die zu diesem Kurs nicht oder nur teilweise ausgeführt werden, laufen danach als offene Posten im fortlaufenden Handel weiter.

Vorteil für den Profi

Der Parallelbetrieb von Präsenz- und Computerhandel läuft freilich nicht ohne Probleme ab. Gerade in der Einführungsphase von Xetra kam es bei den weniger liquiden Werten immer wieder zu deutlichen Unterschieden zwischen Xetra- und Parkettkursen, was Profis zur ☞ **Arbitrage** nutzen konnten.

Einer der Hauptgründe für Preisdifferenzen ist, dass der Computer beim „Zusammenführen“ eines Geschäfts nicht darauf achtet, inwieweit der Kurs marktgerecht ist. Die professionellen Xetra-Teilnehmer, also die Händler bei den Banken, die Freimakler und die großen Vermögensverwalter haben außerdem gegenüber den Privatanlegern, die ganz normal über ihre Bank ordern, einen erheblichen Informationsvorteil, denn ähnlich wie ein Kursmakler im Präsenzhandel erhalten sie über das System einen kompletten Überblick über das elektronische Orderbuch. Das verschafft ihnen Einblick in die „Tiefe“ des Marktes für ein Wertpapier. So können sie am Bildschirm sehen, welche Stückzahlen zu welchen Limits angeboten oder gesucht werden. Zusätzlich gibt das Volumen der „Geld-“ und „Briefseite“ (→ Seite 90) Aufschluss darüber, in welche

☞ Ordergetriebenes Handelssystem:
Im Gegensatz dazu stehen rein preisgetriebene Handelssysteme, so genannte „quote driven markets“, bei denen Market-Maker Orders zu verbindlichen Handelskursen, die sie auf Anfrage stellen, abwickeln.

☞ Arbitrage:
Damit wird das Ausnutzen von Preisunterschieden eines Wertpapiers an unterschiedlichen Handelsplätzen bezeichnet. Mit dem gleichzeitigen Kauf am billigeren und Verkauf am teureren Platz lassen sich risikolos Gewinne erzielen. Durch die immer schnelleren Informations- und Handelssysteme sinken allerdings die Möglichkeiten zur Arbitrage.

☞ Auktionen:
Sie finden um 10.00 Uhr, 13.00 Uhr, 17.30 Uhr und 20.00 Uhr (Handelsschluss) statt. Für illiquide Werte wird nur eine Auktion um 13.20 Uhr durchgeführt.

Richtung der Kurs tendiert. Zum Beispiel spricht eine große Zahl offener Verkaufsaufträge („Brief"), denen nur wenige Kaufaufträge („Geld") gegenüberstehen, für sinkende Preise.

Nachteil für den privaten Anleger

Das System hat aber auch seine Tücken: Platziert beispielsweise ein Kleinanleger einen unlimitierten oder ☞ nicht marktgerecht limitierten Auftrag, riskiert er vor allem bei weniger stark gehandelten Papieren, von den Profis übervorteilt zu werden. Seine Order wird von Händlern, die die Order im System sehen, gezielt „abgefischt", wie die Börsianer sagen: Der Auftrag wird zwar zu seinem Limit ausgeführt, aber dieses Limit ist angesichts der tatsächlichen Orderlage alles andere als ein fairer Preis. Im Parketthandel fällt dagegen eine nicht oder falsch limitierte Order nicht ins Gewicht. Der Makler stellt immer einen marktgerechten Kurs, der für alle Orders gilt.

☞ Nicht marktgerecht limitiert: Damit wird ein Kaufauftrag oder ein Verkaufsauftrag bezeichnet, der angesichts des aktuellen Kurses viel zu hoch beziehungsweise zu niedrig limitiert ist.

Teure Teilausführungen

Die Erteilung eines kursnahen Limits bei Xetra-Orders schützt zwar vor Schlimmerem, doch dann ergibt sich oft das Problem teurer Teilausführungen (→ Seite 46). Weil das System das Ziel verfolgt, alle eingehenden Aufträge so schnell wie möglich zu „matchen", sind Orderstückelungen in Xetra an der Tagesordnung. So kann es zum Beispiel vorkommen, dass ein Auftrag über 300 Stück in drei Portionen aufgeteilt und abgerechnet wird, wenn dem drei offene Gegenpositionen zu jeweils 100 Stück mit unterschiedlichen Limits gegenüberstehen. Die Frankfurter Börse selbst rechnet diese Teilorders zwar mit drei Kursen, aber als einen einzigen Auftrag ab. Viele Banken tun aber so, als handele es sich um drei eigenständige Orders und berechnen jedes Mal die üblichen Mindestprovisionen. Das kann vor allem bei kleineren Teilausführungen teuer werden und sollte von jedem Anleger reklamiert, am besten aber vorher mit seiner Hausbank besprochen werden.

Im Präsenzhandel sind die Makler dagegen angehalten, Aufträge so auszuführen, wie sie erteilt werden. Auch dort kommt es zwar gelegentlich zu Teilausführungen, aber meistens verhindert der Selbsteintritt des Maklers, dass Orders nur teilweise ausgeführt werden.

Möglichkeit der Kursmanipulation

Unfaire Xetra-Teilnehmer können außerdem versuchen, durch eigene Orders den Kurs einer Aktie gezielt in eine Richtung zu drücken, damit bestimmte im Markt liegende Limits erreicht und kleine Kauf- oder Verkaufswellen ausgelöst werden. Solche Operationen erfüllen den Straftatbestand von Kursmanipulationen, die mit dem neuen Finanzmarktfördergesetz strafrechtlich verfolgt werden können (→ Anhang, Seite 424).

■ **TIPP**

Für Kundenbeschwerden im Zusammenhang mit der Ausführung von Orders hat die Handelsüberwachung der Frankfurter Börse eine Hotline eingerichtet (Tel. 0 800/2 30 20 23). Dort können Anleger, die in Frankfurt handeln, zum Beispiel überprüfen lassen, ob bei der Kursfeststellung alles mit rechten Dingen zugegangen ist.

Manchmal sogar Aufschlag für Xetra-Aufträge

Einen Pluspunkt gegenüber dem Parketthandel hat Xetra bei den Transaktionskosten. Die Börsengebühren sind niedriger als an der Präsenzbörse und außerdem fällt keine Maklercourtage an. Allerdings profitieren Privatanleger kaum davon. Denn außer bei der Maklercourtage geben die Banken diesen Kostenvorteil nur selten an ihre Kunden weiter. Im Gegenteil: Einige Institute berechnen sogar einen Aufschlag für Xetra-Aufträge.

Gegenmaßnahmen der Börse

Die Börse hat mit einer Reihe von Gegenmaßnahmen auf die bestehenden Probleme reagiert. Dazu gehört, dass am Ende eines Handelstages alle Aufträge gelöscht werden. Auf diese Weise wird verhindert, dass eine offene Order tagelang im System steht und bei einer starken Kursveränderung des jeweiligen Wertpapiers plötzlich zum lukrativen Schnäppchen wird.

Der Anleger kann allerdings seinen Auftrag mit einem „good-till-cancelled"-Zusatz versehen – dann gilt die Order bis auf Widerruf maximal 90 Tage lang. Ein „Kill-or-fill"-Limit (→ Seite 47) verhindert dagegen teure Teilausführungen.

Volatilitätsunterbrechung

Zudem hat die Börse eine zusätzliche Sicherung in das Xetra-System eingebaut, mit der starke Kursausschläge verhindert werden sollen. Gibt ein Teilnehmer eine Order mit einem Limit ein, das weit über oder unter dem aktuellen Marktpreis liegt, kommt es zu einer so genannten Volatilitätsunterbrechung. Das gilt auch bei heftigen Kursausschlägen. Der fortlaufende Handel wird gestoppt und es beginnt eine außerplanmäßige Auktion. Damit bekommt der Handel die Möglichkeit, die neue Orderlage zu prüfen und entsprechend mitzubieten. Durch die Errechnung eines Auktionskurses glättet sich im Normalfall die Preisentwicklung. Die Preisgrenzen für eine Volatilitätsunterbrechung legt die Börse fest. Sie werden aufgrund der historischen Schwankungsintensität individuell für jede Aktie berechnet und geheim gehalten. So soll den Schnäppchenjägern das Leben schwer gemacht werden.

Einblick in das Orderbuch auch für Private

Außerdem ist es per Internet seit Frühjahr 2001 jedem Anleger möglich, den Xetra-Handel live am Bildschirm zu Hause zu verfolgen.
→ Abbildung, Seite 90.

Wer das – kostenpflichtige (!) – Zusatzangebot „Xetra-live" nutzt, bekommt in begrenztem Maße sogar Einblick in das Orderbuch. Das System veröffentlicht neben den aktuellen Kursen auch einen Teil der offenen Kauf- und Verkaufsorders inklusive der dazugehörigen Limits. Zu diesen Geboten können Privatanleger zwar nicht direkt handeln. Diese Informationen helfen ihnen aber bei der marktgerechten Platzierung eines Auftrags über die Hausbank oder einen Onlinebroker (→ Seite 34). Der Informationsvorsprung der Profis wird damit ein Stück weit wettgemacht. Der normale Anleger sollte aber bedenken, dass Xetra-live nur eine abgespeckte Version ist. Vollständigen Einblick in die Markttiefe haben nach wie vor nur die Profis.

Der Service hat seinen Preis: Bei Discountern wie der DAB-Bank fallen für Xetra-live 33 Euro pro Monat an. Ob sich diese Ausgabe für einen durchschnittlichen Privatanleger mit vielleicht ein oder zwei Orders pro Monat im Gegenwert von 2 000 oder 3 000 Euro rechnet und ob er die in Xetra-live gewonnenen Informationen auch zum eigenen Vorteil nutzen kann, ist mehr als fraglich. Zudem bieten andere Börsen wie zum Beispiel Berlin (→ Seite 49) einen kostenlosen Einblick in ihre Orderbücher, wenn auch mit dem Nachteil, dass über diese nicht so rege wie über Xetra gehandelt wird.
KONTAKT ▶

■ TIPP

Der Parketthandel ist immer eine Alternative für private Anleger: Durch die Preisgarantien, die Börsenplätze wie Stuttgart, München und Hamburg (→ Seite 51) geben, werden Sie dort nicht schlechter als in Xetra gestellt und Sie können dort auf die treuhänderische Arbeit des amtlichen Maklers vertrauen, brauchen also, zumindest im amtlichen Handel, nicht zu befürchten, übervorteilt zu werden.

▶ KONTAKT

Eine Demoversion, die den aktuellen Handel ohne offenes Orderbuch in Xetra zeigt, gibt es unter **www.xetra.de**, Menüpunkt „Xetra-live".

Das offene Orderbuch der Berliner Börse ist unter **www.berliner-boerse.de** zu finden. Die DAB-Bank im Internet: **www.dab.com**

	Instr	BidQty **4**	Bid	Ask	AskQty	LstPrc **5**	LstQty	LstTime	Phase	Close **7**	NetChg (%)	Open	High **9**	Low
+	A **3**	1.200	39,89	40,87	1.200	38,58		00:00:00	TR **6** E	38,58		**8**		
+	AEC1	1.000	41,60	42,23	1.000	42,03		15:21:09	TRADE	41,90	+0,13 (+0,31)	41,80	42,03	41,80
+	ATT	1.000	20,52	20,86	5.000	20,81		11:02:36	TRADE	20,49	+0,32 (+1,56)	20,46	20,81	20,46
+	BCO	1.800	45,08	45,49	1.967	45,20		15:33:34	TRADE	45,07	+0,13 (+0,29)	45,15	46,21	45,15
+	CAT1	1.200	54,71	56,23	1.200	55,00		00:00:00	TRADE	55,00				
+	TRV	1.400	56,74	57,51	400	57,13		14:02:49	TRADE	55,75	+1,38 (+2,48)	57,27	57,27	56,53
+	CCC3	1.000	51,10	51,83	**10b** 500	50,85		09:03:03	TRADE	50,77	+0,08 (+0,16)	50,85	50,85	50,85
+	WDP	2.000	24,49	24,90	1.000	24,49		15:02:18	TRADE	23,94	+0,55 (+2,30)	24,36	24,65	24,36
+	DUP	1.000	47,19	48,05	1.000	47,50	450	15:38:25	TRADE	46,80	+0,70 (+1,50)	47,22	47,50	47,22
+	KOD	300	31,50	31,83	700	31,17		15:16:24	TRADE	29,50	+1,67 (+5,66)	30,24	31,23	30,00
+	XONA	540	43,90	44,14	900	44,15		15:09:17	TRADE	44,19	-0,04 (-0,09)	44,10	44,20	43,96
+	GEC	**10** 500	43,40	43,60	2.000	43,35		15:35:56	TRADE	43,25	+0,10 (+0,23)	43,00	43,45	42,86
+	GMC	1.000	55,25	55,78	1.000	55,58		14:54:58	TRADE	54,80	+0,78 (+1,42)	55,58	55,58	55,58
+	HWP	900	25,84	26,30	2.400	25,45		15:09:30	TRADE	24,77	+0,68 (+2,75)	25,28	25,60	25,17
+	HDI	300	54,92	56,34	1.200	54,56		00:00:00	TRADE	54,56				
+	ALD	800	33,99	34,67	800	34,00		15:30:00	TRADE	33,21	+0,79 (+2,38)	34,07	34,22	33,60
+	INL	**10a** 400	37,32	37,47	400	37,40		15:35:54	TRADE	36,97	+0,43 (+1,16)	36,86	37,65	36,75
+	INP	1.200	44,69	45,77	400	44,18		00:00:00	TRADE	44,18				
-	IBM	1.000	123,89	124,88	2.000	124,60		15:27:45	TRADE	124,05	+0,55 (+0,44)	123,20	124,60	123,05
		400	123,88 **11**	124,89	200									
		600	123,65	124,99	200									
		200	123,61	125,00	60									
		200	123,59	125,20	600									
		300	123,50	126,00	200									
		100	123,10	126,19	200									
		2.600	123,00	126,80	500									
		200	122,00	126,95	160									
		100	121,66	127,08	100									
+	JNJ	1.200	65,62	66,94	300	67,21		00:00:00	TRADE	67,21				
+	CMC	2.400	40,54	41,72	600	41,19		09:03:29	TRADE	39,57	+1,62 (+4,09)	41,19	41,19	41,19
+	MDO	100	30,81	31,17	1.600	31,17		14:52:18	TRADE	31,00	+0,17 (+0,55)	31,00	31,60	30,96

Quelle: Deutsche Börse AG

Der Xetra-Bildschirm gibt dem Anleger einen (fast) vollständigen Marktüberblick über ein bestimmtes Handelsinstrument – in diesem Fall die 30 Aktien des Dow-Jones-Index. Dabei listet die Tabelle in jeder Zeile ein Wertpapier und in jeder Spalte bestimmte Orderbuchinformationen auf.

1 Darstellung wichtiger Indizes im Tagesverlauf (→ Seite 100).

2 Menüfunktion für Zusammenstellung beziehungsweise Aufruf einzelner Handelslisten und -instrumente – beispielsweise alle Aktien aus dem Dax- oder Dow-Jones-Index.

3 Angabe des Wertpapiers mit dem so genannten Ticker-Kürzel (zum Beispiel steht „KOD“ für Kodak).

4 Angabe des aktuellen Geld-(☞ **Bid**) und Briefkurs (☞ **Ask**) mit dem jeweiligen Ordervolumen (BidQty bzw. AskQty).

5 Letzter gehandelter Preis mit Angabe der Stückzahl und des Zeitpunktes (LastTime).

6 Handelphase: entweder fortlaufender Handel (= Trade) oder Auktion.

7 Schlusspreis des vorangegangenen Handelstages (Close) und prozentuale Veränderung des aktuellen Handelspreises zum Vortageskurs (NetChg), Anzeige in Blau = Kursgewinn, Anzeige in Rot = Kursverlust.

8 Eröffnungspreis für die jeweilige Aktie am aktuellen Handelstag.

9 Bisheriger Tageshöchst- (High) und -tiefstpreis (Low).

10 Optisches Signal für ein soeben zustande gekommenes Handelsgeschäft. Das gebotene beziehungsweise nachgefragte Ordervolumen verändert sich.

10a,b Eingang einer neuen Geld- beziehungsweise Brieforder.

11 Offenes Orderbuch: In der aktuellen Version für Privatkunden werden die zehn besten Kauf- und Verkaufsgebote einschließlich Volumen angezeigt.

☞ Bid und Ask: „Bid“ und „Ask“ sind die englischen und damit in der internationalen Finanzwelt gebräuchlichen Begriffe für Angebot und Nachfrage.

Durchblick beim Einblick

Mit Xetra-live haben Anleger einen eingeschränkten Einblick in das aktuelle Orderbuch. Dadurch können sie zum Beispiel einen Kaufauftrag so limitieren, dass sie die gewünschte Aktie mit großer Wahrscheinlichkeit bekommen, ohne zu riskieren, dass die Order zu einem Kurs deutlich über dem aktuellen Marktpreis ausgeführt wird. Sie können aber auch versuchen, zu einem „Abstauberpreis“ zum Zuge zu kommen. Allerdings müssen sie in der Lage sein, die Informationen des offenen Orderbuches richtig zu interpretieren. Dazu zwei Beispiele:

Letzter Kurs: 49,95

Gebot	Stück	Bid/Geld	Ask/Brief	Stück
1	450	49,90 [2]	50,00 [1]	450
2	300	49,80	50,10	200
3	750	49,70	50,10	250
4	900	49,60	50,20	1 500
5	50	49,50	50,30	380

Das Orderbuch zeigt, dass alle Kauf- und Verkaufsaufträge im rot eingerahmten Bereich preislich eng beieinander liegen. Die Aktie wird sehr rege gehandelt. Will der Anleger kaufen, muss er mindestens 50 Euro bezahlen[1]), will er verkaufen, liegt der beste Preis bei 49,90 Euro[2]). Auch bei der Platzierung eines größeren Auftrags ist das Risiko unkalkulierbarer Kursausschläge gering.

Letzter Kurs: 15,50 [3]

Gebot	Stück	Bid/Geld	Ask/Brief	Stück
1	50	15,25	16,00	30 [1]
2	100	15,00	16,50	20 [2]
3	75	14,50	17,00	150 [2]
4	200	14,00	19,25	100
5	50	13,00	20,00	50

Anders als im vorangegangenen Beispiel liegen die besten An- und billigsten Verkaufsgebote hier wesentlich weiter auseinander.

Will der Anleger zum Beispiel „marktnah“ kaufen, kann er im Augenblick nur 30 Stück zu 16 Euro erwerben[1]).
Größere Kauf- oder Verkaufsorders sind nur mit größeren Preiszugeständnissen möglich. Ein Kauf von beispielsweise 100 Stück kommt nur dann zustande, wenn der Anleger bereit ist, bis zu 17 Euro zu zahlen[2]). Angesichts des aktuellen Kurses[3]) ist das ein Aufschlag von immerhin 10 Prozent. In diesem Fall werden 30 Stück zu 16 Euro, 20 Stück zu 16,50 Euro und 50 Stück zu 17 Euro abgerechnet.

Von der Präsenzbörse zum virtuellen Handelsplatz

Glaubt man der Mehrzahl der Börsenexperten, so ist der Wettbewerb zwischen den Maklern auf dem Parkett und Xetra längst entschieden. Vom gesamten Umsatz, der an den acht deutschen Wertpapierbörsen (Berlin, Bremen, Düsseldorf, Frankfurt, Hamburg, Hannover, München, Stuttgart) plus Xetra abgewickelt wurde, entfielen im Jahr 2000 rund zwei Drittel auf das elektronische Handelssystem. Bei den Schlussnoten, das heißt bei der Zahl der abgeschlossenen Geschäfte, fällt der Anteil allerdings deutlich geringer aus, denn in Xetra werden überwiegend großvolumige Orders gehandelt.

Die Bremer Börse hat bereits Anfang 2000 die Konsequenzen gezogen und den Handel auf dem Parkett eingestellt. Seitdem werden dort alle Geschäfte vollelektronisch abgewickelt. Die restlichen deutschen Wertpapierbörsen sind im Übrigen die einzigen in Europa, an denen noch ein Präsenzhandel stattfindet. An allen anderen Börsenplätzen haben Computer und Bildschirmterminals längst das Ruder übernommen.

Pluspunkte der Computerbörse

Die technischen Vorteile der Computerbörsen liegen auf der Hand. Der Zugang zum Handel ist per Datenleitung von jedem beliebigen Ort der Welt aus möglich. Das erhöht die Zahl der Teilnehmer, weil es nicht mehr erforderlich ist, an einem Ort zusammenzukommen. Eine größere Teilnehmerzahl bedeutet gleichzeitig auch eine bessere Marktliquidität, wodurch die Attraktivität eines Börsenplatzes steigt. Darüber hinaus lässt sich vergleichsweise einfach zusammen mit anderen Wertpapierbörsen in anderen Weltregionen ein Handel rund um die Uhr organisieren.

Außerdem ist die Kapazität elektronischer Handelssysteme wesentlich größer als die eines Präsenzhandels. In Xetra können zum Beispiel bis zu 900 000 Orders pro Tag abgewickelt werden. Von der Eingabe einer Order am Bildschirm über die Verarbeitung im Zentralrechner bis zur Ausführung und Bestätigung dauert es weniger als eine Minute – und das zu geringeren Kosten als im Parketthandel (auch wenn dieser Vorteil nicht an die Privatkunden weitergegeben wird).

ECN = (engl.): **E**lectronic **C**ommunication **N**etwork. Übersetzt: elektronisches Kommunikationsnetzwerk.

Positiver Nebenaspekt: Mehr Service an den Börsen

Trotz aller Kinderkrankheiten haben bislang auch die Privatanleger eindeutig von der Einführung des Computerhandels profitiert, denn Xetra hat an den deutschen Börsen für einen Wettbewerbsprozess vor allem an den Regionalbörsen gesorgt.

Noch vor wenigen Jahren war es zum Beispiel undenkbar, dass selbst kleinere Aufträge bis zum Handelsschluss, der damals noch am frühen Nachmittag lag, ausgeführt werden. Dadurch haben auch Privatanleger die Möglichkeit, auf wichtige Ereignisse am späten Nachmittag – zum Beispiel in den USA – zu reagieren.

Internethandel bedroht institutionelle Börsen

Die technische Weiterentwicklung und vor allem das Internet sind aber auch eine Bedrohung für die etablierten Börsen, denn immer mehr Handelshäuser und Banken, teilweise auch die Börsen selbst, bieten privaten und auch institutionellen Anlegern über das Internet die Möglichkeit, Wertpapiere direkt, das heißt ohne Einschaltung eines Vermittlers, zu handeln (→ Seite 51). Der nächste Schritt in dieser Entwicklung ist der Aufbau elektronischer Systeme, in denen eine Art Börsenhandel stattfindet, ohne dass diese Systeme selbst mit einer Börse zu vergleichen sind. Sie fallen auch nicht unter deren gesetzliches Regelwerk. Die Möglichkeiten solcher ECN, wie sie in der Fachsprache heißen, sehen auf den ersten Blick lukrativ aus: Sie geben auch Privatanlegern die Chance, auf halbprofessionellem Niveau an den Finanzmärkten mitzumischen.

Doch langfristig drohen die elektronischen Handelsplätze den etablierten Börsen das Wasser abzugraben, was nachteilig sowohl für die Emittenten als auch für die Anleger wäre. Denn eine wachsende Zahl solcher Computerbörsen führt dazu, dass der Handel zunehmend zerfasert und sich auf sehr viele Marktplätze verteilt. Dadurch sinkt die Liquidität an den institutionellen Börsen. Paradoxerweise forciert sogar die Frankfurter Börse selbst diesen Trend durch den Ausbau einer außerbörslichen Xetra-Stufe (→ Anhang, Seite 424). Das ist in etwa so, als gäbe es in einer Stadt plötzlich fünf statt einen einzigen Wochenmarkt. Das bedeutet zunächst mehr Konkurrenz, was an sich positiv ist, aber dennoch eine nachteilige Wirkung haben kann. Denn kurz- und mittelfristig wird insgesamt nicht mehr Ware gekauft als vorher; dadurch verteilt sich zwangsläufig das Geschäft auf mehrere Plätze, die räumlich voneinander getrennt sind. Die

Folge ist, dass die Preistransparenz und der Wettbewerbsdruck für die Händler auf den einzelnen Märkten sinken, sodass es zu erheblichen Preisabweichungen für ein und dasselbe Gut kommen kann.

Nachteile der elektronischen Handelsplätze für Privatanleger

Für den Privatanleger besteht die größte Gefahr bei der Nutzung eines ECN darin, dass der Handel keiner börsengesetzlichen Regelung unterliegt. Die dort getätigten Geschäfte fallen in den Bereich privatrechtlicher Vereinbarungen – etwa so wie beim ungeregelten Freiverkehr. Und das Internet kennt keine Grenzen. Viele der elektronischen Marktplätze im Cyberspace bewegen sich in einem überwiegend rechtsfreien Raum. Bei Unregelmäßigkeiten, zum Beispiel falschen Abrechnungskursen, ist es für den normalen Anleger – anders als an der Börse – fast unmöglich, seine Interessen und Ansprüche durchzusetzen.

Nicht zuletzt stecken hinter so mancher Internetbörse dubiose Geschäftemacher, die es darauf abgesehen haben, mit wertlosen Aktien oder Buchungstricks Anleger um ihr Geld zu bringen.

Verhängnisvolle Null

Gerade die Traditionalisten unter den Börsianern haben noch immer Vorbehalte, den Handel ausschließlich über elektronische Handelssysteme abzuwickeln. Eine Schreckminute an der Londoner Börse im Frühjahr 2001 wird sie in dieser Meinung sicherlich bestärkt haben: Am 15. Mai dümpelten die Kurse bis kurz vor Ende lustlos vor sich hin – bis dann die Schlussauktion begann. Zur Verwunderung aller Händler rutschte der britische Aktienindex FTSE schlagartig um mehr als 2,5 Prozent nach unten. Dieser Kurssturz minderte den Börsenwert der 100 wichtigsten britischen Unternehmen um immerhin über 50 Milliarden Euro.

Das Mysteriöse daran war, dass es keinerlei Meldung gegeben hatte, die die Verkaufswelle zu erklären vermochte. Und bereits am nächsten Morgen startete der FTSE-Index um 130 Zähler höher, womit er den Vortagesverlust fast wieder wettmachen konnte. Wie sich hinterher herausstellte, war es offenbar nur ein einziger Verkaufsauftrag, der den Sturz ausgelöst hatte – und das eher unbeabsichtigt. Unbestätigten Meldungen zufolge hatte ein Broker bei der Auftragseingabe ganz einfach eine Null zu viel eingegeben. Aus einer 30-Millionen-Pfund-Order wurde so ein Aktienpaket im Gegenwert von 300 Millionen-Pfund, das zum Verkauf stand. Das führte zum Kollaps, und da der Handel unmittelbar nach der Auktion beendet war, konnte der Fehler auch nicht wieder rückgängig gemacht werden. Nach Angaben der Börsenverwaltung gilt das Geschäft, weil, so die börseninterne Regelung, durch die Fehleingabe kein Einzelwert um mehr als 5 Prozent gefallen ist.

Solche Zwischenfälle sind willkommene Argumente für die Anhänger des Präsenzhandels. Denn ein Makler hätte, bevor er den Auftrag ausführt, sicherlich noch einmal Rücksprache mit dem Broker genommen und dann wäre der Fehler aufgefallen.

Quelle: dpa und „Die Welt" vom 16. Mai 2001

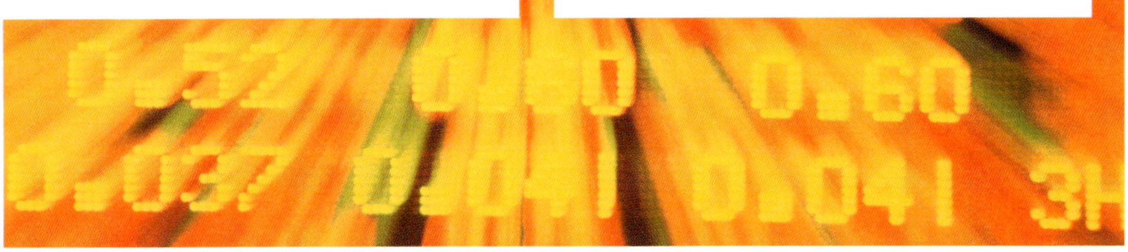

Vertrauen ist gut – Kontrolle ist besser

An der Börse gelten Gesetze und Vorschriften. Die aber hätten am Ende keinen Sinn, wenn sich niemand um deren Einhaltung kümmern würde. Das würde nicht nur das gesamte Regelwerk sinnlos machen, auch der Anlegerschutz würde nach und nach ausgehöhlt. Deshalb gibt es in Deutschland drei Kontrollinstanzen, die das Geschehen an der Börse und um sie herum beaufsichtigen.

Die Handelsüberwachungsstelle

Die Handelsüberwachungsstelle (HüSt) überwacht als eigenständiges Organ das Marktgeschehen direkt vor Ort. Sie wertet alle Daten des Handels wie zum Beispiel die Höhe der Umsätze und die Kursentwicklung eines Wertpapiers innerhalb einer oder mehrerer Börsensitzungen aus und prüft sie auf Unregelmäßigkeiten und Auffälligkeiten. Dazu gehört zum Beispiel die Analyse überdurchschnittlich großer Preissprünge bei einer Aktie. Auf diese Weise soll sichergestellt werden, dass die Kurse ordnungsgemäß festgestellt wurden. Zusätzlich nimmt die HüSt Kontrollen der Eigengeschäfte (Engagementskontrollen) von Kursmaklern und freien Maklern vor und überwacht die vorgeschriebenen Sicherheiten, die Makler und Banken leisten müssen, bevor sie Geschäfte auf dem Parkett tätigen dürfen.

Die Aufsichtsbehörden der Länder

Neben den Handelsüberwachungsstellen kümmern sich auch spezielle Aufsichtsbehörden darum, dass an der Börse alles mit rechten Dingen zugeht. Rein rechtlich unterstehen die deutschen Börsen dem zuständigen Ministerium des jeweiligen Bundeslandes, in dem sie beheimatet sind – zum Beispiel nimmt die nordrhein-westfälische Landesregierung die Aufsicht der Rheinisch-Westfälischen Börse in Düsseldorf wahr. Sie genehmigt die Errichtung, nimmt die Auflösung vor und ist für die unmittelbare Überwachung zuständig. Dazu haben die Länder spezielle Börsenaufsichtsbehörden eingerichtet.

Die Behörde bestellt die amtlichen Kursmakler und beaufsichtigt amtliche und freie Makler an der Börse. Ebenso wie die HüSt ist sie im Tagesgeschäft für die Einhaltung der Börsenregeln und den ordnungsgemäßen Ablauf des Handels zuständig. Zur Durchführung ihrer Aufgaben kann die Aufsichtsbehörde einen Staatskommissar ernennen, der sie direkt an der Börse vertritt. Gegenüber der HüSt ist die Aufsichtsbehörde ebenso wie gegenüber den Handelsteilnehmern weisungsbefugt.
Kontakt ▶

▶ Kontakt
Die offizielle Homepage aller Länderaufsichtsbehörden lautet **www.boersenaufsicht.de**

Das Bundesaufsichtsamt für den Wertpapierhandel im Internet: **www.bawe.de**
Informationen über Börsenkontrolleure in anderen Ländern und deren Arbeit dort unter dem Menüpunkt „Tipps für Anleger".

Das Bundesaufsichtsamt für den Wertpapierhandel

Mit dem Beschluss des zweiten Finanzmarktförderungsgesetzes wurde 1995 das Bundesaufsichtsamt für den Wertpapierhandel (BAWe) gegründet. Die wichtigste Aufgabe des BAWe ist die Bekämpfung von Insidergeschäften (→ Seite 140) und die Überwachung der in diesem Zusammenhang bestehenden Verpflichtung der Emittenten zur Ad-hoc-Publizität (→ Seite 132).

Dazu arbeitet es im Einzelfall mit den Börsenaufsichtsbehörden zusammen, die vor Ort ermitteln. Zusätzlich überwacht das Amt die Einhaltung von Meldepflichten bei bedeutenden Wertpapiertransaktionen (→ Seite 132).

Über diese Aufgaben hinaus überwacht das Aufsichtsamt die Einhaltung der Verhaltensregeln, die für Kreditinstitute bei Kundengeschäften gelten (→ Seite 40, 45), und es ist für die Zusammenarbeit der Aufsichtsbehörden auf internationaler Ebene zuständig. Im September 2001 hat sich in diesem Zusammenhang der Ausschuss der Europäischen Wertpapieraufsichtsbehörden (Committee of European Securities Regulators, CESR) gegründet. Ziele des CESR sind, die Transparenz an den europäischen Finanzmärkten und den Anlegerschutz europaweit zu verbessern.

Alles unter einem Dach

In Deutschland soll sich der Anlegerschutz durch das vierte Finanzmarktförderungsgesetz verbessern. Aus diesem Grund wird die gesamte Finanzaufsicht neu geregelt und die drei verschiedenen Aufsichtsämter im Finanzbereich, das Bundesaufsichtsamt für das Kreditwesen (BaKred), das Bundesaufsichtsamt für das Versicherungswesen (BAV) und das BAWe, unter dem Dach einer neuen Allfinanzaufsicht gebündelt (→ Anhang, Seite 424).

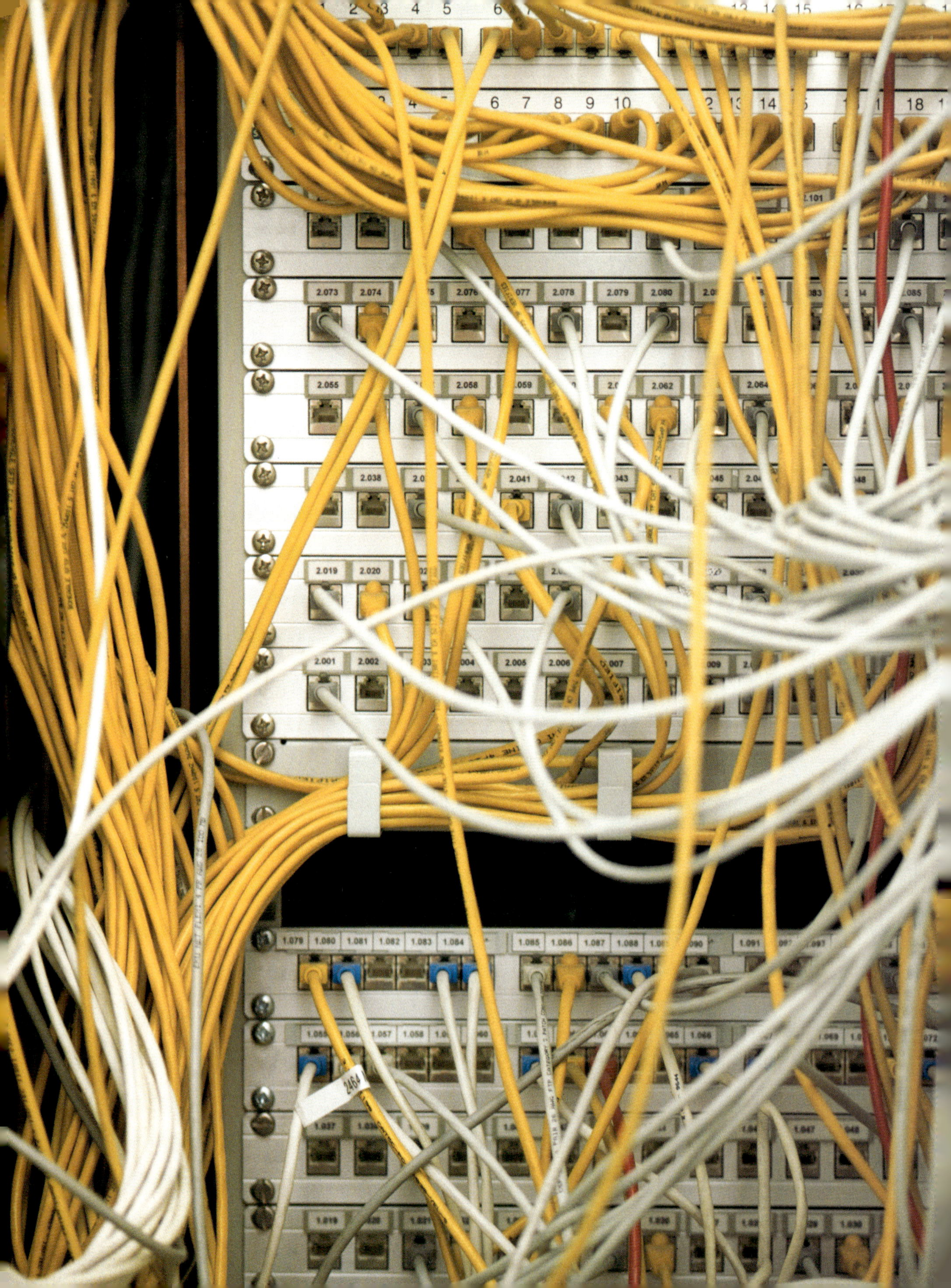

2.073 2.074 2.076 2.078 2.079 2.080
2.055 2.058 2.062
2.038 2.041
2.019 2.020
2.001 2.002 2.005 2.006
1.079 1.080 1.081 1.082 1.083 1.084
1.085 1.086 1.087 1.088
1.057 1.058
1.066

Information: Der Rohstoff des Anlageerfolgs

Anlageentscheidungen setzen Informationen voraus – auch wenn das teilweise hektische Auf und Ab der Kurse den Eindruck vermittelt, als würden für die Börse die Gesetze der wirtschaftlichen Logik nicht gelten. Aber so ist es nicht – auf lange Sicht entscheiden Fakten, konkrete Daten und Kennziffern über den Kurstrend. Dabei sind es keineswegs nur Unternehmensmeldungen über Umsatz und Gewinn, die das Börsengeschehen beeinflussen. In gleichem Maße bewegen allgemeine wirtschaftliche und politische Ereignisse die Finanzmärkte. Das Entscheidende und auch Schwierigste dabei ist, Wichtiges von Unwichtigem zu unterscheiden und die Zuverlässigkeit jeder einzelnen Information abzuschätzen, um unabhängig zu sein von Trends und „todsicheren“ Empfehlungen, deren Qualität oftmals zweifelhaft ist.

Indizes: Die EKGs der Börse

An der Börse werden an jedem Handelstag Tausende verschiedener Wertpapiere gehandelt. Bei der Vielzahl von Titeln, die sich allein auf dem Kurszettel der deutschen Börsen finden, sind Makler, Händler und Anleger nicht in der Lage, die Kursentwicklung jedes einzelnen Papiers im Auge zu behalten. Was sie allerdings überblicken wollen und interessiert, ist die Frage, wie sich der Gesamtmarkt über den Handelstag oder einen längeren Zeitraum hinweg entwickelt.

Dazu ist ein Maßstab notwendig, der eine Aussage über den Markttrend und einen Vergleich unterschiedlicher Zeiträume oder Märkte zulässt. Wichtig ist das vor allem für die Aktienmärkte, da die Kurse der einzelnen Titel dort sehr unterschiedlich verlaufen (→ Seite 185). Einen solchen Maßstab bietet ein Index.

Der Dow-Jones – Urahn aller Indizes

Schon Ende des 19. Jahrhunderts kamen Börsenexperten in New York auf die Idee, eine Kennzahl zu entwickeln, die kurz und prägnant die allgemeine Tendenz am Aktien- oder Rentenmarkt beschreibt – eine Art Stimmungsbarometer also, das gleichzeitig als Orientierungsgröße dient. Dazu verfolgten die Fachleute systematisch die Kurse der 30 wichtigsten Aktien an der New Yorker Börse, fassten alles in einer Zahl zusammen und zeichneten mit den Daten über Tage und Monate hinweg eine Kurve auf – ähnlich den Fieberwerten auf einem Krankenblatt. Auf diese Weise entstand der Dow-Jones-Index – benannt nach dem US-Börsenblatt Dow, Jones & Co. –, der auch heute noch, über 100 Jahre nach seiner Erfindung, das wichtigste Stimmungsbarometer für US-amerikanische Aktien ist.

Das Konzept eines Indexes

Die Grundidee des Indexes ist einfach: Eine bestimmte Anzahl von Aktien oder Anleihen wird zu einem Korb zusammengestellt. Im einfachsten Fall werden dann alle Einzelkurse der im Korb enthaltenen Papiere aufsummiert und es wird ein Durchschnittskurs errechnet: der Indexwert. Meist wird der Wert noch mit 100 oder 1 000 multipliziert, um allzu viele Stellen nach dem Komma zu vermeiden.

Einfaches Beispiel für eine Indexberechnung

	Kurs
Aktie 1	92,00
Aktie 2	45,40
Aktie 3	28,40
Aktie 4	111,00
Aktie 5	76,70
Summe	353,50 : 5 = 70,70 × 100 = 7 070 (Indexstand)

Handhabung in der Praxis

In der Praxis stößt diese einfache Berechnungsmethode allerdings schnell an Grenzen. Fast immer haben nämlich die einzelnen Indexwerte an der Börse ein unterschiedlich großes Gewicht. Man kann Aktien zum Beispiel von Milliarden Dollar schweren Großkonzernen ebenso kaufen wie von kleinen Unternehmen mit einem sehr geringen Aktienkapital. Werden beide unterschiedslos in den Korb geworfen, heißt das: Die Kursveränderung bei einem kleinen Unternehmen schlägt sich mathematisch gesehen in der Indexberechnung genauso stark nieder wie bei den Schwergewichten. Damit ein Index ein einigermaßen realistisches Bild der Markttendenz geben kann, muss er aber auch die Marktrelationen widerspiegeln. Deshalb ist es üblich, die Einzelkurse im Index stärker oder schwächer zu gewichten.

Einfaches Beispiel für eine Indexberechnung auf Basis gewichteter Kurse

	Kurs	Gewichtung	Adjustierter Kurs
Aktie 1	92,00	0,30	27,60
Aktie 2	45,40	0,10	4,54
Aktie 3	28,40	0,20	5,68
Aktie 4	111,00	0,15	16,65
Aktie 5	76,70	0,25	19,18
Summe	353,50	1,00	73,65 : 5 = 14,73 14,73 × 100 = 1 473 (Indexstand)

Die Kriterien für diese Gewichtung hängen in der Regel von der jeweiligen Anlageform ab. Bei Aktien kann es zum Beispiel die Zahl der durchschnittlich pro Tag gehandelten Anteile oder der Börsenwert eines Unternehmens sein. Bei Anleihen ist die Höhe des Emissionsvolumens ein Ordnungsmerkmal.

Neben der Gewichtung ist es üblich, für jeden Index einen Basiswert und -zeitpunkt festzulegen – einen mathematischen Ausgangspunkt sozusagen. Der Deutsche Aktienindex, kurz Dax genannt, startete zum Beispiel am 1. Januar 1988 mit einem Stand von 1 000 Punkten. Da jeder Index in regelmäßigen zeitlichen Abständen, etwa minütlich, stündlich oder börsentäglich, berechnet und zu einer Datenreihe zusammengestellt wird, lässt sich durch einen Vergleich mit dem Basiswert der Indexgewinn oder -verlust für einen bestimmten Zeitraum errechnen. Ein Beispiel: Ein Dax-Stand am 31. Dezember 2000 von rund 6 500 Punkten bedeutet, dass sich der Wert deutscher Aktien seit dem Start vor 13 Jahren versechseinhalbfacht hat.

Funktionen eines Indexes

Der Vorteil des Indexkonzepts ist, dass es universell einsetzbar ist. Für fast alles, was an der Börse gehandelt wird, lassen sich Indizes bilden: Aktien, Anleihen, Edelmetalle, Rohstoffe. Sie sind nicht auf einen Markt oder eine Börse beschränkt. Bei Aktien gibt es Indizes, die die Wertentwicklung eines repräsentativen Aktienkorbs aus Europa, Asien oder der ganzen Welt messen. Auf der anderen Seite berechnen spezielle Branchenindizes (→ Seite 186) die Wertentwicklung der Unternehmen mit gleichem Tätigkeitsschwerpunkt – zum Beispiel aller börsennotierten Automobilbau-, Software- oder Maschinenbauunternehmen eines Landes. Bei Anleihen ist eine Unterteilung nach Emittenten möglich. So gibt es an deutschen Börsen zum Beispiel Indizes für Bundesanleihen ebenso wie für Pfandbriefe (→ Seite 108).

Indizes schaffen Transparenz

Sinn und Zweck dieser Aufteilung ist es, die Kursentwicklung beispielsweise einer Aktie über einen bestimmten Zeitraum dem Gesamtmarkt und vergleichbaren Aktien an anderen Bösen gegenüberzustellen. So lässt sich zum Beispiel analysieren, wie sich die Deutsche-Bank-Aktie über mehrere Jahre hinweg im Vergleich zum Durchschnitt aller deutschen Aktien und gegenüber anderen inländischen Banktiteln entwickelt hat.

Deutsche Bank-Aktie gegen Dax und Banken-Index

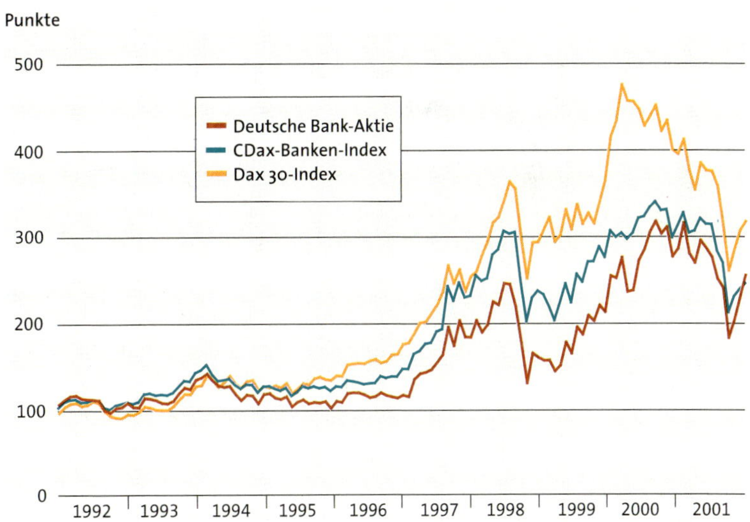

Quelle: Thomson Financial Datastream

☞ Basisinstrument: In der Fachsprache werden Basisinstrumente beziehungsweise -werte auch als „underlying" bezeichnet, übersetzt (englisch) „zugrunde liegend".

Der Index als Benchmark

Indizes sind aber mehr als nur ein Stimmungsbarometer. Sie dienen auch als neutraler Vergleichsmaßstab, mit denen sich der Erfolg eines Investments messen lässt – eine so genannte Benchmark. Jeder Anleger kann beispielsweise die Entwicklung eines bestimmten Indexes mit der Kursentwicklung der Aktien vergleichen, die in seinem Depot liegen. So kann er nachrechnen, ob er mit seinen Papieren besser oder schlechter abgeschnitten hat.

Wichtig ist dabei, nicht Äpfel mit Birnen zu vergleichen. Jeder Index deckt nur einen abgesteckten Teilbereich beziehungsweise einen Markt ab. Wer zum Beispiel sein Depot mit deutschen Aktiengesellschaften bunt gemischt hat, kann den Dax nur dann als geeigneten Vergleichsmaßstab heranziehen, wenn er wissen will, ob seine Auswahl besser als die großen deutschen Aktienwerte abgeschnitten hat. Eine viel passendere Benchmark ist in diesem Fall der CDax (→ Seite 108).

Indizes besitzen mehrere Funktionen: Sie sind Stimmungsbarometer, Vergleichsmaßstab und Bezugsgröße in einem.

Ein solcher Vergleich dient vor allem dazu, die Leistung professioneller Vermögensverwalter – etwa Fondsmanager (→ Seite 284) – zu beurteilen. Schneidet zum Beispiel ein auf deutsche Aktien konzentrierter Fonds in einem Jahr schlechter als der Index ab, hat der Manager keine glückliche Hand bei der Auswahl bewiesen. Gelingt es ihm hingegen, den Index zu schlagen, gilt das als besonderes Gütesiegel für seine Fähigkeiten.

Kurs- versus Performanceindex

Um den Erfolg der Profis richtig beurteilen zu können, sind neuere Indizes wie zum Beispiel der Dax als so genannte Performanceindizes konstruiert. Das heißt, bei der Berechnung wird davon ausgegangen, dass sämtliche Erträge wie etwa Dividenden und Bezugsrechte (→ Seite 161) beziehungsweise Zinszahlungen sofort wieder angelegt werden – und zwar jeweils in dieselben Papiere, aus denen die Erträge stammen. Im Unterschied dazu werden vor allem ältere Kursbarometer, wie zum Beispiel der Dow-Jones-Index, als so genannte Kurs- oder Preisindizes ermittelt. Das heißt, sie messen lediglich die reine Preisveränderung – unabhängig davon, worauf diese beruht. Wird beispielsweise am Tag nach der Hauptversammlung (→ Seite 199) der Kurs einer Aktie um die Dividendenzahlung gemindert, führt das auch zu einem rechnerischen Abschlag im Index. Die Folge: Performanceindizes entwickeln sich besser als reine Kursindizes.

Indizes als Basisinstrument

In den letzten Jahren sind Indizes allerdings nicht nur aufgrund ihrer Funktion als Benchmark immer wichtiger geworden. Sie dienen auch als so genanntes ☞ Basisinstrument für eine Reihe von Anlageprodukten. Basisinstrument heißt, dass der jeweilige Index als Bezugsgröße für synthetische Finanzinstrumente, so genannte Derivate (→ Seite 320), dient. Dazu zählen spezielle Options- und Termingeschäfte (→ Seite 320), aber auch weniger spekulative Anlageformen wie Indexzertifikate (→ Seite 347). Sinn und Zweck dieser Papiere ist, dass der Anleger an der Wertentwicklung des gesamten Wertpapierkorbs, den der Index repräsentiert, teilnehmen kann.

Kleine Index-Weltenkunde: Dax, Dow & Co.

An Indizes gibt es keinen Mangel. Ein Streifzug durch die Weltbörsen zeigt, dass jeder Handelsplatz seinen eigenen Index besitzt, der die durchschnittliche Kursentwicklung nach außen wiedergibt.

Zur Vergleichbarkeit nur bedingt tauglich
Jedes Kursbarometer funktioniert nach seinen eigenen Regeln. Aus diesem Grunde lässt sich die Wertentwicklung der jeweiligen Märkte auf Basis ihrer eigenen Indizes nur sehr eingeschränkt vergleichen – streng genommen ist das mathematisch gesehen sogar unmöglich.

Die wichtigsten internationalen Indizes

Als Klassiker und Urgestein gilt dabei, wie erwähnt, der Dow Jones Industrial Average Index – wie er ausführlich heißt. Im Vergleich zu modernen Indexkonzepten wirkt seine Konstruktion mittlerweile überholt. Der Indexstand wird nach der simplen Durchschnittsmethode errechnet. Die in ihm enthaltenen 30 Werte werden weder nach Börsenwert gewichtet noch erfolgt die Auswahl der Indexmitglieder nach allgemein nachvollziehbaren Regeln. Lediglich Aktiensplits (→ Seite 163) werden rechnerisch berücksichtigt. Auf- und Absteiger bestimmt die Wirtschaftszeitung „Wall Street Journal“, wobei Umsatz und Gewinnwachstum Anhaltspunkte sind.

Deutlich breiter orientiert und zudem gewichtet ist der Standard & Poor's-Index, der 500 an der New Yorker Börse gelistete Aktien enthält. Er wird ebenfalls ausschließlich als Kursindex berechnet und spiegelt rund 80 Prozent des US-amerikanischen Aktienmarkts wider. Der S&P-500, wie er von Börsianern genannt wird, ist benannt nach dem Unternehmen, das ihn regelmäßig errechnet.

Einen eigenen Index hat auch die Nasdaq. Der Nasdaq-Composite ist der Gesamtindex der wichtigsten Computerbörse (→ Seite 86) und derjenige, der meistens auch von den deutschen Tageszeitungen veröffentlicht wird. Daneben fasst der Nasdaq-100 die Kursentwicklung der 100 größten Werte an der Nasdaq zusammen.

Was der Dow-Jones-Index für die New Yorker Börse, ist der Nikkei-Index für den Aktienmarkt in Tokio. Er enthält in der ersten Sektion (vergleichbar mit dem amtlichen Handel an den deutschen Börsen, → Seite 69) 225 gelistete Aktien. Auch der Nikkei wird nach dem einfachen arithmetischen Mittel der ungewichteten Kurse berechnet – ebenso wie der Dow Jones im Minutentakt.

Indizes in Europa

In Europa haben neben dem Dax vor allem der an der Londoner Börse von der Tageszeitung **F**inancial **T**imes und der Londoner Börse, die London **S**tock **E**xchange, berechnete ☞ FTSE-Index und der CAC-40-Index an der Börse Paris Bedeutung.

☞ FTSE-Index: Er wird in der Kurzform „Footsie“ genannt.

Als wichtigster Kursmaßstab für die Aktienkursentwicklung in ganz Euroland gelten die von der privaten Indexgesellschaft Stoxx Limited (Ltd.) errechneten Stoxx-Indizes. Der EuroStoxx 50 fasst nach etwa den gleichen Kriterien wie der Dax (→ Seite 102) die 50 marktschwersten und liquidesten Gesellschaften aus der Euroregion zusammen – und zwar ebenso wie sein deutsches Pendant sowohl als Performance- als auch als Kursindex.

Der Stoxx-50-Index ist nach demselben Konzept aufgebaut, berücksichtigt aber die Aktien aller europäischen Industriestaaten – was dazu führt, dass er im Gegensatz zum EuroStoxx 50 auch schweizerische und britische Konzerne enthält.

Die beiden anderen Hauptindizes Stoxx und EuroStoxx funktionieren nach dem gleichen Prinzip wie ihre Geschwister, orientieren sich allerdings marktbreit. Der Stoxx enthält rund 650 Unternehmen aus ganz Europa und der EuroStoxx-Index über 300 Titel aus der Eurozone. Dazu kommen eine Reihe von Stoxx-Branchenindizes.

Internationale Aktienindizes im Überblick

Name	Börse	Zahl der Indexteilnehmer
Europa		
AEX-Index (Amsterdam Stock Exchange)	Amsterdam	25
FTSE-Index	London	100
Ibex-Index	Madrid	35
Mibtel-Index (Milano Borsa telematica) Mib 30	Mailand	Gesamtindex 30
CAC-40 (Cotation Assistée-en-Continue)	Paris	40
SMI-Index (Swiss Market Index)	Zürich	27
EuroStoxx-50-Index	Euroland	50
Stoxx-50-Index	Europa	50
Weltweit		
Hang-Seng-Index	Hongkong	33
JSE (Johannesburg Stock Exchange)-Industrial-Index	Johannesburg	Gesamtindex (ca. 400)
Nasdaq-100-Index	Nasdaq	100
Dow-Jones-Index [1]	New York	30
S&P-500-Index	New York	500
Bovespa-Stock-Index	São Paulo	57
StraitsTime-Industrial-Index	Singapur	45
All Ordinaries-Index ASX (Australian Stock Exchange)	Sydney	Gesamtindex (ca. 300)
Nikkei-225-Index [1]	Tokio	225

[1] Indexberechnung erfolgt nicht kapitalgewichtet.

Quelle: Bloomberg, Reuters
Stand: 1. Dezember 2001

Der Kampf um die Indexvorherrschaft

Nicht nur die Börsen selbst, sondern auch eine Reihe spezieller Finanzdatengesellschaften haben in den vergangenen Jahren damit begonnen, eigene Index-Familien zu kreieren. Der Grund: Der Markt für Indizes ist lukrativ, denn mit der Entwicklung und Berechnung von Kursbarometern lässt sich gutes Geld verdienen. Jedes Mal, wenn eine Bank zum Beispiel einen Index-Optionsschein (→ Seite 321) oder einen Indexfonds (→ Seite 304) auflegt, muss sie eine Lizenzgebühr an die „Betreibergesellschaft" zahlen.

Die Führungsrolle in Europa hat dabei ☞ Stoxx Ltd. mit der gleichnamigen Indexfamilie übernommen. Auf internationaler Bühne tonangebend und vor allem bei Profis beliebt sind dagegen die von Morgan Stanley Capital International errechneten Indizes – kurz MSCI genannt. Das Unternehmen hat für jedes wichtige Land einen Index aufgelegt, der nach einheitlichen Regeln funktioniert. Auf diese Weise ist das möglich, was mit den börseneigenen Indizes schwierig ist: der exakte Vergleich unterschiedlicher Märkte. Dazu kommen Dutzende länderübergreifende Regionenindizes. KONTAKT ▶

☞ Stoxx Ltd.: Ein Gemeinschaftsunternehmen des Verlagshauses Dow Jones, der Pariser, Züricher und Deutschen Börse.

▶ KONTAKT
Ausführliche Informationen zu weltweiten Indexfamilien www.ftse.com, www.msci.com und www.stoxx.com

Der Dax: Trendsetter für deutsche Aktien

Die Kursentwicklung deutscher Aktien wird gleich von mehreren Indizes nachgezeichnet. Dazu gehören zum Beispiel der FAZ-, der Commerzbank- und der WestLB-Index. Diese Traditionsindizes besitzen allerdings nicht mehr die Bedeutung wie in früheren Jahren, denn mittlerweile ist der Dax zum wichtigsten Stimmungsbarometer für deutsche Dividendentitel, wie Aktien auch genannt werden, aufgestiegen. Sein aktueller Stand wird in den täglichen Fernseh- und Rundfunksendungen ebenso veröffentlicht wie im Kursteil jeder überregionalen Tages- und Wirtschaftszeitung.

Der Dax wurde von der Deutschen Börse Ende 1987 aus der Taufe gehoben und wird seit dem regelmäßig von ihr berechnet. Während der Handel läuft, wird der aktuelle Stand auf einer Anzeigetafel im Börsensaal der Frankfurter Börse angezeigt – und zwar im 15-Sekunden-Takt.

Dadurch ist der Dax im Gegensatz zu seinen nationalen Konkurrenten ein so genannter Lauf- oder Real-Time-Index, der das Geschehen über den Handelstag hinweg fortlaufend widerspiegelt. Er wird sowohl als Performance- als auch als Kursindex ermittelt. Allgemeine Bedeutung hat aber nur die Performance-

Variante. Seit Juni 1999 wird er wie alle Mitglieder der Dax-Familie (→ Seite 107) auf Basis der Xetra-Kurse (→ Seite 86) errechnet.

Die Auswahl der Dax-Teilnehmer

Das Ziel des Dax ist es, ein aktuelles und zugleich repräsentatives Bild des heimischen Aktienmarkts zu zeigen. Dazu fasst er die Kursentwicklung der 30 größten deutschen Aktientitel zusammen. Sie repräsentieren etwa 70 Prozent des gesamten Börsenwerts aller deutschen Aktien und auf sie entfallen etwa 75 Prozent des gesamten Handelsvolumens.

Die Auswahl dieser Werte erfolgt dabei in erster Linie nach zwei objektiven, von Börsenexperten auch „hart" genannten Kriterien. Diese sind: ☞ Börsenumsatz und Marktkapitalisierung (→ Seite 74).

Da beide Größen sich mit dem Auf und Ab des jeweiligen Aktienkurses und der allgemeinen Handelstätigkeit verschieben können, überprüft die Börse im Allgemeinen einmal pro Jahr und zwar jeweils im August am so genannten Revisionstermin, inwieweit die Zusammensetzung des Dax noch den tatsächlichen Marktverhältnissen entspricht.
☞ Indexdaten

Bei dieser Überprüfung, die zu einem Austausch von Indexteilnehmern führen kann, spielen allerdings auch „weiche" Kriterien wie beispielsweise die Branchenzugehörigkeit eine Rolle. Sie kommen vor allem dann zur Anwendung, wenn ein potenzieller Aufsteiger die geforderten harten Kriterien knapp oder nur teilweise erfüllt. Da der Index eine gewisse Marktbreite repräsentieren soll, hält sich die Börse auf diese Weise die Möglichkeit offen, regulierend in die Indexzusammensetzung einzugreifen. So verhindert sie, dass der Dax zu sehr von Titeln einer Branche dominiert wird. Zudem verlangt die Börse von den Indexmitgliedern die Anerkennung des Übernahmekodexes (→ Seite 176) und die Erstellung von Quartalsberichten (→ Seite 131).

Die Verpflichtung zur Quartalsberichterstattung gilt auch für die Mitglieder im MDax und SDax (→ Seite 108). Weigern sich die betreffenden Unternehmen, dieser Pflicht nachzukommen, werden sie im Index gar nicht erst aufgenommen.

Gleiche Regel für alle

Auch für die Altmitglieder von Dax, MDax & Co. gilt die Verpflichtung zur Quartalsberichterstattung, anderenfalls wird ihnen der Indexplatz gestrichen. So erging es den Porsche-Aktien im Sommer 2001. Monatelang hatte sich Porsche-Chef Wendelin Wiedeking mit der Deutschen Börse über den Sinn und Unsinn dieser Verpflichtung gestritten. Wiedeking vertrat die Meinung, dass die Anleger anhand der Quartalsberichte einen falschen Eindruck von der Geschäftsentwicklung des Sportwagenherstellers bekämen, die über den Jahresverlauf traditionell sehr zyklisch verläuft. Außerdem würde das Börsengeschehen unter anderem durch die kurzfristig orientierte Quartalsberichterstattung immer hektischer, was für die Anleger nicht positiv sei.
Die Börse wiederum wollte keine Ausnahmen zulassen. So blieben beide Seiten auf Konfrontationskurs und am Ende fasste der Arbeitskreis Aktienindizes (→ Kasten, Seite 105) im Juni 2001 den Beschluss, die Porsche-Aktie aus dem MDax zu verbannen. Die Ironie daran: Im Zuge der 4. Novelle des Finanzmarktförderungsgesetzes sollen börsennotierte Gesellschaften im amtlichen Handel und geregelten Markt gesetzlich zur Quartalsberichterstattung verpflichtet werden (→ Anhang, Seite 424).

Regelmäßige Pflege des Dax

Wenn der Arbeitskreis Aktienindizes (→ Kasten, Seite 105) zum Revisionstermin im August

☞ Börsenumsatz: Entscheidend für die Zugehörigkeit zum Dax ist die Zahl der im Laufe eines Jahres gehandelten Aktien, multipliziert mit dem jeweiligen Handelskurs.

☞ Indexdaten: Parallel zum Indexstand veröffentlicht die Deutsche Börse auch Daten zur Börsenkapitalisierung und zum Börsenumsatz, dazu Kennzahlen wie zum Beispiel die Volatilität (→ Seite 26) unter www.deutsche-boerse.com, Menüpunkt „Marketdata".

☞ Fast entry: Aus dem Englischen übersetzt: schneller Eintritt beziehungsweise Zugang.

eine Änderung vornimmt, wird diese ab Ende September wirksam. Unabhängig von dieser turnusmäßigen Anpassung behält es sich die Börse darüber hinaus vor, auch bei besonderen Ereignissen eine Indexumstellung vorzunehmen – etwa bei Fusionen, Übernahmen (→ Seite 175) und Börsengängen von Unternehmen (→ Seite 165), die aufgrund ihrer Größe und Marktbedeutung die harten Kriterien auf Anhieb erfüllen. Die Börse bezeichnet das auch als ☞ Fast-entry-Regel.

Als zum Beispiel im Jahr 2000 die beiden Versorgungsunternehmen Viag und Veba zum Eon-Konzern verschmolzen wurden, ist dadurch ein Platz im Dax frei geworden, der kurzfristig neu besetzt werden musste – in diesem Fall mit dem Chiphersteller Infineon. Und als in den Jahren 1996 beziehungsweise 2001 die ehemaligen Staatsunternehmen Deutsche Telekom und Deutsche Post das Börsenparkett betraten, wurde der Index den neuen Marktverhältnissen angepasst (→ Tabelle).

Ab- und Aufsteiger im Dax

Datum	Ausgeschieden	Grund	Neu aufgenommen
3. 9.1990	Feldmühle Nobel, Nixdorf	Streubesitz sinkt in beiden Fällen unter 20 Prozent.	Metallgesellschaft, Preussag
15. 9.1995	Deutsche Babcock	Turnusmäßige Anpassung im Zuge der 35/35-Regel.	SAP
22. 7.1996	Kaufhof	Verschmelzung bzw. Eingliederung in den Metro-Konzern.	Metro
20. 9.1996	Continental	Turnusmäßige Anpassung im Zuge der 35/35-Regel.	Münchner Rück
18. 11.1996	Metallgesellschaft	Außerplanmäßig durch Börsengang der Deutschen Telekom (Fast-entry-Regel).	Deutsche Telekom
19. 6.1998	Bay. Hypotheken- und Wechselbank	Streubesitz sinkt durch Fusion mit der Bayerischen Vereinsbank unter Grenzwert von 20 Prozent.	Adidas Salomon
17. 9.1999	Hoechst	Streubesitz von Hoechst sinkt durch Fusion mit Rhone Poulenc (neuer Name des Konzerns Aventis) unter Grenzwert von 20 Prozent.	Fresenius Medical Care
14. 2.2000	Mannesmann	Streubesitz sinkt durch Übernahme durch Vodafone unter Grenzwert von 20 Prozent.	Epcos
19. 6.2000	Veba, Viag	Fusion beider Unternehmen zu Eon.	Eon, Infineon
19. 3.2001	Karstadt-Quelle	Außerplanmäßig durch Börsengang der Deutschen Post (Fast-entry-Regel).	Deutsche Post

Stand: 31. Dezember 2001

Quelle: Deutsche Börse AG

Die Dax-Wächter

Wenn sich die Mitglieder des Arbeitskreises Aktienindizes alle drei Monate in den Räumen der Frankfurter Börse treffen, geht es zu wie bei einer Papstwahl. Jeder Teilnehmer gibt sein Handy ab, die Türen werden geschlossen und niemand verlässt den Raum, bis alle auf der Tagesordnung stehenden Punkte abgearbeitet sind. Die strengen Sicherheitsvorkehrungen haben ihren Grund, denn die Experten haben eine heikle Aufgabe: Sie klopfen die von der Deutschen Börse AG zusammengestellten Indizes darauf ab, inwieweit sie noch ihrem Ziel gerecht werden, ein Gradmesser für die Wertentwicklung der wichtigsten deutschen Aktien zu sein.

Der Arbeitskreis, in dem elf Banken- und Börsenvertreter sitzen, bestimmt, welche Aktien aus den diversen Dax-Indizes (→ Seite 107) genommen werden und wer zu den Neueinsteigern gehört. Zwar gibt der Ausschuss nur eine Empfehlung, in der Regel hält sich die Börsenverwaltung aber daran. Das Urteil der Experten bewegt also die Kurse – und dies nicht unbeachtlich. Denn die Neulinge rücken in das Rampenlicht der Finanzmärkte. Das bringt ihnen nicht nur einen Prestigegewinn, auch der Aktienkurs erhält – meist schon Tage vor der Ausschusssitzung – Rückenwind.

Der Grund: Fondsmanager und institutionelle Anleger, die ihre Depots zum Beispiel am Dax ausrichten, müssen bei einer Auswechslung die neuen Werte kaufen – ob sie wollen oder nicht. Dagegen stürzen die Absteiger nicht selten ab, weil ihre Aktien in großem Stil auf den Markt geworfen werden. Als zum Beispiel klar war, dass die Deutsche Post schon kurz nach ihrem Börsendebüt in den Dax aufsteigen würde, verschaffte das der Aktie zusätzlichen Auftrieb. Auf der anderen Seite geriet der Aktienkurs des Finanzmakler-Unternehmens MLP nach den Ausschusssitzungen Ende 2000 und Anfang 2001 immer wieder unter Druck, weil das Papier entgegen den Erwartungen der Börsianer nicht den Sprung in das wichtigste deutsche Börsenbarometer geschafft hatte.

Für Außenstehende sind diese Kurskapriolen deswegen so erstaunlich, weil sich ja an den für die Börsenbewertung relevanten Daten wie zum Beispiel Umsatz und Ertrag (→ Seite 192) durch die bloße Teilnahme oder Nichtteilnahme kurzfristig nichts geändert hat.

Bei seinen Empfehlungen hat der Ausschuss durchaus Entscheidungsspielräume. Beim Dax und MDax sind das zum Beispiel die so genannte 35/35- und 110/110-Regel. Diese besagen, dass eine Aktie in den jeweiligen Index aufsteigen beziehungsweise in ihm verbleiben kann, wenn sie in puncto Umsatz und/oder Marktkapitalisierung einen Platz unter den ersten 35 beziehungsweise 110 Unternehmen innehat. Der Ausschuss ist also nicht gezwungen, einen Titel aus dem jeweiligen Index herauszunehmen, nur weil er knapp über Rang 30 oder 100 hinausgerutscht ist. Und nicht zuletzt sind auch noch die „weichen" Kriterien, wie etwa die Branchenzugehörigkeit, bei der Vergabe von Indexplätzen entscheidend – vor allem, wenn es um Grenzfälle geht.

→ Im Übrigen hängt die Entwicklung einer Aktie nicht von der Indexzugehörigkeit ab. Kapitalmarktwissenschaftler haben herausgefunden, dass Kurseffekte nur eine kurze Zeit lang anhalten. Wenn die Indexumstellung in den Kursen ausreichend berücksichtigt ist, tritt die tatsächliche Geschäftsentwicklung des jeweiligen Unternehmens wieder in den Vordergrund.

Der Dax nach Teilnehmern und Gewichtung

Aktie	Gewichtung per 31. 12. 2001	Marktkapitalisierung (in Mio. Euro)
Adidas Salomon	0,53 %	3 822,94
Allianz	9,75 %	70 869,85
BASF	3,48 %	25 309,79
Bayer	3,60 %	26 146,24
BMW	3,60 %	26 197,83
Commerzbank	1,32 %	9 624,07
Deutsche Bank	6,79 %	49 352,53
DaimlerChrysler	6,78 %	49 260,60
Degussa	0,80 %	5 808,87
Deutsche Post	1,15 %	8 340,44
Deutsche Telekom	11,15 %	81 016,62
Eon	6,11 %	44 408,73
Epcos	0,52 %	3 761,79
Fresenius Med. Care	0,84 %	6 131,52
Henkel	1,28 %	9 270,13
Bayrische Hypo-Vereinsbank	2,46 %	17 905,95
Infineon	2,19 %	15 904,93
Lufthansa	0,78 %	5 659,13
Linde	0,75 %	5 426,43
MAN	0,50 %	3 662,25
Metro	1,79 %	13 022,48
MLP	0,89 %	6 479,35
Münchner Rückversicherung	7,55 %	55 866,51
Preussag	0,73 %	5 316,04
RWE	3,31 %	24 054,00
SAP	6,36 %	46 193,81
Schering	1,64 %	11 923,10
Siemens	9,09 %	66 043,64
ThyssenKrupp	1,16 %	8 432,48
Volkswagen	3,11 %	22 639,41
Summe	100,00 %	726 851,45

Stand: 31. Dezember 2001 *Quelle: Deutsche Börse AG*

Entscheidend für die Gewichtung im Index ist die Marktkapitalisierung jeder einzelnen Gesellschaft im Verhältnis zur Marktkapitalisierung aller 30 Dax-Unternehmen. Das klingt erst einmal kompliziert, ist aber ganz einfach, wie folgendes Beispiel zeigt: Am 31. Dezember 2001 betrug der Gesamtwert aller 30 Dax-Titel rund 726 Milliarden Euro. Der Stahlkonzern ThyssenKrupp brachte davon zum Beispiel etwas mehr als 8 Milliarden Euro auf die Waage. Teilt man die Marktkapitalisierung von ThyssenKrupp durch die Gesamtkapitalisierung, ergibt sich ein Gewichtungsfaktor von 0,0116 oder 1,16 Prozent.

Das Gewicht eines einzelnen Indexwertes, so hat es die Börse festgelegt, darf dabei 15 Prozent nicht übersteigen. Eine darüber hinausgehende Kapitalisierung wird bei der Indexberechnung nicht berücksichtigt. Auf diese Weise soll die Dominanz einzelner Titel verhindert werden.

Neue Berechnungsbasis

Bisher gilt als Basis für die Ermittlung der jeweiligen Marktkapitalisierung die Zahl aller zum Handel an der Börse zugelassenen Aktien. Dadurch haben Indexunternehmen mit großem Grundkapital einen stärkeren Einfluss auf den Indexstand als diejenigen mit weniger Aktien.

Mit der Umstellung der Berechnungssystematik passt die Deutsche Börse den Dax internationalen Standards an.

Diese Systematik wird die Deutsche Börse AG im Juli 2002 grundlegend ändern. Für die Bemessung des Gewichts eines im Index enthaltenen Unternehmens zählt dann nur noch der Teil des Grundkapitals, der tatsächlich frei verfügbar ist – der Freefloat (→ Seite 74).

Sinn und Zweck der Neuregelung

Hinter der Neuregelung steckt die Philosophie, dass die Höhe des Streubesitzes die Marktverhältnisse bei einzelnen Aktien besser widerspiegelt als die Bezugnahme auf das gesamte Grundkapital. Bei der bisherigen Berechnungsmethode war es für die Börsenkapitalisierung unerheblich, wie viele Aktien einer Gesellschaft auch tatsächlich verfügbar sind. Das aber führt zu unerwünschten Marktverzerrungen, denn die Anleger, die ihr Depot am Index orientieren, müssen die Titel mit einer hohen Indexgewichtung entsprechend stark kaufen. Dadurch wird bei den hoch kapitalisierten Aktien mit geringem Freefloat das ohnehin schon magere Angebot künstlich verknappt.

Die Folgen der Reform

Die Reform, die parallel zum Dax nach dem gleichen Muster auch bei wichtigen internationalen Indizes vorgenommen wird, setzt weltweit Anlagemilliarden in Bewegung, denn Großanleger und Fondsmanager müssen ihre Depots entsprechend umstrukturieren.

Damit der Übergang beim Dax nicht so abrupt ausfällt und die Anleger ausreichend Zeit haben, ihre Aktienbestände umzuschichten, folgt die Deutsche Börse AG internationalem Vorbild, indem die Umstellung stufenweise vollzogen wird. In einer ersten Stufe wird seit Februar 2002 parallel zur laufenden Berechnung eine monatliche Rangliste auf Basis des Streubesitzes erstellt. Die **Zusammensetzung** von SDax und Nemax 50 ist inzwischen erstmals auf Basis des Streubesitzes überprüft und angepasst worden. Ab August 2002 wird dieses Prinzip auch bei der Überprüfung von Dax und MDax angewandt.

Neue Gewichtung im Dax

Aktie	Gewichtung nach der alten Methode (in Prozent)	Gewichtung nach der neuen Methode (in Prozent)
Siemens	7,49	10,04
Allianz	10,90	9,39
Deutsche Telekom	11,30	9,23
Deutsche Bank	6,02	8,62
Eon	6,92	8,33
DaimlerChrysler	6,18	7,07
Münchner Rück	8,27	6,44
Bayer	3,78	5,11
SAP	5,69	4,97

Quelle: Deutsche Börse, basierend auf den Kursen und Kapitalverhältnissen vom 31. Oktober 2001

Nicht zum Streubesitz und damit als Festbesitz gelten Aktienpakete von mehr als 5 Prozent, die ein einzelner Aktionär besitzt. Außerdem alle Anteile, die aufgrund einer gesetzlichen oder vertraglichen Sperrfrist von mindestens sechs Monaten nicht verkauft werden können. Aktienpakete, die bei Pensionskassen und Investmentfonds liegen, werden grundsätzlich nicht dem Festbesitz zugerechnet, auch wenn im Einzelfall die 5-Prozent-Hürde überschritten werden sollte.

Bei Aktiengesellschaften, die sowohl Stamm- als auch Vorzugsaktien (→ Seite 148) ausgegeben haben, wird nach der Umstellung nur noch die umsatzstärkste Aktiengattung berücksichtigt. Aufgrund dieser Regelung werden wahrscheinlich viele Index-Unternehmen ihre Vorzugsaktien in Stammaktien umwandeln (→ Seite 150), um im Dax oder in einem anderen Kursbarometer nicht an Bedeutung zu verlieren.

Die gesamte Dax-Familie

Der Dax hat in den vergangenen Jahren eine ganze Index-Familie zur Seite gestellt bekommen.

Der **MDax** ist der wichtigste Bruder des Dax. Er ist nach demselben Konzept aufgebaut wie dieser und misst den Kursverlauf von 70 Werten aus der „zweiten Reihe", also den Unternehmen, die nach Börsenbewertung und Liquidität den großen Werten folgen. Der MDax wird – im Minutentakt – ebenfalls als Kurs- und Performanceindex berechnet. Aufgrund der größeren Teilnehmerzahl wird seine Zusammensetzung nicht einmal, sondern zweimal pro Jahr – im März und September – an die aktuellen Marktverhältnisse angepasst.

Der **Dax-100** ist die Kombination aus Dax und MDax. Er fasst die Aktien beider Indizes zusammen.

Mehr eine reine Kennziffer als ein Index ist der Volatilitäts-Dax, kurz **VDax** genannt. Er drückt die durchschnittliche Schwankungsintensität der Dax-Titel aus.

Der Composite Dax – kurz **CDax** genannt – ist marktbreit ausgelegt und umfasst alle rund 800 deutschen Titel, die an der Frankfurter Wertpapierbörse im amtlichen Handel, geregelten Markt und dem Neuen Markt gelistet werden. Aus dem CDax werden außerdem über ein Dutzend Branchenindizes berechnet – zum Beispiel der CDax-Technologie und der CDax-Maschinenbau. ☞ Composite

☞ Composite: Aus dem Englischen, übersetzt: Zusammensetzung.

Die 100 größten deutschen Aktien im Smax-Segment (→ Seite 76) werden im **SDax** zusammengefasst. Mit dem Umstellungstermin wird die Zahl der Mitglieder halbiert und an den **Nemax-50-Index** angepasst, der die 50 bedeutendsten Aktien am Neuen Markt erfasst. Die Auswahl erfolgt dabei nach denselben Kriterien wie beim Dax, wobei die Anpassung im vierteljährlichen Turnus erfolgt. Der Sammelindex des Neuen Marktes ist der Nemax-All-Share-Index, der des Smax der **Smax-All-Share**. ☞ All-Share

☞ Jumbo-Pfandbrief: Pfandbriefe, die ein Emissionsvolumen von mindestens 500 Millionen Euro aufweisen und aus diesem Grund entsprechend liquide sind (→ Seite 244).

☞ All-Share: Aus dem Englischen übersetzt: alle Aktien umfassend.

Der Rex-Clan: Die Nachbarn vom Rentenmarkt

Was der Dax für deutsche Aktien ist, ist der **Deutsche Rentenindex Rex** für inländische festverzinsliche Wertpapiere. Der Rex misst den Kursverlauf eines fiktiven Rentendepots, das aus 30 künstlichen Anleihen öffentlicher Emittenten (→ Seite 238) besteht. Dabei wird angenommen, dass es sich um idealtypische Anleihen mit ganzzahligen, das heißt „exakten" Laufzeiten von ein bis zehn Jahren und einem Kupon von jeweils 6, 7,5 und 9 Prozent handelt. Auf diese Weise soll ein repräsentativer Ausschnitt des deutschen Rentenmarkts zusammengestellt werden. Der Rex ist ein Kursindex. Anleger, die den Ertrag ihres Rentendepots messen wollen, müssen den **Renten-Performance-Index (RexP)** als Vergleichsmaßstab wählen. Sowohl zum Rex als auch zum RexP werden zehn Unterindizes für die einzelnen Laufzeitenbereiche (→ Seite 226) ermittelt – von ein bis zehn Jahren. Auf diese Weise liefert der Index zusätzliche Informationen über die Veränderung der Zinsstruktur (→ Seite 235) an einem Börsentag.

Nach demselben Muster wie der Rex und der RexP werden der **Pfandbriefindex Pex** und der **Jumbo-Pfandbriefindex Jex** berechnet. ☞ Jumbo-Pfandbrief

Die wichtigsten Indizes an der Deutschen Börse

Name	Beschreibung
Dax	Die 30 größten deutschen Standardwerte
MDax	Die 70 größten Titel nach den Dax-30-Mitgliedern
SDax	Die 50 größten Aktien[1] aus dem Smax
Nemax-50	Die 50 größten Aktien vom Neuen Markt
CDax	Alle an der Frankfurter Börse im amtlichen Handel, geregelten Markt und Neuen Markt notierten Aktien (ca. 800)
RexP	Ertrag eines Depots, das aus 30 idealtypischen, öffentlichen Anleihen mit Laufzeiten zwischen einem und zehn Jahren besteht
PexP	Ertrag eines Depots, das aus 30 idealtypischen Pfandbriefen mit Laufzeiten zwischen einem und zehn Jahren besteht

Stand: 30. Juni 2001

[1] Ab Juli 2002, bis dahin die 100 größten Aktien aus dem Smax

Quelle: Deutsche Börse AG

Fakten bewegen die Kurse

Warum steigen oder fallen Kurse? Die nahe liegende Antwort ist natürlich, dass es mehr Käufer als Verkäufer gibt und umgekehrt. An der Börse zeigt sich in dem Verhältnis von allgemeinem Angebot und Nachfrage die Reaktion der Anleger auf Meldungen und Ereignisse aus Wirtschaft und Politik. Für den Kurstrend bei Aktien und Anleihen sind wirtschaftliche Größen maßgeblich – in erster Linie die Wirtschaftsentwicklung im Allgemeinen mit all ihren Facetten: Investition, Produktion und Konsum; Inflation und Wechselkurse. All das schlägt auf die Unternehmensgewinne durch, die ihrerseits der wichtigste Treibstoff für die Aktienkurse sind, beziehungsweise auf die Zinsen, die den Trend am Anleihemarkt bestimmen.

→ Die Schwierigkeit ist, dass eine Volkswirtschaft ein überaus komplexes System ist. Alle Faktoren können sich in ihrer Wirkung gegenseitig verstärken oder abmildern. Es gibt zwar grundlegende Zusammenhänge, aber die einzelnen Größen treten in immer neuen Kombinationen auf, die jeweils ein anderes Erklärungsmuster erfordern. Das treibt die Anleger mitunter zur Verzweiflung, macht letztlich aber den Reiz der Spekulation aus.

Die Börse tickt anders

Börsianer haben deshalb ihre eigene Logik bei der Bewertung von Ereignissen. Was nach allgemeiner Auffassung eine „gute" Nachricht ist, wird an der Börse häufig völlig gegensätzlich interpretiert. Im Angelsächsischen wurde deshalb auch die Börsenweisheit „buy on bad news and sell on good news" geprägt – also: Bei schlechten Nachrichten kaufen und bei guten verkaufen. Wenn zum Beispiel ein Unternehmen einen Rekordgewinn bekannt gibt, sorgt das paradoxerweise nicht selten für Druck auf die Kurse, weil die Anleger skeptisch sind, dass das Management dieses Topergebnis im nächsten Jahr noch einmal überbieten kann.

Vor allem: An der Börse wird nicht die Gegenwart, sondern die Zukunft gehandelt wird. In jeder Anlageentscheidung drücken sich Erwartungen hinsichtlich der weiteren Wirtschaftsentwicklung und damit der Erfolgsaussichten von Aktien und Anleihen aus. Das schließt ein, dass sich die Börse auch einmal korrigiert: Die Kursschwankungen sind nur ein anderer Ausdruck des immer neuen Versuchs, der Zukunft auf die Spur zu kommen.

→ Manchmal koppeln sich die Finanzmärkte von der Realität ab. Doch über kurz oder lang muss der Kurstrend von harten Fakten untermauert werden. Bleibt die Entwicklung hinter den Erwartungen zurück, kommt es zu Korrekturen an der Börse.

Das Bild vom Herrn und seinem Hund

Der Börsenaltmeister André Kostolany hat die Kapriolen und „unlogischen" Reaktionen am Aktienmarkt sehr anschaulich zu erklären versucht. Wenn Herr und Hund spazieren gehen, schreitet der Herr (die Wirtschaft) einigermaßen gleichmäßig voran. Der frei laufende Hund (die Aktienbörse) allerdings stürmt wild voran, springt mal hierhin, mal dorthin, läuft wieder zurück zu seinem Herrn, um dann wieder gemächlich hinterher zu trotten – nur selten aber geht er exakt bei Fuß. Dennoch kommen beide am Ende gleichzeitig zu Hause an. Aber der Hund hat ein Vielfaches des Weges zurückgelegt.

Um bei der Einschätzung des Kursverlaufs nicht falsch zu liegen, müssen sich auch Einsteiger mit den wichtigsten Einflussfaktoren und ihrer Wirkung auf die Kurse beschäftigen, bevor sie in Aktien oder Anleihen investieren.

Aktien- und Anleihekurse im Wechsel der Konjunktur

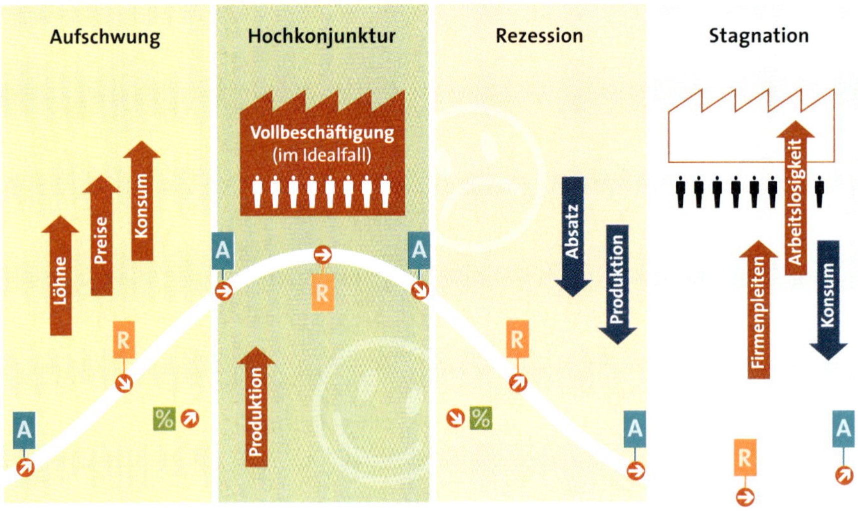

Konjunktur: Wichtigste Einflussgröße für Aktien und Anleihen

Die Wirtschaftsentwicklung der meisten Industrieländer verläuft langfristig in einem gemäßigten Aufwärtstrend. Auf kurze Sicht sind allerdings Schwankungen zu beobachten. Auf Aufschwungphasen mit hohen Wachstumsraten folgen Abkühlungen, in denen die Wirtschaftsentwicklung mitunter schrumpft. Wichtig dabei ist, dass sich dieses Auf und Ab auch in den Anleihe- und Aktienkursen niederschlägt – es gibt also eine Abhängigkeit zwischen allgemeiner Wirtschaftsentwicklung und dem Geschehen an der Börse. Das Wissen um diese Abhängigkeit ist es, das den Blick der Börsianer auf eine Reihe von Indikatoren lenkt, die Hinweise geben auf den zukünftigen allgemeinen Wirtschaftstrend.

▶ KONTAKT
Recherchequellen im Internet zum deutschen BIP: www.statistik-bund.de und www.bundesbank.de

Das Bruttoinlandsprodukt: Messzahl für die Konjunktur

Die klassische Messzahl für die Konjunkturentwicklung ist die Wachstumsrate des Bruttoinlandprodukts (BIP). Darunter verstehen Experten die Summe aller produzierten Waren und Dienstleistungen innerhalb einer Volkswirtschaft in einer bestimmten Periode. Diese Kennzahl wird vierteljährlich veröffentlicht und als prozentuale Veränderung zur Vorperiode und zum Vorjahr ausgedrückt.

Normalerweise wächst das BIP von Quartal zu Quartal. Aber es kann auch zu einem Rückgang kommen, das heißt, die Wirtschaft schrumpft. Ist das in zwei aufeinander folgenden Quartalen der Fall, sprechen Volkswirte von einer Rezession.

Trotz seiner vom Grundsatz her hohen Aussagekraft für den Zustand der Wirtschaft findet das BIP an der Börse wenig Beachtung. Das liegt daran, dass die veröffentlichten Quartalsdaten vergangenheitsbezogen sind. Sie lassen also nur begrenzte Rückschlüsse auf die zukünftige Entwicklung zu. KONTAKT ▶

Börsianer bevorzugen Stimmungstests

Einen wesentlich höheren Stellenwert genießt deshalb eine Reihe von regelmäßig durchgeführten Stimmungsumfragen unter Managern – wie etwa der ☞ Ifo-Geschäftsklimaindex für Deutschland und der ☞ Einkaufsmanager-Index in den USA.

Diese Kennzahlen zeigen den Konjunkturtrend mit relativ hoher Genauigkeit bereits fünf bis sieben Monate vorher an. Allerdings muss ein angezeigter Trendwechsel nachhaltig, das heißt über mehrere Monate hinweg zu beobachten sein. Beim Ifo-Index zum Beispiel gilt erst ein Rückgang oder Anstieg über drei aufeinander folgende Monate als aussagekräftig.

Der Grund für die Zuverlässigkeit dieser Kennzahlen liegt darin, dass die befragten Manager nicht nur relativ gut über die eigenen, sondern auch über die Produktionspläne von Zulieferern, Unternehmenskunden und Konkurrenten informiert sind. Zudem muss der Einkäufer die entsprechenden Vorprodukte für die eigene Produktion bereits einige Monate vorher bestellen.

Auftragseingang: Die Produktion von morgen

Ein anderer wichtiger Indikator ist deshalb der Auftragseingang insbesondere beim verarbeitenden Gewerbe. Diese Kennzahl wird regelmäßig von Branchenverbänden und dem Statistischen Bundesamt ermittelt und veröffentlicht. Ihrer Bedeutung für die Börse liegt die Logik zugrunde, dass die heutigen Bestellungen die Produktion von morgen darstellen. Die Auftragseingänge von langlebigen Investitionsgütern sind dabei ein wichtiger Teilaspekt. Sie spiegeln das Vertrauen der Unternehmen in die Zukunft wider, denn nur wer längerfristig optimistisch ist, führt größere Investitionsvorhaben durch, die sich üblicherweise erst über mehrere Jahre hinweg amortisieren. Steigende Investitionen führen auch zu Rationalisierungen in den jeweiligen Unternehmen. Diese werden wettbewerbsfähiger und können zu niedrigeren Kosten produzieren, was die Gewinne bei gleicher Absatzmenge erhöht.

Arbeitslosenquote: Indikator mit Beigeschmack

Die Arbeitslosenquote gilt als typischer Nachzügler innerhalb eines Konjunkturzyklus und je nach Richtung ihrer Veränderung als zweifach interpretierbar.

Erst wenn der Aufschwung bereits relativ weit fortgeschritten ist, steigt in der Regel die Zahl der neu geschaffenen Stellen. Parallel dazu sinkt die Arbeitslosenquote. Der Grund: Die Unternehmen weiten erst dann ihre Kapazitäten aus, wenn sich der Aufschwung verstetigt, und stellen neue Mitarbeiter ein.

Ein Blick auf die Stundenlöhne und den Arbeitskostenindex zeigt in dieser Phase an, ob bereits ein Mangel an Arbeitskräften besteht. Ist das der Fall, können neue Mitarbeiter nur mit höheren Löhnen in die Unternehmen gelockt werden.

Steigende Löhne stimulieren zwar den Konsum, gleichzeitig leiten sie jedoch oft auch eine Konjunkturabkühlung ein. Die Unternehmen versuchen nämlich, die gestiegenen Kosten in Form von höheren Absatzpreisen an die Kunden weiterzugeben, was Inflationsgefahren und ein Eingreifen der Notenbank provoziert (→ Zinsen und Preise, Seite 113). Außerdem schlagen die anziehenden Lohnkosten negativ auf den Gewinn durch.

So paradox es klingt: Ein Rückgang der Arbeitslosenquote gilt deshalb sowohl am Aktien- als auch am Anleihemarkt eher als Warnzeichen.

Was auf der anderen Seite bedeutet: Eine Erhöhung der Arbeitslosenzahl wird an der Börse positiv aufgenommen – zum Leidwesen der Betroffenen und ihrer Interessenvertreter in Politik und Gesellschaft. Da Arbeitskräfte erst in wirtschaftlich sehr schlechten Zeiten in größerem Umfang entlassen werden – zum Bei-

☞ Ifo-Geschäftsklimaindex:
Beim Ifo-Index werden 8 000 Unternehmen in ganz Deutschland danach befragt, wie sie die Aussichten in den kommenden drei bis sechs Monaten beurteilen.
Internetadresse: www.ifo.de

☞ Einkaufsmanager-Index: Beim US-Purchasing Managers' Index (PMI) werden bei gut 350 großen Industrieunternehmen die Daten für Neuaufträge, Preise und Importe zusammengestellt und zusätzlich Stimmungsäußerungen gesammelt.
Für Euroland gibt es den Reuters-Einkaufsmanager-Index, der ähnlich wie der PMI ermittelt wird.

spiel im Rahmen von Werkschließungen oder Konkursen –, wird dies oft als Zeichen dafür interpretiert, dass die wirtschaftliche Talsohle erreicht ist.

Sonderfall USA

In Volkswirtschaften mit flexiblen Arbeitsgesetzen wie zum Beispiel in den USA schlagen konjunkturelle Veränderungen sehr viel schneller auf die Arbeitslosigkeit durch. Deshalb hat dieser Indikator hier eine andere Bedeutung für die Finanzmärkte: Steigt die Arbeitslosigkeit, wird das an der Börse wegen der unmittelbaren Rückkopplungen auf den Konsum nicht positiv, sondern eher negativ interpretiert. Experten sprechen dabei auch vom Wechsel eines anti- zu einem eher prozyklischen Indikator.

Konsum: Beweis für den Aufwärtstrend

Ebenso wie die Lohnentwicklung und die Arbeitsmarktstatistik ist auch die Konsumneigung ein guter Gradmesser für die Konjunkturentwicklung. Eine Belebung des Konsums, die sich zum Beispiel in den regelmäßig ermittelten Einzelhandelsumsätzen zeigt, spricht für einen tragfähigen Wirtschaftsaufschwung. Die Umsatzzahlen beruhen auf Befragungen der Einzelhändler zu ihrer Geschäftsentwicklung. Sie wird für die USA, anders als im Euroland, bereits wenige Tage nach Monatsende veröffentlicht.

Häuslebauer sind private Investoren

Aussagekräftig für den Zustand einer Wirtschaft ist auch der Beginn von Bauvorhaben. Denn was Investitionen für die Unternehmen, sind die eigenen vier Wände für die privaten Haushalte. Nur wer die Zukunft positiv einschätzt, wird sich entschließen, ein Bauvorhaben zu beginnen. Die „housing starts“, wie sie in den USA heißen, reagieren außerdem sehr stark auf Zinsveränderungen am Kapitalmarkt und lassen Rückschlüsse speziell auf die Branchenentwicklung der Bauindustrie zu.

Unternehmensgewinne: Treibstoff für die Aktienkurse

Wer sein Geld in Aktien anlegt, muss sich mit der Gewinnentwicklung börsennotierter Unternehmen beschäftigen. Je höher die Wachstumsrate des Jahresgewinns ausfällt, desto wertvoller werden Aktien. Fachleute bei den Banken, die so genannten Analysten, setzen sich deshalb eingehend mit diesem Indikator auseinander. Er ist einer der zentralen Bewertungsmaßstäbe für die Aktienkurse (→ Seite 194).

Gewinn = Umsatz minus Kosten

Der Gewinn eines Unternehmens errechnet sich aus der verkauften Produktion in einer bestimmten Periode, multipliziert mit aktuellen Marktpreisen, also dem Umsatz, abzüglich Kosten. Auftragseingänge bedeuten zukünftige Erlöse. Investitionen führen zunächst einmal zu finanziellen Belastungen; Zinsen, Löhne und Steuern bedeuten Kosten.

Im Allgemeinen treten die höchsten Gewinnsteigerungen im Frühstadium eines Konjunkturaufschwungs auf, um danach abzuflachen. Dabei spielt der so genannte Basiseffekt eine Rolle: Einen bescheidenen Gewinn zu verdoppeln oder zu verdreifachen, ist im Rahmen eines Konjunkturaufschwungs relativ einfach. Doch ein Rekordergebnis ein weiteres Mal zu überbieten, ist, wie erwähnt, auch für ein gutes Unternehmen schwierig.

Ein Nachlassen der Gewinndynamik wird deshalb als erstes Anzeichen dafür interpretiert, dass sich die Konjunktur ihrem zyklischen Hoch nähert und mittelfristig eine Abkühlungsphase bevorsteht.

Der Stellenwert der Geldpolitik

Neben den so genannten realwirtschaftlichen Faktoren spielen bei der Bewertung von Aktien und Anleihen auch monetäre Daten eine Rolle. Dazu zählen sowohl die reine Geldmenge als auch der Preis für Geld, der Zins.

Zinsen

Viele Börsianer schwören auf den Zinstrend am Kapitalmarkt als Frühindikator für einen Kurswechsel am Aktienmarkt. „Steigende Zinsen sind Gift für die Börse", lautet ihr Credo. Grundsätzlich ist diese These nicht von der Hand zu weisen, denn Aktien- und Anleihekurse stehen in einer fundamentalen Wechselwirkung zueinander. Bei einem Zinsanstieg werden Anleihen gegenüber den schwankungsanfälligen Aktien attraktiver. Die Folge: Mit jedem Zinspunkt mehr verkaufen die Anleger ihre Aktienpositionen und schichten ihr Geld in festverzinsliche Wertpapiere um. Folge: Die Aktienkurse geraten unter Druck.

Fallende Zinsen machen Aktien attraktiv

Fallen dagegen die Zinsen, überlegen die Anleger, angesichts der niedrigen Renditen verstärkt Aktien zu kaufen. Bei den Dividendenpapieren besteht zwar ein Kursrisiko, dafür versprechen sie aber überdurchschnittlich große Kurschancen. Folge: Die Anleger schichten ihr Portfolio (wie ein Depot auch genannt wird) um. Zinsen beeinflussen aber auch das Verhalten von privaten Haushalten, Unternehmen und Staat. Gerade in Rezessionsphasen versucht die Notenbank mit niedrigen Zinsen die Wirtschaft wieder anzukurbeln.

Dadurch wird für die Unternehmen die Finanzierung neuer Investitionen günstiger. Gleichzeitig wird auch das Konsumverhalten der privaten Haushalte positiv beeinflusst, da neue Anschaffungen billig auf Pump getätigt werden können. Und auch der Staat nutzt oft das günstige Zinsniveau, um eigene Investitionen, mit denen die Wirtschaft angeschoben werden soll, über Schulden zu finanzieren. Alles in allem: Die Konjunktur wird in Schwung gebracht.

Wenn die Zinswaffe versagt

Nicht immer funktioniert die Politik des „billigen" Geldes, um die Konjunktur in Bewegung zu setzen, wie das Beispiel Japan zeigt. Dort hat die Notenbank in den vergangenen Jahren ihre Leitzinsen aufgrund der Rezession immer weiter gesenkt – sogar bis zur Nulllinie. Damit hatte sie ihr „Zinspulver" verschossen. Trotzdem lahmte die Konjunktur weiter. Der Grund für diese Abweichung vom allgemeinen Erklärungsmuster sind Strukturprobleme. In den Bilanzen der japanischen Banken stecken massenweise faule Kredite. Das billige Geld der Notenbank bleibt deshalb bei den Kreditinstituten hängen. Sie finanzieren damit die Problemdarlehen, anstatt diese abzuschreiben und das Geld als zinsgünstige Kredite an hoffnungsvolle Unternehmen zu vergeben.

Anziehende Zinsen sind dann ein Zeichen dafür, dass die Konjunktur in Fahrt kommt. Kapital wird knapper, weil die Unternehmen in neue Anlagen investieren, um die steigende Nachfrage zu bedienen. Höhere Kapitalkosten führen zu höheren Produktions- und Lagerkosten bei den Unternehmen, die in Form von Preiserhöhungen an den Markt weitergegeben werden. Die Unternehmensgewinne steigen nur noch langsam, die Kurse treten auf der Stelle.

Fazit

Ein praktischer Vergleich von Aktienkursen und der Zinsentwicklung an der deutschen Börse macht eines deutlich: Die jeweilige Zinshöhe in den letzten 20 Jahren war zwar ein guter, aber kein perfekter Frühindikator.

Steigende Zinsen bedeuten gegenläufigen Trend bei Aktien

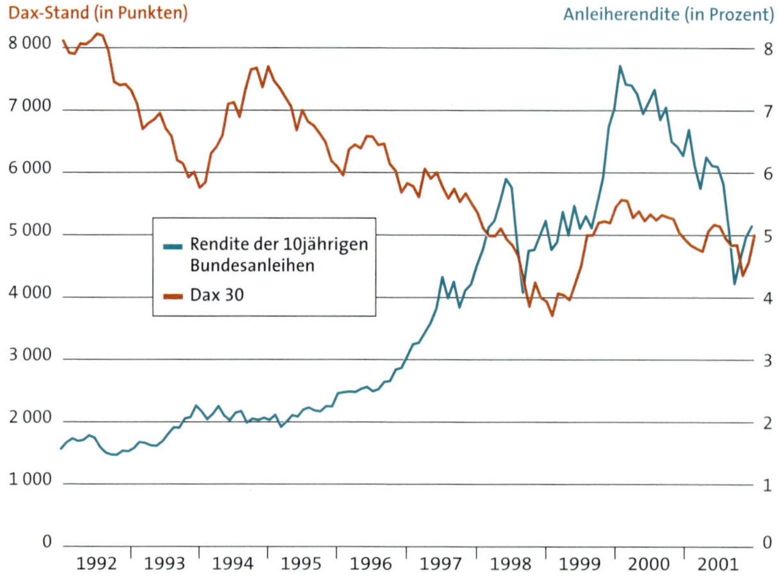

Quelle: Thomson Financial Datastream

> ☞ Reale Verzinsung: Auch Realzins genannt. Ergibt sich aus der nominellen Verzinsung einer Anleihe minus Inflationsrate.

Preise

Die Preisentwicklung gehört zu den Kennzahlen, die Börsianer mit besonderer Aufmerksamkeit verfolgen. Dabei geht es um zwei Situationen. Eine ruhige oder sogar leicht rückläufige Entwicklung bei den Preisen deutet darauf hin, dass sich die Konjunktur in einer Talsohle oder erst am Anfang eines Aufschwungs befindet. In diesem Stadium stehen die Börsenampeln bei Aktien auf grün, bei Anleihen dagegen schon auf gelb.

> ☞ Stagflation: Wenn die Preise trotz schwachen oder sogar zurückgehenden Wirtschaftswachstums steigen, nennt man dies Stagflation.

Die andere Situation: Ein starker Preisanstieg ist ein Hinweis für eine konjunkturelle Boomphase. Weil die Unternehmen an der Kapazitätsgrenze fertigen, werden höhere Produktionskosten (zum Beispiel Überstundenzuschläge, längere Lieferzeiten) in Form von höheren Preisen an die Kunden weitergegeben. Dadurch drohen Inflationsgefahren und der Start einer Lohn-Preis-Spirale, weil die Arbeitnehmer versuchen, beim nächsten Tarifabschluss höhere Löhne durchzusetzen. Nur in seltenen Fällen tritt das Phänomen einer ☞ Stagflation auf.

Steigende Preise sorgen in der Regel relativ schnell für einen Zinsanstieg am Anleihemarkt, weil die Anleger auf eine langfristig positive ☞ reale Verzinsung achten und einen „Inflationsaufschlag" fordern. Das wiederum hat, wie dargestellt, entsprechend negative Rückkopplungen auf den Aktienmarkt zur Folge.

Inflationsbekämpfung: Vorrangiges Ziel der Notenbanker

Für die Zentralbanken hat die Bekämpfung der Inflation (→ Seite 116) in der Regel absolute Priorität. Für die Europäische Zentralbank (EZB) zum Beispiel gilt eine auf das Jahr umgerechnete Preissteigerungsrate von 2 Prozent als gerade noch akzeptabel, sonst schreitet sie ein, erhöht die so genannten Leitzinsen und verknappt die Geldmenge (→ nachfolgender Abschnitt). Die Steuerung dieser Zusammenhänge ist das Herzstück der Zins- und Geldmarktpolitik jeder Notenbank. Auf Leitzinserhöhungen beispielsweise reagieren die Finanzmärkte negativ; senkt die Notenbank hingegen die Zinsen, führt das nicht selten zu einem Kursfeuerwerk bei Aktien und Anleihen.

Wie die EZB bei den Zinsen den Ton angibt

Die Zinswaffe der Zentralbanken heißt Leitzinsen. Mit der Einführung des Euro ist die Verantwortung für die Leitzinsen in Euroland auf die Europäische Zentralbank (EZB) übergegangen. Die Leitzinsen der EZB heißen Fazilitäten – was sich in etwa mit „Kreditlinien" oder „-möglichkeiten" übersetzen lässt. Zu diesen Zinssätzen können, vereinfacht gesagt, die Geschäftsbanken bei der Notenbank Kredite aufnehmen, aber auch flüssige Gelder anlegen. Signalcharakter hat dabei vor allem die so genannte Spitzenrefinanzierungsfazilität, die die Obergrenze der Leitzinsen definiert. Zu diesem Zins bietet die EZB den Kreditinstituten die Möglichkeit, sich bei ihr kurzfristig Liquidität gegen Stellung bestimmter Sicherheiten (zum Beispiel Wechsel) zu beschaffen.

Bei der US-Notenbank Federal Reserve, kurz Fed genannt, gilt vor allem die so genannte Primerate als Leitzins, zu dem erstklassige Geschäftsbanken kurzfristige Kredite aufnehmen können.

Die Zinspolitik der Notenbanken genießt an der Börse auch deshalb einen so hohen Stellenwert, weil sie in der Regel sehr langfristig ausgerichtet ist. Das heißt, bei einem Trendwechsel können sich die Anleger auf eine längere Phase kontinuierlicher Leitzinssenkungen beziehungsweise -erhöhungen einstellen.

Beobachtung der Preisentwicklung

Als Maßstab für die Preisentwicklung gelten die von den nationalen Statistikämtern für jeden Monat ermittelten Inflationsraten. In Deutschland werden vorläufige Werte schon wenige Tage vor Monatsende durch das Statistische Bundesamt veröffentlicht. KONTAKT ▶

Für den Verbraucherpreisindex in Euroland, den das Statistische Amt der Europäischen Kommission ermittelt, werden die Zahlen erst gegen Mitte des Folgemonats veröffentlicht.

Das US-Gegenstück, der Consumer-Price-Index, wird im Übrigen auch an den europäischen Börsen sehr stark beachtet, weil sich gezeigt hat, dass die Konjunktur und damit die Zinspolitik der US-Notenbank gewisse Parallelen zum alten Kontinent aufweisen.

Geldmenge

Das Wachstum der Geldmenge ist ein Gradmesser für die Liquiditätsversorgung der Wirtschaft. Sie gilt ebenfalls als verlässlicher Indikator für die Inflation, denn nach der Wirtschaftstheorie treibt ein ungezügeltes Wachstum der Geldmenge bei kurzfristig konstantem Angebot an Gütern lediglich die Preise nach oben. Wenn also die Geldmenge einer Volkswirtschaft im Verhältnis zur produzierten Gütermenge übermäßig steigt, schreitet in der Regel die Notenbank ein, um Inflationsgefahren im Keim zu ersticken. Als offizielle Messzahl in der Eurozone gilt die so genannte Geldmenge M3.

Die Volkswirte zählen nicht nur das gesamte Bargeld einer Volkswirtschaft zur Geldmenge „M" (= money). Sie unterscheiden drei Teilmengen: M1 ist der Bargeldbestand plus die Sichteinlagen (Guthaben und Girokonten) inländischer Nichtbanken. M2 ist gleich M1 plus Termingelder inländischer Nichtbanken. M3 ist gleich M2 plus Spareinlagen mit dreimonatiger Kündigungsfrist. Die Geldmenge ist nicht nur eine Kennziffer für die Geldversorgung in der Wirtschaft, sondern auch für die Liquidität an den Finanzmärkten.

Die Daten zur Geldmenge werden regelmäßig von der Europäischen Zentralbank und der Deutschen Bundesbank veröffentlicht.
KONTAKT ▶

▶ KONTAKT
Das Statistische Bundesamt im Internet:
www.statistik-bund.de

Die Bundesbank im Internet:
www.bundesbank.de

Die Europäische Zentralbank im Internet:
www.ecb.int

Für Euroland hat die Europäische Zentralbank seit dem Start der Währungsunion im Januar 1999 bislang eine „kritische" Wachstumsrate von 4,5 Prozent zum Vorjahreszeitraum festgelegt, wobei die Daten für die Geldmenge auf monatlicher Basis ermittelt werden.

EXKURS

Die Wirtschaftsfeinde Nr. 1: Deflation und Inflation

Inflation, ebenso wie Deflation sind Schreckgespenster für jeden Börsianer. Inflation bedeutet, einfach gesagt, dass die Preise innerhalb einer Volkswirtschaft schneller steigen als das Gütervolumen – meist, weil die Geldmenge zu stark aufgebläht wird. Das ist zum Beispiel der Fall, wenn der Staat seine Notenpresse anwirft und mehr Banknoten in Umlauf bringt, als es aufgrund des Wirtschaftswachstums gerechtfertigt ist. Folge: Die Kaufkraft des Geldes sinkt.
Der Grund, warum der Entwicklung der Preissteigerungsraten so große Bedeutung beigemessen wird, liegt darin, dass die Wirtschaftsteilnehmer bei hoher Inflation keine verlässliche Kalkulationsgrundlage mehr für die Zukunft haben, sodass sie sich anders verhalten als eigentlich wünschenswert. Geht zum Beispiel eine schleichende in eine trabende oder gar galoppierende Inflation mit zweistelligen Preissteigerungsraten pro Monat über, geben die Verbraucher ihr Geld umgehend wieder aus, anstatt einen Teil davon zu sparen und es in Form von Anleihen oder Aktien den Unternehmen als Kapital zur Verfügung zu stellen.

Geldbesitzer haben das Nachsehen

Geldbesitzer verlieren umso schneller ihr Vermögen, je rasanter die Preise steigen. Auf der anderen Seite werden Spekulanten dazu ermuntert, inflationsresistente Sachwerte wie Immobilien und Gold auf Kredit zu kaufen. Durch die Geldentwertung wird es für sie einfach, die Darlehenssumme zurückzuzahlen, während ihre Anlageobjekte an Wert gewinnen. Auch ein starker Anstieg der Aktienkurse, in dessen Folge viele Anleger auf Kredit spekulieren, ist letztlich nichts anderes als eine Inflation – und zwar der Wertpapierpreise.
Die Unternehmen wiederum zögern bei hoher Inflation ihre Investitionen hinaus, weil sie nicht wissen, wie sich die Löhne und die Preise für Rohstoffe, beispielsweise für Energie, entwickeln werden. So gerät das normale Wirtschaftsleben mehr und mehr aus dem Gleichgewicht. Die Vergangenheit hat gezeigt, dass es meist Monate oder gar Jahre dauert, bis sich die Zustände wieder normalisiert haben. Deshalb treten die Notenbanken sofort auf die Zinsbremse und dämmen das Geldmengenwachstum ein, wenn die Preissteigerungsraten über den kritischen Wert von 2 Prozent klettern – mit den beschriebenen negativen Folgen für die Finanzmärkte.
Die Notenbanken können den Hebel allerdings auch zu stark ansetzen – mit der Folge, dass sich die Preisspirale in die andere Richtung dreht. Das heißt, Güter und Dienstleistungen sind für das gleiche, oft sogar aber für weniger Geld zu haben als zum Beispiel vor einem Jahr. Eine feine Sache könnte man meinen, schließlich haben die privaten Haushalte nach einem Einkauf mehr Geld im Portemonnaie oder für das gleiche Geld mehr Waren in ihren Einkaufskörben. Doch auch dieser Zustand ist für eine Volkswirtschaft wenig wünschenswert. Ein nachhaltiger Rückgang des allgemeinen Preisniveaus, von Fachleuten Deflation genannt, hat weit unangenehmere Folgen als eine Inflation.
Die Unternehmen können die Preise für ihre Produkte nämlich nicht beliebig nach unten kalkulieren. Schließlich drücken auf der anderen Seite feste Lohn- und Kapitalkosten. Irgendwann wird die Produktion unrentabel. Folge: Arbeitsplätze werden abgebaut, Produktionsanlagen stillgelegt oder ins billigere Ausland verlagert, Löhne – wenn möglich – gekürzt. Die Folge: Vielen Firmen droht das Aus.

Deflation führt zu Depression

An Neuinvestitionen ist in dieser Phase aufgrund der schlechten Geschäftsaussichten erst recht nicht zu denken. Fataler Effekt: Höhere Arbeitslosigkeit infolge gedrosselter Produktion, kaum Investitionen und niedrigere Löhne senken die zur Verfügung stehende Kaufkraft der privaten Haushalte weiter. Der Druck auf die Preise hält an – ein Teufelskreis beginnt. Während von einer Inflation vornehmlich Schuldner profitieren, kommen bei einer Deflation vor allem Kapitalbesitzer auf ihre Kosten. Ihr Reichtum mehrt sich bereits, indem sie ganz einfach gar nichts tun – vor allem ihr Geld nicht anlegen. Genau dieser Zustand macht es so schwierig, aus der Deflation wieder herauszukommen: Wenn niemand Geld ausgibt, weil er damit rechnet, dass alles noch billiger wird, bleibt die Nachfrage gering. Da die allgemeine Stimmung der Wirtschaftsteilnehmer in solchen Phasen auf den Nullpunkt sinkt, werden ausgeprägte Deflationsphasen auch als Depression bezeichnet.

Börsencrash als Frühsignal

Viele Depressionen wurden in der Vergangenheit oftmals durch einen Crash (→ Seite 205) am Aktienmarkt eingeleitet. Ein starkes Absinken der allgemeinen Wertpapierkurse ist wiederum eine andere Form der Deflation. Allerdings sind Crashs nicht Ursache für die nachfolgende Wirtschaftskrise – eher Frühsignale.
Die Ökonomen warnen im Übrigen vor übereilten und falschen Interpretationen einzelner Daten. Deflation darf nicht mit zurückgehenden Preissteigerungsraten für einzelne Güter oder auf einzelnen Teilmärkten verwechselt werden. Dies bezeichnet man als Desinflation.

Wechselkurse

Generell gilt: Je exportabhängiger eine Volkswirtschaft, desto stärker wirkt sich eine Veränderung der Wechselkurse aus (→ Kapitel „Währungsanlagen: ...", Seite 259). Für Deutschland ist dabei nach Einführung des Euro nur noch der Exportanteil in Länder außerhalb der Eurozone – allen voran Asien und die USA – relevant. Steigt der Außenwert des Euro, werden deutsche Produkte außerhalb der Eurozone teurer, was zu einem gewissen Teil den Außenhandel dämpft. Sinkt hingegen der Eurokurs zum Beispiel gegenüber dem Dollar, verbessern sich die Absatzchancen einheimischer Produkte in Übersee (→ Seite 267). Das Studium der Devisenkurse im Kursteil der Tageszeitung oder im Internet gehört auch deshalb zu den Pflichtübungen für Wertpapieranleger.

Die Belebung des Außenhandels, also der Export, verbessert gerade in wirtschaftlichen Talsohlen oft auch die Inlandsnachfrage, was eine Initialzündung für einen tragfähigen Konjunkturaufschwung bedeuten kann. Unter Börsianern gilt deshalb auch die Regel: „Abwertungsbörsen" – also Börsen in einem Land mit fallenden Wechselkursen – sind tendenziell steigende Börsen.

Die Kehrseite ist, dass sich der Import – zum Beispiel von Rohstoffen – entsprechend verteuert. Darunter leiden vor allem Unternehmen, die einen großen Teil ihrer Vorprodukte im Ausland einkaufen.

Von stark ansteigenden Devisenkursen sind aber auch die Verbraucher betroffen, bei einigen Produkten wie Rohölerzeugnissen (Benzin, Heizöl) direkt, in den meisten Fällen aber indirekt: Die höheren Einkaufskosten werden zunächst an den Handel und Großhandel weitergegeben, die wiederum versuchen, diese bei den Verbrauchern durchzudrücken. Aus anziehenden Wechselkursen resultieren deshalb auch Preisrisiken, die die Notenbanken zum Eingreifen zwingen könnten. Wirtschaftsexperten sprechen hierbei auch von „importierter Inflation".

Einfluss der Politik

An der Börse gilt die Regel: Politisch beeinflusste Börsen sind kurze Börsen. Damit wird ausgedrückt, dass einzelne politische Ereignisse wie zum Beispiel Regierungskrisen, Wahlen oder Wahlsiege bestimmter Parteien in der Regel nur kurzfristige Effekte auf die Kurse haben: In Krisenzeiten fallen oftmals die Aktienkurse; dagegen steigen die Anleihekurse, weil die Anleger einen sicheren Hafen suchen.

Dennoch darf die Wirkung auch ganz alltäglicher politischer Entscheidungsprozesse und Projekte nicht unterschätzt werden. Dazu gehören vor allem fiskalpolitische Maßnahmen wie etwa grundlegende Steuerreformen. Steuersenkungen wirken sich konjunkturfördernd aus und können gerade in Rezessionsphasen einen Trendwechsel einleiten. Steuererhöhungen dämpfen dagegen eher die Wirtschaftsentwicklung. Generell ist die Wirkung steuerlicher Impulse auf die Wirtschaft eher langfristiger Natur, zumal umfassende Reformen sehr oft über mehrere Jahre oder Stufen angelegt sind.

Langfristige positive Effekte ergeben sich in der Regel auch aus politischen Liberalisierungsentscheidungen – zum Beispiel, wenn sich der Staat aus bestimmten Wirtschaftsbereichen zurückzieht und Wettbewerb zulässt – wie etwa in der Telekommunikation (→ Kasten, rechts) oder im Energiesektor.

Positiv wirken sich auch generelle Deregulierungen aus – wie zum Beispiel eine Flexibilisierung des Arbeitsmarktes durch die Lockerung von Kündigungs- und Arbeitszeitvorschriften. Auf der anderen Seite hemmen neu geschaffene Vorschriften und Regeln erfahrungsgemäß eher die Wirtschaftsdynamik.

Einflussfaktoren auf die Aktien- und Anleihekurse

Einflussfaktor	Trend	Auswirkungen auf die Kurse von Aktien	Anleihen
Konjunktur/ Wirtschaftswachstum	Boomt	↗	↘
	Kühlt sich ab	↘	↗
Unternehmensgewinne	Steigen	↗	↘
	Fallen	↘	↗
Zinsen	Steigen	↘	↘
	Fallen	↗	↗
Preissteigerungsraten/ Inflation	Steigen	↘	↘
	Fallen oder sind stabil	↗	→
Geldmenge	Steigt	→	↗
	Fällt	→	↘
Politisches Umfeld	Stabile Verhältnisse	↗	→
	Instabile Verhältnisse	↘	↗

↗ = steigt tendenziell ↘ = fällt tendenziell → = gleichbleibend

Rückzug aus einem Monopol

Als die Deutsche Telekom – ehemals zur staatlichen Post gehörend – teilweise privatisiert wurde und 1996 an die Börse kam, war das der Anfang vom langsamen Ende des Telekommunikationsmonopols in Deutschland. Kurze Zeit später wurde im Fernnetz das zugelassen, was zu diesem Zeitpunkt schon beim Mobilfunk die Normalität war: Konkurrenz. Das sorgte für einen bis dahin unvorstellbaren Boom in der Telekommunikationsbranche. Wie Pilze schossen neue Telefongesellschaften aus dem Boden. Einige davon kamen sogar an die Börse – wie zum Beispiel Mobilcom. Dort waren Telekommunikationsaktien gefragt wie nie, denn die Zukunftsperspektiven des liberalisierten Telekommunikationsmarktes mit Internet und anderen neuen Medien erschienen glänzend. Aber nicht nur die Anleger, sondern auch die Verbraucher profitierten. Die Gebühren für Ferngespräche rutschten rapide in den Keller. Das führte um den Jahrtausendwechsel zu einer unvermeidlichen Abkühlung und Konsolidierung in der Branche. Dennoch hat die Liberalisierung per saldo allen Beteiligten Vorteile gebracht, auch wenn die Anleger nach dem Ende der ersten Boomphase einige Konkurse verkraften mussten. Auf lange Sicht werden die Investmentchancen, die sich durch die Liberalisierung ergeben, überwiegen.

Welche Informationen für welche konkrete Situation?

Angesichts der Flut von Daten und Wirtschaftsfakten werden sich Einsteiger fragen, wie sie die Informationen sortieren sollen und was welchen Stellenwert hat. Eine pauschale Antwort darauf ist nicht möglich. Es gibt allerdings einen Orientierungspunkt: die Art der persönlichen Anlagestrategie und die dabei ausgesuchten Anlageformen. Als Faustregel gilt: Je spekulativer das Depot zusammengestellt wird und je risikoreicher die einzelnen Papiere sind, desto wichtiger ist es, ständig auf dem Laufenden zu bleiben, detaillierte Informationen zu sammeln und alle verfügbaren Nachrichtenquellen auszuwerten.

Informationsstrategie

Zu den Hausaufgaben jedes Anlegers gehört es, die laufende Berichterstattung über die internationalen Finanzmärkte zu verfolgen und die wichtigsten internationalen Indizes im Blick zu behalten, um zu wissen, wie sich die Kurse von Aktien und Anleihen im Allgemeinen entwickeln.

Dabei reicht es nicht, nur diejenigen Märkte zu verfolgen, die für die Papiere im eigenen Depot maßgeblich sind. Damit würde die Tatsache außer acht gelassen, dass es – wie zuvor erläutert – Wechselwirkungen zwischen den einzelnen Wirtschaftsgrößen und dementsprechend den Aktien- und Anleihemärkten gibt. Dazu kommt, dass die internationalen Börsen durch die Informationstechnik und durch die Globalisierung des Wirtschaftsgeschehens mittlerweile eng miteinander vernetzt sind. Wenn also zum Beispiel die Aktienkurse an der Wall Street sinken, hat das auch Auswirkungen auf die Frankfurter Börse. Und nicht zuletzt: Es geht auch darum, die einzelnen Meldungen nach neuen Investmentideen abzuklopfen. Wer zum Beispiel in der Zeitung liest, dass die Preise von Computerchips anziehen und gleichzeitig die Nachfrage nach Personalcomputern steigen soll, muss wissen, welche Konzerne aufgrund ihrer Produkte von dieser Entwicklung besonders profitieren werden, damit er als Anleger seine Entscheidung damit verknüpfen kann.

■ TIPP

Stecken Sie Ihr Zeitbudget ab. Wie viele Stunden pro Woche oder Monat **können** Sie sich mit Ihrer Geldanlage beschäftigen, wie intensiv **wollen** Sie sich um Ihre Wertpapiergeschäfte kümmern? Ein privater Anleger sollte zu Anfang im Durchschnitt ein bis zwei Stunden pro Woche zur Informationssammlung und -auswertung einplanen. Wer später ein breit gestreutes Aktiendepot mit einer Vielzahl von Titeln besitzt, muss dann allerdings mehr Zeit aufwenden.

Was Anleihekäufer wissen müssen ...

Für die Käufer von sicheren, bonitätsmäßig einwandfreien Anleihen (→ Seite 247) reicht es, über die relativ wenigen Faktoren, die den Rentenmarkt insgesamt maßgeblich beeinflussen – Konjunktur- und Preisentwicklung (→ Seite 110), Zins- und Geldmengenpolitik der Notenbank (→ Seite 114) – informiert zu sein.

... und was Aktienanleger

Aufwendiger wird es für die Käufer von Unternehmenspapieren – vor allem von Aktien und Unternehmensanleihen. Sie müssen nicht nur die allgemeinen Markttrends verfolgen, sondern zusätzlich unternehmensbezogene Informationen sammeln, um ein möglichst genaues Bild von der Gesellschaft zu bekommen, der sie ihr Kapital zur Verfügung stellen wollen – also eine Art Unternehmensprofil erstellen: Mit welchen Produkten und Dienstleistungen verdient das Unternehmen sein Geld – in der Fachsprache Geschäftsmodell genannt? Wie haben sich die finanziellen Verhältnisse, zum Beispiel Umsatz und Ertrag, in den vergangenen Jahren entwickelt? Mit welchen Kennziffern wird die Gesellschaft an der Börse bewertet (→ Seite 192)?

Zu Anfang gleicht das einem Puzzle, bei dem es darum geht, die einzelnen Teile zu einem schlüssigen Bild zusammenzusetzen – und zwar vor dem Kauf! Das erfordert im Einzelfall einige betriebswirtschaftliche Grundkenntnisse. Doch die Mühe lohnt auf jeden Fall. Denn wer auf der anderen Seite sein Geld in ein vollkommen unbekanntes Unternehmen investiert, das er bestenfalls vom Hörensagen kennt, riskiert leichtfertig seinen Einsatz.

Erst die Branche, dann das Unternehmen

Natürlich kann niemand die Vielzahl von Unternehmen bis ins Detail durchleuchten. Das schaffen selbst die Profis nicht. Entscheidend ist hier, eine erste Informationsebene zu bilden, um die benötigten Informationen einzugrenzen. Die gängigste und sinnvollste Möglichkeit dies zu tun, besteht darin, sich zunächst mit einzelnen Branchen (→ Seite 183) zu beschäftigen:

- Wie groß ist der jeweilige Markt?
- Wie entwickeln sich die Absatzpreise am Markt?
- Wie entwickelt sich die Branchenkonjunktur und wie verläuft sie zur Gesamtkonjunktur (→ Seiten 110, 185)?
- Welche Wachstumsperspektiven gibt es?
- Wer sind die insgesamt führenden Anbieter?

Die Antworten lassen sich relativ leicht aus den Berichterstattungen und Meldungen in den verschiedenen Medien (→ Tipp) entnehmen. Alles zusammengenommen ergibt sich dadurch bereits eine sehr gute Beschreibung der Branchensituation. Das allein ist zwar noch keine Garantie für die Auswahl einer erfolgreichen Aktie. Aber es ist ein erster systematischer Schritt auf diesem Weg.

TIPP

Greifen Sie nicht nur auf speziell für Anleger zugeschnittene Informationsmaterialien wie etwa den Geschäftsbericht (→ Seite 130) eines Unternehmens zurück. Suchen Sie vielmehr gezielt nach – auch für Laien verständlichen – Fachinformationen, zum Beispiel in Fachzeitschriften, Branchenmitteilungen von Verbänden, Marktstudien und so weiter. Auf diese Weise gewinnen Sie einen besseren Eindruck, welche Themen eine Branche oder ein Unternehmen wirklich bewegen, wie die Branchenkonjunktur verläuft und welche Perspektiven es gibt. Und wenn Sie diese Möglichkeit haben: Als sehr informativ kann sich auch ein Gespräch mit Bekannten und Freunden erweisen, die bei dem jeweiligen Unternehmen beschäftigt sind oder die sich aufgrund ihrer Tätigkeit in der Branche auskennen und das von Ihnen ins Auge gefasste Unternehmen unter Umständen aus Konkurrenzsicht beurteilen werden. Dies bringt oft interessante und aufschlussreiche Erkenntnisse, denn einige Informationen oder Meldungen erscheinen danach in einem ganz anderen Licht. Berücksichtigen Sie dabei aber die Gefahr der subjektiven Einschätzung Ihres Gesprächspartners und die Insiderproblematik (→ Seite 140)!

Zeit ist Geld

An der Börse ist Zeit im wahrsten Sinne des Wortes Geld. Wer eine wichtige Information eher als andere besitzt, kann diesen Wissensvorteil an der Börse zu Geld machen. Doch was heutzutage in vielen Fällen strafbar ist, war früher ganz legal. Clevere Anleger haben deshalb immer mehr Mühe darauf verwendet, eigene und zuverlässige Kommunikations- und Informationskanäle aufzubauen.

Einen der spektakulärsten Coups in dieser Richtung landete Bernhard M. Baruch. Der um die Wende des 20. Jahrhunderts wohl bekannteste und angesehenste US-amerikanische Spekulant erfuhr in der Nacht vom 3. auf den 4. Juli 1898 durch seine Kontaktleute, dass die Amerikaner die spanische Flotte in der Bucht von Santiago de Cuba vernichtend geschlagen hatten – Stunden vor der offiziellen Bestätigung durch Washington. Baruch wusste, dass die Nachricht mit Sicherheit die Kurse der US-Titel steigen, wenn nicht gar explodieren lassen würde. Allerdings war der 4. Juli der Nationalfeiertag in den USA. Folglich hatte die Börse an der Wall Street geschlossen, geöffnet war jedoch die Londoner Börse. Für Baruch war klar, dass er nur rechtzeitig genug die in London gehandelten US-Werte kaufen musste, um dann einen Tag später in New York kräftige Gewinne machen zu können. Dazu musste er allerdings um 5 Uhr New Yorker Ortszeit in seinem Büro sein, um direkt bei Handelsbeginn in London aktiv werden zu können. Die Schwierigkeit: Baruch war bei seinen Eltern auf dem Land und aufgrund des beginnenden Feiertages fuhr kein Zug. Kurz entschlossen weckten er, einige seiner Mitarbeiter und Freunde mitten in der Nacht das Bahnhofspersonal und charterten einen Zug. Sie erreichten tatsächlich rechtzeitig die Räume ihrer Maklerfirma, informierten Kunden und orderten für sich und andere mehr als 25 000 Aktien in Übersee. Als die New Yorker Börse dann am Tag darauf öffnete, hatte sich der Einsatz bei Nacht und Nebel gelohnt. Die Anleger um Baruch erzielten mit den in London erworbenen Papieren große Gewinne.

Quelle: James Grant: Bernhard M. Baruch. Der Weg einer Legende, 1999.

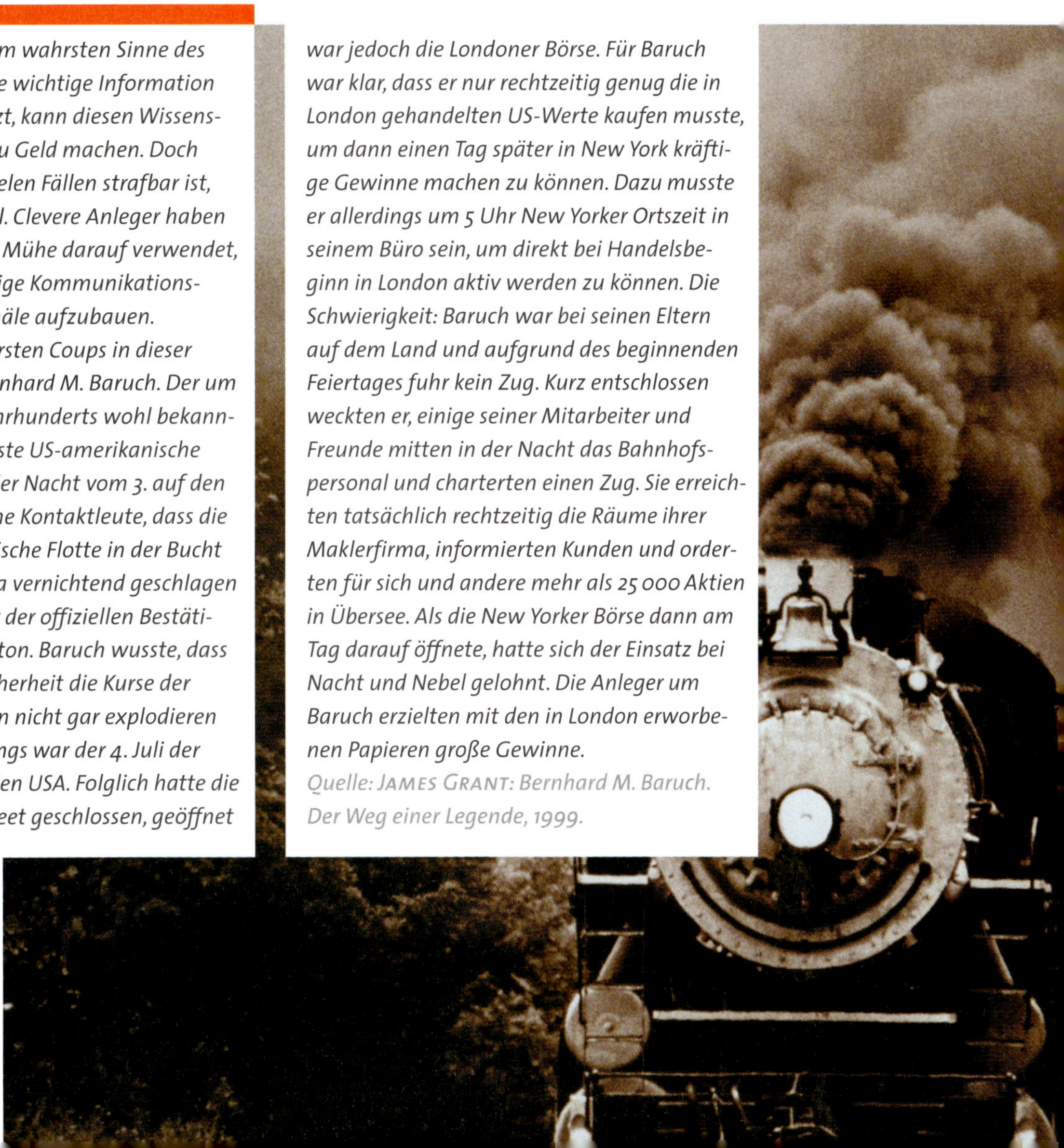

Überblick behalten

Eine Strukturierung und Selektion von Informationen hat auch einen vorbeugenden Effekt. Die Menge an verfügbaren Informationen verführt viele Aktienanleger dazu, jede noch so unbedeutende Nachricht in ihrem Anlagekalkül berücksichtigen zu wollen – in dem Glauben, dadurch sicherere Anlageentscheidungen zu treffen. Aber so ist es nicht. Die Auswertung von mehr Informationen führt nicht zu besseren Anlageergebnissen. Im Gegenteil: Oft sinkt die Erfolgsquote, wenn der Anleger versucht, alle möglichen Eventualitäten, Szenarien und Wechselwirkungen einzubeziehen.

Das zeigt sich zum Beispiel daran, dass die Ergebnisse der Fondsmanager gegenüber früheren Jahren insgesamt nicht besser geworden sind, obwohl kaum jemand umfassendere Informationsmöglichkeiten hat als sie. Der Grund für dieses eher paradoxe Ergebnis liegt zum einen darin, dass das Wirtschaftsgeschehen so komplex verläuft, dass es auch mit noch so vielen und qualitativ hochwertigen Informationen nicht vorherzusagen ist. Zum anderen ist Erfolg an der Börse nicht hundertprozentig planbar. Zu jedem Wertpapierinvestment gehört eine gewisse Portion Spekulation zwangsläufig dazu, was die Möglichkeit einschließt, dass die Ereignisse den Anlegern einen unerwarteten Strich durch die Renditerechnung machen. An der Börse wird zwar Zukunft gehandelt, aber deswegen wird sie dort nicht besser als anderswo vorhergesagt.

Sich selbst (ver-)trauen

Die wirklich hohe Kunst gerade bei der Aktienanlage besteht deshalb auch darin, abzuschätzen, ob eine Meldung oder ein Ereignis langfristige Bedeutung für die Aktien- und/oder Anleihekurse hat oder eben nur eine „Eintagsfliege" ist, die ein Strohfeuer an der Börse entfacht. Der eigene, gesunde Menschenverstand ist dabei oft der beste Ratgeber.

Vorn oder hinten im Regal

Einfache und manchmal auch unorthodoxe Investmentrezepte bringen oft einen erstaunlichen Anlageerfolg, wie einige Beispiele zeigen. Die ausschließlich weiblichen Mitglieder des mittlerweile über die Grenzen der USA bekannt gewordenen Investmentclubs in der Stadt Beardstown (→ Seite 314) haben zum Beispiel mit Erfolg die Aktie einer Handelskette gekauft, nachdem sie bei ihren Einkäufen festgestellt hatten, dass der Parkplatz der ortsansässigen Filiale fast immer so voll war, dass es ihnen nur mit Mühen gelang, ihr Auto abzustellen. Daraus folgerten sie, dass sich das auch in den Zahlen des Unternehmens bemerkbar machen müsste. Andere Strategen schwören auf das Regal-„Rezept", das heißt, sie inspizieren die Einkaufsregale danach, welche Artikel von welchem Hersteller sehr auffällig und damit umsatzwirksam platziert sind, und welche Produkte abseits in unteren oder oberen Regionen stehen, weil sie klassische Ladenhüter sind.

TIPPS

- Nur ein Bruchteil aller Unternehmensnachrichten ist für Anleger wirklich wichtig. Versuchen Sie ganz bewusst, jede Information nach wichtig, im Sinne von langfristig den Kurs bestimmend, und unwichtig zu trennen. Konzentrieren Sie sich dabei nicht zu sehr auf Details, sondern bewahren Sie sich den Blick für das große Ganze. Überlegen Sie sich in diesem Zusammenhang, welche realistischen Auswirkungen auf die fundamentale, wirtschaftliche Lage des Unternehmens, also Umsatz und Gewinn, zu erwarten sind. Keine Angst: An der Aufgabe scheitern selbst Profis regelmäßig. Aber oft hilft schon die bewusste Auseinandersetzung mit einer Meldung, um sie besser einordnen zu können.
- Gehen Sie den Dingen auf den Grund und stellen Sie neue Daten und Fakten in einen größeren Zusammenhang. Prüfen Sie beispielsweise,

ob das Umsatzpotenzial, das ein Unternehmen für ein neu entwickeltes Produkt oder ein bestimmtes Geschäftsjahr nennt, auf Basis der Informationen zur gesamten Branche (Marktvolumen, Marktwachstum, Preisniveau) realistisch ist. Beispiel: Wenn ein Markt bei einem Gesamtvolumen von 1 Millarde Euro pro Jahr um 5 Prozent wächst und ein Unternehmen besitzt einen Marktanteil von 10 Prozent, sollten Sie skeptisch sein, wenn das Management mit einem Umsatzvolumen in Höhe von 200 oder 250 Milliarden in zwei oder drei Jahren plant. Das alles mag dem einen oder anderen wie mathematische Fingerübungen erscheinen, aber oft lassen sich schon mit diesen ganz einfachen Berechnungen überzogene Prognosen von Vorständen oder Analysten entlarven.

- Prüfen Sie die Zuverlässigkeit einer Quelle und berücksichtigen Sie eventuelle Eigeninteressen des Absenders (→ Seite 137). Denken Sie zum Beispiel daran, dass auch sehr konkretes Eigeninteresse im Spiel sein kann, wenn ein Vorstand seine Planzahlen nach oben korrigiert. Aktionäre und andere Geldgeber müssen mit „Erwartungen" bedient werden. Oder er benötigt eine Begründung dafür, dass er große Summen in die Forschung investiert, obwohl sich nicht absehen lässt, welcher geschäftliche Erfolg daraus zu erwarten ist.

Medien im Profil

Bei dem Versuch, Daten und Informationen zu sammeln und einzuordnen, spielt es natürlich auch ein Rolle, welche Nachrichtenquellen der Anleger anzapft. Vor allem das Internet hat in diesem Zusammenhang für eine Revolution in der Informationstechnologie gesorgt, die auch an den Finanzmärkten nicht spurlos vorbeigegangen ist – mit allen Vor- und Nachteilen. Doch auch die traditionellen Medien wie zum Beispiel die Tageszeitung oder das Fernsehen sollten deswegen nicht außer Acht gelassen werden, denn jedes Medium hat seine eigenen Stärken und Schwächen.

Der Wirtschaftsteil der Tageszeitungen: Ein Klassiker

Die Tageszeitung ist für Börsianer trotz der neuen Medien immer noch eine der wichtigsten Informationsquellen. Nicht umsonst sehen die Zulassungsverordnungen der deutschen Börsen vor, dass die Emittenten wichtige Informationen in einer als Börsenpflichtblatt zugelassenen Tageszeitung veröffentlichen müssen (→ Seite 70). Zudem haben vor allem die überregionalen Tageszeitungen in Deutschland auf den Börsenboom der vergangenen Jahre reagiert und die Berichterstattung über das Thema Börse und Finanzmärkte deutlich ausgebaut. KONTAKT ▶

▶ KONTAKT
Die wichtigsten Tageszeitungen im Internet:

www.boersen-zeitung.de (Börsenzeitung)

www.ftd.de (Financial Times Deutschland)

www.faz.de (Frankfurter Allgemeine Zeitung)

www.handelsblatt.com (Handelsblatt)

www.sueddeutsche.de (Süddeutsche Zeitung)

www.welt.de (Die Welt)

Vorteile und Nachteile

Der Vorteil der Tageszeitung ist, dass professionelle Redakteure die Nachrichtenflut eines Tages strukturieren, die wichtigsten Meldungen auswählen und zusammenfassen. Dazu kommen Hintergrundberichte, Analysen und Kommentare. Das Selektions- und Interpretationsproblem wird dem Leser damit in vielen Fällen abgenommen. Der Nachteil ist, dass diese Informationen in den Kursen bereits enthalten sind. Der Nutzen der Tageszeitung besteht also für den Anleger vor allem darin, dass sie ihm einen allgemeinen, weitgehend objektiven Überblick über das aktuelle Wirtschaftsgeschehen verschafft.

Welche Artikel zu beachten sind

Von den Artikeln in der Tageszeitung verdienen vor allem allgemeine Wirtschaftsberichte beispielsweise über die Notenbankpolitik oder Notenbanksitzungen und über wichtige Wirtschaftsdaten (Inflationsrate, Arbeitslosenquote, Lohnentwicklung) Beachtung.

Die Berichterstattung über die Finanzmärkte ist ebenfalls für alle Anleger interessant. Dort wird das Geschehen an den deutschen und wichtigsten internationalen Börsen – vor allem in den USA – zusammengefasst. Dadurch kann der Leser erfahren, welche Themen die Börsen bewegen.

Der Unternehmensteil gehört vor allem für Aktienanleger zur Pflichtlektüre. Dort wird regelmäßig über die Geschäftsentwicklung großer Konzerne, aber auch kleinerer börsennotierter Gesellschaften berichtet. Dazu kommen Branchenmeldungen und -reports. Aktionäre können sich hier über die Werte in ihrem Depot auf dem Laufenden halten und mögliche lukrative Kaufkandidaten anhand einzelner Berichte ausmachen.

Bulle und Bär – Sinnbild an den Märkten

Börsianer und Wirtschaftsredakteure benutzen eine eigene Sprache, um die Tagestendenz an der Börse zu beschreiben. Da ist von „freundlich", „widerstandsfähig" und „haussierend" die Rede, wenn die Kurse steigen. Geht es dagegen bergab mit den Notierungen, steht in den Börsenberichten „bröckelnd", „schwach" oder „lustlos". Ein lang anhaltender Kursaufschwung wird auch als „Hausse" und das Gegenstück, die rasante Talfahrt, als „Baisse" bezeichnet.

Zwei Vierbeiner stehen dabei als Symbol für dieses stetige Auf und Ab an den Märkten: Bulle und Bär. Die beiden Sinnbilder sind so bekannt, dass sie in Bronze gegossen vor der Frankfurter Wertpapierbörse stehen.

Warum gerade Bulle und Bär? Dafür gibt es eine Reihe von Erklärungen. Am einleuchtendsten klingt die: Der Bär schlägt – bildlich gesehen – mit seiner Pranke die Kurse nieder und hält sie unten. Der Bulle dagegen stürmt vorwärts und nimmt auf dem Weg nach oben die Kurse auf seine Hörner. Sicher ist, dass diese beiden Sinnbilder aus dem Angelsächsischen kommen – wie im Übrigen viele Begriffe des Finanzgeschehens. Dort gibt es auch die Begriffe „bullish" und „bearish" als Bezeichnung für Anleger, die optimistisch beziehungsweise pessimistisch eingestellt sind.

Kursbewegungen in der Sprache der Börse und was sie bedeuten:

Umschreibung	Kursbewegung
Sehr fest	Kursanstieg über 2 Prozent
Fest	Kursanstieg zwischen 1 und 2 Prozent
Freundlich/ etwas fester	Kursanstieg zwischen 0,5 und 1 Prozent
Gut behauptet	Leichter Kursanstieg bis 0,5 Prozent
Behauptet	Leichter Kursanstieg bis 0,25 Prozent
Knapp behauptet	Kurse fallen nicht mehr als 0,5 Prozent
Etwas schwächer	Kurse fallen zwischen 0,5 und 1 Prozent
Schwach	Kurse fallen zwischen 1 und 2 Prozent
Sehr schwach	Kurse fallen mehr als 2 Prozent
Hausse	Kräftiger Kursanstieg über mehrere Wochen oder Monate hinweg
Baisse	Kräftiger Kursverlust über mehrere Wochen oder Monate hinweg
Konsolidierung	Stabilisierung der Kurse nach starken Schwankungen

Quelle: Handelsblatt

Weitere Printmedien

Neben den Tageszeitungen gibt es natürlich eine Reihe von wöchentlich und monatlich erscheinenden Magazinen und Journalen, die sich mit allen Facetten der Geldanlage beschäftigen. Gerade in den letzten Jahren haben die Neuerscheinungen in diesem Bereich deutlich zugenommen.

Die Stärke der Wirtschaftsmagazine liegt weniger in der aktuellen Berichterstattung als in ausführlichen Hintergrundberichten, fundierten Analysen und aufwendigen Reportagen. Stärker an konkreten Anlagebedürfnissen orientieren sich reine Börsenjournale und Finanzzeitschriften. Hier dreht sich fast alles um Aktien, Anleihen und andere Wertpapiere. Gekauft werden diese Titel vor allem wegen der Empfehlungen, denn gerade Aktienanleger sind empfänglich für Tipps – oft, weil ihnen die Zeit oder das notwendige Selbstvertrauen für eigene Schlussfolgerungen und Anlageentscheidungen fehlt.

Börsendienste: „Dienst" mit Fragezeichen

Unzählige Börsendienste, die nicht am Kiosk, sondern nur per Post oder Fax zu beziehen sind, kommen hinzu. Abgesehen von den möglichen Gefahren, die damit verbunden sind, wenn sich Anleger blindlings auf die Meinung anderer verlassen (→ Seite 142), stellt sich natürlich die Frage, welche Erfolge sich mit den Tipps der Geldmagazine erzielen lassen. In der Regel keine besonderen. Diese Schlussfolgerung ist zum Beispiel durch eine Untersuchung von Wissenschaftlern an der Universität Essen untermauert worden. Die Experten nahmen dazu fast 1 650 Kaufempfehlungen aus der Zeit zwischen Januar und März 2001 unter die Lupe. Das Ergebnis: Rund 39 Prozent aller Kauftipps führten zu Verlusten. Dagegen konnte bei lediglich 5 Prozent ein langfristiger Kursanstieg beobachtet werden. Angesichts der allgemein schlechten Börsensituation zu dieser Zeit und des kurzen Beobachtungszeitraums mag das Ergebnis nicht repräsentativ sein. Allerdings kommt auch eine in früheren Jahren durchgeführte Untersuchung der STIFTUNG WARENTEST zu ähnlichen Ergebnissen.

Viel Masse, wenig Klasse

Das liegt nicht zuletzt am Konzept der Börsenbriefe. Um den redaktionellen Platz mit Tipps zu füllen, kommen pro Ausgabe bei den meisten Anlagediensten zwischen fünf und zehn Anlageempfehlungen zusammen – bei wöchentlicher Erscheinungsweise sind das pro Jahr zwischen 260 und 520 Tipps. Schon aus statistischen Gründen kann sich davon nicht jeder als Kursrakete entpuppen. Davon gibt es selbst in guten Börsenjahren nicht mehr als vier oder fünf Dutzend an den Börsen – und die müssten dann auch noch genau unter den Tipps sein. Erschwerend kommt hinzu: Der Leser kann nicht beurteilen, welche der Vorschläge nur aufgrund von Gerüchten und Spekulationen und welche auf Basis harter Fakten und gründlicher Recherche zustande kommen.

Sexy Hotline für Anleger?

„Neue Kursraketen" oder „1 000-Prozent-Chance" – mit diesen und ähnlichen Versprüchen bieten eine Reihe so genannter Börsendienste ihren Service per Telefonhotline an. Der Anrufer bekommt dabei entweder Anlageempfehlungen per Band oder einige DIN-A4-Seiten per Faxabruf. Die Vergütung für die Anbieter funktioniert wie bei den berüchtigten Sex-Hotlines: über 0190-Telefonnummern, die den Anrufer 1,23 bis 1,86 Euro pro Minute kosten. Pro Anruf kommen da schnell 5 bis 6 Euro zusammen. Dafür gibt es in vielen Fällen nicht mehr als heiße Tipps und Gerüchte rund um die Börse. Da oftmals noch nicht einmal klar erkennbar ist, wer als Autor hinter den Börsenhotlines steckt, sollte der Anleger auf solche Angebote verzichten.

Internet: Am Puls der Zeit

Neben der Tageszeitung gehört das Internet zu den Basismedien jedes Anlegers. Angesichts der rapiden Zunahme von Internetanschlüssen ist es heutzutage eigentlich kein Problem mehr, Zugang zum weltumspannenden Netz zu bekommen – sei es zu Hause, im Büro oder an allgemein zugänglichen Plätzen wie zum Beispiel Internetcafés. Für Anleger, die stets auf dem Laufenden bleiben wollen, lohnt es sich auf jeden Fall, monatlich 10 bis 20 Euro (je nach Anbieter, Nutzungsintensität und -dauer) für den Internetzugang zu bezahlen.

Die vielen Internetverweise in den vorangegangenen und folgenden Kapiteln zeigen bereits: Es gibt nahezu kein Thema und keine Information, die sich nicht im Internet finden lässt, und keine Frage, die nicht in einem der zahllosen Diskussionsforen gestellt und wahrscheinlich auch beantwortet werden kann. Die einzige Schwierigkeit: Man muss wissen, wo. Für das Internet existiert schließlich kein Adressbuch und kein Branchenverzeichnis.

Elektronische Orientierungshilfe

Erste Anlaufstellen sind deshalb so genannte elektronische Suchhilfen (zum Beispiel **www.google.de**, **www.fireball.de**, **www.yahoo.de** und **www.altavista.de**). Auf diesen Sites, wie der Fachmann sagt, werden wiederum Tausende anderer Internetsites nach bestimmen Themen (Reise, Finanzen und so weiter) durchforstet, die Treffer werden erfasst, katalogisiert und in Kategorien eingeteilt. Der Besucher hat aber auch die Möglichkeit, alle von der Suchmaschine archivierten Sites nach einem individuell eingegebenen Stichwort (zum Beispiel „Aktie" oder „Investmentfonds") durchsuchen und anzeigen zu lassen. Ein bisschen Herumstöbern lohnt, denn es bringt in vielen Fällen die eine oder andere interessante Adresse zutage.

☞ Echtzeitkurse: In der Börsensprache werden diese Kurse auch Real-Time-Kurse genannt.

Stärke des Internets

Die unbestrittenen Stärken des Datennetzes, Aktualität und Schnelligkeit, zeigen sich vor allem dann, wenn es um Kursinformationen geht. Dagegen wirken die riesigen Kursseiten in der Tageszeitung fast wie ein Anachronismus. Aktuelle Notierungen gibt es auf Dutzenden von Sites, dazu Statistiken, Umsatzzahlen und Charts (→ Seite 201). Der Vorteil des surfenden Anlegers gegenüber dem Tageszeitungsleser: Er kann sofort reagieren. Wenn er sein Depot elektronisch verwaltet, ist ein Auftrag in der Regel mit einigen wenigen Mausklicks unter Dach und Fach.

Anlaufstellen für Kurse

Erste Kontaktstellen für die surfenden Anleger sind die Sites der Direktbanken, auf denen sie Zugriff auf alle wichtigen Börsendaten bieten – für Kunden und mit Einschränkungen auch für externe Besucher. So kann der Surfer zum Beispiel auf den Seiten **www.consors.de**, **www.maxblue.de**, **www.comdirect.de**, **www.dab.com**, **www.sbroker.de** die Preise von Aktien, Anleihen und Optionsscheinen abfragen. Dazu gibt es teilweise noch umfangreiche Analyseinstrumente, die bei der Auswahl zum Beispiel eines geeigneten Fonds helfen sollen. Unkompliziert und schnell funktioniert die Abfrage auch unter **www.dzbank.de**.

In der Regel werden dabei nur zeitnahe Kurse zur Verfügung gestellt, die 15 Minuten alt sind, ehe sie über das Netz abgefragt werden können. Bei einigen Sites sind aber auch so genannte ☞ Echtzeitkurse verfügbar, die sekundengleich von der Börse an den jeweiligen Betreiber der Seite übermittelt werden.

Diesen Service lassen sich die Börsen allerdings gut bezahlen. Aus der Phalanx der deutschen Börsen ist nur die Baden-Württembergische Börse ausgestiegen, die seit 1. Januar 2002 ihre Kurse selbst vermarktet und kostenlos auf ihre

Homepage stellt (**www.boerse-stuttgart.de**). Viele Direktbanken (zum Beispiel Consors, DAB-Bank) bieten Echtzeitkurse wegen der damit verbundenen Kosten nur ihren Kunden an. Andere stellen die begehrten Daten auch Nichtkunden zur Verfügung. Voraussetzung ist allerdings, dass sich der Besucher der Seite als Nutzer registrieren lässt.

Tücken der Registrierung

Bei manchen Internetseiten muss sich der Surfer erst registrieren lassen, ehe er Zugriff auf die gewünschten Daten bekommt. Darunter ist eine Art offizielle elektronische Anmeldung zu verstehen – meist verbunden mit der Vergabe eines speziellen Nutzernamens und eines Kennworts. Um das zu bekommen, muss der Internetbesucher auf elektronischen Formularen seinen Namen, seine Anschrift und E-Mail-Adresse eintragen. Die Nutzung selbst ist dann in der Regel kostenfrei. Doch Vorsicht: Damit verbunden ist auch eine Anerkennung der Nutzungsbedingungen. Diese Art Hausordnung sollte der Besucher gründlich studieren, denn nach Einschätzung der Verbraucherverbände gibt es dabei zum Teil erhebliche Lücken beim Datenschutz.

Die Folge sind unerwünschte Werbemails von Banken, Verlagen, Versicherungen und anderen Unternehmen, die den elektronischen Briefkasten verstopfen. Wer sich vor der Weitergabe der eigenen Daten schützen will, kann meist spezielle Einträge im Formular ankreuzen beziehungsweise deaktivieren.

Wesentlich einfacher und ohne Anmeldung sind kostenfreie Echtzeitkurse aus dem außerbörslichen Handel zu bekommen. Ihre Handelskurse für die wichtigsten deutschen und internationalen Werte stellen Börsenmakler wie Finacor Rabe (**www.finrab.de**), Lang&Schwarz (**www.ls-d.de**) und Schnigge (**www.schnigge.de**) ins Netz. Letztere sogar in der so genannten Push-Technologie (für registrierte Nutzer). Das heißt, die Kurse werden automatisch aktualisiert – ohne zusätzlichen Mausklick.

Mit einem Klick
Aktuelles aus dem Netz

Neben den Direktbanken gibt es auch so genannte Finanzportale oder -dienste, die sich auf ihrer Website ebenfalls ausschließlich dem Thema Geld und Börse widmen. Registrierte Besucher bei **www.wallstreet-online.de** erhalten neben Kursen auch Statistiken, aktuelle Wirtschaftsnachrichten, Finanzdaten und Analysen.

Das thematisch in etwa gleiche Angebot bieten auch die deutschen Finanzseiten **www.onvista.de**, **www.gatrixx-finanztreff.de** und **www.boerse.de**.

Eine Übersicht über die von Banken und Brokern veröffentlichten Analysen und Empfehlungen (→ Seite 133) bieten **www.aktiencheck.de** und **www.multexinvestor.de** (zum Teil kostenpflichtig).

Natürlich sind auch die klassischen Nachrichtenagenturen im Netz vertreten – so zum Beispiel **www.dpa.de**. Speziell auf Wirtschafts- und Finanznachrichten konzentrieren sich **www.vwd.de**, **www.reuters.com** und **www.bloomberg.com**. Auch die Börsen selbst sind im Internet mit Kursen und Informationen präsent (Adressen, → Seite 49).

Eine sehr umfangreiche Seite bietet die Deutsche Börse AG (**www.deutsche-boerse.com**). Das Besondere daran: Es gibt Links zu den Homepages der Unternehmen, die zum Beispiel im Dax oder am Neuen Markt gelistet sind. Auf den jeweiligen Homepages werden die Netzbesucher mitunter auch über Strategien, Vorhaben und bestimmte wichtige Termine (zum Beispiel Hauptversammlung, Veröffentlichung des Geschäftsberichts und von Quartalsberichten) informiert.

Surfen an den Weltbörsen

Ein sehr umfangreiches Informations- und Serviceangebot haben auch die US-amerikanischen Börsen Nasdaq und Amex (**www.nasdaq.com** beziehungsweise **www.amex.com**). Überhaupt erweist sich das Internet für Anleger mit guten Englischkenntnissen und einem ausgeprägten Interesse an US-Aktien als wahre Fundgrube. Mögliche Anlaufstellen: **www.clearstation.com** hält eine Fülle von Meinungen und Analysen zu amerikanischen Dividendentiteln bereit. Empfehlenswert für Kurssuchende ist **www.freerealtime.com**. Kurse für US-Aktien gibt es nicht nur im zeitversetzten 15-Minuten-Modus, sondern auch als außerbörsliche Echtzeitangabe bei **http://finance.yahoo.com**. Vorraussetzung ist aber die Eingabe der amerikanischen Börsenkürzel, die man über das Menü „Symbol Lookup" herausfinden kann.

Achtung: Chatrooms und Diskussionsforen

Mittels Internet lassen sich auch Meinungen austauschen und abfragen, und zwar in Chatrooms und Diskussionsforen (zum Beispiel **www.consors.de** und **www.ariva.de**). Solche „Kommunikationsbörsen" können bei bestimmten Themen durchaus sinnvoll sein. Bei Beiträgen zur Geldanlage hat es sich allerdings als problematisch erwiesen, dass in solchen Foren Gerüchte und Spekulationen nahezu ungehemmt die Runde machen. Die Seriosität der

Die Teletext-Börsenseiten der deutschen Sender im Überblick

Sender	Allg. Wirtschaftsseiten [1]	Indizes [1]	Aktienkurse	Preise Investmentfonds	Preise Optionsscheine
ARD	700 ff.	701, 732, 747	733 ff. (u. a. deutsche Aktien, Dax, MDax Neuer Markt), 746 ff. (EuroStoxx-Aktien)	760 ff.	780 ff. (von insgesamt 12 Emittenten)
ZDF	600 ff.	601, 641	602 ff. (u. a. deutsche Aktien, Dax, MDax, Neuer Markt), 643 ff. (EuroStoxx-Aktien), 670 ff. (US-Werte)	700 ff.	800 ff. (von insgesamt 7 Emittenten)
RTL	150 ff.	152 ff.	156 ff. (u. a. deutsche Aktien, Dax), 177 ff. (EuroStoxx, US-Werte)	Keine	175 ff. (von 1 Emittenten)
SAT. 1	141 ff.	130, 131, 136	132 ff. (u. a. deutsche Aktien, Dax, MDax, Neuer Markt), 136 ff. (Dow-Jones-Aktien), 137 ff. (EuroStoxx)	keine	160 ff. (von insgesamt 5 Emittenten)
Pro 7	160 ff.	161 ff.	170 ff. (u. a. deutsche Aktien, Dax, MDax, Neuer Markt), 173 ff. (EuroStoxx) 174 ff. (Dow-Jones-Aktien)	Keine	176 ff.
3Sat	Keine	keine	151 ff. (u. a. deutsche Aktien),155 (London, Paris, Tokio), 154 (New York)	Keine	Keine
n-tv	200 ff., 300 ff., 400 ff.	201 ff.	212 ff. (u. a. deutsche, Aktien, Dax, MDax, Neuer Markt), 265 (EuroStoxx-Aktien), 320 (europäische Aktien), 307 ff. (New York), 310 (Dow-Jones-Aktien), 313 ff. (Nasdaq-Aktien)	350 ff.	600 ff. (von insgesamt 8 Emittenten)

[1] Angabe der jeweiligen Seitennummer mit Hinweis auf die numerischen Folgeseiten.

Stand: 1. Januar 2002

Quellen, aus denen die verbreiteten Informationen stammen, kann der normale Internetnutzer nicht abschätzen und nicht jeder Autor eines Beitrags, der dort veröffentlicht wird, hat ehrenhafte Absichten (→ Seite 137). Dazu kommt: In Deutschland lassen sich Betrügereien im Internet strafrechtlich bislang kaum verfolgen.

Teletext: Kostenloser und bequemer Datendienst

Die Nutzung des Internets oder Handys zur Kursabfrage (→ Seite 126) mag zeitgemäß sein, hat aber den Nachteil, Geld zu kosten. Eine (fast) kostenfreie und gleichzeitig bequeme Alternative ist ein Medium, das angesichts der technologischen Revolution etwas ins Abseits gerückt ist: Teletext. Fast jeder Fernseher kann diesen Datendienst, der parallel zu den bewegten Bildern gesendet wird, in einem separaten Modus empfangen. Die großen TV-Anstalten bieten darin Finanz- und Wirtschaftsnachrichten nebst zeitnahen Kursen, die einfach per Fernbedienung abgefragt werden können. Dabei werden einzelne Datenseiten über spezielle Nummernkodes aufgerufen. Die Zusammenstellung und Nummernkodierung wechselt allerdings von Sender zu Sender (→ Tabelle). Allen Anbietern gemein ist jedoch, dass sie ein Basisangebot im Programm haben, das aus Börsenberichten, Meldungen und Kursen deutscher und internationaler Aktien besteht.

Zwar kann Teletext in Sachen grafischer Darstellung dem Internet nicht annähernd das Wasser reichen. Doch für das Lesen reiner Textnachrichten und Kursinformationen reicht der Standard allemal. Zudem sind Bedienung und Menüführung sehr einfach. Das Aufrufen der einzelnen Seiten wird auch von technischen Laien in der Regel schnell verstanden.

Unternehmensinformationen: Pflichtlektüre für Aktionäre

Kein Anleger, der Aktien eines bestimmten Unternehmens kaufen möchte, sollte sich nur mit Informationen aus zweiter und dritter Hand zufrieden geben. Letztlich basieren alle Berichte und Meldungen in den Medien zu einem wesentlichen Teil auf Daten, die von den jeweiligen Unternehmen selbst zusammengestellt und beispielsweise in Form einer Pressemitteilung an die Öffentlichkeit gegeben wurden. Was für professionelle Anleger, zum Beispiel Fondsmanager, zur täglichen Arbeit gehört, sollten deshalb auch von Privatanlegern praktiziert werden: Anlagerelevante Informationen direkt bei dem jeweiligen Unternehmen – an der Quelle also – anzufordern.

Mit der Zulassung zum Börsenhandel hat jeder Emittent zusätzlich zu den gesetzlichen Publizitätsvorschriften bestimmte Informationspflichten übernommen (→ Seite 78) – etwa eine zeitnahe Veröffentlichung des Jahresabschlusses und die Erstellung von Quartalsberichten, die er Interessenten zur Verfügung stellen muss. Durch eine regelmäßige Berichterstattung soll sichergestellt werden, dass Aktionäre, aber auch potenzielle Anleger, die sich für das Unternehmen interessieren, sich jederzeit einen Einblick in die aktuelle Lage der jeweiligen Gesellschaft verschaffen können.

Der Geschäftsbericht

Ein zentraler Punkt bei den Publizitätspflichten ist die Veröffentlichung des jährlichen Geschäftsberichts. Dieser Jahresabschluss wird in der Regel zuerst in provisorischer Form und etwas später als vollständiger Geschäftsbericht veröffentlicht. Es lohnt sich grundsätzlich, dieses Material anzuschauen, denn es enthält neben den gesetzlich vorgeschriebenen Unterlagen (wie etwa die Bilanz und eine Gewinn- und Verlustrechnung, → Seite 193) in vielen Fällen eine Reihe von nicht vorgeschriebenen Zusatzinformationen – zum Beispiel über die Unternehmensphilosophie, das Produktprogramm oder über die Entwicklung der Aktie.

Nur bedingte Transparenz

Das Zahlenwerk selbst dürfte jeden, der nicht über betriebswirtschaftliche Grundkenntnisse verfügt, am Anfang hoffnungslos überfordern. Ein Trost mag sein, dass sich an der detaillierten Analyse von Bilanzen ganze Heerscharen von Bankexperten und Wissenschaftlern abarbeiten – um am Ende doch nicht alles herauszufinden, was sie wissen wollen. Bilanzen haben nämlich zwei grundlegende Schwachstellen: Zum einen sind die darin enthaltenen Zahlen und Daten zum Zeitpunkt der Veröffentlichung bereits veraltet. Zum anderen enthalten sie nicht immer die ganze Wahrheit. Der Finanzvorstand kann nämlich mit einer Reihe legaler Tricks das Unternehmen reicher oder ärmer rechnen, als es tatsächlich der Fall ist. Experten sprechen in diesem Zusammenhang auch von Bilanzpolitik. Dazu gehören zum Beispiel Bewertungsveränderungen bei einzelnen Vermögensgegenständen, wie zum Beispiel bei Vorräten, Veränderungen der Abschreibungsregeln und Auflösung und Bildung von Rücklagen.

Durch diese Maßnahmen lässt sich der Jahresabschluss beeinflussen – je nach gewünschter Richtung. Der Finanzvorstand darf allerdings nicht alle seine Bilanzkniffe für sich behalten. Entsprechende Erläuterungen und Hinweise müssen im Anhang der Bilanz vermerkt sein.

Auszug aus dem Geschäftsbericht 2001 der Gildemeister AG

ZAHLEN ZUM GESCHÄFTSVERLAUF

GILDEMEISTER-Konzern	2001	2000*	Veränderungen 2001 gegenüber 2000	
	MIO €	MIO €	MIO €	%
Umsatz				
Gesamt	1.144,2	923,3	220,9	24
Inland	566,9	483,4	83,5	17
Ausland	577,3	439,9	137,4	31
% Ausland	50	48		
Auftragseingang				
Gesamt	1.103,1	1.083,8	19,3	2
Inland	566,1	558,2	7,9	1
Ausland	537,0	525,6	11,4	2
% Ausland	49	48		
Auftragsbestand**				
Gesamt	381,8	422,9	-41,1	-10
Inland	178,3	179,1	-0,8	0
Ausland	203,5	243,8	-40,3	-17
% Ausland	53	58		
Investitionen	57,3	39,5	17,8	45
Personalaufwendungen	270,6	212,5	58,1	27
Mitarbeiter**	5.212	4.637	575	12
davon Auszubildende	203	190	13	7

* einschl. GILDEMEISTER Italiana und ihrer Tochtergesellschaften ab 18.05.2000

** Stichtag 31.12.

Quelle: Gildemeister AG

Problem Vergleichbarkeit
Bilanzleser, die die Geschäftsberichte mehrerer und vor allem internationaler Unternehmen lesen, stehen außerdem vor dem Problem, dass das Zahlenwerk oftmals nicht nach einheitlichen Grundsätzen erstellt wird. Deshalb setzt sich auf internationaler Ebene die Bilanzierung nach US-GAAP oder IAS (→ Seite 71) durch.
Bei den am Neuen Markt vertretenen Gesellschaften ist diese Rechnungslegung Pflicht und auch für die im SDax vertretenen Konzerne ist sie seit 2002 vorgeschrieben.

Die Quartalsberichte

Neben dem jährlich erstellten Geschäftsbericht verlangt die Deutsche Börse AG von den im Dax, MDax und am Neuen Markt gelisteten Unternehmen regelmäßige Quartalsberichte. Dafür gibt sie seit dem Jahr 2001 sogar bestimmte formale Standards vor, die allerdings nicht mit den gesetzlichen Anforderungen an eine Bilanz zu vergleichen sind. Auf internationaler Ebene ist eine vierteljährliche Berichterstattung bereits seit längerem üblich, denn dadurch müssen Anleger und Aktionäre nicht bis zum Ende des Geschäftsjahres warten, bis sie offiziell über den Geschäftsverlauf des jeweiligen Unternehmens informiert werden.

Sinn und Zweck dieser Verpflichtung: Allzu heftigen Spekulationen und substanzlosen Gerüchten wird dadurch so weit wie möglich der Boden entzogen, da die Anleger bei der Frage, wie angemessen der aktuelle Aktienkurs im Verhältnis zur tatsächlichen Geschäftsentwicklung ist, stets auf zeitnahe Daten zurückgreifen können. Die regelmäßig wiederkehrenden Termine für die Publikation von Quartalsberichten vor allem der großen, in wichtigen Indizes gelisteten Unternehmen werden deshalb in hohem Maße an den Aktienmärkten beachtet. KONTAKT ▶

Welche Daten besonders wichtig sind
Bei den Zahlen selbst ist für Anleger und Analysten vor allem die Entwicklung von Umsatz und Ertrag interessant. Noch mehr Aufmerksamkeit gilt jedoch dem vom jeweiligen Unternehmen gegebenen Ausblick auf den weiteren Verlauf des Geschäftsjahres. Mittlerweile gehört es bei vielen börsennotierten Unternehmen zum Standard, dass das Management am Anfang des Jahres seine Zielplanung abgibt.
In den Quartalsberichten wird dann darüber berichtet, wie genau diese Planungen eingehalten wurden.

Enttäuschte Erwartungen
Zeichnet sich ab, dass die gesteckten Ziele und vor allem das in Aussicht gestellte Unternehmensergebnis nicht erreicht wird, ist es üblich, dass die Unternehmensverwaltung mit dem Quartalsbericht eine so genannte Gewinnwarnung herausgibt, mit der klargestellt wird, dass der Jahresgewinn nicht so hoch ausfallen wird wie vom Management prognostiziert.
Dies dient der Fairness gegenüber den Anlegern. Diese können ihre Anlageentscheidung überdenken und durch entsprechende Verkäufe eine Bewertungskorrektur der Aktie einleiten.

Gewinnwarnung – das „Unwort" der Finanzsprache
Das Wort Gewinnwarnung lässt nicht nur Anleger, sondern auch Sprachwissenschaftler zusammenzucken. Der Sinn erschließt sich dem, der es zum ersten Mal hört, kaum. Warum sollte schließlich vor einem Gewinn gewarnt werden? Ist es doch im Interesse der Aktionäre, wenn ein Unternehmen Geld verdient. Tatsächlich ist mit dem Fachterminus auch etwas ganz anderes gemeint.
Wie so oft wurde der Begriff aus der internationalen Finanzsprache, dem Englischen, einfach eingedeutscht. Dort heißt es „profit warning". Eine bessere Begriffsalternative hat sich

▶ KONTAKT
Viele Unternehmen veröffentlichen auf ihrer Homepage eine genaue Terminvorschau und die überregionalen Tageszeitungen (Internethinweise → Seite 123) geben die wichtigsten Daten regelmäßig bekannt. Ein Terminkalender im Internet unter **www.marketone.de/termine**

bislang aber noch nicht gefunden, und selbst wenn es diese gibt, wird es schwierig sein, „Gewinnwarnung" zu verdrängen. Als Fachausdruck ist es mittlerweile so gängig, dass es sogar schon zur Nominierung für das „Unwort des Jahres" gereicht hat. Und diese Begriffe haben, wie die Vergangenheit gezeigt hat, oft die größten Überlebenschancen.

Ad-hoc-Publizität: Bedeutung und Nutzen

Den Quartals- und Jahresbericht, aber auch andere kursbewegende Ereignisse müssen Unternehmen, die im amtlichen Handel oder dem geregelten Markt gelistet sind, unverzüglich (ad hoc) und möglichst zeitgleich für alle Interessenten veröffentlichen. So ist es im Wertpapierhandelsgesetz (WpHG) geregelt. Zu den kursrelevanten Meldungen gehören zum Beispiel neben den regelmäßigen Geschäftszahlen, die Veräußerungen von Kernbereichen des Unternehmens, Ein- und Ausgliederungen von Firmenteilen, Übernahmeangebote, Kapitalmaßnahmen, Änderungen des Dividendensatzes, bevorstehende Illiquidität und Überschuldung. Aber auch über allgemeine Veränderungen muss der Emittent informieren – etwa über den Rückzug aus Kerngeschäften, wichtige Erfindungen und Produkthaftungsfälle.

▶ KONTAKT
Fundstellen:
Ad-hoc-Mitteilungen im Internet
www.deutsche-boerse.com, Menüpunkt „News board"
www.dgap.de
www.vwd.de, Menüpunkt „Ad-hoc-News".

Auch im n-tv Videotext Seite 460 ff. und ARD-Videotext Seite 718

Diese Verpflichtung dient dem allgemeinen Schutz der Anleger, denn auf diese Weise soll verhindert werden, dass frühzeitig Eingeweihte, die so genannten Insider (→ Seite 140), aus ihrem Wissensvorsprung Kapital schlagen können. Ad-hoc-Mitteilungen müssen in mindestens einem überregionalen Börsenpflichtblatt (→ Seite 70) und in einem elektronischen Informationssystem wie dem Internet veröffentlicht werden. Außerdem muss der Emittent vor der Ad-hoc-Mitteilung die Börsenverwaltung und das Bundesaufsichtsamt für den Wertpapierhandel informieren, damit diese unter Umständen für eine bestimmte Zeit die Kursfeststellung aussetzen können. Auf diese Weise soll ein ordnungsgemäßer Handel beziehungsweise eine faire Kursfeststellung für alle Anleger gewährleistet bleiben und Insidergeschäfte verhindert werden.

■ **TIPPS**

Wirklich von Nutzen sind Ad-hoc-Mitteilungen erst dann, wenn Sie das Internet als Medium nutzen. Anleger, die die Mitteilung erst am nächsten Tag aus der Zeitung erfahren, können kaum noch darauf reagieren, weil der Kurseffekt bereits am Vortag vorweggenommen wurde – es sei denn, die Mitteilung wurde nach Börsenschluss bekannt. KONTAKT ▶

Farbe bekennen

Wichtig für potenzielle Anleger und Aktionäre ist auch zu wissen, wie viele Aktien eines börsennotierten Unternehmens in festen Händen liegen beziehungsweise wem die Stimmrechte zustehen. Ein dominierender Großaktionär kann zum Beispiel seine Interessen auf der Hauptversammlung in bestimmten Grenzen ungehindert durchsetzen – auch zulasten der Kleinaktionäre. Deshalb gibt es in Deutschland so genannte Melde- und Veröffentlichungspflichten, deren Einhaltung durch das Bundesaufsichtsamt für den Wertpapierhandel (→ Seite 94) kontrolliert wird.

Natürliche und juristische Personen müssen ihren Anteilsbesitz an einer börsennotierten Aktiengesellschaft mit Sitz in Deutschland, dem Bundesaufsichtsamt und der Gesellschaft selbst bekanntgeben. Diese Verpflichtung gilt, sobald das Aktienpaket einen Schwellenwert von 5, 10, 25, 50 oder 75 Prozent über- oder unterschreitet. Dabei müssen auch die Stimmen berücksichtigt werden, die einem Tochterunternehmen des Meldepflichtigen voll zugerechnet werden können oder die ihm zwar nur treuhänderisch anvertraut sind, deren Stimmrechte er aber nach eigenem Ermessen ausüben kann. Diese Verpflichtung gilt auch für Investmentfonds (→ Seite 284) beziehungsweise Fondsgesellschaften, auch wenn diese im Auftrag ihrer Kunden Anteile an anderen Unternehmen erwerben. Und jeder Finanzdienstleister muss seit 1. April 2002 melden, wenn er selbst und/oder seine Töchter **zusammengenommen** mehr als 5 Prozent an einem Unternehmen halten. Die Mitteilung muss innerhalb von sieben Kalendertagen schriftlich erfolgen, nachdem der Schwellenwert erreicht oder überschritten beziehungsweise unterschritten wurde. Dabei muss der Meldepflichtige seine Identität, den erreichten Schwellenwert und die genaue Höhe seines Stimmrechtsanteils angeben, ebenso den Tag der Über- oder Unterschreitung. Die Aktiengesellschaft wiederum ist verpflichtet, spätestens nach neun Tagen die Veränderung der Besitzverhältnisse der Öffentlichkeit durch eine Anzeige in einem der Börsenpflichtblätter mitzuteilen. KONTAKT ▶

Solange die Mitteilung aus der Meldepflicht für Anteilsbesitz an die jeweilige börsennotierte Gesellschaft nicht erfolgt ist, ruhen alle Rechte aus den Aktien – mit Ausnahmen des Dividendenanspruchs. Nur Finanzdienstleister wie Banken, Broker, Fondsgesellschaften und Versicherungen können sich unter bestimmten Voraussetzungen vom Aufsichtsamt von den Meldepflichten befreien lassen. Die Stimmrechte für die jeweiligen Aktien dürfen sie dann auf der Hauptversammlung (→ Seite 151) allerdings nicht ausüben.

Bankstudien und -analysen: Rat mit Tücken

Vor allem große Banken und die auf das Wertpapiergeschäft spezialisierten Broker und Investmenthäuser erstellen für ihre Kunden regelmäßig Analysen und so genannte Research-Reports, in denen einzelne Unternehmen, spezielle Branchen und ganze Märkte aus Anlegersicht unter die Lupe genommen werden. Wenn die Analysten die Aktie eines ganz bestimmten Unternehmens durchleuchten, steht am Ende der Studien meist eine klare Einschätzung wie „kaufen" oder „halten". Diese Berichte sind bei Anlegern begehrt und Tageszeitungen und Börsenmagazine bringen regelmäßig derartige Analystenempfehlungen. Allerdings: Bevor man diese Berichte und Studien nutzt, sollte man einiges darüber wissen: Wie sie zustande kommen, wie sie zu „lesen" sind und was dahinter stecken könnte.

Die zweifelhafte Macht der „Gurus"

Es kommt immer wieder vor, dass einzelne Analysten (aber auch Fondsmanager), die bei ihren Tipps eine Zeit lang ein besonders gutes Händchen beweisen, zu „Gurus" aufsteigen. Die Folge und damit das Problem: Ihre Meinung hat bei den Anlegern ein so hohes Gewicht, dass sie durch entsprechende Äußerungen den Kurs einer Aktie nach oben katapultieren oder auf Talfahrt schicken können.

▶ KONTAKT
Eine täglich aktualisierte Liste aller meldepflichtigen Stimmrechtsanteile an amtlich notierten Aktiengesellschaften im Internet unter **www.bawe.de**, Menüpunkt „Datenbanken".

Abgesehen von der Tatsache, dass kaum einer der Experten die drastischen Kurseinbrüche in den Jahren 2000 und 2001 hat kommen sehen, geschweige denn vorhergesagt hat, gibt es noch einen anderen Grund, die Tipps der Experten zu meiden. Einzelnen Untersuchungen zufolge liegt die Trefferquote im Schnitt bei gerade einmal 50 Prozent. Das heißt, dass die Expertenurteile statistisch gesehen im Zufallsbereich liegen. Dafür gibt es eine Reihe von Erklärungen.

Die nächstliegende: Auch Analysten sind keine Hellseher. Sie nehmen ihre Einschätzungen auf Basis von Informationen vor, die theoretisch allen Anlegern zur Verfügung stehen und vom Markt bereits zu einem großen Teil im aktuellen Kurs berücksichtigt worden sind. Die Tipps sind also eigentlich nichts wert – und häufig muss man es noch kritischer sehen: Einige Experten haben zum Beispiel per Mitte 2001 errechnet, dass Aktienkäufer, wenn sie die Empfehlungen der großen Häuser an der Wall Street in den davor liegenden vier Jahren befolgt haben, auf eine Gesamtrendite von 7 Prozent gekommen wären. Dagegen hat der Standard & Poor's 500-Index im selben Zeitraum etwa 75 Prozent (!) an Wert gewonnen. Mit dem Kauf eines entsprechenden Indexzertifikats (→ Seite 347) hätten sie also wesentlich besser abgeschnitten.

Einer der Gründe für dieses schlechte Ergebnis ist, dass die Bankexperten in ihren Einschätzungen zyklisch reagieren und der Marktentwicklung hinterherlaufen: Erst wenn die Kurse schon stark gestiegen sind, raten sie zum Einstieg, während sie umgekehrt erst dann den Verkauf empfehlen, wenn die Notierungen fallen. Zudem erweisen sich die meisten als notorische Berufsoptimisten, die im Schnitt zu eher positiven Urteilen neigen. Wissenschaftler führen für dieses Verhalten psychologische Gründe an. So werden negative Empfehlungen naturgemäß äußerst kritisch von den betroffenen Unternehmen und den Anlegern wahrgenommen. Der Analyst muss also damit rechnen, dass er eine Verkaufsempfehlung innerhalb der Bank sehr genau rechtfertigen muss, während bei Kauftipps kaum kritische Nachfragen kommen – diese sind schließlich gut für das Geschäft.

Dazu kommt: Analysten unterliegen einem Herdentrieb. Sie neigen dazu, mit dem Strom zu schwimmen und sich der überwiegenden Meinung ihrer Kollegen anzuschließen. Bei einem Irrtum befinden sie sich dann in guter Gesellschaft und fallen kaum auf, während sie bei einer Meinung, die vom allgemeinen Konsens abweicht, das Risiko eingehen, sich zu blamieren, wenn sie falsch liegen.

Sachzwänge und Interessenkonflikte

Für die zu selten abgegebenen Verkaufsempfehlungen gibt es darüber hinaus auch einige materielle Gründe. Bankanalysten können nur in wenigen Fällen unabhängig und vollkommen objektiv arbeiten, weil sich Interessenkonflikte innerhalb der Bank, für die sie tätig sind, nicht vermeiden lassen.

Zunächst sind die Studien und Reports, die sie erstellen, eine Art Werbemittel, mit dem die jeweilige Bank neue Kunden und Anlagegelder ins Haus holen will. Mit Negativurteilen, die tatsächlich diejenigen Aktien nennen, die man auf keinen Fall kaufen sollte, ist das kaum zu erreichen. Als zweites muss das jeweilige Institut bei einer Negativaussage nicht nur damit rechnen, sich den Zorn des abgestraften Unternehmens zuzuziehen, sondern auch, dass ihm viele lukrative Geschäfte entgehen. Die meisten Banken bedienen schließlich nicht nur Anleger, sondern auch die Emittenten von Wertpapieren. Für sie organisieren sie die Ausgabe von Aktien und Anleihen, begleiten sie an die Börse und fädeln den Verkauf oder Kauf von Konzernteilen oder Tochterunternehmen ein – und dabei können sie weitaus mehr verdienen als mit den Provisionen im Anlagegeschäft. Verkaufsempfehlungen für Papiere aus dem eigenen Hause passen da kaum ins Konzept. Nicht unüblich ist es deshalb, dass die Banken ihre Analysten zur Rücksichtnahme verpflichten, wenn solche großen Geschäfte anstehen, oder aber entsprechend positive Studien erwarten. Es ist darüber hinaus keine Seltenheit, dass Studien vor der Veröffentlichung zwischen Autor und Emittent abgestimmt werden.

Professionelle Vermögensverwalter achten denn auch sehr genau darauf, welche Banken ein Unternehmen an die Börse bringen, und lassen dann die entsprechenden Studien aus diesen Häusern unberücksichtigt.

Noch gravierender ist der Konflikt, wenn die jeweilige Bank gleichzeitig auch noch Kredite in größerem Ausmaß an das betreffende Unternehmen vergeben hat oder gar Großaktionär ist – wie zum Beispiel die Deutsche Bank bei der Allianz-Versicherung und bei Daimler-Chrysler. Viele Experten haben ihre eigene Methode, mit diesem Dilemma umzugehen. Sie bestücken die Studien mit Urteilen, die Raum für Interpretationen lassen. So setzen sie nicht ihren guten Namen aufs Spiel – und sind in jeder Richtung zu interpretieren.

Ein Schelm, wer Böses dabei denkt

Als die Analysten der Deutschen Bank im August 2001 eine Kaufstudie zur Deutschen Telekom veröffentlichten, nahm daran zunächst kaum jemand Anstoß. Der Kurs des Telekom-Papiers war zu diesem Zeitpunkt bereits weit gefallen, sodass ein Einstieg auf dem niedrigen Niveau für die Experten lukrativ erschien. Da die Experten der Deutschen Bank bei Großanlegern einen guten Ruf genießen, konnte der Telekom-Kurs tatsächlich ein paar Euro zulegen. Zum handfesten Skandal wurde die Sache allerdings, als wenige Tage später Deutschlands führendes Bankhaus ein großes Aktienpaket von 44 Millionen Aktien am Markt platzierte. Die logische Folge: Der Kurs ging schlagartig in die Knie und verlor innerhalb von fünf Börsentagen mehr als 20 Prozent seines Wertes. Die Verantwortlichen der Deutschen Bank gaben zwar ein „unglückliches Timing" zu, aber ansonsten sei in der Sache alles mit rechten Dingen zugegangen. Schließlich sei die Überschneidung der beste Beweis für das Funktionieren der so genannten ☞ Chinese Walls.

Abhilfe in Aussicht

Nach den starken Kursrückgängen an den Weltbörsen beschäftigen sich auch Berufsverbände, Politiker und Aufsichtsbehörden mit der Konfliktsituation bei Analysten und der Problematik ihrer Urteile. So gibt es bislang immer noch kein offizielles Berufsbild, in dem ihre Aufgaben und Pflichten definiert werden. Das soll in Zukunft geändert werden, ohne dass es jedoch eine staatlich geregelte Ausbildung wie bei anderen Berufen geben soll.

Außerdem schreibt das vierte Finanzmarktförderungsgesetz (→ Seite 424) Verhaltensregeln für Finanzanalysten vor. Dazu gehört, dass die jeweilige Bank in ihrer Studie auf mögliche Interessenskollisionen hinweisen muss.

Bei Kursverlusten, die durch Fehlurteile entstanden sind, sollen künftig auch Privatanleger ein spezielles Ehren- und Schiedsgericht anrufen können, das der Berufsverband, die Deutsche Vereinigung für Finanzanalyse und Asset Management (DVFA), einzurichten plant – jedenfalls dann, wenn der Analyst gegen die Berufsgrundsätze oder Standesrichtlinien der DVFA verstoßen hat. KONTAKT ▶

Amerika, du hast es besser

Dass ein Anleger, der sich auf die Tipps von Bankanalysten verlassen hat, die Bank dafür haftbar machen kann, ist juristisch gesehen hierzulande nahezu ausgeschlossen. Anders in den USA. Im Land der unbegrenzten (Schadenersatz-)Möglichkeiten sind Anleger, die auf die Empfehlungen der Experten gehört und Verluste zu beklagen haben, vor Gericht gegangen. Die Erfolgsaussichten dieser Klagen sind offensichtlich viel besser, als man annehmen mag, denn einige Kläger haben bereits außergerichtliche Einigungen mit den betreffenden Banken erzielt. Ein Zeichen dafür, dass die Geldhäuser befürchten, vor Gericht zu unterliegen.

▶ KONTAKT
Der Neuentwurf der Standesregeln und die Berufungsgrundsätze finden sich auf der DVFA-Homepage **www.dvfa.de**

☞ Chinese Walls:
Mit den „chinesischen Mauern" wird die räumliche und organisatorische Trennung von Emissions- und Analyseabteilungen bezeichnet, die bei allen größeren Banken und Investmenthäusern existieren. Dadurch soll verhindert werden, dass zum Beispiel ein Analyst Kenntnis davon bekommt, welche Emission die Kollegen der Investmentabteilung vorbereiten. Chinese Walls sind in den USA gesetzlich vorgeschrieben.

Die gängigsten Analystenurteile und ihre Bedeutung

Einschätzung	Bedeutung
Starker Kauf/strong buy/Key buy	Absolute Kaufempfehlung, das Papier muss man haben
Kaufen/buy	Dem Papier wird ein überdurchschnittlicher Kursanstieg zugetraut, der Einstieg lohnt
Zukaufen/akkumulieren/add	Das Papier wird etwas besser als der Markt laufen, zukaufen kann sich lohnen, aber kein Muss
Halten/hold	Papier lohnt nicht den Neueinstieg, verkappte Verkaufsempfehlung
Reduzieren/reduce	Aktienposition abbauen
Verkaufen/sell	Papier unbedingt meiden bzw. aus dem Depot nehmen
Neutral	Zu dem Papier hat der Analyst keine Meinung
Outperformer	Das Papier wird sich besser entwickeln als der Markt
Underperformer	Das Papier wird sich schlechter entwickeln als der Markt
Marketperformer	Das Papier wird sich in etwa wie der Markt entwickeln Interessant für Langfristanleger
Long-term buy	Eine Kaufempfehlung zweiter Klasse. Wer die Aktie hat, kann zukaufen. Für Neueinsteiger gibt es bessere Alternativen.
Übergewichten	Die Aktie drängt sich als Kauf nicht unbedingt auf.
Untergewichten	Die Aktie steht eher zum Verkauf

TIPP

Als Privatanleger sollten Sie bei Analystenberichten nach dem Motto vorgehen: Nicht danach handeln, aber die Studien und Empfehlungen als nützliche Hintergrundinformationen betrachten.

Die Kodes der Analysten

Analysteneinschätzungen wie „kaufen/halten/verkaufen" sind deutlich und in ihrer Aussage klar. Sie aber sind eher die Ausnahme. „Untergewichten", „reduzieren" und „Bestände abbauen" klingt dagegen um einiges unverbindlicher. Damit lässt es sich recht elegant aus der Affäre ziehen. Eine Herabstufung eines Wertes von zum Beispiel „kaufen" auf „neutral" oder „halten" klingt relativ unverfänglich, ist oft aber nichts anderes als eine verkappte Verkaufsempfehlung, denn für Einsteiger heißt das: Man muss das Papier nicht haben. Zudem kann die Kaufempfehlung von Bank A ganz anders gemeint sein als die von Bank B. Für die einen Analysten bedeutet die Einschätzung „kaufen" nach der hauseigenen Definition, dass sie mit einem Anstieg von mindestens 10 Prozent in den nächsten zwölf Monaten rechnen. Andere prognostizieren mit genau demselben Urteil ein Kurspotenzial von mindestens 20 Prozent in sechs Monaten.

Der feine Unterschied

Grundsätzlich verwenden die Banken zwei Arten der Empfehlungssysteme: absolute und relative Bewertungen. Bei einem absoluten Ratingsystem gibt die Bank oder der Analyst eine Prognose über das absolute Kurspotenzial einer Aktie ab – unabhängig von der Entwicklung des Gesamtmarkts.

Wesentlich häufiger werden allerdings relative Bewertungssysteme verwendet. Sie enthalten eine Aussage darüber, wie sich die Aktie im Verhältnis zum Markt entwickeln wird – also zum Beispiel, ob das Papier besser oder schlechter läuft als der Deutsche Aktienindex. Gedacht sind solche relativen Systeme vor allem für institutionelle Bankkunden wie Versicherungen und Vermögensverwalter. Spricht eine Bank etwa eine „Übergewichten"-Empfehlung aus, bedeutet das vor allem: Sie rät zum Beispiel den Fondsmanagern, den Anteil dieser

Aktie im Depot höher anzusetzen, als es ihrem Gewicht im entsprechenden Vergleichsindex entspricht. Für den privaten Anleger ist das wenig praktikabel, dennoch interpretiert er ein „Übergewichten" häufig so, dass die Aktie steigen wird.

Missbrauch von Information

Wie immer, wenn große Summen im Spiel sind, können manche Menschen nicht der Versuchung widerstehen, dem Glück etwas auf die Sprünge zu helfen, indem sie versuchen, die Kurse durch Tricks in eine bestimmte Richtung zu beeinflussen und dann abzukassieren – so wie ein Falschspieler beim Roulette die Kugel oder den Kessel manipuliert.

An der Börse selbst ist das nicht ganz einfach. Dort haben schließlich nur Profis Zutritt und das gesamte Handelsgeschehen wird elektronisch dokumentiert und überwacht. Die Handelsüberwachungsstelle, die Börsenaufsicht und das Bundesaufsichtsamt für den Wertpapierhandel (→ Seite 94) können alle Geschäfte jederzeit nachträglich prüfen und die Geschehnisse zurückverfolgen. Zwar versuchen Händler und freie Makler manchmal, einzelne Kurse durch Eigengeschäfte bewusst zu verzerren – etwa durch komplizierte Manöver an der Präsenzbörse und gleichzeitig am Terminmarkt (→ Seite 325) –, doch das Risiko, dass diese Transaktionen publik werden, ist groß. Sie werden von den Aufsichtsbehörden bislang nur deswegen zähneknirschend geduldet, weil es keine ausdrückliche rechtliche Handhabe dagegen gibt. Das ändert sich allerdings mit der Novelle des Finanzmarktförderungsgesetzes, das den Behörden die Möglichkeit gibt, besser und härter gegen Kursmanipulationen vorzugehen (→ Seite 424).

Tatort Internet

Viel leichter ist es für zweifelhafte Glücksritter und Scharlatane, mittels falscher oder geschönter Informationen Anleger und Analysten zu täuschen und die Notierungen auf diese Weise zu beeinflussen. Man muss noch nicht einmal ein ausgebuffter Profi oder ein verkanntes Genie sein, um mit Aktienkursmanipulationen Geld zu verdienen. Ausreichende kriminelle Energie und ein Internetanschluss reichen bereits. Das weltumspannende Datennetz ist voll von Diskussionsforen und Chatrooms rund um die Themen Wertpapieranlage und Börse (→ Seite 126). Darin hat jeder Surfer die Möglichkeit, mit Halbwahrheiten, Lügen und Gerüchten die Kurse von Unternehmen, in die er vorher eingestiegen ist, gezielt „hoch"- oder „tief zureden".

Diese Methode ist eigentlich leicht zu durchschauen, hat aber bereits Hunderte Male funktioniert – vor allem, als es mit den Kursen an den Weltbörsen noch steil bergauf ging und die Stimmung unter den Anlegern so euphorisch war, dass jeder Tipp dankbar und vor allem ungeprüft aufgenommen wurde.

Besonders gut geeignet für diese unter Fachleuten ☞ **humping and dumping** genannte Methode sind die wenig liquiden Aktien von kleinen Unternehmen. An den deutschen Börsen kommen dafür zum Beispiel die Werte aus dem SDax infrage und die Penny Stocks (→ Seite 74) am neuen Markt. Bei diesen Titeln reicht bereits eine geringe Nachfrage aus, um die Notierung nach oben zu bewegen. Bis der Schwindel auffliegt, haben die Täter ihre Anteile längst wieder verkauft und ihre elektronischen Spuren im Netz verwischt. Die Kurse der entsprechenden Papiere fallen dann irgendwann sturzartig in sich zusammen zulasten der Anleger, die vorher leichtfertig eingestiegen sind.

☞ Humping and dumping: Aus dem Englischen, übersetzt etwa „aufpumpen und abstoßen".

Abzocken auf elektronische Art

Eine Kursmanipulation per Internet im großen Stil gelingt, wenn etwas technischer Sachverstand hinzukommt. Ein besonders spektakulärer Fall ereignete sich im Spätsommer des Jahres 2000. Simeon Jakob, ein 23-jähriger Student in den USA, schickte eine gut gefälschte Pressemitteilung per E-Mail an Internetdienste und Nachrichtenagenturen.
Darin wurde behauptet, der Chef des Technologiekonzerns Emulex sei zurückgetreten, der Gewinn eingebrochen und die US-Börsenaufsicht Securities Exchange Commission, SEC genannt, habe sich eingeschaltet, um das Unternehmen zu beobachten.
Nachdem die Meldung von den Agenturen tatsächlich verbreitet wurde, stürzte der Emulex-Kurs binnen Minuten von 113 auf 43 Dollar – um nach einer Aussetzung und dem umgehenden Dementi der Gesellschaft wieder auf knapp 106 Dollar zu steigen. Kurzzeitig sank damit der Börsenwert der Gesellschaft um 2,2 Milliarden Dollar.

► Kontakt
Die Abteilung der SEC, die sich ausschließlich mit Internetvergehen beschäftigt, findet sich unter:
www.sec.gov/divisions/enforce/internetenforce.htm

Die Geschädigten waren dabei vor allem diejenigen Anleger, die für die Aktie eine Stop-Loss-Order gegeben hatten. Das Papier wurde automatisch verkauft, nachdem die Notierung eine bestimmte Grenze unterschritten hatte. Da die Depotinhaber in der Regel davon nichts sofort erfuhren, hatten sie auch keine Möglichkeit zu reagieren und rechtzeitig wieder einzusteigen, nachdem sich die Meldung als Ente erwies. Der Initiator wiederum bekam ein echtes Schnäppchen zu fassen, an dem er binnen Stunden 55 000 Dollar verdiente. Doch die Freude währte nur kurz. Die Börsenaufsicht und die US-Bundespolizei FBI machten den Täter in wenigen Tagen ausfindig. Einige Monate später kam es zum Prozess, in dem Jakob zu drei Jahren und acht Monaten Gefängnis verurteilt wurde.

Besonders der Vorfall mit den Emulex-Aktien (→ Kasten) sorgte in den USA für Aufsehen und Diskussionen, weil die Finanzmärkte und Anleger auf schnelle, seriöse und zuverlässige Informationen angewiesen sind. An der Wall Street sorgt die Börsenaufsicht SEC dafür, dass die dort geltenden strengen Anlegerschutzgesetze nicht nur eingehalten, sondern Verstöße auch geahndet werden. Um Nachahmer abzuschrecken, sind die Strafen hoch.
Kontakt ►

Lücken im deutschen Rechtssystem

Die Situation in Deutschland ist leider nicht ganz so gut. Rein rechtlich ist das „Aufpumpen und Abstoßen" nach dem Börsengesetz auch hierzulande eindeutig verboten. Doch für die Einhaltung fühlt sich von den drei Aufsichtsinstanzen (→ Seite 94) niemand so recht zuständig. Außerdem entscheidet über die Verfolgung nicht die Börsenaufsicht oder das Bundesaufsichtsamt (von dort kommen nur der Hinweis und die entsprechenden Beweise), sondern die Staatsanwaltschaften – und diese scheitern oft schon daran, dass es keine Legaldefinition des Begriffs „Kursmanipulation" gibt. Folglich ist in Deutschland bislang noch niemand wegen Internetmanipulationen bei Aktien bestraft worden. Diese Gesetzeslücke wird mit der Novelle des Finanzmarktförderungsgesetzes aber geschlossen (→ Seite 424).

Allerdings sind auch die Anleger selbst gefordert. Solange sie allein auf Gerüchte und zweifelhafte Aussagen hin blindlings in Aktien eines bestimmten Unternehmen einsteigen, sind auch deutlich bessere Schutzmechanismen nur bis zu einem gewissen Punkt wirksam.

■ **TIPPS**

Wenn Sie das Internet für Ihre Informationsbeschaffung nutzen, ist Folgendes zu raten:

- Seien Sie kritisch! Fragen Sie nach und überprüfen Sie Informationen, die Sie in Diskussionsforen und Chatrooms zu einzelnen Aktien aufschnappen!

- Überprüfen Sie Ad-hoc-Meldungen grundsätzlich anhand einer zweiten Quelle (→ Linksammlung zu Ad-hoc-Meldungen, → Seite 132).
- Geraten Sie nicht in hektischen Aktionismus. Oft sind Kurseffekte aufgrund einer einzelnen Meldung nur kurzfristiger Natur. Eine aktuelle Meldung sollte Ihre Einschätzung von dem betroffenen Unternehmen in der Regel nur ergänzen, aber nicht bestimmen.
- Gehen Sie vorsichtig mit unlimitierten Aufträgen um! Grundregel: Je marktenger beziehungsweise illiquider der Wert, desto wichtiger ist es, bei der Orderaufgabe ein Limit (→ Seite 47) zu setzen. KONTAKT ▶

Falschmeldung von der Quelle

Gefahr droht aber auch von anderer Seite. In den vergangenen Jahren häuften sich Fälle, in denen nicht externe Personen, sondern die Verantwortlichen der Aktiengesellschaften selbst den Kurs ihrer Papiere gezielt beeinflusst haben: mit falschen oder geschönten Ad-hoc-Mitteilungen. Oder sie haben die Öffentlichkeitswirkung der Eilmeldungen genutzt, um unwichtige und für die Börse vollkommen unbedeutende Meldungen zu verbreiten. Da die Nachrichtenagenturen diese Meldungen veröffentlichen, erreichen sie mit relativ wenig Aufwand ein großes Publikum – eine preiswerte Art der Werbung also. Allein im Jahr 2001 gab es mehr als 5 400 Ad-hoc-Meldungen. Das droht nicht nur dieses Informationsinstrument zu entwerten, sondern erschwert auch die Arbeit des Bundesaufsichtsamts für den Wertpapierhandel (→ Seite 94), das die Einhaltung der Ad-hoc-Regeln überwacht.

Gravierender ist es, wenn unwahre oder schlichtweg gefälschte Meldungen in Umlauf gebracht werden, um den Kurs nach oben zu treiben. Meist geht es darum, dass sich die Großaktionäre auf diese Weise eine Gelegenheit verschaffen, einen Teil ihrer Aktien zu überhöhten Preisen am Markt zu Geld zu machen. Wenn dann irgendwann offenbar wird, dass gemeldete Großaufträge nicht existieren und Gewinn- und Umsatzprognosen nicht eingehalten werden können, zahlen alle anderen Aktionäre die Zeche.

Geringe Strafe schafft wenig Anreiz zur Abhilfe

Der Anreiz, Ad-hoc-Meldungen missbräuchlich zu nutzen, war bislang relativ hoch. Werden wichtige Ereignisse verschwiegen oder Zahlen gefälscht, werden Bußgelder bis zu 1,5 Millionen Euro fällig – und zwar für die jeweiligen Unternehmen und nicht etwa für die direkt Verantwortlichen wie beispielsweise die Vorstände. Für die Hintermänner ist das eine bescheidene Summe gegenüber dem möglichen Gewinn.

Zudem ist der Nachweis vorsätzlicher Manipulation für das Aufsichtsamt schwierig. Aufträge können schließlich storniert, Umsatz- und Gewinnplanungen aufgrund veränderter Marktverhältnisse verfehlt werden – das kommt bei den renommiertesten Firmen vor. Gerade einmal sechs Unternehmen wurden deshalb im Jahr 2000 mit einem Bußgeld zur Kasse gebeten, elf Fälle waren bis zu diesem Zeitpunkt noch unbearbeitet.

Bitter für die betroffenen Anleger war es, dass sie bisher keinen Schadenersatz für den aus den Falschmeldungen resultierenden Verlust geltend machen konnten. Das ändert sich aber mit der Neuauflage des Finanzmarktförderungsgesetzes (→ Seite 424). Darüber hinaus wird dann auch ein irreführender oder zu Werbezwecken missbrauchter Inhalt einer Ad-hoc-Meldung mit einem hohen Bußgeld belegt.

▶ KONTAKT
Eine Checkliste mit den häufigsten Tricks der Betrüger (in Englisch): **www.sec.gov/investor/pubs/fraudsurvivor.htm**

FBI-Seite für Betrugsmeldungen (in Englisch): **www.ifccfbi.gov**

Checkliste und Warnhinweise für deutschsprachige Anleger: **www.boersenaufsicht.de**

Insider: Mehr wissen als andere

Regelmäßig kommt es vor, dass eine Aktie an einem Handelstag besonders stark steigt oder fällt – ohne ersichtlichen Grund. Die Ursache dafür, zum Beispiel die Übernahme eines Konkurrenten oder ein starker Gewinnrückgang, wird erst Tage später der Öffentlichkeit per Ad-hoc-Mitteilung bekannt gegeben.

Insiderkäufe bei der Thyssenaktie

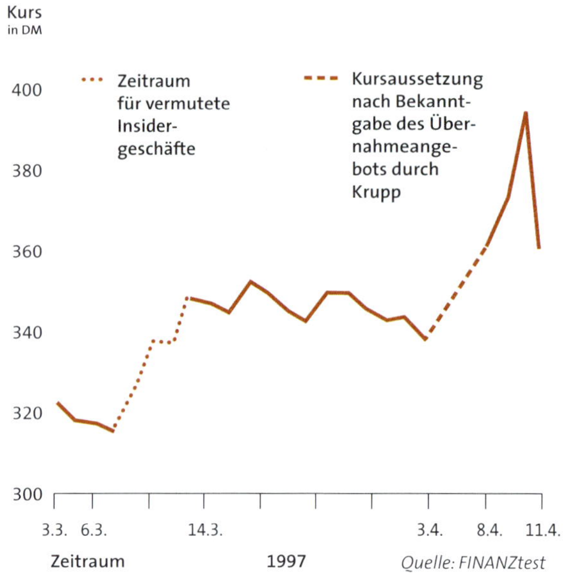

Quelle: FINANZtest

Möglicher Grund für die „vorgezogene“ Kursturbulenz: Es gibt fast immer Personen, die schon vorher von der Sache wussten oder die Wind davon bekommen haben. Das sind die so genannten Insider. Grundsätzlich ist es nicht verboten, Insider zu sein oder in den Besitz von Insiderinformation zu gelangen. Verboten ist es allerdings, dieses Wissen zu Geld zu machen – so regelt es das Wertpapierhandelsgesetz. Fachleute bezeichnen den vorzeitigen Kauf oder Verkauf von Insidern auch als ☞ Frontrunning.

☞ Frontrunning: Aus dem Englischen, frei übersetzt mit „vorweglaufen“.

Dabei ist es unerheblich, ob der Insider selbst oder über einen Strohmann die betreffenden Papiere vorzeitig kauft oder verkauft.

Das Wertpapiergesetz regelt genau, wann eine Person als Insider gilt. Dabei wird zwischen Primär- und Sekundärinsidern unterschieden. Zu den Primärinsidern zählen alle diejenigen, die aufgrund ihrer Stellung oder ihrer Tätigkeit Zugang zu vertraulichen und gleichzeitig kursrelevanten Informationen eines börsennotierten Unternehmens haben – üblicherweise sind das die Vorstands- und Aufsichtsratmitglieder. Dazu kommen eventuelle Großaktionäre, aber auch Steuerberater, Wirtschaftsprüfer und Angestellte des jeweiligen Unternehmens selbst oder der Hausbank, soweit sie Zugang zu Insiderinformationen haben.

Ein Primärinsider kann aber auch der mit der Kursfeststellung an der Börse beauftragte Makler sein. Durch die Aufträge, die über sein Handelsbuch abgewickelt werden, hat er Einblick in die aktuelle Orderlage und kann „im Vorfeld“ ordern. Auch Wissenschaftler, die beispielsweise in der Forschungsabteilung eines Unternehmens arbeiten und eine bedeutende Erfindung oder Neuentwicklung machen, zählen zu dieser Gruppe.

Sekundärinsider sind diejenigen Personen, die absichtlich oder unabsichtlich Kenntnis von einer Insiderinformation bekommen. Die Sekretärin beispielsweise, die zufällig ein vertrauliches Telefongespräch ihres Chefs mithört, oder der Taxifahrer, der seine Fahrgäste belauscht, können auf diese Weise zu Insidern werden.

Der Schaden von Insidergeschäften

Insidergeschäfte schaden auf Dauer dem Ansehen eines Finanzplatzes. Schließlich muss das Gros der Anleger fürchten, keine faire Chance bei den eigenen Aktiengeschäften zu haben, weil ihnen stets jemand zuvor kommt. Insiderdelikte werden deshalb nicht nur in Deutschland, sondern auch in vielen anderen Ländern verfolgt.

Eine Masche mit Tradition

Gerüchte und gezielte Falschinformationen sind nicht erst mit dem Internet zu einem Thema geworden. Sie sind vielmehr fast so alt wie die Börse selbst. Nur der Kommunikationsweg ist zeitgemäßer geworden. Im Mai 1991 zum Beispiel „vergaß“ ein anonymer Schreiber mit schöner Regelmäßigkeit in Telefonzellen rund um die Bayerische Börse in München einen Brief. Darin verwies der Autor auf seine berufliche Position bei einem deutschen Großkonzern, die es ihm erlaube, „geschäftliche, aber auch freundschaftlich sehr enge Beziehungen“ zu Horst Nolden, Alleinvorstand der Niedermayr Papier AG, zu unterhalten. Dieses Unternehmen habe einen Großauftrag aus der ehemaligen DDR zu erwarten und werde bei der nächsten Ausschüttung 17,50 DM Dividende zahlen. Niedermayr war zu diesem Zeitpunkt seit Jahren dividendenlos. Das, so der Schreiber weiter, hätte enormen Einfluss auf den Kurswert der Papiere.

Da er dem Adressaten, einem Herrn Kramer, einen Gefallen schuldig sei, lasse er ihm diese bisher unveröffentlichte Information zukommen – verbunden mit der Bitte, sich mit einem Kauf zu beeilen, ehe alles an die Öffentlichkeit käme. Bis dahin solle er die Angelegenheit für sich behalten.

Natürlich gab es diesen Herrn Kramer nicht, dafür viele andere Besucher der Telefonzellen, die offenbar die Geschichte für bare Münze nahmen und eine schnelle Mark witterten. Der Kurs des marktengen Papiers stieg innerhalb eines Monats von 565 auf 1 100 DM. Das ermutigte den Briefschreiber, sein Schreiben zu „aktualisieren“ und sowohl den Wert des Auftrags als auch die Höhe der in Aussicht gestellten Dividende nach oben anzupassen. Der Vorstand der Niedermayr Papier, der das Spiel mitbekommen hatte, reagierte. Er ließ die Notierung aussetzen und trat vor die Presse, um zu erkären, dass die Sache völlig aus der Luft gegriffen sei. Geholfen hat es nichts. Der Kurs blieb oben, was bei den Beteiligten Ratlosigkeit auslöste. Die Sache wurde dann nicht weiter verfolgt, um nicht zu viel Aufhebens davon zu machen und Nachahmer zu animieren. Erst nach einigen Monaten sackte die Notierung zusammen.

PS: Die Gesellschaft hat übrigens bis heute keine Dividende ausgeschüttet.

Quelle: Die Börsenzeitung vom 16. 5. 1991

Damit allerdings Insidervergehen überhaupt nachweisbar sind, müssen Banken und Broker alle Handelsgeschäfte mit börsennotierten Wertpapieren für jeden Börsentag an das Bundesaufsichtsamt für den Wertpapierhandel (BAWe) übermittelt. Außerdem kann das BAWe von jedem Emittenten eines möglichen Insiderpapiers Auskünfte über Art und Entstehung kursrelevanter Informationen und den daran beteiligten Personen verlangen. Auf diese Weise ist das Aufsichtsamt in der Lage, auffällige Kursreaktionen bei einem bestimmten Wertpapier zu überprüfen.

Dennoch ist es für die Behörden schwierig, Insidern ein Vergehen juristisch wasserdicht nachzuweisen. Die Bilanz der vergangenen Jahre ist jedenfalls deprimierend. Von den insgesamt 105 Insider-Untersuchungen, mit denen sich das Amt 2001 beschäftigte, wurden 35 neu aufgenommen, 25 aufgrund eines konkreten Verdachts an die Staatsanwaltschaft weitergeleitet, offen sind insgesamt 61 Fälle, der Rest wurde ergebnislos eingestellt. Die Staatsanwaltschaft hat wiederum im selben Zeitraum 39 laufende Verfahren abgeschlossen, 37 wurden eingestellt – davon 6 gegen

Zahlung einer Geldbuße. Die zwei verbliebenen Verfahren endeten einmal mit einem rechtskräftigen Strafbefehl und einmal mit einer rechtskräftigen Verurteilung. Damit fiel die Bilanz der Staatsanwaltschaft nicht grundsätzlich anders aus, als in den Vorjahren.

Mit einem blauen Auge

Wenn das eigene Unternehmen Milliarden an der Börse wert ist, kommen auch gefestigte Charaktere ins Grübeln, ob sie es mit den Lock-up-Perioden (→ Seite 171) so genau nehmen und nicht lieber still und heimlich verkaufen sollen. Dieser Verdacht jedenfalls fiel auch auf Florian Haffa, ehemaliger Finanzvorstand des am Neuen Markt gelisteten Medienunternehmens EM.TV. Er wurde verdächtigt, ein größeres Aktienpaket verkauft zu haben, bevor es mit der Gesellschaft an der Börse bergab ging. Doch wie so oft in Deutschland: Die Staatsanwaltschaft München konnte Haffa kein Insidervergehen nachweisen. Das Verfahren wurde im Herbst 2001 ergebnislos eingestellt.

☞ Scalping: Aus dem Angelsächsischen kommender Fachausdruck dafür, dass ein Insider ein bestimmtes Wertpapier in Kenntnis einer bevorstehenden Empfehlung kauft oder verkauft.

Tummelplatz für Insider

Sorgenkind in Sachen Insiderdelikte ist vor allem der Neue Markt. Von den im Jahr 2001 eingeleiteten Verfahren entfielen rund zwei Drittel allein auf dieses Handelssegment. Seit März 2001 müssen Vorstände und Aufsichtsräte zwar ihre Geschäfte mit Aktien des eigenen Unternehmens, so genannten Directors Dealings (→ Seite 171), anmelden – aber erst spätestens drei Tage **nach** dem Geschäft. KONTAKT ▶

▶ KONTAKT
Eine Liste aktueller Insider-Transaktionen im Internet unter **www.deutsche-boerse.com/listingcenter** unter dem Menüpunkt „Veröffentlichungen der Deutschen Börse zum Neuen Markt". Die Schutzgemeinschaft der Kleinaktionäre stellt außerdem einen regelmäßigen Newsletter zusammen, den sie Interessenten per E-Mail kostenlos zusendet (**www.sdk.org**). Im Bereich der Printmedien berichtet die „Wirtschaftswoche" wöchentlich über Directors' Dealings.

Kritiker fordern deshalb eine Regelung, wie sie in den USA gilt. Dort müssen alle Käufe und Verkäufe **vorher** bekannt gegeben werden. Effekt: Der Markt kann bereits auf die Ankündigung reagieren. Kleinanleger haben die Chance auszusteigen, noch bevor das Geschäft selbst über die Bühne geht. Eine für alle Seiten faire Lösung ist in Großbritannien vorgeschrieben. Dort gibt es bestimmte Zeitabschnitte, beispielsweise vor Veröffentlichung aktueller Geschäftsergebnisse, in denen den Insidern des Unternehmens die Hände gebunden sind.

Journalisten als zweifelhafte Tippgeber

Auch bei der Verfolgung des so genannten ☞ Scalpings machen den Behörden juristische Fallstricke das Leben schwer. Das Prinzip dabei ist einfach: Der Tippgeber eines Börsenbriefs oder ein Analyst kauft vorher genau die Papiere, die er empfiehlt – eventuell nicht nur in der eigenen Publikation, sondern auch in anderen Medien, etwa durch einen Auftritt in einer Börsensendung. Steigen viele Anleger ein und steigt daraufhin die Aktie, ist für den Tippgeber der Kursgewinn gesichert. Diese Masche allerdings auch vor Gericht zu beweisen, ist bislang ein fast aussichtsloses Unterfangen für die Strafverfolgungsbehörden.

Der Kampf gegen die Windmühlen

Dass Scalping-Insider in Deutschland bislang kaum eine Bestrafung fürchten müssen, zeigt das Beispiel des Börsenjournalisten Egbert Prior. Dieser hatte 1997 und 1998 in einer Fernsehsendung und in seinem Börsendienst verschiedentlich Aktien angepriesen, die er vorher selbst ins Depot genommen hatte. Dennoch konnte ihm der Staatsanwalt kein Insiderdelikt nachweisen, weil Prior glaubhaft darlegen konnte, dass er nicht schon zum Zeitpunkt des Aktienkaufs plante, die Papiere zu empfehlen.

Aktien: Die Stars an der Börse

Keine andere Anlageform dominiert das Geschehen an den Finanzmärkten so sehr wie Aktien, denn Dividendentitel, wie sie auch genannt werden, bieten den Stoff, aus dem Anlegerträume sind. Wer zu einem frühen Zeitpunkt in die richtigen Unternehmen einsteigt und zum günstigen Zeitpunkt wieder aussteigt, hat gute Chancen, dass sich sein Investment als überdurchschnittlich erfolgreich erweist. Solche Gelegenheiten zu entdecken und zu nutzen, erfordert Informationen und sorgfältige Analyse. Wildes Spekulieren, bei dem heute gekauft und morgen verkauft wird, führt hingegen langfristig kaum zum Erfolg. Stattdessen sollte sich der Anleger darauf besinnen, dass er mit einer Aktie zum Miteigentümer an einem Unternehmen wird, und als solcher ist ihm Kontinuität ganz sicher ein wichtiges Ziel.

Vom Anleger zum Unternehmer

Um zu verstehen, welche Chancen, aber auch welche Risiken Aktien beinhalten, muss man wissen, welche Rechte diese Art von Wertpapieren verbriefen. Eine Aktie stellt einen Anteil am so genannten Grundkapital, also dem Eigenkapital einer Aktiengesellschaft (AG) dar. Mit dem Kauf beteiligt sich der Anleger an einem Unternehmen und nimmt fortan als Miteigentümer an der wirtschaftlichen Entwicklung „seiner" Gesellschaft teil – und zwar in zweierlei Hinsicht. Zum einen dadurch, dass seine Anteile an der Börse im Wert steigen oder fallen. Zum anderen, indem er unmittelbar am Gewinn, aber auch an einem etwaigen Verlust beteiligt ist. Es versteht sich von selbst, dass beides davon abhängt, wie wirtschaftlich erfolgreich das jeweilige Unternehmen ist.

→ Als Aktionär hat der Anleger keinen Anspruch auf eine regelmäßige und feste Verzinsung seines Kapitals wie beispielsweise bei einer Anleihe (→ Seite 224). Wenn das Unternehmen in schlechten Jahren Verluste schreibt, muss er davon ausgehen, dass die Gewinnausschüttung, Dividende genannt, ausbleibt. Allerdings kauft kaum ein Anleger Aktien nur wegen der Dividende, sondern in der Hoffnung auf Kursgewinne.

Um diese auch tatsächlich zu erzielen, muss sich der Anleger mit den individuellen Faktoren beschäftigen, die die Entwicklung des jeweiligen Unternehmens beeinflussen (→ Seite 192). Aktien reagieren sensibel auf jedes Ereignis und der Aktienmarkt insgesamt ist empfänglich für Stimmungen. Wer sich dies vergegenwärtigt, erspart sich Enttäuschungen und bleibt realistisch. Der Anleger sollte sich zudem bewusst sein, dass er Miteigentümer eines Unternehmens ist – und als solcher seine Anlageentscheidung treffen.

Nennwert ist nicht gleich Kurswert

In welcher Höhe ein Anleger am Geschäftserfolg beteiligt wird, hängt davon ab, welchen Anteil er mit seinem Aktienpaket am Grundkapital des Unternehmens hält. Der Nennwert oder Nominalwert einer Aktie ist dabei eine buchhalterische Größe, die sich aus der Einteilung des Grundkapitals in nominelle Einheiten ergibt – eine Art Geldbetrag. Dieser wertmäßige Anteil, den jede Aktie am Grundkapital repräsentiert, war früher auf der Urkunde aufgedruckt – beispielsweise 5 DM. Doch das ist heutzutage nur noch selten der Fall.

Vorausgesetzt, die Gesellschaft erzielt in einem Geschäftsjahr einen Gewinn, den sie an die Aktionäre ausschüttet, dann wird jeder Aktieninhaber in dem Maße daran beteiligt, wie es dem Anteil des Nennwerts seiner Aktien am Grundkapital entspricht. Das klingt erst einmal recht kompliziert, ist aber ganz einfach.

BEISPIEL: Beträgt das Grundkapital einer Aktiengesellschaft 10 Millionen Euro und ein Aktionär besitzt zehn Aktien im Nennwert von je 1 Euro, bekommt er ein Millionstel vom ausgeschütteten Gewinn. In der Praxis wird natürlich nicht so gerechnet, sondern es wird der Ausschüttungsbetrag durch die Zahl aller ausgegebenen Aktien dividiert und so die Dividende pro Aktie errechnet beziehungsweise festgelegt.

Mit dem Kurswert einer Aktie hat der Nennwert allerdings nichts zu tun. An der Börse wird in der Regel wesentlich mehr für eine Aktie gezahlt als die Urkunde nominell repräsentiert. Das liegt daran, dass der Börsenkurs den Marktwert einer Gesellschaft widerspiegelt – und dieser liegt bei einem erfolgreichen Unternehmen üblicherweise deutlich über dem Wert des Grundkapitals. Denn es werden dazu beispielsweise auch die Rücklagen (→ Seite 192), stille

Reserven (→ Seite 193), aber auch Marktposition, der Umfang der Kundenkartei und die Gewinnaussichten (→ Seite 194) der Gesellschaft hinzugerechnet.

Dennoch kommt es vor, dass eine Aktie weniger kostet als den auf der Urkunde aufgedruckten Betrag – nämlich dann, wenn das Unternehmen in ernsten finanziellen Schwierigkeiten steckt und in seiner Substanz gefährdet ist. Auch wenn der Nennwert nicht unmittelbar etwas mit dem Marktwert zu tun hat, geht in diesem Fall doch eine gewisse Signalwirkung von ihm aus, denn offensichtlich ist das Unternehmen nicht mehr den Betrag wert, den es entsprechend der Bilanz (→ Seite 193) repräsentiert.

Nennwert begrenzt Haftung des Aktionärs

Der Nennwert definiert gleichzeitig auch das Haftungsrisiko des Anlegers für Verbindlichkeiten „seines" Unternehmens, denn sollte die Gesellschaft im schlechtesten Fall doch einmal Insolvenz anmelden, haftet er nur bis zur Höhe des – in der Regel bereits gezahlten – Nennwertes. Das heißt, ist das Vermögen der Gesellschaft vollständig aufgebraucht, haben die Gläubiger keine Möglichkeit, ihre Forderungen bei den Aktionären geltend zu machen.

Freiwilliges Ende: Die Liquidation

Meist ist es die Insolvenz, die die Existenz eines Unternehmens beendet oder zumindest einen Neuanfang erfordert. In ganz seltenen Fällen wird eine Gesellschaft aber auch gezielt aufgelöst. Dazu wird das Barvermögen, das nach dem Verkauf aller Vermögensgegenstände und der Tilgung aller Verbindlichkeiten übrig bleibt, an die Anteilseigner verteilt. Bei diesem Liquidationserlös gilt das gleiche Prinzip wie bei der Dividende: Jeder Aktionär wird dann im anteiligen Verhältnis seines Aktiennennwerts zum Grundkapital beteiligt.

Umstellung von D-Mark auf Euro

Spätestens zum 1. Januar 2002 mussten alle Aktiengesellschaften in der EU den Nennwert ihrer Anteile von der heimischen Währung auf Euro umstellen. Da es bei der Umrechnung beispielsweise von 5-DM-Aktien zu „gebrochenen" Nennwerten von rund 2,55 Euro gekommen wäre (bei einem Umrechnungskurs von 1,95583 DM/Euro), haben die meisten deutschen Aktiengesellschaften dieses relativ aufwendige Prozedere vermieden, indem sie ihr Grundkapital vorher auf so genannte nennwertlose Stückaktien umgestellt haben.

Der Unterschied der Stück- zu den Nennwertaktien ist, dass sie nicht einen festen Betrag am Grundkapital verkörpern, sondern eine bestimmte Quote. Diese ergibt sich, wenn die Zahl der eigenen Anteile ins Verhältnis zu allen Aktien gesetzt wird. Um bei dem genannten Beispiel zu bleiben: Das Grundkapital der Gesellschaft in Höhe von 10 Millionen Euro wird umgewandelt von 10 Millionen 1-Euro-Aktien in 10 Millionen Stückaktien. Faktisch entspricht damit der Nennwert unverändert einem Euro pro Aktie – nur dass dieser Wert nicht mehr auf der Urkunde steht. Der Anleger ist mit seinen (neuen) zehn Aktien nach wie vor zu einem Millionstel (= Anzahl seiner Aktien dividiert durch die Anzahl aller ausgegebenen Stücke) am Grundkapital der Gesellschaft beteiligt.

Eine mögliche Alternative, die sich nicht durchsetzen konnte, sind so genannte Quotenaktien. Auf ihnen ist statt des Nennwerts die Beteiligungsquote aufgedruckt – etwa 1/1 000 000. Der Nachteil: Bei jeder Kapitalerhöhung (→ Seite 160) steigt die Zahl der Aktien und damit die Quote, sodass die Urkunden umgeschrieben werden müssen.

Aktie ist nicht gleich Aktie

Aktien unterscheiden sich allerdings nicht nur hinsichtlich ihres Nennwerts beziehungsweise ihrer Stückelung. Das deutsche Aktienrecht erlaubt auch eine Reihe unterschiedlicher, so genannter Gattungen, die sich in puncto Handelbarkeit und der Rechte, die sie verbriefen, voneinander abgrenzen lassen.

Keine Gesellschaft ohne Stammaktien

Keine Gesellschaft kommt zunächst ohne Stammaktien aus. Die Besitzer dieser Papiere sind sozusagen die klassischen Aktionäre, denn sie genießen alle gesetzlichen und satzungsmäßigen Rechte als Anteilseigner eines Unternehmens. Dazu gehören vor allem das Teilnahme-, Auskunfts- und Stimmrecht auf der Hauptversammlung (→ Seite 151).

Die meisten Gesellschaften haben ihre „Stämme", wie sie in der Börsensprache kurz genannt werden, als Inhaberpapiere aufgelegt. Das heißt, die Rechte, die mit der Aktie verbunden sind, können von jedem Anleger geltend gemacht werden, der sie gerade besitzt. Eine Übertragung dieser Papiere ist formlos und damit relativ einfach möglich – was wichtig ist im schnellen Börsengeschäft.

Aktionär mit Namen und Adresse

Das Gegenstück zu den Inhaberaktien sind die so genannten Namensaktien. Diese Papiere wurden in Deutschland früher vor allem von Versicherungsgesellschaften ausgegeben, bei denen der Nennwert zum Zeitpunkt der Ausgabe der Papiere nicht voll eingezahlt wurde. Wenn bei einem größeren Schadensfall unerwartete finanzielle Belastungen auf das Unternehmen zukamen und von den Aktionären Nachschuss einzufordern war, mussten die konkreten Namen bekannt sein. Der Gesetzgeber verlangte deshalb, dass teileingezahlte Aktien nur als Namensaktien ausgegeben wurden.

Der Unterschied zu den Inhaberpapieren ist, dass die Gesellschaft ein Aktienbuch führt, in dem alle Aktionäre mit Namen, Adresse und Stückzahl der gehaltenen Aktien aufgelistet sind. Bis vor einigen Jahren hatte jeder Aktionär das Recht auf uneingeschränkten Einblick in dieses Aktienbuch. Er konnte dadurch zum Beispiel erfahren, wie viele Anteile jeder der anderen Anteilseigner hielt. Nach einer entsprechenden Gesetzesänderung, die seit Anfang 2001 gilt, ist das Einsichtsrecht aus Datenschutzgründen allerdings nur noch auf die eigenen Daten beschränkt.

Depotbank bietet Anonymität

Wer in dem Register gar nicht erscheinen will, kann seine Depotbank anstelle seiner eigenen Person in das Aktienbuch eintragen lassen. Er muss sich dann aber für seine Papiere eine – eventuell kostenpflichtige – Vollmacht ausstellen lassen, wenn er die Hauptversammlung besuchen will. Denn dort kann nur derjenige seine Rechte als Aktionär wahrnehmen, der in das Register eingetragen ist – eine Vertretung per Vollmacht ist, wie erwähnt, jedoch möglich (→ Seite 154).

Die Vorteile für die Emittenten

Namensaktien sind bei deutschen Konzernen mittlerweile Standard. Siemens, die Deutsche Telekom und DaimlerChrysler sind nur einige der bekannten Gesellschaften, die ihre Inhaberpapiere auf Namensurkunden umgestellt haben, um auf dem internationalen Börsenparkett mithalten zu können. Denn in vielen Ländern ist diese Form längst Standard – in den USA sogar Pflicht. Wenn ein deutsches Unternehmen seine Aktien bei internationalen

Investoren unterbringen möchte oder zum Beispiel die Aufnahme des Handels an der Wall Street beabsichtigt, führt deshalb an Namensaktien kaum ein Weg vorbei.

Es gibt aber noch einer Reihe positiver Nebenaspekte für das Unternehmen. So bekommt die Verwaltung einen regelmäßigen und vollständigen Einblick in die Aktionärsstruktur und kann die Anteilseigner gezielter ansprechen, wenn es darum geht, Werbung für sich und die eigene Aktie zu machen – beispielsweise mit Aktionärsbriefen, Quartalsberichten und Imagebroschüren. Nicht zuletzt bieten Namensaktien einen Schutz vor einer unerwünschten Übernahme durch ein anderes Unternehmen (→ Seite 175) – vor allem, wenn die Namensaktien zusätzlich noch ☞ vinkuliert werden.

Auch ohne Vinkulierung war die Handelbarkeit von Namensaktien wegen der schwierigen Übertragung lange Zeit eine aufwendige Sache. Schließlich musste das Aktienbuch angesichts Tausender Transaktionen pro Tag laufend aktualisiert und gepflegt werden. Dank elektronischer Datenverarbeitung ist dies mittlerweile jedoch kein Hindernis mehr.

Zweifelhafter Charme der Vorzüge

Neben den Stammaktien haben Gesellschaften die Möglichkeit, zusätzlich auch noch so genannte Vorzugsaktien auszugeben. Der Vorteil der Vorzüge gegenüber den Stammaktien liegt fast immer in der Dividende. So genannte kumulative Vorzugsaktien gewähren dabei eine Mindestdividende und/oder Mehrdividende gegenüber den Stammaktien.

Bei einer Mehrdividende besteht der Aufschlag in einem festen Betrag oder in einem prozentualen Aufschlag zur Stammdividende. Eine Mindestdividende heißt, dass die Anteilseigner unter Umständen auch dann eine Ausschüttung erhalten, wenn die Stammaktionäre nichts bekommen. Teilweise gewähren die Vorzüge auch Anspruch auf eine Ausschüttung, bevor die Stammaktionäre bedient werden. In diesem Fall sprechen Fachleute von Prioritätsaktien.

An der Börse gibt es natürlich nichts ohne Gegenleistung. Vorzugsaktionäre besitzen im Gegenzug für die Besserstellung bei der Dividende üblicherweise kein Stimmrecht auf der Hauptversammlung. Das ist nach dem deutschen Aktienrecht allerdings nur dann zulässig, wenn der Vorzug bei einem völligen Ausfall der Dividende in den Folgejahren nachgezahlt wird – deshalb auch die Bezeichnung kumulative Dividende. Darüber hinaus lebt das Stimmrecht der Vorzüge auf, wenn die ausgefallene (Mehr-)Dividende im darauf folgenden Jahr nicht oder nur teilweise aufgeholt wird.

Bei den emittierenden Unternehmen waren Vorzugstitel bis vor einigen Jahren sehr beliebt – oft bei Gesellschaften mit beherrschenden Großaktionären, die nicht bereit waren, neuen Geldgebern entsprechende Mitsprache zu gewähren.

Vorzüge oder Stämme?
Für den Anleger stellt sich natürlich bei einem Unternehmen, von dem es sowohl Stamm- als auch Vorzugsaktien gibt, die Frage, zu welcher Gattung er greifen soll. An der Börse gibt es dazu eine eindeutige Antwort: zu Stammaktien – zumindest dann, wenn es um die langfristige Anlage geht. Vorzüge werden nämlich aufgrund des fehlenden Stimmrechts fast ausnahmslos mit einem Abschlag gehandelt, der nicht selten 30 bis 35 Prozent ausmacht. Und sie weisen im direkten Vergleich meist eine schlechtere Wertentwicklung auf. Einige Cent mehr Dividende gleichen diesen Nachteil in der Regel kaum aus.

☞ Vinkulierte Namensaktien: Diese Aktien können nur mit der Zustimmung des Vorstands der jeweiligen AG übertragen werden. Wenn ein Aktionär verkauft, ohne die Einwilligung einzuholen, und wird sie nachträglich verweigert, ist die gesamte Transaktion nichtig.

Der Grund für die unterdurchschnittliche Entwicklung der Vorzüge ist, dass institutionelle Anleger wie Versicherungen und Investmentfonds fast ausnahmslos Stammaktien kaufen. Als Anteilseigner mit einem zum Teil erheblichen Aktienpaket wollen sie schließlich Druck auf das Management ausüben können, wenn die geschäftliche Entwicklung nicht wie erhofft verläuft. Auch von Übernahmespekulationen und Bietergefechten (→ Seite 176) profitieren Vorzugsaktionäre nicht. Denn wer die Kontrolle über das Unternehmen bekommen will, muss sich die Mehrheit an den Stammaktien sichern.

Stammaktien schlagen Vorzugsanteile

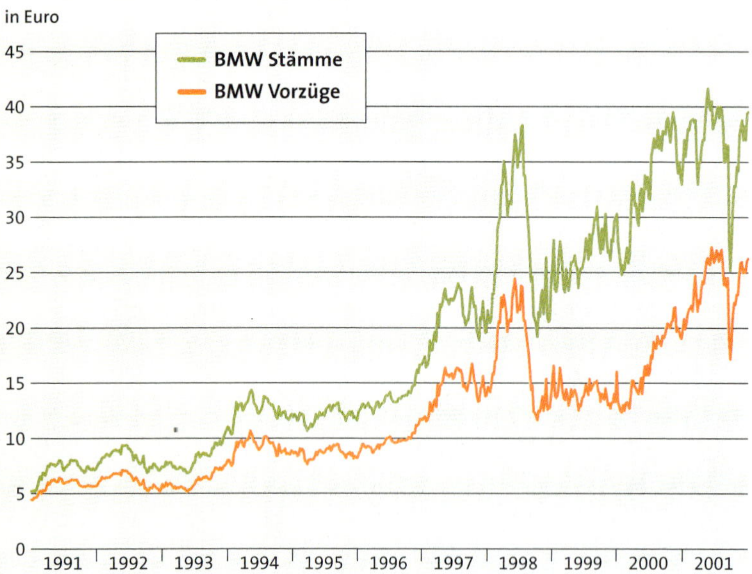

Vorzugsaktien dürften über kurz oder lang auf dem Abstellgleis landen, denn für solche nationalen „Sonderkonstruktionen“ ist im gemeinsamen Kapitalmarkt der Währungsunion kaum noch Platz. Deshalb hat mittlerweile eine Reihe großer deutscher Aktiengesellschaften, die Vorzüge an den Börsen notieren ließen, diese in Stammaktien umgewandelt. Der Hintergrund: Da bei vielen wichtigen Aktienindizes wie beispielsweise dem Dax oder dem Euro Stoxx 50 nur noch die liquidere Gattung in die Berechnungsgrundlage eingeht (→ Seite 106), befürchten sie, dass die Bedeutung ihres Unternehmens in den Kursbarometern sinkt.

Sonderformen auf internationalem Parkett

Auch an den internationalen Finanzmärkten gibt es unterschiedliche Ausgestaltungsmöglichkeiten bei Aktien. Bei einem Gang an eine US-amerikanische Börse entscheiden sich beispielsweise viele ausländische Unternehmen für spezielle Zertifikate, so genannte American Depositary Receipts (ADRs). Diese Konstruktion ist bereits mehr als 80 Jahre alt. Dabei hinterlegt die Gesellschaft ein größeres Aktienpaket bei US-amerikanischen Treuhänderbanken, die dann wiederum einen Herausgabeanspruch auf die Originalaktien in einem Zertifikat verbriefen – dem ADR. Nicht immer gilt dabei das Verhältnis 1 : 1. In vielen Fällen verkörpern 10 ADRs den Anspruch auf eine Aktie

Der Vorteil der ADRs für den Emittenten ist, dass sie rein rechtlich als eine Namensaktie gelten, auch wenn die dem Zertifikat zugrunde liegende Aktie ein Inhaberpapier ist.

Neben den ADRs gibt es in einigen Ländern auch eine Unterscheidung in so genannte A- und B-Aktien – etwa in China und Norwegen. Dabei dürfen ausländische Anleger in der Regel nur die B-Aktien kaufen, die nicht selten ein eingeschränktes Stimmrecht besitzen und/oder kontingentiert, also entsprechend markteng sind. Mit dieser Beschränkung will das entsprechende Unternehmen einen zu starken Einfluss ausländischer Kapitalgeber verhindern.

Aktionärsrechte – „Grundgesetz" der Miteigentümer

Wer Aktien kauft, wird Miteigentümer eines Unternehmens und kann in dieser Funktion bei einer Reihe wichtiger Entscheidungen mitbestimmen. Die Institution, die nach dem Aktiengesetz dafür vorgesehen ist, ist die Hauptversammlung (HV), die einmal jährlich stattfindet. Sie ist so etwas wie das „gesetzgebende" Organ einer Aktiengesellschaft. Ihre Entscheidungskompetenzen und Befugnisse sind im Aktiengesetz und der Satzung der jeweiligen Gesellschaft geregelt. Die Satzung ist eine Art Unternehmensverfassung, in der zum Beispiel der Geschäftszweck des Unternehmens, die Höhe des Grundkapitals und die Zahl der ausgegebenen Aktien festgelegt werden.

Für die HV gibt es formale Vorschriften

Die so genannte ordentliche Hauptversammlung muss der Vorstand, der im Auftrag der Aktionäre die Geschäfte der Gesellschaft führt, spätestens innerhalb von acht Monaten nach Beendigung des jeweiligen Geschäftsjahres einberufen.

Der Vorstand ist verpflichtet, für die HV eine Tagesordnung zu erstellen, die er zusammen mit der offiziellen Einladung, die Ort und Zeit der Versammlung enthält, mindestens einen Monat vorher per Anzeige im ☞ Bundesanzeiger bekannt gibt. Die Tagesordnung muss sämtliche Punkte auflisten, über die die Aktionäre zu entscheiden haben.

Außerdem darf sich der Vorstand nach der Veröffentlichung maximal zwei Wochen Zeit lassen, um diese Unterlagen an die Aktionäre zu schicken. Aktiengesellschaften mit Namensaktien (→ Seite 148) haben, da sie ihre Aktionäre kennen, die Möglichkeit dies direkt zu tun, anderenfalls erfolgt der Versand über die Depotbanken.

Jeder Aktionär hat Rede- und Auskunftsrecht

Auf der Versammlung selbst ist der Vorstand verpflichtet, zu einzelnen Punkten der Tagesordnung und zu allgemeinen Angelegenheiten des Unternehmens Stellung zu nehmen. Jeder Aktionär hat ein Auskunftsrecht und die Möglichkeit, Fragen zu stellen.

→ Dabei spielt es keine Rolle, wie viele Aktien er besitzt. Schon ein einziger Anteil genügt.

Damit diese Aussprache allerdings nicht in eine endlose Debatte ausartet, kann der Versammlungsleiter – in der Regel der Vorsitzende des Aufsichtsrats – die Redezeit jedes Teilnehmers, der sich zu Wort meldet, beschränken.

☞ Bundesanzeiger: Eine Art Tageszeitung, in der amtliche Bekanntmachungen der Bundesregierung, aber auch gesetzlich vorgeschriebene Bekanntmachungen von Unternehmen veröffentlicht werden.

Organisationsstruktur einer AG

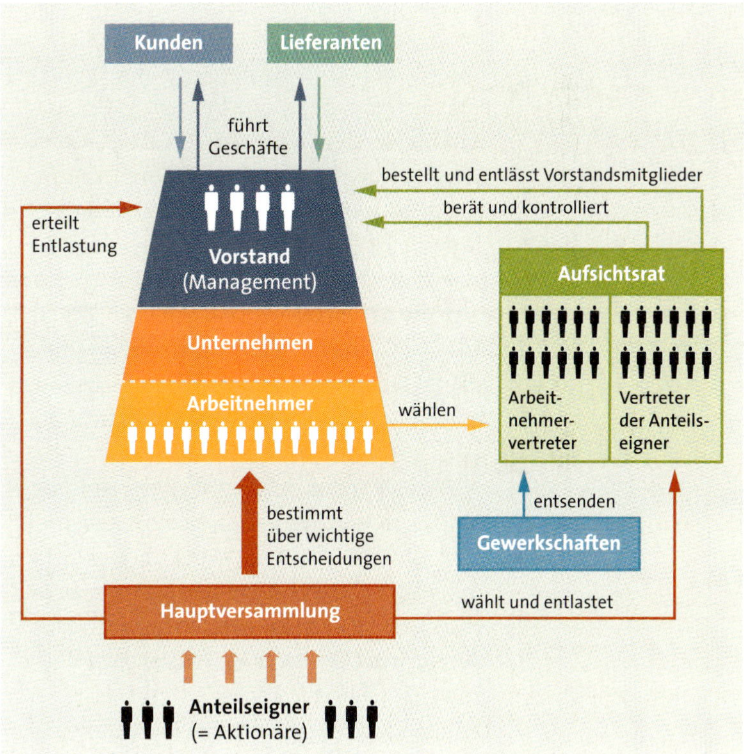

☞ Sonderprüfung: Sie wird auf Antrag der HV von einem unabhängigen Wirtschaftsprüfer vorgenommen und soll klären, ob Aktionäre durch bestimmte Vorgänge im Unternehmen geschädigt wurden und wer dafür verantwortlich ist. Das „Gesetz zur Kontrolle und Transparenz im Unternehmensbereich" (KontTraG) hat 1998 darüber hinaus die Rechte der Minderheitsgesellschafter gestärkt: Danach reichen schon 5 Prozent der Stimmen, um vor Gericht den Antrag zu erwirken, einen besonderen Vertreter einzusetzen, wenn der Verdacht besteht, dass die Unternehmensverwaltung ihre Pflichten vernachlässigt.

Die Verwaltung muss alle Fragen ausführlich und nach bestem Wissen beantworten. Wenn es dem Unternehmen Nachteile bringt, kann sich der Vorstand allerdings auf ein Auskunftsverweigerungsrecht (→ Seite 407) berufen. Die Vorstände sind aber im Gegensatz zu früheren Jahren bemüht, die geforderten Informationen zu liefern, denn sie müssen sich internationalen Maßstäben anpassen – und dort ist Offenheit gegenüber den Anteilseignern oberstes Gebot.

Wie Aktionäre ihre Interessen durchsetzen können

Verweigert die Verwaltung zu einer Frage oder einem Tagesordnungspunkt die Auskunft, kann der betroffene Aktionär Widerspruch (→ Seite 408) einlegen und ein Auskunftsverfahren (→ Seite 412) beim zuständigen Landgericht anstrengen.

Wenn ein Aktionär schon im Vorfeld mit einem oder mehreren Tagesordnungspunkten nicht einverstanden ist – beispielsweise mit dem Dividendenvorschlag (→ Kasten, Seite 153) –, kann er eine Woche nach Veröffentlichung der Tagesordnung – also nicht erst dann, wenn sie beim ihm im Briefkasten liegt – einen Gegenantrag verfassen. Den Gegenantrag muss er an die Aktiengesellschaft schicken, die ihn einschließlich einer eigenen Stellungnahme mit der Einladung an die Aktionäre versenden muss.

→ Voraussetzung dafür ist, dass der Antrag schriftlich begründet wird, wobei die Begründung nicht mehr als 100 Worte umfassen darf. Außerdem gilt er erst dann als gestellt, wenn er vom Aktionär oder seinem Stellvertreter mündlich auf der HV vorgetragen wird.

Geht es um einen konkreten Streitpunkt oder wird eine Unkorrektheit der Verantwortlichen vermutet, kann von den Aktionären eine ☞ Sonderprüfung beantragt werden. Voraussetzung: Der oder die Aktionäre halten 10 Prozent am Grundkapital oder Aktien im rechnerischen Nennwert von 500 000 Euro.

Realistischerweise muss man aber sagen, dass Kleinaktionäre kaum eine Chance haben, Maßnahmen wie zum Beispiel Gegenanträge durchzubringen, denn sie müssen mindestens 50 Prozent der auf der HV vertretenen Stimmen auf ihre Seite bringen. Umgekehrt ist allerdings bei bestimmten Entscheidungen wie etwa Kapitalmaßnahmen (→ Kasten, Seite 153) eine qualifizierte Mehrheit von 75 Prozent erforderlich. Eine so genannte Sperrminorität zu bilden, das heißt, eine Opposition zu organisieren, die mehr als 25 Prozent der vertretenen Stimmen repräsentiert, kann in strittigen Einzelfällen leichter sein, als es auf den ersten Blick aussieht.

Auch der Vorstand kann außerordentlich einberufen

Neben den Aktionären kann auch der Vorstand eine Hauptversammlung außer der Reihe einberufen, wenn eine wichtige Entscheidung sofort und nicht erst auf der nächsten regulären Hauptversammlung getroffen werden muss – beispielsweise eine dringende Kapitalmaßnahme oder eine Fusion (→ Seite 175). Unter bestimmten Voraussetzungen ist der Vorstand sogar dazu verpflichtet – nämlich dann, wenn die Gesellschaft Gefahr läuft, insolvent zu werden, oder überschuldet ist (→ Seite 164 „Kapitalherabsetzung").

Der Nutzen der HV für den Anleger

Kein Anleger sollte es versäumen, einmal ein Aktionärstreffen des Unternehmens zu besuchen, dessen Anteile er im Depot hat. Er hat auf diese Weise die Möglichkeit, den Vorstand zu einzelnen Punkten direkt zu befragen, kann sich über die weitere Strategie des Unternehmens informieren, die Verantwortlichen „hautnah" erleben und sehen, wie souverän und kompetent sie auf einzelne Redebeiträge reagieren und antworten. Zudem treten auf der HV oft Redner auf, die die Entwicklung des Unternehmens schon seit Jahren verfolgen und dementsprechend nachfragen.

Eine Aktie = eine Stimme

Wenn es am Ende um die Abstimmung über die einzelnen Punkte der Tagesordnung geht, dürfen im Regelfall nur Stammaktionäre ihre Hand heben. Dabei gilt das Prinzip: Eine Aktie gleich eine Stimme. Hat eine Gesellschaft Vorzugsaktionäre, dürfen diese bei der Abstimmung nur zuschauen. Ihr Stimmrecht lebt nur in Ausnahmefällen auf (→ Seite 149).

Wofür die Hand heben?

Auch wenn die Tagesordnung von Hauptversammlung zu Hauptversammlung variiert – eine Reihe von Abstimmungspunkten gehört zum Standard. Das sind die wichtigsten:

- **Vorlage des festgestellten Jahresabschlusses nebst Lagebericht.**
  Bevor es zur Abstimmung kommt, haben die Aktionäre ein Recht zu erfahren, wie das letzte Geschäftsjahr verlaufen ist. Der Vorstand und der Aufsichtsrat, der die Interessen der Anteilseigner wahrt, den Vorstand im Tagesgeschäft berät, aber auch kontrolliert (→ Grafik, Seite 151), geben einen Überblick über ihre Arbeit.
- **Beschlussfassung über die Verwendung des Bilanzgewinns.**
  In der Regel der erfreulichste, aber nicht selten auch strittigste Punkt der HV: Die Hälfte des Bilanzgewinns darf die Verwaltung vorab den Rücklagen (→ Seite 192) zuführen. Über den Rest stimmen die Aktionäre ab. Wenn nach dem Willen der Verwaltung auch davon noch ein erheblicher Teil in die Unternehmensreserven fließen soll, verlangen die Aktionäre in der Aussprache häufig eine Dividendenerhöhung. Die Verwaltung setzt sich aber in der Regel durch.
- **Beschlussfassung über die Entlastung von Vorstand und Aufsichtsrat.**
  Die Aktionäre erklären mit ihrer Zustimmung, dass die Arbeit des Managements und des Aufsichtsrats aus ihrer Sicht nicht zu beanstanden war. Verweigern sie die Entlastung, bedeutet das aber nicht die Entlassung derjenigen, die nicht entlastet wurden. Es wird lediglich ein gewisser Vertrauensentzug dokumentiert. Vorstände bestellen und abberufen kann nur der Aufsichtsrat, dessen Mitglieder zu einem Teil von der HV, zum anderen Teil von den Arbeitnehmern alle vier Jahre gewählt werden.
- **Beschlussfassung über die Erhöhung des Grundkapitals.**
  Wenn der Vorstand neue Aktien (→ „Wenn Aktien Junge kriegen", Seite 160) ausgeben will, braucht er stets die Zustimmung der Anteilseigner. Er kann sich allerdings einen Vorratsbeschluss erteilen lassen, das heißt, die Hauptversammlung genehmigt ein bestimmtes Kapital, in dessen Höhe der Vorstand Aktien ausgeben kann, ohne dass bereits ein konkreter Termin dafür feststeht. Auch wenn die Verwaltung Mitarbeiteraktien ausgeben oder Führungskräfte durch Aktienoptionen (→ Seite 58) motivieren will, haben die Anteilseigner mitzureden, da dies in der Regel ebenfalls mit einer Kapitalerhöhung verbunden ist.
- **Beschlussfassung über die Ermächtigung zum Erwerb eigener Aktien.**
  Unter bestimmten Voraussetzungen und bis zu einem Limit von 10 Prozent des Grundkapitals kann der Vorstand eigene Aktien des Unternehmens zurückkaufen (→ Seite 176). Dazu braucht er vorher allerdings die Zustimmung der Anteilseigner, denen er auf der HV den Zweck des Rückkaufs erklären muss.

Einigkeit macht stark

Eine ihrer Sternstunden erlebte die deutsche Aktionärsdemokratie am 9. Dezember 1959. An diesem Tag hatte die Verwaltung der BMW AG ihre Aktionäre zur Hauptversammlung nach München eingeladen. Die Lage war ernst. Eine verfehlte Modellpolitik hatte den Automobilbauer tief in die roten Zahlen getrieben. Angesichts chronisch leerer Kassen stand das Unternehmen sogar kurz vor dem Aus. BMW-Großaktionär Herbert Quandt hatte deshalb Kontakt zu Friedrich Flick aufgenommen, der ein beachtliches Aktienpaket von Daimler-Benz besaß. Er traf mit ihm eine vertrauliche Absprache, dass er via Daimler bei BMW einsteigen und dem Unternehmen mit einer Kapitalspritze unter die Arme greifen sollte. Für die Schwaben und Flick kam die Offerte wie gerufen. Daimler-Benz benötigte dringend weitere Produktionskapazitäten. Marke und Modelle von BMW interessierten da weniger. Doch Flick war Geschäftsmann genug, sich den Einstieg bei den Bayern versüßen zu lassen. Der Plan sah vor, das Grundkapital im Verhältnis 2 : 1 herabzusetzen, wodurch die Zahl der Aktien halbiert wurde. Danach sollte das Grundkapital durch Ausgabe neuer Aktien gegen Bareinlage wieder erhöht werden, ohne jedoch den Altaktionären ein Vorkaufsrecht zu gewähren. Die neuen Aktien, die – so war es vorgesehen – eine Mehrheit von immerhin 75 Prozent am Grundkapital darstellen sollten, wollten Daimler-Benz und ein Bankenkonsortium übernehmen – mit der Option eines Vorkaufsrechts für Flick. Im Gegenzug würden die BMW-Aktionäre eine Dividendengarantie erhalten und das Unternehmen Millionenaufträge, die langfristig das Überleben sicherten. An der Zustimmung zum Sanierungsplan auf der HV gab es kaum Zweifel. Schließlich saß die Deutsche Bank bei beiden Firmen an führender Stelle im Aufsichtsrat und zog kräftig mit an den Fäden. Die erforderliche Mehrheit schien so gut wie beisammen. Doch es kam anders.

Die Aktien der HV-Besucher unterliegen einer Sperre

Damit auf der HV klar ist, wer wie viele Stimmen besitzt, muss der Anleger einige Tage vor der HV über seine Depotbank eine Eintrittskarte bestellen. Mit ihr bekommt er nicht nur Zutritt zu der Veranstaltung, sie dient auch als Nachweis seiner Stimmrechte. Um zu verhindern, dass ein Aktionär Stimmen vertritt, die er gar nicht mehr besitzt, weil er seine Aktien kurz vor der HV verkauft hat, sperrt die Depotbank den betreffenden Aktienposten bis zum Tag nach der HV.

→ Anleger, die also eine bestimmte Aktie kurzfristig verkaufen wollen, sollten auf den Besuch der Hauptversammlung besser verzichten oder – wenn möglich – Stimmen Dritter, die ihnen per Vollmacht übertragen worden sind, vertreten.

Auf der HV vertreten lassen

Wer Aktien mehrerer Unternehmen in seinem Depot hat, kann die jeweiligen Hauptversammlungen kaum alle selbst besuchen – meist, weil die notwendige Zeit fehlt oder die einzelnen Tagungsorte in ganz Deutschland oder gar in allen Teilen der Welt verstreut liegen. Das ist auch nicht notwendig. Wenn es sich um die HV eines deutschen Unternehmens handelt, kann jeder Aktionär seine Stimmen übertragen. Das Aktienrecht erlaubt es,

Ein Dr. Friedrich Mathern ergriff das Wort. Er besaß keine eigenen BMW-Aktien und hatte nur durch die Übertragung von einigen Stimmrechten eines Bekannten Zutritt zur Versammlung und damit auch Rederecht bekommen. Mathern stellte Fragen und Anträge, die das Management völlig überraschten und auf die es kaum zu antworten wusste. Schließlich mussten die Vorstände kleinlaut zugeben, dass es mit der Auftragslage zwar schlecht, aber eben nicht so schlecht aussah, wie man glauben machen wollte. Dann spielte Mathern seinen ersten Trumpf aus. Er hatte ohne offizielles Mandat mit dem Maschinenbauer MAN verhandelt und ihn für den Kauf der Flugturbinensparte von BMW begeistert. Mit dem Erlös von 30 Millionen DM wäre die Sanierung aus eigener Kraft möglich. Mathern beantragte deshalb eine Vertagung der Versammlung. Der Antrag wurde denkbar knapp abgelehnt. Mathern ließ dennoch nicht locker. Da der Vorstand zugegeben hatte, dass die Auftragslage besser war als dargestellt, war eine Reihe von Bilanzansätzen nach dem Handelsgesetz nicht zulässig. Mathern gab deshalb die Beanstandung der Bilanz zu Protokoll und las die Passage aus dem Aktiengesetz vor, nach der zur Vertagung der HV 10 Prozent des stimmberechtigten Kapitals reichen, wenn die Bilanzfeststellung beanstandet wird. Nach mehr als elf Stunden wurde der Antrag mit deutlich über 10 Prozent angenommen. Damit war Daimler-Benz ausgebootet, denn das Angebot des Konkurrenten galt ultimativ nur bis 24.00 Uhr am Tag der HV. Nach reiflicher Überlegung entschloss sich Quandt danach, BMW aus eigener Kraft zu sanieren. Seinen Entschluss brauchte er nie zu bereuen, denn das Aktienpaket, das bis heute im Besitz der Familie Quandt ist, hat derzeit einen Wert von mehreren Milliarden Euro.

Quelle: HORST MÖNNICH: BMW – eine deutsche Geschichte. Stuttgart, 1981.

auch Dritte – etwa einen Kollegen oder Verwandte, die selbst keine Aktien halten – mit der Wahrnehmung der Stimmrechte zu beauftragen. Dazu reicht eine einfache Vollmacht, die meist schon bei der Eintrittskarte mit dabei ist.

Am einfachsten ist es allerdings, die eigene Depotbank damit zu beauftragen. Die meisten Institute bieten dazu so genannte Globalvollmachten an. Ein Mitarbeiter der Bank besucht dann alle HVs der Gesellschaften, dessen Anteile der Anleger in seinem Depot hält. Wenn den Bankvertretern keine ausdrücklichen Weisungen der Vollmachtgeber vorliegen, stimmen sie stets im Sinne der Verwaltung ab. Fragen an den Vorstand stellen sie grundsätzlich nicht.

Interessenkonflikte der Banken

Die Wahrnehmung der Depotstimmrechte führte in der Vergangenheit oft dazu, dass die Banken zusammen mit den Stimmen des eigenen Aktienbestands die HVs vieler Großkonzerne nach Belieben kontrollieren und dadurch den Kurs des Managements zum eigenen Vorteil beeinflussen konnten. Ein massiver Interessenkonflikt, denn was für die Bank gut ist – beispielsweise großes Kreditvolumen, wenige Investitionen und schon gar keine riskanten –, muss nicht unbedingt auch im Interesse der Aktionäre liegen.

Das Gesetz zur Kontrolle und Transparenz im Unternehmensbereich (KonTraG) hat diesem Missstand zumindest teilweise einen Riegel vorgeschoben. Danach darf keine Bank, deren direkter oder indirekter Besitz an einem Unternehmen größer als 5 Prozent ist, Depotstimmen von Kunden auf der jeweiligen HV vertreten. Ausnahme: Der Depotkunde hat ausdrücklich eine Einzelweisung erteilt.

Alternative: Die Aktionärsvereinigungen
Kein Aktienbesitzer ist im Übrigen auf den „Service" einer HV-Vertretung durch die Banken angewiesen. Er kann auch eine der so genannten Aktionärsvereinigungen mit der Stimmrechtsvertretung beauftragen. Die beiden wichtigsten und größten in Deutschland sind die Schutzgemeinschaft der Kleinaktionäre (SdK) und die Deutsche Schutzgemeinschaft für Wertpapierbesitz (DSW). KONTAKT ▶

▶ KONTAKT
Schutzgemeinschaft der Kleinaktionäre e.V.
Karlsplatz 3
80335 München
07 11/34 52 091
www.sdk.org

Deutsche Schutzgemeinschaft für Wertpapierbesitz
Hamborner Str. 53
40443 Düsseldorf
02 11/66 97 02
www.dsw-info.de

Aktionärsvereinigungen verstehen sich als Interessenvertretungen. Sie haben den Vorteil, dass sie unabhängig arbeiten, sich gezielt um die Belange der Kleinaktionäre kümmern und dabei kritisch vorgehen. Im Gegensatz zu den Bankvertretern stellen sie auf den HVs, die sie für ihre Mitglieder besuchen, regelmäßig Gegenanträge, greifen Missstände auf und gehen auch vor Gericht, um die Rechtmäßigkeit der Verweigerung von Auskünften oder die Höhe von Abfindungen überprüfen zu lassen. Bei manchen Gesellschaften dürfen sie auch – stellvertretend für die privaten Kleinanleger – ein Mitglied des Aufsichtsrats stellen beziehungsweise zur Wahl vorschlagen.

■ TIPP

Die Aktionärsvereinigungen beraten auch in Fragen des Anlagerechts und helfen weiter, wenn es zum Beispiel Ärger mit der Bank im Zusammenhang mit Wertpapiergeschäften gibt. Finanziert wird dieser Service von den Mitgliedsbeiträgen, externe Anleger zahlen ein Honorar.

→ Für welche Möglichkeit sich ein Aktionär auch entscheidet – er sollte auf keinen Fall darauf verzichten, seine Stimmrechte auszuüben. Die Tatsache, dass die Teilnehmer vieler Hauptversammlungen mit ihren Stimmrechtsanteilen nur einen Bruchteil des Grundkapitals repräsentieren, kann dazu führen, dass es zu Zufallsmehrheiten kommt. Dann darf sich der Aktionär nicht wundern, wenn Entscheidungen getroffen werden, die unter Umständen zu seinem und zum Schaden des jeweiligen Unternehmens sind. Jede Stimme zählt!

Die mangelnde Präsenz der Aktionäre auf vielen HVs könnte bald der Vergangenheit angehören: Nämlich dann, wenn es die Möglichkeit gibt, die Veranstaltung beispielsweise von zu Hause aus per Bildschirm zu verfolgen – etwa per Internet. Eine komplett virtuelle Hauptversammlung ist technisch kein Problem mehr, doch die Rechtslage in Deutschland lässt es derzeit (noch) nicht zu, dass die Aktionäre direkt per Mausklick abstimmen. Bei einigen Unternehmen wie zum Beispiel DaimlerChrysler und Celanese können die Anteilseigner aber mittlerweile den Verlauf der HV per Internet verfolgen und Fragen per E-Mail stellen, die dann vom Vorstand beantwortet werden. Über spezielle Vertrauensleute vor Ort ist es sogar möglich, dass die auf diese Weise „anwesenden" Aktionäre auch an der Abstimmung teilnehmen können.

Mit dem Fiskus auf HV-Termin
Aktionäre können sämtliche Kosten, die für den Besuch einer Hauptversammlung anfallen, steuerlich als Werbungskosten bei den Einkünften aus Kapitalvermögen (→ Seite 382) geltend machen. Das fängt bei den Aufwendungen für die Eintrittskarte an, geht weiter über die Fahrt- und zusätzlichen Verpflegungskosten und hört unter Umständen bei den Hotelkosten auf, wenn für den Aktionär die Hin- und Rückreise am gleichen Tag nicht

zu bewerkstelligen ist. Dabei ist es für den Fiskus zunächst unerheblich, ob die HV im In- oder Ausland stattfindet.
Doch wer den Trip zu einem Hauptversammlungstermin nach Rom, Paris oder London durch die Hintertür über seine Zins- und Dividendeneinkünfte finanzieren will, wird bei den Finanzbeamten aller Wahrscheinlichkeit nach auf wenig Verständnis stoßen. Steuerlich wichtig ist es nämlich, dass ein wirtschaftlicher Zusammenhang zwischen Kosten und Erträgen besteht. Das heißt, der Aktionär kann die Aufwendungen für den Besuch der HV nur mit den entsprechenden Dividendenerträgen verrechnen, die ihm sein Aktienpaket einbringt. Da die meisten Unternehmen gemessen am Kurs relativ niedrige Dividenden zahlen, wird selbst die Gewinnausschüttung für 100 oder 200 Anteile kaum reichen, um die Kosten des HV-Besuchs zu decken. Für das Finanzamt ist das dann ein Fall von Liebhaberei, wie es im Steuerdeutsch heißt.
Das bedeutet: Die Ausgaben werden steuerlich nicht anerkannt, denn die ernsthafte Absicht, einen steuerpflichtigen Gewinn zu erzielen, ist nicht erkennbar. Allerdings darf das Finanzamt bei dieser Beurteilung nicht nur das einzelne Kalenderjahr heranziehen. Die Rechtsprechung gesteht dem Steuerzahler zu, seine Gewinnerzielungsabsicht langfristig unter Beweis stellen zu können. Will der Anleger also die (hohen) Kosten für den Besuch einer HV geltend machen, steigen die Chancen auf Anerkennung, wenn er den Finanzbeamten darauf hinweisen kann, dass er den entsprechenden Aktienposten bereits seit Jahren im Depot hält und auch weiter halten will, und dass für einen Zeitraum von beispielsweise fünf Jahren und unter Berücksichtigung der bisherigen Dividendenhöhe durchaus ein Überschuss anfällt.

Andere Länder, andere Sitten

Die meisten Anleger haben auch ausländische Titel in ihrem Depot. Dort Aktionärsrechte durchzusetzen ist allerdings nicht ganz so einfach wie in Deutschland. Die erste Hürde ist in vielen Fällen bereits die Sprache, denn kaum ein deutscher Aktionär dürfte im Italienischen oder Spanischen so geübt sein, um den Geschäftsbericht problemlos lesen zu können. Unterlagen in englischer Sprache sind nach Beobachtungen der Aktionärsvereinigungen aber in vielen Fällen Mangelware.

Ein anderes großes Problem: In vielen EU-Staaten scheitert die Teilnahme an der Veranstaltung bereits an der Einladungsfrist. Sie beträgt zum Beispiel in Dänemark und Luxemburg nur acht Tage. Allein die deutschen Banken brauchen jedoch zwei bis drei Wochen, um ihre Depotkunden zu informieren, sodass die Aktionäre, die sich allein auf ihre Bank verlassen, den HV-Termin regelmäßig verpassen.

Aber selbst wenn die Aktionäre rechtzeitig vom Stattfinden der HV erfahren, kann ihnen die länderspezifische Rechtslage eine böse Überraschung bereiten: Frankreich, Griechenland, Italien, Luxemburg und Spanien schreiben zum Beispiel vor, dass ein bestimmter Mindestanteil am Grundkapital, ein so genanntes Quorum, auf der HV vertreten sein muss, damit sie beschlussfähig ist. Andernfalls wird eine neue HV einberufen – und die angereisten Aktionäre können sich wieder auf den Heimweg machen.

Auch die Stimmrechtsvertretung ist in manchen Ländern – zum Beispiel in Frankreich und Portugal – mit fast unüberwindbaren Hürden verbunden (→ Tabelle, Seiten 158, 159). Was einheitliche Aktionärsrechte angeht, gibt es in Euroland also noch Nachholbedarf.

Regeln für die Hauptversammlung in den wichtigsten EU-Ländern

Land	Einberufungsfrist	Benachrichtigung ausländischer Aktionäre	Stimmrechtsvertretung
Belgien	Zwei Wochen	Aktionär muss Antrag auf persönliche Benachrichtigung stellen	Grundsätzlich von jedermann möglich
Dänemark	Höchstens vier Wochen, spätestens acht Tage	Keine gesonderte Regelung, abweichende Vereinbarung per Satzung möglich	Grundsätzlich von jedermann möglich, Einschränkungen per Satzung erlaubt
Deutschland	Mindestens ein Monat	Unterlagen auf Anfrage; in der Praxis Versendung der Einladung über Depotbanken	Grundsätzlich von jedermann durch Vollmacht des Aktionärs möglich
Frankreich	Tagesordnung: 30 Tage vorher, HV-Termin: 15 Tage vorher	Unterlagen auf Anfrage	Nur von Ehegatten oder anderen Aktionären, Vertretung muss der Gesellschaft vorher angezeigt werden
Großbritannien	Veröffentlichung der Einladung 20 Tage vor HV in den Räumen der AG, per Satzungsbeschluss auch generelle Einladung per Post möglich.	Unterlagen auf Anfrage	Grundsätzlich von jedermann möglich, aber Vollmacht muss 48 Stunden vor HV vorliegen
Irland	21 Tage vorher durch persönliche Ladung	Unterlagen auf Anfrage und soweit Aktionär im Aktienbuch eingetragen ist	Grundsätzlich von jedermann möglich, aber Vollmacht muss 48 Stunden vor HV vorliegen und Vertreter muss namentlich benannt werden
Italien	Mindestens 15 Tage vorher	Zusendung der Unterlagen auf Anfrage	Grundsätzlich von jedermann, aber nicht durch Angestellte der jeweiligen Aktiengesellschaft, Wirtschaftsprüfer oder Bankangestellte [2]
Luxemburg	Mindestens 16 Tage vor HV, bei Namensaktien persönliche Einladung 8 Tage vor HV	Keine besonderen Regelungen	Grundsätzlich von jedermann möglich, Einschränkungen per Satzung erlaubt
Niederlande	Mindestens 15 Tage	Antrag auf Aufnahme in Adressliste möglich, dann aber oft nur Zusendung des Geschäftsberichts	Grundsätzlich von jedermann per schriftlicher Vollmacht möglich
Österreich	Mindestens 14 Tage, Tagesordnung mindestens sieben Tage	Keine besonderen Regelungen	Grundsätzlich von jedermann per schriftlicher Vollmacht möglich
Portugal	Mindestens einen Monat [1]	Keine besonderen Regelungen	Nur durch Ehegatten/direkte Verwandte oder andere Aktionäre, Vertretung muss Sitzungsleiter angezeigt werden
Spanien	Mindestens 15 Tage	Anforderung beim Vorsitzenden des Verwaltungsrates möglich	Grundsätzlich von jedermann möglich

[1] Bei Versand per Einschreiben 21 Tage.

[2] Zusätzliche Größenbeschränkungen: Bei einem Gesellschaftkapital von bis zu 2 Mio. Euro kann eine Person nicht mehr als 50 Aktionäre vertreten; 2 bis 10 Mio. Euro: 100 Aktionäre; mehr als 10 Mio. Euro: 200 Aktionäre.

Beschlussfähigkeit der HV	Gegenanträge möglich	Erweiterung der Tagesordnung möglich
Ordentliche HV: kein Quorum, bei außerordentlicher HV muss mindestens Hälfte des Grundkapitals anwesend sein	Nein	Nein
Keine Regelung über Quorum	Nein	Für jeden Aktionär per schriftlichen Antrag möglich
Keine Regelung über Quorum	Ja, innerhalb einer Woche nach Einberufung	Ja, wenn Minderheit 5 % am Grundkapital oder 500 000 Euro erreicht
Ein Viertel des Grundkapitals muss auf HV vertreten sein	Nein	Möglich vor Einberufung der HV, wenn Minderheit zwischen 0,5 und 5 % am Grundkapital besitzt
Mindestens zwei Aktionäre müssen anwesend sein	Nein, aber Aktionäre können Änderungsantrag zu einzelnen Tagesordnungspunkten machen	Minderheit muss über mindestens 20 % der Stimmen verfügen [3]
Mindestens zwei bzw. drei Aktionäre (je nach Gesellschaftsform) müssen anwesend sein	Nein, aber Aktionäre können Änderungsantrag zu einzelnen Tagesordnungspunkten machen	Nicht möglich, aber Minderheit von 10 % am Grundkapital kann außerordentliche HV einberufen
Nur bei erster HV, danach entfällt Quorum	Nein	Nein, aber Minderheit von mindestens einem Drittel des Grundkapitals kann Vertagung der HV beantragen
Bei ordentlicher HV kein Quorum	Nein	Nein, aber Minderheit von mindestens 20 % des Grundkapitals kann Vertagung der HV beantragen
In der Regel kein Quorum, abweichende Bestimmungen per Satzung möglich	Nein	Nein
In der Regel kein Quorum, abweichende Bestimmungen per Satzung möglich	Nein	Ja, wenn Minderheit 5 % des Grundkapitals erreicht (abweichende Regelung per Satzung möglich)
Keine Regelung über Quorum	Ja, wenn Minderheit 5 % am Grundkapital vertritt	Ja, wenn Minderheit 5 % des Grundkapitals hält
Nur bei erster HV muss mindestens ein Viertel des Grundkapitals vertreten sein	Nein	Nicht möglich, aber Minderheit von 5 % des Grundkapitals kann außerordentliche HV einberufen

[3] Mindestens 100 Aktionäre, die im Schnitt mindestens 100 Euro für ihre Anteile bezahlt haben.

Quelle: Deutsche Schutzvereinigung für Wertpapierbesitz

Kapitalerhöhung: Wenn Aktien Junge kriegen

Es kommt immer wieder vor, dass ein Unternehmen, dessen Anteile der Anleger im Depot hält, eine so genannte Kapitalerhöhung durchführt und neue Aktien ausgibt. Von einer solchen Kapitalmaßnahme ist nicht nur das Anteilsverhältnis betroffen, mit dem der Anleger an dem jeweiligen Unternehmen beteiligt ist. Meist wird er auch dazu aufgefordert, zusätzliches Geld in dem Unternehmen anzulegen. Dann ist es wichtig zu wissen, was auf ihn zukommt.

Üblicherweise erhöht eine Aktiengesellschaft ihr Grundkapital, wenn sie frisches Eigenkapital benötigt. Dazu gibt sie neue Aktien gegen Bargeld aus. Fachleute sprechen dabei auch von einer ☞ Kapitalerhöhung gegen Bareinlage.

☞ Kapitalerhöhung gegen Bareinlage: Im Gegensatz dazu steht die Kapitalerhöhung gegen Sacheinlage – das ist beispielsweise dann der Fall, wenn ein Unternehmen den Kauf eines Grundstücks mit neu ausgegebenen Aktien bezahlt. Dies ist nur mit einer Reihe von Einschränkungen möglich, kommt aber gelegentlich vor.

Die neuen Aktien werden üblicherweise nicht zum rechnerischen Nennwert (→ Seite 146), sondern zu einem wesentlich höheren Kurs ausgegeben. Der über dem Nennwert liegende Betrag wird dabei auch als Agio oder Aufgeld bezeichnet, der buchhalterisch nicht dem Grundkapital, sondern den gesetzlich vorgeschriebenen Rücklagen (→ Seite 192) der Gesellschaft zugeführt wird.

Das Bezugsrecht der Altaktionäre

Meist werden die neuen Aktien zu einem Preis verkauft, der in der Nähe des aktuellen Börsenkurses liegt. Dabei platziert die Verwaltung des Unternehmens beziehungsweise das Emissionskonsortium (→ Seite 165) die neuen Anteile wie bei einer Erstemission (→ Seite 165) am freien Markt. Dieses Verfahren ist heutzutage üblich. Es kommt allerdings auch vor, dass der Vorstand den Preis der neuen Aktien deutlich unter dem aktuellen Börsenkurs festsetzt – etwa mit einem Abschlag von 40 oder 50 Prozent. In diesem Fall steht den Altaktionären eine Art Vorkaufsrecht zu – das so genannte Bezugsrecht. Die Einräumung dieses Bezugsrechts an die Altaktionäre ist sogar gesetzlich festgeschrieben, denn durch die Erhöhung der Aktienzahl mindert sich ihr prozentualer Anteil am Grundkapital und damit auch der Eigentumsanteil am Vermögen der Gesellschaft. Gleichzeitig würden sie vermögensrechtlich benachteiligt, wenn sich neue Geldgeber über eine Kapitalerhöhung billiger als über die Börse in das Unternehmen einkaufen könnten.

Beispiel: Ein Aktionär besitzt eine Million oder 10 Prozent der Aktien einer Gesellschaft. Im Rahmen einer Kapitalerhöhung wird das Grundkapital von 10 auf 12,5 Millionen Euro beziehungsweise Aktien erhöht. Angesichts der gestiegenen Zahl der ausgegebenen Aktien entspricht das Aktienpaket des Aktionärs nicht mehr 10, sondern nur noch 8 Prozent am Grundkapital. Das heißt auch, dass seine Stimme auf der Hauptversammlung weniger Gewicht hat und sich sein Anspruch auf Beteiligung am Gewinn entsprechend mindert. Für diesen Vermögensverlust muss er entschädigt werden, wenn die neuen Aktien mit einem Abschlag auf den Börsenkurs ausgegeben werden.

Das Bezugsrecht stellt einen Ausgleich für dieses Problem dar. Mit dem Bezugsangebot, das in der Regel über die Depotbank an die Anteilseigner verteilt wird, haben die Altaktionäre die Möglichkeit, ihre Beteiligungsquote zu halten, wenn sie es in vollem Umfang wahrnehmen. Im Angebot ist aufgeführt, wie viel die neuen Aktien kosten und wie viele alte Aktien sie besitzen müssen, um eine neue Aktie erwerben zu können. Dieses so genannte Bezugsverhältnis ergibt sich aus dem Umfang der Kapitalerhöhung.

So wird bei einer Kapitalerhöhung gerechnet

Das Grundkapital der XY-AG beträgt 5 Millionen Euro = 5 Millionen Stückaktien im rechnerischen Nennwert von einem Euro. Der Vorstand beschließt, das Grundkapital auf 6 Millionen Euro durch Ausgabe von 1 Million neuer Aktien zu erhöhen. Die Aktien sind bereits für das laufende Jahr dividendenberechtigt und damit den Altaktien gleichgestellt. Der Kurs der jungen Aktien wird auf 30 Euro festgelegt. Der aktuelle Börsenkurs liegt bei 60 Euro.

Ein Aktionär, der beispielsweise 500 Aktien besitzt, das entspricht 0,01 Prozent am Grundkapital, muss 100 Aktien kaufen, damit sein Eigentumsanteil an der XY-AG vor und nach der Kapitalmaßnahme gleich bleibt.

Vorher:

$$\frac{500}{5\,000\,000} \times 100 = 0{,}01 \text{ Prozent.}$$

Nachher:

$$\frac{600}{6\,000\,000} \times 100 = 0{,}01 \text{ Prozent.}$$

Daraus ergibt sich ein Bezugsverhältnis von 5 : 1, das heißt, für jeweils fünf alte Aktien kann jeder Aktionär eine neue Aktie beziehen. Wer nun beispielsweise 32 Aktien im Depot hat, kann sich überlegen, drei Bezugsrechte zu kaufen, um dann sieben neue Stücke zu übernehmen oder zwei zu verkaufen und sechs Aktien aus der Kapitalerhöhung zu beziehen. Natürlich kann er auch alle 32 Bezugsrechte verkaufen und ganz darauf verzichten, die Kapitalmaßnahme mitzumachen. Dies ist nicht zuletzt auch eine Frage des Geldbeutels. Der Wert des Bezugsrechts lässt sich rechnerisch anhand nachfolgender Formel kalkulieren:

$$\frac{\text{Börsenkurs} - [\text{Emissionskurs (+ eventueller Dividendennachteil)}]}{\text{Bezugsverhältnis} + 1}$$

= Rechnerischer Wert des Bezugsrechts

Bei dem genannten Beispiel ergibt sich folgende Rechnung:

$$\frac{60 - (30 + 0)}{5 : 1 + 1}$$

Der rechnerische Bezugswert liegt damit bei 5 Euro.

Mitmachen oder verkaufen?

Der Aktionär hat, wenn er das Bezugsangebot bekommt, mindestens zwei Wochen Zeit, sich zu entscheiden, ob er bei der Kapitalerhöhung mitzieht oder verzichtet und seine Bezugsrechte über die Börse verkauft.

Dabei sollten sich Privatanleger, die ihr Geld langfristig in Aktien investieren, nicht davon beeindrucken lassen, dass die Ankündigung einer Kapitalerhöhung zunächst einmal auf den Kurs drückt. Der Grund dafür ist, dass die Börsianer mit der höheren Anzahl umlaufender Aktien eine Verwässerung des Gewinns pro Aktie (→ Seite 195) befürchten.

Als betroffener Aktionär sollte man sich vielmehr sehr genau darüber informieren, welche Maßnahmen mit dem frischen Kapital finanziert werden sollen und wie die Erfolgsaussichten dieser Projekte einzuschätzen sind. Inzwischen ist es üblich, dass der Vorstand bei der Ankündigung der Maßnahme eine entsprechende Stellungnahme abgibt. Auch die aktuelle Einschätzung von Analysten (→ Seite 133) gibt Aufschluss darüber, ob das Angebot attraktiv ist.

Der Bezugsrechtshandel

Am ersten Tag der Bezugsfrist werden die Bezugsrechte von den alten Aktien abgetrennt. Innerhalb der Bezugsfrist werden sie wie eigenständige Wertpapiere an der Börse gehandelt, wobei sich der Preis nach Angebot und Nachfrage richtet.

Die Aktien selbst werden ohne Bezugsrecht gehandelt. Damit die Anleger dies erkennen und bei ihren Orders berücksichtigen können, wird der Kurs am ersten Tag mit dem Zusatz „ex Bez.“ (→ Seite 85) versehen.

Nach Ende der Bezugsfrist werden die neuen Anteile, wenn sie nicht oder nicht in voller Höhe für das laufende oder bereits abgeschlossene Geschäftsjahr dividendenberechtigt sind, als „junge“ Aktien gesondert notiert. Erst wenn es beim ☞ Dividendenanspruch keinen Unterschied mehr gibt, werden sie den alten Anteilen gleichgestellt.

☞ Dividendenanspruch: Die Verwaltung kann zwar die folgenden Gewinnausschüttungen im Verhältnis zu den neu ausgegebenen Anteilen kürzen. Doch das ist eher unwahrscheinlich. Wenn es das Jahresergebnis zulässt, wird die konstante Dividende üblicherweise auf die erhöhte Anzahl von Anteilen gezahlt.

Der Ausschluss des Bezugsrechts ist möglich

Die Einräumung eines Bezugsrechts bei einer Kapitalerhöhung ist eine kostspielige, aufwendige und zeitraubende Prozedur. Viele Vorstände wollen aber schnell reagieren können und lassen sich deshalb von den Aktionären auf der Hauptversammlung einen so genannten Vorratsbeschluss zur Erhöhung des Kapitals durch Ausgabe neuer Aktien, genehmigen. Eine andere Möglichkeit für eine Kapitalmaßnahme ist eine ☞ bedingte Kapitalerhöhung. In dem entsprechenden Tagesordnungspunkt steht dann oft, dass die Anteilseigner mit der Zustimmung zugleich auf ihr Vorkaufsrecht verzichten, damit der Vorstand die Maßnahme auch kurzfristig durchführen kann – etwa um eine Übernahme (→ Seite 175) zu finanzieren.

☞ Bedingte Kapitalerhöhung: Dabei gibt das Unternehmen eine Wandel- oder Optionsanleihe (→ Seite 343) heraus. Der Emittent legt bei diesen Finanzinstrumenten nur den Maximalbetrag fest, um den sich das Grundkapital beziehungsweise die Zahl der Aktien erhöht. Wie viele neue Anteile sich auf diese Weise bei den Anlegern tatsächlich platzieren lassen, hängt von der Kursentwicklung der Altaktie ab.

Aber auch hier gilt: Der Ausschluss des Bezugsrechts ist nur unter bestimmten Voraussetzungen möglich. Wenn die Verwaltung die neuen Aktien weit unter dem aktuellen Börsenkurs verkauft, ist eine nachträgliche Anfechtung der Kapitalmaßnahme durch die betroffenen Aktionäre vor Gericht möglich.

Die Kapitalerhöhung aus Gesellschaftsmitteln

Eine für Aktionäre erfreulichere Variante ist die Kapitalerhöhung aus Gesellschaftsmitteln. Diese wird durchgeführt, wenn ein Unternehmen in den zurückliegenden Jahren besonders gut gewirtschaftet hat und die Gewinnrücklagen stark angestiegen sind. Der Vorstand kann dann beschließen, dass die Aktionäre über die Dividende hinaus nachträglich daran teilhaben sollen. Dazu werden Gewinnrücklagen in Aktien umgewandelt. Das Besondere daran: Die neuen Aktien erhalten die Anteilseigner ohne Zuzahlung, weshalb man auch von Berichtigungs- oder Gratisaktien spricht.

Die Veränderung der Kapitalstruktur bedeutet nicht immer, dass die Aktionäre neues Kapital einzahlen müssen.

Dieser oft im Zusammenhang mit einer Kapitalerhöhung aus Gesellschaftsmitteln verwandte Begriff ist verwirrend. Denn rein rechnerisch ändert sich für die jeweiligen Aktionäre durch die Kapitalmaßnahme nichts. Die gesamte Transaktion entspricht lediglich einer Umbuchung in der Bilanz (→ Seite 193). Der Unterschied ist allerdings, dass der Aktionär für Eigenkapital, das dem Unternehmen bislang unverzinst zur Verfügung stand, in Zukunft einen Dividendenanspruch geltend machen kann. Praktisch gesehen wird ähnlich wie bei der gewöhnlichen Kapitalerhöhung, ein Abschlag vom Kurs vorgenommen (Kurszusatz ex BR, → Seite 85), der dazu führt, dass der Wert seines Aktienpakets vor und nach der Ausgabe der Berichtigungsaktien gleich ist. Auch sonst hat die Kapitalerhöhung aus Gesellschaftsmitteln vom Ablauf her viel mit der „normalen“ Kapitalerhöhung gemein. Der Vorstand legt ebenfalls ein Bezugsverhältnis fest, sodass sich der Anleger, wenn sein Aktienposten keine Zuteilung einer ganzen Zahl neuer Anteile zulässt, entscheiden muss, ob er so genannte Teilrechte, wie es bei den Berichtigungsaktien heißt, zukauft oder abgibt.

Aktiensplit: Reine Kurskosmetik

Eine andere Möglichkeit, die Zahl der Aktien zu erhöhen, ohne dass sich die Vermögensposition der einzelnen Aktionäre ändert, ist die Durchführung eines so genannten Aktiensplits. Dabei wird die Zahl der Aktien um ein bestimmtes Vielfaches erhöht, die Höhe des Grundkapitals bleibt jedoch konstant. Das ist in etwa so, als wenn man einen Hundert-Euro-Schein in zwei Fünfziger wechselt.

Aktiensplits in Deutschland

Die ersten Aktiensplits in Deutschland wurden nach den rasanten Kurssteigerungen Ende der 90er Jahre vorgenommen. Zu diesem Zeitpunkt kostete zum Beispiel eine SAP-Aktie zeitweise über 1 000 Euro, eine Porsche-Aktie lag gar bei über 4 500 Euro. Das fiel deutlich aus dem Rahmen dessen, was bei den meisten Dax-Werten üblich war und ist und hatte zur Folge, dass sich Kleinanleger nur noch in seltenen Fällen eine solche Aktie „leisten" konnten. Diese Größenordnung konnte sogar für professionelle Anleger mit mehreren Millionen Euro Anlagekapital im Rücken zum Problem werden – nämlich dann, wenn sie mit ihrem Depot die Zusammensetzung eines bestimmten Indexes nachbilden wollen. Bei einem derart hohen Kurs ist es nicht möglich, mit den entsprechenden Aktien jedes beliebige Verhältnis am Gesamtdepot darzustellen. SAP, Porsche, aber auch viele Unternehmen am Neuen Markt haben deshalb der Hauptversammlung vorgeschlagen, einen Aktiensplit durchzuführen, um den Aktienkurs „leichter" zu machen.

Splits haben psychologische Wirkung

Für Anleger ergeben sich daraus kurzfristige Spekulationschancen, denn häufig haben Splits ein einfaches Kursmuster zur Folge: Zwischen der Ankündigung und der Durchführung der Kapitalmaßnahme läuft der Kurs des jeweiligen Unternehmens besser als der Marktdurchschnitt. Danach kehrt er allerdings wieder zum Alltagsniveau zurück.

Ökonomisch ist dieser Effekt kaum zu erklären, schließlich bleibt alles beim Alten. Ausschlaggebend ist wohl eine psychologische Komponente: Die Aktie wirkt optisch billiger. Dass der Aktienkurs nichts über den Wert eines Unternehmens sagt oder darüber, ob eine Aktie hoch oder niedrig bewertet ist (→ Seite 192), vermag offensichtlich wenig an diesem Phänomen zu ändern. Oft kaufen die Anleger auch allein deshalb, weil sie genau auf das beschriebene Kursmuster spekulieren, und treiben so selbst den Kurs der betroffenen Aktie nach oben.

Die USA als Trendsetter

Als Vorreiter in Sachen Aktiensplit gelten die USA. Dort sind Kurse von über 100 US-Dollar verpönt und Aktien, die darüber notieren, gelten als „zu schwer". Ein Split wird darüber hinaus als Signal des Managements an die Aktionäre verstanden, dass die Geschäftsaussichten positiv beurteilt werden. Schließlich macht die künstliche Korrektur kaum Sinn, wenn mit Kursrückgängen gerechnet wird. Studien kommen denn auch zu dem Ergebnis, dass Aktien, die regelmäßig Splits durchführen, sehr oft besser abschneiden als der Gesamtmarkt. Firmen wie Microsoft zum Beispiel haben seit 1987 bereits achtmal den Aktienkurs gesplittet und damit erreicht, dass die Notierung trotz der enormen Kurssteigerungen immer noch unter 100 Dollar liegt.

Die Nachteile von Splits

Eine hohe Zahl von Kapitalberichtigungen und Splits in relativ kurzer Zeit hat aber auch Nachteile. Der Anleger droht den Überblick über die tatsächliche Wertentwicklung einer bestimmten Aktie zu verlieren. Um das zu verhindern, muss er alle Splitfaktoren im Kopf haben. Das ist natürlich im Normalfall nicht zu schaffen. Eine wertvolle Informationshilfe sind dabei Internetseiten mit Aktiencharts (→ Seite 201). Damit die Kurskurve nicht plötzlich einen Knick nach unten macht, werden sämtliche Splits, Kapitalberichtigungen und -erhöhungen grafisch „bereinigt" und neben oder in dem Chart gesondert aufgelistet.

Und einen weiteren Nachteil hat ein Split: Am Tag des Abschlags kann der Anleger, der die Aktie in seinem Depot hat, nur den bisherigen Altbestand verkaufen – und zwar zum neuen, niedrigen Kurs. Bis die zusätzlichen Papiere eingebucht worden sind, vergehen nicht selten drei bis vier Börsentage.

Aus 2 mach wieder 1

Beide Transaktionen, also sowohl Kapitalerhöhung als auch Aktiensplit, kann die Unternehmensverwaltung wieder rückgängig machen. Es gibt bestimmte Situationen, in denen das sinnvoll ist oder sogar zwingend notwendig wird.

Reversesplit

Der Reversesplit ist die entgegengesetzte Transaktion eines Aktiensplits – vergleichbar mit dem Umtausch zwei kleinerer Banknoten in eine große. Auch diese Kapitalmaßnahme bedarf der Zustimmung der HV. Das Management wird sie vor allem dann ergreifen, wenn es verhindern will, dass die eigenen Aktien zum Pennystock (→ Seite 74) werden und das Unternehmen dadurch unter Umständen die Streichung beispielsweise vom Neuen Markt fürchten muss. Reversesplits sind in Deutschland bislang noch nicht durchgeführt worden.

Kapitalherabsetzung

Die andere Möglichkeit, die Zahl der umlaufenden Aktien zu reduzieren, ist eine so genannte Kapitalherabsetzung. Dabei wird gleichzeitig mit der Zahl der umlaufenden Aktien auch das in der Bilanz stehende Grundkapital vermindert. Häufig müssen die Aktionäre nach einer Kapitalherabsetzung sogar noch einmal frisches Geld nachschießen, denn die Minderung des Aktienkapitals ist meistens notwendig, weil die Gesellschaft rote Zahlen schreibt.

Verluste zehren zuerst an den Rücklagen

Um ein mögliches Defizit in der Bilanz aufzufangen und auszugleichen, ist jede Aktiengesellschaft schon von Gesetzes wegen verpflichtet, am Ende jedes Geschäftsjahres Rücklagen zu bilden. Dazu kommen freiwillig gebildete Gewinnrücklagen. Diese Rücklagen werden als Erstes mit einem eventuellen Verlust verrechnet. Sind sie aufgezehrt, muss das Grundkapital zur Abdeckung herhalten.

Das Problem dabei: Das in Form von Aktien gezeichnete Grundkapital ist ein fester Posten in der Bilanz. Ein Verlust kann also nicht einfach dagegen aufgerechnet werden, denn dann müsste auf jeder Aktienurkunde der (rechnerische) Nennwert entsprechend um den anteiligen Verlust reduziert werden, sonst stimmt die Bilanz nicht. Deshalb wird ein Defizit zunächst als so genannter Verlustvortrag als eigenständiger Bilanzposten auf das nächste Geschäftsjahr fortgeschrieben, der dann durch entsprechende Gewinne wieder ausgeglichen werden kann.

Gesetzliche Notbremse

Kritisch wird es allerdings, wenn die aufgelaufenen Verluste die Hälfte des Grundkapitals übersteigen. In diesem Fall ist der Vorstand gesetzlich verpflichtet, eine außerordentliche Hauptversammlung einzuberufen. Auf dieser Hauptversammlung geht es dann in der Regel darum, wie dem Unternehmen frisches Kapital zugeführt werden kann. Um erst einmal die Bilanz wieder ins Lot zu bringen, wird üblicherweise eine Kapitalherabsetzung beschlossen.

Der Verlust wird durch Verrechnung mit dem Aktienkapital endgültig ausgebucht, die entsprechende Zahl von Aktien eingezogen. Da dann die Gesellschaft meistens unterkapitalisiert ist, wird umgehend eine Kapitalerhöhung gegen Bareinlage (→ Seite 160) durchgeführt.

Wirtschaftliche Folgen der Herabsetzung
Durch die Kapitalherabsetzung ändert sich für die Aktionäre zunächst nichts. Bei einem Herabsetzungsverhältnis von beispielsweise 2 : 1 haben sie danach nur noch die Hälfte an Aktien im Depot. Allerdings hat sich der Kurs verdoppelt. Das klingt besser, als es sich in der Praxis darstellt. Denn wenn die Verluste das Grundkapital angegriffen haben, notiert die Aktie nicht selten unter dem (rechnerischen) Nennwert. Durch die Kapitalherabsetzung erreicht die Notierung meist wieder den in der Bilanz festgelegten Wert, mitunter notiert sie leicht darüber, doch die vorangegangenen Verluste, die die meisten Aktionäre zu beklagen haben, werden dadurch kaum wettgemacht.

Neuemissionen: Nachschub für den Kurszettel

Wenn sich die Eigentümer eines Unternehmens entschließen, ihre Gesellschaft an die Börse zu bringen, um sie für einen breiten Anlegerkreis zu öffnen, sprechen Fachleute von einem „Going-Public“ oder kurz ☞ IPO.

Da die Aktien zum ersten Mal am Kapitalmarkt angeboten werden, ist bei einem solchen Börsengang auch von einer Neuemission die Rede. Dabei ist es unerheblich, ob die angebotenen Papiere im Rahmen einer Kapitalerhöhung wirklich neu aufgelegt werden oder aus dem Besitz der Altaktionäre stammen. In letzterem Fall spricht man auch von einer Umplatzierung.

Das Emissionsverfahren: Aktie sucht Anleger

Für die Emission neuer Aktien gibt es eine Reihe von Verfahren. Auch wenn der Anleger auf die konkrete Wahl keinen Einfluss hat, ist es wichtig, dass er die einzelnen Varianten kennt, damit er, wenn er an einer Neuemission teilnimmt, mögliche Fußangeln umgeht.

Nach der Veröffentlichung des Verkaufsangebots und des Emissionsprospekts durch die ☞ Emissionsbank wird das eigentliche Emissionsverfahren eingeläutet. Bis Mitte der 90er Jahre wurden neue Aktien ausschließlich nach dem Festpreisverfahren emittiert. Dabei legten der Emittent und die ☞ Konsortialführerin im Vorfeld einen Preis fest.

Der Nachteil: Die Vorstellungen von Käufer und Verkäufer lagen häufig sehr weit auseinander – mit der Folge, dass entweder der Kurs bereits unmittelbar nach Aufnahme des Handels mangels Interesse unter den Emissionspreis rutschte oder die Nachfrage so groß war, dass die Notierung sprunghaft nach oben schnellte.

Bookbuilding setzt sich durch
Seit dem Börsengang der Deutschen Telekom im Herbst 1996 hat sich zunehmend das Bookbuilding-Verfahren durchgesetzt. Diese aus dem angloamerikanischen Raum stammende Platzierungsmethode ist eine Art Bietungsverfahren, bei dem die Anleger innerhalb einer bestimmten Frist, meist zwei Wochen, in einer vom Emittenten und seiner Bank festgelegten Bietungsspanne ☞ Zeichnungsgebote abgeben können.

Zeichnungsaufträge können die Interessenten ganz normal über ihre Depotbank abgeben, die sie an die Konsortialführerin weiterleitet. Dort laufen die Orders zunächst in einem zentralen Orderbuch zusammen –

☞ Emissionsbank: Diejenige Bank, die den Börsengang begleitet und den Verkauf der Aktien an das breite Anlegerpublikum organisiert. Bei größeren Börsengängen werden damit auch mehrere Banken, ein so genanntes Emissionskonsortium, beauftragt.

☞ Konsortialführerin: Die Bank, die das Emissionskonsortium anführt.

☞ IPO: Abkürzung für initial public offering; aus dem Englischen: öffentliches Zeichnungsangebot.

☞ Zeichnungsgebot: Es entspricht faktisch einem Kaufauftrag. Der Anleger legt damit verbindlich fest, wie viele neue Aktien er kaufen möchte und welchen Preis er, ausgehend von der Bieterspanne, dafür maximal zu zahlen bereit ist. Das heißt allerdings nicht, dass er auch die gewünschte Menge erhält. Preis und Menge entscheiden sich erst nach dem Ende der Bietungsfrist.

gelistet mit Stückzahl, gebotenem Preis und Namen des Anlegers.

Fußangel Nummer 1: Ausdehnen der Spannen

Wenn sich absehen lässt, dass die Nachfrage sehr hoch ist und die eingehenden Gebote allesamt am oberen Ende der Bookbuilding-Spanne liegen, kann der Emissionsführer die Spanne nach oben ausdehnen. Von dieser Möglichkeit haben die Emittenten allerdings bislang sehr selten Gebrauch gemacht. Zum einen, weil das an der Börse als ein Zeichen mangelhafter Vorbereitung des Börsengangs angesehen wird. Zum anderen, weil ein solches Vorgehen nicht besonders fair ist gegenüber den Anlegern, die ihre Gebote bereits abgegeben haben. Sie müssen fürchten, von nachfolgenden Interessenten überboten zu werden, und sind daher gezwungen, ihre Zeichnungsaufträge nachzubessern, wenn sie die Chance wahren wollen, bei der Emission zum Zuge zu kommen.

Fußangel Nummer 2: Verkürzung der Bietungsfrist

Eine andere Fußangel dieses Verfahrens ist eine Verkürzung der Bietungsfrist. Wenn sich bereits in den ersten Tagen eine, gemessen an der Zahl der zur Verfügung stehenden Aktien viel zu hohe Nachfrage abzeichnet, kann die Konsortialführerin in Absprache mit dem Emittenten die Zeichnungsphase vorzeitig beenden und das Orderbuch schließen. Für den Anleger heißt das: Wenn er mit seiner Order bis zum Ende der offiziellen Bietungsfrist wartet, läuft er unter Umständen Gefahr, zu spät zu kommen.

Die Kursschwankungen, die es bei vielen Börsengängen der Vergangenheit gegeben hat, haben jedoch die These, das Bookbuilding-Verfahren führe zu marktgerechteren Emissionspreisen, widerlegt.

Alternative: Auktionsverfahren

Erst bei einigen wenigen Börsengängen wurde deshalb als Alternative das so genannte Auktionsverfahren angewendet. Auch hierbei geben die Interessenten zuerst Zeichnungsgebote ab. Der Emittent verzichtet aber auf die Festlegung einer Bietungsspanne. Er setzt lediglich ein bestimmtes Mindestgebot fest. Darüber hinaus können die Erstzeichner jedes Limit angeben. Nach dem Ende der Zeichnungsfrist errechnet die Konsortialbank anhand des Orderbuchs den höchsten Preis, zu dem sich die gesamte Emission platzieren lässt. Bei einem Mindestgebot von beispielsweise 30 Euro und einem endgültigen Emissionspreis von 40 Euro, gehen alle Orders in dieser Spanne leer aus. Aber: All diejenigen, die 40 Euro oder mehr bieten, zahlen trotzdem nur den am Ende errechneten Preis.

Fußangel des Auktionsverfahrens

Kritiker wenden ein, dass Privatanleger kaum abschätzen können, welcher Preis für die neuen Aktien marktgerecht ist. Sie werden daher im Zweifelsfall eher zu viel bieten, um die Chance zu wahren, bei der Emission auf jeden Fall zum Zuge zu kommen. Je größer zudem die allgemeine Nachfrage der Anleger, desto höher wird der Emissionspreis ausfallen. Das ist zwar positiv für den Emittenten beziehungsweise die Verkäufer der Aktien. Es erhöht für den Anleger aber das Risiko, dass dadurch die Kurschancen des Neulings ausgereizt werden. Oder anders ausgedrückt: Die Wahrscheinlichkeit, dass die Notierung nach dem Börsenstart fällt, weil das zum Teil spekulative Interesse abflaut, ist relativ hoch.

Fazit: Bei der Emission von Aktien ist eine Preisfindungsmethode, die allen Bedürfnissen gerecht wird, noch nicht gefunden worden.

Aktien per Mausklick zeichnen

Durch den Vormarsch des Internets wird sich auch das Geschäft mit den Neuemissionen verändern. Einige virtuelle Emissionshäuser, die von Banken oder Maklern als Tochterunternehmen gegründet wurden, bieten bereits Aktienemissionen über das Internet an. Theoretisch kann die Platzierung dadurch einfacher, schneller und auch fairer für alle Seiten abgewickelt werden. Doch bislang ist davon wenig zu spüren. Die meisten Emissionshäuser im Netz sind nur Verkaufsagenten. Das heißt, sie sichern sich über das Mutterunternehmen einen Teil am Emissionskuchen und verkaufen diese Aktien über das Internet.

KONTAKT ▶

Die Zuteilung beim Bookbuilding-Verfahren

Ist die Zeichnungsphase oder Order-Taking-Phase, wie es in der Fachsprache heißt, beim Bookbuilding-Verfahren abgeschlossen, legt die Konsortialbank in Abhängigkeit von den vorliegenden Geboten den Ausgabekurs fest. Bei gefragten Emissionen kommt es fast immer zu der Situation, dass die Nachfrage größer ist als die Zahl der zur Verfügung stehenden Aktien – selbst wenn der Kurs am oberen Ende der Bietungsspanne festgelegt wird. Zwar hat die Emissionsbank meist noch eine Platzierungsreserve zur Verfügung, den ☞ Greenshoe, wie sie in der Fachsprache heißt. Doch auch bei Berücksichtigung dieser zusätzlichen Stücke reicht das Angebot in der Regel kaum aus, wenn die Emission 20-, 50- oder sogar 100fach überzeichnet ist.

Emittent und Bank bleibt in dieser Situation also nichts anderes übrig, als die vorhandenen Stücke zu rationieren und darüber zu entscheiden, wie diese auf die Zeichnungsaufträge verteilt werden. Bei diesem Prozedere, das als Zuteilung bezeichnet wird, ist Ärger programmiert, denn es kommt schließlich nur ein Bruchteil der Interessenten zum Zuge.

Das Problem: Mangelnde Transparenz

Zusätzlich verringert wird das knappe Angebot dadurch, dass viele Unternehmen vorab eine bestimmte Zahl von Aktien für Mitarbeiter und Geschäftsfreunde reservieren – den so genannten Family-&-Friends-Anteil. Darüber hinaus legen sie oft auch schon im Vorfeld fest, welche Quote an institutionelle Großanleger gehen soll. Den Rest können die Emissionsbanken in der Regel nach Gutdünken aufteilen. Allgemein üblich ist es, dass dabei die jeweils eigenen Kunden zuerst zum Zuge kommen. Für Orders der Geldhäuser außerhalb des Konsortiums steht meist nur eine sehr begrenzte Stückzahl zur Verfügung. Deshalb unterhalten Anleger, die vor allem an Neuemissionen interessiert sind, nicht selten mehrere Depotkonten bei unterschiedlichen Instituten, um auf diese Weise ihre Zuteilungschancen zu erhöhen.

Doch selbst das garantiert keinen Erfolg, denn über die endgültige Zuteilung auf die Kundendepots innerhalb eines Hauses entscheidet nicht selten das Los. Und dort haben die guten, vermögenden Kunden aus unerfindlichen Gründen regelmäßig das Ziehungsglück auf ihrer Seite – behaupten Kritiker. Die Banken bestreiten dies vehement, doch Zweifel bleiben, solange die Zuteilungskriterien nicht offen gelegt werden.

Vorreiter Telekom

Maßstäbe in Sachen transparente Zuteilungsregeln setzte die Deutsche Telekom bei ihrem Börsengang. Damit blieb sie allerding bislang die Ausnahme. Als der ehemalige Staatskonzern 1996 an die Börse kam, wurden für jeden Anleger nachvollziehbare Zuteilungsklassen

▶ KONTAKT

Aktien per Internet gibt es bei KJD Online (**www.kjd-aktien-online.de**, Maklerhaus Kling, Jelko, Dr. Dehmel), net.IPO (**www.netipo.de**, Deutsche Balaton), VEM.AG (**www.going-public.de**) und Maxblue (**www.maxblue.de**, Deutsche Bank).

☞ Greenshoe:

Bei Börsengängen setzt sich das Angebot aus zwei Tranchen zusammen. Der Großteil der Aktien wird auf jeden Fall angeboten. Ein weiterer Teil, etwa 10 bis 15 Prozent der gesamten Emission, erst dann, wenn sich abzeichnet, dass die Nachfrage nach den neuen Aktien sehr hoch ist. Dieser Teil heißt Mehrzuteilungsoption oder Greenshoe, benannt nach einer englischen Schuhfabrik, die dieses Verfahren als erstes anwendete. Die Höhe des Greenshoes muss im Verkaufsprospekt angegeben werden. Ob es rechtens ist, wenn diese Aktien aus einer Kapitalerhöhung mit Bezugsrechtausschluss stammen, ist Gegenstand eines beim Bundesgerichtshof anhängigen Verfahrens *(Az. 23 U 6712/99)*.

gebildet. Zum Beispiel wurden alle Zeichnungsaufträge von 1 bis 150 Stück mit einer festen Zahl von Aktien bedient – unabhängig davon, ob die Depotbank im Konsortium war oder nicht.

Auf der Seite der Banken gilt die DZ Bank als Trendsetter in Sachen gläserne Emission. Sie veröffentlicht bei jeder Emission den genauen Zuteilungsschlüssel, das heißt, der Anleger erfährt, wie viel Prozent der Aktien an private und wie viele an institutionelle Anleger gegangen sind und dass zum Beispiel jede fünfte Order mit einem festen Aktienpaket bedient worden ist – allerdings erst einige Tage nach der Erstnotiz.

☞ Zeichnungsgewinn: Damit wird das Plus der ersten Börsennotiz gegenüber dem Ausgabepreis bezeichnet.

Dass die Banken mittlerweile ihr Interesse an einer hohen Zuteilungsquote zurückstellen und darauf verzichten, jeden Anleger mit fünf oder zehn Stücken zu bedienen, ist sinnvoll, auch wenn sich dadurch die Zahl der Orders, die eine Zuteilung erhalten, deutlich verringert. Denn anderenfalls bleibt nach Abzug von Kauf- und Verkaufsspesen (→ Seite 34) für die Erstzeichner nur noch wenig übrig.

Gefährliche Alternative: Ordern über den grauen Markt

Aktienanleger, die sich nicht auf ihr Losglück verlassen und bei einem Börsengang auf jeden Fall mit dabei sein wollen, können über ihre Depotbank am so genannten grauen Markt ordern: Schon vor dem offiziellen Börsenstart werden die Aktien der Neulinge außerbörslich bei speziellen Maklern „per Erscheinen“ gehandelt, wie es in der Fachsprache heißt. Doch Vorsicht: Zu den dort gestellten Kurse finden mitunter kaum Umsätze statt. Orders sollten deshalb unbedingt limitiert werden. Am besten ist es aber, der Anleger betrachtet die gestellten Kurse lediglich als Gradmesser dafür, wie erfolgreich die Emission läuft.

Riskanter Reiz des Neuen

Für viele Aktienanleger üben Neuemissionen einen geradezu magischen Reiz aus. Manch einer ist erst durch den Kauf erstmals angebotener Aktien mit der Börse in Berührung gekommen. Das liegt vor allem daran, dass sich mit Neuemissionen immer wieder hohe Wertsteigerungen innerhalb kürzester Zeit erzielen lassen. Spektakuläre ☞ Zeichnungsgewinne von 300 oder 400 Prozent wie zeitweise am Neuen Markt sind zwar die Ausnahme, doch auch in ruhigeren Zeiten liegen Kurssteigerungen im zweistelligen Prozentbereich durchaus im Bereich des Möglichen.

Die meisten Börsendebüts profitieren von den hohen Gewinnchancen, die sich Anleger ausrechnen, denn je mehr Interessenten sich an der Neuemission beteiligen, desto größer ist die Nachfrage, die sich nicht nur in der Überzeichnung, sondern auch in den ersten Handelstagen an der Börse niederschlägt – ein System, das sich quasi selbst in Gang hält.

Gefährlich daran ist vor allem, dass die Aussicht auf den schnellen Gewinn viele Anleger zu übereiltem und unüberlegtem Handeln verleitet. Um auch einmal Glück bei der „Emissionslotterie“ zu haben, machen sie bei jedem Börsengang mit, ohne sich über den Börsenneuling, seine Aussichten und die Angemessenheit des Preises ausführlich zu informieren.

Das böse Erwachen

Die Erfahrung zeigt, dass solche „Überhitzungsphasen“ nicht endlos lange dauern. Wenn die freundliche Stimmung am Aktienmarkt kippt, verlieren viele Anleger sehr schnell das Interesse an Neuemissionen. Sie werden kritischer, sodass zweit- oder drittklassige Kandidaten kaum noch am Markt unterzubringen sind. Zudem ist der Markt oftmals durch die hohe Zahl von Börsengängen gesättigt und die Emissionspreise sind weitgehend ausgereizt.

Anleger, die diese Signale missachten und in Erwartung einer knappen Zuteilung viel mehr Stücke ordern, als sie eigentlich kaufen wollen, laufen Gefahr, am Ende auf einem Aktienposten zu sitzen, dessen Wert sehr schnell unter den Einstandspreis fällt.

Reifeprüfung für die Neulinge

Ein generelles und viel schwerwiegenderes Problem ist, dass die anfänglich hohen Kurssteigerungen eines Börsenneulings eine Art Wechsel auf die Zukunft darstellen, den er früher oder später einlösen muss. Das Management des Unternehmens muss in der Folgezeit beweisen, dass es den Anforderungen des Kapitalmarkts und den Erwartungen der Anleger auf Dauer gerecht wird. Dazu gehört vor allem, dass es in der Lage ist, das Kapital, das der Börsengang in die Kasse spült, sinnvoll zu investieren. Gerade hier haben die Unternehmenslenker vieler Neulinge, vor allem am Neuen Markt, in der Vergangenheit eklatante Schwächen offenbart. Sie verschwendeten das Geld für aufwendige Werbefeldzüge, teure Unternehmenseinkäufe oder erfolglose Expansionen ins Ausland. Die Folge: Viele Unternehmen verfehlten ihre zum Börsengang veröffentlichten Umsatz- und Gewinnprognosen. Aus dem anfänglichen Kurshöhenflug wurde dann ein rasanter Absturz.

Katastrophale Bilanz der Neuemissionen

Von den 1999, 2000 und im Laufe des Jahres 2001 an die Börse gekommenen Unternehmen notierten Ende 2001 über 90 Prozent an oder unter ihrem Emissionskurs. Anders gesagt: Noch nicht mal jede zehnte Neuemission entwickelte sich auch nach der Startphase zu einem Erfolg. Bei dieser Zwischenbilanz muss allerdings auch das Börsenumfeld betrachtet werden. Da in den Jahren 2000 und 2001 Aktien insgesamt schlecht gelaufen sind, ist es nicht verwunderlich, dass auch die Neulinge nicht gut abschnitten.

Zahl der Neuemissionen 1991 bis 2001

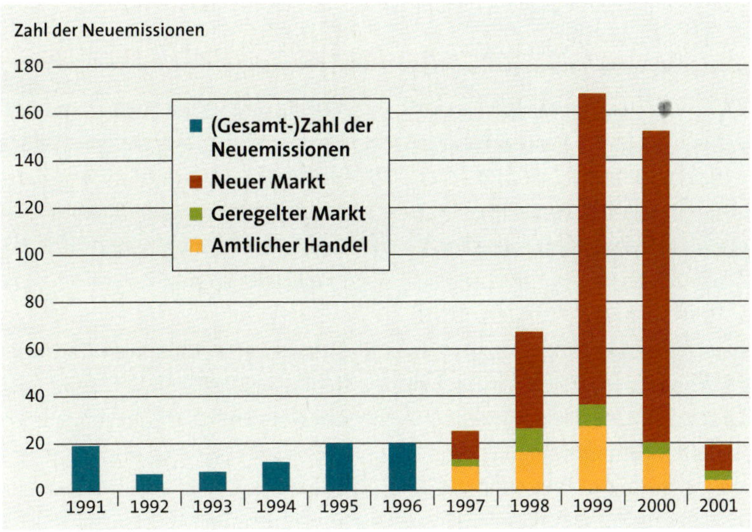

Quelle: Deutsche Börse AG, West LB

Erfolgreich in Neuemissionen anlegen

Was also ist vor dem Kauf einer Neuemission zu beachten, um das Risiko eines Fehlgriffs gering zu halten? Wer einige Grundregeln beachtet, kann das Risiko, einen Flop zu landen, deutlich minimieren.

☞ Private Equity: Aus dem Englischen frei übersetzt: privat, das heißt, außerbörslich eingesammeltes Aktienkapital

Die Story zählt

Profis ziehen bei der Begutachtung eines Börsenneulings vor allem analytische Informationen heran, die sie sich im direkten Gespräch mit den Verantwortlichen des Unternehmens besorgen. Das ist neben den wichtigsten Umsatz- und Ertragskennzahlen (→ Seite 192) in erster Linie die „Story“: Wie verdient das Unternehmen sein Geld? Wie entwickelt sich der Markt? Hat das Unternehmen einen guten Namen und/oder repräsentiert es eine bekannte Marke? Welche Qualifikation hat das Management? Welche Strategie verfolgt es? Wer sind die Altaktionäre? Zählen bekannte Namen zur Kundenkartei? Wie ist es um die Zufriedenheit der Kunden bestellt? Wechselt der Kundenstamm häufig? Das sind einige der Fragen, die zum Beispiel Fondsmanager vor dem Einstieg abklopfen. Dabei hat sich gezeigt, dass eine Emission am ehesten Erfolg verspricht, wenn die Gesellschaft zu den Führern in einem nicht zu eng gesteckten Markt zählt und das Zeug dazu hat, diese Position auch in Zukunft zu verteidigen – zum Beispiel durch die Entwicklung einer konkurrenzlosen Technik. Im Zeitalter der Globalisierung ist auch eine internationale Ausrichtung wichtig. Vorsichtig werden erfahrene Anleger, wenn lediglich eine im Ausland erfolgreich erprobte Geschäftsidee kopiert und in Deutschland eingeführt wird oder das Unternehmen damit rechnet, erst zwei bis drei Jahre nach dem Börsengang schwarze Zahlen zu schreiben. Außerdem sollte man punktgenauen Prognosen für Zeiträume, die vier, fünf oder mehr Jahre in die Zukunft reichen, nicht zu sehr trauen. Dazu verändern sich die Wettbewerbsbedingungen auf den meisten Märkten zu schnell.

Private Equity – nichts für Einsteiger

Die spekulative Steigerung des vorbörslichen Handels ist die vorbörsliche Beteiligung – ☞ Private Equity, wie es in der Fachsprache heißt. Dabei kauft der Anleger Aktien eines Unternehmens, noch bevor es an die Börse kommt – eine lukrative Sache, denn es besteht die Aussicht auf einen hohen Gewinn, wenn es tatsächlich zum Börsengang kommt und die Emission darüber hinaus zu einem Erfolg wird. So weit die Vorteile in der Theorie. In der Praxis sind vorbörsliche Beteiligungen in vielen Fällen ein äußerst dubioses Geschäft, denn die Gefahr, dass der Anleger bei den privat angebotenen Aktien durch überhöhte Preise übervorteilt wird, ist groß. Welcher Betrag wirklich angemessen ist, kann er kaum beurteilen. Und nicht selten steht alles nur auf dem Papier und der in Aussicht gestellte Börsengang bleibt ein leeres Versprechen.

Nach der Herkunft forschen

Neben der Begutachtung der Geschäftsidee, der Marktaussichten und der Bilanz sollten die Käufer einer Neuemission auch sehr genau darauf achten, aus welcher Quelle die angebotenen Aktien stammen. Negativ ist es, wenn ausschließlich die Altaktionäre ihre Anteile am Unternehmen platzieren und damit Kasse machen wollen.

Stattdessen sollte zumindest der überwiegende Teil der Emission aus einer Kapitalerhöhung stammen, damit auch das Unternehmen selbst vom Börsengang profitiert, indem ihm neue Mittel zufließen – wie etwa beim Gang an den Neuen Markt vorgeschrieben. Doch das allein ist kein Schutz, denn die Altaktionäre können ja nach Aufnahme des Handels ihre Aktien Schritt für Schritt am Markt verkaufen und so den Kurs unter Druck bringen.

Bei einem Gang an die Frankfurter Wachstumsbörse verlangt die Börsenverwaltung deshalb, dass die Alteigentümer mindestens eine sechsmonatige Haltefrist, die Lock-up-Periode, einhalten, ehe sie eigene Aktien verkaufen. Als Stichtag zählt dabei nicht der erste Handelstag, sondern der Tag der Börsenzulassung. Das Nachkaufen am Markt ist ihnen allerdings jederzeit gestattet.

Das grundsätzliche Problem der Lock-up-Periode

Streng genommen wird die Zitterpartie durch die vorgeschriebene Haltefrist aber nur hinausgeschoben, denn wenn dieser Stichtag naht, ist oft zu beobachten, dass die Kurse der entsprechenden Unternehmen unter Druck geraten. Viele Anleger fürchten, dass nach dem Ende der Haltefrist die „Alten" eben doch ihre Anteile zu Bargeld machen werden, und verkaufen im Vorfeld. Der Aus- und Einstieg der Alteigentümer ist durch eine besondere Situation gekennzeichnet, die die Fachleute als asymetrische Informationsverteilung bezeichnen. Gründer beziehungsweise Manager haben einen genauen Überblick über ihr Unternehmen (→ „Insider", Seite 140). Sie kennen den Markt, die Konkurrenz und können deshalb viel besser als Außenstehende einschätzen, ob der Preis, der für die Aktie ihres Unternehmens gezahlt wird, angemessen, zu hoch oder zu niedrig ist. Erscheint der Kurs nach der Emission überzogen, nutzen sie die Gunst der Stunde und steigen aus. Ist dagegen die Aktie ihrer Ansicht nach zu billig, kaufen sie nach. Die Transaktionen der Gründer und Organmitglieder (Vorstand, Aufsichtsrat), die so genannten Directors' Dealings, gelten deshalb gerade bei der risikoreichen Anlage in jungen Wachstumsunternehmen für externe Anleger als wichtiges Trendsignal. Umso negativer ist es, wenn, wie in der Vergangenheit geschehen, die Alteigentümer den unbemerkten Ausstieg durch die Hintertür praktizieren. Tricks dafür gibt es genug: So können Stücke außerbörslich an Großanleger quasi auf Termin verkauft werden. Offiziell geschieht das dann zum Ende der Lock-up-Periode.
Möglich ist auch, dass der Emissionserlös über Umwege doch noch auf dem Konto der Alteigentümer landet, indem sie ihrem Unternehmen vor dem Börsengang ein Darlehen gewähren, das hinterher getilgt wird. Und manchmal verstoßen die Gründer auch ganz ungeniert gegen die Pflicht zur Bindung und verkaufen ganz einfach ein Aktienpaket an der Börse. Dem schiebt der Gesetzgeber allerdings in Zukunft einen Riegel vor (→ Seite 424).

Offenheit: Die Basis für Vertrauen

Grundsätzlich brauchen Anleger nicht gleich in Panik zu geraten, wenn zum Beispiel einer der Alteigentümer seine Aktien oder einen Teil davon zu Geld machen will. Dies ist nicht von vornherein als mangelndes Vertrauen in die Zukunft des Unternehmens zu bewerten. Schließlich ist es ihm kaum zu verdenken, wenn er einen Teil des erarbeiteten Vermögens, das bislang nur auf dem Papier steht, realisieren möchte.

→ Entscheidend dabei ist die Offenheit gegenüber den freien Aktionären und potenziellen Interessenten.

Vertrauen erweckend wirken freiwillig verlängerte Lock-up-Perioden. Grundsätzlich gilt: Je länger sich die Alteigentümer verpflichten, desto höher das Ansehen bei privaten und institutionellen Anlegern – vorausgesetzt, die Haltefrist wird auch tatsächlich eingehalten.

▶ Kontakt
Die beiden in Deutschland führenden Makler im vorbörslichen Handel, Schnigge und Lang & Schwarz veröffentlichen ihre aktuellen Kurse laufend im Internet unter **www.schnigge.de** bzw. **www.ls-d.de**.

Tipps
für den Kauf von Neuemissionen

- Kühlen Kopf behalten. Viele Emittenten versuchen mittlerweile mit aufwendigen Anzeigen und TV-Spots das Interesse der Anleger an ihrem Papier zu wecken. Lassen Sie sich davon nicht beeindrucken und zum Kauf verleiten, sondern achten Sie auf die „Story" des Neulings.
- Umfassend informieren. Sammeln Sie alle Informationen, die Sie bekommen können. Dazu gehören mindestens der Emissionsprospekt, Zeitungsberichte und, wenn möglich, Emissionsstudien. Nutzen Sie dazu das Internet!
- Bewertung prüfen. Klopfen Sie, am besten anhand unabhängiger Bankstudien, ab, ob die Gewinnerwartungen des Unternehmens und die gängigen Bewertungskennziffern wie zum Beispiel das Kurs-Gewinn-Verhältnis (→ Seite 194) im Verhältnis zur Entwicklung der Gesamtbranche und zu bereits börsennotierten Konkurrenten angemessen sind.
- Richtig kombinieren. Betrachten Sie Neuemissionen als Ergänzung für Ihr Aktiendepot. Greifen Sie vor allem dort zu, wo Sie, abgesehen von den sonstigen Rahmenbedingungen, in Branchen investieren können, die bislang noch nicht oder nicht in dieser Form über die Börse zu kaufen waren. Lassen Sie die Finger weg von speziellen IPO-Fonds. Investmentfonds (→ Seite 284) sollten von ihrer Grundkonzeption her eine breite Streuung über viele verschiedene Branchen anstreben und nicht nur deshalb Aktien kaufen, weil diese neu am Markt sind. Zudem ist die Anlagepolitik der IPO-Fonds in vielen Fällen eher zufallsbedingt, denn auch der Fondsmanager hat nur bedingt Einfluss darauf, bei welchen Emissionen er zum Zuge kommt.
- Preise ausloten. Der so genannte „Graumarkt" gibt einen Anhaltspunkt dafür, wie die Emission während der Zeichnungsphase läuft.
Kontakt ▶
Liegen die vorbörslichen Kurse weit über der eigentlichen Bookbuilding-Spanne, spricht viel dafür, dass die Emission ein Erfolg wird. Wenn die Bietungsphase noch nicht beendet ist, kann es sich also lohnen, zu zeichnen.
- Richtig ordern. Zeichnen Sie nur dann ohne Limit, wenn eine Emission bereits mehrfach überzeichnet ist oder wenn Sie auf jeden Fall dabei sein wollen. Zeichnen Sie nie mehr Aktien, als Sie auch tatsächlich bereit sind abzunehmen.
- Geduld haben. Wer bei einer Emission nicht zum Zuge kommt, sollte nicht blind nachkaufen. Wenn große Nachfrage den Kurs in der Startphase nach oben getrieben hat, prüfen Sie, ob das Papier auch dann noch als angemessen bewertet gelten kann. Wenn das Gros der Spekulanten nach einigen Tagen aussteigt, besteht die Chance, dass das Papier günstiger als zum ersten Börsenkurs zu haben ist.
- Langfristig anlegen. Vermeiden Sie es, mit einer Neuemission kurzfristig zu spekulieren. Betrachten Sie den Kauf stattdessen unter langfristigen Gesichtspunkten. Viele wirklich erfolgreiche Neulinge haben sich erst Wochen nach der Emission als Überflieger entpuppt – zum Beispiel die Deutsche Telekom. Der Kurssturz fünf Jahre nach dem Börsendebüt lässt sich kaum in direkten zeitlichen Zusammenhang mit der Emission bringen. Wenn Sie nur an Zeichnungsgewinnen interessiert sind, denken Sie daran, dass das im Endeffekt einem Lotteriespiel gleicht. Außerdem: Berücksichtigen Sie Ihre Freigrenze für steuerpflichtige Spekulationsgewinne (→ Seite 372).
- Auf dem Laufenden bleiben. Verfolgen Sie alle nachfolgenden Berichte über den Neuling, vor allem die Vorlage der ersten Geschäftszahlen nach dem Börsengang. Liegen Umsatz und Ertrag höher als beim Debüt prognostiziert, halten Sie den Titel.
Denken Sie über einen Verkauf des Aktienpakets nach, wenn abzusehen ist, dass sich das Management verschätzt hat oder das Kapital aus dem Börsengang für zweifelhafte Projekte ausgegeben wird.

Spin-offs: Wenn Konzerntöchter flügge werden

Ein weltweit tätiger Konzern ist kein statisches Gebilde. Jedes Management reagiert auf Marktveränderungen und entwickelt das Unternehmen weiter. Dazu kauft es neue Unternehmensteile hinzu, um einzelne Geschäftsbereiche zu stärken. Andere wiederum werden veräußert, wenn diese nicht mehr in die Strategie passen. Eine Möglichkeit, wie die Aktionäre an Letzterem unmittelbar teilhaben, sind ☞ Spin-offs. Sie sind eine Spezialität US-amerikanischer Unternehmen. Allerdings haben in den vergangenen Jahren auch einige deutsche Konzerne diese Transaktion durchgezogen – zum Beispiel der Chemieriese Hoechst (jetzt Aventis), der seinen Bereich für die Herstellung industrieller Chemieprodukte unter dem Namen „Celanese" an die Börse gebracht hat.

Im Grunde genommen verbirgt sich hinter diesem Fachbegriff nichts anderes als eine spezielle Art der Neuemission: Ein großer Konzern verselbstständigt einen seiner Geschäftsbereiche, spaltet ihn ab und bringt ihn an die Börse. Bei diesem Vorgang gibt es klassischerweise kein Bookbuilding-Verfahren und keine Zuteilungsprozedur. Es fließt auch kein Geld. Die Anteilseigner des Altunternehmens, die ja Eigentümer beider Unternehmen – Mutter- und Tochtergesellschaft – sind, erhalten die neuen Papiere ohne Einsatz eigener Mittel – ähnlich wie Berichtigungsaktien (→ Seite 162).

Theoretisch scheint das alles recht einfach zu sein. Damit ein Spin-off allerdings für ein Unternehmen infrage kommt, muss der abgespaltene Unternehmensteil auch börsenfähig sein, das heißt, eine bestimmte Größe besitzen, profitabel arbeiten und eine Erfolg versprechende Perspektive aufweisen. Als Entsorgungsstelle für chronische Verlustbringer lässt sich die Börse nicht missbrauchen.

Der Vorteil für den Anleger

Der Vorteil von Spin-offs für die betroffenen Aktionäre liegt darin, dass sie fortan Anteile von zwei Unternehmen im Depot halten und frei darüber entscheiden können, ob und wann sie welche Aktien verkaufen. Meist lohnt es sich, die neuen Aktien zunächst im Depot zu halten. Experten haben in mehreren Untersuchungen herausgefunden, dass bei einer Abspaltung die Performance (→ Seite 24) der auf diese Weise an die Börse gekommenen Gesellschaft im Schnitt besser ausfällt als bei vergleichbaren Unternehmen.

Einer der Gründe dafür ist, dass die Anleger mit dem Spin-off einen genauen Einblick in die Geschäftszahlen des abgespaltenen Unternehmens erhalten, die vorher in der Bilanz des Mutterkonzerns „untergingen". Außerdem steigen die Chancen für den geschäftlichen Erfolg des Managements des abgespaltenen Unternehmens, weil es – von Konzerninteressen befreit – unabhängig am Markt operieren kann. Statt sich langwierig im Konzern abzustimmen, kann es flexibel und schnell Entscheidungen treffen und eine eigenständige Strategie verfolgen.

Zudem bezahlen die Anleger für stärker fokussierte Unternehmen, so genannte ☞ Pure plays, meist einen Aufschlag gegenüber den breit aufgestellten Großkonzernen (→ Seite 187). Schließlich können die Anleger den Aktienanteil in ihrem Depot sehr viel genauer nach einzelnen Erfolg versprechenden Branchen sortieren (→ Seite 183). Bei besonders erfolgreichen Spin-offs kann es sogar zu der überraschenden Situation kommen, dass sie nach einiger Zeit an der Börse höher bewertet werden als die Mutter, weil die Einzelteile eines Konzern oftmals wertvoller sind als das unter einem Dach zusammengefasste Ganze.

☞ Spin-off: Feststehender Ausdruck in der internationalen Finanzsprache für das Abstoßen von Geschäftsbereichen.

☞ Pure play: So werden aus Anlegersicht Unternehmen bezeichnet, die sich nur auf wenige oder sogar einen einzigen Geschäftsbereich konzentrieren. Als „pure play" gilt zum Beispiel der Fahrzeughersteller Porsche, der nichts anderes als Personenfahrzeuge in einem Nischensegment fertigt. Als Gegensatz zu einem „pure play" gelten Mischkonzerne, die ganz unterschiedliche Produkte herstellen und sich nicht einer einzelnen Branche zuordnen lassen.

☞ Carve-out: Übersetzt (engl.): in Stücke zerteilen, heraustrennen.

Carve-out: Die Tochter wird versilbert

Die in den vergangenen Jahren immer populärer gewordene Abwandlung eines Spin-offs ist ein so genannter ☞ Carve-out. Dabei wird die Konzerntochter im Zuge einer klassischen Neuemission an die Börse gebracht. Das heißt, es werden neue Aktien ausgegeben und verkauft, sodass es zu der Situation kommt, dass die Aktionäre der Muttergesellschaft für die Anteile des Tochterunternehmens bezahlen müssen, wenn sie bei der Emission dabei sein wollen – obwohl ihnen die an die Börse strebende neue Gesellschaft streng genommen gehört. Vergünstigungen und Vorkaufsrechte haben Muttergesellschaften ihren Anteilseignern dabei bislang nur in Ausnahmefällen gewährt. Eine gesetzliche Verpflichtung wie beim Bezugsrecht im Rahmen einer Kapitalerhöhung (→ Seite 160) gibt es nicht.

Deutsche Konzerne proben Carve-outs

Die Liste der deutschen Unternehmen, die mittlerweile einen Carve-out praktiziert haben, ist lang. So hat zum Beispiel im Herbst 1999 der Elektrokonzern Siemens den elektronischen Bauelementehersteller Epcos und ein halbes Jahr danach seinen Chip-Bereich Infineon an die Börse gebracht, die Commerzbank hat im Jahre 2000 ebenfalls Anteile ihrer Direktbanktochter Comdirect und die Deutsche Telekom ihre Onlinesparte T-Online International bei den Anlegern platziert.

Auf den ersten Blick mutet das Vorgehen bei einem Carve-out wie eine Enteignung der Aktionäre an. Schließlich müssen sich die Anteilseigner des Mutterkonzerns den Gewinn und das Mitspracherecht bei der Tochter fortan mit externen Anlegern teilen und am Verkauferlös werden sie auch nicht direkt beteiligt.

Vorteile auch für die Aktionäre des Mutterkonzerns

Dennoch profitieren auch die Aktionäre des Mutterkonzerns von der Transaktion. Meist behält nämlich das Mutterunternehmen bei einem Carve-out zunächst den überwiegenden Teil der Aktien. Das sorgt mittelbar auch für Kurssteigerungen bei dessen Aktien. Denn bei einem Börsengang der Tochter zeigt sich deren Wert, der aus steuerlichen Gründen bis dahin oftmals nur zu einem geringen Wert in der Bilanz auftauchte, zumal es für sie ja im Grunde auch keinen „Marktpreis" gab – was sich mit der Börsennotierung ändert.

Dadurch schafft sich der Mutterkonzern auch eine kaufkräftige Akquisitionswährung. Statt eine neue Beteiligung bar zu finanzieren, kann er mit den Aktien der Tochter aus dem eigenen Bestand bezahlen. Die bisherige Erfahrung mit Carve-outs hat deshalb gezeigt, dass sie für die Altaktionäre nicht so nachteilig sind, wie es auf den ersten Blick schient.

■ **TIPP**

Inwieweit es für die Aktionäre der Muttergesellschaft sinnvoll ist, auch bei den Töchtern mit dabei zu sein, muss von der Zusammensetzung des eigenen Aktiendepots abhängig gemacht werden. Bei Carve-outs gelten für Anleger aber prinzipiell die gleichen Grundsätze wie bei der Anlage in eine Neuemission (→ Seite 172).

Kampf der Giganten: Übernahmen und Fusionen

Wenn Konzerne Teile ihres Imperiums verkaufen, ist es nur logisch, dass sie auf der anderen Seite auch neue Unternehmen kaufen. In der Regel gehen solche Transaktionen ohne viel Aufhebens vor sich. Spannend wird es für die Anleger allerdings, wenn es dabei um Unternehmen geht, die an der Börse notierten.

Fusionen

Fachleute sprechen von einer Fusion, wenn sich zwei Unternehmen auf freiwilliger und partnerschaftlicher Basis dazu entschließen, ihre Geschäfte zusammenzulegen. Meist werden dazu aus Vereinfachungsgründen das Vermögen und die Verbindlichkeiten inklusive Aktienkapital und Rücklagen der einen Gesellschaft auf die andere übertragen. Die betroffenen Aktionäre erhalten dann in einem bestimmten Verhältnis, das von einem unabhängigen Wirtschaftsprüfer ermittelt wird, für ihre alten Aktien im Tausch Anteile an der neuen gemeinsamen Gesellschaft.

Übernahmen

Den Stoff für filmreife Börsendramen bieten allerdings Übernahmen – vor allem dann, wenn sie feindlicher Natur sind, was in der internationalen Fachsprache auch „unfriendly take-over" genannt wird. Bei einer solchen feindlichen Übernahme guckt sich ein Aufkäufer im Stillen ein anderes Unternehmen aus, um es sich, gegen den Willen des jeweiligen Managements, einzuverleiben. Damit der ☞ Raider, wie der Initiator einer feindlichen Übernahme auch genannt wird, die Kontrolle über sein Opfer bekommt, muss er natürlich über die Mehrheit aller Aktien verfügen. Nur so kann er die Entscheidungen auf der Hauptversammlung dominieren.

Es gibt mehrere Strategien, um dieses Ziel zu erreichen. Der Raider kann zum Beispiel in geheimen Verhandlungen einzelnen Großaktionären ihre Aktienpakete abkaufen. Möglich ist aber auch, dass der Raider direkt allen Aktionären ein Übernahmeangebot unterbreitet. Dies verknüpft er häufig mit der Bedingung, dass ihm ein bestimmter Mindestprozentsatz aller stimmberechtigten Aktien angedient wird – zum Beispiel 80 Prozent. Und schließlich ist auch der schrittweise Erwerb über die Börse eine Möglichkeit.

In Deutschland lässt sich das Vorhaben allerdings nur in engen Grenzen geheim halten, denn schon wer 5 Prozent an einem börsennotierten Unternehmen besitzt, muss dies nach dem Wertpapierhandelsgesetz Aufsichtsrat und Vorstand des betroffenen Unternehmens mitteilen, die wiederum unmittelbar die Öffentlichkeit informieren müssen (→ Seite 132). Es gibt die Möglichkeit, über Strohmänner und ausgetüftelte Konstruktionen diese Verpflichtung auszuhebeln. Doch dies ist nicht ohne Risiko, denn dadurch steigt die Zahl der Mitwisser – zudem ist es illegal.

Denn in Deutschland sind Übernahmen seit dem 1. Januar 2002 gesetzlich geregelt. Nach dem Übernahmegesetz ist ein Bieter verpflichtet, allen Aktionären ein offizielles Kaufangebot zu machen, wenn sein Anteilsbesitz die Schwelle von 30 Prozent an dem Zielunternehmen überschreitet. Auf diese Weise soll erreicht werden, dass die freien Aktionäre bei einem Übernahmeversuch nicht außen vor bleiben. Bei der Bemessung seines Gebots muss sich der Aufkäufer an dem orientieren, was die Aktie in den Monaten von dem Übernahmeangebot im Durchschnitt an der Börse gekostet hat. ☞ Nachbesserungspflicht

☞ Raider: Aus dem Englischen übersetzt: Raubritter.

☞ Nachbesserungspflicht: Kauft der Bieter einzelnen Aktionären, die das Angebot nicht angenommen haben, ihre Anteile nachträglich zu einem höheren Preis ab, muss er die Konditionen für alle nachbessern. Wer das ursprüngliche Angebot bereits angenommen hat, kann den Unterschiedsbetrag einfordern.

Der Übernahmekodex: Vorläufer einer gesetzlichen Regelung

Bis zum Jahr 2002 waren Übernahmen ausschließlich durch einen so genannten Übernahmekodex geregelt. Die dort formulierten Anforderungen und Verhaltenspflichten waren allerdings wesentlich geringer als die des neuen Übernahmegesetzes. So musste der Bieter den freien Aktionären erst dann ein offizielles Übernahmeangebot unterbreiten, wenn er mehr als 50 Prozent (jetzt 30 Prozent) der Anteile besaß. Außerdem galt für die Anerkennung des Kodexes Freiwilligkeit. Nur knapp die Hälfte aller börsennotierten Unternehmen hatte ihn akzeptiert. Für die Unternehmen in Dax, MDax, Neuer Markt und Smax ist eine Anerkennung allerdings Pflicht, um als Index-Mitglied infrage zu kommen.

KONTAKT ▶

▶ KONTAKT

Der an das Übernahmegesetz angepasste Kodex ist im Internet unter **www.kodex.de** abrufbar.

Um mit seinem Übernahmeangebot aber Erfolg zu haben, muss der Raider natürlich deutlich mehr als den aktuellen Börsenkurs bieten. Anderenfalls besteht für die Aktionäre kein Anreiz zu verkaufen. Dabei kann es sich der Aufkäufer aussuchen, ob er Bargeld oder eigene Aktien bietet. Auch die Kombination aus beidem ist möglich. Die meisten Aktienanleger halten es allerdings mit dem Motto „Nur Bares ist Wahres“. Deshalb sind Barangebote erfahrungsgemäß am Erfolg versprechendsten ☞ Übernahmeregeln.

☞ Übernahmeregeln: Das Übernahmegesetz macht dabei allerdings einige Einschränkungen. Bei angebotenen Aktien muss es sich um liquide, an einer organisierten Wertpapierbörse gehandelte Anteile handeln. Ein Barangebot ist dann Pflicht, wenn der Bieter in den drei Monaten vor Bekanntgabe seiner Offerte 5 Prozent der Aktien des Zielunternehmens in bar erworben hat – oder einen Monat danach, abweichend von seinem Aktienangebot, 1 Prozent der Anteile in bar erwirbt.

Gegenmaßnahme des Managements

Das Management des Übernahmekandidaten ist dem Vorhaben natürlich nicht wehrlos ausgeliefert. Eine Möglichkeit zu reagieren ist, dass es seinen Anteilseignern ein schlüssiges Konzept vorstellt, wie es den Unternehmenserfolg und damit die Börsenbewertung in überschaubarer Zeit deutlich steigern will – beispielsweise durch den Verkauf von Verlustbringern.

Mit einem Aktienrückkauf den Kurs steigern

Eine Maßnahme, um dieses Vorhaben zusätzlich zu unterstützen, ist der Rückkauf eigener Aktien. Früher war dies in Deutschland ausdrücklich verboten. Mit dem Inkrafttreten des Gesetzes zur Kontrolle und Transparenz im Unternehmensbereich (KonTraG) wurden diese Regeln gelockert. Die Verwaltung einer Aktiengesellschaft kann nun bis zu 10 Prozent der eigenen, im Umlauf befindlichen Aktien zurückkaufen. Allerdings muss die Hauptversammlung dazu eine entsprechende Genehmigung erteilen. Für den Erwerb müssen frei verfügbare Finanzmittel vorhanden sein, es darf also nicht auf Pump gekauft werden. Der Rückkauf selbst wird meist über die Börse durch das Einsammeln kleinerer Aktienpakete über einen längeren Zeitraum hinweg abgewickelt.

Das Management muss nach Abschluss der Maßnahme entscheiden, ob es die Anteile dauerhaft aus dem Verkehr zieht oder gegebenenfalls wieder in Umlauf bringt – beispielsweise dadurch, dass es die Aktien im Rahmen von Optionsprogrammen zur Mitarbeiterbeteiligung (→ Seite 58) verwendet. Aktienrückkaufprogramme werden deshalb auch bei anderen Gelegenheiten als bei Übernahmen durchgeführt. Ein Handel mit eigenen Anteilen ist dem Unternehmen allerdings nicht erlaubt.

Der Beschluss zur Durchführung eines Rückkaufs muss per Ad-hoc-Mitteilung (→ Seite 132) bekannt gegeben werden. Zusätzlich muss die Verwaltung darüber in den Zwischenberichten und dem Jahresabschluss informieren. Auf diese Weise können die Anleger verfolgen, inwieweit das Vorhaben auch tatsächlich umgesetzt wird und nicht etwa aus Publicitygründen nur angekündigt wurde.

Der Effekt eines Aktienrückkaufs besteht darin, dass er einer indirekten Ausschüttung an die Aktionäre gleichkommt, wenn die Anteile dauerhaft vom Markt genommen werden. In diesem Fall verteilt sich das Vermögen, aber auch der Gewinn der Gesellschaft auf weniger Anteile. Rein rechnerisch müsste das dem Kurs Auftrieb verleihen, denn auf dem Papier erscheinen die Anteile unterbewertet (→ Seite 192). Untersuchungen zufolge darf die Kurswirkung dieser Maßnahme allerdings nicht zu hoch eingeschätzt werden. Der Anleger sollte also eine bestimmte Aktie nicht allein deswegen kaufen, weil das Management ein Rückkaufprogramm aufgelegt hat.

Dem Unternehmen die Attraktivität nehmen

Die entgegengesetzte Strategie besteht darin, dass sich die Unternehmensverwaltung auf einer umgehend einberufenen Hauptversammlung Maßnahmen genehmigen lässt, die das Unternehmen unattraktiv für den Käufer machen (→ Kasten).

Kriegsführung gegen Raubritter

Um sich dem Zugriff eines Raiders zu entziehen, kann sich das Management von der HV eine Reihe von Gegenmaßnahmen genehmigen lassen. Dazu gehört zum Beispiel die Erlaubnis, besonders wertvolle Unternehmensteile, die „Kronjuwelen", umgehend und gegebenenfalls unter Wert zu veräußern, um sie dem Zugriff des Raiders zu entziehen. Vor allem in den USA finden so genannte „goldene Fallschirme" Verwendung: Erreicht ein Käufer eine bestimmte Beteiligungsquote, werden lukrative und für den Interessenten kostspielige Abfindungsverträge mit dem Management wirksam.

Eine andere Möglichkeit ist eine konventionelle Kapitalerhöhung, bei der sich jeder Aktionär im Rahmen eines Bezugsrechts (→ Seite 160) beteiligen kann. Möglich ist es aber auch, von einer genehmigten Kapitalerhöhung Gebrauch zu machen und die Aktien unter Ausschluss des Bezugsrechts entweder am freien Markt oder bei institutionellen Investoren zu platzieren. Vorausgesetzt, es finden sich genügend Käufer, steigt auch hierdurch die Anzahl der umlaufenden Papiere, die der Bieter übernehmen muss.

Die sicherlich gewagteste Möglichkeit ist, dass der Übernahmekandidat seinerseits für den Bieter ein Übernahmeangebot unterbreitet. Das setzt allerdings entsprechende Finanzmittel voraus. Zudem muss der Bieter auch selbst börsennotiert sein und im Idealfall über einen hohen Streubesitz verfügen.

In Deutschland ist diese Abwehrmaßnahme allerdings nur möglich, solange der Bieter weniger als 25 Prozent der Anteile an dem Zielunternehmen hält.

Kritik an der neuen Übernahmeregelung

Grundsätzlich ist der Vorstand des Zielunternehmens verpflichtet, sich nach einem Übernahmeangebot neutral zu verhalten. Kritiker monieren jedoch am neuen Übernahmegesetz, dass er sich Abwehrmaßnahmen vorsorglich durch die HV genehmigen lassen kann – also ohne dass es dafür einen konkreten Anlass gibt. Außerdem kann der Vorstand auch ohne Einverständnis der HV gegen eine Übernahme vorgehen, wenn der Aufsichtsrat dem zustimmt. Für die Aktionäre heißt das vielfach: Ihr Unternehmen wird für einen Aufkäufer von vornherein uninteressant, sodass es wenig wahrscheinlich ist, dass je ein potenzieller Raider einen Übernahmeversuch startet, von dem sie dann profitieren könnten. Anleger sollten daher Gesellschaften meiden beziehungsweise die entsprechenden Anteile verkaufen, wenn sich deren Management Vorratsbeschlüsse einräumen lässt, denn die Verwaltung kann sich dann viel eher leisten, die Interessen der Aktionäre und die Steigerung des Unternehmenswertes zu ignorieren, weil es nicht fürchten muss, durch eine Übernahme „entmachtet" zu werden. Oft ist deshalb zu beobachten, dass die

Kursentwicklung dieser Unternehmen im Vergleich zu anderen Titeln aus der gleichen Branche unterdurchschnittlich verläuft. Ob und welche vorsorglichen Maßnahmen es gegen einen möglichen Übernahmeversuch gibt, kann der Anleger beispielsweise auf der HV oder bei der unternehmenseigenen Investor-Relations-Abteilung (→ Seite 200) erfragen.

Der „weiße Ritter"

Die für die Aktionäre eleganteste Waffe gegen eine feindliche Übernahme ist es allerdings, wenn ein so genannter weißer Ritter dem Unternehmen im Kampf beisteht. Diese Bezeichnung verwenden die Börsianer, wenn das von der Übernahme bedrohte Management ein befreundetes Unternehmen dazu bewegen kann, mit einem Gegenangebot die Offerte des Raubritters zu überbieten. Fachleute sprechen dann von einer freundlichen Übernahme („friendly take-over"). Damit ist der ursprüngliche Kaufinteressent gezwungen, sich zu überlegen, ob er sein Angebot nachbessert. Das kann der Beginn von regelrechten Übernahmeschlachten sein, in denen sich beide Seiten immer wieder zu übertrumpfen versuchen. Solche Bieterkämpfe sind natürlich ganz im Interesse der Aktionäre des Zielunternehmens, denn sie treiben den Preis hoch.

Wie sollen sich die betroffenen Aktionäre entscheiden?

Für die Anteilseigner des betroffenen Unternehmens steht auf jeden Fall die Entscheidung an, die Offerte anzunehmen oder nicht. Meist setzt der Bieter dazu eine bestimmte Frist.

Ausschlaggebend ist dabei in erster Linie der gebotene Preis. Wie so oft ist deshalb eine konkrete Aussage nur für den Einzelfall möglich.

→ Die Erfahrung zeigt aber: Wenn der Bieter eine Prämie von mehr als 50 Prozent auf den aktuellen Börsenkurs unmittelbar vor Bekanntgabe der Übernahmeofferte zahlt, können die Anleger auf absehbare Zeit kaum damit rechnen, wesentlich bessere Kurse am freien Markt zu erzielen.

Das ist, wie gesagt, ein allgemeiner Richtwert. Im Einzelfall kann der Kurs nach Auslaufen des Angebots aufgrund spekulativer Käufe durchaus noch weiter steigen. Er kann allerdings auch einbrechen. Wer also den „sicheren" Gewinn erzielen will, bietet dem Aufkäufer seine Anteile an. Das muss der Anleger über seine Depotbank veranlassen. Das Angebot ist zunächst unverbindlich, denn er gibt damit nur eine Verkaufsabsicht bekannt, die er innerhalb der Gebotsfrist widerrufen kann – beispielsweise, weil ein zweiter Bieter ins Rennen eingestiegen ist.

Das beste Übernahmeargument: Ein hoher Preis

Lange Zeit wehrte sich das Management des Kugellagerherstellers FAG Kugelfischer im September 2001 verzweifelt gegen die Übernahmeofferte des Konkurrenten INA-Holding. Doch während der zweiwöchigen Frist, die INA den FAG-Aktionären einräumte, um das Angebot anzunehmen, gelang es dem Management weder, einen „weißen Ritter" herbeizurufen, noch eine überzeugende Strategie zu präsentieren, wie es das Unternehmen aus eigener Kraft schaffen sollte, dass an der Börse auf lange Sicht ein Kurs von 11 Euro und mehr für dessen Anteile gezahlt werden würde – so viel nämlich bot INA für jede FAG-Aktie. Gegenüber dem letzten Kurs vor Bekanntwerden der Übernahmeofferte entsprach das einem Aufschlag von fast 50 Prozent. Als der Aufkäufer sein Gebot dann auch noch um einen Euro erhöhte, gingen den Verantwortlichen bei FAG die Argumente aus. Sie stimmten im Interesse der Aktionäre der Übernahme zu.

Das letzte Wort haben die Behörden

Einen Strich durch die Rechnung des Aufkäufers können auch das Bundeskartellamt und die EU-Monopolkommission machen, die bei fast allen Übernahmetransaktionen ein Wörtchen mitzureden haben. Wenn zwei Unternehmen durch ihre Fusion eine marktbeherrschende Stellung erreichen würden, können die Behörden den Zusammenschluss verweigern. Bei transatlantischen Verbindungen muss auch die US-Kartellbehörde Federal Trade Commission (FTC) ihr Okay geben.

Bei einer Fusion hingegen tun die betroffenen Anleger gut daran, ihre Anteile am neuen Gemeinschaftsunternehmen sofort zu verkaufen. Der Grund: Immer wieder ist zu beobachten, dass die erste Euphorie, die solche Fusionen regelmäßig auslösen, nach einigen Wochen oder Monaten verflogen ist. Stattdessen macht sich Ernüchterung breit, denn selten gelingt es, zwei große Unternehmen reibungslos unter einem Dach zu integrieren und die erhofften Einspareffekte im dem Maße zu realisieren, wie sich das die Manager zu Anfang erhofft haben.

Was die Zukunftsaussichten ihrer Aktien angeht, müssen sich auch die Aktionäre derjenigen Gesellschaft sorgen, die sich als Aufkäufer betätigt hat, denn oft zeigt sich, dass „ihr" Unternehmen viel zu teuer eingestiegen ist und die Kosten der Übernahme auf die Profitabilität und damit den Aktienkurs drücken.

Teure Fehlgriffe

Wer glaubt, dass professionelle Konzernlenker und -strategen bei ihren Unternehmenskäufen stets ein glückliches Händchen beweisen, der irrt. Die Liste der Transaktionen, bei denen sie viel zu hoch eingestiegen sind, ist lang. Besonders ungern dürften sich die verantwortlichen Manager der Münchener Rückversicherung an das Geschäft mit Kinowelt erinnern. Anfang des Jahres 2001 kauften sie für stolze 20 Millionen Euro ein 4,9-Prozent-Aktienpaket an dem Filmvermarkter, obwohl sich schon zu diesem Zeitpunkt andeutete, dass die Zeichen in der Medienbranche auf Sturm stehen. Ende August 2001, also ein knappes Dreivierteljahr später, erhielten sie dann die Quittung. Kinowelt stand kurz vor der Pleite. Mehr als 95 Prozent ihres Wertes hatte die Aktie zu diesem Zeitpunkt eingebüßt und die Münchener Rück konnte ihr Engagement abschreiben.

Noch härter traf es André Leysen. Der Chef der belgischen Finanzholding Gevaert blätterte im Herbst 1998 mehr als 200 Millionen Euro für ein 30-prozentiges Aktienpaket an dem Baukonzern Philipp Holzmann hin, das zu einem Teil aus dem Besitz der Deutschen Bank stammte, die auch gleichzeitig Hausbank von Holzmann war und den Vorsitz im Aufsichtsrat innehatte.

Nur zwei Monate später(!) stand der Baukonzern vor dem finanziellen Ruin und Gevaert musste nicht nur den Kaufpreis abschreiben, sondern im Rahmen der Sanierung auch noch weitere Millionen nachschießen, damit bei dem Unternehmen, für dessen Bestand sich Bundeskanzler Gerhard Schröder öffentlich eingesetzt hatte, nicht endgültig die Lichter ausgingen. Nutzen daraus gezogen hat vor allem die Deutsche Bank, die nicht nur durch den Verkauf, sondern auch noch als Gläubigerbank profitiert hat, weil sie bei der Sanierung des Unternehmens Holzmann durch Gevaert unfreiwillig unterstützt wurde. Genutzt hat es am Ende nichts, denn im Frühjahr 2002 musste Holzmann dann doch den Insolvenzantrag stellen. Und die Deutsche Bank, gegen die Leysen juristisch zu Felde gezogen ist, weil sie angeblich bis zum Verkauf von den Milliardenverlusten nichts gewusst haben will, musste einen Großteil ihrer Kredite an Holzmann dann doch abschreiben.

Von Übernahmen profitieren?

Einige Anleger verfolgen die Strategie, den Kurszettel gezielt nach Werten zu durchforsten, die Übernahmefantasien in sich bergen. Das erfordert allerdings Geduld, Stehvermögen und entsprechendes Kapital. Zudem sollte es eine „Nischenstrategie" sein, die nur mit einem geringen Teil des Anlagekapitals verfolgt wird. Denn mit einer sinnvollen Auswahl und Streuung (→ Seite 213) hat das Kriterium „mögliches Übernahmeopfer" kaum etwas zu tun.

Wer dennoch auf diese Strategie setzen und eine realistische Chance haben will, von einem Übernahmeangebot zu profitieren, muss sich auf wenige Branchen und Werte mit eher unterdurchschnittlichen Gewinnaussichten und niedriger Bewertung konzentrieren.

Folgende Merkmale sprechen nach Ansicht von Analysten für einen Übernahmekandidaten:

- Unternehmen leidet unter anhaltender Ertragsschwäche oder schreibt sogar Verluste,
- Es gibt keine beherrschenden Großaktionäre,
- Branche wird von einigen großen und mittleren Firmen bestimmt,
- geringe Innovation, hoher Wettbewerbsdruck und Konzentrationstendenzen kennzeichnen die allgemeine Branchenentwicklung,
- Unternehmen verfügt über hohe stille Reserven (→ Seite 193) und/oder liquide Mittel,
- Unternehmen wird niedrig bewertet (→ Seite 194),
- an der Börse kommt es plötzlich zu ansteigenden Umsätzen.

Delisting: Zeit zum Abschied

Wenn ein Übernahmeangebot erfolgreich verlaufen ist, heißt das noch nicht, dass der neue Großaktionär alle Aktien sein Eigen nennt. Je nach Höhe des gebotenen Preises muss er sich erfahrungsgemäß zunächst mit 70 bis 80 Prozent aller Anteile begnügen, denn einer Minderheit wird auch der zuletzt gezahlte Preis zu niedrig sein, sodass sie an ihren Aktien festhält. Aufgrund der in den vergangenen Jahren durchgeführten Übernahmen wimmelt es daher auf dem deutschen Kurszettel von Unternehmen, deren Freefloat kleiner als 10 oder sogar 5 Prozent ist.

Mit dem neuen Übernahmegesetz droht allerdings das Börsendasein dieser Gesellschaften beendet zu werden, denn damit hat der Mehrheitseigner die Möglichkeit, die verbliebenen Minderheitsaktionäre gegen eine Abfindung zwangsweise auszukaufen und ein so genanntes Delisting bei der Börsenverwaltung zu beantragen. Mit anderen Worten: Er kann den freien Aktionären den Stuhl vor die Türe stellen und das Unternehmen von der Börse abziehen. Dieser ☞ **Squeeze-out**, wie der Vorgang in der Fachsprache genannt wird, ist allerdings nur möglich, wenn der Mehrheitseigner im Besitz von mindestens 95 Prozent aller Aktien ist.

☞ Squeeze-out: Aus dem Englischen frei übersetzt: hinausquetschen, hinausdrücken

Was auf den ersten Blick wie Willkür aussieht, macht für alle Beteiligten durchaus Sinn.

Ein Käufer wird für ein bestimmtes Unternehmen nur dann ernsthaft bieten, wenn er die realistische Chance besitzt, das Aktienkapital am Ende restlos aufzukaufen, um die Gesellschaft unter das eigene Dach einzugliedern. Dies war zwar schon vor Inkrafttreten des Übernahmegesetzes möglich, allerdings mussten dazu erhebliche juristische Hürden überwunden werden.

Durch den Squeeze-out wird dies vereinfacht, sodass Übernahmen für den Käufer und damit indirekt auch für die Aktienanleger lukrativer werden. Er verhindert, dass sich ein potenzieller Bieter jahrelang mit wenigen freien Aktionären arrangieren, teure Hauptversammlungen abhalten, Geschäftsberichte drucken und hohe Gebühren an die Börsenverwaltung für die Notierung bezahlen muss.

Der Großaktionär kann den Minderheitseignern allerdings nicht irgendeinen beliebigen Preis zahlen. Er wird in der Regel einen unabhängigen Wirtschaftsprüfer mit der Ermittlung eines angemessenen Preises beauftragen. Dieser Wert wird auf jeden Fall noch einmal von einem gerichtlich bestellten Gutachter überprüft.

→ Unabhängig davon: Die Höhe der Zwangsabfindung können die betroffenen Aktionäre dennoch im Rahmen eines Spruchstellenverfahrens (→ Seite 408) juristisch anfechten und prüfen lassen, was aber erhebliche Zeit beansprucht. Das Spruchstellenverfahren hat allerdings keine aufschiebende Wirkung. Der eigentliche Rauswurf der Aktionäre wird auf jeden Fall vollzogen, lediglich die Höhe der Abfindung wird dann noch juristisch geklärt.

Der freiwillige Rückzug von der Börse

Nicht immer ist es aber eine Übernahme, die zu einem Delisting führt. Das Management eines Unternehmens kann auch von sich aus zu dem Entschluss kommen, dass sich die hohen laufenden Kosten einer Börsennotierung nicht mehr lohnen, weil sich kaum Investoren und Analysten für das Unternehmen interessieren und die Aktien angesichts der Substanz und der Ertragsstärke der Gesellschaft dauerhaft unterbewertet sind.

Meist kommt es dann zu einem so genannten ☞ **Going private**, das heißt, dem Abschied von der Börse. Bis zum Frühjahr 2002 sahen die Zulassungsverordnungen der deutschen Wertpapierbörsen vor, dass der Großaktionär den Minderheitseignern dazu ebenfalls ein Übernahmeangebot machen musste. Dessen Höhe konnten die betroffenen Aktionäre nur dann gerichtlich überprüfen lassen, wenn die betreffende Gesellschaft beispielsweise gleichzeitig eingegliedert oder ein ☞ **Beherrschungs- und Gewinnabführungsvertrag** abgeschlossen wurde. Inzwischen hat die Frankfurter Wertpapierbörse ihre Regularien geändert. Danach kann ein Unternehmen mit einer Frist von sechs Monaten von sich aus den Rückzug von der Börse beantragen. Auf diese Weise kann auch ein Großaktionär mit weniger als 95 Prozent Anteilsbesitz den Streubesitz indirekt aus dem Unternehmen drängen. Denn dadurch werden die Aktien unattraktiv für ein Investment. Kaum jemand wird Anteile an einer Gesellschaft kaufen, die nur noch kurze Zeit an der Börse notiert.

All diese Vorhaben müssen zwar von der Hauptversammlung mit Dreiviertelmehrheit beschlossen werden. Angesichts der Tatsache, dass dort die Großaktionäre das Sagen haben, ist diese Verpflichtung aber keine ernsthafte Hürde.

Weshalb es besser ist nachzugeben

Aktionäre, die von einem Delisting betroffen sind, sollten deshalb ein Abfindungsangebot auf jeden Fall annehmen, auch wenn es ihnen zu niedrig erscheint. Schließlich haben sie nach der Einstellung der Kursnotiz kaum noch eine Möglichkeit, einen Käufer für ihre Anteile zu finden. Für das Unternehmen gelten auch bestimmte Publizitätspflichten nicht mehr – etwa die Pflicht, bestimmte Ereignisse ad hoc (→ Seite 132) zu vermelden. Nach dem Börsenrückzug sind die Kleinaktionäre also weitgehend von Informationen abgeschnitten und auf das Wohlwollen des Großaktionärs angewiesen.

☞ Beherrschungs- und Gewinnabführungsvertrag: Ein solcher Vertrag bedeutet, dass die freien Aktionäre nicht mehr an der wirtschaftlichen Entwicklung des Unternehmens teilhaben. Der Jahresgewinn wird vollständig an den Großaktionär überwiesen. Dafür erhalten die freien Aktionäre eine Ausgleichszahlung und/oder Garantiedividende.

☞ Going private: Aus dem Englischen frei übersetzt: In ein Privatunternehmen umgewandelt werden, also nicht für das breite Anlegerpublikum zugänglich.

Den Einstieg vorbereiten

Aktien besitzen gegenüber anderen Anlageformen, beispielsweise Anleihen, einige Besonderheiten, die sich im Auswahlprozess niederschlagen.

Problem: Timing
Die erste Besonderheit bei Aktien ist, dass sie keine feste Laufzeit besitzen. Es gibt also keinen bestimmten Fälligkeitstermin, an dem der Anleger seine Titel verkauft und wie bei einer Anleihe sein Kapital zurückerhält. Die Wahl von Ein- und Ausstiegszeitpunkt liegt, von wenigen Ausnahmen abgesehen, ganz in seiner Hand. Er steht also vor dem Problem, dass er vor dem Hintergrund des ständigen Auf und Ab am Aktienmarkt die optimalen Ein- und Ausstiegszeitpunkte für seine Investments, eben das richtige Timing, finden muss.

Problem: Auswahl
Das zweite eng damit verknüpfte Problem bei Dividendenwerten ist die Auswahl. Jeder Aktienanleger möchte natürlich nur Werte im Depot haben, die ihm hohe Kurssteigerungen bescheren. Doch das gelingt kaum. Schließlich stehen allein an den deutschen Börsen Aktien von weit über 10 000 verschiedenen Unternehmen aus dem In- und Ausland zur Auswahl, die ganz unterschiedliche Zukunftsperspektiven und damit Kurspotenziale bieten. Also welche davon nehmen? Um diese Frage zu beantworten, gilt es, sich klar zu machen, dass die Auswahl durch zwei Charakteristika der Aktien bestimmt sein sollte.

☞ Large-Cap: Abkürzung für „Large Capitalization", aus dem Englischen: hohe (Börsen-)Kapitalisierung.

Das erste ist, dass sich der Kurs und damit der Gesamtwert eines Unternehmens laufend ändert. Diesem Kennzeichen lässt sich Rechnung tragen, indem der Anleger sein Aktiendepot breit auf verschiedene Märkte, Branchen und Unternehmen unterschiedlicher Größe streut (→ Seite 213).

Das zweite ist, dass Aktie nicht gleich Aktie ist: Jedes Einzelunternehmen besitzt seine eigene „Anlagequalität". Es reicht also nicht, wahllos in irgendein Unternehmen einer bestimmten Branche oder eines bestimmten Marktes zu investieren. Der Anleger muss vor dem Kauf den jeweiligen Einzelwert nach bestimmten Grundsätzen und Kennziffern genau prüfen.

Den Kurszettel sortieren

Um das Depot nicht einfach nur bunt zu mischen, sondern ausgewogen zu gestalten, gibt es bestimmte Kriterien, das Angebot zu selektieren. Dazu gehört als Erstes, den Kurszettel nach bestimmten Merkmalen vorzusortieren.

Bluechips oder Nebenwerte?

Ein Merkmal ist dabei die Größe beziehungsweise der Börsenwert eines Unternehmens. In den meisten Fällen ist zu beobachten, dass der Bekanntheitsgrad eines Unternehmens auch etwas mit seiner Größe und damit seinem wirtschaftlichen Erfolg zu tun hat. Dies drückt sich auch an der Börse aus. Dort ist es üblich, Aktien in Rang- oder Größenklassen zu unterteilen, die Rückschlüsse auf die Anlagequalität eines Papiers zulassen.

Bluechips: Aktien Handelsklasse 1a
Ganz oben stehen dabei die so genannten Standardwerte. Im internationalen Sprachgebrauch der Börsianer werden diese Titel auch als „Bluechips" oder ☞ Large-Caps bezeichnet. Damit sind die größten und wichtigsten Unternehmen eines Aktienmarkts gemeint. Meist sind es weltweit tätige Großkonzerne, die innerhalb ihrer Branche (→ Seite 186) eine Spitzenstellung einnehmen und deren Name auch abseits der Finanzmärkte einen guten Ruf besitzt.
An der deutschen Aktienbörse finden sich diese Werte im Dax wieder, in den USA, als an-

deres Beispiel, sind sie im Dow-Jones- und S&P-500-Index vertreten (→ Seite 100).

Mid-Caps: Die Werte aus der zweiten Reihe

Auf die Bluechips folgen die Werte der so genannten „zweiten Reihe": Unternehmen, die es in Sachen Marktkapitalisierung und oft auch mit dem Bekanntheitsgrad der Standardwerte nicht aufnehmen können, die aber dennoch keine Leichtgewichte sind. In der Fachsprache der Börsianer werden diese Aktien auch ☞ Mid-Caps genannt.

Mid-Caps sind so etwas wie die gesunde Basis eines Aktienmarkts. Rein zahlenmäßig übertrumpfen sie die Standardwerte bei weitem. Am deutschen Aktienmarkt zum Beispiel enthält der MDax, der die Werte der zweiten Reihe zusammenfasst, 70 Werte (gegenüber 30 im Dax). Oftmals sind es sehr alte Unternehmen aus Traditionsbranchen, die es meist deshalb nicht in die oberste Börsenliga schaffen, weil sie sich in ihrer Geschäftstätigkeit auf Nischenbereiche beschränken. Andere wiederum haben das Zeug zu einem „Global Player", einem der weltweit führenden Unternehmen in ihrem Bereich zu werden, der sich auch an der Börse zu einem Standardwert entwickelt. Der Softwareriese SAP zum Beispiel hat 1991 als kleines Unternehmen sein Börsendebüt gegeben und sich dann über den MDax bis in den Dax empor gearbeitet. Das zeigt, dass Mid-Caps nicht von vornherein unattraktiv für eine Anlage sind.

Small-Caps: Klein, aber nicht immer oho

Am Ende der Rangskala stehen die so genannten ☞ Small-Caps – Werte, die verhältnismäßig klein sind und nur eine geringe Marktkapitalisierung auf die Waage bringen. Dieses zahlenmäßig am besten besetzte Feld stellt für Anleger sicherlich die größte Herausforderung dar, denn dort tummeln sich ganz unterschiedliche Unternehmen – junge, aufstrebende Gesellschaften wie zum Beispiel am Neuen Markt, die sich nur auf wenige Produkte oder Dienstleistungen konzentrieren und großes Zukunftspotenzial besitzen, aber auch Gesellschaften, die wirtschaftlich gesehen allenfalls Mittelmaß darstellen und deswegen an der Börse ein Schattendasein fristen.

Das oft beschriebene Problem der Wertpapieranlage tritt auch hier auf: Die wirklich attraktiven Small-Caps besitzen im Vergleich zu den Bluechips zwar ungleich größere Kurschancen, aber auch ungleich höhere Risiken. Ein Konjunktureinbruch, ein verpasster Markttrend oder Qualitäts- und Managementprobleme – all das sind Ereignisse, die sich bei einem kleinen Unternehmen relativ schnell zu einer existenzbedrohenden Krise ausweiten können.

→ Für den Anleger kommt es darauf an, die richtige Mischung aus Bluechips, Mid- und Small-Caps zu finden. Neueinsteiger sollten sich am Anfang ausschließlich auf Standardwerte konzentrieren. Sie bilden das Rückgrat jedes Aktiendepots. Wer etwas Erfahrung gesammelt hat, kann auch kleinere und mittlere Titel beimischen, um einzelne Branchen abzudecken und das Depot stärker zu streuen (→ Seite 213).

Autos oder lieber Computer?

Ein zweites, wichtiges Auswahlkriterium für Börsianer ist neben der Größe beziehungsweise dem Börsenwert eines Unternehmens die Branche, in der ein Unternehmen tätig ist. Im Abschnitt „Information" ist dargestellt, dass die wirtschaftliche Entwicklung eines Landes nicht gradlinig, sondern in Wellen verläuft (→ Seite 110). Dabei ist zu beobachten, dass nicht jedes Unternehmen in gleichem Maße und zum gleichen Zeitpunkt von gesamtwirtschaftlichen Auf- und Abschwungphasen betroffen ist. Unternehmensspezifische Faktoren

☞ Mid-Cap: Abkürzung für „Middle Capitalization", aus dem Englischen: mittlere (Börsen-)Kapitalisierung.

☞ Small-Cap: Abkürzung für „Small Capitalization", aus dem Englischen: niedrige (Börsen-)Kapitalisierung.

wie zum Beispiel die Qualität des Managements oder die angebotenen Produkte sind dafür nur bedingt verantwortlich. Viel entscheidender ist, in welchem Wirtschaftszweig ein Unternehmen tätig ist.

Für jede Aktie lässt sich anhand von Kriterien wie Größe, Branchen- und Marktzugehörigkeit eine Art Profil erstellen.

Zyklische Titel ...

Gesellschaften, deren Geschäftsentwicklung sehr stark von den regelmäßig auftretenden Wellenbewegungen der Konjunktur beeinflusst wird, bezeichnen Anlageexperten als „Zykliker". Dazu zählen zum Beispiel Automobilwerte. Die ökonomischen Gründe dafür liegen auf der Hand. Wenn es in der Wirtschaft gut läuft, heißt das, dass mehr produziert und konsumiert wird. Die dafür benötigten Rohstoffe, aber auch die fertigen Waren müssen zwangsläufig transportiert werden. Zudem sind die Verbraucher aufgrund des steigenden Einkommens und des vermeintlich sicheren Arbeitsplatzes eher bereit, ein neues Auto zu kaufen. Folge: Die Gesamtnachfrage nach Fahrzeugen steigt. Kühlt das Wirtschaftsklima wieder ab, geht mit der sinkenden Produktion auch der Transportbedarf zurück und die unsicheren Aussichten bewegen viele Arbeitnehmer, aber auch Unternehmer, die Anschaffung eines neuen Fahrzeugs zunächst hinauszuschieben. Konsequenz: Der Automobilabsatz bricht ein.

... profitieren zu unterschiedlichen Zeitpunkten vom Konjunkturaufschwung

Dieses einfache Beispiel zeigt auch, dass die Branchen nicht nur in unterschiedlichem Maße, sondern auch zu unterschiedlichen Zeitpunkten von Konjunkturschwankungen betroffen sind. Die Maschinenbaubranche, als Investitionsgüterproduzent, gilt neben der Chemie-, Technologie- und Telekommunikationsbranche als „Frühstarter" in einer konjunkturellen Aufwärtsbewegung. Banken und Versicherungen sind das, was Fachleute zinssensitiv nennen. Auch sie profitieren vor allem im Frühstadium eines Aufschwungs, solange die (kurzfristigen) Zinsen noch fallen. In einem fortgeschrittenen Stadium folgen dann die Produzenten von industriellen Grundstoffen (beispielsweise Stahl, Metalle, Papier) und Energie (zum Beispiel Öl, Gas). Als nächstes erleben Automobilproduzenten, Bauunternehmen, Transport- und Logistikunternehmen einen Boom. Die onsumgüterhersteller (Bekleidungsunternehmen, Luxusgüter) und Handelsunternehmen (Supermärkte, Kaufhäuser) gehören zu den „Nachzüglern", weil der private Konsum erst im Spätstadium eines Aufschwungs anspringt (→ Seite 112).

Defensive Werte: Stabilität fürs Depot

Das Gegenteil der Zykliker sind Gesellschaften, deren Geschäftsentwicklung kaum von Konjunkturschwankungen beeinflusst wird. Ein klassischer Vertreter dafür ist die Pharmabranche. Dort ist zu beobachten, dass sich die gesamte Nachfrage über die vergangenen Jahre hinweg stabil aufwärts entwickelt hat – in erster Linie deshalb, weil immer mehr Menschen immer öfter und länger Medikamente einnehmen und die medizinische Forschung immer neue, wirksamere und letztlich auch teurere Präparate entwickelt. Konjunkturelle Schwankungen haben hierauf nahezu keinen Einfluss.

Andere Bereiche, die ebenfalls als defensiv gelten, sind Nahrungs- und Genussmittelunternehmen (zum Beispiel Molkereien, Produzenten von alkoholfreien Getränken, Tabakproduzenten, Bierbrauer) und Energieversorger.

Branchen im Wandel der Zeit

Aufgrund des technischen Fortschritts und der Dynamik des Wirtschaftsgeschehens ist es ein ganz normaler Prozess, dass neue Branchen entstehen, andere wiederum in der Bedeutungslosigkeit versinken . Zu den sehr jungen Bereichen, in die die Anleger beispielsweise erst in den vergangenen Jahren über die Börse investieren konnten, gehören die Biotechnologie, der Softwarebereich und die Internettechnologie. Typisch bei solchen neuen Technologiebranchen ist, dass die wirtschaftliche Nachfrage am Anfang sehr groß ist, sodass das Wachstum zunächst nahezu geradlinig verläuft. Meist kommt es erst dann zu zyklischen Schwankungen, wenn sich die Technologie etabliert hat – Ausnahmen, wie etwa die Chipindustrie bestätigen allerdings diese Regel.

Um die richtige Verteilung gehts

Warum ist es nun so wichtig, dass sich ein Aktienanleger bei der Auswahl seiner Titel an den Branchen und deren Konjunkturverhalten orientiert? Ganz einfach. Langfristig und mit einem zeitlichen Vorlauf von sechs bis zwölf Monaten reflektiert auch die Aktienkursentwicklung eines Unternehmens konjunkturelle Schwankungen. Ein lang andauernder Kursaufschwung an der Börse erfasst aber wiederum nicht alle Werte in gleichem Maße. Ganz im Gegenteil: Die Stabilität einer Hausse (→ Seite 205) zeigt sich darin, dass es zu einer Branchenrotation bei den Titeln mit den höchsten Kursgewinnen kommt. Wenn dagegen nur wenige Werte den Markt „tragen", steht der Aufschwung erfahrungsgemäß eher auf tönernen Beinen.

Für spekulativ orientierte Anleger mag der Reiz darin liegen, sich diesem Karussell anzupassen und je nach Konjunkturphase auf die vermeintlich lukrativsten Branchen zu spekulieren. Doch das schaffen selbst Profis nicht, denn die Unsicherheit bezüglich der zukünftigen Wirtschaftsentwicklung ist viel zu groß, um mit dieser Strategie auf Dauer erfolgreich zu sein. Eine Verteilung des Aktiendepots auf viele verschiedene Branchen verhindert dagegen, dass sich alle Einzelwerte im Gleichschritt entwickeln, das heißt, dass deren Kurse je nach Konjunkturphase in etwa zum gleichen Zeitpunkt steigen, um dann wieder zu fallen.

→ Dem richtigen Branchenmix kommt bei der Aktienanlage enorme Bedeutung zu. Er ist auf Dauer zu 50 bis 60 Prozent ausschlaggebend für den Anlageerfolg – also fast wichtiger als die Wahl der jeweiligen Börse oder die Entscheidung für einzelne Unternehmen.

In jeder Konjunkturphase profitieren andere Branchen

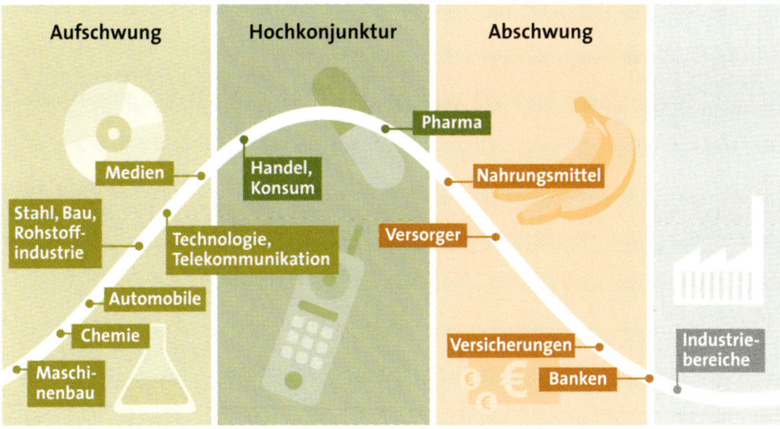

Orientierungshilfe: Subindizes

Um Anlegern die Sortierung des Kurszettels zu erleichtern, hat die Deutsche Börse AG den marktbreiten CDax-Index (→ Seite 108) in 20 Branchen-Subindizes unterteilt.

Der CDax nach Subindizes

Index	Branche
CDax-Automobiles	Automobilbau (Pkw und Lkw-Hersteller, Zulieferer)
CDax-Banks	Banken
CDax-Chemicals	Chemie
CDax-Media	Medien (Werbeagenturen, Fernsehsender)
CDax-Basic Resources	Grundstoffindustrie (Stahl, Metalle, Papier etc.)
CDax-Food & Beverages	Nahrungsmittel & Getränke (Molkereien, Bierbrauer)
CDax-Technology	Technologie (Computerbauer, Chipproduzenten)
CDax-Insurance	Versicherungen
CDax-Transport & Logistic	Transport & Logistik (Speditionen, Reedereien, Luftfahrtgesellschaften)
CDax-Machinery	Maschinenbau
CDax-Industries	Industrie
CDax-Construction	Bau
CDax-Pharmaceutical & Healthcare	Pharma und Gesundheit
CDax-Retail	Handel (Kaufhäuser, Handelsketten)
CDax-Software	Software
CDax-Telecom	Telekommunikation
CDax-Utilities	Versorger (Strom, Gas, Wasser)
CDax-Financial Service	Finanzdienstleister (Broker)
CDax-Consumer Cyclicals	Zyklische Konsumgüter (Bekleidung, Möbel)

Bei dieser Zuordnung muss der Anleger allerdings berücksichtigen, dass sich nicht jedes Unternehmen eindeutig in eine „Schublade" stecken lässt. Etwa bei Banken, Versicherungen und kleineren Industriebetrieben ist das in der Regel kein Problem. Anders sieht es dagegen bei Gesellschaften aus, die durch Zukäufe oder Neugründungen zu einem Mischkonzern, in der Fachsprache auch Konglomerat genannt, geworden sind. Im Extremfall besitzen die einzelnen Geschäftsbereiche wirtschaftlich so gut wie keine Berührungspunkte. Andere Großunternehmen verfügen dagegen aus historischen Gründen über mehrere Standbeine, und nicht zuletzt kann auch ein Strategiewechsel des Managements einen Branchenwechsel zur Folge haben. Es muss dann im Einzelfall entschieden werden, welcher Branche ein Unternehmen zuzuordnen ist – beispielsweise anhand der Umsatzverteilung auf die einzelnen Sparten.

Von Stahl und Kohle zur Telekommunikation

Ein Beispiel für die ständige Weiterentwicklung eines Konzerns ist bis zu ihrer Übernahme durch das britische Telekommunikationsunternehmen Vodafone im Jahre 2000 die Mannesmann AG. Zu diesem Zeitpunkt galt Mannesmann an der Börse als erfolgreicher Mobilfunkbetreiber (D2). Gut 30 Jahre davor hätte sich das kaum ein Aktionär des bis dahin klassischen Montanunternehmens vorstellen können. Doch Ende der 60er Jahre leitete das damalige Management eine Kehrtwende ein: Es verkaufte die Kohle- und Stahlaktivitäten und stieg im Gegenzug in die Röhrenproduktion und beim Maschinenbauer Demag ein. In den 80er Jahren expandierte Mannesmann mit dem Erwerb der Unternehmen Hartmann & Braun und Kienzle in die Geschäftsfelder Elektro- beziehungsweise Datentechnik, ehe mit Fichtel & Sachs und VDO die Sparte Automobilzulieferer entstand. Mitte der 90er Jahre wurde dann mit dem Einstieg in die mobile Kommunikation der radikalste Strategiewechsel vollzogen. Der Erfolg erleichterte es der Mannesmann-Führung, sich schrittweise aus dem Röhren-, Elektrotechnik- und Maschinenbaugeschäft zurückzuziehen. Vodafone fielen am Ende neben der begehrten Telekommunikation nur noch kleinere Bereiche und die Sparte Engineering/Autozulieferung zu. Diese wurden dann umgehend verkauft.

Klares Profil oder besser Mischkonzern?

Die entscheidende Frage für den Anleger ist, ob er eher auf Unternehmen setzen soll, die sich auf wenige Bereiche konzentrieren und ein klares Branchenprofil besitzen, oder ob Mischkonzerne die bessere Wahl sind, bei denen Konjunkturschwankungen von den unterschiedlichen Geschäftsbereichen intern aufgefangen und geglättet werden. Fachleute sprechen dabei auch von Diversifikation. Die Börse gibt darauf eine eindeutige Antwort:

→ Unternehmen mit klarem Branchenprofil, „Pure plays" (→ Seite 173), schneiden an der Börse allgemein besser ab und erreichen höhere Bewertungen als Mischkonzerne, deren Kurse sich im Vergleich zu eindeutig positionierten Unternehmen oftmals unterdurchschnittlich entwickeln.

Industrienationen oder eher Emerging Markets?

Auch wenn die Branchenmischung eines der wichtigsten Kriterien bei der Zusammenstellung des Aktiendepots ist, so darf die regionale Zugehörigkeit der Gesellschaften nicht völlig außer Acht gelassen werden, da die gesamtwirtschaftliche Entwicklung nicht in allen Regionen beziehungsweise Ländern der Welt gleich verläuft. Allerdings rechnen Experten damit, dass die zunehmende Globalisierung des Wirtschaftsgeschehens dazu führt, dass sich die Volkswirtschaften vor allem der großen Industrienationen – USA, Kanada, Japan, Großbritannien, Schweiz und Euroland – immer stärker miteinander verzahnen und damit angleichen. Regionale Gesichtspunkte werden für diese Märkte deshalb gegenüber der Branchenstreuung zunehmend an Bedeutung verlieren.

Was sind Emerging Markets?

Einen Gegenpol zu den großen und etablierten Volkswirtschaften bilden dagegen die so genannten Schwellenländer – in der Fachsprache ☞ Emerging Markets genannt.

Nach der Definition der Weltbank zählen zu den Emerging Markets diejenigen Länder, deren jährliche Wirtschaftsleistung pro Kopf unter 9 265 US-Dollar liegt und die über einen funktionierenden Kapitalmarkt verfügen. Ende 2001 erfüllten rund vier Dutzend Länder dieses Kriterium.

Geprägt wurde diese Bezeichnung Anfang der 90er Jahre, als Entwicklungsländer wie Mexiko und Argentinien, aber auch ehemals sozialistische Staaten wie Polen und Ungarn wirtschaftliche Reformen einleiteten und damit begannen, einen Kapitalmarkt nach westlichem Vorbild aufzubauen. Die Anlageexperten und Börsianer meinen mit diesem Begriff üblicherweise die in diesem Bestreben am weitesten vorangeschrittenen Börsen in Lateinamerika (Argentinien, Brasilien, Mexiko, Chile), Osteuropa (Russland, Polen, Tschechien, Ungarn), Südostasien (Indien, Singapur, Hongkong, China) und teilweise auch Afrika (in erster Linie Südafrika).

Wo Chancen locken ...

Was diese Märkte für Anleger so interessant macht, ist ihr enormes Wachstumspotenzial. Drei Viertel der Weltbevölkerung leben dort. Wenn die Wirtschaftsproduktivität und damit das Volkseinkommen in diesen Ländern steigt, stellen zum Beispiel China, Indien und Brasilien einen Milliardenmarkt dar – etwa für Handys, Pkws und Finanzdienstleistungen. Wirtschaftswissenschaftler erwarten deshalb, dass das Wachstum der Emerging Markets in den kommenden Jahren wesentlich höher ausfallen wird als das der „etablierten" Industrieländer und die jeweiligen Aktienmärkte dementsprechend zu den gewinnträchtigsten der Zukunft gehören. Mehr noch: Viele Emerging Markets sind innerhalb eines weltweit orientierten Aktienportfolios besonders gut zur Risikostreuung geeignet, weil ihr Kurstrend in der Vergangenheit nur sehr gering oder negativ

☞ Emerging Market: Aus dem Englischen übersetzt: aufstrebender Markt.

mit der Entwicklung der großen Weltbörsen korrelierte (→ Seite 64).

... gibt es auch Risiken

Doch mit höheren Chancen, sprich höheren Renditen, sind zwangsläufig auch größere Risiken verbunden. Die wirtschaftliche und politische Situation der meisten Schwellenländer gilt nicht immer als stabil und stellt in vielen Fällen einen großen Unsicherheitsfaktor bei der Anlage dar.

Die Gefahr auf wirtschaftlicher Ebene besteht darin, dass sich der eingeleitete Reformprozess festfährt und Strukturanpassungen wie eine weitere Liberalisierung des Wirtschaftsgeschehens (zum Beispiel Aufhebung von Preiskontrollen, Import- und Exportbeschränkungen) und die Privatisierung von Staatsbetrieben nicht weiter vorangetrieben werden. Die Folge sind wirtschaftliche Ungleichgewichte, die sich auf Dauer zu handfesten Krisen ausweiten können. Beispiele aus der Vergangenheit sind Mexiko, Thailand, Russland und – sehr aktuell – Argentinien, das aufgrund seiner verfehlten Wirtschaftspolitik im Januar 2002 zahlungsunfähig geworden ist.

Ein weiterer Risikofaktor ist, dass die Infrastruktur der jungen Finanzmärkte im Vergleich zu den großen Weltbörsen zum Teil erhebliche Schwächen aufweist. Die Marktkapitalisierung ist im Verhältnis zur gesamten Wirtschaftsleistung des jeweiligen Landes oftmals verschwindend gering und die Organisation des tagtäglichen Handels kann mit dem Standard hoch entwickelter Börsen in den meisten Fällen nicht mithalten. Häufig kommen ausländische Anleger zum Beispiel erst Wochen später in den Besitz der von ihnen gekauften Papiere oder sie können ihren Verkauferlös nicht so ohne weiteres ausführen. Allerdings wäre es falsch, alle Schwellenbörsen unterschiedslos in einen Topf zu werfen. Märkte wie Singapur und Hongkong haben bewiesen, dass sie durchaus internationales Niveau besitzen.

Defizite mit Folgen

Als Folge all dieser Risikofaktoren werden viele Schwellenbörsen regelmäßig von spekulativen Exzessen, Wirtschaftskrisen und politischen Unsicherheiten erschüttert und die Volatilität (→ Seite 26) der Kurse ist hoch. Emerging Markets sind daher für die kurzfristige Spekulation kaum geeignet. Auf Sicht von zehn Jahren und mehr sind ihre Risiken aber überschaubar – wenn die Investments breit genug gestreut werden. Es erfordert allerdings vom deutschen Anleger viel Zeit, Mühe und nicht zuletzt gute Englischkenntnisse, um an gezielte Informationen aus diesen Regionen heranzukommen. Und selbst dann ist die Gefahr groß, dass wichtige Daten nicht verfügbar oder verlässlich sind.

TIPPS

- **NICHT FÜR EINSTEIGER GEEIGNET.** Bevor Sie in Emerging Markets anlegen, sollten Sie bereits Erfahrungen mit Aktien gesammelt und sich mit dem Währungsrisiko vertraut gemacht haben (→ Seite 260).
- **ANLAGEN STREUEN.** Emerging Markets bieten hohe Gewinnchancen, beinhalten aber ebenso hohe Risiken. Investieren Sie deshalb nie mehr als 10 Prozent Ihres gesamten Vermögens in diese Märkte.
- **DIE GEEIGNETEN ANLAGEFORMEN WÄHLEN.** Bei einer Anlage in Emerging Markets sollten Sie Investmentfonds (→ Seite 284) als Anlagealternative berücksichtigen. Dort kümmert sich ein Manager, der teilweise vor Ort sitzt, aktiv um die Auswahl der lukrativsten Titel und übernimmt die laufende Verwaltung. Wer eine Abrundung zu seinem Depot sucht, sollte einen globalen Emerging-Market-Fonds nehmen. Einzelne Märkte können durch Zukauf von Länder- oder Regionenfonds (→ Seite 299) stärker betont werden.

- LANGFRISTIG ANLEGEN. Kalkulieren Sie eine Mindestanlagezeit von zehn Jahren ein und setzen Sie wie bei jedem Aktieninvestment nur Geld ein, das Sie nicht benötigen.

Profitorientiert oder ethisch-ökologisch?

Anleger wollen mit ihren Aktieninvestments Geld verdienen – aber immer mehr Wertpapiersparer achten darauf, dass dies nicht um jeden Preis geschieht. Für sie sind neben Renditeaspekten auch soziale Gesichtspunkte bei der Auswahl ihrer Geldanlagen entscheidend. Das heißt, ein Unternehmen muss bestimmte ökologische und/oder ethische Kriterien erfüllen, damit dessen Aktien (und gegebenenfalls auch Anleihen) für das eigene Depot infrage kommen.

Unklare Begriffe

Die erste Schwierigkeit ist allerdings, dass „ethisch" und „ökologisch" keine exakt abgegrenzten und definierten Begriffe sind. Darunter versteht im Einzelfall jeder Anleger etwas anderes. Für den einen reicht es, dass ein Unternehmen seine Produktion so weit wie möglich ökologisch gestaltet, andere wiederum lehnen Unternehmen, die beispielsweise Rüstungsgüter, Kernkraftwerke, Tabakprodukte oder Automobile produzieren, kategorisch ab – egal, wie umweltschonend dies geschieht.

Bei der Auswahl dieser Art von Aktien werden viele Anleger vielleicht weniger mit der Zusammenstellung dieses Katalogs überfordert sein als vielmehr mit dem Problem, das ins Auge gefasste Unternehmen daraufhin zu überprüfen, ob und inwieweit es diesen Anforderungen entspricht. Leider gibt es bislang noch kein allgemein anerkanntes „Öko- oder Ethik-Siegel" für Geldanlagen – quasi einen „Blauen Engel" für Aktien und Anleihen.

Natürlich kann jeder Anleger versuchen, auf eigene Faust entsprechende Recherchen anzustellen. Wesentlich einfacher ist es allerdings, sich dabei an einem Index zu orientieren, der gezielt ökologisch und ethisch korrekt wirtschaftende Unternehmen abbildet. Von diesen Indizes gibt es mittlerweile eine knappe Hand voll. Der Vorteil für den Anleger: Er braucht sich für sein Depot nur noch diejenigen Werte herauszusuchen, die ihm am lukrativsten erscheinen.

CHECKLISTE

Welche Kriterien sollen gelten?

Um beim sozialen Investment die Vielfalt der Begriffe und der Angebote ordnen zu können, ist es sinnvoll, dass der Anleger sich erst einmal über die eigenen Anlagemaßstäbe Gedanken macht und sich danach einen individuellen Kriterienkatalog zurechtlegt:

- ✔ Haben Ökologie und Sozialverträglichkeit Vorrang vor Rendite und Risiko?
- ✔ Nach welchen Kriterien gilt ein Unternehmen als umweltverträglich (Einhaltung gewisser Standards bzw. Normen, Produktprogramm) und wann ist es ein Umweltsünder?
- ✔ Sind ethische Gesichtspunkte (zum Beispiel keine Kinderarbeit) bei der Auswahl wichtiger als ökologische Kriterien und wenn ja, welche?
- ✔ Werden bestimmte Branchen ganz ausgeschlossen oder besteht die Anlagestrategie darin, vor allem in Spitzenunternehmen zu investieren, bei denen Umweltschutz eine große Rolle spielt?

Dies sind nur einige der Fragen, die sich der Anleger stellen sollte, bevor er beginnt, sein Aktiendepot nach ethischen und ökologischen Kriterien zu bestücken

Exkurs:

Ein Gedanke – drei Konzepte

Anleger, die der „Indexmethode" folgen, müssen einen Haken beachten: Die einzelnen Konzepte unterscheiden sich zum Teil erheblich voneinander.

Der Natur-Aktien-Index

Der in Deutschland bekannteste grüne Aktienindex ist der Natur-Aktien-Index, kurz Nax genannt. Er wurde vom Wiener Ökonomen Max Demel zum 1. April 1997 aufgelegt und enthält 20 Aktien. Kontakt ▶

▶ Kontakt
Mehr Informationen zum Nax, seiner Zusammensetzung und seinem Konzept im Internet unter www.oeko-invest.de

Die Zusammensetzung des Nax wird ähnlich wie beim Dax in regelmäßigen Abständen überprüft, wobei die Regel gilt, dass eine Branche nur durch ein Indexmitglied repräsentiert werden sollte. Dabei ist die Auswahl nicht auf Unternehmen beschränkt, die ausschließlich im Umweltsektor tätig sind. Eine Gesellschaft, die sich für die Aufnahme in den Nax qualifizieren will, muss vor allem drei Kriterien erfüllen:

- Sie muss zu den ökologischen Vorreitern ihrer Branche gehören und beim Umweltschutz über die gesetzlich definierten Standards hinausgehen.
- Sie muss sich permanent darum bemühen, nachhaltig zu wirtschaften. Unter diesem Begriff wird das ökonomische Prinzip verstanden, die Öko-Effizienz der vorhandenen Ressourcen so weit wie möglich zu steigern, das heißt, Energie, Wasser, Rohstoffe einzusparen und alle negativen externen Effekte – Lärm, Schmutz – so weit wie möglich zu vermeiden. Umweltverschmutzung und Kinderarbeit gelten dabei als K.-o.-Kriterien.
- Sie darf keiner als ausgesprochen umweltschädigend geltenden Branche angehören – etwa der Atomkraft-, Kunststoff- oder Rüstungsindustrie.

Die Aufzählung zeigt bereits, dass ökonomische Kriterien bei der Auswahl der Titel eher zweitrangig sind. Wenn ein Unternehmen in den Nax aufgenommen wird, heißt das nicht, dass es auch zu den Branchenführern gehört. Die Mitgliedschaft im Index ist somit keineswegs ein Garant für eine gewinnbringende Anlage. Zudem sollte sich der Anleger darüber im Klaren sein, dass der generelle Ausschluss bestimmter Branchen die Anlagechancen grundsätzlich mindert und das Risiko eher erhöht.

Der FTSE-4-Good-Index

Ähnlich wie der Nax geht der vom britischen Indexanbieter FTSE (→ Seite 101) entwickelte FTSE-4-Good-Index vor, der im Herbst 2001 ins Leben gerufen wurde. Auch er berücksichtigt nur Unternehmen, die bestimmte Kriterien des nachhaltigen Wirtschaftens und einen verantwortungsvollen Umgang mit der Umwelt und der Gesellschaft – etwa die Einhaltung bestimmter Ökostandards und der internationalen Menschenrechte – erfüllen. Bestimmte Branchen wie Rüstungs- und Tabakproduzenten werden ausgeschlossen. Die Überprüfung nimmt FTSE nicht selbst vor, sondern man verlässt sich dabei auf das Urteil unabhängiger Researchfirmen. Kritiker bemängeln allerdings, dass als Beweis für die genannten Aufnahmekriterien nur Selbstverpflichtungen und Selbstauskünfte der jeweiligen Unternehmen statt objektiver und unabhängig ermittelter Leistungsdaten herangezogen werden. Zudem sind im FTSE-4-Good-Index viele bekannte und hoch kapitalisierte Großkonzerne vertreten – etwa Unternehmen wie Bayer und BASF –, die für überzeugte Ökoanhänger eher als Umweltsünder denn als ökologische Vorzeigeunternehmen gelten.

Stoxx-Substainability-Index

Einen gänzlich anderen Ansatz verfolgt der Indexanbieter Stoxx mit seinem Stoxx-☞ Substainability-Index.

☞ Substainability: Aus dem Englischen übersetzt: Nachhaltigkeit.

Aus allen Branchen, die in den europäischen Stoxx-Indizes (→ Seite 102) gelistet sind, werden diejenigen Unternehmen in diesen Index aufgenommen, die innerhalb ihrer Sparte nach ökologischen, ökonomischen und sozialen Gesichtspunkten zu den besten 20 Prozent gehören.

Auch hier wird die Bewertung von einer unabhängigen Researchagentur vorgenommen. Der Ansatz schließt ökologisch fragwürdige Unternehmen wie Ölproduzenten nicht von vornherein aus. Lediglich die Produzenten alkoholischer Getränke, von Tabakwaren und Waffen haben keine Chance. Dennoch wirft die Auswahl auch hier Fragen auf. So finden sich im Substainability-Index auch Werte wie der Hersteller von Sport- und Luxuslimousinen BMW und der Elektrokonzern Siemens, der unter anderem auch die Technologie für Atomkraftwerke baut. Die Verfechter der Nachhaltigkeitstheorie argumentieren in diesen Fällen, dass selbst kleine Verbesserungen beim Ressourceneinsatz großer Konzerne die Umwelt stärker entlasten als das vorbildliche Verhalten reinrassiger Ökounternehmen mit Miniumsatz. Ökologisch sinnvoll kann es außerdem auch sein, wenn ein Automobilproduzent emissionsärmere und sparsamere Antriebsmöglichkeiten für seine Automobile entwickelt (Stichwort: Drei-Liter-Auto).

Der Vorteil dieses Ansatzes für den Aktienanleger liegt darin, dass die Auswahl der Indexmitglieder kaum eingeschränkt ist und die Bewertung der Öko- und Ethik-Effizienz nach ökonomischen Kriterien erfolgt. Denkbarer Effekt: Bei einem Unternehmen, das sorgfältiger und effizienter als andere mit seinen Ressourcen umgeht, wird sich dies auch in den Zahlen bemerkbar machen.

TIPP

Zum Thema ökologische Investments haben das Bundesumweltministerium und das Bundesumweltamt eine Broschüre mit dem Titel „Mehr Wert: ökologische Geldanlagen" herausgegeben, die sich mit den verschiedenen Arten „grüner" Anlageformen beschäftigt und erläutert, welche Konzepte und Prinzipien jeweils dahinter stehen. Die Broschüre ist kostenlos erhältlich beim Bundesumweltamt (Adresse: Postfach 33 00 22, 14191 Berlin, Fax 0 30/89 03 29 12) oder kann unter **www.umweltbundesamt.de** heruntergeladen werden.

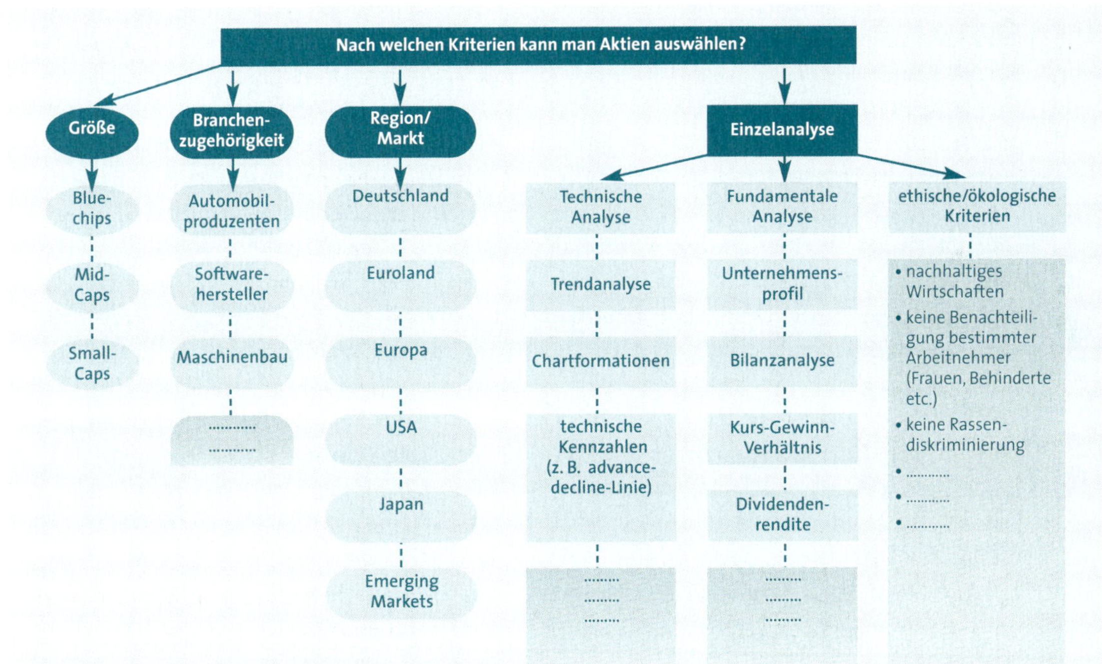

Die Einzelanalyse: Werkzeug des Aktienanlegers

Mit der Sortierung und Auswahl von Aktien nach Branchen und Anlageregionen ist es allerdings nicht getan. Damit ist zwar ein grundlegender Orientierungmaßstab geschaffen, doch potenzielle Verlustbringer sind dadurch noch keineswegs ausgeschlossen. Zum Pflichtprogramm jedes Aktienkäufers gehört es deshalb, die konkret ins Auge gefassten Unternehmen vorher genau unter die Lupe zu nehmen. Die Anlage-Profis verwenden dazu zwei verschiedene Analysemethoden, die sich grundlegend voneinander unterscheiden: die fundamentale und die technische Analyse.

Fundamentale Analyse

Die fundamentale Analyse stellt bei der Aktienanlage in etwa das dar, was die TÜV-Prüfung beim Auto ist: ein Test auf Herz und Nieren. Wenn der Anleger ein Unternehmen überhaupt nicht einsortieren kann, sich aber dafür interessiert – beispielsweise weil der Kurs innerhalb kurzer Zeit stark gestiegen ist –, sollte er zunächst einmal eine Reihe von grundsätzlichen Fragen klären: Welche Produkte stellt das Unternehmen her oder welche Dienstleistungen bietet es an? Welche Marktstellung hat das Unternehmen? Wie ist die aktuelle wirtschaftliche Situation des Unternehmens? All diese Fragen dienen dazu, eine Art Steckbrief zu erstellen, anhand dessen sich das Unternehmen einordnen lässt. Das ist keine Sache, die nur Experten vorbehalten ist. Die meisten der dafür benötigten Daten und Informationen finden sich in allgemein zugänglichen Quellen – etwa im Internet (→ Seite 126), im Wirtschaftsteil einer überregionalen Tageszeitung (→ Seite 123) und im Geschäftsbericht.

Bilanzkennzahlen: Maßstab für den Aktienkurs

Wenn sich der Anleger einen allgemeinen Überblick über die Gesellschaft verschafft hat, besteht der nächste Schritt darin, die Bilanz zu lesen. Das im jährlichen Geschäftsbericht (→ Seite 129) enthaltene Zahlenwerk gibt einen kompakten Überblick über die Finanz- und Vermögenslage eines Unternehmens.

Die zwei Seiten der Bilanz

Auf der linken Bilanzseite, der so genannten Aktivseite, werden sämtliche Vermögensgegenstände – Maschinen, Barvermögen, Rohstoffe und so weiter – aufgelistet. Auf der rechten Seite, der Passivseite, sämtliche Verbindlichkeiten und das Eigenkapital einschließlich der gesetzlich vorgeschriebenen und freien Rücklagen, Kapital- beziehungsweise Gewinnrücklage genannt. Ebenfalls auf der Passivseite findet sich der aus der Gewinn-und-Verlust-Rechnung übernommene Jahresüberschuss beziehungsweise -fehlbetrag des jeweiligen Geschäftsjahres. Dazu kommen als Letztes die Rückstellungen, die nur dem Namen nach mit den Rücklagen verwandt sind. Anders als sie sind Rückstellungen stets zweckgebunden und an bestimmte Ausgaben gekoppelt, deren Höhe und/oder Zeitpunkt jedoch ungewiss ist. Das können zum Beispiel mögliche Schadenersatzforderungen sein, die Kunden vor Gericht zu erstreiten versuchen.

Vereinfacht kann man auch sagen, dass die Passivseite einer Bilanz auflistet, woher das Geld eines Unternehmens stammt, und die Aktivseite, wofür es verwendet wird. Am Ende müssen sich beide Seiten der Bilanz ausgleichen. Dazu muss das Zahlenwerk lückenlos sein und den Wert sämtlicher Vermögensgegenstände beziehungsweise die Höhe der Verbindlichkeiten wahrheitsgemäß auflisten. Es wurde jedoch bereits im vorangegangenen Abschnitt gesagt, dass der Bilanzbuchhalter bei der Aufstellung gewisse Gestaltungsspielräume (→ Seite 130) besitzt. Er kann zum Beispiel den Wert einzelner Vermögensgegenstände in bestimmten gesetzlich geregelten Grenzen unter dem aktuellen Marktpreis ansetzen oder auf der Passivseite etwa die Rückstellungen bewusst hoch ansetzen, um so den ausgewiesenen Gewinn vor dem Finanzamt, aber auch den Aktionären niedrig zu rechnen. Auf diese Weise entsteht das, was Fachleute „stille Reserven" nennen.

Dem Aktienwert auf der Spur

Die Bilanz gilt als die eigentliche Domäne der fundamentalen Analyse. Die Grundidee dieser Methode besteht nämlich darin, den „wahren", man könnte auch sagen, den „angemessenen" Wert eines Unternehmens beziehungsweise einer Aktie herauszufinden. Viele Anlageexperten sind allerdings der Meinung, dass es den angemessenen Wert einer Aktie überhaupt nicht gibt – höchstens den tagtäglich ermittelten Börsenkurs, der auf Basis von Angebot und Nachfrage zustande kommt, und allein dieser ist maßgebend. Was nützt es schließlich, dass eine bestimmte Aktie auf dem Papier nach einem echten Schnäppchen aussieht, weil sie deutlich unter Wert gehandelt wird, wenn an der Börse dafür nicht mehr gezahlt wird?

Die Strategie vieler fundamental orientierter Anleger besteht nun darin, diejenigen Titel zu kaufen, die sich auf Basis einer fundamentalen Analyse als unterbewertet erweisen. Früher oder später, so ihr Kalkül, erkennt die Börse den angemessenen Wert und die verstärkte Nachfrage treibt den Kurs des Papiers so weit hoch, bis die Bewertungslücke geschlossen ist.

Um diesem Wert auf die Spur zu kommen, werden mithilfe der Bilanz und der Gewinn- und-Verlust-Rechnung eine Reihe von Kennzahlen gebildet, die einen Hinweis darauf liefern sollen. Das Problem dabei: Die Zahlen können nur für die Vergangenheit ermittelt werden. An der Börse geht es aber um die Vorausschau. So werden zukünftige Umsätze und Gewinne zwangsläufig prognostiziert, was natürlich heißt, dass die tatsächlichen, später veröffentlichten Zahlen davon mehr oder weniger abweichen. Und je größer der Schätzfehler, desto weniger aussagekräftig auch die Bewertungskennzahlen.

Die Bilanz: Soll und Haben im Überblick

Aktiva	Passiva
Anlagevermögen • Immaterielle Vermögensgegenstände (z. B. Konzessionen, Patente) • Sachanlagen (z. B. Gebäude, Maschinen, Fahrzeuge) • Finanzanlagen (z. B. Beteiligungen)	**Eigenkapital** • Gezeichnetes (Aktien-)Kapital (nur bei einer Aktiengesellschaft) • Kapitalrücklagen • Gewinnrücklagen • Gewinn-/Verlustvortrag aus dem Vorjahr • Jahresüberschuss/Jahresfehlbetrag
Umlaufvermögen • Vorräte (z. B. Rohstoffe, Vorprodukte) • Forderungen (z. B. gegenüber Kunden aus Lieferungen und Leistungen) • Wertpapiere (z. B. Wechsel) • Schecks, Barmittel • Guthaben bei Kreditinstituten	**Rückstellungen**
	Verbindlichkeiten • Langfristige Verbindlichkeiten (z. B. Bankdarlehen, Hypothekenkredite) • Kurzfristige Verbindlichkeiten (z. B. Dispositionskredite, offene Rechnungen von Lieferanten, ausgestellte Wechsel)

Vertrauensstellung der Bilanzprüfer

Auf die Angaben in der Bilanz müssen sich Aktionäre und interessierte Anleger verlassen können. Umso größer war der Schock, den der Konkurs des US-Energiekonzerns Enron im Winter 2001 auslöste – immerhin ein großes, bekanntes Unternehmen, das als stabiler Standardwert galt. Doch nach und nach stellte sich heraus, dass die Wirtschaftsprüfer das zweifelhafte Finanzgebaren des Konzerns jahrelang gedeckt und damit die tatsächliche wirtschaftliche Lage bewusst verschleiert hatten – ein klarer Vertrauensbruch zulasten der Aktionäre und Anleger. Gänzlich verhindern lassen sich solche Machenschaften nicht, denn ein perfektes Kontrollsystem gibt es nicht. Eine Reihe von Fällen, in denen Wirtschaftsprüfer versagt haben, gab es auch in Deutschland, sodass man sich auch die Frage stellen muss: Wer prüft die Prüfer?

Eigenkapitalquote

Die Eigenkapitalquote eines Unternehmens, kurz EK-Quote genannt, gilt als Maßstab für seine finanzielle und wirtschaftliche Stabilität. Für ihre Berechnung wird die Höhe des Eigenkapitals ins Verhältnis zur gesamten Bilanzsumme gesetzt.

$$\text{Eigenkapitalquote} = \frac{\text{Eigenkapital}}{\text{Bilanzsumme}} \times 100$$

Zum Eigenkapital zählen neben dem Grund- oder Aktienkapital, den Rücklagen, auch 50 Prozent der langfristigen Rückstellungen. Bei einem hohen Anteil von Eigenmitteln ist die Gesellschaft in der Lage, wirtschaftliche Schwächephasen leichter zu verkraften, und muss nicht fürchten, dass die laufenden Zins- und Tilgungszahlungen für aufgenommene Kredite die Liquidität gefährden. Aus steuerlichen Gründen ist die EK-Quote deutscher börsennotierter Aktiengesellschaften selten größer als 50 Prozent. Bei den meisten Dax-Werten liegt sie zwischen 10 und 30 Prozent. Eine überdurchschnittlich hohe Eigenkapitalausstattung kann im Übrigen darauf hindeuten, dass das Management keine rentablen Investitionsmöglichkeiten findet oder nur geringe Wachstumsmöglichkeiten bestehen. Das wäre ein klarer Minuspunkt.

☞ KGV = Kurs-Gewinn-Verhältnis: In der internationalen Finanzsprache wird auch die dem Englischen entnommene Bezeichnung Price-Earning-Ratio, kurz PER, verwendet.

Kurs-Buchwert-Verhältnis

Einen anderen Anhaltspunkt für den angemessenen Wert einer Aktie gibt das Kurs-Buchwert-Verhältnis (KBV). Es ergibt sich, indem die Bilanzwerte des Eigenkapitals – entsprechend der beschriebenen Zusammensetzung – addiert und durch die Zahl der ausgegebenen Aktien dividiert werden. Danach wird der aktuelle Börsenkurs durch den Buchwert pro Aktie geteilt.

$$\text{Kurs-Buchwert-Verhältnis} = \frac{\text{Börsenkurs}}{\text{Buchwert pro Aktie}}$$

Das KBV gibt Aufschluss darüber, zu welchem „Marktwert“ das vom Unternehmen investierte Kapital bewertet wird. Bei den meisten Unternehmen ist das KBV größer als 1. Je höher der Wert, desto besser wird die wirtschaftliche Zukunft des Unternehmens von den Börsianern eingeschätzt. Das erhöht aber auf der anderen Seite das Risiko eines Kurseinbruchs, wenn sich die Erwartungen als überzogen erweisen sollten.

Ein niedriges KBV stellt allerdings auch nicht automatisch eine Kaufempfehlung dar. Ein Quotient von weniger als 1 bedeutet nämlich umgekehrt, dass die Marktteilnehmer der Ansicht sind, dass das jeweilige Unternehmen sein Kapital wenig effizient und unrentabel einsetzt. Mit anderen Worten: Sie sind nicht von der Investitionsstrategie des Managements überzeugt und erwarten sinkende Kurse.

Kurs-Gewinn-Verhältnis

Die weitaus wichtigste und bekannteste Kennziffer, die die Profis für die Aktienbewertung heranziehen, ist das Kurs-Gewinn-Verhältnis, kurz ☞ KGV genannt.

Es wird errechnet, indem der Jahresgewinn zuerst durch die Zahl der ausgegebenen Aktien dividiert wird. In einem zweiten Schritt wird der Börsenkurs durch den Gewinn pro Aktie geteilt.

$$\text{Kurs-Gewinn-Verhältnis} = \frac{\text{Börsenkurs}}{\text{Jahresgewinn pro Aktie}}$$

Nach der letzten HV ausgeschüttete Dividende

Wertpapier-Kennnummer (→ Seite 45)

Erwartete Dividende (Sch. = Schätzung)

Marktkapitalisierung

DAX-30 FRANKFURTER KURSE (ANGABEN IN EURO) — Aktuelle Kurse im Internet www.handelsblatt.com /kurse

3.1.2002	WPKN	Letzte Div.	Div.-Sch. für 2001	Börsenkap. in Mill.Euro	Anfang	Tages H/T		Schluss	+/-	Xetra (E)	Tages H/T		Xetra (S)	52 Wochen Hoch	52 Wochen Tief	Ergebnis je Aktie 2000	Ergebnis je Aktie 2001s	Ergebnis je Aktie 2002s	KGV 2001	KGV 2002	Div. Rend.	Umsatz 3.1.2002 Stück	Umsatz 3.1.2002 Tsd. Euro	Umsatz 3.1.2002 Stück (F)
Adidas-Salomon(o.N.)	500340	0,92	1,00	3764,0	84,20 B	85,60	83,90	**83,90 b**	-0.10	84,25	85,85	83,00	83,00	85,60	46,00	4,87	5,46	5,90	15,4	14,2	1,2	240364	20402	229791
Allianz NA vink.(o.N.) [3)]	840400	1,50	1,75	66288,6	268,00 G	271,00	266,70	**269,50 G**	**+4,50**	268,00	71,25	66,55	269,74	401,00	193,50	14,12	6,94	10,69	38,8	25,2	0,7	763153	204754	747091
BASF (o.N.) [2)]	515100	2,00	2,00	26160,7	42,30 b	43,35	42,20	**43,00 b**	**+1,05**	42,35	43,41	42,00	43,07	50,98	28,40	2,77	1,46	2,16	29,5	19,9	4,7	3258429	139553	3232472
Bayer (o.N.) [3)] ♣	575200	1,40	1,00	27190,6	36,12 b	37,45	36,10	**37,45 b**	**+1,40**	36,16	37,50	36,00	37,23	57,80	24,05	2,65	1,37	1,69	27,3	22,2	2,7	3826044	140988	3762635
BMW StA (o.N.)	519000	0,46	0,56	27295,3	39,60 b	40,79	39,60	**40,65 G**	**+1,05**	39,90	40,89	39,71	40,79	42,12	22,20	1,63	2,51	2,25	16,2	18,1	1,4	1858192	75145	1837885
Commerzbank (o.N.)	803200	1,00	0,40	9849,9	17,90 b	18,06	17,72	**17,95 b**	**+0,15**	17,89	18,10	17,73	17,88	33,60	14,15	2,59	0,08	0,28	224,4	64,1	2,2	1562309	27995	1513744
DaimlerChr.NA(o.N.) [3)]	710000	2,35	1,00	50126,6	48,10 b	49,75	47,70	**49,30 b**	**+1,40**	48,10	49,80	47,60	49,20	58,05	27,40	3,47	0,90	2,40	54,8	20,5	2,0	4905110	240332	4718430
Degussa (o.N.) ♣	542190	1,10	1,10	5942,5	28,95 b	29,35	28,65	**28,90 b**	**+0,60**	28,75	29,30	28,55	29,14	39,49	20,10	2,38	1,20	1,42	24,1	20,4	3,8	296047	8576	293634
Deutsche Bank NA (o.N.) [3)]	514000	1,30	1,42	49567,7	79,70 b	80,55	78,80	**80,30 b**	**+1,20**	79,81	80,72	78,79	80,40	105,70	43,45	2,92	4,78	5,17	16,8	15,5	1,8	3247702	258398	3122843
DeutschePost NA (o.N.)	555200	0,27	0,37	17170,5	14,92 b	15,52	14,88	**15,43 b**	**+0,57**	14,80	15,52	14,80	15,49	24,70	11,50	1,50	1,50	1,53	10,3	10,1	2,4	1612145	24655	1513604
Dt. Telekom NA(o.N.) [3)]	555750	0,62	0,62	82695,7	19,40 b	19,82	19,31	**19,70 b**	**+0,52**	19,35	19,85	19,27	19,70	39,72	13,21	-0,08	-0,50	-0,49	k. A.	k. A.	3,2	14649322	286474	14564362
E.ON (o.N.) [3)]	761440	1,35	1,45	43775,2	56,90 G	57,90	55,95	**57,30 G**	**+0,70**	56,75	57,94	55,99	57,35	64,55	46,50	2,11	2,56	2,99	22,4	19,2	2,5	2130621	121098	2071740
Epcos NA (o.N.) ♣	512800	1,00	k. A.	3793,9	57,20 b	58,50	57,00	**58,00 b**	**+1,60**	57,00	58,78	57,00	58,10	105,60	30,30	3,66	2,28	0,90	25,4	64,4	k. A.	422663	24504	410793
Fres.Med.Care StA (5)	578580	0,78	0,96	6048,1	69,40 b	70,20	69,00	**69,50 b**	**+0,50**	69,35	70,16	68,63	69,50	93,50	66,00	3,75	3,74	4,13	18,6	16,8	1,4	231972	16184	229922
Henkel VA (o.N.) ♣	604843	1,12	1,15	9277,4	63,00 b	63,78	63,00	**63,30 G**	**+0,30**	63,24	63,69	62,85	63,55	75,60	58,40	4,46	2,18	4,30	29,0	14,7	1,8	235361	14898	226157
Hypo-Vereinsbk. (o.N.) [2)] ♣	802200	0,85	0,85	18467,2	35,80 b	36,05	35,15	**35,50 b**	**±0**	35,60	35,96	35,10	35,45	68,85	24,80	2,50	1,42	1,17	25,0	30,3	2,4	2061531	73444	2032955
Infineon Tech. NA (o.N.)	623100	0	0,00	18157,3	25,45 b	26,59	25,20	**26,06 b**	**+1,69**	25,31	26,59	25,14	26,20	50,90	11,52	1,83	-0,89	-2,17	k. A.	k. A.	k. A.	7600608	197235	7491036
Linde (o.N.)	648300	1,35	1,45	5587,4	45,60 b	47,80	45,60	**46,70 b**	**+1,70**	45,70	47,66	45,70	46,85	56,85	36,05	3,18	3,33	3,68	14,0	12,7	3,1	507288	23786	475018
Lufthansa NA vink.(o.N.)	823212	0,60	0,00	5994,9	15,33 b	16,00	15,30	**15,80 b**	**+0,50**	15,33	16,06	15,30	15,71	27,35	8,10	1,28	-1,26	-0,39	k. A.	k. A.	0,0	2621564	41295	2563647
MAN StA (o.N.) ♣	593700	0,50	1,00	3912,1	24,20 b	25,50	24,10	**25,40 b**	**+1,20**	24,00	25,57	24,00	25,37	34,70	16,50	3,12	0,78	1,55	32,6	16,4	3,9	966879	24197	964635
Metro StA (o.N.)	725750	1,02	1,29	13161,3	40,30 b	41,00	39,50	**39,80 b**	-0,20	40,00	41,15	39,61	40,25	56,00	30,10	1,86	1,98	2,29	20,1	17,4	3,2	909334	36520	887920
MLP StA (o.N.)	656990	0,38	0,50	6320,2	79,99 b	80,05	78,20	**79,99 b**	**+0,29**	79,97	80,00	78,12	79,80	144,00	46,00	0,73	0,97	1,10	82,5	72,7	0,6	170993	13564	167381
Münchener R. v. NA(o.N.) [3)] ♣	843002	1,25	1,25	54321,8	307,00 b	308,00	305,50	**307,50 b**	**+2,50**	307,98	08,15	04,86	307,00	391,50	209,00	9,87	3,20	14,04	96,1	21,9	0,4	510222	156430	503073
Preussag (o.N.)	695200	0,97	0,82	5711,4	28,00 b	29,95	27,90	**29,60 b**	**+1,20**	28,00	29,98	27,79	29,65	45,15	17,40	2,85	3,47	3,42	8,5	8,7	2,8	875160	25630	855976
RWE StA (neu)(o.N.) [2)]	703712	1,00	1,10	24025,5	42,00 b	42,50	41,60	**42,25 G**	**+0,45**	41,99	42,49	41,50	42,15	50,01	35,25	2,33	1,95	2,34	21,7	18,1	2,6	1173140	49151	1143799
SAP StA (o.N.)	716460	0,57	0,53	46625,0	144,90 b	148,10	142,70	**147,65 b**	**+5,35**	144,50	48,29	42,90	148,15	182,40	90,60	2,12	1,70	2,68	86,9	55,1	0,4	1604987	232970	1574006
Schering (o.N.) ♣	717200	1,00	0,87	11739,1	59,30 b	59,40	58,50	**58,70 b**	-0,20	58,86	59,36	58,41	58,68	66,55	46,50	1,95	2,38	2,69	24,7	21,8	1,5	710797	41757	696180
Siemens NA (o.N.) [3)]	723610	1,00	0,93	69192,9	75,00 b	78,45	74,70	**77,70 G**	**+4,00**	75,00	78,59	74,56	77,90	106,47	34,80	3,62	0,40	1,61	194,3	48,3	1,2	7143046	547670	7035894
Thyssen Krupp (o.N.)	750000	0,75	0,60	8736,0	16,50 b	17,40	16,50	**16,90 b**	**+0,55**	16,52	17,37	16,52	16,98	20,79	9,70	1,44	0,87	0,40	19,4	42,3	3,6	1543580	26274	1492701
VW StA (o.N.) [2)]	766400	1,20	1,20	22044,8	51,50 G	52,95	51,50	**52,70 b**	**+1,35**	51,85	53,00	51,49	52,70	62,95	30,60	5,90	7,02	6,16	7,5	8,6	2,3	1937119	100935	1908489

STA. = Stammaktie (→ Seite 148)

o. N. = ohne Nennwert (→ Seite 146)

Anfangs-, Schluss- und Verlaufskurse im Präsenzhandel (→ Seite 65)

Verlaufskurse in Xetra (→ Seite 86)

Historische Hoch- und Tiefkurse

Börsenumsätze

Quelle: Handelsblatt vom 4./5. 1. 2002

Das KGV gibt also den Faktor an, mit dem der Unternehmensgewinn an der Börse bewertet wird. Verdient ein Unternehmen zum Beispiel 2 Euro pro Aktie und liegt der Kurs bei 30 Euro, ergibt sich daraus ein KGV von 15. Liegt der Kurs bei 50 Euro, steigt der Quotient auf 25.

Viele Anleger machen den Fehler, die Bedeutung des KGVs viel zu hoch einzuschätzen. Es darf nicht als „Preisschild" missverstanden werden, anhand dessen sich ablesen lässt, ob eine Aktie teuer oder billig ist. Ein Unternehmen mit niedrigem KGV – als niedrig gilt im Allgemeinen ein Wert zwischen 5 und 12 – scheint erst einmal tatsächlich günstig bewertet zu sein. Bei anderen Gesellschaften ergibt sich dagegen aufgrund des Kurses ein Gewinnverhältnis von 20, 30 oder gar mehr. Das heißt, es wird, gemessen an der Ertragskraft des Unternehmens, ein sehr hoher Preis dafür gezahlt. Daraus zu schließen, dass Aktien mit niedrigem KGV ein Investment lohnen, ist allerdings genauso falsch wie die Strategie, Titel mit hohem Gewinnfaktor grundsätzlich zu meiden. In der Vergangenheit hat sich gezeigt, dass Aktien mit geringer Gewinnbewertung nicht besser laufen als zum Beispiel der Marktdurchschnitt. Im Gegenteil: Phasenweise ist zu beobachten, dass Gesellschaften mit hohem KGV weitaus besser abschneiden und die Kennzahl sogar noch weiter ansteigt, weil die Anleger offensichtlich bereit sind, die Ertragskraft noch höher zu bewerten.

Das Problem: Gewinnermittlung

Dazu kommt, dass bei der Interpretation des KGV eine Reihe methodischer Schwierigkeiten und Besonderheiten zu berücksichtigen sind. Das erste Problem besteht darin, dass es, wie bereits erwähnt, bei der Aufstellung der Bilanz und damit auch beim Ausweis des Jahresergebnisses gewisse Gestaltungsspielräume gibt. Dadurch ist ein direkter Vergleich zwischen den Bilanzgewinnen zweier Unternehmen kaum möglich. Um diese unterschiedlichen Ansätze auszugleichen, hat die Deutsche Vereinigung für Finanzanalyse und Asset Management (DVFA) ein Verfahren entwickelt, mit dem der Jahresüberschuss um Sondereinflüsse bereinigt wird und sich dadurch gegenüberstellen lässt. KONTAKT ▶

▶ KONTAKT
Mehr Informationen zur DVFA und ihrem Gewinnermittlungsverfahren im Internet unter **www.dvfa.de**

☞ EBIT:
Abkürzung für Earnings Before Interest and Taxes. Aus dem Englischen übersetzt: Ergebnis vor Zinsen und (Ertrags-)Steuern.

☞ EBITDA:
Abkürzung für Earnings Before Interest, Taxes, Depreciation and Amortisation. Aus dem Englischen übersetzt: Ergebnis vor Zinsen, (Ertrags-)Steuern, Abschreibungen und (Eigenkapital-)Amortisation.

☞ Operativer Gewinn: vereinfacht gesagt das (Jahres-)Ergebnis der gewöhnlichen Geschäftstätigkeit, bereinigt um Sondereinflüsse und reine Bilanzbuchungen.

Das Ergebnis pro Aktie nach DVFA wird von vielen Unternehmen mittlerweile im Geschäftsbericht oder auf der firmeneigenen Homepage im Internet veröffentlicht.

Theoretisch hat diese eindeutig ermittelte Bewertungsgröße viele Vorteile, dennoch hat sie in der Praxis nur geringe Bedeutung. Der Grund ist, dass das DVFA-Ergebnis nur für die Vergangenheit exakt ermittelt werden kann. Aktienanleger sind jedoch vor allem am KGV beziehungsweise dem Gewinn pro Aktie für das laufende oder noch besser die kommenden Jahre interessiert. Die Aktienanalysten bei den Banken, Brokern und Investmenthäusern arbeiten deshalb mit Gewinnschätzungen. Damit lässt sich das KGV jedoch theoretisch beliebig nach oben und unten kalkulieren – je nachdem, welche Prognose und welches Geschäftsjahr dafür zugrunde gelegt werden.

Anleger müssen deshalb beim Vergleich von Gewinnschätzungen unterschiedlicher Quellen darauf achten, dass sie sich auf jeweils dasselbe Geschäftsjahr beziehen. Zudem müssen sie berücksichtigen, dass die Analysten Gewinnprognosen über das Jahr hinweg permanent nach oben oder unten korrigieren.

Bewertungskennziffern für den Jahresgewinn

Neben dem nach der DVFA-Methode ermittelten Gewinn pro Aktie gibt es eine Reihe weiterer Gewinnkennziffern. Dazu zählen das ☞ EBIT und das ☞ EBITDA. Das Ziel dieser beiden international gebräuchlichen Kennziffern ist es, vereinfacht gesagt, den ☞ operativen Gewinn zu ermitteln und außerordentliche Faktoren so weit wie möglich herauszurechnen, um die Ertragskraft unterschiedlicher Unternehmen miteinander vergleichen zu können. Dazu wird das Jahresergebnis um die Verzinsung des Fremdkapitals und die (nationale) Steuerbelastung bereinigt. Der Nachteil: Die Verschuldungsquote der Gesellschaft wird nicht berücksichtigt. Eine dem EBITDA eng verwandte Kennzahl ist der Cashflow. Er ergibt sich durch nachfolgende Rechnung:

	Bilanzgewinn
+	Verlustvortrag aus dem Vorjahr
./.	Gewinnvortrag aus dem Vorjahr
+	Bildung von Rücklagen
./.	Auflösung von Rücklagen
+	Abschreibungen auf Sach- und Finanzanlagen
+	Zuführung zu den langfristigen (Pensions-) Rückstellungen
=	**Cashflow**

Der Cashflow gilt als Kennzahl, um die Finanz- und Ertragskraft eines Unternehmens beurteilen zu können. Nach dem gleichen Verfahren wie das Kurs-Gewinn-Verhältnis lässt sich auch das Kurs-Cashflow-Verhältnis errechnen.

Mögliche Lösung: Konsensusschätzungen

Professionelle Anleger lösen dieses Problem, indem sie sich nicht auf die Gewinnschätzung einer einzigen Bank verlassen, sondern Durchschnittswerte einer größeren Zahl von Analysten, so genannte Konsensusschätzungen, heranziehen. Auf diese Weise schlagen gravierende Fehleinschätzungen einzelner Experten nicht so stark auf das Endergebnis durch.
KONTAKT ▶

Fair vergleichen

Doch wie ist es zu erklären, dass einige Aktien ein überdurchschnittlich hohes, andere wiederum ein dauerhaft niedriges KGV aufweisen? Die Antwort ist, dass die Anleger bei ihrer Preisvorstellung die langfristigen Perspektiven des Unternehmens, die Erwartungen bezüglich der allgemeinen Marktentwicklung und die branchenspezifische Gewinnsituation mit ins Kalkül ziehen. Für eine fundierte Bewertungsaussage taugt das KGV deshalb nur, wenn es mit den Durchschnittswerten der jeweiligen Branche oder denen von Mitbewerbern verglichen wird.

Das führt dazu, dass Unternehmen aus zyklischen Branchen (→ Seite 184), deren Gewinne stark schwanken, oft mit einem einstelligen KGV bewertet werden. In Sektoren mit hohem Wachstum kann es dagegen zu der Situation kommen, dass ein bestimmtes Unternehmen absolut gesehen eine fast astronomisch hohe Bewertung aufweist. Beim direkten Vergleich mit den anderen Branchenvertretern zeigt sich dann jedoch, dass die Kennziffer relativ gesehen durchaus im üblichen Rahmen liegt.

Ein weiterer Schwachpunkt des KGV ist, dass es eine statische Kennzahl ist. Wenn der Gewinn eines Unternehmens in einem Jahr einbricht oder sogar Verluste anfallen, wird – mathematisch bedingt – das KGV für dieses Geschäftsjahr extrem hoch, bei einem Verlust sogar negativ. Eine sinnvolle Aussage ist dadurch nicht mehr möglich. Bestes Beispiel dafür: die DaimlerChrysler-Aktie, deren KGV im Jahre 2001 aufgrund einer vorübergehenden Ertragsschwäche deutlich vom Branchendurchschnitt abwich (→ Tabellen).

Branchen im Vergleich

Branche	KGV-Branchendurchschnitt
Automobilbau	12,0
Banken	28,5
Chemie	12,5
Medien	8,9
Grundstoffindustrie	20,9
Nahrungsmittel & Getränke	17,8
Technologie	15,0
Versicherung	18,9
Transport & Logistik	9,8
Maschinenbau	10,7
Industrie	10,7
Bau	6,6
Pharma & Gesundheit	23,7
Handel	11,0
Software	26,8
Telekommunikation	320,0
Versorger	18,8
Zyklische Konsumgüter	10,9

Stand: 31. 12. 2001 *Quelle: Thomson Financial Datastream*

Das KGV ausgewählter Automobil- und Automobilzulieferunternehmen

Branche	KGV-Branchendurchschnitt
BMW (Stammaktie)	15,9
Bertrandt	69,2
Beru	14,8
Continental	16,1
DaimlerChrysler	62,9
Porsche	24,8
Kolbenschmidt Pierburg	12,3
Phönix	12,2
VW (Stammaktie)	22,5
WET Automotive Systems	10,6

Stand: 31. 12. 2001 *Quelle: Onvista*

▶ KONTAKT
Laufend aktualisierte Konsensusschätzungen für den Gewinn pro Aktie beziehungsweise das KGV finden Anleger im Internet unter folgenden Adressen:
www.comdirect.de
www.onvista.de
Für US-Werte:
www.nasdaq.com
http://finance.yahoo.com

☞ Price-Earning-to-Growth-Ratio: Aus dem Englischen übersetzt mit Kurs-Gewinn-Verhältnis dividiert mit jährlichem Gewinnwachstum.

Price-Earning-to-Growth-Ratio

Um diese statische Betrachtung zu überbrücken, berechnen Experten das ☞ Price-Earning-to-Growth-Ratio, PEG abgekürzt. Dazu wird das KGV ins Verhältnis zum jährlichen Gewinnwachstum gesetzt.

$$\text{Price-Earning-to-Growth-Ratio} = \frac{\text{KGV}}{\text{durchschnittliches Gewinnwachstum pro Aktie}}$$

Im Allgemeinen gilt eine Gesellschaft als angemessen bewertet, wenn beide Größen gleich hoch sind, das PEG-Verhältnis also 1 beträgt. Kleinere Werte sprechen für eine Unterbewertung, größere Ergebnisse für eine Überbewertung. Allerdings muss bei der Berechnung des PEG die durchschnittliche Gewinnentwicklung für einen längeren Zeitraum zugrunde gelegt werden. Bei kurzen Betrachtungsperioden, etwa ein oder zwei Jahren, besteht die Gefahr, dass Ausreißer das Ergebnis verzerren.

Kurs-Umsatz-Verhältnis

Eine weitere Kennzahl, mit der die Angemessenheit des Börsenkurses überprüft werden kann, ist das Kurs-Umsatz-Verhältnis, kurz KUV genannt. Dazu wird der aktuelle Aktienpreis durch den (geschätzten) Jahresumsatz pro Aktie dividiert. Grundsätzlich gilt: je kleiner dieser Wert, desto preiswerter ein Unternehmen. Aber auch hier ist zu beachten, dass eine fundierte Aussage nur dann möglich ist, wenn das KUV mit den Durchschnittswerten der Branche beziehungsweise mit direkten Konkurrenten verglichen wird.

Neben dem PEG gibt das KUV einen Anhaltspunkt dafür, wie hoch die Zukunftserwartungen sind, die in einem Aktienkurs stecken. Als Faustregel gilt: Je höher die Margen des Unternehmens sind und je stärker die Gewinne wachsen, desto größer kann das KUV ausfallen. Dazu ein einfaches Beispiel: Wenn ein Unternehmen einen Umsatz von 100 Millionen Euro erwirtschaftet und die Börsenkapitalisierung ebenfalls bei 100 Millionen Euro liegt, dann beträgt das KUV genau 1. Bleibt vom Umsatz ein Reingewinn von 5 Prozent, also 5 Millionen Euro, dann werden diese 5 Prozent mit einem KGV von 20 bewertet (100 Millionen Marktkapitalisierung : 5 Millionen = 20). Bei einem KUV von 2 beträgt die Marktkapitalisierung bei konstantem Umsatz 200 Millionen Euro (2 × 100 Millionen). Der Jahresgewinn von 5 Millionen wird nun schon mit einem KGV von 40 (200 Millionen: 5 Millionen = 40) bewertet. Umgekehrt heißt das, dass der Gewinn eines Unternehmens, dessen KUV bei beispielsweise 5 liegt, über vier Jahre mit rund 50 Prozent wachsen muss, damit das KUV den allgemein als fair betrachteten Wert von 1 erreicht – vorausgesetzt, der Kurs und die Gewinnmarge bleiben konstant. Bei 25 Prozent dauert das sogar sieben Jahre.

Dividendenrendite

Neben rein bilanziellen Kennzahlen spielt es auch eine Rolle, inwieweit ein Unternehmen seine Aktionäre am Jahresergebnis in Form einer Dividende beteiligt. Wenn sie gezahlt wird, heißt das zunächst einmal, dass das jeweilige Unternehmen rentabel arbeitet und m Kern gesund ist. Eine über die Jahre hinweg kontinuierlich gezahlte Ausschüttung bewahrt deshalb gerade in schwachen Börsenphasen den Kurs vor einem starken Absturz. Um herauszufinden, wie dividendenstark eine Gesellschaft ist, wird die Bardividende ins Verhältnis zum Aktienkurs gesetzt und die so genannte Dividendenrendite ermittelt.

$$\text{Dividendenrendite (in Prozent)} = \frac{\text{Bardividende}}{\text{Aktienkurs}} \times 100$$

Auch wenn die Dividendenrendite bei den meisten Aktientiteln selten mehr als 2 oder 3 Prozent beträgt, sollte der Stellenwert der

Gewinnausschüttung für den Anlageerfolg nicht unterschätzt werden. Langfristige Studien zeigen, dass sie bei einer optimierten Anlagestrategie etwa 40 Prozent der durchschnittlich mit Aktien erzielten Rendite ausmacht. Zudem zeigt sich, dass sich mit so genannten Dividendenstrategien (→ Seite 216) auch auf Dauer gute Ergebnisse erzielen lassen.

Der Haken bei der Dividendenrendite als Faktor für die Bewertung einer Aktie ist: Sie unterstellt, dass die Ausschüttungen der nächsten Jahre in etwa so hoch ausfallen wie die für die vergangene Periode. Oft bedeutet ein stark gefallener Kurs jedoch, dass die kommende Dividende aufgrund der schlechten Geschäftsentwicklung gekürzt oder gar völlig gestrichen wird. Wer die Berechnung dann noch mit dem „alten" Ausschüttungssatz vornimmt, kommt zwangsläufig zu falschen, weil zu hohen Ergebnissen.

Die Dividende: Im Kurs enthalten

Im Gegensatz zu Anleihen ist die Ausschüttung bei Aktien im Kurs enthalten. Das heißt, wenn bekannt ist, wie viel das Unternehmen auf der nächsten HV ausschütten wird, sammelt sich die Dividende im Kurs an. Wird die Gewinnbeteiligung am Tag nach der HV an die Anteilseigner ausgezahlt, mindert sich der Kurs entsprechend. Die Kursnotiz an diesem Tag lautet dann „ex Dividende" oder kurz „ex Div." (→ Seite 85).

Auf das Zusammenspiel achten

Die Vielzahl von Formeln und Bilanzzahlen wird vielen Einsteigern am Anfang Schwierigkeiten bereiten, alles einzuordnen und sich zurechtzufinden – und erst recht werden sich viele private Anleger nicht in der Lage sehen, diese Bewertungszahlen selbst zu berechnen – was auch nicht notwendig ist. Dazu gibt es Analysten. In deren Studien (→ Seite 133), von denen man einige entweder über die Hausbank oder über das Internet bekommen kann, werden all diese Zahlen aufgelistet – nicht selten für mehrere Geschäftsjahre. Es ist aber wichtig zu wissen, was im Einzelfall dahinter steckt und welche Schwächen die jeweiligen Konzepte haben. In den meisten Fällen steht und fällt die Aussagekraft mit der Zuverlässigkeit der zugrunde liegenden Prognosen. Sinnvoll ist es deshalb, jeden einzelnen Wert als Mosaikstein zu betrachten, der sich zu einem aussagekräftigen Gesamtbild fügt.

Weiche Bewertungsfaktoren

In die Bewertung von Aktien geht darüber hinaus eine Reihe von Bedingungen ein, die sich nicht exakt mit Euro und Cent messen lassen. Niemand wird bestreiten, dass Faktoren wie eine gute Marktstellung, ein breiter Kundenstamm und ein gutes, über die Jahre hinweg gesammeltes Know-how die wirtschaftliche Entwicklung eines Unternehmens und damit dessen Wert beeinflussen.

→ In der Bilanz sind diese Elemente allerdings nirgends zu finden. Jeder Anleger, der ein Unternehmen prüft, sollte sich deshalb nicht nur mit nüchternen Zahlen, sondern auch mit diesen Faktoren des Unternehmenserfolgs beschäftigen.

Shareholder-Value

Ganz wichtig ist dabei die Frage, inwieweit sich das Management eines Unternehmens bei seinen Entscheidungen an den Interessen der Aktionäre orientiert – dem ☞ Shareholder-Value. Darunter wird ein Konzept verstanden, das in den 90er Jahren des vergangenen Jahrhunderts in den USA entwickelt wurde und mittlerweile auch in Europa Fuß gefasst hat. Es geht auf den Grundgedanken zurück, dass letztlich die Aktionäre die Eigentümer einer Aktiengesellschaft sind und das Management lediglich deren Interessen treuhänderisch wahrnimmt.

☞ Shareholder: Aus dem Englischen übersetzt „Anteilseigner". Im Gegensatz dazu: Stakeholder. Zu ihnen zählen alle gesellschaftlichen Gruppen, die in irgendeiner Beziehung zu dem Unternehmen stehen: Kunden, Lieferanten, Arbeitnehmer, Anwohner, Anteilseigner und andere.

In früheren Jahren richtete sich beispielsweise der Zorn vieler Aktionäre darauf, dass die Manager wirtschafteten, wie sie wollten – ehrgeizige, aber unrentable Projekte und Strategien verfolgten, ohne sich um die Profitabilität zu kümmern. Typisch für Shareholder-Value orientierte Unternehmen ist dagegen, dass es eine Mindestrendite gibt, die Tochterunternehmen oder einzelne Geschäftsbereiche erzielen müssen. Wird diese Zielmarke unterschritten, gibt das Management die jeweiligen Aktivitäten auf oder verkauft sie. Auf diese Weise konzentriert sich das Unternehmen langfristig auf rentable Kernbereiche und vermeidet zu einem Gemischtwarenladen zu werden.

Ein Anhaltspunkt für den Shareholder-Value ist auch, ob es für die Unternehmensführung Anreize gibt, den Aktienkurs zu pflegen. Dazu zählen zum Beispiel eine teilweise am Unternehmenserfolg orientierte Vergütung – etwa Aktienoptionen (→ Seite 58). Und nicht zuletzt pflegt das Management eine offene Kommunikation mit den Aktionären und potenziellen Investoren, im Fachjargon auch ☞ Investor-Relations genannt.

☞ Investor-Relations: Aus dem Englischen frei übersetzt mit „Beziehungspflege" zu Aktionären und interessierten Anlegern und Investoren. Bei großen Gesellschaften kümmern sich oft spezielle Mitarbeiter um die IR, wie sie kurz genannt werden.

☞ Corporate Governance: Aus dem Englischen frei übersetzt mit „Unternehmensrichtlinien".

Corporate Governance

Am Shareholder-Value-Konzept wird allerdings kritisiert, dass es vielfach zu unkonkret bleibt und keine langfristige Strategie zulässt. Das Management wird dazu verführt, vor allem die kurzfristige Gewinnmaximierung im Auge zu haben und unverhältnismäßig riskante Investitionen durchzuführen. Eine Weiterentwicklung des Shareholder-Value-Gedankens hat deshalb zu der so genannten ☞ Corporate Governance (CG) geführt.

Dieses Konzept hat zum Ziel, die Interessen zwischen Anteilseignern und Management auszugleichen. Dazu werden Leitlinien und Kontrollmechanismen aufgestellt, anhand derer sich genau überprüfen lässt, inwieweit die Verwaltung tatsächlich wertorientiert und damit im Sinne der Aktionäre arbeitet.

Kodex für Corporate Governance

Mit dem Corporate-Governance-Kodex, den eine Kommission im Auftrag der Bundesregierung erarbeitet und inzwischen vorgelegt hat, wird in Deutschland Neuland betreten. Bestehende gesetzliche Regelungen wie zum Beispiel das Gesetz zur Kontrolle und Transparenz im Unternehmensbereich (KonTraG) werden dann mit unternehmenseigenen Grundsätzen ergänzt – allerdings nur auf freiwilliger Basis. Damit bleibt Deutschland in Sachen CG noch Entwicklungsland.

Entscheidend bei der Idee des Corporate Governance ist, dass das Management eine langfristig angelegte Strategie verfolgen kann, aber seine Entscheidungen transparent machen muss. Dazu gehört auch das Eintreten für Aktionärsinteressen – beispielsweise eine offene Informationspolitik mit Quartals- und Segmentsberichterstattung und eine erfolgsabhängige Vergütung für das Management, für dessen Höhe es eine klare Benchmark gibt – zum Beispiel einen allgemein anerkannten Branchenindex (→ Seite 186). Kontakt ▶

▶ Kontakt

Die deutsche Vereinigung für Finanzanalyse und Asset Management (DVFA) hat ein Punktesystem zur Corporate Governance entwickelt. Dabei werden verschiedene Kriterien gepunktet und gewichtet. Die komplette Liste lässt sich von der Homepage der DVFA herunterladen (www.dvfa.de)

Bleibt die Frage, wie der Anleger zu den Antworten auf all diese Fragen wie zum Beispiel die nach der CG-Orientierung kommt. Ganz einfach. Unternehmen, die sich diesen Gedanken auf die Fahnen geschrieben haben, geben diese Information ohne zu zögern – etwa auf der Hauptversammlung (→ Seite 151) oder über die Öffentlichkeits- beziehungsweise Investor-Relation-Abteilung. Für die Aktionäre lohnt es sich auf jeden Fall, wenn das Management dem CG-Konzept folgt. Mehrere Studien haben nachgewiesen, dass CG-orientierte Unternehmen eine überdurchschnittlich gute Wertentwicklung besitzen.

Unternehmensstrategie

Zu guter Letzt geht es bei der fundamentalen Analyse darum, nicht nur Zahlen und Konzepte, sondern auch Visionen zu bewerten. Das heißt, der Anleger muss sich damit auseinander setzen, in welche Richtung das Management ein Unternehmen weiterentwickeln will, welche Entwicklungen es vorantreibt und welche Strategien es verfolgt. Dazu zählen zum Beispiel Expansionspläne, neue Produkte und Geschäftsbereiche, geplante Übernahmen und Fusionen. Der Grundgedanke ist auch hier, dass an der Börse vor allem die Zukunft und weniger die Gegenwart zählt. Die Erfolgschancen all dieser Projekte und damit der Einfluss auf die Aktienkursentwicklung sind für einen außenstehenden Laien ohne Zweifel schwer zu beantworten beziehungsweise abzuschätzen, zumal es um Prognosezeiträume von fünf oder zehn Jahren geht – mit gesundem Menschenverstand kommt man allerdings sehr oft zu genauso guten Ergebnissen wie mit komplizierten und detaillierten Branchenanalysen und Marktforschungen, auf die sich die Profis in der Regel verlassen.

Dazu kommt, dass der grundlegende Ansatz wichtig ist. Hat das Management überhaupt eine Strategie und kann es diese überzeugend vermitteln? Mit welchen Schritten und in welchen Zeitabständen soll sie umgesetzt werden? Folgen auf Worte auch Taten? Wichtig ist zum Beispiel auch, dass das Unternehmen eine langfristige Personalpolitik betreibt und trotzdem beweglich bleibt. Andererseits: Ein plötzlicher Vorstandswechsel gilt nach den Erfahrungen der Vergangenheit als Indiz dafür, dass das Unternehmen Probleme hat und mit schlechten Nachrichten zu rechnen ist. Eine offen kommunizierte Nachfolgeregelung gehört aber immer zu einer weitsichtigen Personalpolitik.

Technische Analyse

Neben der fundamentalen Analyse stellt die technische Analyse das zweite wichtige Entscheidungsinstrument bei der Aktienanlage dar. Die Techniker, wie die Anhänger dieser Methode auch genannt werden, verfolgen eine vollkommen andere Denkrichtung als die fundamental orientierten Analysten. Für sie zählen nicht Kennzahlen, Unternehmensstrategien und Bilanzierungsmethoden, sondern ausschließlich die Daten des Aktienmarktes selbst.

Dahinter steht die Idee, dass sich positive wie negative Nachrichten – beispielsweise ein Gewinneinbruch – sehr früh in der Aktienkursentwicklung niederschlagen und nicht erst zu dem Zeitpunkt, zu dem dies der Öffentlichkeit bekannt gegeben wird und damit bei der Fundamentalanalyse berücksichtigt werden kann (→ Insiderproblematik, Seite 140). Die Technik versucht, aus bestimmten, in der Vergangenheit zu beobachtenden Kursverläufen Prognosen für die Zukunft abzuleiten. Gemäß dem Gedanken: Wenn die Kursentwicklung in hohem Maße von Emotionen wie Gier und Angst beeinflusst wird, müssen sich bestimmte Verlaufsmuster immer wiederholen.

Der wichtigste Bestandteil der technischen Aktienanalyse sind Kurs-/Zeit-Diagramme, die so genannten ☞ **Charts**.

☞ Chart:
Als Chart wurde ursprünglich eine Seekarte bezeichnet. Heute lässt sich dieser dem Englischen entlehnte Begriff mit „Abbildung“ übersetzen.

Die einfachste Form eines Charts sind die Liniencharts. Bei ihnen wird ein Kurs pro Tag – etwa der Kassa- oder Schlusskurs eines Papiers – auf eine Zeitachse aufgetragen und durch eine Linie verbunden. Sollen alle fortlaufend über einen Handelstag festgestellten Kurse dargestellt werden, verwenden die Techniker oftmals einen so genannten Balkenchart, in der Fachsprache auch ☞ **Bar**-Chart genannt. Statt eines einzigen Punktes wird dabei ein

☞ Bar:
Übersetzt (engl.) „Stab“.

senkrechter Strich eingetragen. Der Tages-Höchstkurs markiert dabei das obere und der Tiefstkurs das untere Ende der Linie. Außerdem wird der Schlusskurs als zusätzlicher seitlicher Strich eingezeichnet. Dadurch ist eine wesentlich detailliertere Analyse möglich.

Der Vorteil der technischen Analyse ist, dass sie von ihrer Grundkonzeption einfach und kostengünstig ist. Früher gehörte zur Grundausrüstung der Techniker nicht mehr als Millimeterpapier, Bleistift und Lineal. Heutzutage erledigt der Computer die Arbeit, aus Tausenden von Börsenkursen Kurven auf den Bildschirm zu zeichnen. KONTAKT ▶

▶ KONTAKT
Charts sind im Internet auf vielen Finanzseiten verfügbar, unter anderem: **www.comdirect.de**, **www.onvista.de**, eine weitere Linksammlung unter **www.stiftung-warentest.de** Menüpunkt „Geldanlage + Banken"/ Menüpunkt „Specials" unter „Lexikon der Geldanlage", Stichwort „Aktiencharts im Internet".

Der Trend ist entscheidend

Wer einen Blick auf einen einfachen Linienchart wirft, wird schnell erkennen, dass die Kurse nicht gradlinig, sondern in „zackigen" Wellenbewegungen auf- oder abwärts verlaufen. Verbindet man dabei die zwischenzeitlichen Tief- (bei einer Aufwärtsbewegung) beziehungsweise Hochpunkte (Abwärtsbewegung), so entstehen oftmals Trendlinien, an denen sich der Kurs langfristig orientiert – so wie beispielsweise der Dax in den 80er und 90er Jahren (→ Chart 1).

Warum? Die Antwort hängt mit massenpsychologischen Phänomenen zusammen. Wenn es für eine Aktie grundsätzlich mehr Interessenten gibt als Anleger, die das Papier verkaufen wollen, wird jede niedrigere Notierung als potenzielle Kaufgelegenheit betrachtet. Folge: Wenn die Kurse sinken, sorgt eine steigende Nachfrage umgehend wieder für anziehende Preise. Daraus lernen die Anleger, bei einem Zwischentief schnell zuzugreifen, weil ihnen ansonsten der Kurs „wegläuft". Umgekehrt wird jede zwischenzeitliche Kurserholung bei tendenziell fallenden Notierungen von Anlegern zum Ausstieg genutzt. Aus diesem Wechselspiel entsteht, vereinfacht gesagt, ein Trend, oft auch ein Trendkanal. Dieser hält so lange an, bis sich die generelle Meinung der Anleger, also das Verhältnis von Käufern und Verkäufern, nachhaltig ändert. Das hat zur Folge, dass etwa bei dem nächsten Zwischenhoch Verkäufe ausbleiben. Folge: Der Trend wird gebrochen (→ Chart 3).

Die hohe Kunst der Chartanalyse

Das Handwerk des Chartanalysten, das so genannte Chart-reading, besteht nun darin, die Kurskurve daraufhin zu untersuchen und zu interpretieren, ob ein Trend intakt ist oder gegebenenfalls ein Richtungswechsel bevorsteht. Auf diese Weise soll die Wahl eines optimalen Kauf- und Verkaufszeitpunkts für ein bestimmtes Wertpapier oder einen bestimmten Gesamtmarkt verbessert werden. Dazu sucht der Chartist durch Einzeichnen von Linien im Kurvenverlauf nach bestimmten Erscheinungsbildern und Verlaufsmustern, deren mehr oder weniger typische Ausprägung ihm eine Aussage bezüglich der zukünftigen Kursrichtung ermöglicht. Neben den Trendlinien sind das Widerstands- und Unterstützungslinien (→ Chart 5), durch die Gebilde wie Dreiecke (→ Chart 4), Wimpel, Fächer, aber auch (seltene) V-Formationen (→ Chart 6) entstehen. In der Praxis ebenfalls eher selten kommen Formationen vor, die durch zusätzliche eingezeichnete Halbkreise gekennzeichnet sind – etwa die Doppelspitze-, Doppelboden- (→ Chart 4), Untertasse- oder Kopf-Schulter-Kopf-Formation.

Fester Bestandteil eines Kurscharts ist neben der eigentlichen Kurslinie auch die Berechnung und Abbildung gleitender Durchschnittslinien, die für unterschiedlich lange Kursperioden berechnet werden – etwa 100 Börsentage (→ Chart 2). Diese Durchschnittslinien haben den Zweck, das hektische Auf und Ab der ursprünglichen Kurslinie zu „glätten", um so eine klarere Aussage bezüglich der generellen Kursrichtung zu erhalten. Dabei gilt: Je kürzer der Berechnungszeitraum, desto enger folgt die Durchschnittslinie der Kursentwicklung.

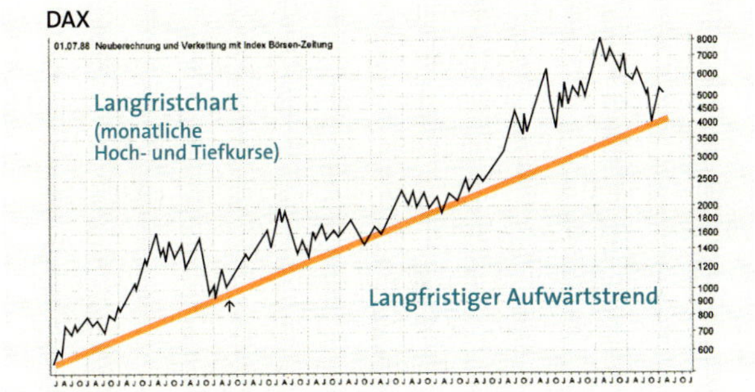

Chart 1: Die „zackige" Kurskurve des Dax lässt sich in einer geraden, aufwärts gerichteten Trendlinie zusammenfassen. Kurz- und mittelfristige Abwärtsbewegungen „testen" die Linie, aber sie durchbrechen sie nicht.

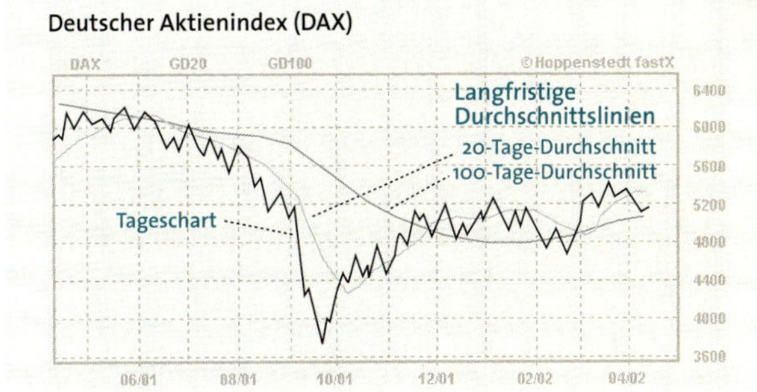

Chart 2: Je länger der Berechnungszeitraum für eine Durchschnittslinie, desto „träger" reagiert sie auf Richtungsänderungen der eigentlichen Kurslinie. Schnittpunkte können deshalb auch ein Hinweis auf einen möglichen Trendwechsel sein.

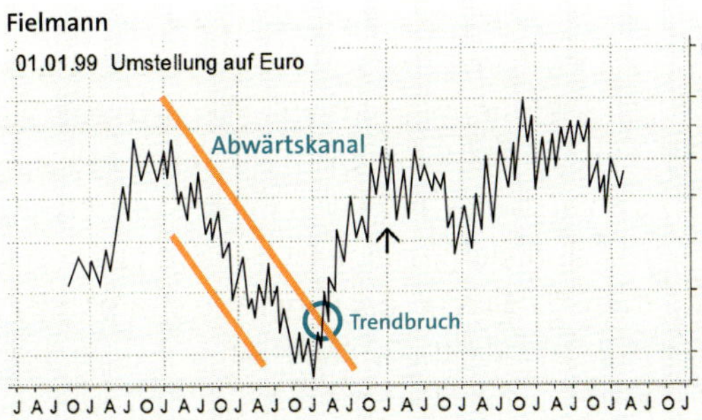

Chart 3: Lässt sich eine Abwärts- oder Aufwärtsbewegung durch zwei parallel verlaufende Trendlinien kennzeichnen, spricht man von einem Trendkanal. Im Fielmann-Chart ist der Ausbruch nach oben als Kaufsignal zu interpretieren.

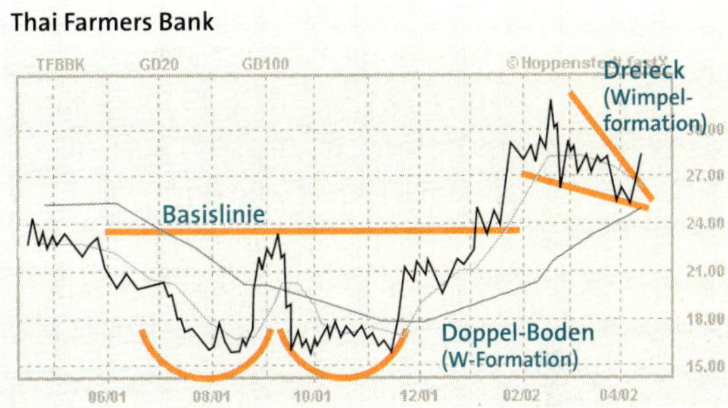

Chart 4: Bei einer Doppelboden- oder W-Formation wird der Kursrückgang gestoppt, eine erste Aufwärtsbewegung erweist sich als zu schwach. Im zweiten Anlauf „knackt" er dann die Basislinie, die durch das erste Zwischenhoch definiert wird.

Chart 5: Klar erkennbar im DaimlerChrysler-Chart: eine Unterstützungslinie bei rund 25 Euro. Gleichzeitig zeigt der Kursverlauf eine Widerstandslinie bei 45 Euro. Beides zusammen ergibt eine Rechteckformation. Der Ausbruch ist ein Kaufsignal.

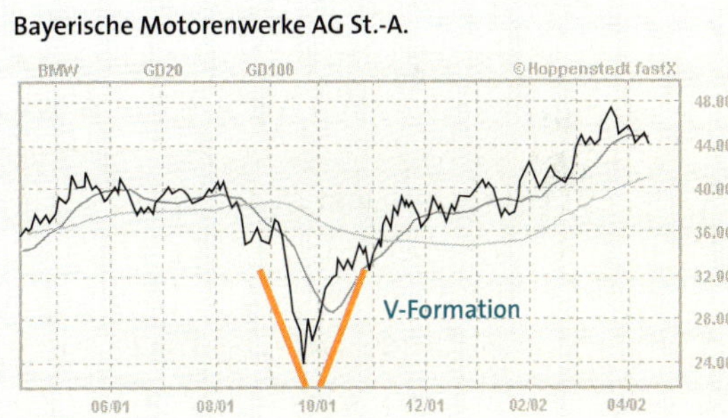

Chart 6: V-Formationen entstehen oft in nervösen, von Unsicherheit geprägten Börsenphasen. Nach den Terroranschlägen vom 11. September 2001 brachen die Kurse sturzartig ein, kehrten aber wenig später genauso schnell wieder zur Normalität zurück.

Quelle: Hoppenstedt

Zusätzliche technische Kennzahlen

Neben der reinen Chartanalyse hat die Technik eine Fülle weiterer Kennzahlen entwickelt, die die Trendeinschätzung der Kurskurve verbessern helfen sollen. So lässt sich durch den Vergleich der Kursentwicklung einer einzelnen Aktie mit der eines Gesamt- oder Branchenindexes herausfinden, ob die Kursausschläge des Papiers stärker oder weniger stark sind als die des Marktes. Eine in den Chart eingezeichnete Kennzahl, die die Grundverfassung des Gesamtmarktes erfasst, ist die so genannte ☞ Advance-Decline-Linie.

☞ Advance-Decline-Linie: Übersetzt (engl.) „Aufstiegs-Abstiegs-Linie".

Dazu wird die Differenz zwischen gestiegenen und gefallenen Aktien eines Börsentages errechnet und zum Vortageswert addiert. Durch einen Vergleich mit der Indexentwicklung lässt sich so ein „Nachlassen" der Aufwärts- beziehungsweise Abwärtskräfte frühzeitig erkennen.

Bei der Berechnung des ☞ Momentums wird der aktuelle Kurs vom Kurs vor einer bestimmten Anzahl von Tagen abgezogen und ebenfalls zu einer Kurve zusammengefasst. Auch hierdurch sollen Trendwenden erkennbar und damit Aussagen der reinen Chartanalyse gestützt oder abgeschwächt werden.

☞ Momentum: Indikator der technischen Analyse, der die Veränderungsgeschwindigkeit beziehungsweise die -rate der Aktienkurse anstatt der Kurse selbst misst.

Vorteil: Breite Einsatzmöglichkeiten

Die technische Analyse hilft nicht nur bei Einzelwerten. Sie kann auch bei der Beantwortung der Frage nützlich sein, in welcher Börsenphase (→ Exkurs, nachfolgende Seite) der Gesamtmarkt steht.

Methoden im Vergleich

Für den Anleger stellt sich natürlich die Frage, welcher Methode der Vorzug zu geben ist. Eine allgemein gültige Antwort darauf ist wie so oft nicht möglich. Jedes System hat seine spezifischen Vor- und Nachteile.

Vor- und Nachteile der Fundamentalanalyse

Zu den Vorzügen der fundamentalen Analyse gehört, dass sie bei sorgfältiger Anwendung langfristig sehr gute Anlageergebnisse liefert. Dafür ist sie teilweise sehr anspruchsvoll und erfordert eine Fülle von Daten und Fakten. Außerdem ist sie von der Grundkonzeption her vergangenheitsorientiert, sodass sie auf neuere Entwicklungen verhältnismäßig träge reagiert.

Vor- und Nachteile der technischen Analyse

Der Vorteil der Chartanalyse ist, dass sie sehr flexibel ist, Veränderungen schnell widerspiegelt und in Grundzügen relativ einfach anzuwenden ist. Zudem ist sie nicht nur für die einzelne Aktie, sondern auch für andere Anlageformen und Finanzmarktgrößen – beispielsweise Zinsen, Währungen – sowie Gesamtmärkte geeignet. Kritiker, insbesondere aus dem fundamentalen Lager, werfen der Chartanalyse allerdings vor, dass sie nicht mehr sei als Kaffeesatzleserei. Ein Vorwurf, der nicht ganz zu entkräften ist, denn tatsächlich lassen sich viele Kursbewegungen mit Hilfe der Chartanalyse erst im Nachhinein sehr gut erklären.

Fazit

Der Anleger sollte sich von der „Glaubensdiskussion", die die Anhänger der beiden Analyseformen mitunter führen, nicht irritieren lassen und nicht voll und ganz auf eine einzige Methode setzen.

→ Am besten ist es, beide Methoden miteinander zu kombinieren und die Ergebnisse der einzelnen Analysen wie bei einem Puzzle zusammenzutragen. Dadurch lassen sich zwar Flops nicht gänzlich vermeiden, aber die Wahrscheinlichkeit, dass eine Verliereraktie im Depot landet, wird erheblich reduziert.

Börsenpsychologie: Im Überschwang der Gefühle

Geht es nach der Theorie einiger Kapitalmarktwissenschaftler, dann dürfte es starke Kursschwankungen und hektisches Handeln an der Börse eigentlich gar nicht geben. Rein vernunftsgemäß betrachtet müsste sich jede neue Nachricht, die dank moderner Kommunikationstechnik heutzutage an jedem Ort der Welt verfügbar ist, umgehend im Kurs niederschlagen.

Tatsächlich sieht die Praxis anders aus, denn das Geschehen an den Finanzmärkten ist nicht nur von Vernunft geprägt. Sicher: Auf lange Sicht bestimmen harte Fakten den Kurstrend an den Finanzmärkten. Aber das erklärt nicht, warum es vor allem an der Aktienbörse immer wieder zu spekulativen Exzessen kommt, die dann mitunter mit einem Crash (→ Exkurs) enden. Verantwortlich dafür ist nach Ansicht einer anderen Gruppe von Forschern vor allem ein Faktor: der Mensch selbst.

Die Experten haben nämlich herausgefunden, dass die meisten Anleger weit davon entfernt sind, ihre Anlageentscheidungen rational, also kühl und überlegt zu treffen. Stattdessen lassen sie sich in hohem Maße von Gefühlen leiten. Folge: Sie handeln irrational. Und da sie das alle zusammen und in der gleichen Weise tun, kommt es zu den Widersprüchen, Ungereimtheiten und Kapriolen, die die Börse mitunter so unlogisch und rätselhaft erscheinen lassen.

EXKURS

Börsenzyklen: Immer das gleiche Schauspiel

Weil die Anleger bestrebt sind, mit ihren Käufen und Verkäufen zukünftige Entwicklungen vorwegzunehmen, zu antizipieren, wie es in der Fachsprache heißt, bedeutet das: Die Aktienkurse laufen der konjunkturellen Entwicklung stets voraus – in der Regel um sechs bis zwölf Monate. Das Ganze funktioniert natürlich nicht, ohne dass es zu Irrtümern kommt. Normalerweise werden diese durch kleinere Kursauf- und -abschwünge immer wieder korrigiert. Allerdings kommt es in zeitlichen Abständen immer wieder einmal zu einer Überreaktion am Markt.

Die Grundlage dafür wird fast immer durch einen ersten starken Anstieg der Aktienkurse gelegt – beispielsweise weil Unternehmen wiederholt mit positiven Meldungen überraschen. Fachleute sprechen bei einem breiten, länger andauernden Kursaufschwung auch von einer Hausse. Tückisch wird diese Entwicklung, wenn die Erwartungen der Anleger schneller als die Kurse steigen.

Wenn die überhöhten Hoffnungen dann irgendwann enttäuscht werden, wendet sich das Blatt. Es folgt eine Abwärtsbewegung, eine so genannte Baisse, die oft Jahre anhält – bis der Zyklus von vorne beginnt.

Die Vergangenheit zeigt, dass solche Aufschwungphasen in schöner Regelmäßigkeit mit einem plötzlichen und scharfen Kurssturz enden, einem so genannten ☞ Crash.

☞ Crash:
Von einem Börsencrash spricht die Finanzwelt, wenn an einem oder mehreren aufeinander folgenden Tagen die Aktienkurse sturzartig um jeweils 10 oder mehr Prozent fallen.

Crashs gehören zum Börsenalltag

Allein in den vergangenen 15 Jahren mussten die Aktienanleger fünf solcher Kursstürze überstehen. 1998 beispielsweise sorgten die Wirtschaftsprobleme von Russland und einigen südostasiatischen Staaten dafür, dass die Aktienkurse kurz, aber heftig in die Knie gingen. Und im März 2000 platzte die durch die Interneteuphorie ausgelöste Spekulationsblase. Der damit verbundene Kurseinbruch überflügelte in seinem gesamten Ausmaß sogar den Supercrash des 20. Jahrhunderts: Am 19. Oktober 1987 verbuchte der US-amerikanische Dow-Jones-Index ein Minus von über 500 Punkten, was gemessen am damaligen Indexstand von rund 2 200 Punkten einem dramatischen Verlust von 22 Prozent entsprach. Dieser Tag ist als „Schwarzer Montag" in die jüngere Finanzgeschichte eingegangen. Die Bezeichnung erfolgte in Anlehnung an den legendären „Schwarzen Freitag", der als Datum für den folgenschwersten Finanzkrach an den organisierten Kapitalmärkten gilt. Am 29. Oktober 1929 (der eigentlich ein Donnerstag war) gaben die Kurse an der New Yorker Börse um rund 10 Prozent und am Folgetag auch in Europa nach. Diese Verluste erscheinen angesichts späterer Kurseinbrüche vergleichsweise gering. Aber dieser Rückgang war nur der Auftakt einer langen Baisse, in deren Verlauf sich der Dow-Jones-Index zehntelte. Die Kursmarke vom Oktober 1929 erreichte er erst wieder 1954, also 25 Jahre später.

Wie entstehen Crashs?

Schwieriger als die Beschreibung eines Crashs ist die Beantwortung der Frage nach dem Warum. Für fast alle Kursstürze gibt es plausible wirtschaftliche Erklärungen. Beim „Schwarzen Montag" führten beispielsweise weltweite Inflationssorgen und Zinserhöhungen in den USA zu dem Kursbeben. Typisch ist allerdings, dass diese einleuchtenden Erklärungen erst im Nachhinein gegeben werden können. Dabei kommen Crashs selten aus heiterem Himmel. Sie lassen sich zwar nicht exakt voraussagen, aber oft gibt es Warnsignale. Vor allem das Endstadium einer überzogenen Spekulationswelle ist durch eine geradezu euphorische Stimmung gekennzeichnet. Fast jeder Anleger glaubt in dieser Phase daran, dass die Kurse weiter steigen.
Der kritische Moment ist erreicht, wenn jeder Börseninteressierte Aktien besitzt und kaum noch jemand kaufen kann, um die Kurse weiter nach oben zu treiben. Meist bedarf es dann nur noch eines vergleichsweise unbedeutenden Ereignisses, damit die Stimmung kippt. Nach grenzenlosem Optimismus herrscht plötzlich Verkaufspanik, und da es an Käufern mangelt, gehen die Kurse in den freien Fall über.

Tulpenspekulation und Südsee-Blase

Spekulationsblasen und Crashs sind kein Phänomen der jüngeren Zeit. Sie gab es auch schon lange, bevor die ersten organisierten Börsen gegründet wurden. Am bekanntesten ist dabei die so genannte Tulpenspekulation, die auch als „Tulpenwoerde" oder „Tulpenwahnsinn" in die Geschichtsbücher eingegangen ist. Um 1550 brachten Reisende die Blume zum ersten Mal aus der Türkei mit nach Europa. Sie erregte aufgrund ihrer Schönheit sofort Aufmerksamkeit und wurde schnell zum Spielball von Händlern und Spekulanten, zumal sie die besten Voraussetzungen für ein Spekulationsobjekt aufwies: Das Angebot war im Verhältnis zur Nachfrage knapp, auf der anderen Seite war das Interesse hoch und schon bald wurde die Tulpenzwiebel nicht nur als exotisch, sondern auch als wertvoll eingeschätzt. Mitte des 18. Jahrhunderts erreichte die Spekulationswelle in Holland, dem heutigen Tulpenland, ihren Höhepunkt. Für seltene Tulpen wurde damals ein unvorstellbares Vermögen gezahlt. Als die Stimmung dann drehte, waren die Folgen enorm. Viele große Familien waren ruiniert, Handelsfirmen brachen zusammen und das wirtschaftliche Leben in Holland kam zeitweise zum Erliegen.
Einer der ersten Crashs an einer organisierten Börse datiert aus dem 18. Jahrhundert. Damals, 1719, wurde in England eine Monopolgesellschaft gegründet, deren Geschäftszweck der Handel mit Südamerika, den pazifischen Inseln

Die häufigsten Fehler

Das Grundproblem jedes Anlegers ist, dass er an der Börse Entscheidungen treffen muss, indem er Fakten und Informationen im Hinblick auf ihre Bedeutung für die zukünftige Entwicklung beispielsweise eines Unternehmens interpretiert. Da niemand Hellseher ist, muss er versuchen, denkbare Szenarien zu entwickeln.

und der Karibik war – einer Region, zu der englische Handelsgesellschaften erst mit dem Ende der spanischen Erbfolgekriege Zutritt bekamen. Die Profite, die sich dort erwirtschaften ließen, schätzten Fachleute als gigantisch ein. Kein Wunder, dass die dem Publikum angebotenen Aktien reißenden Absatz fanden. Sogar der berühmte Physiker Isaac Newton stieg in die Südsee-Gesellschaft, wie sie kurz genannt wurde, ein. Der Kurs stieg explosionsartig von 100 auf fast 900 Pfund bis zum Juni 1720 an. Obwohl die Geschäfte alles andere als Erfolg versprechend liefen, gab das Management der Südsee-Gesellschaft immer mehr neue Aktien aus, um sich frisches Kapital zu beschaffen. Folge: Der Markt ermüdete und im August begann das Papier sturzartig zu fallen – bis auf 135 Pfund im November des gleichen Jahres. Der Crash löste eine Staatsaffäre aus. Weil Korruption und Manipulation im Spiel waren, erhielt ein Teil der Anleger die Hälfte ihres Einsatzes zurück. Doch das Gros saß auf hohen Verlusten – auch Newton, der am Ende 20 000 Pfund verloren hatte.
Fazit: Offensichtlich ist es einfacher, Naturgesetze zu erforschen und die Bewegungen der Himmelskörper zu berechnen, als den Geheimnissen der Börse auf die Spur zu kommen. Denn hinter denen steckt der Wahnsinn des Menschen.
Quelle: JOHN TRAIN: Berühmte Pleiten. Poller, Stuttgart, 1981

Selbstüberschätzung
Viele Anleger, die eine Reihe erfolgreicher Geschäfte an der Börse getätigt haben, neigen dazu, sich klüger und kompetenter einzuschätzen, als sie es sind. Im Klartext: Sie unterliegen dem Irrglauben, alles „im Griff" zu haben und den Markt und die Kursentwicklung einer bestimmten Aktie in hohem Maße richtig vorhersagen zu können.

Die Wissenschaftler haben dieses Phänomen „Overconfidence Bias" getauft. Diese Form der Selbstüberschätzung ist Untersuchungen zufolge bei Männern tendenziell stärker ausgeprägt als bei Frauen, was zu einem Teil die Unterschiede im Anlageverhalten der beiden Geschlechter erklärt (→ Seite 17).

Für Selbstüberschätzung gibt es viele Beispiele
Der Hang zur Selbstüberschätzung ist weit verbreitet und zeigt sich in vielen Bereichen des Alltags. Ein einfaches Beispiel: Die Frage, ob sie besser Auto fahren als der Durchschnitt, beantworten regelmäßig 80 bis 90 Prozent aller Deutschen in Umfragen mit Ja. Aus psychologischer Sicht ist das Ergebnis wenig überraschend. Da die meisten Menschen eitel sind, wird sich kaum jemand selbst als mittelmäßig oder schlecht einstufen. Aber nach den Gesetzen der Logik kann das Umfrageergebnis gar nicht den Tatsachen entsprechen: Dass jeder besser als der Durchschnitt fährt, ist nicht möglich und auch die Unfallstatistik spricht dagegen.

Die Überzeugung von der eigenen Kompetenz führt dazu, dass viele Anleger die zukünftige Kursentwicklung beispielsweise einer Aktie in viel engeren Grenzen vorhersagen, als es durch in der Vergangenheit zu beobachtende Kursschwankungen gerechtfertigt ist. Das führt in der Tendenz zu einer vermehrten Handelstätigkeit und zu höheren Kursausschlägen. Je genauer nämlich ein Aktienbesitzer glaubt, den zukünftigen Kurs seiner Papiere zu kennen, desto eher wird er geneigt sein zu verkaufen, wenn dieses Preisziel in etwa erreicht oder sogar übertroffen wird: Weil er der Überzeugung ist, dass er eine günstige Gelegenheit nutzt und der Käufer auf der anderen Seite ein schlechtes Geschäft macht – und umgekehrt. Folglich kommt ein Handel zustande.

Verlust der Objektivität

Das zweite Problem vieler Anleger, die sich eine Meinung zum Beispiel über eine Aktie zurechtgelegt haben, ist, dass sie beginnen, die tatsächliche Aussagekraft von Informationen nur noch eingeschränkt wahrzunehmen. Informationen, die die eigene Einschätzung bestätigen, werden überbewertet, gegenläufige Meldungen dagegen oft ignoriert. Folge: Die persönlichen Erwartungen werden durch die Realität laufend enttäuscht beziehungsweise überboten. Weil die Anleger ihre Einschätzung und damit ihre Anlageentscheidung korrigieren müssen, kommt es zu heftigen Kursreaktionen, wenn zum Beispiel ein Unternehmen neue Geschäftszahlen veröffentlicht.

Eng mit dem „Overconfidence Bias"-Phänomen verbunden ist die Beobachtung, dass viele Anleger den Chancen und Risiken eines Investments unterschiedliches Gewicht beimessen und nicht in der Lage sind, beide Größen logisch in Beziehung zu setzen.

Beispiel: Ein Anleger hat die Wahl zwischen zwei Anlageformen. Die erste bringt ihm einen sicheren Ertrag von 1 000 Euro. Bei der zweiten hat er die Aussicht auf 5 000 Euro – allerdings nur mit einer Wahrscheinlichkeit von 25 Prozent. Tests zeigen, dass viele Anleger die erste Möglichkeit wählen, weil ihnen der „sichere" Gewinn lieber ist.

Das Ergebnis ändert sich, wenn der Anleger die Chance hat, auf jeden Fall 1 000 Euro zu gewinnen und die Alternative in einer Anlageform besteht, bei der er nur mit 25-prozentiger Wahrscheinlichkeit ein Minus erwirtschaftet – dann allerdings von 5 000 Euro. In dieser Konstellation bevorzugen die meisten Testpersonen die zweite Variante, obwohl, mathematisch gesehen, beide Tests die gleiche Chance-Risiko-Kombination bieten und die gleiche Anlageentscheidung darstellen.

Viele Anleger unterliegen auch dem Irrtum, dass der Kauf eines einzigen Aktienwertes dieselben Risiken hat wie die Zusammenstellung eines breit gestreuten Aktiendepots – doch das ist nicht der Fall (→ Seite 213). Dagegen bewerten Aktienanleger, die schlechte Erfahrungen mit ihrem Investment gemacht haben, Risiken fortan zu hoch. Folge: Aus Ängstlichkeit meiden sie ähnliche Geschäfte und verzichten so auf Rendite.

Mangelnde Informationsverarbeitung

Ein weiterer wesentlicher Faktor für das irrationale Verhalten von Anlegern ist die mangelhafte Verarbeitung von Informationen. Dabei besteht nicht nur das bereits beschriebene Problem der subjektiv gefärbten Wahrnehmung. Die tägliche Flut von Meldungen und Daten kann kaum ein Anleger selektieren und interpretieren. Mehr Informationen führen deshalb nicht zu besseren Entscheidungen.

Das liegt unter anderem daran, dass zum Beispiel spektakuläre Meldungen von Übernahmen, Börsengängen und Umsatzeinbrüchen viel stärker wahrgenommen und in den Kursen verarbeitet werden als abstrakte und weniger aufregende Informationen über die Bilanz und die Geschäftsentwicklung eines Unternehmens. Außerdem achten die Empfänger einer Information eher darauf, wie sie vermittelt wird, als auf Verlässlichkeit und Seriosität der Quelle. Auf diese Weise lässt sich zum Beispiel auch erklären, warum die in Internetforen gestreuten Gerüchte mitunter solchen Einfluss und damit solche Durchschlagskraft an der Börse haben (→ Seite 138).

Schließlich tendieren Anleger dazu, sich bei ihrer Meinungsbildung an „Wegweisern" oder so genannten „Ankern" zu orientieren, denen sie in hohem Maße vertrauen – zum Beispiel dem Verhalten der Notenbank. Alle Meldungen, die zusätzlich zu einem bestimmten Sachverhalt aufgenommen werden, haben es dann schwer, den Eindruck, den sich der Anleger aufgrund des „Ankers" einmal gebildet hat, zu revidieren.

Den Heimvorteil überschätzen

Es gibt noch ein weiteres Phänomen: Viele Investoren glauben, dass sie einheimische Unternehmen besser beurteilen können als ausländische Gesellschaften. Von den Experten wird dieses Phänomen auch als „home bias" bezeichnet. Grundsätzlich ist an dieser Einschätzung nichts auszusetzen, denn natürlich ist es für einen deutschen Anleger leichter möglich, sich zu deutschen Unternehmen umfangreichere Informationen aus verschiedenen und unabhängigen Quellen zu besorgen als zu ausländischen Konzernen.

Falsch ist aber der damit oft verbundene Glaube, dass zum Beispiel deutsche Aktien mehr Rendite abwerfen und weniger Risiko bedeuten als etwa US-amerikanische Werte. Wer aufgrund dieser Annahme ausschließlich in heimische Werte investiert, verschenkt Rendite und erhöht sogar sein Anlagerisiko, denn er verzichtet auf eine ausgewogene regionale Streuung seiner Aktien (→ Seite 187).

An Verlustbringern festhalten?

Der häufigste Fehler, den die meisten Anleger machen, ist allerdings, Gewinneraktien viel zu schnell zu verkaufen, während sie an den Verlustbringern hartnäckig festhalten. Dieses Phänomen, das durch zahlreiche Studien nachgewiesen worden ist, bezeichnen die Wissenschaftler als Dispositionseffekt.

Auch dieses Verhalten lässt sich psychologisch leicht erklären: In die Freude über einen Kursanstieg mischt sich sofort die Sorge, dass dieser mit der nächsten Kursschwäche wieder zunichte gemacht werden könnte. Dagegen heißt, einen Verlust zu realisieren, sich einzugestehen, mit seiner Einschätzung falsch gelegen zu haben. Das kollidiert in vielen Fällen mit der Selbstüberschätzung. Die betroffenen Anleger flüchten sich daher in eine Art Trotzreaktion. Sie halten an ihrer Entscheidung auf Biegen und Brechen fest und sind davon überzeugt, dass die Papiere wieder zulegen werden. Um dem Unbehagen, das ein chronischer Verlustbringer auslöst – die Wissenschaftler sprechen auch von kognitiver Dissonanz –, zu entgehen, legen sie sich Erklärungen zurecht, die ihnen das Aussitzen der Verluste möglich machen („nur eine vorübergehende Schwächephase", „der Markt sieht nicht das Potenzial, das die Aktie hat" und so weiter). Das Prinzip Hoffnung wird zur Strategie erklärt – mit der Folge, dass Verluste weiterlaufen.

Andere wiederum neigen zu einer „Vogel-Strauß"-Strategie: Sie stecken den Kopf in den Sand und beobachten ihr Depot einfach nicht mehr.

Natürlich kostet dieses Verhalten Rendite. Wissenschaftler haben ausgerechnet, dass die Rendite von Aktienkäufern, die diesen Effekt vermeiden und Verlustaktien konsequent aus dem Depot herausnehmen, im Schnitt zwischen 4 und 8 Prozentpunkte höher liegt als von den Anlegern, die an ihrem Verhaltensmuster festhalten.

Auch Profis gehen in die Psycho-Falle

Ein Trost für den privaten Anleger: Profis ergeht es nicht anders. Im Gegenteil. Als Profi erfordert es noch mehr Selbstbewusstsein, einen Fehler zuzugeben. Schließlich hängt davon im Extremfall auch der Job oder die Karriere ab. Paradoxe Folge: Fondsmanager zum Beispiel neigen noch mehr dazu, sich mit der Masse zu bewegen. Auf diese Weise riskieren sie nicht, sich als Einzige zu irren. Sie können auf die Kollegen verweisen, die es ebenfalls nicht besser wussten.

Sonne, Mond und Aktienkurse

Die Enttäuschung darüber, auch mithilfe von Unternehmenszahlen, Zinsbeschlüssen der Notenbank oder aktuellen politischen Ereignissen die Richtung der Aktienkurse nicht ableiten, geschweige denn erklären zu können, treibt mitunter seltsame Blüten.

So haben die Forscher der Ohio State University in einer im Herbst 2001 veröffentlichten Studie herausgefunden, dass angeblich die Sonne Einfluss auf die Börsentendenz hat. Danach fielen an sonnigen Tagen die Aktiengewinne an der Wall Street um 16 Prozent höher aus als an wolkenverhangenen. Fast genauso einflussreich ist der Mond, wie ein Forscher-Team der University of Michigan zur gleichen Zeit herausgefunden haben will. In den Tagen rund um Vollmond sind Aktiengewinne 8 Prozent niedriger als in den Tagen um Neumond.

Der Schönheitsfehler beider Untersuchungen: Sobald die Anleger damit beginnen, Kapital aus der Regel zu schlagen, und ihr Verhalten diesen Rhythmen anpassen, ist es mit der wundersamen Erkenntnis vorbei. Denn wenn alle von steigenden Kursen ausgehen, tun sie genau das Gegenteil: Sie verkaufen. Und umgekehrt.

Mehr Nutzwert bietet da schon das Ergebnis einer Studie von Christopher Gadarowski. Der Gastprofessor an der Cornell University hat herausgefunden, dass, je mehr in einem Jahr über eine bestimmte Gesellschaft geschrieben wurde, der Aktienkurs in den beiden Folgejahren umso schlechter lief. Dabei ist es ganz unwichtig, ob die Artikel positiv oder negativ sind. Allein die Menge zählt.

Gadarowskis Studie basiert auf einer Stichprobe von mehreren Tausend börsennotierten Firmen zwischen 1980 und 1995. Die populärsten, also am häufigsten erwähnten Gesellschaften jedes einzelnen Jahres erzielten dabei in den beiden Folgejahren jeweils 10 Prozent schlechtere Aktiengewinne im Vergleich zu denen, die am seltensten erwähnt wurden.

Gadarowskis Erklärung: Die Presse schreibt am ehesten über überbewertete Firmen, weil das Übertriebene immer interessanter ist als der Durchschnitt. Hohe Publicity ist daher anscheinend ein guter Indikator für teure Aktien. Paradoxerweise wecken neue Berichte das Interesse weiterer Anleger, sodass das Papier noch teurer wird. Irgendwann kommt dann der unvermeidliche Fall.

Das Fazit dieser Studie haben viele Anleger schon am eigenen Leib erfahren: Finger weg von den Medien-Lieblingen!

Quelle: Spiegel-online vom 28. 10. 2001

Wichtig bei der Aktienanlage ist, öfter Recht zu haben als sich zu irren. Und wenn man sich irrt, dann sollte man das erkennen, bevor man sich zu sehr irrt.

Frei nach John Templeton

Psychologische Fehler vermeiden

Gerade Einsteiger werden nach den beiden vorangegangenen Abschnitten verunsichert sein. Verluste begrenzen, Gewinne laufen lassen – das hört sich zunächst einfach an. Doch im Einzelfall ist es schwierig, eine genaue Grenze zu ziehen zwischen einem Verlust, der gerade noch im Rahmen der vor allem für Aktien üblichen Schwankungsbreite liegt, und dem Punkt, ab dem es besser ist auszusteigen, um Schlimmeres zu verhindern.

Nicht am Einstandspreis orientieren

Wichtig dabei ist, dass der Anleger sich nicht ständig am Einstandskurs orientiert, vor allem, wenn die Aktie ins Minus rutscht.

→ Nur weil eine bestimmte Aktie einmal so hoch bewertet war, bedeutet das nicht, dass sie diesen Wert jemals wieder erreichen wird.

Beispiel: Wenn eine Aktie, so wie etwa am Neuen Markt, von 100 auf 20 Euro fällt, muss sie sich im Wert verfünffachen, damit der Käufer seinen Einstandspreis erreicht. In vielen Fällen ist das unrealistisch. Schon eine Kursverdoppelung in einem halben oder ganzen Jahr ist eher die Ausnahme als die Regel.

Das Schlechteste, was Anleger in dieser Situation machen können, ist, ihren Verlusten nachzulaufen, indem sie nachkaufen, um den Einstandspreis zu senken. Warum? Zunächst einmal, weil sie damit Kapital binden, das sie anderweitig wahrscheinlich rentabler anlegen könnten. Der zweite und gegebenenfalls dritte Kauf des Papiers geschieht ja oft nur, um den Einstandskurs zu verringern und nicht etwa, weil dem Anleger die Aktie zu diesem Zeitpunkt immer noch so attraktiv wie am Anfang erscheint. Der zweite Grund, der gegen das Nachkaufen spricht, ist, dass zwar der Einstandskurs sinkt, absolut gesehen wird aber zusätzliches Geld in eine Aktie investiert, die tendenziell fällt, sodass der Anleger riskiert, genau das Gegenteil von dem zu erreichen, was er eigentlich möchte: Statt den Verlust zu begrenzen, baut er eine Position, die sich im Minus befindet, weiter aus.

Paradoxerweise steigt auf der anderen Seite bei vielen Aktienkäufern der Widerwille zu verkaufen, wenn der Kurs dann tatsächlich wieder in die Nähe der ursprünglichen Marke rückt. Um diese Fehleinschätzung zu vermeiden, ist es am besten, den Einstandskurs „zu vergessen“.

→ Die Kurschancen und Risiken sollten immer aus der Sicht des jeweils aktuellen Börsenkurses beurteilt werden.

Dem „Vergessen“ vorbeugen

Um nicht der Versuchung zu erliegen, die beim Kauf zurechtgelegte Meinung angesichts zwischenzeitlicher Ereignisse zu ändern und genau das Gegenteil anzunehmen, ist es sinnvoll, eine Art Börsen-Logbuch zu führen. Darin sollte jeder Kauf und Verkauf mit entsprechender Begründung, dem Kursziel und der Verlustgrenze eingetragen werden. Mithilfe des Logbuchs lassen sich aus der zeitlichen Distanz heraus auch krasse Fehleinschätzungen nüchterner analysieren.

Distanz gewinnen

Erfahrungsgemäß sind diejenigen Anleger an der Börse am erfolgreichsten, die ihre Investments möglichst emotionslos handhaben. Verluste werden konsequent realisiert, ohne ihnen nachzutrauern, und abgehakt. Dagegen werden Gewinne nicht über die Maßen bejubelt. Ganz wichtig ist es auch, keine persönliche Beziehung zu einem bestimmten Papier zu entwickeln. Viele Anleger neigen dazu, bestimmte Werte zu ihren „Lieblingsaktien“ zu erklären – nach dem Motto: „Mit dem Papier habe ich bislang nur gute Erfahrungen gemacht. Das halte ich auf jeden Fall im Depot, ganz gleich, was passiert.“

→ Derartige rational nicht zu begründende Vorlieben trüben den klaren Blick für die realistischen Chancen, aber auch Risiken eines Papiers und stehen einer situationsgerechten Entscheidung im Wege.

Informationen umfassend bewerten

Bei der Informationsbeschaffung und Auswertung ist es hilfreich, auch einmal bewusst ein alternatives Szenario zu entwickeln, das der eigenen Kauf- und Verkaufsentscheidung oder der allgemeinen Marktstimmung völlig entgegensteht. Wichtig dabei ist vor allem die Erkenntnis, welches Verlustpotenzial beziehungsweise welche Verlustwahrscheinlichkeit sich daraus ergibt. Auf diese Weise entwickelt der Anleger ein Gefühl dafür, ab wann die Dinge in die falsche Richtung laufen.

Anlagestrategien mit Aktien

In den vorangegangenen Abschnitten wurde gezeigt, dass es viele verschiedene Faktoren sind, die den Kurstrend von Aktien beeinflussen, und dass es schwierig ist, herauszufinden, ob ein bestimmter Titel günstig bewertet oder überteuert ist. Darüber hinaus sind es psychologische Reaktionen, die dem Anleger manchmal Probleme bereiten. Um diese Stolpersteine zu umgehen, ist es zunächst sinnvoll, bei der Planung von einer langfristigen Aktienanlage auszugehen (→ Kasten).

Der zweite Erfolg versprechende Schritt besteht darin, sich eine Anlagestrategie zurechtzulegen. Es ist nämlich keineswegs eine empfehlenswerte Methode, seine Kauf- und Verkaufsentscheidungen aus dem Bauch heraus zu treffen. Aktien sind Risikopapiere. Sie bieten große Chancen, beinhalten aber auch hohe Risiken.

→ Der Effekt einer gut durchdachten Strategie ist, dass der Anleger seine einzelnen Einstiegs-, Ausstiegs- und Umschichtungszeitpunkte systematisiert anstatt planlos zu kaufen oder zu verkaufen. Auf lange Sicht ist es dadurch zweitrangig, wann er mit den ersten Käufen beginnt.

Stehvermögen zahlt sich aus

Schon Alt-Börsenmeister André Kostolany wusste, dass es eine gute Methode ist, Aktien zu kaufen, sich lange Zeit schlafen zu legen, um sich dann nach Jahren über das Ergebnis zu freuen. Die Fondsgesellschaft Fidelity hat für den Zeitraum von 1988 bis 2000 in einer Analyse errechnet, dass sich Geduld und Beharrlichkeit tatsächlich bezahlt machen. Wer in dieser Zeit ununterbrochen in den wichtigen Märkten USA, Großbritannien und in Deutschland investiert hatte, konnte im Schnitt eine durchschnittliche Jahresrendite von 14,4 bis 16,7 Prozent erzielen. Wer die 10 beziehungsweise 30 schlechtesten Tage durch geschicktes Timing umschifft hätte, wäre auf ungleich höhere Ergebnisse gekommen. Doch dazu wäre eine fast prophetische Gabe oder unglaubliches Glück erforderlich gewesen. Denn natürlich lagen diese Tage in dem untersuchten Zeitraum querbeet verstreut. Viel entscheidender ist, dass sich die Renditen ohne die besten 10 beziehungsweise 30 Tage dramatisch verschlechtern – und diese zu verpassen, vermeiden mit Sicherheit nur diejenigen, die über den ganzen Zeitraum investiert haben.
Zwar mögen die willkürliche Wahl des Zeitraums und die Untersuchungsmethode dieser Studie nicht repräsentativ sein. Die grundsätzliche Aussage deckt sich jedoch in der Tendenz mit den Ergebnissen von einschlägigen Untersuchungen: Eine langfristige Anlage führt bei Aktien am ehesten zum Erfolg. Voraussetzung: Das Kapital wird breit gestreut!

Zahlen, die überzeugen

Index	Den gesamten Anlagezeitraum[1] investiert	Ohne die 10 besten Tage	Ohne die 30 besten Tage	Ohne die 10 schlechtesten Tage	Ohne die 30 schlechtesten Tage
Dax	15,4	10,3	4,1	21,5	29,6
FTSE	14,4	11,3	7,3	17,0	21,8
Dow Jones	16,7	13,1	8,1	21,2	26,7

[1] 31. 12. 1987 bis 31. 12. 2000. Renditeangaben in Prozent pro Jahr *Quelle: Fidelity Investments*

Die richtigen Bausteine

Zwei Merkmale machen also eine gutes Strategiekonzept aus: Streuung und Methode. Nicht zuletzt gilt es allerdings, auch den eigenen Anlagetyp nicht aus den Augen verlieren.

Die Bedeutung von Streuung

Es gehört zu den wichtigsten Grundregeln der Geldanlage, niemals alles auf eine Karte zu setzen. Am Anfang sollte deshalb das für Aktieninvestments zur Verfügung stehende Kapital mindestens auf fünf bis zehn verschiedene Titel verteilt werden.

Diese Diversifizierung hat vor allem zwei Effekte. Zum einen wird dadurch verhindert, dass das gesamte Aktiendepot übermäßig stark betroffen ist, wenn sich eine der Aktien als Fehlgriff und Verlustbringer erweist – was immer vorkommen kann. Und es ist unwahrscheinlich, dass sich alle Käufe als Flops erweisen, sodass die schlechte Entwicklung des einen Wertes durch die Kursgewinne der anderen Titel – im Idealfall – mehr als kompensiert wird. Grundsätzlich gilt: Je stärker das Depot mit Aktien bestückt ist, die nach unterschiedlichen Gesichtspunkten (Branche, Region) ausgesucht sind, desto geringer fällt die Schwankungsintensität, also die Volatilität (→ Seite 26), des Portfolios aus.

Der zweite Effekt einer breiten Streuung ist psychologischer Natur. Erfahrungsgemäß ist die Hemmschwelle vieler Anleger, Verluste konsequent zu realisieren, umso höher, je höher der Betrag ist, den sie dann „abschreiben" müssen. Wer zum Beispiel 10 000 Euro lediglich gleichmäßig auf zwei Aktien verteilt, hat bei einem – durchaus üblichen – Kurseinbruch von 10 Prozent eines Titels gleich 500 Euro eingebüßt. Und bei ebenfalls nicht ungewöhnlichen 20 Prozent sind es schon 1 000 Euro.

Ein Aktienkäufer, der dagegen den gleichen Betrag gleichmäßig auf fünf oder zehn verschiedene Titel verteilt, hat, wenn eine Position 10 Prozent verliert, nur ein Minus von 200 Euro beziehungsweise 100 Euro zu verkraften.

Von den relativ geringen Beträgen als Einsatz darf sich der Anleger wiederum aber auch nicht blenden lassen und auch absolut gesehen geringe Verluste nicht unkontrolliert laufen lassen.

TIPP

Orientieren Sie sich beim Setzen von Stop-Limits (→ Seite 47) immer an prozentualen Werten.

Ebenso darf man es mit der Diversifikation auch nicht übertreiben. Mehr als 30 Titel sollte das Depot auf keinen Fall umfassen, sonst droht man den Überblick zu verlieren. Die richtige Balance zwischen Diversifikation und Übersichtlichkeit liegt für einen privaten Aktienanleger zwischen 12 und 15 verschiedenen Titeln.

→ Über eines sollte sich allerdings jeder Aktienkäufer klar sein: Auch eine noch so breite Streuung schützt nicht vor einem allgemeinen Kurseinbruch an den Weltaktienmärkten.

Kursmarken abstecken

Wichtig bei der Einzelanlage ist es dann, dass der Anleger sich vor dem Kauf Gedanken macht, warum er ein bestimmtes Papier kauft, wie lange er es halten will, welchen Kursgewinn er in dieser Zeit in etwa erwartet und welchen maximalen Verlust er bereit ist, zu tragen. Als Faustregel gilt: Der maximale Verlust sollte höchstens ein Drittel des erwarteten Gewinns betragen. Auf der anderen Seite sollten aber auch überzogene Erwartungen an die

Chancen einer einzelnen Aktie vermieden werden. Kursgewinne von mehr als 15 oder 20 Prozent in einem Jahr sind bereits ein Ergebnis über dem langjährigen Durchschnitt.

Von der Grundregel, Gewinne laufen zu lassen, gibt es deshalb eine Ausnahme: Wer seinen Einsatz mit einer bestimmten Aktie innerhalb von sechs bis zwölf Monaten verdoppelt hat, sollte die Hälfte verkaufen und so seinen Einsatz absichern. Erfahrungsgemäß drohen bei derart starken Kursgewinnen in so kurzer Zeit scharfe Korrekturen. Die beste Möglichkeit, sich davor zu schützen, besteht darin, wiederum ein Stop-loss-Limit (→ Seite 47) zu verwenden.

Für vorsichtige Anleger

Trotz der allgemeinen Risiken von Aktien: Auch vorsichtige Anleger sollten aus den dargelegten Gründen einen Teil ihres Vermögens in Dividendentitel investieren. Anderenfalls lassen sie Renditechancen ungenutzt. Damit sie dabei so wenig wie möglich riskieren, verdienen die Faktoren Anlagedauer und Streuung besondere Berücksichtigung.

Geduld beweisen

Es gibt eine Fülle von Untersuchungen und Studien, die zeigen, dass das bei Aktien auf kurze Sicht zweifellos vorhandene Kursrisiko mit zunehmendem Zeithorizont deutlich zurückgeht. Wer sein Geld zehn Jahre oder länger in international bekannten Standardwerten anlegt, läuft kaum Gefahr, dass er am Ende weniger Geld zurückbekommt, als er ursprünglich eingezahlt hat, und bei 30 Jahren ist das Verlustrisiko sogar praktisch gleich null – egal, zu welchem Zeitpunkt der Anleger eingestiegen ist.

Das gilt allerdings nur, wenn er auf Dauer investiert und nicht etwa versucht, zwischenzeitliche Kursschwankungen ausnutzen zu wollen (→ Seite 212). Der vorsichtige Aktiensparer sollte daher eine so genannte Kaufen-und-halten-Strategie verfolgen, in der Fachsprache auch „buy-and-hold"-Strategie genannt.

Passive Strategien bevorzugen

Um das zweite Ziel, eine möglichst breite Streuung, zu erreichen, ist es sinnvoll, nach einer so genannten Passivstrategie vorzugehen. Dabei kauft der Anleger einen „gesamten Markt", wie Anlageprofis das nennen. Das ist ganz einfach, denn die Wertentwicklung von fast jedem Markt beziehungsweise jeder Börse wird durch einen Index repräsentiert (→ Seite 98). Und eine Möglichkeit, einfach und kostengünstig in den Aktienkorb zu investieren, der durch einen bestimmten Index wiedergegeben wird, sind so genannte Indexzertifikate (→ Seite 347) und Indexfonds (→ Seite 304). Der Vorteil für den Anleger: Er kauft mit einem einzigen Papier ein breit gestreutes Aktiendepot und braucht sich dennoch nicht um die Auswahl einzelner Titel und die laufende Umschichtung seines Aktiendepots zu kümmern. Das macht, wenn man so will, die Börsenverwaltung für ihn, die den Index laufend justiert und neu zusammensetzt. Wichtig ist nur, dass der Anleger mittels unterschiedlicher Zertifikate oder Fonds mehrere Märkte beziehungsweise Indizes miteinander mischt. Dank kleiner Stückelung und Mindestanlagebeträge lassen sich Passivstrategien auch mit kleinem Vermögen umsetzen. Und sie sind nicht schlechter einzuschätzen als aktive Methoden, wie die Tatsache beweist, dass es viele Vermögensverwalter auf Dauer nicht schaffen, den Index, an dem sie sich orientieren, zu schlagen.

Dennoch stellen so genannte aktiv verwaltete Investmentfonds (→ Seite 284) eine Alternative auch für vorsichtige Aktienanleger dar. Um dabei eine möglichst breite Streuung zu gewährleisten, sollte der Anleger, wenn er zunächst nur einen Fonds kaufen will, einen bevorzugen, der in internationale Standardwerte investiert (→ Seite 182).

Für chancenorientierte Anleger

Nicht jeder Anleger wird sich mit der Passivstrategie anfreunden können. Gerade Neulinge an der Börse, die sich speziell für die Aktienanlage interessieren, wollen häufig das Heft selbst in die Hand nehmen und ihr Geschick an den Aktienmärkten versuchen.

Wer sich Einzeltitel ins Depot legen will, tut gerade am Anfang gut daran, sich auf wenige Märkte oder Branchen zu konzentrieren. Er läuft sonst Gefahr, sich zu verzetteln. Auf der anderen Seite müssen auch chancenorientierte Anleger darauf achten, dass ihr Depot nicht einseitig ausgerichtet ist, sondern eine ausgewogene Mischung aufweist.

Die fast ideale Grundstrategie, um dieses Ziel zu erreichen, besteht darin, einzelne Aktien mit Fonds und Zertifikaten zu kombinieren. Mit der Mischung aus Index- beziehungsweise aktiv gemanagten Fonds und/oder Indexzertifikaten lassen sich alle wichtigen Märkte einfach und kostengünstig abdecken. Sie bildet sozusagen das Rückgrat des Aktiendepots und stabilisiert die Wertentwicklung – vor allem in schlechten Börsenzeiten. Mit der Beimischung einzelner Aktien, die der Anleger als lukrativ einschätzt, kann er seine Chancen gezielt erhöhen. Dabei hat er die Möglichkeit bestimmte Branchen oder Märkte stärker zu gewichten – beispielsweise indem er einen größeren Depotanteil für Computerwerte oder deutsche Aktien vorsieht.

→ Als Faustregel gilt hierbei: Je höher der Anteil der Index- und marktbreiten Investments und je größer die Zahl der Einzelaktien, desto stabiler entwickelt sich aller Erfahrung nach das Depot.

Welche Möglichkeiten es gibt, auch bei der Wahl von Einzeltiteln mit einer Strategie vorzugehen, wird im nachfolgenden Abschnitt bei den Anlagemöglichkeiten für risikoorientierte Anleger erläutert.

Übung macht den Meister

Wer sich für die Aktienanlage interessiert, muss dafür nicht gleich mit realem Einsatz zu Werke gehen. Es gibt mittlerweile eine Fülle von Börsenspielen, die von Banken, Fernsehsendungen, Börsenjournalen, Publikumszeitschriften und Tageszeitungen veranstaltet oder beworben werden. Das Prinzip ist fast immer das gleiche: Jeder Teilnehmer erhält ein fiktives Startkapital nebst Depot und kann damit sein Glück an der Börse probieren.
Der Vorteil solcher Spiele ist, dass vor allem Neulinge Börsenatmosphäre schnuppern und eine Art Trockenübung absolvieren können, bevor sie die ersten „richtigen" Geschäfte mit ihrem eigenen Geld tätigen. Um den Erfolg einer dauerhaften und solide angelegten Strategie zu testen, sind die meisten dieser Spiele allerdings zu kurz. Dadurch wird manchmal sogar das Gegenteil erreicht: Wer den Ehrgeiz entwickelt, in der Abschlusswertung vorne mit dabei zu sein, kommt nicht darum herum, sein Geld so spekulativ wie möglich anzulegen – also genau so zu investieren, wie er es im richtigen Börsenleben wohl kaum tun würde.
Eine Alternative für Einsteiger, die es realistischer, aber dennoch erst einmal mit fiktivem Einsatz angehen lassen wollen, bietet das Internet. Dort gibt es Dutzende von Homepages – etwa die der Direktbanken (→ Seite 126) –, auf denen sie ein Musterdepot anlegen und ohne Zeitbeschränkung verwalten können. Auf diese Weise lassen sich auch langfristige Strategien testen. Der einzige Nachteil dabei: Auf den Reiz des Wettbewerbs müssen sie verzichten.

Für risikoorientierte Anleger

Man muss nicht gleich ein Spielertyp sein, um eine risikoorientierte Anlagestrategie mit Aktien zu verfolgen. Es gibt durchaus einige Möglichkeiten, spekulativ, aber dennoch durchdacht und mit kalkuliertem Risiko zu investieren.

Klar ist, dass risikoorientierte Anleger Einzelwerte übergewichten, was nicht ausschließt, dass sie auch Fonds und Zertifikate beimischen. Dies kann vor allem dann sinnvoll sein, wenn der Anleger über ein nicht so hohes Anlagekapital verfügt und trotzdem eine gewisse Streuung nicht vernachlässigen möchte.

Fundamental und technisch ...

Bei der Anlage in Einzelwerten hat er grundsätzlich zwei Möglichkeiten. Die erste und sicherlich aufwendigste ist, die Werte auf dem Kurszettel sämtlich nach fundamentalen und charttechnischen Gesichtspunkten zu durchstöbern und sich beispielsweise auf Standardwerte und die Marktführer einzelner Branchen zu konzentrieren. Dieser Strategie liegt die Idee zugrunde, dass die Aktien der großen Konzerne auf lange Sicht das beste Verhältnis zwischen Rendite und Risiko bieten.

... oder anhand von Kursentwicklungen

Die andere Möglichkeit, eine grundlegende Strategie zu entwickeln, besteht darin, sich an den Kursentwicklungen der Vergangenheit zu orientieren. Dafür gibt es viele Möglichkeiten. Wichtig ist, nach einem eindeutigen System vorzugehen und sich daran zu halten. Zwei Varianten haben sich dabei in der Vergangenheit bewährt und sind unter Anlageexperten allgemein anerkannt.

Ein altbewährtes Verfahren: Die Dividendenmethode

Bereits in den 20er Jahren des vergangenen Jahrhunderts tüftelte der Amerikaner Benjamin Graham an einer simplen Anlagestrategie, die auf der Dividendenrendite basierte (→ Seite 198). Seine von vielen Anhängern weiterentwickelte Idee besteht darin, aus einer Gruppe von Standardwerten, beispielsweise aus dem Dow-Jones-Index, zu einem beliebigen Stichtag diejenigen zehn Aktien – Varianten geben auch zwölf Titel vor – auszusuchen, die die höchste Dividendenrendite aufweisen. Nach einem Jahr wird Bilanz gezogen, und es werden erneut die zehn Dow-Titel mit der höchsten Dividendenrendite zusammengestellt, wobei das Depot so umgeschichtet und adjustiert wird, dass jeder Titel wieder etwa im gleichen Verhältnis im Portfolio vertreten ist. Zwischenzeitlich gezahlte Dividenden werden bei dieser Gelegenheit wieder angelegt. Mit dieser „Dow-Dividenden"-, „Top-ten"- oder „Top-twelve"-Strategie genannten Methode ließen sich in der Vergangenheit erstaunlich gute Resultate erzielen, die nicht wesentlich schlechter waren als die Wertentwicklung des jeweiligen Index. Zeitweise fielen sie sogar noch besser aus – immerhin eine Leistung, die viele Fondsmanager nicht erreichen.
Eine Weiterentwicklung der Grundstrategie besteht in der so genannten Low-five-Methode. Deren einfache Regel lautet: Aus der Top-zehn-Liste (alternativ: zwölf) werden diejenigen Aktien mit dem niedrigsten Kurs ausgesucht. An der Anlagedauer ändert sich nichts. Eine nochmalige Abwandlung sieht vor, dass die Aktie mit dem niedrigsten Kurs weggelassen wird. Die Ergebnisse dieser Strategien fallen in vielen Fällen besser aus als die der ursprünglichen Methoden. Allerdings weist das Gesamtdepot aufgrund der geringeren Anzahl an Titeln gleichzeitig auch ein deutlich höheres Schwankungsrisiko auf.

Die Relative-Stärke-Strategie

Die Relative-Stärke-Methode oder „Momentum"-Strategie setzt dabei auf diejenigen Aktien, die in einer bestimmten Periode, etwa einem Kalenderjahr, besonders gut gelaufen sind – es landen sozusagen immer die Siegeraktien eines Jahres im Depot. Der generelle Vorteil dieser Strategie besteht darin, dass der Anleger automatisch mit dem Strom an der Börse schwimmt, also Aufwärtstrends aktiv ausnutzt, was sich in der Vergangenheit vor allem bei Standardwerten als langfristig erfolgreich erwiesen hat. Dennoch ist die Methode nicht ohne Risiken (→ Kasten, unten). Eine Analyse der STIFTUNG WARENTEST im Jahre 2001 hat zwar ergeben, dass die Ergebnisse bei deutschen Aktien für einen Zeitraum von 20 Jahren überdurchschnittlich gut ausfielen, doch gleichzeitig war das Schwankungsrisiko größer als beispielsweise bei einem Investmentfonds mit Anlageschwerpunkt deutsche Aktien.

Auf „gefallene Engel" setzen

Die zweite Variante – die antizyklische – setzt auf die Aktien, die bei den Börsianern in Ungnade gefallen sind. Das heißt auf die Verlierertitel eines Kalenderjahres. Grundsätzlich spielt dabei die Hoffnung eine Rolle, dass diese Werte über kurz oder lang wieder den Anschluss an die Spitze schaffen werden. Allerdings stimmt diese Annahme nur, wenn der Titel zum Beispiel aufgrund einer allgemeinen Marktschwäche oder einer schwachen Branchenkonjunktur unter Druck geraten ist. Oft sind starke Kurseinbrüche bei einzelnen Aktien ein Zeichen dafür, dass das jeweilige Unternehmen in wirtschaftlichen Schwierigkeiten steckt. Eine längere Durststrecke ist dann wahrscheinlich und ob der Kurs je wieder die alten Höhen erreicht, ist äußerst ungewiss.

Die antizyklische Strategie ist deutlich riskanter als die der relativen Stärke – die genannte Untersuchung der STIFTUNG WARENTEST hat

Wer hoch fliegt, kann tief stürzen

Dass die „Momentum"-Strategie vor allem bei der Anlage in sehr kleinen Unternehmen nicht ohne Tücken ist, hat der US-amerikanische Vermögensverwalter John Dorfman an einem sicherlich nicht repräsentativen, aber dennoch eindrucksvollen Beispiel demonstriert. Er beschäftigte sich 1999 mit denjenigen Titeln, die drei Jahre zuvor durch exorbitante Kurssteigerungen für Furore gesorgt hatten. Das Ergebnis seiner Recherche fiel ernüchternd aus. Die drei Top-Werte '96 hatten zwischenzeitlich deutlich Federn lassen müssen. Alle drei galten in dem Jahr ihres Höhenflugs als Jahr-2000-Spekulation – als Werte also, die von den erwarteten Computerschwierigkeiten beim Übergang in das neue Jahrtausend profitieren sollten.
Der größte Gewinner TSR Inc. mit einem Kursplus von 967 Prozent im Jahre 1996 fiel von zwischenzeitlich 18,75 US-Dollar auf 8 Dollar. Die Notierung hatte sich also mehr als halbiert. Den beiden anderen Jahr-2000-Wetten Viasoft und Zitel war es zwischenzeitlich sogar noch schlechter ergangen. Dorfman wies damals darauf hin, dass überdurchschnittliche Kursexplosionen vor allem dann problematisch seien, wenn sie lediglich auf „Modethemen" und weniger auf fundamentalen Daten beruhten. Er wusste nicht, wie Recht er damit haben sollte. An die 1998 und 1999 in Mode gekommenen Internetwerte wie Amazon, Ebay, Yahoo mochten die meisten Anleger zwei Jahre später nicht mehr denken, nachdem die Spekulationsblase, die rund um das Thema Internet entstanden war, platzte. *Quelle: Bloomberg*

auch das gezeigt. Sie erfordert gute Nerven, ein hohes Stehvermögen und große Risikobereitschaft. Bis sich der Erfolg eines Investments zeigt, können nämlich durchaus vier oder fünf Jahre vergehen. Und sie erfordert mentale Stärke, denn schließlich spricht die allgemeine Stimmung zum Einstiegszeitpunkt deutlich gegen die jeweilige Aktie.

Aktien im Check

- **Beschreibung:** Aktien verbriefen das Miteigentum an einer Aktiengesellschaft. Als Miteigentümer beziehungsweise Aktionär hat der Anleger bestimmte Mitspracherechte bei wichtigen Entscheidungen – unter anderem bei der Verteilung des Jahresgewinns.
- **Chance:** Hoch, theoretisch sogar unbegrenzt, zum einen durch die Beteiligung am Jahresergebnis, in Form der Dividende, zum anderen durch den Anstieg des Aktienkurses an der Börse.
- **Risiko:** Ebenfalls hoch. Schwankungsintensität von Aktien im Vergleich zu anderen Anlageformen hoch – bei kleineren Werten (Small-Caps, → Seite 183)noch einmal deutlich höher als bei Standardwerten (→ Seite 182). Wenn das Unternehmen in wirtschaftliche Schwierigkeiten gerät, dauerhafte Kursverluste möglich. Bei Insolvenz droht sogar Totalverlust des eingesetzten Kapitals.
- **Geeignet für:** Grundsätzlich jeden Anleger, Gewichtung abhängig vom jeweiligen Anlegertyp (→ Seite 16).
- **Alternativen:** Keine

Plus

- Möglichkeit zur direkten Beteiligung an Produktivvermögen.
- Aufgrund des gut sortierten Kurszettels breite Auswahl an Unternehmen. Dadurch Streuung über unterschiedliche Branchen, Regionen und Märkte ebenso möglich wie Konzeption verschiedenster Anlagestrategien. Auf diese Weise lässt sich das Anlagerisiko begrenzen.
- Steuergünstige Anlageform. Nur 50 Prozent des ausgeschütteten Jahresgewinns sind zu versteuern (→ Seite 367). Dazu sind Kursgewinne unter bestimmten Voraussetzungen steuerfrei (→ Seite 372).
- Keine feste Laufzeit, dadurch – zumindest theoretisch – keine Umschichtung oder Wiederanlage des Kapitals erforderlich (abgesehen von den Dividenden).

Minus

- Angesichts Tausender börsennotierter Unternehmen Auswahlproblem bei der Direktanlage.
- Sorgfältige Auswahl erfordert Fülle von Daten und Informationen, bei deren Zusammenstellung und Interpretation der Anleger mitunter auf Expertenhilfe angewiesen ist. Dazu kommt Prognoseproblem: Kursbestimmende Faktoren wie die wirtschaftliche und finanzielle Situation, Qualität der Produkte und des Managements müssen prognostiziert werden. Schätzfehler sind unvermeidlich.
- Vorgänge im Unternehmen für den Anleger nur oberflächlich zu verfolgen, dadurch potenzielle Manipulations- und Betrugsgefahr seitens des Managements möglich.
- Möglichkeiten der Einflussnahme für Kleinaktionäre relativ gering, Gefahr der Übervorteilung und Schädigung, wenn Unternehmen durch Großaktionäre dominiert wird.

CHECKLISTE

- ✔ Können Sie auf das Geld, das Sie in Aktien anlegen, langfristig und ohne es zu einem bestimmten Zeitpunkt zu benötigen, verzichten?
- ✔ Haben Sie sich einem Anlegertypus (→ Seite 16) zugeordnet und eine Anlagestrategie (→ Seite 212) zurechtgelegt, nach der Sie vorgehen und Ihr Depot bestücken wollen?
- ✔ Haben Sie sich die Tipps bewusst gemacht, mit denen sich die gängigsten Psychofallen bei der Aktienanlage vermeiden lassen (→ Seite 210)?
- ✔ Haben Sie Ihre Aktien beziehungsweise Aktienzertifikate und -fonds so zusammengestellt, dass Ihr Kapital über unterschiedliche Branchen und Märkte gestreut ist (→ Seite 183)?
- ✔ Haben Sie sich vor dem Kauf einer einzelnen Aktie darüber informiert, was das Unternehmen macht, wie gut die Wettbewerbsposition ist und wie die Zukunftschancen von Experten beurteilt werden? Sind Sie von den wirtschaftlichen Zukunftsaussichten des Unternehmens, an dem Sie sich beteiligen, überzeugt?
- ✔ Haben Sie im Rahmen der fundamentalen Analyse einzelne Kennzahlen (zum Beispiel Dividendenrendite [→ Seite 198], Kurs/Gewinn-Verhältnis [→ Seite 194]) ermittelt und mit den Branchenkonkurrenten verglichen und sind diese Daten zuverlässig?
- ✔ Haben Sie sich darüber informiert, inwieweit das Management Grundsätzen zur wertorientierten Unternehmensführung (→ Seite 200) folgt?
- ✔ Haben Sie einen Blick auf den aktuellen Kurschart der Aktie, aber auch den Trend am Gesamtmarkt (Indexchart) geworfen (→ Seite 202)?

0
10
20
30
40
50
60
70
80
90

Anleihen: Sicherer Hafen für die Geldanlage

Feste Zinsen, überschaubare Laufzeit, kalkulierbare Rendite – diese Eigenschaften empfehlen Anleihen als Basisanlage für jedes Depot. Bei der Auswahl sollte der Anleger allerdings nicht nur auf diese Punkte achten, sondern auch darauf, dass der Emittent solvent genug erscheint, seinen Zins- und Tilgungsverpflichtungen nachzukommen. Bundeswertpapiere und Pfandbriefe gelten als Anleihen, die nicht nur gute Zinsen bieten, sondern darüber hinaus überdurchschnittlich sicher sind. Es gibt aber auch Schuldner, Unternehmen und Staaten, bei denen der Anleger um Zinsen und eingezahltes Kapital fürchten muss. Deshalb ist es ratsam, sich über den Emittenten vorher gründlich zu informieren, um herauszufinden, wie groß das Risiko des Investments ist und ob dem eine angemessene Verzinsung gegenübersteht. Im Übrigen ist eine breite Streuung das beste Mittel, um möglichen Ausfällen und Kursverlusten, die auch bei Festzinspapieren vorkommen können, vorzubeugen.

Vom Anleger zum Gläubiger

Es wird häufig übersehen, dass an der Börse ein sehr großer Teil des täglichen Handels auf das klassischste aller Finanzgeschäfte entfällt: das Leihen und Verleihen von Geld.

Bei der Anleihe steht fest, was der Anleger bis zum Ende der Laufzeit an Rendite erzielen kann. Das begrenzt die Chancen, aber auch die Risiken.

Nicht nur Unternehmen, auch der Staat, Geschäftsbanken und andere Institutionen sind regelmäßig auf der Suche nach Kapital. Sie machen das, was auch jeder Privatmann tut, wenn er knapp bei Kasse ist: Sie nehmen ein Darlehen auf – und zwar über die Börse. Dazu teilen sie die geplante Darlehenssumme in viele Teilbeträge auf und verbriefen diese einzelnen Teile in Urkunden, die an das breite Anlegerpublikum verkauft werden. Auf diese Weise kann der Darlehensnehmer wesentlich mehr Kapital mobilisieren als bei der Kreditaufnahme über eine Bank.

Der Vorteil der Überschaubarkeit

Mit dem Kauf einer Anleihe wird der Anleger im Gegensatz zur Aktie nicht Teilhaber, sondern Gläubiger. Denn rechtlich gesehen stellt die ausgestellte Urkunde nichts anderes dar als eine Art Schuldschein. Das heißt, der Anleger gewährt dem Emittenten – also dem Schuldner – ein Darlehen in Höhe eines bestimmten Teilbetrags von der Gesamtsumme. Dafür verpflichtet sich der Schuldner im Gegenzug, das geliehene Kapital zu einem bestimmten Zeitpunkt und mit einem festgelegten Zinssatz wieder zurückzuzahlen – deshalb wird diese Art des Wertpapiers ☞ Anleihe oder festverzinsliches Wertpapier genannt.

☞ Kupon:
Vom Kupon sprechen Finanzfachleute auch, wenn sie die laufende Verzinsung einer Anleihe meinen.

☞ Anleihe:
Eine Anlageform mit vielen Namen wie festverzinsliches Wertpapier, Obligation, (Teil-)Schuldverschreibung, Rente oder Rentenpapier und der englische Begriff Bond – all diese Begriffe meinen ein und dasselbe.

Effektive Stücke sind Mangelware

Ebenso wie Aktien werden die meisten Anleiheemissionen heutzutage nicht mehr in einzelnen Teilurkunden, sondern in einer gemeinsamen Sammelurkunde verbrieft (→ Seite 38), die zentral bei einer Wertpapiersammelbank hinterlegt wird. Anleihen der Bundesrepublik Deutschland, die so genannten Bundeswertpapiere (→ Seite 239), werden nicht einmal mehr verbrieft, sodass die Auslieferung effektiver Stücke in diesem Fall gar nicht möglich ist. Stattdessen wird der Schuldanspruch als so genanntes Wertrecht in ein elektronisches Verzeichnis eingetragen: das Bundesschuldbuch.

Viele Banken und Sparkassen legen einen Teil ihrer eigenen Emissionen aber immer noch in Form physischer Urkunden auf, weil es genügend Anleger gibt, die ihre Papiere lieber selbst verwahren – beispielsweise in einem Bankschließfach.

Effektive Schuldverschreibungen bestehen aus zwei separaten Teilen: dem Mantel, der den Anspruch auf das eingezahlte Kapital verbrieft, und dem Bogen. Dieser wiederum verkörpert den Zinsanspruch in Form mehrerer Zinsscheine, auch ☞ Kupons genannt. Für jeden Zinstermin gibt es einen genau bestimmten Zinsschein, der abgetrennt und zum Zinstermin am Bankschalter zur Einlösung vorgelegt werden muss – was Liebhabern effektiver Stücke auch die Bezeichnung „Kuponschnippler" eingebracht hat.

Ein wichtiger Unterschied zwischen Anleihen und Aktien ist, dass die Chancen und Risiken der Festzinspapiere begrenzt sind. Aufgrund ihrer festen Laufzeit und Verzinsung kann der Anleger den zu erwartenden Ertrag von vornherein genau kalkulieren (→ Seite 230), wenn er das Papier bis zum Fälligkeitstermin im Depot behält. Bei einem vorzeitigen Verkauf sind zwar spekulative Kursgewinne und natürlich auch Kursverluste möglich, allerdings in geringerem Umfang als bei Dividendenpapieren. Das liegt vor allem daran, dass Anleihebesitzer in einer vergleichsweise komfortablen Situation sind:

→ Ihre Ansprüche gehen denen der Anteilseigner in jedem Fall vor, sollte der Schuldner in finanzielle Schwierigkeiten geraten.

Selbst wenn es zur Zahlungsunfähigkeit kommt, erhalten die Anleihegläubiger erfahrungsgemäß zumindest einen Teil ihres Geldes zurück.

Auf der anderen Seite müssen sie mit den einmal vereinbarten Zinsen vorlieb nehmen. Sollte der Schuldner in der Zwischenzeit große Gewinne machen, profitieren sie davon nur indirekt – nämlich dadurch, dass sie sich um die Sicherheit ihres Geldes keine Gedanken machen müssen.

Quelle: Deutsche Bahn

Anleihen und Aktien im Vergleich

	Anleihe	Aktie
Rechtliche Stellung des Anlegers	Anleger ist Gläubiger. Er hat Anspruch auf vereinbarte Verzinsung und Rückzahlung seines Kapitals.	Anleger ist Miteigentümer an einem Unternehmen. Er besitzt Stimm- und Auskunftsrecht auf der Hauptversammlung und hat Anspruch auf Beteiligung am Gewinn.
Laufzeit	Wird mit der Emission der Anleihe fest vereinbart. Am Fälligkeitstermin wird das Kapital zurückgezahlt.	Theoretisch unbegrenzt: Aktienkapital wird nicht zurückgezahlt, es sei denn, das Unternehmen wird liquidiert.
Form der Erträge	Feste und regelmäßige Verzinsung des eingezahlten Kapitals.	Gewinnausschüttung (Dividende): Zahlung und Höhe ungewiss, da abhängig vom Jahresergebnis.
Chancen	Kursgewinne möglich, wenn Marktzinsen sinken oder sich die Bonität des Schuldners verbessert.	Anleger profitiert vom wirtschaftlichen Erfolg „seines" Unternehmens in Form von Kursgewinnen und steigenden Dividenden.
Risiken	Zahlungsausfall von Zinsen und Tilgung – und damit Totalverlust – möglich. Tritt vergleichsweise selten ein.	Kursverluste bis hin zum Totalverlust möglich, wenn Unternehmen Insolvenz anmeldet.

Mit Brief und Siegel: Die Ausstattungsmerkmale

Wenn jemand Geld verleiht, sind entsprechende Absprachen zwischen Schuldner und Gläubiger zwingend notwendig – beispielsweise bezüglich der Rückzahlungsmodalitäten.

Bei einer Anleihe sind deshalb die wesentlichen Punkte der Kreditbedingungen – Börsenexperten sprechen in diesem Fall auch von Ausstattungsmerkmalen – ausdrücklich auf dem Mantel der Anleihe vermerkt. Dazu zählen der Nennwert, die laufende Verzinsung, der Tilgungs- beziehungsweise Rückzahlungs- und Zinstermin sowie die Übertragbarkeit der Rechte. Alle weiteren Vertragsdetails wie etwa eine vorzeitige Kündigungsmöglichkeit werden ausführlich in den Emissionsbedingungen geregelt.

Nennwert

Eines der wichtigsten Ausstattungsmerkmale einer Anleihe ist ihr Nennwert. Er ist vergleichbar mit dem Wert eines Geldscheins und gibt den Geldbetrag an, der laufend verzinst und am Ende der Laufzeit zurückgezahlt wird. Wichtig ist dabei nicht nur der nominelle Betrag, sondern auch die Festlegung der Geldeinheiten, also die Währung der Anleihe. Wenn es die jeweiligen Landesgesetze zulassen, kann sich theoretisch jeder Emittent in jeder frei handelbaren Währung verschulden – beispielsweise ein deutsches Unternehmen in US-Dollar. Durch den Kauf einer Währungsanleihe hat der Anleger die Möglichkeit, festverzinste Anlagen, mit denen er gleichzeitig an Wechselkursveränderungen teilnimmt, ins Depot zu nehmen (→ Seite 259).

Der Emittent beziehungsweise seine Bank legen mit der Anleiheemission auch die Nennwertstückelung fest. Sie ist zu vergleichen mit der Einteilung einer Währung in Banknoten bestimmter Größen. Der Anleger muss sich beim Kauf an dieser Einteilung orientieren. Wenn eine Schuldverschreibung zum Beispiel nur im Nennwert von 1 000 und 5 000 Euro erhältlich ist, kann eine Order über 500 oder 2 500 Euro nicht ausgeführt werden. Der Nennwert ist gleichzeitig auch die Bezugsgröße für die Kursnotiz einer Anleihe (→ Seite 229).

Verzinsung

Auf der Urkunde wird auch vermerkt, mit welchem Prozentsatz das verbriefte Kapital verzinst wird und in welchem Rhythmus beziehungsweise zu welchem Termin die Zinsen gezahlt werden müssen. Üblich sind jährliche, halbjährliche und vierteljährliche Zinstermine.

Auch wenn Anleihen festverzinsliche Wertpapiere genannt werden, darf man daraus nicht die generelle Schlussfolgerung ziehen, dass der Zinssatz über die gesamte Laufzeit hinweg konstant ist.

Normale Anleihen oder Straight Bonds
Anleihen mit konstantem Zinssatz, die am Ende der Laufzeit in einer Summe zurückgezahlt werden, bezeichnen Fachleute auch als normale Anleihen oder Straight Bonds. Dieser Anleihetyp kommt am häufigsten vor.

Stufenzinsanleihen
Bei Stufenzinsanleihen steigt oder fällt der Zins von Jahr zu Jahr. Für solche Konstruktionen gibt es mehrere Gründe. Einer davon: Mit einem steigenden Zins will der Emittent einen Anreiz schaffen, dass die Anleger das Papier möglichst bis zum Ende der Laufzeit im Depot behalten. Schuldverschreibungen mit sinkendem Zins kommen dagegen selten vor. Meist handelt es sich dabei um steuerliche Sonder-

konstruktionen, mit denen Zinserträge zeitlich vorgezogen werden. Das heißt: Ein Großteil der Zinszahlungen fällt in den ersten Jahren der Laufzeit an.

Gleitzinsanleihen oder Floating-Rate-Notes
Bei vollständig variabel verzinsten Anleihen, den so genannten Floating-Rate-Notes, wird der Zinssatz in regelmäßigen Abständen – beispielsweise alle sechs Monate – an einen bestimmten Referenzzinssatz angepasst. Dieser Referenzzinssatz orientiert sich meist an den kurzfristigen Anlagezinsen – zum Beispiel dem 6-Monats-☞ LIBOR.

Das heißt: Mit Floatern nimmt der Anleger an laufenden Änderungen des jeweiligen Referenzzinses teil. Das ist vor allem dann von Vorteil, wenn der entsprechende Satz während der Laufzeit der Anleihe stark steigt. Das bedeutet aber auch, dass durch die laufende Anpassung der Verzinsung zum Kaufzeitpunkt gar nicht genau abzusehen ist, welche Rendite (→ Seite 230) die Anleihe bis zur Fälligkeit bringt. Manche Emittenten vereinbaren lediglich einen Mindestzins, begrenzen dann aber oft auch die Verzinsung nach oben mit einem Maximalwert, einem so genannten Cap (→ Seite 323), wie es in der Fachsprache heißt.

Reverse-Floater
Eine Abwandlung von klassischen Floatern sind so genannte ☞ Reverse-Floater. Auch bei dieser Form einer Anleihe wird der Zins in regelmäßigen Abständen an einen Referenzzins angepasst. Der Unterschied zum Floater: Diese Anpassung geschieht im umgekehrten Verhältnis. Dazu wird ein konstanter Basiszins festgesetzt, von dem der Referenzzins abgezogen wird – zum Beispiel 12 Prozent minus LIBOR. Ergebnis: Je stärker der jeweilige Referenzzins **fällt**, desto höher ist die Verzinsung der Anleihe.

Gewinnschuldverschreibungen
Eine andere Variante einer variabel verzinsten Anleihe stellen Gewinnschuldverschreibungen dar. Dabei wird die laufende Verzinsung um einen Bonus ergänzt. Dessen Höhe wird jährlich neu festgelegt und orientiert sich zum Beispiel am Jahresgewinn des Emittenten. Solche Gewinnschuldverschreibungen sind verwandt mit Genussscheinen (→ Seite 273).

Auf- und abgezinste Anleihen
Eine gänzlich andere Form der Verzinsung besitzen Papiere, bei denen der Emittent auf eine regelmäßige Auszahlung der laufenden Zinsen verzichtet. Stattdessen zahlt er das Kapital am Ende der Laufzeit inklusive Zins und Zinseszins in einer Summe zurück. Dabei lassen sich zwei Spielarten unterscheiden. Aufgezinste Papiere, auch Kapitalzuwachsanleihen genannt, werden zum Nennwert begeben und – je nach Laufzeit und Verzinsung – beispielsweise zu 150 oder 200 Prozent vom Nennwert wieder zurückgezahlt. Dagegen wird eine abgezinste Anleihe – auch Zerobond oder Nullkuponanleihe genannt – in Abhängigkeit von Laufzeit und Verzinsung zu einem Bruchteil des Nennwerts begeben und am Ende zu 100 Prozent wieder eingelöst.

BEISPIEL: Ein Zerobond kostete bei der Emission 558 Euro. Dafür erhält der Anleger am Fälligkeitstermin 1 000 Euro zurück. Das entspricht bei einer Laufzeit von zehn Jahren einer laufenden Verzinsung von rund 6 Prozent.

Auf- und abgezinste Anleihen bieten vor allem den Vorteil, dass sich der Anleger nicht um die Wiederanlage zwischenzeitlich gezahlter Zinsen kümmern muss.

Achtung, Steuerfalle!
Anleihen haben den grundsätzlichen Nachteil, dass ihre Hauptertragskomponente, die laufenden Zinsen, steuerpflichtig ist. Kurs-

☞ LIBOR: Abkürzung für „**L**ondon **I**nter**b**ank **O**ffered **R**ate“, täglich ermittelter Durchschnittszinssatz am Finanzplatz London für kurzfristige Anlagen beziehungsweise Ausleihungen unter Banken mit jeweils einem bis zu zwölf Monaten Laufzeit. Das Gegenstück ist der EURIBOR, der für den Euro-Währungsraum ermittelt wird.

☞ Reverse-Floater: Aus dem Englischen frei übersetzt: „umgekehrte Gleitzinsanleihe“.

gewinne dagegen sind wie bei Aktien steuerfrei, wenn zwischen Ankauf und Verkauf mindestens ein Jahr liegt. Ausnahme: Anleihen, die keine laufenden Zinsen zahlen und deren Ertrag im Unterschiedsbetrag zwischen Ausgabe- und Rückzahlungs- beziehungsweise Verkaufskurs besteht wie bei den Zerobonds. In diesem Fall zählt der Fiskus die Kursdifferenz voll zum steuerpflichtigen Zinsertrag. Sie ist im Jahr der Fälligkeit oder des vorzeitigen Verkaufs in einer Summe als Zinsertrag zu versteuern (→ Seite 355). Meist wirkt sich das nachteilig für den Anleger aus, denn mit der Summe aus Zins und Zinseszins überschreitet er schnell seinen Freibetrag (→ Seite 354).

Laufzeit

Die Regel bei der Rückzahlung einer Anleihe ist, dass das Kapital zu einem Termin und in einer Summe zurückgezahlt wird. Es gibt aber Ausnahmen: So werden Annuitätenanleihen nach einem festen Tilgungsplan in Teilbeträgen beziehungsweise mehreren Tranchen zurückgezahlt. Dazu werden die einzelnen Tranchen meist gesondert gekennzeichnet und an der Börse separat gehandelt. Annuitätenanleihen kommen allerdings nur noch selten vor.
☞ Auslosungsanleihe

☞ Auslosungsanleihe: Eine Sonderform der Annuitätenanleihe stellen Auslosungsanleihen dar, bei denen zu mehreren Terminen die fortlaufenden Nummern einzelner Urkunden ausgelost und zurückgezahlt werden. Die genauen Modalitäten dieses Prozedere werden in den Emissionsbedingungen festgelegt.

Einteilung nach Fristigkeiten

Grundsätzlich kann der Anleger beim Kauf einer Anleihe aus einem breiten Spektrum an Laufzeiten auswählen. Zur besseren Orientierung hat es sich bei Anleiheexperten eingebürgert, die einzelnen Papiere nach Fristigkeiten zu unterteilen. Anleihen mit weniger als zwei Jahren Laufzeit werden demnach als Kurzläufer bezeichnet, die Spanne von zwei bis sieben Jahren zählt als Zeitraum für mittelfristige Papiere und danach beginnen die Langläufer, deren Laufzeit bis zu 30 Jahre beträgt.

Vorsicht: Laufzeit-Falle

Kriege sind nicht nur grausame und unmenschliche, sondern auch überaus kostspielige Ereignisse. Deshalb war es zu früheren Zeiten üblich, dass der Staat seine Bürger durch die Ausgabe spezieller „Kriegsanleihen" an der Finanzierung seiner Feldzüge beteiligte. Großbritannien hatte 1917, während des ersten Weltkriegs, eine solche Anleihe aufgelegt. Das Papier besaß einen Kupon von 5 Prozent und eine Laufzeit von 30 Jahren.
15 Jahre später geriet der britische Staatshaushalt wegen der Weltwirtschaftskrise in Schwierigkeiten. Die Steuereinkünfte brachen ein, gleichzeitig mussten aber auch die ausstehenden Anleihen bedient werden. Folge: Ein Großteil der Staatsausgaben musste für Zinszahlungen eingeplant werden. Besonders ärgerlich für den Finanzminister war, dass die Zinsen am Kapitalmarkt zu diesem Zeitpunkt vergleichsweise niedrig waren. Die Geldmarktzinsen lagen bei 2 Prozent, neu aufgelegte, langlaufende Anleihen brachten gerade 2,5 Prozent.
Der einzige Trumpf, den der Minister hatte: Laut Emissionsbedingungen war er berechtigt, die Anleihe ab dem 1. Juni 1929 jederzeit zu 100 Prozent einzulösen. Doch dazu fehlten ihm die Mittel. Er begann zu taktieren. Als erstes stellte er die Emission neuer Papiere vorübergehend ein. Auf diese Weise konzentrierte sich die Nachfrage auf die umlaufenden Staatspapiere, was die Zinsen weiter nach unten trieb. Im Juni 1932 gab der Schatzmeister dann die

Ausgabe einer Konversionsanleihe bekannt. Heute würde man sagen: Er hatte vor, umzuschulden. Der neue Bond hatte einen Kupon von 3,5 Prozent – und keine Fälligkeit! Angesichts des niedrigen Zinsniveaus sah die Sache auf den ersten Blick lukrativ aus. Der „günstigen" Verzinsung könnte sich der Inhaber schließlich sein Leben lang sicher sein, versuchte die Regierung, den Besitzern der Kriegsanleihe den Tausch schmackhaft zu machen. Zudem appellierte sie an die patriotische Bürgerpflicht. Am Ende nahmen immerhin 90 Prozent der Anleihebesitzer das Angebot an. Den Haken entdeckten sie nur wenige Monate später, als die Zinsen am Rentenmarkt rapide stiegen. Der Kurs der Anleihe fiel ins Bodenlose, denn, geblendet von den Versprechungen, hatte kaum jemand daran gedacht, dass der Staat in seiner Rolle als Schuldner angesichts der mittlerweile hohen Marktzinsen kaum einen Anreiz hatte, die Anleihe je zurückzuzahlen. Schließlich musste er für das auf diese Weise geborgte Kapital nur vergleichsweise niedrige Zinsen zahlen. Bei dem Kupon von 3,5 Prozent dauerte es über 28 Jahre, bis die Anleger ihren Einsatz über die Zinszahlungen wieder zurückbekamen.
Fazit: Es macht wenig Sinn, beim Kauf einer Anleihe nur auf ein einziges Ausstattungsmerkmal zu achten, mag es im Einzelfall auch noch so verlockend sein. Was zählt, ist die richtige Kombination aller Merkmale.
Quelle: John Train: Berühmte Pleiten. Poller, Stuttgart 1981

Übertragbarkeit

Die meisten Anleihen sind als Inhaberschuldverschreibungen konzipiert. Das heißt, allein der Besitz der Urkunde reicht aus, um die mit der Anleihe verbundenen Rechte – Zins- und Tilgungszahlungen – gegenüber dem Schuldner geltend zu machen. Diese Konstruktion dient dazu, die Papiere fungibel (→ Seite 63) zu machen und damit den Börsenhandel zu vereinfachen.

Im Gegensatz dazu stehen Namensschuldverschreibungen, bei denen nur an die ausdrücklich in der Urkunde genannte Person gezahlt wird. Durch dieses zusätzliche Sicherheitsmerkmal sind diese Papiere nicht so ohne weiteres an Dritte übertragbar – was einen Börsenhandel zwar nicht unmöglich macht, aber deutlich erschwert. An der Börse sind Namensschuldverschreibungen deshalb eher die Ausnahme. Bei Sparzertifikaten von Banken und vor allem Sparkassen, die als Alternative zu Sparkonten angeboten werden, ist diese Form der Verbriefung allerdings üblich.

Die Tücken der Emissionsbedingungen
Außer in dem relativ kurzen Text auf der Urkunde werden in den Emissionsbedingungen zusätzliche Details zwischen Schuldner und Gläubiger geregelt. Im Einzelfall können damit Vorteile, aber auch Nachteile für den Anleger verbunden sein.

Zu den Nachteilen gehören beispielsweise vorzeitige Kündigungsmöglichkeiten seitens des Emittenten. Einige Schuldner bauen in die Emissionsbedingungen das Recht ein, die Anleihe nach einiger Zeit mit einer bestimmten Frist oder zu einem bestimmten Termin vorzeitig zurückzahlen zu können. Von diesem Recht machen sie natürlich nur dann Gebrauch, wenn zwischenzeitlich die Zinsen sinken. Der Anleger wiederum muss auf die vergleichs-

Die wichtigsten Anleiheformen und Ausstattungsmerkmale im Überblick

	Einfache Anleihe (Straight Bond)	Stufenzinsanleihe	Gleitzinsanleihe (Floater)	Nullkuponanleihe (Zerobond)	Annuitätenanleihe
Nennwert	In Euro oder einer anderen Währung				
Zinssatz	Fest über die gesamte Laufzeit	Nach einer Jahresstaffel steigend bzw. fallend	Variabel	Keine laufende Verzinsung	Fest
Rückzahlung	In einer Summe zum Fälligkeitstermin	In einer Summe zum Fälligkeitstermin	In einer Summe zum Fälligkeitstermin	In einer Summe zum Fälligkeitstermin zzgl. Zins und Zinseszins	In mehreren Teilbeträgen nach einem Tilgungsplan oder per Auslosung

weise lukrative Verzinsung seines Kapitals verzichten und sich eine neue Anlage suchen. Um diese Benachteiligung des Anlegers auszugleichen, ist es üblich, dass sich der Schuldner das Kündigungsrecht mit einer „Prämie“ erkauft – beispielsweise durch einen Aufschlag auf den Rückzahlungskurs oder eine über dem Marktdurchschnitt liegende Verzinsung.

Wie Anleger von einer frühzeitigen Rückzahlung profitieren können

Die Münchener Hypothekenbank hat im Januar 2001 eine Anleihe mit zehnjähriger Laufzeit ausgegeben, die sie erstmals zum Januar 2002, also ein Jahr später, kündigen konnte. Von diesem Recht machte sie tatsächlich Gebrauch, sodass sich die Anleihebesitzer nach einer neuen Anlagemöglichkeit für ihr Geld umsehen mussten. Dennoch haben sie aufgrund des hohen Kupons von 5,75 Prozent ein gutes Ergebnis erreicht. Gemessen am allgemeinen Zinsniveau zum Zeitpunkt der Emission und angesichts der guten Bonität des Emittenten haben sie eine Rendite erzielt, die um mehr als einen Prozentpunkt über der lag, die eine Anlage in Bundeswertpapiere mit einjähriger Laufzeit gebracht hätte.

In den Emissionsbedingungen werden auch spezielle Rückzahlungsmodalitäten vereinbart, etwa die einzelnen Fälligkeitstermine bei Annuitätenanleihen, aber auch eventuelle zusätzliche Sicherungsrechte, die der Emittent den Anleihekäufern einräumt (→ Seite 250).

Die Emission

Grundsätzlich läuft die Ausgabe einer Anleihe nicht wesentlich anders ab als bei einer Aktie – mit kleinen Unterschieden. Den Verkauf an die Anleger übernehmen in beiden Fällen die Banken und Sparkassen. Auch bei der Begebung einer Anleihe sucht sich fast jeder Emittent zunächst ein Institut, das die Emission begleitet beziehungsweise führt. Die Emissionsbank übernimmt die Anleihe und versucht sie bei den Anlegern unterzubringen – zu platzieren, wie es in der Fachsprache heißt. Bei größeren Emissionen über mehrere Hundert Millionen Euro reicht die Platzierungskraft eines einzelnen Instituts in aller Regel nicht aus. In diesem Fall schließen sich üblicherweise mehrere Institute zu einem Emissionskonsortium zusammen. Auch der Bund beauftragt für die Emission einer Bundesanleihe (→ Seite 241) ein Emissionskonsortium. Den

Verkauf der Daueremissionen, Bundesschatzbriefe und Finanzierungsschätze (→ Seite 239) übernehmen allerdings die Bundesbank und die Landeszentralbanken. Banken und Sparkassen begeben ihre eigenen Papiere dagegen meist im Rahmen einer so genannten Selbstemission. Das gilt auch für die meisten der von den Hypothekenbanken aufgelegten Pfandbriefe (→ Seite 243).

Verkauf in kleinen Portionen

Anleihen werden anders als Aktien so gut wie nie im Rahmen eines Bookbuilding-Verfahrens begeben (→ Seite 165). Das ist nur dann der Fall, wenn die Emission auf Basis eines Prospekts zur öffentlichen Zeichnung aufgelegt wird – was kaum vorkommt, denn für eine Anleiheemission ist dieses Verfahren viel zu aufwendig und teuer. Die meisten Festzinspapiere werden deshalb im Rahmen eines freihändigen Verkaufs platziert. Das heißt: Jedes Konsortialmitglied übernimmt einen größeren Posten der Anleihe und verkauft ihn dann in kleinen Portionen an die eigenen Kunden oder andere Banken. Genauso läuft es bei den Selbstemissionen. Dabei wird die Anleihe auf Basis des Verkaufsprospekts, der die wichtigsten Daten der Emission und die Emissionsbedingungen enthält, zunächst zu einem festen Kurs angeboten – allerdings freibleibend. Das heißt, die Bank besitzt die Möglichkeit, den Emissionspreis über die Zeit, in der der Abverkauf der Anleihe erfolgt, laufend zu verändern (→ „Die Rendite", nachfolgende Seite).

So werden Anleihen notiert

Rentenpapiere notieren nicht mit einem Preis pro Stück, sondern in Prozent ihres Nennwerts. Ein Kurs von 100 Prozent heißt demnach, dass das Papier pari, das heißt, genau zu dem Preis gehandelt wird, zu dem es der Emittent am Ende der Laufzeit zurückzahlt. Eine Notiz von beispielsweise 99 Prozent bedeutet dann, dass ein Käufer für eine Schuldverschreibung im Nennwert von beispielsweise 1 000 Euro nur 990 Euro zahlen muss.

Anleihen zum Festpreis

Für den Anleger ergibt sich aus der Emissionspraxis bei Anleihen, dass er sich jederzeit bei seinem Bankberater über das Angebot neu aufgelegter Papiere und ihre Konditionen informieren kann. Häufig bieten die Geldhäuser vor allem bei ihren eigenen Emissionen so genannte Festpreisgeschäfte (→ Seite 52) an. Das heißt, der Verkaufskurs schließt alle Spesen und Gebühren ein. Das macht es allerdings für den Käufer im Einzelfall schwierig herauszurechnen, zu welchem Nettokurs die Anleihe letztlich abgegeben wird.

Internet als Schrittmacher

Mit dem Voranschreiten des Internets könnte sich in Zukunft bei der Emission von Anleihen einiges verändern. Gerade der freihändige Verkauf eignet sich nach Ansicht von Experten besonders für den Handel über elektronische Systeme, über die schon heute ein erheblicher Teil des außerbörslichen Rentenhandels abgewickelt wird. Einige Emittenten haben ihre Anleiheemission bereits über das Netz begeben. Bislang sind an diesen Geschäften vor allem professionelle Investoren beteiligt. Sollte dieser Trend jedoch anhalten, könnten bald auch Privatanleger bessere und vor allem vielfältigere Möglichkeiten haben, bei neu aufgelegten Anleihen direkt zum Zuge zu kommen.

Börseneinführung: Erst nach der Emission

Die Börse spielt bei der Anleiheemission zunächst kaum eine Rolle. Fast alle neu aufgelegten Schuldverschreibungen werden erst bei den Anlegern platziert und dann an der Börse eingeführt – entweder in den amtlichen Handel,

Pari:
Ein Kurs von 100 Prozent wird auch Parinotierung genannt. Dementsprechend sind Kurse unter 100 Prozent Unterparinotierungen und über 100 Prozent Überparinotierungen.

☞ Emissionsrendite: Das ist die Rendite, die ein Anleger erzielt, wenn er ein festverzinsliches Wertpapier vom Tag der Ausgabe bis zum Tag der Einlösung hält.

den geregelten Markt oder den Freiverkehr. Dazu muss der Emittent weitgehend die gleichen Zulassungsvoraussetzungen und Informationspflichten erfüllen wie bei einer Aktienemission. Ausnahme: Bund und Länder können auf die Erstellung eines Emissionsprospekts verzichten. Allerdings verliert die Börse im Anleihegeschäft zunehmend an Bedeutung. In den vergangenen Jahren hat sich der Trend verstärkt, dass Geschäfte mit Rentenpapieren außerbörslich per Telefon und Internet (→ Kasten, Seite 231) zwischen den Banken abgewickelt werden. Der Handel am organisierten und staatlich überwachten Markt droht dadurch zunehmend illiquide zu werden.

Die Rendite: Ein Fall für den Taschenrechner

Anleihen bringen zwar eine laufende Verzinsung. Diese so genannte nominelle Verzinsung des Nennwerts ist allerdings nur ein Teil der Rendite, die ein Anleger mit einem bestimmten Rentenpapier erzielt. Der Gesamtertrag einer normalen Anleihe, ihre effektive Rendite, ergibt sich erst aus der laufenden Verzinsung und der Differenz zwischen An- und Verkaufs- beziehungsweise Einlösungskurs, dem „total return".
☞ Total return bei Währungsanleihen

☞ Total return bei Währungsanleihen: Bei ihnen (→ Seite 259) kann der total return zusätzlich noch durch Wechselkursgewinne beziehungsweise -verluste beeinflusst werden.

Nur wenn der Anleger das Papier exakt zum Nennwert kauft, also zu 100 Prozent, und bis zum Ende der Laufzeit im Depot behält, stimmen laufender Ertrag, nomineller Zins und die effektive Rendite weitgehend überein. Doch dieser Fall ist eher die Ausnahme.

☞ Disagioerlass: Die entsprechende Regelung findet sich ausführlich im Bundessteuerblatt 1986, Seite 539.

Der Kurs justiert die Rendite
Die meisten Anleihen werden bereits bei der Emission zu einem Kurs leicht über oder unter 100 Prozent angeboten. Die Banken nehmen diese kleinen Kursauf- oder -abschläge, in der Fachsprache auch Agio beziehungsweise Disagio genannt, vor, um die ☞ Emissionsrendite dem aktuellen Zinsniveau am Kapitalmarkt anzupassen.

Das Prinzip, das sich dahinter verbirgt: Der Käufer erzielt bei einem Kursabschlag zusätzlich zur laufenden Verzinsung einen Einlösungsgewinn, wenn er das Papier bis zur Fälligkeit hält. Folglich ist die effektive Rendite höher als die laufende Verzinsung der Anleihe. Im umgekehrten Fall, das heißt bei einem Emissionskurs über pari, erleidet er einen geringen Verlust, was die effektive Rendite gegenüber der laufenden Verzinsung mindert.

Anleihen für Steuersensible
Steuersensible Anleger, deren Kapitalerträge ihre steuerlichen Freibeträge (→ Seite 354) übersteigen, interessieren sich vor allem für Anleihen, die mit einem hohen Disagio emittiert werden. Der Grund: Bei Rückzahlung der Anleihe zum Nennwert ist der planmäßige Kursgewinn am Ende der Laufzeit steuerfrei, wenn die einjährige Spekulationsfrist eingehalten wird. Um diese Steuerlücke auszunutzen, haben einige Emittenten das Disagio bewusst hoch angesetzt, um eigentlich steuerpflichtige Zinsen in steuerfreie Kursgewinne umzumünzen. Nur die (niedrigere) Verzinsung muss der Anleger dem Finanzamt angeben. Das Finanzamt macht dieses Spiel aber nicht unbegrenzt mit. Seit Mitte der 80er Jahre rechnen die Finanzbeamten ein Emissionsdisagio grundsätzlich zu den einkommensteuerpflichtigen Kapitalerträgen. Allerdings verzichten sie darauf, wenn die im so genannten ☞ Disagioerlass genannten Prozentsätze nicht überschritten werden. Liegt der Abschlag über den in der Tabelle genannten Werten (→ nebenstehend), ist das gesamte Emissionsdisagio steuerpflichtig!

Bei einer Laufzeit von …	Steuerfreies Disagio
unter 2 Jahren	1 %
2 bis zu 4 Jahren	2 %
4 bis zu 6 Jahren	3 %
6 bis zu 8 Jahren	4 %
8 bis zu 10 Jahren	5 %
über 10 Jahren	6 %

Nominelle Verzinsung ist nicht gleich effektive Verzinsung

Um die effektive Rendite eines Bonds auszurechnen, ist es notwendig, zuerst die einzelnen Ertragsbestandteile zu berechnen. Dabei geht es zunächst um den nominellen Zinsertrag. Er lässt sich anhand des Nominalzinses und des Nennwerts errechnen.

$$\text{Zinsertrag} = \frac{\text{Nennwert} \times \text{Zinssatz}}{100}$$

Wenn die Anleihe allerdings nicht genau zum Nennwert emittiert oder gekauft wird, ist die nominelle Verzinsung nicht identisch mit der laufenden Verzinsung der Anleihe. Sie drückt aus, in welchem Verhältnis der (konstante) Zinsertrag zum effektiv eingesetzten Kapital steht.

$$\text{Laufende Verzinsung} = \frac{\text{Zinssatz} \times 100}{\text{Kaufkurs}}$$

BEISPIEL: Eine Anleihe besitzt einen nominellen Zinssatz von 6 Prozent. Der Anleger kauft das Papier zu einem Kurs von 97 Prozent. Daraus ergibt sich für ihn eine laufende Verzinsung von

$$\frac{6 \times 100}{97} = 6{,}186$$

Zusätzlich erzielt er einen Kursgewinn von 3 Prozent, wenn er das Papier bis zur Fälligkeit behält. Dies muss bei der Berechnung der effektiven Rendite berücksichtigt werden.

Schwierige Berechnung

Was sich in der Theorie so einfach anhört, erweist sich bei der praktischen Umsetzung als anspruchsvolles, mathematisches Problem. Bei der Berechnungsformel wird nämlich unterstellt, dass die fälligen Zinsen theoretisch zum selben Zinssatz wieder angelegt werden. Wenn die Rendite dann auch noch für so genannte „gebrochene" Zeiträume – also zum Beispiel für 9 Jahre und 246 (Zins-)Tage – errechnet werden soll, ist diese Kalkulation ohne Computerprogramm kaum zu lösen. Im Internet finden sich dazu einige Seiten, von denen sich solche Programme herunterladen lassen oder auf denen eine Berechnung online möglich ist. KONTAKT ▶

▶ KONTAKT: Auf der Homepage des Instituts für betriebswirtschaftliche Geldwirtschaft der Universität Göttingen, **www.wertpapier management.de,** befinden sich Renditerechner und Programme sowohl für normale Anleihen als auch für Zerobonds und Aktienanleihen (→ Seite 340), dazu eine umfangreiche Link-Liste. Empfehlenswert zur Renditeberechnung ist davon vor allem **www.gevasys.de.**

Eine Anleihe, aber unterschiedliche Rendite

Für die Berechnung einer Anleiherendite gibt es mehrere Methoden. International am gebräuchlichsten ist die Methode der Association of International Bond Dealers (AIBD), aber auch andere Formeln werden immer noch regelmäßig verwendet. Auf diese Weise kommt es zu der paradoxen Situation, dass es für ein und dieselbe Anleihe zwei oder drei verschiedene Renditeangaben gibt, die sich allerdings meist erst ab der zweiten Stelle hinter dem Komma voneinander unterscheiden.

Ein relativ einfach zu handhabendes Verfahren, das mit einem gewöhnlichen Taschenrechner oder Papier und Bleistift auskommt, bietet die so genannte Faust- oder Börsenformel.

$$\text{Rendite} = \frac{\text{Nominalzins} + \dfrac{100^{1} - \text{Kauf- bzw. Börsenkurs}}{\text{Restlaufzeit in Jahren}}}{\text{Kauf- bzw. Börsenkurs}} \times 100$$

[1] bzw. davon abweichender Rückzahlungskurs

Um auch dafür ein Beispiel zu geben, werden die Angaben des oben genannten Anleihekaufs (→ Seite 231) erweitert:

Die zu 97 Prozent gekaufte 6-prozentige Anleihe hat eine Restlaufzeit von fünf Jahren und sieben Monaten (= 5,58 Jahre). Daraus ergibt sich eine genäherte Rendite von

$$\frac{6 + \frac{100 - 97}{5{,}58}}{97} \times 100 = 6{,}74 \text{ (gerundet)}$$

Eine genauere Berechnung führt zu einer Rendite von rund 6,66 Prozent. Grundsätzlich liefert die Faustformel umso exaktere Ergebnisse, je kürzer die Restlaufzeit der Anleihe ist und je näher der Kaufkurs an 100 Prozent liegt.

Renditeangabe mit Einschränkungen

Die meisten Banken und Sparkassen geben die Emissionsrendite ihrer Papiere beim Verkauf an. Bei laufenden Anleihen findet sich die Rendite per Endfälligkeit im Kursteil der überregionalen Tageszeitungen (→ Seite 238). Die angegebenen Werte wird der Anleger in der Realität aber so gut wie nie erzielen. Denn dass die während der Laufzeit anfallenden Zinsen tatsächlich zum selben Zinssatz wieder angelegt werden können, wie es die meisten Formeln voraussetzen, ist eher unwahrscheinlich. Zudem berücksichtigen die Angaben nicht die Kosten.

Die effektive Rendite von Nullkuponanleihen

Wesentlich eindeutiger und einfacher ist die Renditeberechnung von Nullkuponanleihen und aufgezinsten Papieren, denn hierbei ist die zuletzt genannte Bedingung genau erfüllt: Das Papier wird zu einem Kurs weit unter 100 Prozent ausgegeben und zum Nennwert wieder eingelöst. Die Differenz beinhaltet alle während der Laufzeit anfallenden Zins- und Zinseszinszahlungen.

$$\text{Rendite}^1 = \left(\sqrt[n]{\frac{\text{Einlösungskurs}}{\text{aktueller Kurs}}} - 1\right) \times 100$$

n Restlaufzeit in Jahren

[1] Aus Vereinfachungsgründen wird in der Formel auf die Berücksichtigung der Stückzinsen verzichtet (→ unten).

Stückzinsen werden extra gerechnet

Genau genommen müssten bei der Berechnung der Rendite auch noch die gezahlten oder erhaltenen Stückzinsen berücksichtigt werden.

Was sind Stückzinsen?

In den Kurs einer Anleihe gehen die zwischen den einzelnen Zinszahlungsterminen auflaufenden Zinsen nicht mit ein. Das heißt, sie sammeln sich nicht wie Dividenden im Kurs an und werden dementsprechend auch nicht am Ausschüttungstermin abgeschlagen. Stattdessen werden sie bei einem Kauf oder Verkauf während der Laufzeit separat berechnet und als so genannte Stückzinsen ausgewiesen.

Diese Rechnung ist notwendig, weil der jeweilige Inhaber der Anleihe am Zinszahlungstermin die Zinsen für den gesamten Zinszahlungszeitraum erhält – auch dann, wenn er das Papier erst wenige Wochen vorher gekauft hat. Da dies zu einer Benachteiligung des Verkäufers führt, wird ein Ausgleich der Zinsansprüche über die Stückzinsen vorgenommen. In der Praxis bedeutet das: Der Käufer zahlt dem Verkäufer am Abrechnungstag zusätzlich zum Kaufpreis der Anleihe die aufgelaufenen Zinsen seit dem letzten Zinszahlungstermin.

Die Berechnung

Bei der Berechnung der Stückzinsen hat es mit der Einführung des Euro eine Änderung gegeben. Bis Ende 1998 wurde in Deutschland die so genannte kaufmännische Methode verwandt. Danach wird der Monat mit 30 und das Jahr mit 360 Zinstagen angenommen. Seit Anfang 1999 gilt bei neu emittierten Papieren – außer bei Finanzierungsschätzen und Bundesschatzbriefen (→ Seite 239) – die so genannte Actual-Methode, bei der die Zinstage kalendergenau ausgezählt werden. Für laufende Anleihen, die vor 1999 emittiert wurden, kann die alte Methode weiterhin benutzt werden.

BEISPIEL: Der Kauf eines 6-prozentigen Pfandbriefs wird mit ☞ **Zinsvaluta** zum 5. Oktober abgerechnet. Der jährliche Zinstermin des Papiers liegt am 30. Juli. Damit werden für 67 Tage (Juli: 1 Tag, August: 31 Tage, September: 30 Tage, Oktober: 5 Tage) Stückzinsen verrechnet, die der Verkäufer erhält. Im Gegenzug bekommt der Käufer am 30. Juli des folgenden Jahres die Zinsen für das gesamte Zinsjahr.

Die Stückzinsen berechnen sich nach folgender Formel:

$$\frac{\text{Nennwert} \times \text{nomineller Zinssatz} \times \text{Zinstage}}{365 \times 100}$$

Angenommen, der Anleger kauft im obigen Beispiel den Pfandbrief im Nennwert zu 1 000 Euro, dann werden 11,01 Euro als Stückzinsen verrechnet.

$$\frac{1\,000 \times 6{,}0 \times 67}{365 \times 100} = 11{,}01$$

Keine Regel ohne Ausnahme

Für Anleihen ohne laufende Zinszahlung, also Nullkuponanleihen und Aufzinsungsanleihen, werden keine Stückzinsen berechnet, da die laufende Verzinsung in Form des Kurszuwachses über die Laufzeit entsteht. Der Zinsanspruch ist somit bereits im Kurs enthalten.

Auch Stückzinsen sind steuerpflichtig

Der Fiskus besteht auch bei Stückzinsen auf seinem Anteil! Wird eine Anleihe während der Laufzeit verkauft, zählen die vereinnahmten Stückzinsen genauso zu den steuerpflichtigen Zinseinkünften wie „normale", zum Kupontermin erhaltene Zinszahlungen. Gezahlte Stückzinsen kann der Anleger allerdings als negative Einkünfte aus Kapitalvermögen geltend machen und gegen andere positive Kapitalerträge verrechnen. Daraus ergibt sich eine Reihe von Gestaltungsspielräumen, die der Anleger gezielt zu seinem Vorteil nutzen kann (→ Kapitel Steuern, Seite 355).

☞ Zinsvaluta:
Nach den Geschäftsbedingungen der deutschen Börsen müssen Kassageschäfte zwei Werktage nach dem Handelstag abgerechnet werden (→ Seite 67). Bei Anleihetransaktionen hat der **Verkäufer** Anspruch auf die Zinsen bis **einschließlich** einen Tag vor dem Valutierungstag. Angenommen der Handelstag (= Schlusstag) ist ein Dienstag, dann wird das Geschäft per Donnerstag (= zwei Werktage später) abgerechnet und die Zinsvaluta, auf deren Basis die Stückzinsberechnung erfolgt, liegt auf dem Mittwoch (→ Grafik).

Beispiel für die Berechnung von Stückzinsen

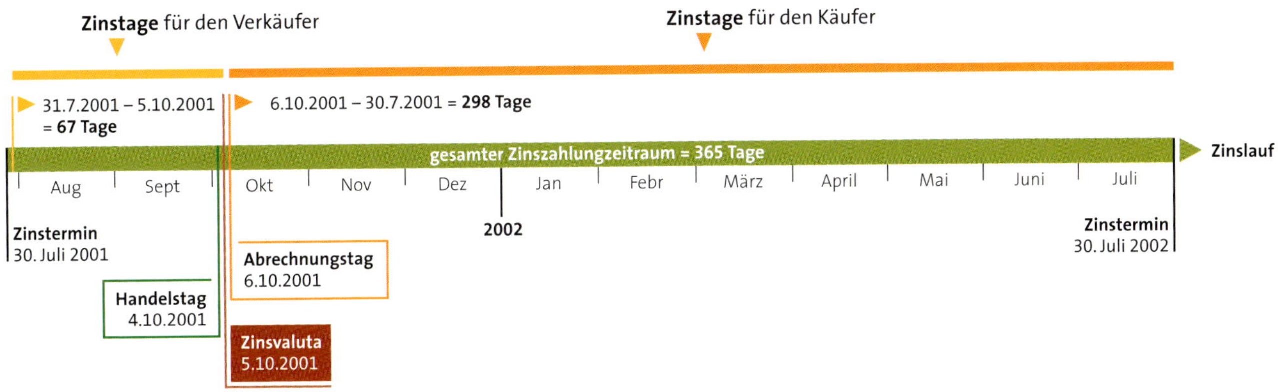

Auch Festverzinsliche haben Tücken

Anleihen gelten gemeinhin als risikoarme Anlageform. Der Anleger erhält regelmäßig seine Zinsen und weiß genau, wann und zu welchem Kurs er sein Geld wieder zurückerhält. So weit, so gut.

→ Dennoch heißt das nicht, dass man mit Anleihen keinen Verlust erleiden kann.

Änderung des Zinsniveaus führt zu Kursschwankungen

Wie bei allem, was an der Börse gehandelt wird, sind auch die Kurse von Anleihen Schwankungen unterworfen. Diese Kursschwankungen kommen vor allem durch die Veränderung des allgemeinen Zinsniveaus zustande. Dabei gilt folgende Gesetzmäßigkeit: Steigen die Zinsen, geht es mit den Kursen am Rentenmarkt bergab. Der Grund: Ist eine Anleihe einmal aufgelegt, steht die laufende Verzinsung fest. Wenn die Zinssätze anziehen, heißt das, dass neue Anleihen mit einem höheren Kupon auf den Markt kommen. Für die Anleger gibt es somit keinen vernünftigen Grund, zu den älteren an der Börse gehandelten Papieren zu greifen, solange deren Preise nicht der veränderten Marktlage Rechnung tragen.

→ Wenn die Zinsen steigen, fallen die Anleihekurse und umgekehrt. Diesen, erst einmal unlogisch erscheinenden Mechanismus müssen sich Einsteiger bewusst machen.

Beispiel: Angenommen am Markt gibt es ausschließlich Anleihen mit einem Zinssatz von 6 Prozent. Da die Wirtschaft boomt und weit mehr Kapital nachgefragt wird, als die Anleger bislang zur Verfügung stellen, lassen sich neue Anleihen nur noch mit einem Kupon von 7 Prozent platzieren. Für Anleger, die ihre alten 6-prozentigen Anleihen verkaufen wollen, heißt das: Sie müssen den Preis senken, damit die effektive Rendite steigt – so lange, bis ihr Papier mit den neuen Angeboten mithalten kann.

Umgekehrt steigen die Anleihekurse, wenn die Zinsen auf breiter Front sinken. Dann nämlich wird zunächst kein Anleger die neuen Anleihen mit niedrigem Kupon kaufen wollen. Stattdessen konzentriert sich die Nachfrage auf die umlaufenden Anleihen mit höherem Kupon, was die Kurse so weit nach oben treibt, bis sich die Renditen angeglichen haben.

Wer bis zum Ende durchhält, kann gelassen bleiben

Von dem Auf und Ab der Kurse sind natürlich nur diejenigen Anleger unmittelbar betroffen, die ihre Zinspapiere vorzeitig verkaufen wollen. Wer seine Anleihen dagegen behält, kann gelassen bleiben – auch wenn die Zinsen steigen und die Kurse fallen. Denn am Ende der Laufzeit werden die Bonds zu 100 Prozent eingelöst. Bei Zinssteigerungen heißt das allerdings, dass der Anleger bis dahin mit seinen vergleichsweise schlecht verzinsten Papieren vorlieb nehmen muss. Auf der anderen Seite verzichtet er auf die Kursgewinne seiner Anleihen, wenn die Marktzinsen fallen.

Angebot und Nachfrage entscheiden

Das eben Beschriebene ist der grundlegende Mechanismus. Das heißt aber nicht, dass sich alle Anleihen konform mit dem Markt bewegen: Fallen zum Beispiel die Kurse auf breiter Front, kann es sein, dass sich einzelne Anleihen entgegen dem Trend entwickeln. Im Einzelfall ist immer das jeweilige Verhältnis von Angebot und Nachfrage bei einem bestimmten Titel entscheidend. Das bedeutet, dass an einem Handelstag einige Titel Kursgewinne verzeichnen, andere Verluste. Erst aus dem Verhältnis beider Gruppen lässt sich dann – wie bei einem Index (→ Seite 98) – auf den Markttrend schließen.

Sonderbewegungen
Neben den marktbedingten Kursveränderungen kann es bei einzelnen Titeln zu teilweise heftigen Kursbewegungen kommen, die mit dem allgemeinen Zinstrend nicht zu erklären sind. Sie können dann auftreten, wenn der Ruf als sichere Anlageform bei dieser Anleihe nicht mehr gewährleistet ist. Das ist der Fall, wenn der Schuldner Zins und Tilgung für seine Schuldverschreibungen nicht mehr aufbringen kann: Seine Titel werden notleidend, wie es in der Fachsprache heißt.

Bondresearch: Anleihen auf dem Prüfstand

Das Angebot an Anleihen ist groß. Der Anleger hat die Wahl zwischen neu emittierten und bereits laufenden Papieren mit fast jeder Restlaufzeit und von den unterschiedlichsten Emittenten. Professionelle Anleger wie zum Beispiel Fondsmanager und Vermögensverwalter achten bei der Auswahl nicht nur auf die Rendite. Sie klopfen jedes Papier nach bestimmten Risiken ab, um die für ihre Anlagestrategie geeignetsten Titel herauszufiltern.

Fundamentale Marktanalyse

Die erste Frage, über die sich die Profis Gedanken machen, ist der zukünftige Zinstrend am Kapitalmarkt. Auf diese Weise versuchen sie herauszufinden, welche Laufzeiten unter Berücksichtigung der aktuell am Markt gebotenen Renditen und der zu erwartenden Kursveränderungen den besten Ertrag versprechen. Wer zum Beispiel von steigenden Zinsen ausgeht, wird wenig Freude an langlaufenden Anleihen haben, selbst wenn er dafür ein paar Zehntel Prozentpunkte mehr bekommt als bei Papieren mit kurzer Laufzeit. Umgekehrt macht es für einen Anleger wenig Sinn, Kurzläufer zu ordern, wenn er von künftig sinkenden Marktrenditen ausgeht.

Konjunktur entscheidend für Zinstrend
Wie bereits erwähnt, ist die zukünftige Wirtschaftsentwicklung einer der wichtigsten Faktoren für die Zinsrichtung am Kapitalmarkt. Denn die Nachfrage nach Kapital wird in erster Linie von der Konjunkturentwicklung bestimmt. Läuft die Wirtschaft auf Hochtouren, treibt das in der Regel die Zinsen nach oben. Umgekehrt gehen die Zinssätze zurück, wenn die Konjunktur in eine Abschwungphase gerät (→ Seite 110).

Zinskurve richtig interpretieren
Einen weiteren Hinweis auf den Zinstrend beispielsweise am deutschen Rentenmarkt liefert die so genannte Zinskurve. Sie ist die grafische Darstellung der effektiven Renditen etwa von Bundesanleihen (→ Seite 241) oder Pfandbriefen (→ Seite 243) über das gesamte Laufzeitspektrum hinweg – von einem bis zu zehn Jahren. Die Rendite von Bundesanleihen gilt dabei allgemein als Trendsetter und ☞ Benchmark (→ Seite 248).

☞ Benchmark: Bei Rentenpapieren sind die Renditen erstklassiger Staatsanleihen die ausschlaggebende Richtgröße, die Benchmark also, für alle anderen Schuldner.

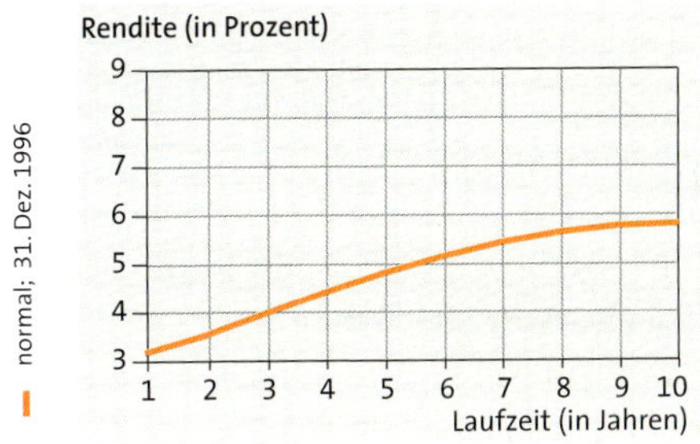

Quelle: Thomson Financial Datastream

Die Bedeutung der Zinsstrukturkurve liegt darin, dass sich in ihr bestimmte Zinserwartungen ausdrücken. Grundsätzlich ist es so, dass langfristige Schuldverschreibungen höhere Zinsen abwerfen als kurzfristige. In diesem Fall wird die Kurve als „normal" bezeichnet. Die Anleger verlangen eine Art „Entschädigung“ dafür, dass sie sich für einen längeren Zeitraum binden. Zusätzlich erwarten sie eine „Risikoprämie“, deren Höhe von den Inflationserwartungen bestimmt wird. Durch die Entwertung des angelegten Geldes während der Laufzeit droht die reale Verzinsung des angelegten Geldes negativ zu werden.

Der Inflation ein Schnippchen

Wenn die Inflationsraten anziehen, haben vor allem die Besitzer von langlaufenden Anleihen das Nachsehen. Schutz bieten für diesen Fall so genannte inflationsgebundene Anleihen, deren Rendite an die Teuerungsrate gekoppelt ist. Dazu wird entweder die laufende Verzinsung mit einem variablen Aufschlag versehen, dessen Höhe an die monatliche oder jährliche Inflationsrate angepasst wird, oder der Nennwert, also der Rückzahlungsbetrag, wird im Verhältnis zur Preissteigerung erhöht. Beträgt die Teuerung zum Beispiel 2,5 Prozent, steigt der Nennwert von angenommen 100 auf 102,50 Euro. Der Bund hat bisher auf die Ausgabe inflationsgebundener Anleihen verzichtet, andere Staaten wie etwa die USA und Frankreich haben diese speziellen Schuldverschreibungen aber schon aufgelegt. Nach der Einführung des Euro können deutsche Anleger, die höhere Inflationsraten fürchten, bei den französischen Staatspapieren also ohne Wechselkursrisiko zugreifen.

Wenn die Zinskurve steil wird

Wird allgemein mit anziehenden Preissteigerungsraten und/oder einem starken Wirtschaftsaufschwung gerechnet, steigen die Renditen bei langen Laufzeiten, dem so genannten „langen Ende“. Folge: Die Zinskurve verläuft steiler als normal. Eine besonders steile Kurve gilt deshalb meist als Hinweis für eine anstehende Konjunkturerholung, in deren Folge die Kurve wieder flacher wird, aber insgesamt noch steigt. In dieser Phase setzen strategisch vorgehende Anleger eher auf kurzfristige Anleihen.

Wenn die Kurve invers wird

Das Gegenteil einer steilen Zinskurve ist eine inverse Zinsstruktur. Das heißt, Kurzfristanlagen bringen höhere Renditen als langlaufende Papiere. Diese eher seltene Situation tritt vor allem dann auf, wenn der Markt mittelfristig von einem deutlichen Rückgang des Wirtschaftswachstums ausgeht, obwohl die Konjunktur aktuell immer noch auf Hochtouren läuft und hohe Leitzinsen der Notenbank die kurzfristigen Sätze oben halten. Ergo: Langlaufende Anleihen versprechen, die bessere Wahl zu sein, auch wenn es zum Zeitpunkt des Kaufs zunächst nicht so aussieht.

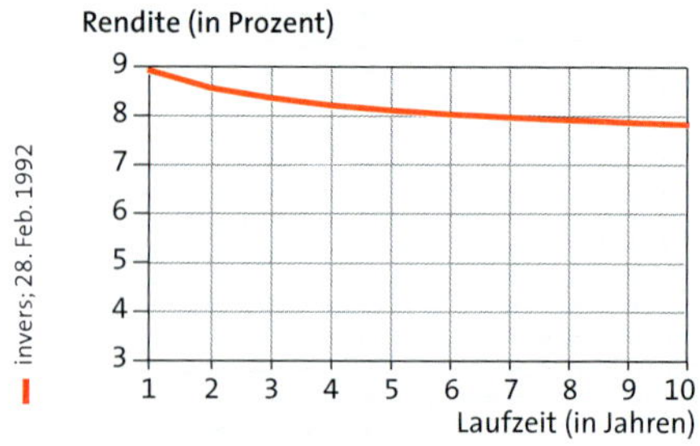

Quelle: Thomson Financial Datastream

Wenn die Kurve flach wird

Flache Zinskurven markieren meist das Übergangsstadium zwischen einer inversen und einer normalen beziehungsweise steilen Zinskurve. In ihr kann sich zum Beispiel am „kurzen Ende“ die Erwartung einer Leitzinserhöhung durch die Notenbank ausdrücken.

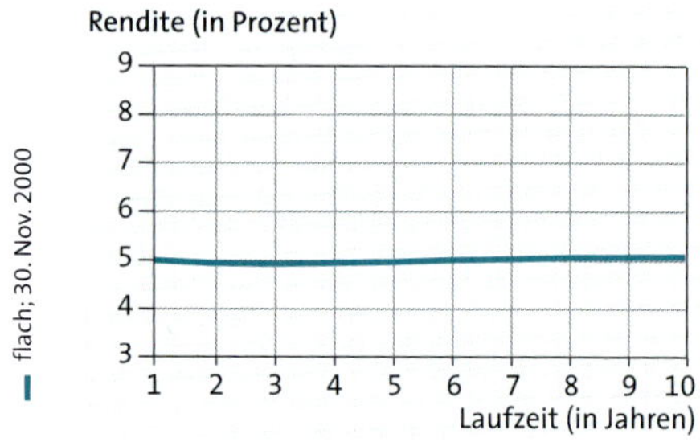

Quelle: Thomson Financial Datastream

Entscheidend bei der genauen Analyse der Zinskurve ist es, Laufzeitenbereiche herauszufinden, die besonders lukrativ sind. Der Zinsunterschied zwischen dem langen und dem kurzen Ende kann im Extremfall zwei bis drei Prozentpunkte ausmachen. Dazu kommt, dass die Zinskurve in der Praxis nur selten schnurgerade verläuft, sondern in manchen Bereichen gekrümmt ist. Dadurch ist ein „Ritt auf der Zinskurve" möglich, wie Fachleute sagen. Der Anleger greift dabei zu Papieren aus Laufzeiten bereichen, in denen die Kurve steiler verläuft, was heißt: Diese Papiere bieten eine vergleichsweise günstige Kombination aus Laufzeit und Rendite. Profis halten sie so lange im Depot, bis deren Restlaufzeit in einen „flacheren" Bereich gewandert ist und verkaufen sie dann.

Analyse des Zinsänderungsrisikos

Mit dem allgemeinen Zusammenhang zwischen Anleihekurs und Zinstrend geben sich Profis aber noch nicht zufrieden. Sie wollen schon vorher wissen, um welchen Wert sich der Kurs eines Rentenpapiers ändert, wenn die Marktzinsen beispielsweise um einen Prozentpunkt steigen oder fallen. Diese Zinselastizität lässt sich nicht exakt, aber näherungsweise mithilfe der so genannten modifizierten Duration berechnen.

Das Konzept der Duration

Die Kennzahl der modifizierten Duration berücksichtigt im Gegensatz zu den reinen Renditeberechnungsverfahren die Tatsache, dass der Anleger nicht nur bei der Anleihe selbst, sondern auch bei der Wiederanlage der ausgeschütteten Erträge ein Zinsänderungsrisiko trägt – mit einem gegenläufigen Effekt: Steigen die Zinsen während der Laufzeit, verliert zwar die Anleihe an Wert, doch der Anleger kann sich über bessere Konditionen bei der Wiederanlage der Zinsen freuen. Im umgekehrten Fall lassen sinkende Renditen den Anleihekurs nach oben klettern, doch bei der Reinvestition der Ausschüttungen muss er sich bescheiden. Die Duration berücksichtigt die Tatsache, dass der Anleger aus einer Anleihe zu unterschiedlichen Zeitpunkten bestimmte Zahlungen (Zinsen und Tilgung) erhält. Diese Zahlungen werden gewichtet. Eine Zinsausschüttung in einem Jahr oder in zwei Jahren ist zum Kaufzeitpunkt „wertvoller", weil sie mit einem geringeren Wiederanlagerisiko verbunden ist als Ausschüttungen in fünf oder zehn Jahren – von der Tilgung ganz zu schweigen. Das Ganze wird nach einer komplizierten Formel berechnet, an deren Ende eine Zahl steht, die den durchschnittlichen Zeitraum beschreibt, in dem das Kapital des Anlegers im Rentenpapier gebunden ist. An dessen Ende gleichen sich das Wiederanlagerisiko bei den Erträgen und das Zinsänderungsrisiko bei der Anleihe aus. KONTAKT ▶

▶ KONTAKT
Zur Berechnung der Duration im Internet: www.gevasys.de

Der Nutzen in der Praxis

Da die meisten privaten Anleger ihre Papiere bis zur Fälligkeit im Depot halten, werden sie mit dem genauen Wert der Duration wenig anfangen können. Die eigentlichen Zins- und Fälligkeitstermine ändern sich dadurch ja nicht. Wenn es darum geht, die Zinselastizität mehrerer Anleihen mit unterschiedlichen Ausstattungsmerkmalen zu vergleichen, ist die modifizierte Duration allerdings ein wertvolles Hilfsmittel, das vor allem professionelle Anleger einsetzen, die ihr Depot für gewöhnlich mit Dutzenden von Bonds bestücken.

Einflussfaktoren auf die Duration

		Duration
Kupon	Hoch	↘
	Niedrig	↗
Restlaufzeit	Lang	↗
	Kurz	↘

↗ = steigt tendenziell ↘ = fällt tendenziell

Grundsätzlich gilt: Je höher die Duration einer Anleihe, desto stärker reagiert ihr Kurs auf Zinsänderungen am Rentenmarkt.

Zinselastizität als Auswahlkriterium

Der Gedanke, der hinter der Ermittlung der Zinselastizität steckt, ist: Es reicht nicht, Anleihen nur anhand eines bestimmten Ausstattungsmerkmals auszuwählen – zum Beispiel anhand der Rendite. Die zusätzliche Berechnung der Kurssensibilität, also der Elastizität, erlaubt eine Aussage über die Kurschancen, aber natürlich auch über die Risiken eines Papiers. Dadurch ist die Auswahl derjenigen Anleihen möglich, die sich am besten für die Umsetzung einer bestimmten Anlagestrategie eignen (→ Seite 253). Grundsätzlich weisen Nullkuponanleihen und aufgezinste Anleihen die größte Zinselastizität auf. Da bei ihnen Zins und Zinseszins am Ende der Laufzeit in einer Summe ausgezahlt werden, ist die Duration gleich ihrer Laufzeit.

☞ Öffentliche Hand: Früher zählten auch Post und Bahn zur öffentlichen Hand, doch mittlerweile sind die ehemaligen Staatsunternehmen teilweise privatisiert und arbeiten eigenständig. Der Bund haftet deshalb nur noch für ältere Emissionen. Für neu begebene Titel müssen die beiden Unternehmen jeweils selbst geradestehen (→ Unternehmensanleihen, Seite 246).

Ross und Reiter: Wer gibt Anleihen aus?

Bei der Auswahl einer Anleihe spielt natürlich nicht nur die Höhe des Zinses, sondern auch die Frage eine Rolle, wie sicher der Anleihekäufer sein kann, dass er während der Laufzeit Zins und Tilgung erhält. Im Gegensatz zur Aktienbörse, zu der nur Aktiengesellschaften Zutritt haben, tummelt sich am Markt für Anleihen ein buntes Gemisch von Schuldnern unterschiedlicher Herkunft. Deshalb ist es üblich, Anleihen auch nach Emittentengruppen zu unterscheiden. Für den Anleger dient diese Einteilung als Anhaltspunkt für die Solvenz eines Schuldners.

Einer der größten und aktivsten Emittenten am deutschen Anleihemarkt ist zweifellos der Staat, der durch Bund, Länder, Städte und Gemeinden repräsentiert wird. All diese Institutionen decken einen Teil ihres Finanzbedarfs durch die Ausgabe von Anleihen ab und zählen gemeinsam zur ☞ öffentlichen Hand, hinter der die Steuerzahler mit ihrer Finanzkraft stehen.

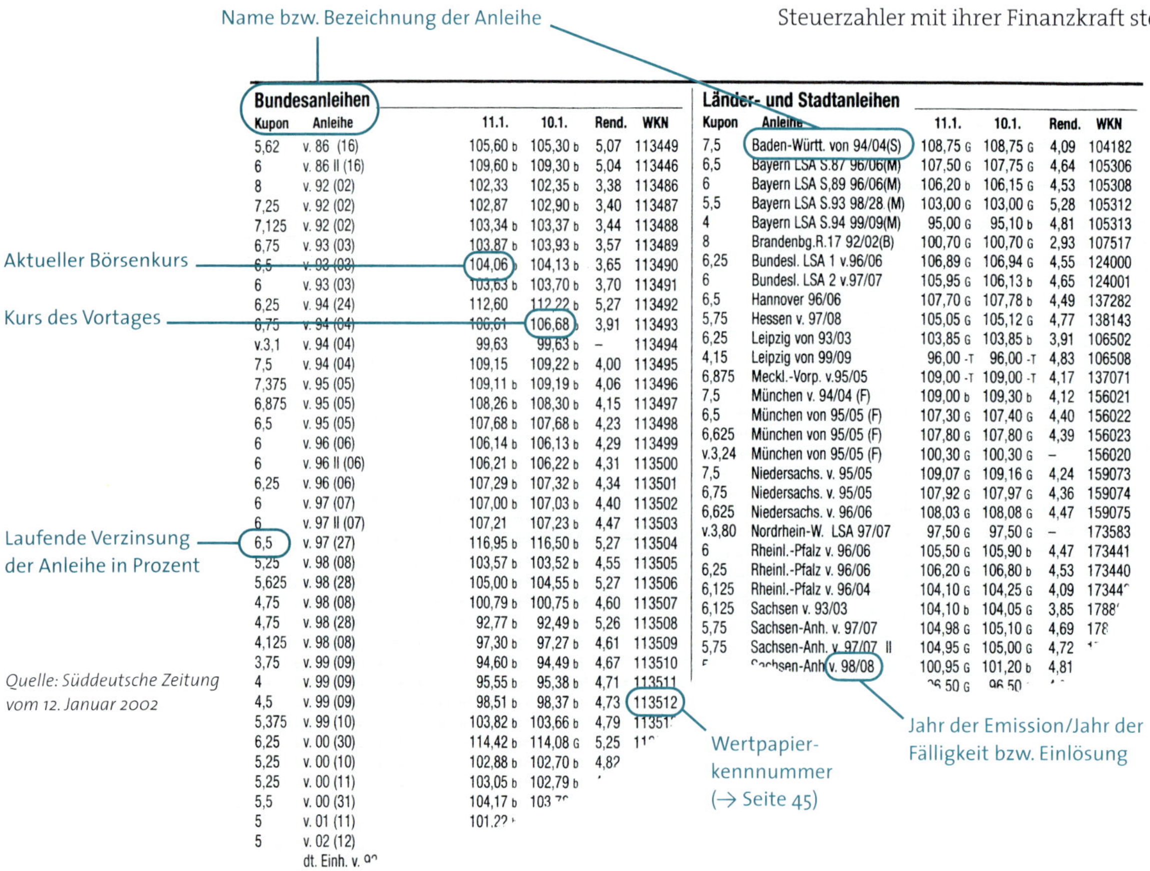

Bundesanleihen

Kupon	Anleihe	11.1.	10.1.	Rend.	WKN
5,62	v. 86 (16)	105,60 b	105,30 b	5,07	113449
6	v. 86 II (16)	109,60 b	109,30 b	5,04	113446
8	v. 92 (02)	102,33	102,35 b	3,38	113486
7,25	v. 92 (02)	102,87	102,90 b	3,40	113487
7,125	v. 92 (02)	103,34 b	103,37 b	3,44	113488
6,75	v. 93 (03)	103,87 b	103,93 b	3,57	113489
6,5	v. 93 (03)	104,06 b	104,13 b	3,65	113490
6	v. 93 (03)	103,63 b	103,70 b	3,70	113491
6,25	v. 94 (24)	112,60	112,22 b	5,27	113492
6,75	v. 94 (04)	106,61	106,68 b	3,91	113493
v.3,1	v. 94 (04)	99,63	99,63 b	–	113494
7,5	v. 94 (04)	109,15	109,22 b	4,00	113495
7,375	v. 95 (05)	109,11 b	109,19 b	4,06	113496
6,875	v. 95 (05)	108,26 b	108,30 b	4,15	113497
6,5	v. 95 (05)	107,68 b	107,68 b	4,23	113498
6	v. 96 (06)	106,14 b	106,13 b	4,29	113499
6	v. 96 II (06)	106,21 b	106,22 b	4,31	113500
6,25	v. 96 (06)	107,29 b	107,32 b	4,34	113501
6	v. 97 (07)	107,00 b	107,03 b	4,40	113502
6	v. 97 II (07)	107,21	107,23 b	4,47	113503
6,5	v. 97 (27)	116,95 b	116,50 b	5,27	113504
5,25	v. 98 (08)	103,57 b	103,52 b	4,55	113505
5,625	v. 98 (28)	105,00 b	104,55 b	5,27	113506
4,75	v. 98 (08)	100,79 b	100,75 b	4,60	113507
4,75	v. 98 (28)	92,77 b	92,49 b	5,26	113508
4,125	v. 98 (08)	97,30 b	97,27 b	4,61	113509
3,75	v. 99 (09)	94,60 b	94,49 b	4,67	113510
4	v. 99 (09)	95,55 b	95,38 b	4,71	113511
4,5	v. 99 (09)	98,51 b	98,37 b	4,73	113512
5,375	v. 99 (10)	103,82 b	103,66 b	4,79	11351[illegible]
6,25	v. 00 (30)	114,42 b	114,08 G	5,25	11[illegible]
5,25	v. 00 (10)	102,88 b	102,70 b	4,8[illegible]	
5,25	v. 00 (11)	103,05 b	102,79 b	[illegible]	
5,5	v. 00 (31)	104,17 b	103,[illegible]		
5	v. 01 (11)	101,2[illegible]			
5	v. 02 (12)				
	dt. Einh. v. [illegible]				

Länder- und Stadtanleihen

Kupon	Anleihe	11.1.	10.1.	Rend.	WKN
7,5	Baden-Württ. von 94/04(S)	108,75 G	108,75 G	4,09	104182
6,5	Bayern LSA S.87 96/06(M)	107,50 G	107,75 G	4,64	105306
6	Bayern LSA S,89 96/06(M)	106,20 b	106,15 G	4,53	105308
5,5	Bayern LSA S.93 98/28 (M)	103,00 G	103,00 G	5,28	105312
4	Bayern LSA S.94 99/09(M)	95,00 G	95,10 b	4,81	105313
8	Brandenbg.R.17 92/02(B)	100,70 G	100,70 G	2,93	107517
6,25	Bundesl. LSA 1 v.96/06	106,89 G	106,94 G	4,55	124000
6	Bundesl. LSA 2 v.97/07	105,95 G	106,13 b	4,65	124001
6,5	Hannover 96/06	107,70 G	107,78 b	4,49	137282
5,75	Hessen v. 97/08	105,05 G	105,12 G	4,77	138143
6,25	Leipzig von 93/03	103,85 G	103,85 b	3,91	106502
4,15	Leipzig von 99/09	96,00 -T	96,00 -T	4,83	106508
6,875	Meckl.-Vorp. v.95/05	109,00 -T	109,00 -T	4,17	137071
7,5	München v. 94/04 (F)	109,00 b	109,30 b	4,12	156021
6,5	München von 95/05 (F)	107,30 G	107,40 G	4,40	156022
6,625	München von 95/05 (F)	107,80 G	107,80 G	4,39	156023
v.3,24	München von 95/05 (F)	100,30 G	100,30 G	–	156020
7,5	Niedersachs. v. 95/05	109,07 G	109,16 G	4,24	159073
6,75	Niedersachs. v. 95/05	107,92 G	107,97 G	4,36	159074
6,625	Niedersachs. v. 96/06	108,03 G	108,08 G	4,47	159075
v.3,80	Nordrhein-W. LSA 97/07	97,50 G	97,50 G	–	173583
6	Rheinl.-Pfalz v. 96/06	105,50 G	105,90 b	4,47	173441
6,25	Rheinl.-Pfalz v. 96/06	106,20 G	106,80 b	4,53	173440
6,125	Rheinl.-Pfalz v. 96/04	104,10 G	104,25 G	4,09	17344[illegible]
6,125	Sachsen v. 93/03	104,10 b	104,05 G	3,85	1788[illegible]
5,75	Sachsen-Anh. v. 97/07	104,98 G	105,10 G	4,69	178[illegible]
5,75	Sachsen-Anh. v. 97/07 II	104,95 G	105,00 G	4,72	[illegible]
[illegible]	Sachsen-Anh v. 98/08	100,95 G	101,20 b	4,81	
		[illegible]6,50 G	96,50 [illegible]	[illegible]	

Quelle: Süddeutsche Zeitung vom 12. Januar 2002

Deutsche Staatspapiere gelten als sehr sicheres Anleiheinvestment, denn bislang sind Bund, Länder und Gemeinden ihren Zins- und Tilgungsverpflichtungen immer nachgekommen. Die Anleihen der öffentlichen Hand sind deshalb nicht nur bei heimischen Anlegern, sondern auch bei internationalen Investoren hoch angesehen und besitzen einen tadellosen Ruf.

Bundeswertpapiere: Für den kleinen Geldbeutel und auf Nummer Sicher

Unter den öffentlichen Schuldnern ist der Bund derjenige, der eine ganze Palette verschiedener Anleihen mit unterschiedlicher Verzinsung und Laufzeit anbietet: die Bundeswertpapiere. Einige davon sind ganz gezielt für Privatanleger konzipiert und bieten spezielle Vorteile.

Bundesschatzbriefe

Bundesschatzbriefe sind der Klassiker und zugleich einer der Bestseller unter den Bundeswertpapieren. Das liegt vor allem an ihrer Konstruktion. Die „Bundesschätzchen", wie sie liebevoll auch genannt werden, gehören zu den Stufenzinsanleihen (→ Seite 224), das heißt, ihr Zins steigt von Jahr zu Jahr – zum Beispiel von 2,5 Prozent im ersten Laufzeitjahr auf 3 Prozent im zweiten und so weiter.

Zwei Varianten von Bundesschatzbriefen sind erhältlich: Typ A und Typ B (beide zählen zu den mittelfristigen Anleiheemissionen). Beim Typ A erhält der Anleger nach sechs Jahren sein Kapital zurück, die Zinsen werden jährlich ausgeschüttet. Die Laufzeit des Bruders Typ B beträgt dagegen sieben Jahre. Zusätzlicher Unterschied: Typ B ist eine Aufzinsungsanleihe, das heißt, die laufenden Zinsen werden einbehalten und rechnerisch wieder mit angelegt. Bei Fälligkeit des Schatzbriefs werden dann Kapital plus Zins und Zinseszins in einer Summe ausbezahlt. Aufgrund des Zinseszinseffekts liegt die Rendite von Typ B etwas höher als bei Typ A.

Zinsstaffel und Renditen von Bundesschatzbriefen

	Laufender Zins	Rendite Typ A	Typ B
1. Jahr	2,75	2,75	2,75
2. Jahr	3,25	3,00	3,00
3. Jahr	3,75	3,24	3,25
4. Jahr	4,25	3,48	3,50
5. Jahr	4,50	3,67	3,70
6. Jahr	4,75	3,83	3,87
7. Jahr	5,00	-	4,03

Stand: 15. September 2001

Anleihe mit „Geld-zurück-Garantie"

Bundesschatzbriefe werden nicht an der Börse notiert. Das ist kein Nachteil für den Anleger, denn der „Kick" der Schätzchen liegt in ihrem eingebauten Rückgaberecht. Nach Ablauf einer Sperrfrist von einem Jahr können Anleger die Papiere jederzeit zum Nennwert, das heißt ohne Kursrisiko, zurückgeben – allerdings nur bis zu einem Höchstbetrag von 5 000 Euro pro 30 Zinstage. Mit dieser „Geld-zurück-Garantie" bleiben Anleger flexibel und sind zugleich auf der sicheren Seite: Sollten die Zinsen am Kapitalmarkt während der Laufzeit stark steigen, können sie problemlos in besser verzinste Papiere umsteigen. Aber auch wenn die Zinsen sinken, machen die Käufer der Schatzbriefe ein gutes Geschäft, denn nicht selten sind ihre Konditionen besser als das, was Banken und Sparkassen für ihre Anleihen mit vergleichbarer Laufzeit bieten.

Immer zu haben und für (fast) jeden Betrag

Bundesschatzbriefe gehören zu den Daueremissionen des Bundes, das heißt, sie können jederzeit bei Banken und Sparkassen erworben werden – und zwar bereits ab einem Nennwert von 50 Euro. Darüber hinaus ist im Gegensatz zu vielen anderen Anleihen jeder Betrag – auch ein ungerader Betrag wie beispielsweise 324,96 Euro – möglich.

Dass der Bund bei der Konzeption dieser Papiere vor allem die Kleinanleger im Auge hatte, zeigt sich auch an einem weiteren Punkt:

→ Mit den meisten Kreditinstituten wurde vertraglich vereinbart, dass sie Bundesschätze, Finanzierungsschätze und Bundesobligationen ohne Spesen und Gebühren verkaufen und bei Fälligkeit beziehungsweise Rückgabe einlösen müssen. Zudem sind sie verpflichtet, die Papiere auf Wunsch des Anlegers unmittelbar nach dem Kauf kostenfrei an die Bundeswertpapierverwaltung (→ folgende Seite) zu übertragen.

Finanzierungsschätze

Finanzierungsschätze gehören zu den Kurzläufern (→ Seite 226) unter den Bundeswertpapieren. Sie werden für Laufzeiten von einem Jahr und von zwei Jahren angeboten und sind damit eine Alternative zu den kurzfristigen Festzins- und Festgeldangeboten von Banken und Sparkassen.

Finanzierungsschätze sind ebenso wie Bundesschatzbriefe eine Daueremission, nicht börsennotiert und Erwerb und Einlösung erfolgen wie bei den Schätzchen ohne Spesen und Gebühren. Eine vorzeitige Rückgabe ist allerdings ausgeschlossen. Der Anleger muss für die gewählte Laufzeit auf sein Geld verzichten können. Lediglich eine Übertragung auf Dritte – beispielsweise die eigenen Kinder – ist möglich. Der Mindestnennwert der Finanzierungsschätze beträgt 500 Euro. Darüber hinaus können sie in jeder beliebigen Stückelung erworben werden.

Keine laufende Verzinsung

Die Kurzläufer des Bundes werfen keine laufenden Zinsen ab, sondern werden als abgezinste Papiere verkauft. Das heißt, die nominelle Verzinsung – beispielsweise 4 Prozent – wird beim Kaufpreis bereits abgezogen. Für einen einjährigen Finanzierungsschatz über 500 Euro zahlt der Anleger somit

500 Euro – (500 Euro × 0,04) = 480 Euro

Am Ende der Laufzeit erhält er dann 500 Euro zurück. Bezogen auf das tatsächlich eingesetzte Kapital liegt die Rendite allerdings höher als 4 Prozent. Sie beträgt

20 Euro : 480 Euro × 100 = 4,17 % (gerundet)

Bundesobligationen

Neben den Anleihevarianten, die vorzugsweise an Privatanleger verkauft werden, hat der Bund Papiere im Angebot, die auch an institutionelle Investoren wie Investmentfonds und Pensionskassen verkauft und an der Börse notiert werden. Eines davon ist die Bundesobligation. Damit deckt der Bund den mittleren Laufzeitbereich ab.

Bundesobligationen haben eine Laufzeit von fünfeinhalb Jahren. Innerhalb der ersten drei Monate nach der Emission werden sie im Rahmen des freihändigen Verkaufs (→ Seite 229) an die Anleger abgegeben. Ebenso wie Bundesschatzbriefe und Finanzierungsschätze sind Obligationen mit festen Konditionen ausgestattet. Der Ausgabekurs wird jedoch, wenn notwendig, an die allgemeine Zinsentwicklung am Kapitalmarkt angepasst. Nach drei Monaten erfolgt die Börseneinführung der Anleihe. Danach wird sofort eine neue Serie aufgelegt und der beschriebene Rhythmus beginnt erneut. Besonderer Vorteil für die Kleinanleger: Während der Einführungsphase werden auch für Bundesobligationen keine Spesen und Gebühren fällig. Der Mindestauftragswert beträgt jedoch in dieser Zeit 100 Euro. Darüber hinaus ist jeder Betrag möglich. Nach der Börseneinführung fällt auch diese Hürde weg. Dann allerdings wird der Anleger beim Kauf und auch bei einem vorzeitigen Verkauf mit den banküblichen Provisionen (→ Seite 34) zur Kasse gebeten.

■ **TIPP**

Unter Kostengesichtspunkten empfiehlt es sich für Privatanleger, bei Bundesobligationen stets die laufende, in der Einführungsphase befindliche Serie zu erwerben.

Bundesanleihen

Im Unterschied zu den anderen Wertpapieren des Bundes werden Bundesanleihen in unregelmäßigen Abständen als Einzelemission aufgelegt – je nach Kapitalbedarf des Bundes und der allgemeinen Zinssituation. Das heißt, die jeweilige Emission wird über Banken und Sparkassen zum Emissionskurs an die Anleger verkauft und danach direkt an der Börse eingeführt. Wenn die Anleihe allerdings besonders schnell vergriffen ist, kann der Bund das Emissionsvolumen nachträglich aufstocken und zusätzliche Stücke an den Markt bringen.

Kosten beachten

Der Kauf von Bundesanleihen ist bereits bei der Emission in jeder beliebigen Größe möglich – allerdings werden auch hier Bankprovisionen fällig. Der Anleger muss also bei der Höhe seines Auftrags die Mindestspesen seiner depotführenden Bank berücksichtigen, um die Kosten in der Relation zu halten.

Der Preis für den „guten Ruf"

Die meisten Bundesanleihen weisen eine feste Verzinsung auf, in der Vergangenheit hat der Bund aber auch einige variabel verzinste Schuldverschreibungen herausgegeben. Mit Laufzeiten von 10 bis zu 30 Jahren sind sie in erster Linie für die langfristige Geldanlage geeignet. Die Sicherheit der Bundesanleihen hat allerdings auch ihren Preis, denn aufgrund seines ausgezeichneten Rufs als Schuldner kann es sich der Bund erlauben, bei der Höhe des Kupons sparsam zu sein. Bundesanleihen werfen im Verhältnis zur Laufzeit und zum allgemeinen Zinsniveau nur vergleichsweise niedrige Renditen ab. Dennoch sind ☞ **Bunds**, wie sie in der Fachsprache heißen, gesuchte Papiere.

Da die Emissionsvolumina hoch sind, kommt nach der Einführung der Anleihe an der Börse meist ein liquider Handel zustande. Ein vorzeitiger Verkauf ist deshalb in der Regel zu fairen und marktgerechten Kursen möglich.
☞ Rentenindex

Bundeswertpapiere komplett zum Nulltarif

Nicht nur der Kauf von Bundeswertpapieren ist kostenfrei. Der Bund hat auch für eine kostenlose Verwaltungs- und Verwahrungsmöglichkeit seiner Emissionen gesorgt: bei der Bundeswertpapierverwaltung (BWpV). KONTAKT ▶
Dort hat jeder Privatanleger die Möglichkeit, ein Depot zum Nulltarif, Einzelschuldbuchkonto genannt, zu eröffnen. Verfügt er über ein solches Konto, kann er Bundeswertpapiere direkt bei der BWpV kaufen (→ Tipp, Seite 242) oder über jedes beliebige Kreditinstitut ordern und in sein Depot übertragen lassen. Auch das geschieht kostenlos. Fremde Wertpapiere, beispielsweise Bankschuldverschreibungen und Aktien, können jedoch nicht im BWpV-Depot verwahrt werden.
Wichtig ist allerdings, dass der Anleger die Nummer seines BWpV-Depots angibt und mit der Auftragserteilung die Übertragung der Papiere an die Wertpapierverwaltung veranlasst.
Da Banken und Sparkassen bei diesem Geschäft nur Minibeträge verdienen, kommt es immer wieder vor, dass einige Institute ihren Kunden mit allen Tricks und Einwänden den Kauf von Bundeswertpapieren ausreden wollen und stattdessen zu ihren eigenen Emissionen raten. Dazu gehört beispielsweise die Behauptung, dass für die Bundesbehörde das Bankgeheimnis nicht gilt – was definitiv nicht

☞ Bunds:
Auch anderen Staatsanleihen haben Börsianer spezielle Namen gegeben. Britische Staatspapiere werden kurz „Gilts" genannt. Die langfristigen Anleihen der USA heißen T (=Treasury)-Bonds, Kurzfristpapiere laufen unter der Bezeichnung T-Bills.

☞ Rentenindex:
Die Kursentwicklung beziehungsweise die Rendite von Bundesanleihen wird für verschiedene Laufzeiten vom Rex-Index nachgezeichnet (→ Seite 108).
Der Rex-Performance-Index (RexP) misst dabei den erzielten Total Return.

▶ KONTAKT
Bundeswertpapierverwaltung
61342 Bad Homburg
v. d. Höhe
Tel. 0 61 72/10 82 22
www.bwpv.de

► Kontakt:
Die aktuellen Konditionen aller Bundeswertpapiere finden sich im Kursteil jeder überregionalen Tages- und Wirtschaftszeitung oder beim
Informationsdienst für Bundeswertpapiere
Postfach 10 12 50
60012 Frankfurt
Tel. 0 69/74 77 11
Ansagedienst mit den aktuellen Konditionen:
0 69/1 97 18
Faxabruf:
0 69/2 57 02 00 10
Oder im Internet:
www.bwpv-direkt.de

Der Informationsdienst sendet auf Anforderung auch schriftliche Informationen zur Anlage in Bundeswertpapieren zu.

Wer laufende Bundesanleihen und -obligationen kaufen will, informiert sich am besten auf der Internetseite der Börse Stuttgart: **www.boerse-stuttgart.de**

stimmt. Auch bei der Orderannahme stellen sich einige Geldhäuser mitunter quer und verlangen, um den Kauf verbuchen zu können, die Eröffnung eines Depots im eigenen Hause. Doch Vorsicht: Ist das Papier erst einmal dort eingebucht, wird der Anleger zur Kasse gebeten. Die Pflicht zur kostenlosen Übertragung an die BWpV besteht dann nicht mehr.
Grundsätzlich gilt: Macht die Hausbank beim Kauf von Bundeswertpapieren Schwierigkeiten, sollte der Anleger sich mit dem Hinweis auf die Emissionsbedingungen an den Vorstand des Instituts wenden. Hilft auch das nicht, hat meist eine Beschwerde bei der zuständigen Filiale der Landeszentralbank oder der Bundeswertpapierverwaltung Erfolg.

■ **TIPP**

Es lohnt sich, bei der BWpV ein Depot zu eröffnen. Seit Mitte 2000 können Anleger mit Schuldbuchkonto Bundesschatzbriefe, Finanzierungsschätze und Bundesobligationen ohne den Umweg über die Hausbank direkt per Internet und Telefon ordern. Dabei wird Service groß geschrieben. Via Internet zum Beispiel kann der Anleger per Mausklick nicht nur Einzelaufträge übermitteln, die noch am selben Tag ausgeführt werden, sondern auch Daueraufträge für die regelmäßige Anlage erteilen. Der Gegenwert der gekauften Papiere wird per Lastschrift vom bestehenden Girokonto abgebucht.
Wer sein Depot im Internet besucht, kann sich außerdem sämtliche in der Vergangenheit erhaltenen Zinserträge und, besonders wichtig für steuersensible Anleger, die zukünftigen Zins- und Kapitalrückzahlungen nach Kalenderjahren getrennt anzeigen lassen. Auch die Rückgabe von Bundesschatzbriefen und der Verkauf von Bundesobligationen über die Börse sind möglich. Für die letztgenannte Transaktion fällt allerdings ausnahmsweise eine Provision an – zurzeit von 0,4 Prozent.

Bundeswertpapiere im Überblick

	Finanzierungsschatz	Bundesschatzbrief Typ A	Bundesschatzbrief Typ B	Bundesobligation	Bundesanleihe
Mindestanlage	500 Euro	50 Euro	50 Euro	100 Euro [1]	Keine
Spesenfreier Ersterwerb	Ja	Ja	Ja	Ja	Nein
Laufzeit	1 oder 2 Jahre	6 Jahre	7 Jahre	5,5 Jahre	10 bis zu 30 Jahren
Zins	Fest	In Stufen steigend	In Stufen steigend	Fest	Fest oder variabel
Zinszahlung	Zins und Zinseszins am Ende der Laufzeit	Jährlich	Zins und Zinseszins am Ende der Laufzeit	Jährlich	Jährlich
Rückzahlung	Zum Nennwert	Zum Nennwert	Nennwert plus Zins und Zinseszins	Zum Nennwert	Zum Nennwert
Vorzeitiger Verkauf oder Rückgabe möglich?	Nein	Nach einem Jahr [2]		Über die Börse	Über die Börse

[1] Nur während des freihändigen Verkaufs, nach Einführung an der Börse jeder Betrag möglich.
[2] Bis zu 5 000 Euro pro Monat und Person.

Bundeswertpapiere im Check

- **Beschreibung:** Bundeswertpapiere sind Schuldverschreibungen der Bundesrepublik Deutschland, die der Bund entweder als Dauer- oder Einzelemission ausgibt.
- **Chance:** Bei Finanzierungsschätzen und Bundesschatzbriefen begrenzt auf die laufende Verzinsung. Bei Bundesobligationen und -anleihen zusätzliche Kursgewinne in Abhängigkeit von der allgemeinen Zinsentwicklung möglich (→ Seite 234).
- **Risiko:** Aufgrund der hohen Bonität des Schuldners (→ Seite 247) Ausfallrisiko sehr gering. Beim vorzeitigen Verkauf von Bundesobligationen und -anleihen Kursverluste möglich – je nach Entwicklung des allgemeinen Zinsniveaus. Noch geringer bei Bundesschatzbriefen. Ausstiegsmöglichkeit zum Nennwert nach einem Jahr (→ Seite 239). Dadurch auch kein Kursrisiko.
- **Geeignet für:** Jeden Anleger als Basisanlage.
- **Alternativen:** Sparkonten, Bankschuldverschreibungen (→ Seite 245), Anleihen anderer Staaten (→ Seite 252), Rentenfonds (→ Seite 298).

Plus

- Breite Palette unterschiedlicher Anleiheformen und Laufzeiten.
- Finanzierungsschätze und Bundesschatzbriefe bieten mitunter bessere Konditionen als vergleichbare Bankangebote.
- Geringe Mindestanlagebeträge (→ Übersicht links) über Bundeswertpapierverwaltung auch Einrichtung von Sparplänen möglich (→ Seite 241).
- Kostenloser Erwerb (mit Ausnahme von Bundesanleihen) und Verwahrung möglich.
- Transparente Konditionen. Vergleich mit Alternativangeboten jederzeit möglich.

Minus

- Vergleichsweise niedrige Verzinsung von Bundesobligationen und -anleihen.
- Kauf von Bundesanleihen generell nur mit Kosten möglich.

Pfandbriefe: Ein Tick mehr Rendite

Pfandbriefe machen das größte Segment am deutschen Anleihemarkt aus. Dabei handelt es sich – wie der Name sagt – um festverzinsliche Wertpapiere, die durch spezielle Pfandrechte, erstrangige Hypotheken auf inländischen Grundstücken, gesichert sind.

Die meisten Pfandbriefe sind börsennotiert und können bereits ab 50 Euro gekauft werden. Bei einzelnen Emissionen kann der Nennwert allerdings auch einmal bei 1 000 oder 5 000 Euro liegen.

Geschützt per Gesetz

Der Schutz der Anleger wird bei diesen Zinspapieren groß geschrieben. Der Begriff Pfandbrief ist in Deutschland gesetzlich geschützt und im Pfandbriefgesetz verankert. Danach dürfen diese Anleihen nur von speziellen Kreditinstituten – Hypothekenbanken und öffentlich-rechtlichen Realkreditinstituten wie zum Beispiel die Landesbanken – ausgegeben werden. Die Gelder, die auf diese Weise zusammenkommen, dürfen ausschließlich in Form von Krediten für Grundstücks- und Gebäudefinanzierungen ausgeliehen werden. Der weitaus größte Anteil entfällt allerdings auf die Vergabe von Darlehen an Städte und Kommunen. ☞ Kommunalobligationen

Für die Hypothekenbanken gelten darüber hinaus strengere Eigenkapitalvorschriften als für gewöhnliche Banken und Sparkassen. So darf das Volumen der ausstehenden Pfandbriefe nicht beliebig vergrößert werden. Jedes Institut darf eine bestimmte Relation zu seinem haftenden Eigenkapital nicht überschreiten. Darüber hinaus haftet die Hypothekenbank nicht nur mit den ihr eingeräumten Pfandrechten (☞ Absicherung), sondern auch mit ihrem gesamten Vermögen. Vor allem aber muss der Nennwert der in Umlauf befindlichen Pfand-

☞ Kommunalobligationen: Früher wurden die zur Finanzierung dieser Kredite ausgegebenen Anleihen Kommunalobligationen oder Kommunalschuldverschreibungen genannt. Mittlerweile heißen sie öffentliche Pfandbriefe.

☞ Absicherung: Mit einer für Mitte 2002 geplanten Änderung des Hypothekenbankgesetzes ist vorgesehen, dass Hypothekenbanken ihre Pfandbriefemissionen teilweise auch durch Derivate (→ Seite 319) und nicht nur durch Pfandrechte absichern können.

☞ Pfandbriefindex: Die Rendite beziehungsweise die Kursentwicklung von Pfandbriefen wird für verschiedene Laufzeiten vom Pex-Index beziehungsweise vom Pex-Performance-Index (PexP) nachgezeichnet (→ Seite 108). Für Jumbo-Pfandbriefe sind der Jex und der JexP maßgebend.

☞ Zinsspread: In der Finanzsprache bezeichnet der Spread nicht nur die Differenz zwischen An- und Verkaufskurs (→ Seite 71), sondern auch die Renditedifferenz zwischen zwei Anleihen – ausgedrückt in Prozent- oder Basispunkten (ein Prozentpunkt entspricht 100 Basispunkten).

briefe und öffentlichen Pfandbriefe eines Instituts jederzeit durch entsprechende Hypothekar- und Kommunaldarlehen im gleichen Gegenwert gedeckt sein.

Ein zusätzlicher Zinsaufschlag

All diese Schutzregeln haben dazu geführt, dass in den vergangenen hundert Jahren bei keinem einzigen Pfandbrief Zins und Tilgung ausgefallen sind. In puncto Sicherheit stehen diese Papiere also den Schatzbriefen und Anleihen des Bundes kaum nach. Deshalb müssten die Hypothekenbanken für ihre fünf- oder zehnjährigen Pfandbriefe eigentlich nur die Zinsen zahlen, die Bundesobligationen oder -anleihen bringen. Es hat sich aber gezeigt, dass Pfandbriefe über die vergangenen Jahre hinweg zwischen 0,15 und 0,5 Prozentpunkte mehr gebracht haben als die Bundeswertpapiere mit vergleichbarer Laufzeit. ☞ Pfandbriefindex

Fachleute sprechen in diesem Zusammenhang auch von einem ☞ Zinsspread der Pfandbriefe zu Staatsanleihen.

Zinsaufschlag der Pfandbriefe gegenüber Bundesanleihen

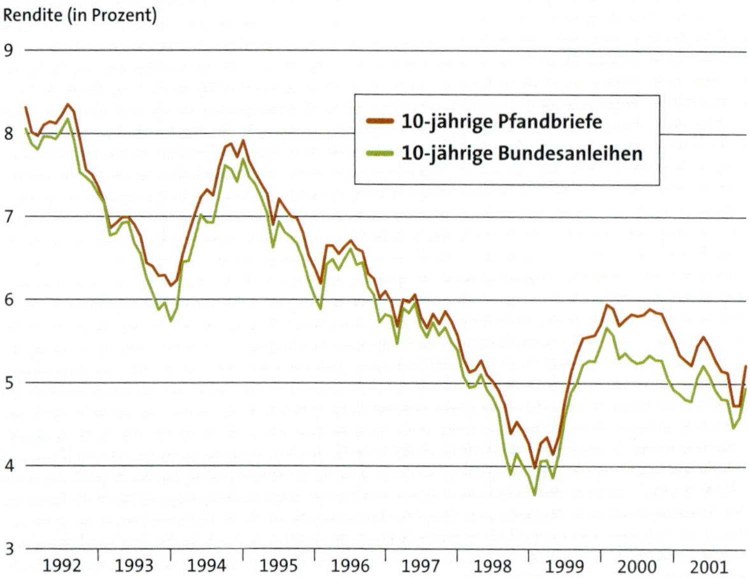

Quelle: Thomson Financial Datastream

Der Grund für diesen „Bonus" ist, dass bei vielen der insgesamt mehr als 10 000 verschiedenen Pfandbriefemissionen kaum ein Handel zustande kommt. Aufgrund dieser mangelnden Liquidität müssen die jeweiligen Emittenten eine Risikoprämie in Form eines Zinsaufschlags zahlen. Das Risiko für den Anleger besteht darin, das Papier während der Laufzeit nicht zu einem marktgerechten Kurs verkaufen zu können, weil sich kein Abnehmer findet. Je größer dieses Risiko, desto höher fällt die Prämie, sprich der Renditeaufschlag aus.

Den Nachteil zum Vorteil nutzen

Diesen vermeintlichen Nachteil können Anleger strategisch nutzen: Wenn sie genau wissen, dass sie ihr anzulegendes Geld nicht frühzeitig benötigen, können sie mit dem Kauf von Pfandbriefen eine vergleichsweise hohe Verzinsung erzielen, und zwar von einem Schuldner, der genauso regelmäßig und pünktlich seinen Verpflichtungen nachkommt wie die öffentliche Hand.

Jumbo-Pfandbriefe

Seit Mitte der 90er Jahre gehen die Hypothekenbanken mehr und mehr dazu über, nur noch so genannte Jumbo-Pfandbriefe, kurz „Jumbos" genannt, zu emittieren. Damit werden Emissionen bezeichnet, deren Volumen mindestens 500 Millionen Euro ausmacht. Die positive Seite dieser Entwicklung: Die Zahl der umlaufenden Serien und Emissionen wird eingeschränkt, wodurch sich die Markttransparenz verbessert. Außerdem beauftragt der Emittent mindestens zwei Market Maker damit, fortlaufende An- und Verkaufskurse für seine Jumbo-Emissionen zu stellen, damit ein ausreichend liquider Handel mit marktgerechten Kursen zustande kommt. Die negative Seite: Großemissionen bieten in vielen Fällen nur noch minimale Renditevorteile gegenüber den Bundesanleihen und -obligationen.

■ TIPP

Anleger, die sich den Zinsvorteil von Pfandbriefen unter den genannten Voraussetzungen zunutze machen wollen, sollten sich gezielt auf Emissionen mit kleinerem Volumen konzentrieren.

KONTAKT ▶

Pfandbriefe im Check

- **Beschreibung:** Pfandbriefe sind börsennotierte Schuldverschreibungen von speziellen Kreditinstituten, die strengeren Sicherungsvorschriften unterliegen als gewöhnliche Banken.
- **Chance:** In vielen Fällen bieten sie eine höhere Verzinsung als Bundeswertpapiere mit vergleichbarer Laufzeit. Die Höhe des Renditeaufschlags (Spread) ist abhängig von der Liquidität des Papiers.
- **Risiko:** Ausfallrisiko sehr gering. Aufgrund mangelnder Liquidität vorzeitiger Verkauf unter Umständen nur mit Kursabschlag möglich.
- **Geeignet für:** Anleger, die höhere, aber dennoch sichere Zinsen suchen und ihre Papiere bis zur Fälligkeit im Depot halten.
- **Alternativen:** Bankschuldverschreibungen, Bundeswertpapiere (→ Seite 239), Rentenfonds (→ Seite 298).

Plus

- Breite Palette unterschiedlicher Laufzeiten.
- Gesetzlich geschützte Anlageform.
- In vielen Fällen geringe Mindestanlagebeträge.

Minus

- Unübersichtliches Angebot.
- Informationen über einzelne Emissionen (z. B. Laufzeit, Volumen, Spread) im Einzelfall nicht immer einfach zu bekommen.
- Beim Kauf fallen Spesen und für die Verwahrung Depotgebühren an. Einige Hypothekenbanken verzichten allerdings bei ihren eigenen Emissionen auf Provisionen und Gebühren.

Bankschuldverschreibungen: Solide und rentabel

Neben den Hypothekenbanken treten auch „normale" Kreditinstitute als Emittenten von Anleihen auf. Dazu gehören Sparkassen, Groß- und Regionalbanken, Girozentralen und Genossenschaftsinstitute. Sie haften gegenüber den Gläubigern mit ihrer Finanzkraft und ihrem Eigenkapital. Obwohl deutsche Institute strenge gesetzliche Vorschriften bezüglich ihrer Kreditvergabe und Eigenkapitalausstattung beachten müssen, ist die Sicherheit von Bankschuldverschreibungen nicht ganz so hoch wie die von Pfandbriefen. In der Vergangenheit ist es durchaus vorgekommen, dass einzelne Institute ihre Anleihen aufgrund finanzieller Schwierigkeiten nicht zurückzahlen konnten. Betroffen davon waren allerdings nur die Anleihegläubiger privater Banken – der ☞ Einlagensicherungsfonds sprang und springt in diesen Fällen nicht ein. Er schützt nur Spareinlagen. Bei Sparkassen und Genossenschaftsbanken dagegen sind auch umlaufende Anleihen durch eigene Sicherungssysteme geschützt, die die jeweilige Verbundorganisation, die Sparkassen- und Giroverbände und der Genossenschaftsverbund unterhalten.

▶ KONTAKT
Eine Übersicht über alle deutschen Hypothekenbanken inklusive Links zu den Mitgliedsinstituten ist im Internet beim Verband deutscher Hypothekenbanken zu finden:
www.hypverband.de

☞ Einlagensicherungsfonds: Jede Institutsgruppe – private Banken, Sparkassen und Genossenschaftsinstitute – schützt Kundeneinlagen durch ein eigenes Sicherungssystem. Bei den privaten Banken ist das der Einlagensicherungsfonds – umgangssprachlich auch „Feuerwehrfonds" genannt. Fast alle privaten Institute sind daran im Verhältnis zu ihrer Größe und der Zahl ihrer Konten mit Beiträgen beteiligt. Gerät eine Privatbank in finanzielle Schwierigkeiten, deckt der Topf Einlagen inklusive Zinsen für jeden Kunden bis zu einer Höhe von 30 Prozent des haftenden Eigenkapitals der jeweiligen Bank ab. Selbst Kunden kleinerer Institute sind damit auf der sicheren Seite.

Nur wenige Bankschuldverschreibungen sind allerdings börsennotiert. Vor allem kleinere Institute verzichten auf die damit verbundenen Kosten und organisieren eine Art hausinternen Handel. Der Nachteil für die Anleger: Die Liquidität lässt gerade bei solch kleineren Emissionen zu wünschen übrig.

■ TIPP

Bei Bankschuldverschreibungen gilt das Gleiche wie bei Pfandbriefen: Diejenigen Anleger, die genau wissen, dass sie ihre Papiere auf jeden Fall bis zur Fälligkeit behalten werden, sollten den Renditeaufschlag gegenüber Bundeswertpapieren ausnutzen. Zusätzliches Bonbon der meisten Geldhäuser: Sie verwahren ihre eigenen Emissionen kostenfrei und verzichten auf Kaufspesen.

Bankschuldverschreibungen im Check

- **Beschreibung:** Bankschuldverschreibungen werden von Kreditinstituten aller Bankengruppen begeben. Nicht immer werden sie an der Börse eingeführt.
- **Chance:** Bei Spitzenangeboten ist eine höhere Verzinsung als bei Bundeswertpapieren möglich. Höhe des Renditeaufschlags (Spread) ist vor allem abhängig von der Bonität des ausgebenden Kreditinstituts und der Liquidität des Papiers.
- **Risiko:** Ausfall möglich, aber Wahrscheinlichkeit, gemessen an der Gesamtzahl aller ausgegebenen Bankschuldverschreibungen gering. Bei illiquiden oder nicht börsennotierten Anleihen vorzeitiger Verkauf in der Regel nur mit Kursabschlägen möglich.
- **Geeignet für:** Anleger, die höhere, aber dennoch vergleichsweise sichere Zinsen suchen und ihre Papiere bis zur Fälligkeit im Depot halten.
- **Alternativen:** Bundeswertpapiere (→ Seite 239), Pfandbriefe (→ Seite 243), Rentenfonds (→ Seite 298), Sparbriefe.

Plus

- Breite Palette unterschiedlicher Laufzeiten und Emittenten.
- In vielen Fällen geringe Mindestanlagebeträge. Außerdem verzichten viele Institute bei ihren eigenen Emissionen auf Spesen und Depotgebühren.

Minus

- Unübersichtliches Angebot erschwert Konditionenvergleich.

Unternehmensanleihen: Nichts für vorsichtige Anleger

Seit der Einführung des Euro macht sich auch in Europa ein Trend breit, der in den USA bereits seit den 80er Jahren zu beobachten ist: Immer mehr Industrieunternehmen finanzieren sich durch die Ausgabe von Anleihen. Dafür gibt es zwei Gründe. Zum einen sind die Banken mittlerweile seltener bereit, das Risiko eines großen Kredits allein zu tragen. Durch die Verbriefung in einer Anleihe verteilt sich die Gefahr eines Zahlungsausfalls auf viele Schultern. Zum anderen ist mit der Einheitswährung in der Währungsunion der weltweit zweitgrößte Anleihemarkt entstanden. Anlagekapital vor allem der Großanleger vagabundiert nicht mehr wie früher zwischen vielen europäischen Einzelwährungen und Märkten hin und her, sondern konzentriert sich auf einen gemeinsamen Kapitalmarkt. Das verbessert die allgemeine Liquidität.

Breites Angebot zum Vorteil für die Anleger

Auch für den privaten Anleger hat das breiter werdende Angebot an ☞ Corporate Bonds positive Seiten. Mit ihnen ist es möglich, auch bei Anleihen höhere Risiken einzugehen als bisher – und dafür auf der anderen Seite höhere Zinsen zu bekommen. Allerdings erfordert das ähnlich gute Informationen und systematisches Vorgehen wie bei der Aktienanlage. Denn die finanzielle Situation der Unternehmen, die Anleihen emittieren, ist höchst unterschiedlich. Das Feld reicht von international bekannten Großkonzernen, an deren Bonität es keine Zweifel gibt, bis hin zu relativ kleinen Unternehmen mit zum Teil unsicherer Solvenz.

☞ Corporate Bonds: Der in der internationalen Finanzwelt übliche Begriff für Unternehmensanleihen.

Die Frage dabei ist die gleiche wie bei einem Investment in Aktien: Wie findet man die lukrativsten Titel in dem breiten Angebot? Dazu muss in erster Linie die Frage beantwortet werden, ob der Schuldner in der Lage ist, fällige Zinsen über die Laufzeit hinweg pünktlich und vollständig zu zahlen und am Fälligkeitstermin auch noch die Tilgung zu leisten?

Rating: Orientierungshilfe von Spezialagenturen

Glücklicherweise gibt es dafür Agenturen, die sich darauf spezialisiert haben, die Kreditwürdigkeit von Regierungen, Banken, Industrieunternehmen und sonstigen Anleiheemittenten zu untersuchen. Sie durchleuchten die Finanzkraft des jeweiligen Schuldners aufs genaueste. Zusätzlich werden externe Informationen beispielsweise zur Wirtschaftsentwicklung der jeweiligen Branche oder Region ausgewertet. Am Ende ihres Finanzchecks nehmen die Agenturen ein so genanntes ☞ Rating vor und vergeben eine Note, vergleichbar mit einer Zensur. Die Note drückt aus, inwieweit der jeweilige Schuldner nach Meinung der Kreditanalysten in der Lage ist, seinen finanziellen Verpflichtungen auch in Zukunft nachzukommen (→ Tabelle).

☞ Rating (engl.): Bewertung, Klassifizierung.

Wie Ratings entstanden

Erdacht wurden Ratings in den USA. Auf dem weltgrößten Kapitalmarkt benötigten die Anleger einen Orientierungsmaßstab, anhand dessen sie die Qualität eines Schuldners und damit das Ausfallrisiko beurteilen konnten.

Ratingnoten helfen bei der Beurteilung der Bonität eines Schuldners

	Ratingnote Moody's	Ratingnote Standard & Poor's	Was steckt hinter der Note?
Sicherer Bereich/ geringes Risiko[1]	Aaa	AAA	Hochqualitative Anleihe, da Zahlung von Zins und Tilgung als außergewöhnlich sicher gilt
	Aa1, Aa2, Aa3	AA+, AA, AA–	Sehr gute Bonität, aber nicht so gut wie in der Spitzengruppe, Zins und Tilgung werden dennoch mit hoher Wahrscheinlichkeit geleistet, sehr geringes Restrisiko
	A1, A2, A3	A+, A, A–	Gute Bonität, viele Kriterien deuten darauf hin, dass an Zins und Tilgung derzeit kein Zweifel besteht, aber es gibt ein Restrisiko in Form einiger Faktoren, die bei veränderter Wirtschaftslage negativ durchschlagen können
	Baa1, Baa2, Baa3	BBB+, BBB, BBB–	Durchschnittliche Bonität, Fähigkeit zu Zins und Tilgung wird von der allgemeinen Wirtschaftslage beeinflusst
Spekulativer Bereich/ hohes Risiko	Ba1, Ba2, Ba3	BB+, BB, BB–	Schlechte Bonität, aktuell werden Zins und Tilgung geleistet, doch langfristig erscheint das Risiko eines Zahlungsausfalls hoch
	B1, B2, B3	B+, B, B–	Spekulativ, geringe Wahrscheinlichkeit, dass Schuldner seinen Verpflichtungen (Zins und Tilgung) langfristig nachkommen kann, Ausfall wahrscheinlich
	Caa, Ca, C	CCC, CC, C	Hoch spekulativ. Direkte Gefahr, dass Zahlungsverzug von Zins und/oder Tilgung droht (S&P) oder bereits eingetreten ist (Moody's)

[1] Fast alle institutionellen Anleger wie Pensionskassen und Versicherungen dürfen ihre Mittel nur in Anleihen aus diesem Bereich anlegen. Zinspapiere mit diesen Noten besitzen das, was in der Fachsprache als „Investment-Grade" bezeichnet wird, sind also Anlagen, die eine bestimmte Norm oder Güteklasse erfüllen. Dementsprechend besitzen Anleihen mit schlechterem Rating „Non-Investment-Grade".

Kein Wunder, dass vor allem zwei US-amerikanische Agenturen als Schrittmacher in der Branche gelten und den Markt beherrschen: Moody's und Standard & Poor's. Mittlerweile formiert sich allerdings in Europa Konkurrenz, denn auf dem gemeinsamen Anleihemarkt in Euroland können es sich immer weniger Unternehmen und staatliche Schuldner erlauben, ihre Anleihen ohne Rating aufzulegen. Zum Beispiel will ein deutscher Anleger wissen, wie er die Euro-Anleihe einer französischen Sparkasse gegenüber der Schuldverschreibung einer deutschen Geschäftsbank bewerten soll. Zudem sind auch die Banken aufgrund strengerer Eigenkapitalvorschriften gezwungen, als Kreditgeber stärker auf die Bonität ihrer Firmenkunden zu achten.

■ **TIPP**

Die Ratingnoten der Agenturen werden regelmäßig veröffentlicht. Fragen Sie vor dem Kauf einer Anleihe, ob es dazu ein Rating gibt, oder schauen Sie im Internet nach. Auf diese Weise können Sie die Bonität eines Schuldners einordnen.
KONTAKT ▶

▶ KONTAKT
Die Rating-Agenturen im Internet:
www.moodys.com
www.standardandpoors.com

Ein Urteil, das Geld wert ist

Das Urteil der Kreditanalysten ist für den Emittenten bares Geld wert, denn je besser die Ratingnote ausfällt, desto niedriger sind die Zinsen, die er für seine Anleihen zahlen muss. Renditeunterschiede von Anleihen mit gleicher Laufzeit reflektieren also unterschiedlich hohe Bonitätsrisiken. Als Benchmark, weil nahezu risikolos, gelten dabei erstklassige Staatsanleihen wie zum Beispiel Bundesanleihen, die von den Rating-Agenturen jeweils mit der Höchstnote bewertet werden. Alle anderen Schuldner müssen entsprechend der eigenen Note Zinsaufschläge, also einen Spread (→ Seite 244), bezahlen.

Für den Anleger ist die Gleichung zunächst einfach: Eine gute Ratingnote bedeutet geringes Risiko, dafür weniger Zinsen. Bei Anleihen mit schlechten Zensuren winken überdurchschnittlich hohe Renditen, aber der Anleger muss befürchten, dass das Papier notleidend wird. Das beste Preis-Leistungs-Verhältnis bieten erfahrungsgemäß Bonds mit Noten von einfach A bis dreifach B beziehungsweise Baa 3 (→ Tabelle, Seite 247).

Notleidend gewordene Anleihen in 2001 nach Ratingklassen

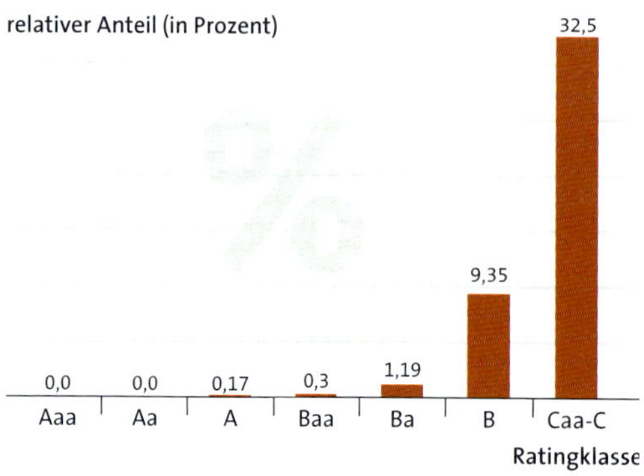

Ernüchternde Bilanz
Nach der Statistik der Rating-Agentur Moody's ist im Jahr 2001 jede dritte, mit der Note Caa bis C geratete Anleihe notleidend geworden. Von den mit B eingestuften Bonds war es immerhin jede zehnte. Qualitativ hochwertige Anleihen (Aaa und Aa) haben dagegen eine weiße Weste behalten.
Quelle: Moody's

Fokker & Co.

In der Vergangenheit mussten die Anleger mehr als einmal die Erfahrung machen, dass Unternehmensanleihen Risikopapiere sind. Die Bonds des niederländischen Flugzeugbauers Fokker und des australischen Induskonzerns Bond wurden wertlos, nachdem beide Gesellschaften in den 90er Jahren spektakulär in Konkurs gingen. In jüngster Zeit waren es zum Beispiel die Fluggesellschaft Swissair und das deutsche Internetunternehmen Brokat, die die Zinsen und Tilgung für ihre Anleihen nicht mehr leisten konnten, weil sie zahlungsunfähig waren.

Die Grenzen des Ratings

Anleger sollten bedenken: Ratingnoten sind eine wertvolle Orientierungshilfe, aber keine Vollkaskoversicherung. Innerhalb der für die meisten Anleihen üblichen Laufzeit von fünf bis zehn Jahren kann sich die Bonität eines Schuldners gravierend ändern – positiv, aber auch negativ.

Beispiel: Ein Unternehmen entwickelt mit dem Geld, das die Emission der Anleihe eingebracht hat, ein erfolgreiches Produkt. Die Umsätze steigen rasant, sodass sich die finanzielle Situation der Gesellschaft deutlich bessert und die Rückzahlung der Anleihe kein Problem ist. Umgekehrt kann eine lang anhaltende Wirtschaftsflaute dazu führen, dass ein bei der Emission einer Anleihe gesundes Unternehmen während der Laufzeit in eine finanzielle Krise gerät, die die Rückzahlung des Bonds ernsthaft gefährdet.

Um das Problem laufender Veränderungen zu lösen, führen die Rating-Agenturen regelmäßig Folgeanalysen durch, aus denen sich eine Korrektur des Urteils sowohl nach oben als auch nach unten ergeben kann. Manchmal nehmen sie den Schuldner in eine spezielle Überwachungsliste auf: die ☞ Watching-List.

Sorgfältige Analyse vor dem Kauf

Diese Fragen sollten Sie sich vor dem Kauf einer Unternehmensanleihe stellen:

Allgemeine Risiken

- **Länderrisiken:** In welcher Situation befindet sich das Land, in dem der Schuldner seinen Sitz hat? Wie stabil ist die Wirtschaft? Sind Finanz- und Währungskrisen zu befürchten, die auch an privaten Schuldnern nicht spurlos vorübergehen werden?
- **Branchenrisiken:** Wie wird die Branchenkonjunktur verlaufen? Sind negative Ereignisse oder Entwicklungen (zum Beispiel steigende Rohstoffpreise, technischer Fortschritt, harter Wettbewerb) zu erwarten, die die gesamte Branche betreffen?
- **Ereignisrisiken:** Von welchen Ereignissen könnte der Schuldner besonders betroffen sein (Beispiel: Der Staat greift regulierend oder deregulierend in den Markt ein – Stichwort: Strom- und Telekommunikationsmarkt)? Steht eine Konsolidierungs- oder Übernahmewelle in der Branche bevor?

Unternehmensspezifische Risiken

- **Unternehmensstellung:** Wie viel Geld gibt das Unternehmen für Forschung und Entwicklung aus? Welchen Ruf hat das Unternehmen bei Kunden und Wettbewerbern? Ist das Unternehmen nur auf einen Bereich fokussiert oder deckt es ein breiteres Produktspektrum ab? Grundsätzlich gilt: Die Anleihen von Standardwerten (→ Seite 182) sind besser einzustufen als die von Nebenwerten. Ein Warnsignal für Anleihekäufer ist auch eine kontinuierliche Abwertung des Schuldners durch die Rating-Agenturen. Auch ein Blick auf den Aktienkurs kann nicht schaden. Faustregel: Je schlechter die Qualität einer Unternehmensanleihe, desto weniger orientiert sich ihr Kurs am Anleihemarkt. Vielmehr folgt die Notierung dem Trend des Aktienkurses.
- **Marktstellung:** Welche Stellung hat der Schuldner im unmittelbaren Wettbewerbsumfeld inne? Welchen Marktanteil besitzt er und welcher Trend zeichnet sich dabei in den letzten Jahren ab (Zugewinn, Stagnation)? Ist er überwiegend national oder international tätig?
- **Verschuldung:** In welchem Verhältnis stehen die Schulden zu den Eigenmitteln des Unternehmens (→ Eigenkapitalquote, Seite 194). In welchem Verhältnis stehen Jahresumsatz und Zinskosten?
- **Profitabilität:** Erwirtschaftet die Firma aus dem laufenden Geschäft ausreichende Erträge, um ihre Schulden zu bedienen (→ Cash-flow, Seite 196)? ☞ Unternehmensinformationen

☞ Watching-List: Eine Vormerkliste, auf die die Rating-Agentur Anleiheemittenten setzt, die für eine Überprüfung des Urteils vorgemerkt sind – meist, weil die Analysten eine Veränderung der Bonität erwarten.

☞ Unternehmensinformationen: Informationen zur Beantwortung dieser Fragen finden sich im Internet (→ Seite 126). Auch ein Blick in den Geschäftsbericht und in die Analystenstudien und -reports ist Pflicht. Käufer von Unternehmensanleihen haben letztlich die gleichen Fragen wie Aktienanleger. Der Unterschied liegt in der Bewertung und Einschätzung der Antworten: Anleihebesitzer sind eher auf Sicherheit bedacht (→ Bondholder-Value, Seite 250), Aktionäre interessiert vor allem die Rentabilität von Unternehmensprojekten (→ Shareholder-Value, Seite 199).

Fehler der Agenturen

Trotz allen Bemühens haben die Rating-Agenturen einen grundsätzlichen und schwerwiegenden Nachteil: Sie warten sehr oft zu lange, bevor sie auf aktuelle Entwicklungen reagieren und ihr Urteil unter Umständen revidieren. Die Anleger können dann keinen Nutzen mehr daraus ziehen, da die entsprechenden Faktoren schon im Kurs der Anleihe „eingespeist" sind. Als mögliche Gründe dafür führt die Organisation für wirtschaftliche Zusammenarbeit (OECD) an, dass die Rating-Spezialisten ihre Einschätzung vor allem bei öffentlichen Schuldnern sehr oft auf Basis allgemein zugänglicher Daten vornehmen. Sie besitzen also keine exklusiven Informationen und sind somit nicht klüger als jeder andere Anleger auch. Einer frühen Abstufung stehen aber auch geschäftliche Interessen der Agenturen entgegen. Allgemein üblich ist es nämlich, dass die Emittenten eine Benotung selbst in Auftrag geben, wenn sie eine Anleihe emittieren wollen – und dann auch dafür zahlen. Den Agenturen haftet deshalb der Ruch einer gewissen Abhängigkeit an.

Keine überzeugende Vorstellung

Im Jahr 1998 hatte sich die Bonität von Korea und Thailand im Zuge einer Wirtschafts- und Währungskrise rapide verschlechtert. Beide Länder hatten Schwierigkeiten, ihren Verbindlichkeiten nachzukommen. Standard & Poor's und Moody's setzten ihre Bewertung für die beiden Länder deshalb nach unten. Zu diesem Zeitpunkt waren die Anzeichen der Krise allerdings längst erkennbar und die Kurse der jeweiligen Anlagen bereits auf dem Tiefstpunkt. Auch vor der sich drastisch verschlechternden Finanzsituation vieler Telekommunikationsfirmen im Jahr 2001 haben die Agenturen nach Meinung von Kritikern viel zu spät durch entsprechende Herabstufungen gewarnt.

Bondholder-Value: Fairplay mit den Gläubigern

Auch Anleihe-Investoren sollten darauf achten, dass der Schuldner ihre Interessen im Auge behält – mit dem Konzept des Bondholder-Value als Pendant zu Shareholder-Value (→ Seite 199). Konkret heißt das, dass der Schuldner erkennbare Anstrengungen unternimmt, seine Bonität zu verbessern oder zumindest zu stabilisieren. Steigt der Emittent in der Ratingskala der Agenturen, bedeutet das automatisch, dass sich der Qualitätsabstand zu erstklassigen Anleihen verringert. Folglich steigen die Anleihen des betreffenden Schuldners im Kurs (womit der Zinsabstand sinkt), denn für die Anleger sinkt auch das Risiko eines Zahlungsausfalls. Umgekehrt müssen sie Kursverluste befürchten, wenn die Ratingnote herabgesetzt wird.

Da das Konzept des Bondholder-Value noch relativ neu ist, sind konkrete Kriterien dafür noch nicht eindeutig definiert. Klar ist aber, dass sich für die Gläubiger ein potenzieller Konflikt zu den Aktionären ergibt (bei einem privaten Schuldner). Denn was die Anteilseigner begeistert – hohe Dividenden, viel versprechende, aber auf Kredit finanzierte Übernahmen oder ambitionierte Expansionsstrategien –, registrieren die Anleihebesitzer mit Sorge. All diese Maßnahmen treiben schließlich die Schulden in die Höhe oder bedeuten einen finanziellen Aderlass. Anleihe-Investoren wollen aber vor allem eines: solide Finanzen und einen sicheren Zahlungsfluss aus Zinsen und Tilgung. Was beide Gruppen allerdings verbindet, ist die Erwartung, dass der Emittent langfristig erfolgreich und solvent bleibt.

Zusätzliche Sicherheiten für Anleihekäufer

Wenn es um einen Konsumentenkredit geht, ist die erste Frage der Bankberater immer die nach den Sicherheiten. Auch Anleihekäufer sollten sich eine Anleihe gezielt danach aussuchen, inwieweit ihnen der Emittent gesonderte Sicherheiten einräumt.

Auch deshalb gehen private Schuldner dazu über, ihre Gläubiger durch spezielle, in den Emissionsbedingungen verankerte Schutzklauseln, so genannte Covenants, abzusichern. Die gängigste Form ist dabei die ☞ **Negativklausel**. Damit verpflichtet sich der Emittent, die Käufer zukünftiger Anleihen hinsichtlich der Besicherung nicht besser zu stellen als die Inhaber der aktuell herausgegebenen Anleihe – beispielsweise durch Einräumung zusätzlicher Grundschulden oder Pfandrechte.

Relativ neu sind Step-up-Kupons. Das heißt, wenn die Rating-Agenturen die Kreditwürdigkeit des Schuldners während der Laufzeit abwerten, steigen die Zinsscheine der Anleihe automatisch um einen bestimmten Prozentsatz – beispielsweise einen halben Prozentpunkt.

Achtung, Steuerfalle!

Die deutschen Finanzbehörden stufen Anleihen mit einem Step-up-Kupon als so genannte Finanzinnovation (→ Seite 381) ein. Folge: Kursgewinne bleiben auch nach Ablauf der Spekulationsfrist von einem Jahr als Einkommen aus Kapitalvermögen steuerpflichtig.

Eine besondere Form der Besicherung sind so genannte ☞ **Asset-backed Securities**. Dabei wird eine Anleihe mit konkreten Forderungen des Emittenten besichert. Das können beispielsweise vergebene Kredite sein, aber auch Forderungen aus erbrachten Lieferungen und Leistungen – oder etwa die Abtretung zukünftige Provisions- und Lizenzeinnahmen. Es liegt auf der Hand, dass die Qualität solcher Anleihen mit der Werthaltigkeit dieser zur Absicherung angebotenen Forderungen steht und fällt. Um das zu beurteilen, gilt bei dieser Art des festverzinslichen Wertpapiers das Gleiche wie bei jeder Unternehmensanleihe: Eine genaue Analyse auf Basis möglichst unabhängiger Quellen – beispielsweise Rating-Agenturen und Analysten – ist empfehlenswert.

Problem: Handel

Nicht nur die Frage nach der Bonität ist ein Problem, es gibt bei Unternehmensanleihen ein weiteres: Viele Emissionen richten sich eher an institutionelle Investoren und nicht an Privatanleger. Entsprechend hoch sind die Nennwerte gestückelt. 1 000 Euro sind die Regel und 5 000 oder 10 000 Euro keine Seltenheit. Eine weitere Schwierigkeit: Der Markt für Corporate Bonds ist sehr unübersichtlich. Ein Großteil des Handels wird zudem über den Freiverkehr oder außerbörslich im Telefonhandel abgewickelt. Auch hier gilt also: Mangelnde Transparenz und Liquidität muss der Anleger bei seiner Kaufentscheidung mit berücksichtigen.

TIPP

Setzen Sie Limits für Käufe und Verkäufe von Unternehmensanleihen. Weil die Liquidität oftmals zu wünschen übrig lässt, gehen Sie andernfalls das Risiko ein, zu Kursen zu kaufen, die zwar marktgerecht, aber, gemessen an der Laufzeit des Papiers und/oder der Bonität des Schuldners überteuert sind.

Problem: Kursinformationen

Ein weiteres Problem bei vielen Unternehmensanleihen, aber auch bei Papieren anderer Schuldner ist es, aktuelle Preise zu finden. Es gibt keinen zentralen Kurszettel und auch kein Verzeichnis aller umlaufenden Emissionen. Zur Unübersichtlichkeit trägt zusätzlich bei, dass größere Emittenten nicht selten mehrere Anleihen ausgegeben haben. KONTAKT ▶

☞ **Negativklausel:** Diese Klausel wird auch Negativerklärung oder Negativverpflichtung genannt.

☞ **Asset-backed Securities:** Aus dem Englischen frei übersetzt mit „mit Vermögensgegenständen unterlegte Wertpapiere".

▶ KONTAKT

Es gibt im Internet einige Anlaufstellen, die helfen, das Angebot an Unternehmensanleihen zu sondieren. Unter anderem:

www.1822direkt.de
www.sbroker.com
www.bondboard.de
www.hsbctrinkaus.de
www.boerse-stuttgart.de

Unternehmensanleihen im Check

- **Beschreibung:** Unternehmensanleihen (Corporate Bonds) sind festverzinsliche Wertpapiere, die von meist börsennotierten Unternehmen ausgegeben werden.
- **Chance:** In vielen Fällen deutlich höhere Verzinsung als bei Bundesanleihen mit vergleichbarer Laufzeit. Höhe des Renditeaufschlags (Spread) abhängig von der Bonität des Emittenten.
- **Risiko:** Ausfallrisiko gegenüber Bundeswertpapieren vergleichsweise hoch. Außerdem: Bei kleineren Emissionen findet kaum Handel statt, daher ist ein vorzeitiger Verkauf in der Regel oft nur mit Kursabschlägen möglich. Darüber hinaus besteht die Gefahr von Kursverlusten durch Verschlechterung der Bonität während der Laufzeit (→ Seite 250).
- **Geeignet für:** Anleger, die bereit sind, auch bei Anleihen höhere Risiken einzugehen.
- **Alternativen:** Staatsanleihen mit vergleichbarer Bonität (→ Seite 247), spezielle Rentenfonds (→ Seite 298).

Plus

- Mittlerweile breites Angebot von Anleihen unterschiedlicher Emittenten. Dadurch ist Risikostreuung möglich.
- Vergleichsweise hohe Verzinsung.

Minus

- Unübersichtliches Angebot.
- Informationen über einzelne Anleihen unter Umständen schwer zu bekommen.
- Ausfallrisiko kann sich während der Laufzeit deutlich erhöhen.
- Beim Kauf fallen bankübliche Spesen und für die Verwahrung Depotgebühren an.
- Handel teilweise nur außerbörslich möglich.

Aus aller Herren Länder: Supranationale und internationale Schuldner

Nicht nur die Bundesrepublik, sondern auch andere Staaten legen Euro-Anleihen auf – sowohl aus Euroland, als auch aus anderen Teilen der Erde. Dazu kommen so genannte supranationale Schuldner. Das sind Finanzinstitutionen, die keinem einzelnen Land zuzurechnen sind – wie zum Beispiel die Weltbank. Der Unterschied: Im Gegensatz beispielsweise zur Bundesrepublik Deutschland, die ihre Bundesobligationen und -anleihen am heimischen Kapitalmarkt begibt, nutzen supra- und internationale Schuldner den ☞ Euromarkt.

☞ Euromarkt: Der Begriff hat zunächst einmal nichts mit der gleichnamigen Währung zu tun und ist auch nicht in Euroland beheimatet, sondern bezeichnet einen internationalen, quasi virtuellen Kapitalmarkt, auf dem Schuldner Anleihen sehr oft in für sie fremder Währung begeben. Der Euromarkt findet nicht an einer einzelnen Börse statt und unterliegt auch keinen besonderen gesetzlichen Vorschriften. Er ist am ehesten mit einer Freihandelszone speziell für Anleihen vergleichbar. Dabei wird der Handel weltweit von Banken und Handelshäusern organisiert und läuft per Telefon und Computer ab. Auch auf dem Euromarkt gibt es für einzelne Anleihen spezielle Bezeichnungen. Auf japanische Yen lautende Papiere werden zum Beispiel als „Samurai-Bonds" bezeichnet, US-Dollar-Anleihen als „Yankees".

Staatsanleihe – damit verbinden die meisten Anleger Sicherheit. Doch spätestens Anfang 2002 hat sich gezeigt, dass das ein Irrtum ist. Zu diesem Zeitpunkt hat nämlich Argentinien die Zinszahlungen auf seine Auslandsanleihen aufgrund von Liquiditätsproblemen eingestellt – ein bei Staatsanleihen bis dahin noch nie eingetretener Fall, obwohl es schon in den Jahren davor immer wieder vorgekommen ist, dass einzelne Staaten Probleme hatten, ihre Anleihen zu bedienen. So hat beispielsweise die Ukraine einige Jahre zuvor mit ihren Gläubigern eine Umschuldung in länger laufende und niedriger verzinste Papiere vereinbart. Auf diese Weise konnte ein „default" verhindert werden, wie es in der internationalen Finanzsprache heißt, wenn eine Anleihe notleidend wird.

Grundsätzlich gilt also auch bei der Gruppe der staatlichen und supranationalen Schuldner: Jeder Emittent ist in unterschiedlichem Maße kreditwürdig, was sich in entsprechenden Zinsspreads und in den Ratingnoten niederschlägt. Und am Ende ist es auch hier nicht ausgeschlossen, dass Anleihen nicht mehr bedient werden.

Inter- und supranationale Schuldner im Check

- **Beschreibung:** Anleihen internationaler Schuldner wie Staaten und länderübergreifende Finanzinstitutionen.
- **Chance:** In vielen Fällen deutlich höhere Verzinsung als bei Bundesanleihen mit vergleichbarer Laufzeit. Höhe des Renditeaufschlags (Spread) abhängig von der Bonität des Emittenten.
- **Risiko:** Ausfallrisiko vergleichsweise hoch. In vielen Fällen illiquider Handel. Zusätzlich Kursverluste durch die Verschlechterung der Bonität während der Laufzeit möglich.
- **Geeignet für:** Anleger, die bereit sind, auch bei Anleihen höhere Risiken einzugehen.
- **Alternativen:** Unternehmensanleihen mit vergleichbarer Bonität, spezielle Rentenfonds (→ Seite 298).

Plus

- Breite Palette von internationalen Schuldnern unterschiedlicher Bonität. Dadurch ist Risikostreuung möglich.

Minus

- Unübersichtliches Angebot.
- Informationen über einzelne Anleihen unter Umständen schwer zu bekommen.
- Ausfallrisiko kann sich während der Laufzeit deutlich erhöhen.
- Beim Kauf fallen die banküblichen Spesen und für die Verwahrung Depotgebühren an.

Anlagestrategien

Die Grundsätze für eine Anlagestrategie bei Anleihen sind dieselben wie bei Aktien:
→ Die Analyse des Zinstrends am Kapitalmarkt, der Zinsstruktur und der Bonität der unterschiedlichen Emittenten beziehungsweise Papiere einerseits und andererseits die persönliche Positionierung hinsichtlich Anlagehorizont, Risikoneigung und Bereitschaft, sich aktiv um sein Depot zu kümmern, sind die Kriterien auf deren Basis eine Strategie entwickelt werden sollte.

Für vorsichtige Anleger

Anleger, die absolut kein Risiko eingehen und sich auch nicht mit ihren Zinspapieren beschäftigen wollen, verfolgen eine „Kaufen-und-halten"-Strategie mit Bundesschatzbriefen. Sie lassen die Schätzchen bis zur Fälligkeit im Depot und investieren das Kapital sofort wieder in die dann aktuelle Serie. Wer regelmäßig Geld anlegen möchte, nutzt die Möglichkeiten eines Dauerauftrags bei der Bundeswertpapierverwaltung (→ Seite 242). Die Einrichtung eines kostenfreien Depots bei der BWpV ist bei dieser Strategie ohnehin empfehlenswert, denn Spesen und Depotgebühren zehren empfindlich an der Rendite.

Steigen die Zinsen stark an, werden die Papiere unter Berücksichtigung des maximalen Rückgabebetrags (→ Seite 239) in höher verzinste Papiere umgeschichtet. Unabhängig davon konnten Anleger mit der „Kaufen-und-halten"-Strategie in den vergangenen 20 Jahren im Schnitt rund 6,8 Prozent pro Jahr erzielen. Einige Zehntelprozentpunkte mehr Rendite brachte die gleiche Strategie mit länger laufenden Bundesanleihen.

Wer noch ein wenig mehr Rendite erzielen möchte, ohne Abstriche bei der Sicherheit der Anleihen zu machen, greift zu langlaufenden Pfandbriefen – aber nur dann, wenn die Laufzeit exakt mit der geplanten Anlagedauer übereinstimmt. In diesem Fall steigt die Durchschnittsrendite bezogen auf die vergangenen 20 Jahre auf rund 7,3 Prozent.

Alternative: Mischung von Laufzeiten

Die Alternative für Anleger, die nicht spekulieren wollen, besteht darin, Bundesanleihen und -obligationen zu kaufen, dabei möglichst viele Laufzeiten zu mischen und die einmal gewählte Struktur beizubehalten. Das geschieht, indem fällige Papiere durch neue, langlaufende Titel ersetzt werden. Der Vorteil ist, dass der Anleger damit langfristig auf jeden Fall von zwischenzeitlichen Zinsänderungen profitiert – gleich, in welche Richtung sich die Sätze entwickeln.

Wie viele verschiedene Anleihen (und damit Laufzeiten) der Anleger kauft, hängt in erster Linie von seinem Anlagekapital ab. Bei einer sechsstelligen Summe sollte er ein gleichgewichtetes Depot aus zehn Anleihen mit Laufzeiten zwischen ein und zehn Jahren zusammenstellen. Die Konsequenz dieses Ansatzes: Der Anleger muss sich jedes Jahr um die Wiederanlage des fälligen Papiers kümmern. Die jährlichen Umschichtungen verursachen außerdem in aller Regel Kosten.

Die Sparvariante für den schmalen Geldbeutel

Wer weniger Geld zur Verfügung hat, kauft eine kleinere Anzahl von Anleihen und baut sich ein so genanntes Leiterdepot zusammen – beispielsweise mit fünf Anleihen, deren Laufzeiten zwei, vier, sechs, acht und zehn Jahre betragen. Dadurch dass es Lücken zwischen den „Sprossen" gibt, steigt auf der einen Seite die Zinsempfindlichkeit des Gesamtdepots, andererseits sinken die Transaktionskosten.

Wenn das Geld zu einem bestimmten Termin benötigt wird

Wer dagegen von vornherein weiß, dass er sein Geld zu einem bestimmten Zeitpunkt benötigt, sollte ein Papier mit einer exakt passenden Laufzeit wählen. Zerobonds (→ Seite 225) und aufgezinste Bundesschatzbriefe Typ B (→ Seite 239) sind ideal für Anleger, die sich um die zwischenzeitliche Wiederanlage fälliger Zinsen nicht kümmern möchten und nicht die steuerlichen Nachteile der ab- beziehungsweise aufgezinsten Anleihen fürchten müssen, weil sie beispielsweise mit ihren relativ geringen Anlagebeträgen die steuerlichen Freibeträge (→ Seite 372) kaum ausschöpfen.

Zerobonds im Do-it-yourself-Verfahren

Seit Mitte 1997 kann jede Bundesanleihe „gestrippt" werden, wie es in der Fachsprache heißt. Der Begriff „strip" steht als Abkürzung für den englischen Ausdruck „**S**eparate **T**rading of **R**egistered **I**nterest and **P**rincipal Securities". Frei übersetzt heißt das, dass ein Rentenpapier in seine Bestandteile zerlegt wird.

Eine zehnjährige Anleihe mit jährlicher Zinszahlung wird mit diesem Kunstgriff in zehn Zinskupons, die so genannten Zins-Strips, und den zinslosen Mantel, den Kapital-Strip, aufgeteilt. Auf diese Weise wird jeder Kupon und die Schuldurkunde zu einer eigenständigen kleinen Nullkuponanleihe, die nach der Trennung einzeln an der Börse gehandelt werden.

Wer zum Beispiel den Mantel einer im Jahre 2005 fälligen Bundesanleihe kauft, erhält am Fälligkeitstermin den Nominalwert zurück. Zinszahlungen während der Laufzeit gibt es nicht, denn dazu müsste er auch die dazugehörigen Kupons besitzen.

Selbstverständlich ist der Mantel ohne Kupons wesentlich weniger wert als mit Zinsscheinen. Eine zehnjährige Bundesanleihe würde auf Basis einer angenommenen Verzinsung von 4,75 Prozent nach sofortiger Abtrennung der Zinsscheine zu einem Kurs von rund 63 Prozent notieren.

Auch die Kupons werden durch die Anpassung ihres Kurses auf den so genannten Gegenwarts-

wert abgezinst. Eine Zinszahlung von 100 Euro in einem Jahr ist bei einem einjährigen Zinsniveau von 3 Prozent zum Abtrennungszeitpunkt rund 97,09 Euro wert.
Der Preis des Mantels sowie aller Kupons zusammen ergeben wiederum den Ausgabe- bzw. Börsenkurs der Anleihe.

So viel kosten Mantel und Kupons[1]

Mantel	61,39
Kupon 1. Jahr	4,76
Kupon 2. Jahr	4,54
Kupon 3. Jahr	4,32
Kupon 4. Jahr	4,11
Kupon 5. Jahr	3,92
Kupon 6. Jahr	3,73
Kupon 7. Jahr	3,55
Kupon 8. Jahr	3,38
Kupon 9. Jahr	3,23
Kupon 10. Jahr	3,07
Summe:	**100,00**

[1] Bei einer Emissionsrendite von 5 Prozent, 10 Jahre Laufzeit, Ausgabekurs: 100 Prozent, Nennwert: 100 Euro.

Für chancenorientierte Anleger

Anleger, die bereit sind, sich intensiver mit den Zinstrends an den Kapitalmärkten zu beschäftigen, können eine etwas spekulativere Strategie verfolgen. Dazu gewichten sie einzelne Laufzeiten in ihrem Depot stärker als andere, um so eine erwartete Zinsbewegung gezielt auszunutzen.

Wenn die Zinsen steigen
Wer allgemein steigende Zinsen erwartet, kauft Anleihen mit kurzer Laufzeit oder parkt sein Geld in Geldmarktfonds (→ Seite 299) und auf Tagesgeld- und Termingeldkonten bei Banken. Eine Alternative sind in diesem Fall Floater, deren Kupon laufend an die aktuelle Zinsentwicklung angepasst wird (→ Seite 225).

Wenn die Zinsen sinken
Umgekehrt sieht das Vorgehen aus, wenn der Anleihekäufer auf sinkende Zinsen vor allem im langfristigen Bereich spekuliert. In diesem Fall gewichtet er zehnjährige und länger laufende Papiere erstklassiger Emittenten stärker oder setzt ganz auf sie – je nach persönlicher Risikoneigung. Denn Langläufer versprechen den größten Kursgewinn, wenn es mit den Marktrenditen bergab geht.

Wer dabei allerdings zu nominell hoch verzinsten Anleihen greift, verschenkt Renditechancen. Papiere mit einem niedrigeren Kupon besitzen bei annähernd gleicher Laufzeit und effektiver Rendite die höhere Zinselastizität und damit das größere Kurspotenzial in einer Zinsabschwungphase. Der Grund dafür liegt darin, dass die Duration einer Anleihe bei sonst annähernd gleichen Ausstattungsmerkmalen umso größer ist, je niedriger der Kupon ist (→ Seite 237). Die höchste Zinssensibilität weisen nach dieser finanzmathematischen Gesetzmäßigkeit Zerobonds auf. Sie sind deshalb für eine Spekulation auf sinkende Zinsen am besten geeignet.

Steuervorteile und -nachteile beachten!
Anleihepapiere mit niedrigem Kupon weisen nicht nur höhere Kurschancen bei Zinssenkungen auf. Sie sind auch steuerlich vorteilhafter. Sofern die Anleihe mit einem steuerunschädlichen Disagio emittiert wurde, ist der Rückzahlungsgewinn bei der Einlösung zum Nennwert steuerfrei – wenn der Anleger die einjährige Spekulationsfrist eingehalten hat.
Wesentlich komplizierter ist dagegen ein vorzeitiger Verkauf von Zerobonds. Unter spekulativen Gesichtspunkten mag er sich eventuell lohnen. Steuerlich gesehen ist es allerdings eine Angelegenheit mit vielen Fußangeln (→ Seite 360).

☞ Junkbonds (engl.): Frei übersetzt „Ramschanleihen".

☞ High-Yield-Aneihe: Aus dem Englischen übersetzt: „Hochzinsanleihe".

Für risikobereite Anleger

Anleger, die auch bei der Anlage in Anleihen bereit sind, größere Risiken einzugehen, haben die Möglichkeit, neben einer entsprechend hohen Gewichtung einzelner Laufzeiten die spekulative Ausrichtung ihres Anleihedepots auch durch eine stärkere Differenzierung der Schuldnerqualität zu unterstützen. Beispielsweise können sie erstklassige Staatsanleihen mit Unternehmensanleihen von Schuldnern guter oder durchschnittlicher Bonität mischen. Noch spekulativer ist es, ausschließlich Anleihen mit unterdurchschnittlicher Bonität (Ratingnote BB+ beziehungsweise Ba1 und schlechter) zu kaufen. Dabei gilt folgender Grundsatz: Je geringer die Schuldnerqualität der Anleihe – bei hochverzinslichen Bonds im Rating-Bereich B bis C sprechen Anleihenexperten auch von ☞ **Junkbonds** oder ☞ **High-Yield-Anleihen** –, desto wichtiger ist es für den Anleger, möglichst viele verschiedene Anleihen von Schuldnern aus unterschiedlichen Märkten und Branchen zu kaufen. Diese Empfehlung erinnert nicht zu Unrecht an die Grundregeln, die bei der Anlage in Aktien (→ Seite 23) gelten. Denn das Risiko dieser Papiere steht dem der Dividendentitel kaum nach.

■ **TIPP**

Je spekulativer Sie Ihr Anleiheninvestment ausrichten, desto stärker müssen Sie sich an den wichtigsten Kriterien der Aktienanlage orientieren (breite Streuung, laufende Umschichtung, permanente Beobachtung des Depots und so weiter, → Seite 23).

Welche Anleihe für welchen Zweck?

Anlageziel: Der Anleger ...	Geeignete Anleihen
will sein Geld eher kurzfristig für einen festen Zeitraum und ohne jegliches Risiko anlegen.	Finanzierungsschatz, Bankschuldverschreibung (Kurzläufer), Bundesschatzbrief (bis 5 000 Euro)
will eine langfristige Anlage mit der Möglichkeit, vorzeitig und ohne Kursrisiko auszusteigen.	Bundesschatzbriefe
will regelmäßig einen kleinen Betrag in festverzinsliche Wertpapiere anlegen.	Bundesschatzbriefe
geht von steigenden Zinsen aus und will mittel- bis langfristig anlegen.	Floater
geht von sinkenden Langfristzinsen aus und will eine sichere Anleihe, die er jederzeit zu einem marktgerechten Kurs verkaufen kann.	Bundesanleihe
will eine sichere, aber renditestarke Anleihe, die er voraussichtlich bis zum Ende der Laufzeit hält.	Pfandbrief, Bankschuldverschreibung
will langfristig Geld anlegen, ohne sich um die Wiederanlage der Zinsen kümmern zu müssen.	Nullkuponanleihen, Bundesschatzbrief Typ B
will mittel- bis langfristig anlegen und auf vorzeitige Verkaufsmöglichkeit bewusst zugunsten einer höheren Verzinsung verzichten.	Nicht börsennotierte Bankschuldverschreibungen, unter Umständen Pfandbriefe mit geringem Emissionsvolumen
ist bereit, höhere Risiken in Kauf zu nehmen zugunsten einer höheren Verzinsung.	Unternehmens- und Staatsanleihen minderer Bonität
will nur geringe Abstriche bei der Bonität machen, trotzdem eine höhere Verzinsung erzielen.	Währungsanleihen und Unternehmensanleihen mit vergleichsweise hoher Bonität

CHECKLISTE

Strategie:

- ✔ Deckt sich die Laufzeit der Anleihe beziehungsweise der Zeithorizont ihrer Anleihestrategie mit Ihrer geplanten Anlagedauer? Machen Sie sich im anderen Fall bewusst, dass mit einem vorzeitigen Verkauf Kursrisiken verbunden sind (→ Seite 234).
- ✔ Entspricht die ins Auge gefasste Anleihe Ihrem Anlageziel beziehungsweise Ihrer Anleihestrategie (→ Seite 253)?
- ✔ Haben Sie Ihre Anleihestrategie mit der aktuellen Zinsstruktur (→ Seite 235) beziehungsweise mit Ihren eigenen Zinserwartungen abgestimmt?
- ✔ Wollen Sie eine risikolose „Kaufen-und-halten"-Strategie verfolgen oder bewusst auf Veränderungen des allgemeinen Zinsniveaus spekulieren? Achten Sie im letztgenannten Fall darauf, wie stark der Anleihekurs auf Veränderungen der Marktzinsen reagiert (→ Seite 237).

Ausstattung:

- ✔ Haben Sie sich über die wesentlichen Ausstattungsmerkmale der Anleihe (Laufzeit, Zinszahlungstermine beziehungsweise -rhythmus, feste oder variable Verzinsung) informiert? Kann die Anleihe vom Schuldner vorzeitig gekündigt werden?

Rendite:

- ✔ Bietet die Anleihe eine orientiert an den Marktverhältnissen und der Bonität des Schuldners angemessene Rendite?
- ✔ Welche Renditen werden, getrennt nach Laufzeiten, für Papiere erstklassiger Bonität – insbesondere Bundeswertpapiere – aktuell am Markt gezahlt? Über Neuemissionen können Sie sich bei Ihrem Bankberater oder in einer überregionalen Tageszeitung informieren. Bei laufenden Anleihen können Sie die Renditen mithilfe eines Computerprogramms nachrechnen (→ Seite 230) oder Sie finden sie im Kursteil einer überregionalen Tageszeitung.
- ✔ Bei Festpreisgeschäften: Haben Sie sich die Netto-Rendite ausrechnen lassen? Liegt Sie deutlich höher als die eines vergleichbaren Bundeswertpapiers?
- ✔ Für steuersensible Anleger: Gibt es am Markt Anleihen, die bei vergleichbarer Bonität und Laufzeit zu einem deutlich niedrigeren Kurs bei ähnlicher Rendite gehandelt werden? Sie sind die bessere Wahl!

Risiko:

- ✔ Wie gut ist die Bonität des Schuldners? Haben Sie Ihren Bankberater nach einer eventuell vergebenen Ratingnote (→ Seite 247) von einer der beiden führenden Kreditagenturen gefragt oder im Internet beziehungsweise im Kursteil der Tageszeitung nachgesehen?
- ✔ Haben Sie sich mit den unternehmensspezifischen Risiken und den Marktrisiken beschäftigt, denen der Schuldner ausgesetzt ist (→ Seite 249)?

Liquidität:

- ✔ Wie groß ist das Volumen der Emission? Wird das Papier an der Börse eingeführt und wenn ja, in welchem Segment (→ Seite 69)? Oder organisiert der Emittent beziehungsweise dessen Hausbank einen außerbörslichen Handel?
- ✔ Haben Ihre Order gegebenenfalls limitiert?

EURO
GEB. ECU
EUROPÄISCH
MAASTRICHT
MAI 1998
N
01.01.2002
€
EUROPÄISCHE UNION
Lian Xian
Lianshan
Huaiji
Guangning
Qingyuan
Conghua
Hua Xian
Zengcheng
Sihui
GUANGZHOU
Sanshui
FOSHAN
DONGGUAN
SHUNDE
Heshan
Xinxing
JIANGMEN
ZHONGSHAN
SHENZHEN
Huiyang
Huidong
Kaiping
Enping
Taishan
Doumen
ZHUHAI
MACAO
(AOMEN)
KOWLOON (JIULONG)
HONG KONG
Shanwei
Zhelang
Lufeng
Jieshi
Haifeng
Kuitan
Huilai
Puning
SHANTOU
Jieyang
Fengshun
Fengliang
Anliu
Suqu
Jiexi
Luhe
Lianhua Shan

Währungsanlagen: Spiel ohne Grenzen

Die Anlage in eine Währung ist für sich noch kein eigenständiges Investment. Dennoch stellen Währungspapiere bei der Depotaufteilung eine gesonderte Vermögensklasse dar. Gerade bei Aktien ist es wichtig, weltweit einzukaufen, um eine sinnvolle Streuung zu erzielen und die Anlagechancen rund um den Globus zu nutzen. Bei einer langfristigen Anlage ist der Einfluss des Wechselkurses dabei eher von zweitrangiger Bedeutung. Bei Anleihen sind Währungstitel vor allem dann interessant, wenn sie bei gleicher Bonität höhere Zinsen bieten als ein auf Euro laufendes Papier. Wenn allerdings während der Laufzeit der Devisenkurs anzieht, ist der Zinsvorteil schnell zunichte gemacht. Zukünftige Devisenkursentwicklungen sind natürlich genauso wenig vorhersehbar wie beispielsweise Aktienkurse. Dennoch: Wer die wichtigsten Einflussfaktoren für den Wechselkurs kennt, ist am ehesten in der Lage, die Chancen und Risiken verschiedener Währungspapiere abzuschätzen.

Yen, Pfund & Co.: Rechnung mit Unbekannten

An den Börsen in Euroland werden seit Anfang 1999 die Kurse ausschließlich in Euro berechnet. Für deutsche Anleger eine feine Sache, denn seitdem brauchen sie sich, wenn sie sich zum Beispiel für eine spanische Staatsanleihe oder für Aktien eines französischen Automobilproduzenten interessieren, keine Gedanken mehr über den ☞ Währungs- beziehungsweise Wechselkurs zu machen.

☞ Währungskurs: Auch Wechselkurs genannt. Er gibt das Preis- beziehungsweise Tauschverhältnis zwischen zwei Währungen an.

Beim Kauf einer US-amerikanischen Staatsanleihe oder von Aktien eines japanischen Elektrokonzerns sieht das ganz anders aus. In diesen Fällen schließt der Anleger faktisch jeweils zwei Geschäfte ab. Als erstes den reinen Wertpapierkauf und parallel dazu als zweites ein entsprechendes Währungsgeschäft. Denn um die Papiere am Abrechnungstag bezahlen zu können, muss der deutsche Anleger, dessen Depot in Euro geführt wird, vorher – um beim Beispiel zu bleiben – US-Dollar beziehungsweise japanische Yen am Devisenmarkt gegen Euro kaufen. ☞ Devisen

☞ Devisen: Damit werden ausländische Buch- beziehungsweise Girogelder, also Bankguthaben bezeichnet. Im Gegensatz dazu heißen ausländische Banknoten und Münzen Sorten.

Umgekehrt erhält er beim Verkauf von seinem Handelspartner den Gegenwert des Geschäfts in der jeweiligen Währung, die dann in Euro getauscht werden muss, damit der Betrag dem eigenen Konto gutgeschrieben werden kann. Seltene Ausnahme: Der Anleger unterhält bei seiner Depotbank ein entsprechendes Währungskonto, über das die Transaktion abgewickelt wird.

Mit dem Kauf von Wertpapieren, die nicht auf Euro lauten, geht der Anleger ein Währungsgeschäft ein, das zusätzliche Chancen, aber auch Risiken bietet.

Die Tücken von Währungspapieren

Viele internationale Aktien werden im Freiverkehr einer deutschen Börse in Euro gelistet. Auf den ersten Blick entfällt dadurch der direkte Währungstausch. Aber natürlich orientieren sich die Makler bei ihrer Kursstellung (→ Seite 82) an den Kursen der jeweiligen Heimatbörsen und rechnen diese zum aktuellen Devisenkurs in Euro um.

Das alles scheint zunächst von rein technischer Bedeutung zu sein. Doch die Kurseffekte, die bei Währungspapieren aus diesen „Koppelgeschäften" entstehen, können mitunter erheblich sein. Wertpapier- und Währungskurse entwickeln sich nämlich erfahrungsgemäß unabhängig voneinander. Der Kursgewinn einer ausländischen Aktie oder der Zinsertrag einer Währungsanleihe kann zum Beispiel durch eine gleichzeitig in die Gegenrichtung laufende Währungsaufwertung gemindert oder gar aufgezehrt werden.

Aufwertung ...

Eine Aufwertung bedeutet, dass etwa der Euro nach dem Kauf gegenüber der entsprechenden Währung an Wert gewinnt. Er zeigt Stärke, wie es bei den Experten heißt. In diesem Fall bekommt der deutsche Anleger für eine Einheit des ausländischen Zahlungsmittels weniger Euro zurück, als er ursprünglich dafür zahlen musste.

... und Abwertung

Natürlich ist auch der umgekehrte Fall möglich: Der Euro verliert am Devisenmarkt gegenüber der entsprechenden Währung an Wert – er tendiert schwächer, wie die Börsianer sagen. Das heißt, es findet eine Abwertung statt. Diese für den deutschen Anleger günstige Wechselkursentwicklung kann die Rendite zusätzlich verbessern oder eine Fehlspekulation ausbügeln, denn er bekommt für eine Einheit des ausländischen Zahlungsmittels mehr Euro zurück, als er ursprünglich dafür zahlen musste.

Der Devisenhandel: Markt mit eigenen Regeln

Die Preise beziehungsweise Austauschverhältnisse der wichtigsten ausländischen Währungen wie beispielsweise des US-Dollars, des britischen Pfundes und des Schweizer Frankens werden nicht willkürlich von Banken oder anderen Finanzinstitutionen festgelegt. Sie ergeben sich ebenso wie die Kurse bei Aktien und Anleihen aus Angebot und Nachfrage und dem laufenden Handel an den Devisenbörsen. Dabei schwanken die Kurse völlig frei, floaten, wie es in der Fachsprache heißt, gegen alle anderen Währungen.

Im Gegensatz dazu stehen feste Wechselkurse, die von den nationalen Notenbanken bestimmt werden. Dies war zum Beispiel zum Start der ersten Phase der Währungsunion zwischen den Teilnehmerländern der Fall. Daneben werden die Kurse vieler eingeschränkt ☞ konvertibler Währungen staatlich fixiert.

Jahrelang war die deutsche Devisenbörse Bestandteil der Frankfurter Börse. Seit dem 1. Januar 1999 hat sich dies grundlegend geändert. Mit diesem Datum wurde das amtliche Fixing für die wichtigsten ☞ Nicht-Euro-Währungen eingestellt.

Seitdem läuft der Handel außerbörslich unter Banken und Handelshäusern ab, wobei jedes Institut individuelle Devisen-Geld- und -Briefkurse (→ Seite 66) stellt. Aus den Handelskursen einer Reihe ausgesuchter Banken ermittelt die Europäische Zentralbank (EZB) dann einmal pro Tag etwa gegen 14.00 Uhr einen so genannten Referenzkurs, der allerdings nur repräsentativen Charakter hat.

Praktische Folge der Euro-Einführung

Für Anleger, die Währungsgeschäfte tätigen, hat sich dadurch die Situation im Vergleich zu früher verschlechtert, denn es gibt zum Beispiel für den US-Dollar keine amtlichen Kurse mehr, auf deren Basis entsprechende Devisengeschäfte abgerechnet werden müssen und auf die sich Bankkunden bis dahin berufen konnten.

Nunmehr legt jedes Institut selbst fest, nach welchen Regeln die Kurse für Währungsan- und -verkäufe hausintern festgestellt werden. Die Großbanken (Commerzbank, Deutsche Bank, Dresdner Bank und Hypovereinsbank) haben sich beispielsweise darauf geeinigt, dass das „hausinterne Fixing" gleichzeitig, etwa gegen 13.00 Uhr, stattfindet. Auf diese Weise treten nur geringfügige Abweichungen von Institut zu Institut auf. Zudem können die Kunden dieser Häuser davon ausgehen, dass sie bei diesem transparenten Verfahren marktgerechte Kurse erhalten.

Mit Kreide und Tafel – Devisenfixing zu Vor-Euro-Zeiten

Das Bild ging in regelmäßigen Abständen über die Nachrichtenagenturen – vorzugsweise wenn der Kurs des US-Dollars wieder einmal einen neuen Hoch- oder Tiefpunkt markiert hatte: In einem gesonderten Handelsraum an der Frankfurter Börse ging ein amtlicher Kursmakler an jedem Handelstag um Viertel nach eins daran, aus den Geboten der Händler und Makler die amtlichen Devisenmittelkurse zu ermitteln – zu fixieren, wie es in der Fachsprache heißt.
Das Prozedere war in jedem Detail festgelegt. Der US-Dollar kam stets als Erster an die Reihe. Mit Kreide wurde die Notiz auf vier Stellen hinter dem Komma auf eine Schiefertafel geschrieben. Dann folgten Gulden, Franken, französischer Franc, Pesete, Lira und so weiter. Mit der Einführung des Euro an den Finanzmärkten der Währungsunion ging diese Ära zu Ende.

☞ **Konvertible Währungen:** Diese Währungen, dazu gehört zum Beispiel der Euro, können in jeder beliebigen Menge ge- und verkauft werden. Bei eingeschränkt konvertiblen Währungen gelten für In- und/oder Ausländer bestimmte Einschränkungen. Devisentransaktionen können zum Beispiel auf Waren- und Dienstleistungsgeschäfte beschränkt werden.

☞ **Nicht-Euro-Währungen:** Eine amtliche Kursnotiz wurde vorher für US-Dollar, Can-Dollar, japanischer Yen, Schweizer Franken, britisches Pfund, norwegische, dänische und schwedische Krone festgestellt.

Einheitlich bei allen Instituten ist, dass gegenüber den auf diese Weise festgestellten Devisenmittelkursen dann noch ein jeweils einheitlicher Ab- beziehungsweise Zuschlag für den Geld- beziehungsweise Briefkurs vorgenommen wird – beim US-Dollar beispielsweise jeweils 0,3 US-Cent. KONTAKT ▶

▶ KONTAKT
Eine Homepage, die den Besuch lohnt, ist **www.commerzbank.de.** Dort finden sich aktuelle, institutseigene Devisenkurse, Erläuterungen zur Kursfeststellung und ausführliche Devisenkursanalysen (Menüpunkt „Devisen-Research/Kurse“).

Neue Währung, neues Kursprinzip

Mit der Einführung des Euro zum 1. Januar 1999 hat sich auch die Art der Devisennotiz geändert. Vor der Euro-Einführung war in Deutschland die so genannte Preisnotierung üblich. Sie gab an, wie viel D-Mark eine feste Menge ausländischer Währung – etwa ein US-Dollar oder 100 japanische Yen – kosteten, beispielsweise 2,15 beziehungsweise 1,80 DM.

→ Im Unterschied dazu steht die Mengennotierung. Sie drückt aus, welche Menge ausländischer Zahlungsmittel man für jeweils genau eine Einheit inländischer Währung – also aus der Sicht eines deutschen Anlegers für einen Euro – bekommt, zum Beispiel 0,90 US-Dollar, 0,60 britische Pfund oder 1,45 Schweizer Franken.

Mathematisch gesehen ändert sich das Tauschverhältnis zweier Währungen dadurch nicht. Die Preisnotierung ist lediglich der Kehrwert der Mengennotierung. Für die deutschen Anleger bedeutet die Umstellung allerdings umdenken: Vorher verdienten sie am Wechselkurs, wenn die (Preis-)Notierungen **stiegen** – beim US-Dollar zum Beispiel von 2,10 DM auf 2,20 DM. Dagegen läuft bei der Mengennotierung für sie der Kurs dann in die richtige Richtung, wenn er **fällt** – etwa von 0,90 auf 0,85 US-Dollar für einen Euro.

Auch bei der Verwendung der An- und Verkaufskurse ist Umdenken angesagt. Devisenkäufe deutscher Anleger werden nunmehr zum (niedrigeren) Geld- und Verkäufe zum (höheren) Briefkurs abgewickelt, weil sich die Notierung nunmehr auf den Euro und nicht mehr auf eine bestimmte Menge **ausländischer** Zahlungseinheiten bezieht.

BEISPIEL: Der Anleger benötigt für einen Anleihekauf 1 000 US-Dollar. Die Bank stellt einen Euro/US-Dollar-Geldkurs von angenommen 0,8800 US-Dollar und einen Briefkurs von 0,8860 US-Dollar.

Den Kauf ihres Kunden rechnet sie zum Geldkurs ab:

1 000 **$** : 0,88 = 1 136,36 Euro (gerundet)

Würde der Anleger die Dollar noch am gleichen Tag wieder verkaufen, rechnet die Bank die Transaktion wie folgt ab:

1 000 **$** : 0,8860 = 1 128,67 Euro (gerundet)

Der Anleger muss also im Beispiel mit der Anleihe einen Kursgewinn oder Zinsertrag in Höhe von rund 7,70 Euro erzielen, damit er – konstante Wechselkurse vorausgesetzt – bei dem Geschäft keinen Verlust erleidet.

Mit dem „Erwirtschaften“ des Spreads ist es allerdings nicht getan. Darüber hinaus berechnen nämlich viele Banken und Sparkassen zusätzlich zu den üblichen Spesen und Börsengebühren für die reine Wertpapiertransaktion auch noch Provisionen für den Devisenan- beziehungsweise -verkauf. Die Preisspanne dafür liegt zwischen einem Viertel Promille bis zu einem halben Prozent – von Mindestgebühren abgesehen. Währungsanlagen sind folglich kein billiges Vergnügen.

Was bestimmt den Kurs einer Währung?

Zu wissen, wie bei Währungsanlagen Kauf und Verkauf abgerechnet werden, ist die eine Sache. Noch viel wichtiger ist es allerdings zu erkennen, welche Faktoren den Wechselkurs des Euro und anderer Währungen im Zeitablauf bestimmen. Denn diese Veränderungen sind es, die die Rendite beeinflussen, wenn die Papiere verkauft oder eingelöst werden.

Auch bei der Währungskursanalyse betrachten Experten eine Reihe von wirtschaftlichen Kennzahlen. Ebenso wie bei Aktien und Anleihen gilt: Kein Faktor kann für sich allein den Trend an der Devisenbörse erklären. Es kommt auf das Zusammenspiel an.

Außenhandel

Wie bereits erwähnt, resultiert der Preis einer Währung aus Angebot und Nachfrage. Beide Größen werden in erheblichem Maße vom Warenhandel eines Landes beeinflusst. Jedem internationalen Handelsgeschäft steht schließlich ein entsprechender Zahlungsvorgang in Währung gegenüber. Je nachdem ob ein Land mehr exportiert oder importiert, entsteht daraus ein entsprechendes Devisenangebot beziehungsweise eine Devisennachfrage.
☞ Außenhandelsbilanz

Werden zum Beispiel mehr Waren ex- als importiert, ist die Außenhandelsbilanz positiv. Das heißt, die Importeure müssen die Währung dieses Landes kaufen, um ihre Einfuhren zu bezahlen. Diese Nachfrage sorgt für einen steigenden Außenwert der entsprechenden ☞ Valuta.

Dagegen entwickeln sich die Währungen von Ländern mit negativer Außenhandelsbilanz oftmals schwächer, weil der Kauf fremder Währungen zu einem höheren Angebot an eigenen Zahlungsmitteln führt.

D-Mark-/Dollarkurs: Starke Jahre – schwache Jahre

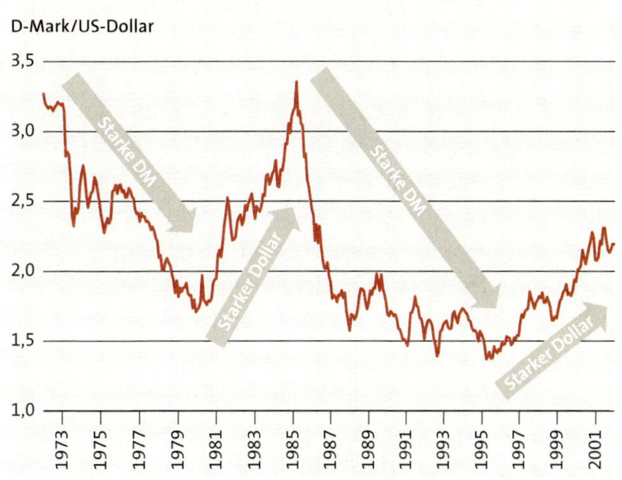

Quelle: Thomson Financial Datastream

Verdienen an Wechselkursveränderungen

Die Kursentwicklung der D-Mark (beziehungsweise seit Anfang 1999 des Euro) zum US-Dollar zeigt, dass es in den vergangenen 30 Jahren Phasen gab, in denen deutsche Anleger an US-Papieren allein aufgrund von Wechselkursveränderungen gut verdienen konnten – nämlich von 1979 bis Ende 1984 und seit 1996. In anderen Phasen sind sie besser gefahren, wenn sie ihr Geld zu Hause statt im ☞ Greenback angelegt haben.

Inflationsrate und Preisniveau

Für die Entwicklung des Außenhandels ist indirekt auch die Inflationsrate von Bedeutung. Steigen die Preise im Inland schneller als im Ausland, können ausländische Produzenten ihre Waren günstiger anbieten als inländische Hersteller. Folge: Der Import zieht an, der Export lässt nach.

Zudem macht es sich auch im Wechselkurs bemerkbar, wenn sich die Kaufkraft einer Währung im direkten Vergleich schneller mindert als die einer anderen – und nichts anderes sagt eine höhere Inflationsrate.

☞ Greenback: In der Finanzsprache Synonym für den US-Dollar.

☞ Außenhandelsbilanz: Sie dokumentiert den Im- und Export eines Landes. Die Außenhandelsbilanz wird regelmäßig von den nationalen Zentralbanken erstellt.

☞ Valuta: Andere Bezeichnung für ausländische Währung.

Eine im internationalen Verhältnis hohe Preissteigerungsrate spricht deshalb für tendenziell schwächere Wechselkurse.

Zinsniveau und Konjunktur

Natürlich werden nicht alle Devisenkursbewegungen durch Handelsgeschäfte ausgelöst. Experten schätzen, dass an den internationalen Devisenmärkten pro Tag der Gegenwert von etwa 1,1 bis 1,3 Billionen Euro umgesetzt wird. Ein erheblicher Teil davon vagabundiert als Anlagekapital zwischen den nationalen Finanzmärkten hin und her und wird in Aktien und Anleihen eines Landes oder direkt in die Wirtschaft investiert.

Hohe Zinsen und eine boomende Wirtschaft wirken wie ein Magnet auf ausländisches Kapital. Folge: Der Außenwert der entsprechenden Währung steigt. Bestes Beispiel dafür sind die USA. Der seit den 90er Jahren andauernde Wirtschaftsaufschwung jenseits des Atlantiks hat dem Kurs des Dollars in den vergangenen Jahren Flügel verliehen – trotz zeitweilig hoher Inflationsraten. Umgekehrt kann ein niedriges Zinsniveau in Verbindung mit einer schwächelnden Wirtschaft den Kurs einer Währung auf Talfahrt schicken. Bestes Beispiel hierfür ist Mitte der 90er Jahre Japan gewesen.

Kursentwicklung wichtiger Währungen gegenüber der D-Mark

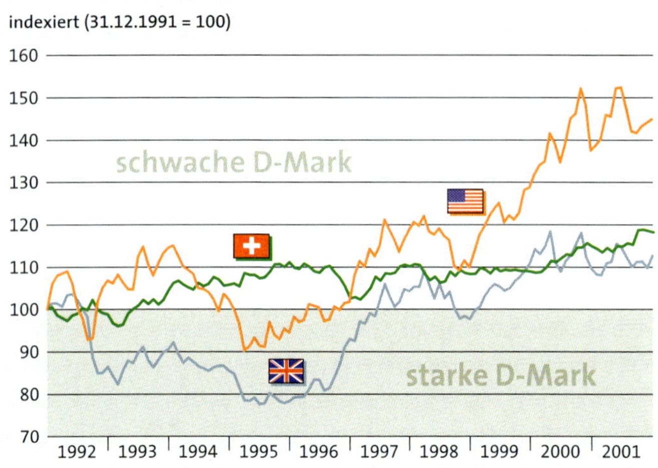

Quelle: Thomson Financial Datastream

Einfluss der Notenbanken

Zum langfristig orientierten Anlagekapital kommen Gelder, die nur wenige Tage oder Wochen in einer Währung angelegt werden, um entsprechende Kursgewinne zu erzielen. Angelockt werden diese Gelder nicht selten durch so genannte Interventionen der Notenbanken. In bestimmten Situationen kaufen beziehungsweise verkaufen die Zentralbanken am Devisenmarkt fremde Währungen, um auf diese Weise den Kurs der eigenen Währung gezielt zu drücken oder zu stützen – beispielsweise um den Export des eigenen Landes zu stimulieren oder zu dämpfen.

Die Wirkung solcher Interventionen ist allerdings zweifelhaft. In der Vergangenheit sind die Aktionen der Notenbanker oft verpufft, weil sie Großinvestoren und Spekulanten dazu ermunterten, gezielt gegen die jeweilige Notenbank zu spekulieren.

Die Macht der Charttechnik

Neben fundamentalen Faktoren spielen bei der Devisenkursentwicklung auch charttechnische Gesichtspunkte (→ Seite 201) eine Rolle. Oft ist zu beobachten, dass die Notierung anders als die Aktienkurse nicht hektisch auf und ab, sondern in langfristigen Trends verläuft (→ Chart, Seite 263).

Untersuchungen der US-Notenbank haben in diesem Zusammenhang gezeigt, dass Devisenkursentwicklungen sehr häufig durch ausgeprägte Unterstützungs- beziehungsweise Widerstandsmarken (→ Seite 203) gekennzeichnet sind. Ein „Durchbrechen" dieser Marken gilt nach den Grundsätzen der Charttechnik als Zeichen für einen Trendwechsel und kann damit als Verkaufs- beziehungsweise Kaufsignal interpretiert werden.

Die Ponzi-List

Charles Ponzi, italienischer Emigrant und mit wirklichem Namen Bianchi, siedelte 1919 nach einem Gefängnisaufenthalt in Montreal nach Boston/USA über. Dort nahm er einen Job bei einer Import-Export-Firma an. Eines Tages erhielt Ponzi mit einer Bestellung aus Spanien einen internationalen Antwortschein, den der Kunde für die Rücksendung der Ware beigelegt hatte. Diese Antwortscheine waren zu einem festen Kurs in Briefmarken einlösbar, der von den teilnehmenden Ländern vorab vereinbart worden war – während die Kurse der entsprechenden Währungen frei schwankten. In diesem Fall war es so, dass der Antwortschein in Spanien den Gegenwert von etwa einem Cent darstellte, in den USA erhielt der Inhaber aber Briefmarken im Gegenwert von sechs Cents. Ponzi hatte eine, seiner Meinung nach, glänzende Idee: Internationale Antwortscheine in einem Land mit schwacher Währung einzukaufen und diese in den USA mit hohem Profit in Briefmarken einzulösen, die er dann zu Geld machen wollte. Das Ganze war natürlich illegal, was ihn allerdings wenig kümmerte. Viel entscheidender war, dass es ihm am notwendigen Startkapital für seine „Geschäftsidee" mangelte. Deshalb gründete er die Securities and Exchange Company (S.E.C.) und begann, Depositenzertifikate, eine Art gedeckter Schuldschein, an interessierte Anleger zu verkaufen. Die Zertifikate garantierten eine Verzinsung von sage und schreibe 50 Prozent innerhalb von 90 Tagen.

Bei einem derartig hohen Zinssatz dauerte es nicht lange und die Interessenten standen Schlange bei der S.E.C. Ponzi musste sogar Personal einstellen, um der Geldmassen, die täglich hereinströmten, Herr zu werden. Nach einigen Monaten kaufte er die alteingesessene Hanover Trust Bank, um seinen Transaktionen einen ehrwürdigen und professionellen Rahmen zu geben. Der Erfolg rief natürlich auch Zweifler auf den Plan: Es dauerte nicht lange und die Bostoner Zeitungen gruben seine unrühmliche Vergangenheit in Kanada aus – worauf der Staatsanwalt Ermittlungen einleitete. Um Schlimmeres zu verhindern, verfügte er einen Einzahlungsstopp. Das war der Anfang vom Ende.

Tausende Anleger stürmten daraufhin die Schalter der Hanover Trust Bank und verlangten die Auszahlung ihres Geldes. Zunächst konnte Ponzi die Masse beruhigen, indem er ihnen Schecks seiner Bank in die Hand drückte. Doch irgendwann waren die finanziellen Mittel des Bankhauses erschöpft. Die Bankenaufsicht verfügte die Schließung wegen drohender Zahlungsunfähigkeit. Wirtschaftsprüfer durchstöberten daraufhin die Bücher und enthüllten, dass das Ganze ein riesiger Betrug war! Läppische 30 Dollar hatte Ponzi zu Anfang in die Antwortscheine investiert. Dann bestritt er die hohen Zinszahlungen und die Auszahlung gekündigter Einlagen aus den Einzahlungen neuer Anleger.

Seine List bescherte Ponzi einen eigenen Platz in den Büchern der Finanzgeschichte. Er gilt als geistiger Vater so genannter Schneeballsysteme, mit denen noch heute in immer neuen Variationen Anleger um ihr Geld gebracht werden. *Quelle: John Train: Berühmte Pleiten, Stuttgart 198*

Kritiker wenden allerdings ein, dass solche Widerstände oder Unterstützungen durch die Marktteilnehmer selbst entstehen – quasi also hausgemacht sind. Sie orientieren sich bei ihren Orders an den Kursmarken, von denen sie glauben, dass diese durch den Markt vorgegeben werden, und spekulieren auf dieser Grundlage. Folge: Die entsprechenden Kursmarken erhalten tatsächlich die gewünschte oder vermutete Bedeutung – eine sich selbst erfüllende Prophezeiung also.

Dazu gilt ebenso wie bei der technischen Aktienanalyse, dass sich Trends oder Trendwechsel mit letzter Sicherheit erst nach Vollendung – und damit zu spät – erkennen lassen.

Wesentliche Einflussfaktoren auf den Devisenkurs

Einflussfaktor	Trend	Auswirkungen auf den Außenwert der eigenen Währung
Konjunktur/Wirtschaftswachstum	Boomt	↗
	Geht zurück	↘
Zinsniveau	Steigt	↗
	Fällt	↘
Außenhandelsentwicklung	Überschuss	↗
	Defizit	↘
Interventionen der Notenbanken	Kauft eigene Währung	↗
	Verkauft eigene Währung	↘
Politisches Umfeld	Stabile Verhältnisse	↗
	Instabile Verhältnisse	↘

↗ = steigt tendenziell ↘ = fällt tendenziell

Währungsanlagen strategisch einsetzen

Den Kurstrend am Devisenmarkt zu analysieren ist ein wichtiger Schritt bei Währungsinvestments. Der Anleger muss aber noch einen Schritt weitergehen: Er muss den möglichen Einfluss des Wechselkurses auf sein persönliches Investment prüfen.

Streuung versus Währungskomponente

Generell zeigt sich bei einer Betrachtung der Vergangenheit, dass der Währungseffekt von der Anlagedauer und der Anlageform abhängt. Entscheidend ist dabei das Verhältnis der Währungskursschwankungen zu den Kurschwankungen der jeweiligen Aktie oder Anleihe.

Bei Aktien

Bei Aktien ist eine relativ eindeutige Aussage möglich. Dort spielen Währungsrisiken bei einer langfristigen Anlage keine entscheidende Rolle – vorausgesetzt, der Anleger investiert sein Geld länger als fünf Jahre und streut sein Depot auf viele verschiedene Titel in unterschiedlichen Ländern und Regionen. In dem Fall kann er mit hoher Wahrscheinlichkeit davon ausgehen, dass die (hohen) Aktienrenditen negative Wechselkurseffekte kompensieren werden.

Eine fundamentale Erklärung für diese Annahme ist, dass die Unternehmen einer bestimmten Volkswirtschaft beziehungsweise Wirtschaftsregion langfristig von einer schwachen eigenen Währung profitieren, weil der Export angekurbelt wird. Eine starke Währung bedeutet umgekehrt für die Unternehmen der jeweiligen Region einen entsprechenden Wettbewerbsnachteil, was wiederum zu

Währungsanlagen sind bei Aktien Pflicht, um eine breite Streuung zu erreichen. Bei Anleihen heißt es dagegen Vorsicht!

gegenläufigen Entwicklungen an den Devisenbörsen führt. Im Zeitablauf gleichen sich diese Effekte aus.

Ein einfaches Beispiel: Ein schwacher US-Dollar begünstigt die Exportchancen US-amerikanischer Unternehmen. Als Folge davon bekommt die Inlandskonjunktur Auftrieb. Wenn die gesamte US-Wirtschaft floriert, steigt die Attraktivität des Dollars. Konsequenz: An den Devisenbörsen steigt der Wert des Greenback. Damit sinken aber wieder die Exportchancen der US-Firmen, denn ihre Produkte verteuern sich. Im Gegenzug verbessern sich über den sinkenden Kurs der eigenen Währung die Absatzchancen beispielsweise europäischer oder japanischer Exporteure auf dem US-Markt – eine vielschichtige Wirkungskette setzt sich in Gang.

Wertentwicklung von US-Aktien für Dollar- und Euro-Anleger

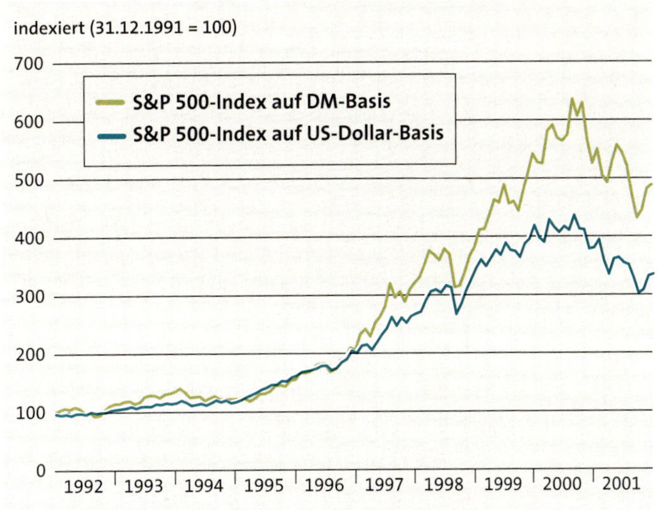

Quelle: Thomson Financial Datastream

Unternehmensprofil beachten

Daneben ist ein zweiter Aspekt von Bedeutung. Nicht der nationale Sitz eines Unternehmens ist für das Wechselkursrisiko entscheidend, sondern in welchem Währungsbereich die Gesellschaft ihren Hauptumsatz erzielt. Bei sehr großen Konzernen sind solche Währungsüberlegungen zweitrangig. Sie sind weltweit tätig, produzieren und verkaufen in allen Regionen der Welt und verteilen auf diese Weise das Währungsrisiko bereits im Rahmen ihres operativen Geschäfts.

→ Ein deutscher Aktienanleger kann sich im Übrigen im Extremfall auch mit dem Kauf von Aktien eines deutschen Unternehmens ein nicht unerhebliches Währungsrisiko ins Depot holen – nämlich dann, wenn die Gesellschaft ihre Produkte zu einem großen Teil nach Übersee verkauft und diese dabei erzielten Währungsumsätze nicht durch Options- und Termingeschäfte (→ Seite 320) absichert.

Verstecktes Währungsrisiko

Ein Beispiel: Der deutsche Sportwagenhersteller Porsche erzielt über 50 Prozent seines Umsatzes in den USA. Ein Großteil des daraus resultierenden Währungsrisikos sichert das Management durch Termingeschäfte ab. Dagegen stammten bei VW im Geschäftsjahr 2000 rund 26 Prozent der Umsatzerlöse aus dem gesamten Amerikageschäft, wobei nur knapp die Hälfte dieser Summe ☞ **gehedgt** wurde. Allerdings produziert der Konzern einen Teil seiner Autos in Brasilien und anderen amerikanischen Ländern. Sowohl die Kosten- als auch die Erlösseite von VW beinhaltet also eine Währungskomponente.
Als exportlastig und damit tendenziell dollarsensibel gelten am deutschen Aktienmarkt unter anderem Automobil-, Maschinenbau-, Chemie-, Pharma- und Elektrotitel. Deutsche Werte, die unter einem starken Dollar leiden, sind in erster Linie Versorger-, Transport-, Rohstoff-, Papier- und Verpackungsaktien.

☞ Hedging: International üblicher Fachausdruck für Absicherungsgeschäfte.

Währungsrisiken betreffen aber auch die Kostenseite. Deshalb ist es für die Aktienauswahl wichtig zu analysieren, inwieweit diese Seite der Gewinnrechnung von Wechselkursveränderungen betroffen ist.

Bei Anleihen

Anders sieht die Sache bei Währungsanleihen aus. Interessant sind diese Papiere für deutsche Anleger vor allem, wenn sie – bei gleicher Bonität (→ Seite 247) – höhere Zinsen bieten als Euro-Papiere. In der Vergangenheit war beispielsweise über lange Phasen hinweg zu beobachten, dass US-amerikanische Staatstitel ein Zinsplus von rund einem Prozentpunkt gegenüber Bundesanleihen gebracht haben. Den Renditevorteil „erkauft" sich ein deutscher Anleger allerdings mit einem Währungsrisiko.

Beispiel: Der Anleger kauft eine US-Staatsanleihe bei einem Kurs von 0,90 Dollar/Euro. Innerhalb eines Jahres steigt die Notierung auf 1,00 Dollar/Euro – was mit Blick auf die historischen Kursschwankungen nicht unwahrscheinlich ist. Für den deutschen Anleger bedeutet das unter dem Strich eine Dollarabwertung von 11 Prozent, die durch den vergleichsweise geringen Zinsmehrertrag bei weitem nicht ausgeglichen wird. Und Vorsicht: Das Abwertungsrisiko bei Währungen mit hohen Zinsen ist in der Regel hoch. Dabei muss bei einer Anleihe bedacht werden, dass sie im Gegensatz zu einer Aktie zu einem festen Termin zurückgezahlt und das Kapital dann sofort in Euro gewechselt wird. Ein gezieltes Abpassen eines günstigen Zeitpunkts ist nur insoweit möglich, als dass der Anleger vor dem Ende der Laufzeit verkauft. Allerdings muss er in diesem Fall das Risiko von Kursverlusten bei der Anleihe in Kauf nehmen. Zudem verursacht die Umschichtung zusätzlich Kosten. Das mindert die Rendite.

→ Fazit: Im Gegensatz zu Währungsaktien ist der Einfluss des Wechselkurses bei Währungsanleihen vergleichsweise hoch.

■ **TIPP**

Setzen Sie auch bei Währungsanleihen nicht alles auf eine Karte, sondern verteilen Sie das Risiko ebenso wie bei der Aktienanlage auf viele verschiedene Währungen. Wenn Ihr persönlicher Anlagebetrag dazu nicht hoch genug ist, entscheiden Sie sich stattdessen für entsprechende Fonds (→ Seite 298).

CHECKLISTE

- ✔ Passt das Währungsrisiko beziehungsweise der Währungsanteil der ausgewählten Anlageform zu Ihrem Anlagetyp (→ Seite 16) beziehungsweise zu Ihrem Depot?
- ✔ Welcher Kurstrend zeichnet sich im Chart der jeweiligen Währung ab? Auch wenn dieses Analyseinstrument mit Vorbehalt betrachtet werden muss, gewinnt man auf diese Weise einen Eindruck, ob sich die betreffende Währung in den letzten Wochen und Monaten eher schwächer oder stärker zum Euro entwickelt hat.
- ✔ Bei Aktien: Welcher Anteil der Umsatzerlöse und der Kosten beim jeweiligen Unternehmen fallen in der Währung an? Und jeweils welcher Teil wird abgesichert?
- ✔ Bei Anleihen: Steht der Zinsaufschlag gegenüber gleichwertigen Euro-Anleihen in einem angemessenen Verhältnis zum möglichen Abwertungsrisiko?
- ✔ Nach welchen Regeln stellt die Hausbank die Devisenkurse (→ Seite 261) fest? Welche zusätzlichen Kosten (Provisionen, Spesen, Depotgebühren) fallen bei dem Währungsinvestment an?

aber-Genußschein
Nennbetrag von eintausend Deutsche Mark

Genussschein: Keine ganz einfache Kost

Genussscheine stehen zwischen Anleihe und Aktie. Sie bieten eine höhere Rendite als erstklassige Rentenpapiere. Dafür übernimmt der Anleger ein deutlich größeres Risiko, denn seine Ansprüche, die jährliche Ausschüttung und die Rückzahlung seines Kapitals, rangieren hinter denen der Gläubiger. Das Problem bei der Auswahl dieser Zwitterpapiere: Genüsse, wie sie an der Börse kurz genannt werden, weisen keinen einheitlichen Standard auf. Jeder Schein besitzt andere Ausstattungsmerkmale. Das kann die Höhe und Zusammensetzung der jährlichen Ausschüttung ebenso betreffen wie vorzeitige Kündigungsmöglichkeiten seitens des Emittenten. Weiteres Problem: Nur wenige Scheine werden an der Börse so rege gehandelt, dass ein Ein- und Ausstieg zu jeder Zeit problemlos möglich ist. Positiv wiederum schlagen die steuerlichen Vorteile zu Buche.

Nicht Aktie und nicht Anleihe

Wenn Unternehmen am Kapitalmarkt Geld aufnehmen wollen, haben sie – neben der Emission von Aktien – die Möglichkeit, Genussscheine auszugeben. Diese speziellen Wertpapiere verbriefen ein Vermögensrecht, mit dem der Anleger juristisch gesehen zwischen Gläubiger und Miteigentümer steht. Sie haben also sowohl mit Aktien als auch mit Anleihen einige Merkmale gemein.

Vor allem Banken und Sparkassen lieben Genüsse

Genüsse werden in Deutschland vor allem von Banken und Sparkassen ausgegeben. Der Grund dafür ist, dass die Geldhäuser durch die Emission von Genussscheinen ihre Eigenkapitalbasis verbreitern und damit mehr Kredite vergeben können, ohne dass sich die Besitzverhältnisse ändern – wie das bei der Ausgabe neuer Aktien (→ Seite 160) der Fall ist.

Rechte der Genussscheininhaber

Mit dem Kauf eines Genussscheins erwirbt der Anleger einen Anspruch auf Teilhabe am geschäftlichen Erfolg des ausgebenden Unternehmens. Er unterscheidet sich auf den ersten Blick also nicht von einem Aktionär. Genussscheininhaber müssen aber auf die üblichen Rechte eines Miteigentümers verzichten. Sie haben zum Beispiel kein Teilnahme- und Stimmrecht auf der jährlich stattfindenden Hauptversammlung, sodass sie bei wichtigen unternehmerischen Entscheidungen nicht mitreden können.

Was Genussscheine mit einer Anleihe verbindet und sie von der Aktie abgrenzt, ist die Tatsache, dass der Anleger zu einem bestimmten Zeitpunkt sein eingezahltes Kapital zurückerhält oder den Schein kündigen kann. Und er hat Anrecht auf regelmäßige Ausschüttungen, deren Höhe konstant, teilweise aber auch variabel sein kann – je nach Ausgestaltung des Scheins.

Jeder Schein ein Individuum

Anders als bei Aktien und Anleihen gibt es für diese Anlageform keine vom Gesetzgeber oder von den Börsen festgelegten Standards – das ist ihre Besonderheit. Jedes Detail kann vom Emittenten individuell seinen persönlichen Finanzierungsbedürfnissen angepasst werden.

→ Allgemein gültige Aussagen zu den rund 650 Genussscheinemissionen, die zurzeit in Deutschland börslich und außerbörslich gehandelt werden, sind deshalb nicht möglich. Bei fast jedem Schein gibt es Ausnahmen und abweichende Regelungen.

Die Emissionsbedingungen: Die Ausnahme ist die Regel

Welche Ausstattungsmerkmale ein bestimmter Genussschein aufweist, lässt sich in den Bedingungen des Emissionsprospekts nachlesen, der wie bei jedem Wertpapier die Grundlage für das Rechtsverhältnis zwischen Genussscheinkäufer und Emittent darstellt. Dort sind die wichtigsten Details geregelt: die Art und Höhe der jährlichen Ausschüttung, die Haftung des Genussscheinkapitals bei Verlusten, ein eventueller Nachzahlungsanspruch des Anlegers bei ausgefallenen Ausschüttungen, Möglichkeiten zur vorzeitigen Kündigung und die Laufzeit des Genussscheins.

Bei Genüssen regiert die Vielfalt. Es gibt keine gesetzlichen Standards. Jeder Emittent kann seine Papiere individuell ausstatten.

■ **TIPP**

Das sorgfältige Prüfen des Emissionsprospekts gehört vor dem Kauf eines Genussscheins zur Pflicht. Nur so erkennen Sie, worauf Sie sich einlassen. Erste Ansprechpartnerin für den Emissionsprospekt ist die Investor-Relations-Abteilung (→ Seite 200) des jeweiligen Emittenten. Telefonnummer und E-Mail-Adresse finden sich über die firmeneigene Homepage.
Soweit es sich dabei um ein börsennotiertes Unternehmen handelt, gibt es auf der Homepage der Deutschen Börse AG (**www.deutsche-boerse.com**) eine Sammlung von Links zu Unternehmensseiten. Auch die Berater in den Filialbanken sind in der Regel bei der Beschaffung behilflich.

Die Ausschüttungsvarianten

Die Unterschiede zwischen den einzelnen Genussscheinemissionen zeigen sich vor allem bei der Höhe und Zusammensetzung der jährlichen Ausschüttung – der Fantasie der Emittenten sind dabei kaum Grenzen gesetzt. Folglich bietet der Markt eine Vielzahl von Ausschüttungsvarianten, die sich in Scheine mit fester und variabler Ausschüttung unterteilen lassen.

■ **Feste Ausschüttung:** Diese Variante, die mit knapp 90 Prozent das Gros unter den derzeit umlaufenden Scheinen darstellt, ist am ehesten mit einer Anleihe vergleichbar. Dabei erhält der Anleger während der gesamten Laufzeit einen festen, gleich bleibenden Zinssatz auf den ☞ **Nennwert** seines Genussscheins.

■ **Variable Ausschüttung:** Bei diesem Typ ändert sich die Ausschüttung von Jahr zu Jahr. Die erste und vergleichsweise sicherste Variante ist, dass die Ausschüttung wie bei einem Floater (→ Seite 225) in regelmäßigen Abständen an einen Referenzzinssatz wie beispielsweise den Euribor (→ Seite 225) angepasst wird. Die zweite Abwandlung eines Scheins mit variabler Ausschüttung besteht darin, dass der Emittent eine feste, aber relativ niedrige Basisverzinsung plus eine Erfolgskomponente zahlt, die zum Beispiel an den Jahresüberschuss oder an die Dividende, die gleichzeitig an die Aktionäre gezahlt wird, gekoppelt ist. Auch hier sind den Kombinationsmöglichkeiten im Einzelfall keine Grenzen gesetzt. Möglich ist zum Beispiel eine Basisverzinsung von 5 Prozent plus jeweils 0,25 Prozentpunkte je 0,5 Euro Dividende.

■ **Gewinnabhängige Ausschüttung:** Noch variabler sind Scheine, deren Ausschüttung vollständig mit dem Jahresgewinn oder der Dividende verknüpft ist. Möglich ist zum Beispiel, dass die Genussscheininhaber einen bestimmten feststehenden Prozentsatz der Bardividende erhalten – zum Beispiel das Eineinhalbfache oder Doppelte des Dividendensatzes.

■ **Mit Zusatzrechten:** Die spekulativste und gleichzeitig exotischste Form eines Genussscheins sind Emissionen mit einem Wandel- oder Optionsrecht. Bei einem Wandelrecht kann der Inhaber den Schein während der Laufzeit in einem bestimmten Verhältnis in Aktien des betreffenden Unternehmens umtauschen. Bei einem Optionsrecht hat er die Möglichkeit, zusätzlich zum Schein auch noch Aktien des Emittenten zu einem bestimmten Kurs zu beziehen. Ob die Ausübung des jeweiligen Rechts lukrativ ist, hängt vor allem von der Entwicklung des Aktienkurses ab. Die Zahl derart ausgestatteter Scheine hat sich allerdings in den vergangenen Jahren deutlich verringert.

Der Anleger muss die Ausstattungsmerkmale eines Genussscheins systematisch abfragen und prüfen.

☞ Nennwert: Genussscheine werden ebenso wie Anleihen zu einem bestimmten Nennwert ausgegeben (→ Seite 224), der die Basis für die jährliche Verzinsung und den Rückzahlungsanspruch des Anlegers darstellt – beispielsweise 1 000 Euro.

Die Sicherheit der Ausschüttung

Jeder Emittent ist natürlich bestrebt, die vereinbarten Ausschüttungen auf die von ihm ausgegebenen Genussscheine zu zahlen – schon allein, um seinen Ruf an den Finanzmärkten nicht zu gefährden. Dennoch ist die Sicherheit von Genussscheinen grundsätzlich nicht so hoch einzustufen wie die einer Anleihe. Denn anders als die Zinsen bei einer Schuldverschreibung finanziert der Emittent die Ertragszahlungen der Genüsse aus seinem Jahresgewinn.

→ Das heißt, nur wenn das Unternehmen schwarze Zahlen schreibt, werden die Genussscheine bedient. Macht es dagegen in einem Geschäftsjahr Verlust, müssen die Genussscheininhaber in den meisten Fällen ganz oder teilweise auf ihre Ausschüttung verzichten.

Vorzugsanspruch gegenüber den Aktionären
Auf der anderen Seite beinhalten die Emissionsbedingungen vieler Genussscheine eine Art Vorzugsanspruch gegenüber den Aktionären. Wenn der Überschuss in einem Jahr nicht ausreicht, um sämtliche Anteilseigner am Gewinn teilhaben zu lassen, müssen erst die Genüsse bedient werden. Für die Dividende steht nur noch der verbleibende Rest zur Verfügung.

Der Nachzahlungsanspruch gegenüber dem Emittenten

Ein Ausfall der Ausschüttung ist weniger schwerwiegend, wenn der jeweilige Genussschein mit einem in den Emissionsbedingungen geregelten Nachzahlungsanspruch ausgestattet ist. Dann hat der Inhaber einen Anspruch, dass ausgefallene Zahlungen in den Folgejahren nachgeholt werden, wenn das Unternehmen in dieser Zeit wieder ausreichende Gewinne erwirtschaftet. Allerdings besteht dieser Nachzahlungsanspruch nur während der Laufzeit der Genüsse.

→ Ist der Schein einmal zurückgezahlt, können die Anleger ihren Anspruch nicht mehr geltend machen – auch dann nicht, wenn das Unternehmen wieder in die Gewinnzone zurückgekehrt ist.

☞ Partizipationsschein: Vor allem in der Schweiz wird die den Genussscheinen vergleichbare Anlageform Partizipationsschein genannt. Diese Bezeichnung weist wesentlich deutlicher auf den Umstand der Teilhabe am Gewinn, aber auch am Verlust hin.

Die Verlustbeteiligung

Die Emissionsbedingungen enthalten für den Anleger aber nicht nur positive Regelungen. Bei vielen Genussscheinen sehen sie eine so genannte Verlustbeteiligung vor. Das heißt, bei hohen oder andauernden Verlusten des Emittenten müssen die Genussscheinanleger damit rechnen, am Ende der Laufzeit nicht ihr gesamtes Kapital zurückzubekommen, weil es ganz oder teilweise aufgezehrt wurde.

Wenn der Emittent einmal rote Zahlen schreibt, brauchen sich Genussscheininhaber aber noch keine Sorgen zu machen. Bei einem soliden Unternehmen wird das Defizit durch die in früheren Jahren gebildeten Rücklagen (→ Seite 192) ausgeglichen. Kritisch wird es allerdings, wenn sich der „Ausrutscher" zu einer handfesten Finanzkrise ausweitet und die Rücklagen nicht mehr ausreichen, um die ständigen Verluste abzudecken. In diesem Fall muss das Grundkapital in Anspruch genommen werden, wovon dann meistens auch die Genussscheininhaber betroffen sind. Wird zum Beispiel ein Viertel des Grundkapitals benötigt, um den Fehlbetrag auszugleichen (→ Seite 164), vermindert sich der Rückzahlungsanspruch der Genüsse anteilig um 25 Prozent. ☞ Partizipationsschein

Ganz schlechte Karten haben Genussscheininhaber, wenn das betreffende Unternehmen Insolvenz anmelden muss. Sie erhalten ihr

Kapital erst dann zurück, wenn die Ansprüche sämtlicher Gläubiger (Banken, Lieferanten, Anleihebesitzer) abgegolten sind – vorausgesetzt, es ist dann überhaupt noch Geld vorhanden – was aller Erfahrung nach nicht der Fall ist.

Ernstfall bei Genüssen
Krisenfälle bei Genussscheinen am deutschen Markt sind bislang höchst selten, aber dennoch sind sie vorgekommen. Das bekannteste Beispiel ereignete sich Ende der 80er Jahre, als das Handelshaus Klöckner & Co. in ernste Finanzprobleme geriet. In dieser Situation drohte das Genussscheinkapital komplett in Anspruch genommen und damit wertlos zu werden. Nur das Eingreifen der Deutschen Bank verhinderte damals, dass die Inhaber der Scheine finanziell zur Ader gelassen wurden, indem die Großbank ihnen ein Rückkaufangebot unterbreitete.

Die Laufzeit

Die meisten Genussscheine haben eine feste Laufzeit. Der Haken:

→ Der in den Emissionsbedingungen genannte Fälligkeitstermin ist nur in den seltensten Fällen der Termin, zu dem die Genussscheine auch eingelöst werden.

Offiziell endet die Laufzeit der meisten Scheine zum Ende des Geschäftsjahrs des Emittenten – oft ist das gleichzeitig auch das Ende des Kalenderjahrs. Zu diesem Termin wird das Kapital aber noch nicht an die Genussscheininhaber zurückgezahlt. Ebenso wie die jährliche Ausschüttung findet die Auszahlung erst im Anschluss an die auf diesen Termin folgende Haupt- oder Gesellschafterversammlung statt – also etwa vier bis acht Monate später. Bis dahin wird das Geld verzinst, wobei die Höhe des Zinssatzes abhängig ist von den Regelungen in den jeweiligen Emissions bedingungen. Möglich ist zum Beispiel der zuletzt gezahlte Ausschüttungssatz. In der Praxis kommt es aber auch vor, dass ein bestimmter Geldmarktzinssatz wie zum Beispiel der bereits genannte Euribor angesetzt wird.

Der vorzeitige Ausstieg des Emittenten

Fast alle Emissionsbedingungen von Genussscheinen sehen ordentliche und außerordentliche Kündigungsmöglichkeiten seitens des Emittenten vor. Die meisten Schuldner behalten sich ein außerordentliches Kündigungsrecht für den Fall vor, dass sich die steuerlichen Rahmenbedingungen für die Behandlung des Genussscheinkapitals ändern. Dies wäre, um ein extremes Beispiel zu nehmen, beispielsweise der Fall, wenn dieses Kapital mit einer zusätzlichen Ertragsteuer belegt würde. Darüber hinaus ist vor allem bei Scheinen mit unbefristeter, in einigen Fällen aber auch mit befristeter Laufzeit eine ordentliche Kündigungsmöglichkeit vorgegeben – und zwar sowohl für den Inhaber als auch für den Emittenten. Entscheidend sind dabei die genauen Ausstiegsmodalitäten, das heißt, die Kündigungsfrist und die Höhe des Rückzahlungsbetrags. Oft ist ein vorzeitiger Ausstieg für den Emittenten nur mit einem Aufschlag möglich, das heißt, er muss den Genussscheininhabern beispielsweise 110 Prozent des Nennwertes zurückzahlen. Bei manchen Scheinen allerdings kann der Emittent vorzeitig kündigen und muss dennoch nur den Nennwert zahlen. Aber auch bei einer außerordentlichen Kündigung ist in der Regel eine Rückzahlung nur zum Nennwert vorgesehen. Das ist besonders nachteilig für diejenigen Anleger, die einen Schein zu einem Kurs weit über 100 Prozent gekauft haben (→ Kasten, nachfolgende Seite).

Blaue Briefe für Anleger
Ein besonders böses Erwachen erlebten die Inhaber des Genussscheins der Pfleiderer Unternehmensverwaltung GmbH. Das Unternehmen machte 1997 von seinem Recht Gebrauch und kündigte seinen an sich unbefristeten Genussschein zum Mai 1998. Für die Anleger bitter, denn mit der üppigen Ausschüttung – rund 16 DM pro 100 DM Nennwert – hatte es damit ein Ende. Besonders ungünstig traf es diejenigen, die den Schein gekauft hatten, kurz bevor das Kündigungsschreiben verschickt wurde. Der Kurs stürzte in kürzester Zeit von 200 auf zunächst 140 Prozent und danach Schritt für Schritt auf 100 Prozent ab – denn zurückgezahlt wurde nur der Nennwert.

Der Handel mit Genüssen

Die meisten Genussscheine werden an der Börse in den amtlichen Handel oder den geregelten Markt (→ Seite 69) eingeführt. Doch dort fristen sie in vielen Fällen ein Schattendasein. Bei einer Reihe von Scheinen kommt kaum Umsatz zustande, weil nicht genügend Kauf- und Verkaufsorders vorliegen, die Liquidität ist also schlecht. Bei vielen kleineren Emissionen zwischen 25 und 50 Millionen Euro wird sogar nur einmal pro Tag ein Einheitskurs (→ Seite 85) festgestellt. Nur bei den wenigen Scheinen, deren Emissionsvolumen 150 Millionen Euro oder mehr übersteigt, besteht ein Handel in nennenswertem Umfang.

Die Lösung aus der Liquiditätsfalle
Viele Banken stellen für ihre eigenen Genussscheinemissionen parallel zum offiziellen Handel an der Börse fortlaufende An- und Verkaufskurse. Manchmal verzichten die Geldhäuser auch ganz auf eine Börsennotiz und organisieren nur einen hausinternen Handel.

☞ Flat-Notierung: Zu Deutsch etwa ein „Einheitspreis", der neben dem Wert des Kapitalanspruchs eines Papiers auch alle Ertragsansprüche beinhaltet.

Grundsätzlich verbessert ein solcher Zweithandel die Liquidität eines Scheins, denn der Anleger ist nicht ausschließlich darauf angewiesen, einen Handelspartner über die Börse zu finden, wenn er seinen Schein zum Beispiel vorzeitig verkaufen möchte. Allerdings muss er dabei berücksichtigen, dass der Emittent im Eigenhandel unter Umständen große Spannen zwischen dem An- und Verkaufskurs stellt. Als Faustregel gilt: Je illiquider der Handel, desto größer der Spread.

Die Rendite

Wenn sich der Anleger langfristig an einen Genussschein bindet, will er natürlich wissen, was er im Gegenzug an Rendite im Vergleich zu anderen Scheinen oder auch Anleihen erwarten kann.

Nicht immer kalkulierbar

Allerdings: Ein direkter Vergleich der Renditen ist nur selten möglich – und das nicht nur wegen der voneinander abweichenden Ausstattungsmerkmale. Bei vielen Scheinen kann nicht einmal die Verzinsung exakt ermittelt werden. Das liegt daran, dass die Genüsse eine Reihe von Besonderheiten aufweisen, die eine Berechnung erschweren oder sogar ganz unmöglich machen. Dann ist bei der Renditeangabe nur ein Schätzwert möglich.

Der erste Unterschied gegenüber der Renditeberechnung bei einer Anleihe (→ Seite 230) besteht darin, dass der Kurs des Genussscheins die anteilige Ausschüttung enthält. Der seit dem letzten Ausschüttungstermin aufgelaufene Ertragsanspruch sammelt sich peu à peu im Kurs an, in der Fachsprache auch ☞ Flat-Notierung genannt. Am Tag der Ausschüttung wird die Ertragszahlung dann ähnlich wie die Dividende vom Kurs abgezogen. Diese Eigenart von Genussscheinen bringt zwar steuerliche Vorteile mit sich (→ Kasten). Um allerdings bei der Renditeberechnung zu einem korrekten Ergebnis zu kommen, muss die Notierung zunächst bereinigt werden, was bei Scheinen mit variabler oder erfolgsabhängiger Ausschüttung nicht immer möglich ist.

Zweitens gibt es bei vielen Genüssen keinen festen Ausschüttungstermin. Meist ist es der erste Werktag nach der ordentlichen Haupt- oder Gesellschafterversammlung des Emittenten, die in der Regel in jedem Jahr zu einem anderen Termin stattfindet. Erst mit dem Treffen der Anteilseigner gilt der Jahresabschluss und damit der Bilanzgewinn, aus dem die Genüsse bedient werden, als offiziell festgestellt. Um den Anlegern allerdings mehr Planungssicherheit zu geben, gehen die Emittenten in jüngster Zeit immer öfter dazu über, einen festen Termin zu wählen, bis zu dem die Hauptversammlung auf jeden Fall stattfinden wird.

Beispiel: Wenn das Unternehmen seine Jahresversammlung regelmäßig im Frühjahr abhält, wird der 1. Juli als fester Ausschüttungstermin festgelegt.

Und zu guter Letzt ist speziell bei Genüssen mit gewinnabhängiger Ausschüttung die Rendite allein schon deshalb nicht kalkulierbar, weil die Höhe zukünftiger Ausschüttungen anders als bei den Festzinsgenüssen nicht feststeht.

Steuerlich ein Genuss für sich

Auch der Fiskus behandelt Genüsse nach einer eigenen Methode. Von den Erträgen der meisten Scheine werden 25 Prozent Kapitalertragsteuer einbehalten (plus Solidaritätszuschlag). Außerdem sind die Ausschüttungen wie Zinsen in voller Höhe steuerpflichtig.
Das besondere Steuerbonbon der Genüsse besteht aber in der Flat-Notierung. Die Erträge, die sich über das Jahr hinweg in der Notierung angesammelt haben, sind bei einem vorzeitigen Verkauf steuerfrei, wenn der Anleger seinen Kursgewinn außerhalb der Spekulationsfrist, aber vor dem Ausschüttungstermin veräußern kann. Besonders interessant sind in diesem Zusammenhang viele Neuemissionen. Sie werden oft mit einem steuerlich vorteilhaften Emissionsdisagio (→ Seite 254) begeben. Zudem besitzen sie häufig einen so genannten überlangen ersten Kupon. Das heißt, die erste Ausschüttung erfolgt erst nach mehr als einem Jahr.
Ist der Schein dagegen mit einem Anspruch an einem ☞ **Liquidationserlös** ausgestattet, wird er steuerlich wie eine Aktie behandelt. Auf Erträge werden 20 Prozent Kapitalertragsteuer erhoben, wobei nach dem Halbeinkünfteverfahren (→ Seite 367) nur die Hälfte des Ertrags am Ende steuerpflichtig ist.
In der Praxis sind allerdings nur ganz wenige Scheine mit einem solchen Liquidationsanspruch ausgestattet.

☞ Liquidationserlös: Wird die Gesellschaft aufgelöst und werden die einzelnen Vermögensgegenstände verkauft, haben die Inhaber dieser Papiere Anspruch am Erlös, der nach Abzug aller Schulden übrig bleibt (→ Seite 147).

Auf dem Prüfstand

Da die Genussscheininhaber im Gegensatz zu den Anleihebesitzern im finanziellen Ernstfall mithaften, verdient die Bonität (→ Seite 246) des Emittenten bei der Auswahl eines Genussscheins noch mehr Beachtung als bei einer Anleihe. Dabei können sich die Genussscheinkäufer der Hilfsmittel aus der Bondanalyse bedienen. Dazu zählen in erster Linie die Urteile der international anerkannten Ratingagenturen (→ Seite 248).

Die Scheine von Banken und Sparkassen scheinen dabei auf den ersten Blick unbedenklich, denn deren finanzielle Solvenz steht in den meisten Fällen außer Frage – nicht zuletzt, weil

es in Deutschland eine Reihe von gesetzlichen Anforderungen an die Eigenkapitalausstattung der Institute gibt, deren Einhaltung streng überwacht wird.
☞ Überwachung der Kreditwirtschaft

☞ Überwachung der Kreditwirtschaft: Neben den verbandsinternen Kontrollen übernimmt in Deutschland das Bundesaufsichtsamt für das Kreditwesen (→ Seite 44) die staatliche Überwachung der Banken und Sparkassen.

Die Finanzkrisen und Schieflagen einiger Groß- und Privatbanken in der letzten Zeit – beispielsweise der Bankgesellschaft Berlin oder der Schmidt Bank im Jahre 2001 – zeigen allerdings:

→ Auch die Käufer von Bankgenussscheinen können nicht ganz sorglos sein. Zwar ist es unwahrscheinlich, dass die Kreditinstitute ihren Zahlungsverpflichtungen überhaupt nicht nachkommen werden, doch Genussscheininhaber sollten daran denken, dass ihre Ausschüttung erfolgsabhängig ist.

Anders als bei Anleihen kann es auch bei Emittenten mit ansonsten hoher Bonität vorkommen, dass die Genüsse in einem unerwartet schlechten Jahr nicht bedient werden.

Die Renditen von Bundesanleihen und Genussscheinen im Vergleich

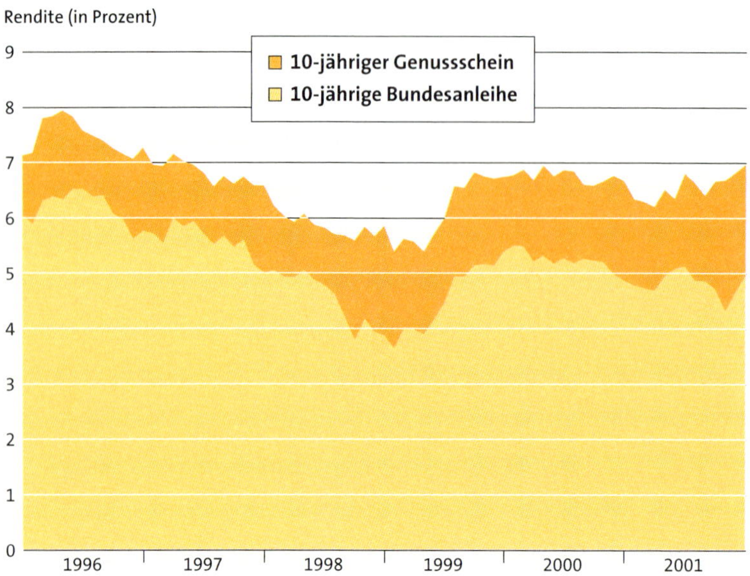

Quelle: DZ Bank; Thomson Financial Datastream

Der Vorteil: Das Zinsplus gegenüber Anleihen

Da die Genussscheininhaber rechtlich gesehen in einer ungünstigeren Position sind als Anleihekäufer und dadurch ein höheres Risiko übernehmen, müssen auch erstklassige Schuldner einen Zinsaufschlag gegenüber einer vergleichbaren Anleihe gewähren. Dabei gilt der gleiche Zusammenhang wie bei Anleihen:

→ Je schlechter die finanziellen Verhältnisse des Emittenten, desto größer ist das Risiko eines Zahlungsausfalls und desto höher muss die Verzinsung sein, die der Emittent den Anlegern bietet.

Aufgrund ihrer hohen Bonität können es sich die großen Industriekonzerne und Banken aber erlauben, nur ein bis knapp zwei Prozentpunkte mehr zu zahlen, als es bei einer Bundesanleihe mit gleicher Laufzeit, die als Benchmark (→ Seite 235) herangezogen wird, der Fall ist. Sehr kleine und nicht börsennotierte Gesellschaften müssen dagegen im Einzelfall auch schon einmal drei Prozentpunkte mehr bieten, um genügend Käufer zu finden.

Einflussfaktoren auf den Kurs

Verschlechtert sich die Bonität beziehungsweise die Finanzlage eines Emittenten, hat das natürlich auch Auswirkungen auf den Börsenkurs des entsprechenden Genussscheins. Fällt deswegen eine Ausschüttung aus, kommt die Notierung gleich aus doppeltem Grund unter Druck. Zum einen muss die Flat-Notierung, die ja die angenommene Zinsausschüttung beinhaltet (→ Seite 276), der ausgebliebenen Zahlung angepasst werden. Zum anderen verlangen die Käufer in der Regel einen zusätzlichen Risikoabschlag, weil sie fürchten müssen, dass aufgrund der schlechten Finanzlage des Emittenten auch in den folgenden Jahren Teil- oder Totalausfälle bei der Ausschüttung möglich sind.

Umgekehrt führt eine deutliche Verbesserung der Bonität eines Emittenten zu Kurssteigerungen, denn für die Anleger steigt die Wahrscheinlichkeit, dass sie bis zum Ende der Laufzeit alle Ausschüttungen auf ihre Genüsse einschließlich ihres Kapitaleinsatzes erhalten.

Marktbedingte Kurseinflüsse
Der zweite kursbestimmende Faktor bei Genussscheinen ist die allgemeine Entwicklung der Kapitalmarktzinsen. Wie stark sich dies im Einzelfall niederschlägt, hängt im Wesentlichen von der Ausschüttungsvariante des betreffenden Scheins ab.

Scheine mit anleiheähnlichem Charakter sind am stärksten vom allgemeinen Auf und Ab der Kapitalmarktzinsen beeinflusst. Auch bei ihnen erhöht sich die Kursempfindlichkeit gegenüber Zinsveränderungen (→ Seite 237) mit zunehmender Restlaufzeit. Steigen die Kapitalmarktzinsen auf breiter Front, sinken die Kurse von Rentenpapieren und parallel dazu auch die Notierungen der anleiheähnlichen Genussscheine. Umgekehrt führen sinkende Zinsen zu Kurssteigerungen auch bei Genüssen.

Bei Scheinen, deren Ausschüttung ganz oder teilweise gewinnabhängig ist, wird der Kurs weniger stark von Veränderungen des allgemeinen Zinsniveaus als vielmehr von der Aktienkursentwicklung des jeweiligen Unternehmens beeinflusst. Floriert das betreffende Unternehmen, profitiert diese Form der Genüsse überproportional. Dagegen müssen die Anleger in wirtschaftlich schlechten Zeiten Kursverluste befürchten.

Genussscheine im Check

- **Beschreibung:** Genussscheine sind ein Zwitter zwischen Aktie und Anleihe. Sie verbriefen ein bestimmtes Vermögensrecht – in der Regel einen Anspruch auf Beteiligung am Unternehmenserfolg. In der überwiegenden Zahl der Fälle sieht die Beteiligung eine feste Verzinsung des eingezahlten Genusskapitals zum Nennwert vor. Zahlreiche Varianten sind aber möglich.
- **Chance:** Genussscheine bieten einen Renditeaufschlag gegenüber Anleihen von Schuldnern vergleichbarer Bonität und mit ähnlicher Laufzeit – in der Regel zwischen einem und zwei Prozentpunkten. Bei Genüssen mit einer gewinnabhängigen Ausschüttung sind auch wesentlich höhere Aufschläge möglich.
- **Risiko:** Die rechtliche Stellung der Genussscheininhaber ist deutlich schlechter als die der Anleihegläubiger. Die Zahlung einer Ausschüttung setzt einen entsprechenden Jahresgewinn beim ausgebenden Unternehmen voraus, aus dem die Ertragszahlung finanziert werden kann. Bei Ausfällen steht den Inhabern nicht in jedem Fall ein Nachzahlungsanspruch zu. In der Regel müssen Genussscheinanleger bei anhaltenden Verlusten mit ihrem Kapital haften. Bei vielen Scheinen ist darüber hinaus der Handel nicht liquide, sodass ein vorzeitiger Verkauf unter Umständen nur mit Kursabschlägen möglich ist.
- **Geeignet für:** Grundsätzlich nur für die Depotbeimischung. In vielen Fällen auch nur dann, wenn der Schein bis zur Endfälligkeit gehalten wird. Darüber hinaus sollte die Entscheidung von den jeweiligen Ausstattungsmerkmalen abhängig gemacht werden.
- **Alternative:** Höherverzinste Anleihen von Emittenten mit vergleichsweise schlechterer Bonität (→ Seite 256).

Anlagestrategien

Grundsätzlich sind Genussscheine nur zur Depotbeimischung geeignet. Welcher Genussschein angesichts der Vielzahl von Varianten für welchen Anleger der geeignete ist, hängt vor allem von der individuellen Risikoneigung, der gewünschten Rendite und der Anlagedauer ab. Rentenähnliche Scheine mit fester Ausschüttung sind vor allem als Alternative für ein Anleiheinvestment interessant. Auch vorsichtige Anleger können mit dieser Art von Scheinen etwas höhere Zinsen als mit einem vergleichbaren Rentenpapier erzielen, wenn sie den Schein bis zur Fälligkeit halten. Durch die Wahl erstklassiger Emittenten wie beispielsweise Großbanken oder Versicherungen bleibt das gegenüber der Anleihe größere Risiko in überschaubarem Rahmen.

Dagegen sind Scheine mit einer anteilig oder vollständig gewinnabhängigen Ausschüttung geeignet für chancen- und risikoorientierte Anleger, die eine flexible Strategie verfolgen und eine renditestarke Alternative zu einem reinen Anleiheinvestment suchen. Dieser Typ Schein verspricht gegenüber einem anleiheähnlichen Genussschein überproportionale Gewinne, wenn das ausgebende Unternehmen hohe Gewinne macht. Umgekehrt ist das Kursrisiko entsprechend hoch, wenn die Gewinne des Emittenten schrumpfen. Wer schnell und flexibel auf Marktentwicklungen reagieren will, achtet darauf, dass der Schein ein hohes Emissionsvolumen (über 150 Millionen Euro) und damit eine hohe Liquidität aufweist, sodass ein vorzeitiger Verkauf zu fairen Kursen möglich ist.

Wer einen Genussschein im Rahmen einer Neuemission mit geringerem Volumen erwirbt, sollte sich also darüber im Klaren sein, dass in diesem Fall ein vorzeitiger Verkauf unter Umständen nicht so ohne weiteres oder nur mit Preiszugeständnissen möglich ist, und sich darauf einstellen, den Schein bis zur Endfälligkeit im Depot zu halten.

Exotische Scheine mit Wandel- oder Optionsrechten sind aufgrund der komplexen Konstruktion und der mangelnden Liquidität nur selten eine gute Wahl.

TIPP

Limitieren Sie bei Genussscheinen grundsätzlich Ihre Order. So vermeiden Sie, dass Ihr Auftrag zu einem Zufallskurs abgerechnet wird.

CHECKLISTE

Bonität des Emittenten:

✔ Wie solide und solvent ist der Emittent (→ Seite 246)? Wie hoch ist seine Finanzkraft und wie stark sind seine bilanziellen Reserven? Wurde das ausgebende Unternehmen von einer Ratingagentur begutachtet (→ Seite 248)? Wenn ja, welche Note hat es bekommen?

Ausstattungsmerkmale:

✔ Besteht eine Verlustbeteiligung und/oder ein Nachzahlungsanspruch (→ Seite 274)? Wie setzt sich die Höhe der Ausschüttung zusammen (→ Seite 273)?

Liquidität:

✔ Wie groß ist das Volumen der Emission? Organisiert der Emittent einen Zweithandel (→ Seite 245)? Erfolgt eine Börsennotierung und wenn ja, in welchem Segment (→ Seite 69)?

Kündigungsbedingungen:

✔ Hat der Emittent ein ordentliches und/oder außerordentliches Kündigungsrecht – und wenn ja, zu welchen Terminen und Bedingungen (→ Seite 275)?

Investmentfonds: Anlageform für jeden Zweck

Für Börseninteressierte sind Investmentfonds eine prüfenswerte Möglichkeit, Teilhaber an einem professionell gemanagten Wertpapierdepot zu werden – ohne großes Risiko und bereits ab 50 Euro. Mit Fonds ist es aber auch möglich, ausgetüftelte Anlagestrategien zu verfolgen. Allerdings: Sie sind keine billige Anlageform. Auf den Anleger kommt eine Reihe von Kosten zu – zum Teil ohne dass dies von vornherein erkennbar ist. Mit der richtigen Einkaufsquelle lässt sich Geld sparen. Aber aus den mehr als 4 000 hierzulande zugelassenen Fonds denjenigen zu finden, der zu den eigenen Anlagebedürfnissen passt, erfordert einiges an Informationen und Entscheidungsvermögen.

Einfache Idee – große Wirkung

Bereits seit Mitte des vorletzten Jahrhunderts suchten Bankiers in verschiedenen Ländern Europas nach einer Möglichkeit, um Anlegern mit geringem Kapital dieselben Chancen zu eröffnen wie Großinvestoren. Niemand weiß heute, wer tatsächlich als der „Erfinder" von Fonds gilt. Aber alle Ansätze zusammengenommen führten zum Investmentfonds moderner Prägung.

Die Idee, die dahinter steckt, ist ebenso einfach wie genial: Viele Kleinsparer schließen sich zusammen und werfen ihre Anlagebeträge in einen Topf. Mit der Verwaltung des Vermögens, das auf diese Weise entsteht, wird ein professioneller Manager beauftragt. Je nach Ausrichtung des Fonds kauft er für das Geld Immobilien, festverzinsliche Wertpapiere oder Aktien – national, europa- oder weltweit. Dabei verteilt er das Anlagevermögen möglichst breit, also auf viele verschiedene Märkte und Titel.

Pro-Kopf Investmentvermögen für die wichtigsten Industrieländer

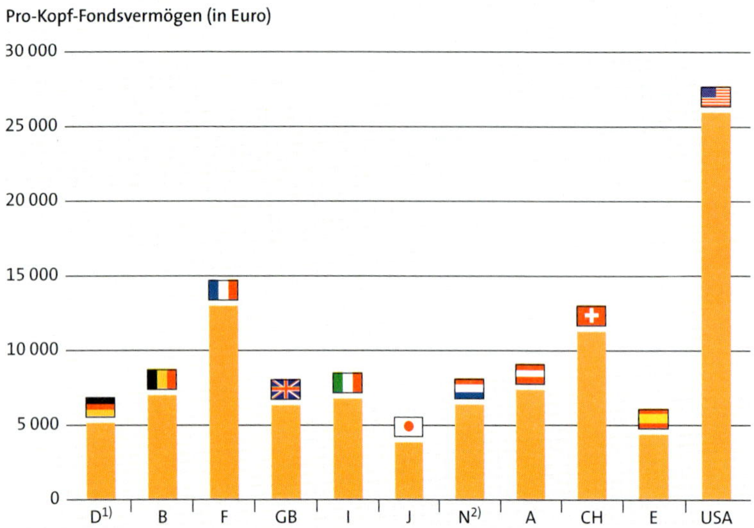

1) inklusive ausländischer Fonds deutscher Herkunft
2) Stand: 31. 12. 2000

Quelle: Bundesverband Deutscher Investment-Gesellschaften
Stand: 30. 9. 2001

Eine Idee und viele Väter

Über die Frage, welches Unternehmen als erstes einer Fondsgesellschaft heutiger Ausgestaltung entsprach, geraten Historiker regelmäßig in Streit. Neben der Schweiz, wo sich Mitte des 19. Jahrhunderts der Fondsgedanke breit machte, reichen die Wurzeln der ersten Investmentunternehmen in Schottland und England bis ins Jahr 1835 zurück. Allerdings begingen die damaligen Anbieter einen Kardinalfehler: Sie streuten das Geld nicht breit.
Als eine Reihe von großen Minen- und Eisenbahngesellschaften Konkurs machte, verloren deshalb viele Anleger ihr Geld. Erst die 1868 gegründete Firma „Foreign & Colonial" setzte die Fondsidee systematisch um. Das Unternehmen existiert als älteste bestehende Investmentgesellschaft noch heute.
In den USA fanden Fonds zunächst wenig Anklang. Der Grund war einfach: Es war kein Geld da, denn Amerika war um die Jahrhundertwende hoch verschuldet. Dafür ging es nach dem Ersten Weltkrieg umso schneller.
In den 20er Jahren erlebte die Fondsbranche jenseits des Atlantiks einen regelrechten Boom, den Weltwirtschaftskrise und Zweiter Weltkrieg nur kurz unterbrachen. Heute sind die USA mit fast 7 000 Fondsgesellschaften unangefochten Marktführer.
Dagegen blieben erste Versuche in Deutschland Ende der 20er Jahre erfolglos. Erst mit steigender Bedeutung der privaten Vorsorge setzte sich auch hier das Investmentsparen durch.

Vorteil des Fonds gegenüber der Einzelanlage

Durch die breite Streuung ist das Risiko deutlich geringer als bei der Anlage in einzelnen Aktien oder Anleihen. Allerdings schützen Investmentfonds nicht automatisch vor Verlusten. Wenn zum Beispiel die Aktienkurse weltweit abstürzen, bekommen das auch Fondskäufer zu spüren, denn kein noch so guter

Fondsmanager kann Ereignisse wie einen weltweiten Crash (→ Seite 205) voraussehen. Aber den Grundgedanken der Asset-Allocation (→ Seite 28), ein gut strukturierten Portfolio, in dem die Kursverluste einzelner Titel durch die Gewinne anderer auf lange Sicht ausgeglichen werden, verwirklicht ein Fonds am besten.

Gleiches Recht für alle

Jeder Anleger erhält für das Geld, das er in den Fonds einzahlt, Anteile. Wichtig dabei ist, dass jeder Anteil im gleichen Maße am Anlageerfolg teilnimmt. Dadurch ist es völlig unerheblich, ob ein Sparer 50 oder gar eine halbe Million Euro in einen Fonds steckt. Bezogen auf sein eingesetztes Kapital ist die Rendite immer gleich.

BEISPIEL: Eine Fondsgesellschaft hat insgesamt 1 000 Anteile ausgegeben. Ein Anleger, der 50 Anteile gekauft hat, ist dementsprechend mit 5 Prozent am Fondsvermögen beteiligt. Folglich hat er auch Anspruch auf entsprechende Beteiligung an den Erträgen, die der Fonds erzielt. Von den jährlich eingenommenen Zins-, Dividenden- und Mieteinnahmen steht ihm ein Zwanzigstel zu.

Zahltag für Fondsanleger

Bei den meisten Fonds werden die Erträge einmal pro Jahr an die Anteilseigner ausgeschüttet. Möglich ist aber auch, dass sie im Fondsvermögen belassen und wieder angelegt werden. ☞ Thesaurierende Fonds

☞ Thesaurierende Fonds: Mit diesem Begriff werden Fonds bezeichnet, bei denen die Erträge nicht ausgeschüttet, sondern wieder angelegt werden.

So funktioniert ein Fonds

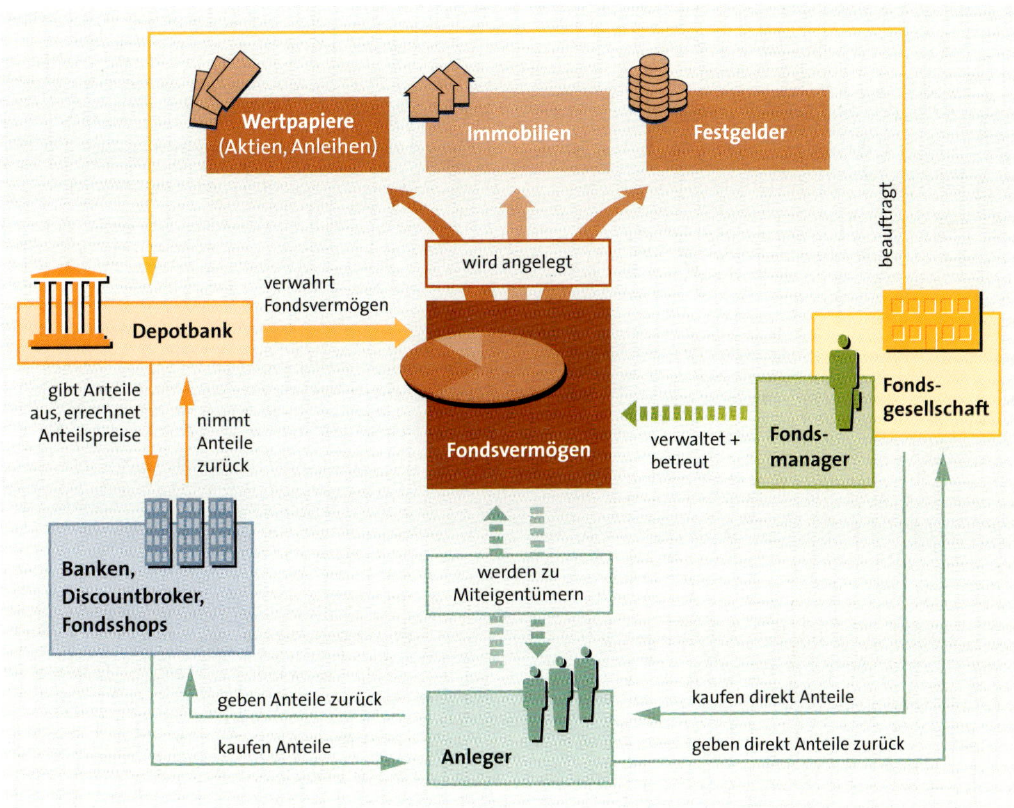

Anlageform mit Sicherheitsnetz

Fondssparer sind weder Gläubiger – wie Anleihekäufer – noch Aktionäre der Fondsgesellschaft. Sie sind rein rechtlich gesehen Miteigentümer am Fondsvermögen – und zwar im Verhältnis zu ihrer Einlage. Die Anteilsscheine, die jeder Anleger, der Geld in einen Fonds einzahlt, erhält, verbriefen dieses Miteigentumsrecht.

Investmentfonds nach dem Gesetz

Nach dem IOS-Skandal (→ Seite 288), der Anfang der 70er Jahre die Finanzszene erschütterte, zogen nicht nur viele Fondsanleger, sondern auch der deutsche Gesetzgeber Konsequenzen. Mit einer Reihe gesetzlicher Vorschriften und Regelungen hat er dafür gesorgt, dass das Kapital von Fondskunden vor Manipulationen und missbräuchlichem Zugriff geschützt ist. Dass sich beispielsweise der Fondsverwalter mit dem Geld seiner Kunden aus dem Staube macht, ist dadurch nahezu ausgeschlossen.

Gesetz über die Kapitalanlagegesellschaften

Die erste Sicherung besteht im „Gesetz über die Kapitalanlagegesellschaften" (KAGG), wie die Anbieter von Fonds rein rechtlich bezeichnet werden. Dort ist genau definiert, wann sich ein Fonds überhaupt „Investmentfonds" nennen darf und welche Pflichten die Gesellschaft hat.

Das KAGG legt unter anderem fest, dass die Fondsgesellschaften Kapitalsammelstellen sind, die die Gelder der Anleger nicht mit den eigenen vermischen dürfen, sondern für „gemeinschaftliche Rechnung der Anteilsinhaber verwalten". Das ist von besonderer Bedeutung, denn damit zählt der Fonds rechtlich als „Sondervermögen", auf das fremde Gläubiger keinen Zugriff haben, auch dann nicht, wenn die Fondsgesellschaft einmal in finanzielle Schwierigkeiten geraten sollte. Was wenig wahrscheinlich ist, denn das KAGG schreibt auch vor, dass Fondsgesellschaften als Spezialkreditinstitute gelten. Dadurch müssen sie die gleichen Anforderungen erfüllen wie eine Geschäftsbank. Dazu gehört zum Beispiel eine ausreichende Ausstattung mit Eigenkapital. Und als Kreditinstitut unterliegen die Gesellschaften automatisch der Aufsicht durch das Bundesaufsichtsamt für das Kreditwesen (BAKred).

Außerdem ist die Fondsgesellschaft lediglich ein Treuhänder, der keinen direkten Zugriff auf das Kapital der Fondsanleger hat. Die entsprechenden Wertpapiere und das Barvermögen werden von einer externen Depotbank auf einem Sperrkonto verwahrt. Als zusätzliche Sicherheit muss die Depotbank rechtlich und personell unabhängig von der Fondsgesellschaft sein. Das Bundesaufsichtsamt muss sowohl die Wahl als auch einen geplanten Wechsel des Depotinstituts genehmigen. Wegen der besonderen Vertrauensstellung akzeptiert die Aufsichtsbehörde dabei nur Geldhäuser mit tadellosem Ruf.

Die Aufgaben der Depotbank

Neben der Kontoführung erfüllt die Depotbank eine Reihe von weiteren Aufgaben: Sie gibt neue Anteilsscheine aus und nimmt sie von Anlegern, die verkaufen, zurück. Dazu ermittelt die Depotbank börsentäglich den Ausgabe- und Rücknahmepreis.

So errechnet sich der Wert eines Fondsanteils

Der Preis für die meisten Investmentfondsanteile entsteht nicht durch Angebot und Nachfrage. Er wird von der Depotbank errechnet und ergibt sich, indem die Depotbank den Wert sämtlicher im Fonds enthaltenen

Vermögensgegenstände ermittelt, davon die anteiligen Kosten (→ Seite 295) abzieht und das Ergebnis durch die Zahl aller ausgegebenen Anteile dividiert:

	Inventarwert sämtlicher Vermögenswerte des Fonds (Wertpapiere zum aktuellen Börsenkurs, Immobilien zum Ertragswert)
+	Barvermögen und sonstige liquide Mittel
–	Verbindlichkeiten des Fonds (eventuelle Kredite, Depotbankgebühren, Transaktionskosten)
=	**Nettoinventarwert des Fonds**
:	durch die Anzahl der ausgegebenen Anteilscheine
=	**Rücknahmepreis pro Fondsanteil**

Da sich die Kurse der im Fonds enthaltenen Aktien oder Anleihen während eines Tages laufend ändern, wird der Anteilspreis in der Regel nur einmal pro Tag festgestellt. Dabei wird eine bestimmte Stichzeit zugrunde gelegt – beispielsweise zwölf Uhr. Dieser Preis gilt dann für all diejenigen Aufträge, die vor diesem Zeitpunkt bei der Fondsgesellschaft eingehen. Orders, die danach ankommen, werden zum Anteilspreis des nächsten Tages abgerechnet. Ausnahmen gelten für diejenigen Fonds, deren Vermögenswerte überwiegend an einer Börse außerhalb der europäischen Zeitzonen gehandelt werden. Dazu gehören zum Beispiel Fonds mit Anlageschwerpunkt Asien und Südamerika. Hier sind entsprechend andere Stichzeiten maßgebend.
Ausländische Fondsanbieter stellen ihre Preise ebenfalls oftmals nach abweichenden Zeitregeln fest – vor allem, wenn sie selbst in einer anderen Zeitzone arbeiten, etwa in den USA. Die Kurse, die der Anleger zum Beispiel von vielen US-amerikanischen Fonds in der Tageszeitung findet, sind in der Regel nicht vom Vortag, sondern beziehen sich auf einen davor liegenden Zeitraum. Manche ausländischen Anbieter stellen den Preis für einige ihrer Fonds sogar nur einmal pro Woche fest.

Die Depotbank zieht darüber hinaus die laufenden Verwaltungskosten (→ Seite 297) vom Fondsvermögen ein und überwacht die Einhaltung des Investmentgesetzes und der Anlagegrundsätze (→ unten).

Grundsätze für Fondsmanager

Das KAGG hat einen weiteren Schutzmechanismus eingebaut: Jeder Fonds muss nach bestimmten Grundsätzen gemanagt werden, die im Gesetz zusammengefasst sind. Zwar ist der Fondsmanager beziehungsweise das Managementteam für die Auswahl und den An- und Verkauf von Wertpapieren zuständig, aber die Aufteilung des Vermögens können sie nicht nach ihrem Gutdünken vornehmen. Das Gesetz schreibt zum Beispiel vor, dass maximal 5 Prozent des Sondervermögens in ein Wertpapier eines Ausstellers investiert werden. Nur in Ausnahmefällen darf der Anteil 10 Prozent betragen. Allerdings dürfen alle Wertpapiere mit einem Anteil über 5 Prozent höchstens 40 Prozent des gesamten Vermögens ausmachen. Aktien- und Rentenfonds (→ Seite 299) müssen somit mindestens 16 Titel enthalten. Bei Grundstücks-Sondervermögen sind es mindestens zehn Grundstücke beziehungsweise Immobilienobjekte. In der Praxis wird diese Zahl meist um ein Vielfaches überschritten, sodass das Ausfallrisiko deutlich geringer ist als vom Gesetzgeber gefordert. Sollte wirklich einmal eine Anleihe nicht zurückgezahlt werden oder ein Unternehmen, dessen Aktien der Fonds hält, in finanzielle Schwierigkeiten geraten oder Insolvenz anmelden, ist der Verlust, gemessen am gesamten Vermögen, relativ gering.

Die grobe Ausrichtung des Fonds wird außerdem in den jeweiligen Anlagegrundsätzen geregelt. Dort steht zum Beispiel, ob er als reiner Aktienfonds konzipiert ist. Die Anlagegrundsätze werden mit dem Verkaufsprospekt veröffentlicht.

Das IOS-Debakel

Die drei Buchstaben IOS sind vielen Fondsanlegern aus den 60er Jahren in böser Erinnerung. IOS stand für die Investment Overseas Services – eine zu dieser Zeit weltweit operierende Investmentgesellschaft. Kernstück des IOS-Geschäfts war ein Fonds, der wiederum in andere Fonds anlegte und dessen Anteile an das breite Publikum verkauft wurden. Dabei sorgte IOS durch die entsprechende Wahl des Unternehmenssitzes dafür, dass die ordnungsgemäße Verwaltung des Geldes von niemandem kontrolliert wurde.

Der Starverkäufer und gleichzeitig das Aushängeschild des Unternehmens war ein Mann namens Bernie Cornfeld. Ende der 60er Jahre verwaltete der Fonds die für damalige Verhältnisse beachtliche Summe von 2,5 Milliarden US-Dollar. Das war Cornfeld und seinen Mitstreitern aber nicht genug. Sie planten IOS an die Börse zu bringen, um ihre Aktien, die sie an dem Unternehmen hielten, zu Bargeld zu machen. Dazu musste die Gesellschaft allerdings Gewinne erwirtschaften, denn tatsächlich verdiente IOS wegen der hohen Provisionen, die sich Cornfeld und Co. in die Tasche steckten, mit der Verwaltung der Fonds so gut wie kein Geld. Deshalb fingen die IOS-Manager an, Wertpapiere und außerbörsliche Beteiligungen zu kaufen, die zuerst von ihren Tochtergesellschaften erworben und dann innerhalb der IOS-Fondstöpfe verschoben wurden. Sinn und Zweck dieser Transaktionen war es, mit jeder Verschiebung, die faktisch nur auf dem Papier stand, den Wert der Papiere nach oben zu manipulieren. Zum Teil wertlose Firmen und Grundstücksrechte standen so mit Millionen von Dollar in der Fondsbilanz. Die Emission der IOS-Aktien gelang 1969 tatsächlich und zunächst waren die Papiere gefragt. Doch die „Sondergeschäfte" konnten nicht auf Dauer die geschäftliche Lage des Unternehmens überdecken. Im Februar 1970 eröffnete das Management den Aktionären, dass IOS Verluste machte. Der Aktienkurs fiel daraufhin weit unter den Ausgabepreis und parallel dazu gaben die Fondsanleger in Scharen ihre Anteile zurück. Fatale Folge: Um die Anleger auszuzahlen, musste wirklich werthaltiges Vermögen liquidiert werden. Das verstärkte den Abwärtsstrudel zusätzlich. Gerüchte über Zahlungsschwierigkeiten von IOS machten die Runde und Cornfeld musste seinen Hut nehmen.

Mit Robert Vesco, seinem Nachfolger, kamen die Anleger allerdings vom Regen in die Traufe. Er plünderte das Unternehmen systematisch aus und besiegelte damit das endgültige Ende des einstmals vielgerühmten Unternehmens.

Quelle: JOHN TRAIN: Berühmte Pleiten. Verlag Poller, Stuttgart, 1981

Der Segen des Bundesaufsichtsamts

Im Gesetz ist auch beschrieben, wann und unter welchen Umständen ein Fonds als solcher verkauft werden darf. Bei jedem neuen Fonds prüft das BAKred (→ Seite 286) vorher den Prospekt und das Anlagekonzept. Erst wenn sich die Behörde mit dem Konzept einverstanden erklärt, ist der Fonds zum öffentlichen Vertrieb zugelassen.

Folgepflichten der Fondsgesellschaft

Der Gesetzgeber hat für die Fondsanbieter auch eine Reihe von Folgepflichten festgelegt. Die Kapitalanlagegesellschaft ist verpflichtet, zum Ende jedes Geschäftsjahres für jeden

Fonds einen Rechenschaftsbericht zu erstellen. Er ist quasi eine Bilanz und enthält eine komplette Aufstellung über alle Vermögenswerte und Verbindlichkeiten sowie eine Auflistung sämtlicher Aufwendungen und Erträge.

Der Sicherheit der Anleger dient auch, dass die KAG verpflichtet ist, ihre Anteile börsentäglich zurückzunehmen und den aktuellen Anteilswert in bar auszuzahlen. Von dieser Verpflichtung ist sie nur entbunden, wenn eine oder mehrere Wertpapierbörsen aus besonderem Anlass geschlossen bleiben und kein aktueller Marktpreis für die im Fondsvermögen enthaltenen Wertpapiere festgestellt werden kann.

Was im Einzelfall jedoch ein „besonderer Anlass" ist, darüber kann man geteilter Meinung sein. Nach den Terroranschlägen im September 2001 haben beispielsweise viele Fondsgesellschaften die Ausgabe und Rücknahme von Anteilen an ihren US-Aktienfonds vorübergehend eingestellt mit Hinweis darauf, dass die US-Börsen in den Tagen danach geschlossen blieben. Kritiker dieser Entscheidung wiesen allerdings darauf hin, dass alle wichtigen US-Werte auch an den großen europäischen Börsen gehandelt werden. Eine marktgerechte Feststellung der Inventarwerte und damit des Anteilspreises wäre mithin kein Problem gewesen, sodass es eigentlich keinen Grund gab, den Handel einzustellen.

TIPP

Wer einen Investmentfonds kauft, hat Anspruch darauf, durch den Berater oder Vermittler ausführlich informiert zu werden. Dazu müssen laut KAGG folgende Unterlagen ausgehändigt werden:

- Die Vertragsbedingungen und/oder die Satzung der Investmentgesellschaft.
- Der Verkaufsprospekt des jeweiligen Fonds, der die Anlagegrundsätze, die Kosten und andere Details auflistet.
- Der aktuelle Jahres- und Halbjahresbericht, in dem vor allem Informationen zur Wertentwicklung und Zusammensetzung des Fondsdepots enthalten sind.
- Eine Durchschrift oder Kopie des Kaufauftrags. Die drei erstgenannten Unterlagen sollten Sie vor dem Kauf studieren, damit Sie wissen, wie der jeweilige Fonds Ihr Geld anlegt und worauf Sie sich einlassen. Vermittler und Fondsgesellschaft haften, wenn der Prospekt Mängel aufweist oder wichtige Angaben, etwa eine Aufklärung über das Anlagerisiko, nicht enthalten sind.

Sonderregeln für ausländische Fonds

Für ausländische Fonds gelten darüber hinaus noch einige Sonderregelungen. Sie müssen beispielsweise einen Repräsentanten bestellen, der sie in Deutschland vertritt, und eine inländische Bank als Zahlstelle benennen. Außerdem müssen sämtliche Unterlagen wie Verkaufsprospekt und Jahresbericht in deutscher Sprache vorliegen.

Fonds aus einem Land der Europäischen Union (EU) besitzen automatisch auch die Vertriebszulassung für Deutschland und jedes andere EU-Land, wenn sie in ihrem Heimatland zugelassen sind. Die Fondsgesellschaft muss dem Bundesaufsichtsamt für das Kreditwesen lediglich den Vertrieb anzeigen und eine Prüfbescheinigung der zuständigen Heimatbehörde einreichen.

Neben diesen „weißen" Fonds gibt es noch ausländische, in Deutschland nicht offiziell zum Vertrieb zugelassene Fonds – so genannte „graue" und „schwarze" Fonds. Sie dürfen zwar in Deutschland verkauft, aber nicht aktiv beworben werden. Zudem weisen sie für deutsche Anleger eine Reihe steuerlicher Nachteile auf (→ Seite 380).

Der Weg zum Fonds

Einer der Pluspunkte von Investmentfonds ist, dass sie meist kein großes Anfangskapital erfordern. Bei vielen Fonds beträgt die Mindestanlage nur 50 Euro – allerdings nur dann, wenn der Anleger regelmäßig Geld im Rahmen eines Sparplans anlegt. Bei Einmalanlagen werden vielfach höhere Mindestanlagesummen vorausgesetzt – je nach Fonds zum Teil 500 Euro oder mehr.

Wie hoch die Mindestanlage des jeweiligen Fonds ist, kann durch Nachfrage bei der Fondsgesellschaft oder durch eine Recherche im Internet geklärt werden. Fast alle Fondsgesellschaften haben mittlerweile eine eigene Homepage, auf der sie die wichtigsten Daten ihrer Fonds zusammenstellen. KONTAKT ▶

▶ KONTAKT
Eine zentrale Anlaufstelle für Fondsinteressenten ist die Homepage des Bundesverbands Deutscher Investmentgesellschaften (BVI): **www.bvi.de**
Dort finden sich Links zu den Seiten fast aller deutschen und einiger ausländischer Fondsgesellschaften. Weitere Internetadressen auf Seite 312.

Die wichtigsten Einkaufsquellen

Fonds sind nur in den wenigsten Fällen an der Börse erhältlich (→ Seite 292). Für den Anleger gibt es aber mehrere Möglichkeiten, Fondsanteile zu erwerben. Die Unterschiede liegen dabei vor allem in der Auswahl an Fonds und der Möglichkeit einer persönlichen Beratung.

Banken und Sparkassen

Beim Kauf eines Fonds läuft es ähnlich wie beim Kauf von Aktien und Anleihen: Der erste Weg führt den Anleger fast immer zur Hausbank um die Ecke, weil er sich, wie bei der Direktanlage in Aktien und Anleihen, denselben Vorteil verspricht: Ein persönlicher Berater hilft bei der Auswahl der Fonds, informiert über die einzelnen Anlagestrategien und wickelt die Formalitäten ab. Immerhin werden über zwei Drittel aller Fonds über Banken und Sparkassen verkauft.

☞ Best choice: Aus dem Englischen frei übersetzt mit „die beste Auswahl" treffen.

Nachteil der Filialisten: Oft nur Hausmannskost

Der größte Schwachpunkt der Filialbanken ist allerdings, dass die Berater oft nur instituts- beziehungsweise gruppeneigene Fonds verkaufen. Jedes große Kreditinstitut und jede Bankengruppe besitzt eine eigene Fondsgesellschaft.

Wer gehört zu wem?

Die größten Fondsgesellschaften lassen sich folgendermaßen zuordnen: Die DWS gehört zur Deutschen Bank, beim Deutschen Investment Trust (DIT) gibt die Dresdner Bank den Ton an, die Adig wird der Commerzbank zugerechnet, die Activest der HypoVereinsbank, die DGZ-Deka steht dem Sparkassensektor nahe und die Genossenschaftsbanken sind Anteilseigner bei der Union-Investment.

Der Haken daran: Nicht jedes hauseigene Angebot ist das beste innerhalb einer bestimmten Fondsgruppe (→ Seite 298). Wer danach sucht, muss oft auf einen anderen Anbieter ausweichen und institutsfremde Fonds kaufen. Viele Geldhäuser lassen sich diesen Service extra bezahlen. Zusätzlich zu den fondseigenen Kosten (→ Seite 295) verlangen sie eine „Besorgungsgebühr", und nicht selten stellen sie auch noch höhere Depotgebühren für hausfremde Fonds in Rechnung.

Lichtblick: Best-Choice-Prinzip

Auf der anderen Seite arbeiten eine Reihe von Banken mittlerweile nach dem so genannten ☞ Best-Choice-Prinzip. Das heißt, der Bankmitarbeiter sucht institutsübergreifend aus einer großen Menge von Fonds diejenigen heraus, die nach dem Beratungsergebnis am ehesten zum Kunden passen und nach bestimmten qualitativen Kriterien das beste Angebot darstellen (→ Fondsrating, Seite 313).

Inwieweit dieser Anspruch in jedem einzelnen Fall eingelöst werden kann, muss offen bleiben.

Aber es ist ein viel versprechender Ansatz, der zu mehr Transparenz, Qualitätswettbewerb und Anlegerorientierung bei der Fondsberatung durch die Banken und Sparkassen führt.

Direktbanken und Discountbroker

Direktbanken und Discountbroker (→ Seite 34) machen auch beim Fondskauf den Filialbanken Konkurrenz.

Vor- und Nachteile

Bei den meisten Direktinstituten können die Anleger aus einem breiten, institutsübergreifenden Angebot auswählen – aber auch hier müssen sie selbst entscheiden, welchen Fondstyp oder welchen Fonds sie kaufen möchten. Dafür bieten Discounter Rabatte bei den Kaufkonditionen (→ Seite 296). Außerdem stellen einige Anbieter ihren Kunden per Internet spezielle Analyseprogramme zur Verfügung, die nach vorgegebenen Kriterien aus einer bestimmten Fondsgruppe die jeweils besten Anteile heraussuchen. Allerdings sollten die Erwartungen an diese Hilfsmittel nicht zu hoch gesteckt sein. Ob sie die Qualität einer persönlichen Beratung ersetzen können, muss dahingestellt bleiben. Andererseits lässt auch diese oft zu wünschen übrig (→ Seite 41).

Fondsgesellschaften

Auch bei Investmentfonds gibt es so etwas wie einen „Fabrikverkauf“. Anleger können Fondsanteile direkt bei der Fondsgesellschaft erwerben, die auf Wunsch gleichzeitig auch die Depotverwahrung übernimmt. Natürlich werden nur Fonds aus dem eigenen Programm angeboten. Ebenso wie die Discounter bieten auch die Fondsgesellschaften keine Beratung. Der Kunde muss selbst wissen, was er aus der hauseigenen Palette kaufen möchte.

Auf einen speziellen Vorteil müssen die Anleger dabei inzwischen immer häufiger verzichten: die kostenlose Depotführung. In den vergangenen Jahren sind immer mehr Anbieter dazu übergegangen, für die Verwahrung ihrer Anteile ein Entgelt zu verlangen, das allerdings in vielen Fällen unter den Sätzen der Filialbanken liegt. Doch der Abstand hat sich nach der Preisrunde der großen deutschen Fondsgesellschaften im Jahre 2001 deutlich verringert.

Fondssupermärkte im Netz

Was den Banken recht ist, kann den Fondsgesellschaften nur billig sein. Eine Reihe von Anbietern plant, ebenso wie einige Geldhäuser, nicht mehr nur die eigenen, sondern auch die Fonds anderer Anbieter zu verkaufen. Dazu werden im Internet so genannte Fondssupermärkte eröffnet, das heißt, der Anleger kauft wie bei einer Direktbank online oder unter Umständen per Telefon. Damit würde der „Fabrikverkauf“ einen Nachteil gegenüber den Filialbanken wettmachen, denn der Kunde könnte sein kostenloses oder zumindest kostengünstiges Depot bei der entsprechenden Fondsgesellschaft auch für fremde Fonds nutzen. Die Gesellschaften Adig und Fidelity wollen den Anfang machen. Wenn sie mit ihrer Idee Erfolg haben, ist es nur noch eine Frage der Zeit, wann die Wettbewerber nachziehen. Davon dürften Fondsanleger aller Wahrscheinlichkeit profitieren, denn Konkurrenz belebt bekanntermaßen das Geschäft.
KONTAKT ▶

▶ KONTAKT
www.adig.de
www.fundnetwork.de

Der Pluspunkt der Fondsgesellschaften

Ein klarer Pluspunkt der Fondsgesellschaften: Sie bieten ihren Kunden Vorteile beim so genannten ☞ Switchen. Der Fondsbesitzer muss nur einen reduzierten oder in einigen Fällen gar keinen Ausgabeaufschlag (→ Seite 295) zahlen, wenn er zu einem anderen Fonds innerhalb des Hauses wechselt. Banken, Sparkassen und Discounter behandeln dagegen jede Umschichtung wie eine Neuanlage und berechnen demzufolge jedes Mal die vollen Kosten.

☞ Switchen: Abgeleitet von „switch“ (engl.) übersetzt: wechseln, umschalten. In der Fachsprache üblicher Begriff für die Umschichtung eines Fondsdepots, das heißt den Wechsel beispielsweise von einem Aktien- in einen Rentenfonds (→ Seite 298).

Freie Vermittler und Fondsshops

Fonds haben mittlerweile einen festen Platz im Angebot so genannter Allfinanzvertriebe gefunden. Das heißt, nicht mehr nur Banken, sondern oft auch Versicherungs- und Bausparkassenvertreter verkaufen Fonds. Dazu kommen freie Finanzvermittler und Vermögensverwalter und eine Reihe so genannter Fondsshops oder -boutiquen, die sich auf Fondsprodukte spezialisiert haben.

Vermittler und Shops sind in fast allen Fällen wirtschaftlich unabhängig von der Fondsgesellschaft. Ähnlich wie ein Reisebüro beim Verkauf touristischer Leistungen erhalten sie von den Anbietern eine Verkaufsprovision und eine jährliche Vergütung für ihre laufende Betreuungsarbeit. Der Kunde zahlt in der Regel lediglich den üblichen Ausgabeaufschlag (→ Seite 295).

☞ XTF: Abkürzung für **Ex**change **T**raded **F**unds, übersetzt: börslich gehandelte Investmentfonds.

Unabhängigkeit mit Fragezeichen

Viele Vermittler werben damit, dass sie unabhängig beraten. Das heißt freilich nicht, dass die Beratung besser ist als bei den Banken. Gerade bei freien Vermittlern, die noch andere Finanzprodukte im Angebot haben, besteht die Gefahr, dass sie ihren Kunden neben Versicherungs- oder Bausparverträgen auch ganz andere Anlageformen wie zum Beispiel Steuersparmodelle verkaufen wollen. Andere wiederum drängen darauf, gleichzeitig noch einen provisionsträchtigen Verwaltungsvertrag für das Fondsdepot abzuschließen.
Ein guter Berater erklärt dagegen nicht nur ausführlich die ausgewählten Fonds, sondern überwacht später auch das Depot in regelmäßigen Abständen und informiert den Kunden, wenn sich eine Umschichtung anbietet. Seriöse Vermittler weisen von sich aus darauf hin, wenn sie für diese Betreuung ein zusätzliches Honorar verlangen.

■ **TIPP**

Vorsicht, wenn Zahlungen direkt an den Vermittler geleistet werden sollen. Seriöse Vermittler bahnen nur den Abschluss zwischen Kunde und Fondsgesellschaft an. Auch wenn der Berater eine Vollmacht für das bei der Gesellschaft eröffnete Investmentkonto verlangt, sollte der Anleger einen Rückzieher machen oder die Zustimmung dazu verweigern.

Fondshandel über die Börse

Von dem Grundsatz, dass Investmentfonds nicht an der Börse gehandelt werden, gibt es Ausnahmen. Seit April 2000 hat die Frankfurter Börse ein spezielles Handelssegment für Fonds eröffnet: ☞ XTF.

In XTF werden Fondsanteile so wie Aktien und Anleihen fortlaufend gehandelt. Der Anleger zahlt dabei keinen Ausgabe- oder Rücknahmeaufschlag (→ Seite 295), sondern nur die für Wertpapiere üblichen Transaktionskosten.

Zugangsvoraussetzungen

Damit ein Fonds überhaupt in XTF gehandelt werden kann, muss er zum öffentlichen Vertrieb in Deutschland offiziell zugelassen sein. Außerdem muss er bei Aufnahme des Handels ein Mindestvolumen von 50 Millionen Euro haben. Darüber hinaus: Zugelassen zu XTF werden in erster Linie nur lupenreine Indexfonds, deren Zusammensetzung einen international bekannten Index genau nachbildet (→ Seite 100). Aktiv gemanagte Fonds, als zweite Gruppe, bekommen nur dann Zutritt zu dem Börsensegment, wenn der Fondsmanager die Zusammensetzung laufend an einer international gebräuchlichen Benchmark (→ Seite 100) orientiert. Durch die Referenzmarke ist ein Vergleich der Qualität des Managements jederzeit gewährleistet. Zudem veröffentlicht die Deutsche Börse AG seit Januar 2002 minütlich für alle Fonds die Netto-Inventarwerte auf Basis der aktuellen Kurse.

Sponsoren schaffen zusätzliche Liquidität

Ähnlich wie zum Beispiel bei den Aktien am Neuen Markt muss die jeweilige Fondsgesellschaft für ihren Indexfonds zwei Betreuer, (Designated Sponsors, → Seite 71), beauftragen, die während der offiziellen Handelszeiten An- und Verkaufskurse stellen und so für ausreichende Liquidität sorgen. Bei den aktiv gemanagten Fonds wird das Market Making in der Regel von der Fondsgesellschaft selbst übernommen.

Bei den in XTF gelisteten Fonds ist ein untertägiger Handel möglich, das heißt, Kauf und Verkauf können am gleichen Tag durchgeführt werden. Dabei kann der Anleger seine Orders auch limitieren. Die fortlaufenden Kurse bewegen sich zwar um den rechnerischen Netto-Inventarwert, weisen aber demgegenüber meist einen kleinen Ab- oder Aufschlag auf – je nach Angebot und Nachfrage.

EXKURS

Fonds-Picker als teure Alternative

Für eine individuelle Vermögensverwaltung verlangen viele Banken und Sparkassen eine Anlagesumme von mindestens 250 000 Euro. Als Alternative für kleinere Anlagebeträge bieten Geldhäuser und freie Fondsvermittler eine Vermögensverwaltung auf Fondsbasis an. Dabei zahlt der Anleger in einen Pool ein. Ein Verwalter legt die Poolgelder dann in verschiedenen Fonds an und nimmt nach eigener Einschätzung Umschichtungen vor.

Keine Aufsicht, kein gesetzlicher Schutz

Diese so genannten Fonds-Picker unterliegen im Gegensatz zu entsprechenden Fondsangeboten, etwa Dachfonds (→ Seite 303), keiner staatlichen Aufsicht. Der Anleger wird auch nicht Miteigentümer an einem Sondervermögen, sondern Gesellschafter einer Gesellschaft meist bürgerlichen Rechts oder er schließt einen Verwaltungsvertrag ab. Soweit es sich nicht um eine Bank handelt, ist der Anleger also gut beraten, die Seriosität des Fonds-Pickers genauestens zu prüfen (→ Checkliste).

Angesichts der Vielzahl kritischer Punkte stellt sich die Frage, ob und für wen sich solche Angebote lohnen. Die Antwort: Fonds-Picker sind eine Alternative für Anleger, die sich nicht um die Anlage ihres Geldes kümmern möchten und eine professionelle Vermögensverwaltung für etwas höhere Anlagebeträge suchen – vorausgesetzt, es gibt keinen Zweifel an der Seriosität des Anbieters, es liegen nachweislich gute und von einem Wirtschaftsprüfer testierte Netto-Zahlen vor und die Kosten sind nicht überdurchschnittlich hoch. Allerdings gibt es genügend Alternativen im Bereich der Dachfonds und gemischten Fonds (→ Seite 302). Und mit ein wenig Eigeninitiative, dafür aber wesentlich billiger kann sich der Anleger selbst ein Fondsdepot zusammenstellen, das langfristig gute Renditechancen besitzt (→ Seite 305).

CHECKLISTE FÜR FONDS-PICKER-ANGEBOTE

Über folgende Punkte sollten Sie sich Klarheit verschaffen:

✔ **Erfolgsnachweis.** Grundsätzlich gilt: Fonds-Picker sind teuer. Neben einer einmaligen Einstiegsprovision, die zwischen 5 und 10 Prozent beträgt, können sich die laufenden Management- und Depotbankkosten, Treuhändergebühren und nicht selten noch eine Gewinnbeteiligung auf bis zu 10 Prozent pro Jahr summieren. Damit sich das Angebot trotzdem rechnet, weisen seriöse Anbieter den Erfolg ihrer Arbeit anhand von Vergangenheitszahlen nach, die von einem unabhängigen Wirtschaftsprüfer testiert worden sind. Vorsicht bei unbestätigten Ergebnissen!

✔ **Unabhängigkeit.** Vor allem bei den Fonds-Picking-Angeboten der Banken sollte geklärt werden: Wie unabhängig wird dabei gearbeitet? Wählt der Verwalter nur aus dem konzern- beziehungsweise gruppeneigenen Fonds oder aus dem gesamten Markt aus? Eine doppelte

Kostenbelastung ist in diesem Fall anders als bei den Dachfonds erlaubt.

- ✔ **Strategie.** Es sollte vor dem Abschluss geklärt werden, welche grundsätzliche Depotaufteilung der Verwalter vornimmt und inwieweit sie zu den eigenen Anlagebedürfnissen passt. Darüber hinaus: Es kommt darauf an, dass sich die Begriffsdefinitionen der einzelnen Fonds-Picker entsprechen. Fonds-Picker A mischt zum Beispiel seinem als „konservativ" beschriebenen Depot unter Umständen einen sehr hohen Aktienfondsanteil bei, Anbieter B versteht unter „konservativ" eine wesentlich risikoärmere Mischung. Er entscheidet sich deshalb für einen geringen Aktienanteil.
- ✔ **Ausstiegsmöglichkeit.** Wichtig ist auch die Frage nach der Kündigungsfrist und vorzeitigen Ausstiegsmöglichkeiten. Zwar ist ein Fonds-Picking-Depot grundsätzlich als mittel- bis langfristige Anlageform konzipiert, dennoch sollte der Anleger wie bei der Direktanlage in Fonds die Möglichkeit haben, kurzfristig und ohne Kosten aus dem Pool auszusteigen.

Fazit: Welche Einkaufsquelle für wen?

Welcher der beschriebenen Vertriebswege der richtige und geeignete ist, hängt vor allem von der Anlagementalität und dem Beratungsbedarf des Fondsanlegers ab. Wer zum ersten Mal einen Fonds kauft und keine genauen Vorstellungen davon hat, welcher Fondstyp zum eigenen Anlageziel und zur persönlichen Risikobereitschaft passt, der ist bei einer Bank oder einem Fondsshop wahrscheinlich am besten aufgehoben – allerdings sollte man sich nicht gleich für den ersten entscheiden, sondern sich bei verschiedenen Anbietern informieren. Zweifel an der Seriosität eines Fondsvermittlers sind dann angebracht, wenn er zum Abschluss drängt oder auch fondsfremde Produkte verkaufen will.

Ein Anleger mit exakten Vorstellungen, welchen Anteil er erwerben möchte, kommt dagegen meist bei einem Discounter am günstigsten zum Zuge. Wer einen größeren Betrag in mehrere Fonds anlegen und in eigener Regie nach Marktlage umschichten will, sollte sich bei einer Fondsgesellschaft mit breiter Angebotspalette informieren. Er profitiert von den geringeren Switchinggebühren (→ Seite 291). Der Kauf an der Börse ist dagegen nur bei Indexfonds empfehlenswert, wobei Indexzertifikate (→ Seite 347) in vielen Fällen eine kostengünstige Alternative darstellen.

Wo und wie Anleger Fonds kaufen können

	Persönliche Beratung?	Fondsangebote verschiedener Gesellschaften?	Rabatt auf den Ausgabeaufschlag?	Depotverwahrung auch für andere Wertpapiere?	Höhe der Depotgebühren	Günstige Switchkonditionen?
Banken und Sparkassen	Ja	In den meisten Fällen nur auf gezielten Wunsch	Je nach Verhandlungsgeschick	Ja	Teilweise hoch – je nach Institut	Nein
Fondsgesellschaft	Nein	Bislang nicht	Sehr selten	Bislang nicht	Oft kostenlos oder vergleichsweise niedrig	In den meisten Fällen
Direktbanken/ Discounter	Bislang nur einzelne Anbieter	Ja	Ja, für eine mehr oder weniger große Zahl	Ja	Relativ niedrig, in Einzelfällen auch kostenlos	Nein
Fondsshops/ Fondsvermittler	Ja	Ja	Je nach Verhandlungsgeschick	Nein, Depotführung in der Regel durch Fondsgesellschaft	Wie Fondsgesellschaften	Wie Fondsgesellschaften

Die Gentlemen bitten zur Kasse

Natürlich bieten die Fondsgesellschaften ihre Dienste nicht zum Nulltarif an. Zwar fallen beim Kauf von Investmentfonds üblicherweise keine Bankprovisionen wie beim Kauf von Aktien oder Anleihen an. Dafür wird der Anleger mit einer Reihe anderer Kosten zur Kasse gebeten.

Der Ausgabeaufschlag

Der dickste Brocken ist dabei der so genannte Ausgabeaufschlag. Er fällt beim Kauf eines Fonds an und dient dazu, die Kosten abzudecken, die für den Vertrieb anfallen. Seine Höhe ist unterschiedlich und wird von der Fondsgesellschaft für jeden Fonds bei Auflage festgesetzt und im Verkaufsprospekt vermerkt. In erster Linie ist sie abhängig von der jeweiligen Fondsart.

Für so genannte Geldmarkt- und geldmarktnahe Fonds (→ Seite 299) ist ein Aufschlag von 0 bis 1 Prozent auf den aktuellen Rücknahmepreis üblich, bei Rentenfonds (→ Seite 298) werden im Schnitt 3 Prozent verlangt und bei Immobilien- und Aktienfonds (→ Seite 299) sind meistens 5 Prozent fällig. Im Einzelfall kann der Ausgabeaufschlag bei Aktienfonds aber auch auf über 7 Prozent klettern.

Damit liegt der Aufschlag wesentlich über den üblicherweise beim direkten Kauf von Aktien und Anleihen anfallenden Transaktionskosten. Dabei muss aber berücksichtigt werden, dass bei der Rückgabe des Fonds keine weiteren Kosten mehr anfallen – zumindest bei deutschen Fondsgesellschaften. Dagegen gibt es bei einigen ausländischen Anbietern abweichende Regelungen. Sie berechnen nicht selten eine Rücknahmegebühr, verzichten dafür aber unter Umständen auf einen Ausgabeaufschlag.

Den Ausgabeaufschlag berechnen

Dass die Höhe des Ausgabeaufschlags im Fondsprospekt und im Zeichnungsauftrag angegeben wird, ist gesetzlich vorgeschrieben. Der Anleger kann ihn aber auch aus dem Kursteil einer Tageszeitung entnehmen. Dort sind in der Regel der für den Verkauf der Anteile maßgebende Rücknahmepreis und der höhere Ausgabepreis genannt. Aus der Differenz beider Preise lässt sich der Ausgabeaufschlag nach folgender Formel errechnen:

$$\frac{\text{Ausgabepreis} \times 100}{\text{Rücknahmepreis}} - 100 = \text{Ausgabeaufschlag (in Prozent)}$$

Die Wirkung auf die Rendite

Die Kaufkosten eines Fonds sind also in vielen Fällen höher als die für börsennotierte Wertpapiere. Darüber hinaus: Da sie am Anfang in einer Summe statt jeweils beim Kauf und Verkauf abgerechnet werden, kommt netto gesehen ein erheblich geringerer Betrag zur Anlage als vom Anleger eingezahlt.

BEISPIEL: Bei einem Ausgabeaufschlag von 3 Prozent fließen von 100 Euro nach Kosten nur 97,09 Euro in das Fondsvermögen.

Die Auswirkungen auf die Nettorendite sind erheblich. Bei einer Anlagedauer von zehn Jahren und einem Ausgabeaufschlag von angenommenen 5 Prozent bleiben von einer durchschnittlichen Wertentwicklung von 10 Prozent pro Jahr am Ende nur 9,46 Prozent übrig.

Hoher Ausgabeaufschlag kostet Rendite

Angenommene Rendite	5,0	5,0	10,0	10,0	15,0	15,0
Ausgabeaufschlag	2,5	5,0	2,5	5,0	2,5	5,0
Laufzeit Einmalanlage in Jahren	So viel bleibt von der Rendite					
3	4,14	3,31	9,10	8,23	14,06	13,14
5	4,48	3,98	9,46	8,93	14,43	13,88
10	4,74	4,49	9,73	9,46	14,72	14,44
20	4,87	4,74	9,86	9,73	14,86	14,72

Angaben in Prozent

Rabatte auf den Ausgabeaufschlag

Auch wenn die Höhe des Ausgabeaufschlags im Verkaufsprospekt angegeben ist, heißt das nicht, dass dieser Posten eine unveränderliche Größe darstellt. In den Unterlagen wird immer der Maximalwert angegeben. Je nach Vertriebsweg und eigenem Verhandlungsgeschick hat der Anleger durchaus die Möglichkeit, in bestimmten Grenzen einen Nachlass auf den Aufschlag auszuhandeln.

☞ No load: Aus dem Englischen frei übersetzt: „ohne Kostenzuschlag".

Bei Wiederanlage der Erträge gilt dagegen eine einheitliche Linie: Unabhängig davon wo der Anleger seine Anteile gekauft hat, geben fast alle Fondsgesellschaften einen vollständigen Rabatt auf den Ausgabeaufschlag, wenn ausgeschüttete Erträge wieder in neue Anteile angelegt werden – den so genannten Wiederanlagerabatt.

■ **TIPP**

Banken und Sparkassen geben einen Rabatt grundsätzlich nur bei den hauseigenen Produkten. Als Faustregel gilt: Je höher der Anlagebetrag, desto größer ist bei den Bankern vor Ort die Wahrscheinlichkeit eines Nachlasses. Verhandeln lohnt auf jeden Fall! Das gilt auch für die Angebote von Fondsshops und freien Vermittlern.
Für Discounter und Direktbanken gehören Rabatte zum Geschäft. Fast alle halten eine Liste mit Fonds bereit, bei denen sie einen Nachlass auf den Ausgabeaufschlag gewähren – von 25 bis teilweise 100 Prozent.
Zugeknöpft geben sich dagegen die meisten Fondsgesellschaften, wenn der Anleger direkt dort kauft. Rabatte gehören dort zur Ausnahme. Nur bei der Anlage sehr hoher Beträge kann sich hartnäckiges Nachfragen und Verhandeln bezahlt machen. Zumindest bei Onlineorders geben einige Anbieter auch ganz offiziell einen Nachlass.

Alternative: No-Load-Fonds

Eine Alternative in diesem Kostendilemma sind so genannte No-Load-Fonds. Fast alle deutschen Fondsgesellschaften haben diesen Fondstyp mittlerweile in ihrem Programm. ☞ No load heißt: Der Fonds wird generell ohne Aufschlag oder Rücknahmeabschlag abgegeben – unabhängig davon, wo der Fondssparer kauft.

Das sieht auf dem Papier viel versprechend aus, doch die Tücke steckt im Detail. No-Load-Fonds haben deutlich höhere laufende Verwaltungskosten (→ Folgekosten, nebenstehend) als die gewöhnlichen Fonds mit Ausgabeaufschlag. Dieser Faktor macht sich in der Wertentwicklung umso stärker negativ bemerkbar, je länger der Anleger den Fonds hält. Wann welcher der beiden Fondstypen – mit oder ohne Ausgabeaufschlag – von der reinen Kostenbelastung günstiger ist, wird damit zu einem Rechenexempel. Als Faustregel gilt: Bei kurzen Anlagezeiträumen sind No-Load-Fonds oftmals günstiger, denn bei dieser Kostenvariante muss der Fondsmanager nicht erst den Abschlag erwirtschaften, bevor der Anleger etwas verdient. Mit zunehmender Anlagedauer werden dann aber Fonds mit Aufschlag immer konkurrenzfähiger und überholen den No-Loader. Wann dieser Zeitpunkt erreicht ist, hängt von den Sätzen im konkreten Einzelfall und der Anlageart ab.

Beispiel: Ein Aktienfonds mit einem Ausgabeaufschlag von 5 Prozent und einer laufenden jährlichen Kostenbelastung von 0,5 Prozent tritt gegen einen No-Load-Fonds mit jährlichen Verwaltungskosten von 1,25 Prozent an. Bei einer unterstellten Wertentwicklung von 10 Prozent pro Jahr liegt der No-Load-Fonds bei einer Einmalanlage in den ersten sieben Jahren vorn. Erst nach dieser Zeit schneidet er vergleichsweise schlechter ab.

Noch vorteilhafter fällt der Vergleich für den No-Load-Fonds bei einem Sparplan

(→ Seite 307) aus. Wird das obige Kostenbeispiel für eine regelmäßige Anlage berechnet, dauert es rund zwölf Jahre, ehe sich der Fonds mit Ausgabeaufschlag günstiger darstellt. Allerdings: Ein Rabatt beim Aufschlag verkürzt diesen Zeitraum entsprechend.

Folgekosten der Fondsanlage

Neben dem offen ausgewiesenen Ausgabeaufschlag gibt es bei jedem Fonds eine Reihe laufender Kosten, die der Anleger nicht auf den ersten Blick erkennt. Diese Kosten werden nicht separat in Rechnung gestellt, sondern jeweils jährlich oder quartalsweise vom Rücknahmepreis abgezogen. Das heißt, sie mindern die Rendite des jeweiligen Fondsanteils. Zu diesen Kosten gehören

- **die Managementvergütung.** Natürlich will auch der Fondsmanager für seine Arbeit bezahlt werden. Deshalb berechnet die Fondsgesellschaft für ihre Verwaltungstätigkeit pro Jahr einen bestimmten Prozentsatz vom durchschnittlichen Fondsvermögen. Dieser Satz liegt je nach Fondstyp zwischen 0,5 und 2,5 Prozent. Da viele Anbieter im Jahre 2001 ihre Sätze deutlich erhöht haben, erreichen sie inzwischen eher das obere Ende der genannten Spanne.
- **die Depotbankkosten.** Auch die Depotbank verlangt eine Provision für die Verwahrung und Verwaltung der vom Fonds erworbenen Wertpapiere und ihre allgemeine Verwaltungstätigkeit (→ Seite 37). Sie schwankt zwischen 0,03 und 0,2 Prozent pro Jahr.
- **die Transaktionskosten.** Wenn der Fondsmanager Aktien und Anleihen über einen Broker oder eine Bank ordert, werden wie bei jedem Wertpapiergeschäft Transaktionsspesen fällig. Aufgrund der hohen Anlagesummen sind sie aber deutlich niedriger als bei Privatanlegern. Die konkreten Sätze hängen vom Verhandlungsgeschick der Fondsgesellschaft ab.

Mangelnde Transparenz
Was Depotbank und Fondsmanagement bekommen, steht im Verkaufsprospekt. Allerdings wird dort nur die maximale Höhe genannt. Was tatsächlich gezahlt wird, lässt sich dort ebenso wenig nachlesen wie die Höhe der Transaktionsspesen. Auch für die Umrechnung von Fremdwährungspositionen sind die Regelungen meist willkürlich – insgesamt ein für Fondssparer unbefriedigender Zustand, den das Bundesaufsichtsamt für das Kreditwesen bei den Fondsgesellschaften bereits angemahnt hat.

Es ist zu wünschen, dass sich die Behörde durchsetzt, denn grundsätzlich sollten alle Fondsanleger genau wissen, was sie für die Verwaltung des Fondsvermögens zu bezahlen haben. Auch dies verbessert die Transparenz und damit den (Kosten-)Wettbewerb zwischen den einzelnen Fondsanbietern.

Fonds in allen Varianten

Investmentfonds gibt es in Deutschland unzählig viele. Doch kaum einer gleicht dem anderen. Das Feld ist breit gefächert mit Hunderten von Anlagekonzepten – jedes mit speziellen Chancen und Risiken. Um sich in dieser Vielzahl besser zurechtzufinden, teilen Experten Fonds nach Anlageschwerpunkten auf. Die klassischen Fondstypen sind dabei Aktien-, Renten-, Geldmarkt-, Immobilien- und gemischte Fonds. Allerdings ist auch das nur eine Grobeinteilung. Innerhalb der einzelnen Gruppen gibt es wiederum Fonds mit sehr unterschiedlichen Anlagestrategien.

Darüber hinaus lassen sich Fonds in offene und geschlossene Fonds (→ Seite 304) unterteilen. Die meisten der offenen Fonds werden breiten Anlegerkreisen zum Kauf angeboten –

deshalb auch der Name Publikumsfonds. Bei ihnen ist die Zahl der ausgegebenen Anteile – und demzufolge auch die Zahl der Anleger beziehungsweise die Höhe des Fondsvermögens – unbegrenzt. Für neu eingezahlte Gelder werden entsprechend mehr Anteile ausgegeben. Umgekehrt werden umlaufende Papiere kurzfristig aus dem Verkehr gezogen und der Gegenwert aus dem Barvermögen des Fonds ausgezahlt, wenn an einem Tag per saldo mehr Fondsanleger aus- als einsteigen wollen.

So teilt sich der Fondsmarkt auf

	Volumen[1]	in Prozent
Aktienfonds	173,3	41,5
Rentenfonds	111,1	26,6
Geldmarktfonds	50,4	12,1
Gemischte Fonds[2]	24,6	5,9
Sonstige	2,2	0,5
Offene Immobilienfonds	55,9	13,4
Summe	417,5	100,0

[1] bezogen auf alle BVI-Mitglieder (in Milliarden Euro)
[2] inkl. AS-Fonds (Altersvorsorge-Sondervermögen)
Quelle: Bundesverband deutscher Investmentgesellschaften (BVI)
Stand: 31. 12. 2001

Publikumsfonds versus Spezialfonds

Neben den Publikumsfonds gibt es so genannte Spezialfonds, die nur für einen Anleger oder eine kleine Gruppe von Anlegern, höchstens zehn, aufgelegt werden – in der Regel institutionelle Investoren wie zum Beispiel Versicherungen und Pensionskassen. Der Vorteil von Spezialfonds: Sie werden nach den individuellen Anforderungen und Vorgaben des einzelnen Anlegers oder der Anlegergruppe gemanagt. Mitarbeiterfonds sind eine Art Mischform aus Publikums- und Spezialfonds, die meist nur einer eingegrenzten Gruppe von Anlegern angeboten werden – zum Beispiel den Mitarbeitern eines einzelnen Unternehmens. Deren Zahl – und damit die Zahl der ausgegebenen Anteile – ist aber nicht begrenzt. Außenstehende Anleger haben allerdings wie bei einem Spezialfonds keinen Zugang.

Rentenfonds

Fonds, die ihr Geld überwiegend in Anleihen anlegen, werden als Rentenfonds bezeichnet. Denkbar wäre auch die Bezeichnung „Anleihefonds"; „Rentenfonds" ist aber die allgemein übliche. Rentenfonds Euro konzentrieren sich dabei auf Anleihen, die auf Euro lauten. Internationale Rentenfonds streuen hingegen ihre Anlagen auf verschiedene Währungen außerhalb des Euro-Raums.

Fondscharakter

Rentenfonds gelten gemeinhin als sichere Anlage, da sie ihr Geld vor allem in Papiere von Schuldnern mit guter oder erstklassiger Bonität investieren. Doch kurzfristig sind auch sie keineswegs vor Kursverlusten gefeit. Zinssteigerungen am Kapitalmarkt drücken vor allem auf die Preise derjenigen Fonds, die schwerpunktmäßig auf langlaufende Anleihen setzen (→ Seite 226). Daneben gibt es Rentenfonds, die spezielle Anlagestrategien verfolgen. Dazu gehören so genannte Junkbonds (→ Seite 256) und High-Yield-Bonds, die sich auf riskante Anleihen mit überdurchschnittlich hohen Zinsen spezialisiert haben.

Emerging-Markets-Rentenfonds nehmen überwiegend Staatspapiere, die von Schwellenländern in unterschiedlichen Währungen ausgegeben wurden, ins Depot. Und Corporate-Bonds-Fonds konzentrieren sich auf Unternehmensanleihen mit unterschiedlich hoher Bonität (→ Seite 247).

Laufzeitfonds

Für Anleger, die einen Rentenfonds suchen, bei dem sie ihr Geld ähnlich wie bei einer Anleihe zu einem bestimmten Zeitpunkt zurückbekommen, hat die Fondsindustrie so genannte Laufzeitfonds konstruiert. Interessenten können diese Fonds nur während einer bestimmten Zeichnungsfrist kaufen. Danach wird der Fonds geschlossen, das heißt, die Ausgabe weiterer Anteile eingestellt. Zu einem vorher festgelegten Termin wird der Fonds wieder aufgelöst und das Anlagekapital plus der aufgelaufenen Zinsen und den realisierten Kursgewinnen an die Anleger ausbezahlt.

Laufzeitfonds bestücken ihr Depot häufig mit Anleihen, deren Laufzeit genau mit oder nahe dem Fälligkeitszeitpunkt des Fonds endet. Alle übrigen im Fondsdepot enthaltenen Wertpapiere werden zu dem Termin verkauft.

In vielen Fällen erzielen Laufzeitfonds zusätzlich einen Steuerspareffekt, indem sie niedrig verzinsliche Anleihen (→ Seite 359) kaufen oder spezielle Währungsgeschäfte vornehmen, durch die ein Teil der während der Laufzeit anfallenden Erträge steuerfrei wird. Sie sind dadurch oftmals für steuersensible Anleger konzipiert.

Fondscharakter

Da sämtliche im Fonds enthaltenen Anleihen kurz vor oder nach dem Rückzahlungstermin des Fonds zum Nennwert eingelöst werden, gelten Laufzeitfonds als sehr sicheres Investment. Ein Kursrisiko besteht nur dann, wenn der Sparer den Fonds vor dem Ende der Laufzeit zurückgeben will. Die wenigen Laufzeitfonds, die einen Teil ihres Geldes in Aktien investieren, schließen meist zusätzliche Sicherungsgeschäfte ab, die den Erhalt des eingesetzten Kapitals gewährleisten.

Der vermeintliche Pluspunkt der Laufzeitfonds ist, dass sich der Fondssparer bis zur Fälligkeit nicht mehr um seine Anlage kümmern muss und zu einem festen Zeitpunkt sein Geld zurückerhält. Der Nachteil: Dieser Fondstyp ist nur für Einmalanlagen geeignet und bei einem vorzeitigen Ausstieg müssen unter Umständen Kursverluste in Kauf genommen werden.

Geldmarktfonds

Geldmarktfonds gehören streng genommen ebenfalls zur Gruppe der Rentenfonds. Sie legen ihr Geld allerdings vorzugsweise in liquiden und kurzfristigen Festzinssparformen, wie Fest- und Tagesgeldanlagen, und kurzfristigen Geldmarktpapieren (→ Seite 63) an. Durch die kurze Laufzeit der Anlagen und die Auswahl erstklassiger Schuldner ist das Kursrisiko durch Zinsänderungen oder Zahlungsausfälle praktisch gleich null. Vorläufer der lupenreinen Geldmarktfonds sind geldmarktnahe Fonds, die ihrem Depot zusätzlich zu den bereits genannten Anlageformen Euro- und Fremdwährungsanleihen mit kurzen Laufzeiten und variabel verzinste Papiere beimischen. Eine andere Variante sind Kurzläuferfonds. Sie konzentrieren sich auf Anleihen mit Restlaufzeiten von einem halben Jahr bis zu drei Jahren.

Fondscharakter

Aufgrund ihrer niedrigen Kosten – Geldmarktfonds und geldmarktnahe Fonds haben keinen oder nur einen sehr geringen Ausgabeaufschlag und niedrige laufende Verwaltungskosten – eignen sich beide Fondstypen als Parkstation für die kurz- bis mittelfristige Anlage freier Gelder und sind damit eine Alternative zu Termin- und Tagesgeldkonten, wie sie von vielen Banken, Sparkassen und Direktbanken angeboten werden.

Aktienfonds

Die Aktienmärkte sind die eigentliche Domäne der Investmentfonds, denn gerade hier können sie ihre Trümpfe ausspielen. Bei einem Aktienfonds investiert der Fondsmanager das Geld der Anleger in viele verschiedene Aktien. Die Klassiker dieses Fondstyps legen ihr Geld über viele verschiedene Märkte und Branchen hinweg an. Weniger umfassend, aber immer noch breit investieren so genannte Regionenfonds, die sich auf einzelne Aktienregionen zum Beispiel Nordamerika, Europa beziehungsweise Euroland oder die Pazifikregion konzentrieren. Länderfonds schränken dann ihr Anlagespektrum noch weiter ein. Ein Spezialfall sind Fonds, die in Emerging Markets (→ Seite 187) investieren. Sie bieten den Vorteil, dass der Privatanleger mittels Fonds Zugang zu Märkten erhält, die für ihn normalerweise nicht oder nur schwer zugänglich oder bei denen die Informations- und Transaktionskosten sehr hoch sind, sodass eine Direktanlage erst bei großen Beträgen infrage kommt.

Fondscharakter

Der klare Pluspunkt von Aktienfonds: Durch den Kauf von 50, 100 oder noch mehr verschiedener Titel schwankt der Anteilspreis des Fonds weit weniger als die Kurse der einzelnen im Fonds enthaltenen Aktien. Und was auch zu beachten ist: Kein anderer Fondstyp kann auf der anderen Seite Aktienfonds in puncto Rendite auf lange Sicht das Wasser reichen.

Zunehmende Spezialisierung

Der Absatzerfolg der Aktienfonds in den vergangenen Jahren hat allerdings auch seine Schattenseiten. Dieser Fondstyp ist zum Tummelplatz für viele neue Fondskreationen geworden, die sich häufig einem „Anlagethema" widmen. So gibt es zum Beispiel Fonds, die ausschließlich in einzelne Branchen beziehungsweise Bereichen wie Sport, Logistik oder in so genannte Zukunftsindustrien wie die Internettechnologie investieren. Andere haben kleine, ganz spezielle Marktsegmente wie den Neuen Markt im Visier.

Der Sinn und Zweck derartiger Anlagestrategien ist umstritten. Grundsätzlich gilt: Eine verstärkte Spezialisierung verhindert eine breite Streuung und bedeutet damit mehr Risiko. Das gilt umso mehr, wenn noch nicht einmal eine genaue Definition beziehungsweise Eingrenzung des Anlagethemas möglich ist. Deshalb sind solche spezialisierten Fonds als Basisinvestment auf jeden Fall ungeeignet.

EXKURS

Unterschiedliche Investmentstile

Kaum ein Aktienfonds-Manager verteilt die Gelder seiner Anleger unsystematisch über den Kurszettel. Er folgt vielmehr einem bestimmten Investmentstil.
Darunter wird die Art und Weise verstanden, nach der der Verwalter vorgeht. Das fängt beim Auswahlprozess für die einzelnen Aktien an. Experten unterscheiden dabei zwischen dem Top-down- und dem Bottom-up-Ansatz.

Von oben nach unten

Beim Top-down-Stil vergleicht der Manager zum Beispiel eines weltweit anlegenden Aktienfonds zuerst die Regionen, die er innerhalb des Fonds übergewichten will – etwa Nordamerika, Europa oder Asien. Danach bestimmt er diejenigen Länder, die innerhalb der Region aufgrund der wirtschaftlichen Perspektiven am attraktivsten erscheinen. Im Vordergrund stehen hier die volkswirtschaftlichen Daten (→ Seite 109).
Als letzten Schritt wählt er aus den jeweiligen Ländern die Aktien aus, die er für besonders lukrativ hält.
Bei der Gewichtung der einzelnen Länder orientiert sich der Manager oft an bestimmten Indizes wie den MSCI-Welt-Index (→ Seite 102), dessen Entwicklung er zu übertreffen versucht.
Bei reinen Länderfonds erfolgt die Selektion ähnlich. In diesem Fall sucht sich der Manager zuerst die lukrativsten Branchen aus und bestimmt dann die Einzelwerte.

Von unten nach oben

Anders bei der Bottom-up-Strategie. Hier konzentriert sich alles auf die Auswahl hoffnungsvoller Einzeltitel. Die volkswirtschaftlichen Rahmenbedingungen des jeweiligen Landes

sind dabei eher zweitrangig. Auch die Ländergewichtung erfolgt erst zum Schluss.
Die Anhänger dieser Methode begründen ihr Vorgehen damit, dass es bei einer sorgfältig durchgeführten Fundamentalanalyse (→ Seite 192) möglich ist, gezielt unterbewertete Titel herauszufinden. Für eine Orientierung an Einzelwerten spricht ihrer Meinung nach zudem die Tatsache, dass die meisten Großkonzerne heutzutage international tätig und die einzelnen Volkswirtschaften weltweit vernetzt sind. Im Euro-Raum zum Beispiel sind Grenzen kaum noch von Bedeutung. Hier wird eine Branchenorientierung immer wichtiger mit der Folge, dass dieser Investmentansatz bei Fonds mit entsprechendem Schwerpunkt an Popularität gewinnt.

Investitionsgrad steuern
Ein weiterer Unterschied im Investmentstil entsteht daraus, dass die Manager in unterschiedlichem Maße versuchen, Kursschwankungen durch den so genannten Investitionsgrad aktiv auszugleichen. Manche Fonds investieren grundsätzlich mehr als 90 Prozent ihrer Gelder in Aktien und sind deshalb dem Auf und Ab der Kurse voll ausgesetzt. Andere Manager versuchen, in Abwärtsphasen an der Börse einen größeren Teil des Fondsvermögens in liquiden Mitteln zu parken oder in Anleihen umzuschichten, um auf diese Weise Kursverluste zu vermeiden oder zu kompensieren. Der Vorteil dieses Ansatzes: Ein Abschwung an den jeweiligen Börsen macht sich in der Wertentwicklung des Fonds nicht so stark bemerkbar wie beim jeweiligen Index – wenn der Manager das richtige Gespür für den Trend besitzt. Gerade daran fehlt es allerdings oft. Andererseits besteht die Gefahr, dass er einen Aufschwung teilweise verpasst, weil er den Investitionsgrad zu spät erhöht. Manager von Fonds, die stets voll investiert sind, können sich dagegen diese Timing-Überlegungen sparen.

Offene Immobilienfonds

Mit so genannten offenen Immobilienfonds können sich Kleinanleger einfach und mit wenig Kapital am „Betongold" beteiligen. Immobilienfonds erwerben Grundstücke und Gebäude vorzugsweise in erstklassigen Innenstadtlagen. Weil die Renditeaussichten deutlich besser sind, konzentrieren sie sich dabei nicht auf Mietshäuser, sondern auf gewerbliche Objekte wie Bürohäuser und Einkaufszentren.

Fondscharakter
Die Anlagepolitik der Immobilienfonds ist sehr konservativ. Ziel ist es, einen kontinuierlichen Wertzuwachs zu erwirtschaften. Spekulationsgeschäfte mit Grundstücken sind ihnen daher nicht erlaubt und die erworbenen Immobilien werden fast ausschließlich mit Eigenkapital finanziert. Vorteil für den Anleger: Er ist zwar an einer langfristigen Substanzanlage beteiligt, bleibt aber gleichzeitig flüssig, denn seine Anteile kann er jederzeit zurückgeben. Minuspunkt: Durch die hohen Ausgabeaufschläge – meist 5 Prozent – und die relativ niedrigen Renditen der Immobilienfonds dauert es eine Weile, bis der Anleger in die Gewinnzone kommt.

Das Konzept eines offenen Publikumsfonds stellt das Management von Immobilienfonds regelmäßig vor Probleme. Bei hohen Mittelzuflüssen gerät es häufig in Anlagenotstand, denn passende Objekte müssen erst gefunden werden. Bis das gelungen ist, wird das Geld in festverzinslichen Wertpapieren angelegt – also anders als ursprünglich vorgesehen. Andererseits muss der Fonds immer ausreichend flüssig sein, wenn unerwartet viele Anleger aussteigen. Aus diesem Grund darf die Barreserve nie unter 5 Prozent fallen. Der grundlegende Nachteil von Immobilienfonds ist darüber hinaus die mangelnde Transparenz. Der Anleger beziehungsweise Interessent erhält keine

Informationen über die Mietrenditen und keine Angaben zu den Einzelobjekten im Bestand – etwa die durchschnittliche Leerstandsrate. Er muss sich auf die wenigen, allgemeinen Angaben im Jahresbericht verlassen.

Gemischte Fonds

So genannte gemischte Fonds greifen den Ursprungsgedanken eines Investmentfonds am stärksten auf. Bei ihnen kann der Fondsmanager selbst entscheiden, ob er stärker auf Aktien oder Anleihen setzt und wie er das Ganze mit verschiedenen Währungen mischt. Mit der dritten Novelle des Finanzmarktförderungsgesetzes ist es Mischfonds sogar erlaubt worden, einen Teil ihres Geldes in Immobilien oder offene Immobilienfonds zu stecken. Solche Mischfonds haben den Charakter eines Vermögensverwaltungsfonds. Der Anleger braucht sich nur Gedanken darüber zu machen, wie lange und wie viel Geld er anlegen möchte, alle anderen Entscheidungen trifft der Fondsmanager.

Eine Unterform der gemischten Fonds sind so genannte Strategiefonds, deren Depotaufteilung sich an einer einmal festgelegten Quote für Aktien, Anleihen und gegebenenfalls Immobilien orientiert.

Fondscharakter
Bei den großen Freiheiten, über die der Fondsmanager bei dieser Form der Anlage verfügt, ist die Versuchung groß, zwischen den einzelnen Anlageformen hin und her zu springen, um eine ausgewogene Mischung aus Anleihen, Aktien und Immobilien zusammenzustellen. Häufiges Umschichten und Wechseln ist allerdings mit hohen Transaktionskosten verbunden, was sich renditemindernd in der Gesamtabrechnung niederschlägt. Das Problem von Mischfonds ist deshalb, dass ihre Rendite oft derjenigen von reinen Aktienfonds unterlegen ist, wie viele Vergleichstests (→ Seite 309) gezeigt haben.

Fonds mit Garantie

Garantiefonds sind so etwas wie Aktien- oder Mischfonds mit gebremstem Schaum. Sie zielen auf das Sicherheitsbedürfnis vieler Anleger ab, denen das Kursrisiko vor allem bei Aktien zu hoch ist, die aber gleichzeitig die Renditechancen der Dividendenpapiere wahrnehmen möchten – sozusagen die Quadratur des Kreises. Garantiefonds versuchen, diesen Widerspruch aufzulösen. Es gibt sie in verschiedenen Varianten. Das Versprechen kann sich auf einen bestimmten Rücknahmepreis, die Höhe einer Ausschüttung oder eine „Geld-zurück-Garantie" zu einem bestimmten Termin beziehen. Meist stellt der Fondsmanager die Garantie durch Kombination unterschiedlicher Anlage-, Termin- und Absicherungsgeschäfte sicher – zum Beispiel wird ein Teil in festverzinslichen Wertpapieren und der Rest in Optionen und Futures (→ Seite 325) angelegt. Auf jeden Fall wird das Anlagekonzept so genau ausgetüftelt und durchkalkuliert, dass die Fondsgesellschaft ihr Versprechen ohne Probleme einhalten kann.

Fondscharakter
Der Nachteil von Garantiefonds ist, dass sie in der Regel nur zu 50 bis 70 Prozent an der Wertentwicklung der jeweiligen Aktienmärkte teilnehmen, an denen sie sich orientieren. Der Grund: Garantien und Absicherungen kosten Geld (was aber nur die wenigsten Anleger berücksichtigen) und das macht sich in einer schlechteren Wertentwicklung bemerkbar. Dieser Fondstyp eignet sich deshalb nur für Anlagezeiträume von weniger als fünf Jahren, weil er eine im Vergleich zu reinen Aktienfonds viel zu niedrige Rendite abwirft.

■ **TIPP**

Werden Sie zum Manager eines eigenen Garantiefonds: Investieren Sie dazu einen Teil der Anlagesumme in einen oder mehrere lupenreine Aktienfonds und kaufen Sie für den Rest relativ sichere Rentenfonds oder Bundeswertpapiere. Das Ergebnis in Sachen Risiko ist in vielen Fällen genau das gleiche. Allerdings sind Sie beim individuellen Aufbau Ihres Fondsdepots wesentlich flexibler (→ auch Seite 331).

Neue Fondstypen

Neben den Klassikern unter den Investmentfonds sind in Deutschland seit einigen Jahren einige neue Fondstypen gesetzlich zugelassen:

AS-Fonds

Zu diesen neuen Fondskonstruktionen zählen Altersvorsorge-Sondervermögen, kurz AS-Fonds genannt. Sie sind nichts anderes als ein modifizierter Mischfonds. Allerdings schreibt der Gesetzgeber für diese Fonds eine bestimmte Grundstruktur aus Aktien, Immobilien, Rentenpapieren und liquiden Mitteln vor. Zum Beispiel müssen sie mindestens 20, dürfen aber maximal 75 Prozent ihres Vermögens in Aktien anlegen. Auf der anderen Seite darf der Manager nur bis zu 30 Prozent in Immobilien und Immobilienfonds investieren, um damit die Wertentwicklung zu stabilisieren.

Fondscharakter

Meist haben die Fondsgesellschaften mehrere AS-Fonds im Programm, die sich vor allem hinsichtlich ihres Aktienanteils unterscheiden. Für jüngere Anleger eignen sich dabei eher Varianten mit hoher, für ältere eher solche mit niedriger Aktiengewichtung. AS-Fonds sollen vornehmlich zur privaten Altersvorsorge genutzt werden. Sie können zwar auch im Rahmen einer Einmalanlage gekauft werden, der eigentliche Sinn und Zweck ist aber, dass für sie ein langfristiger Sparplan (→ Seite 307) abgeschlossen wird, dessen Mindestlaufzeit 18 Jahre beträgt, wobei die monatliche Rate variabel ist. Sind drei Viertel der vereinbarten Laufzeit vergangen, müssen die Fondsgesellschaften dem Anleger den kostenfreien Tausch in wertstabile Rentenfonds ermöglichen.

Dachfonds

Neben den AS-Fonds haben die Fondsgesellschaften die Möglichkeit, so genannte Investmentfondsanteil-Sondervermögen aufzulegen. Hinter dieser umständlichen Bezeichnung verbergen sich Dachfonds. Ein Dachfonds ist so etwas wie ein Fonds der Fonds. Das heißt, er legt sein Geld in Anteilen anderer offener Investmentfonds an – zum Beispiel in Aktien- oder Rentenfonds. Nach dem IOS-Debakel waren diese Fonds in Deutschland lange Zeit verboten. Damit sich ein ähnlicher Fall nicht wiederholt, gibt es jetzt eine Reihe von Sicherheitsauflagen, die dieser Fondstyp erfüllen muss. Dachfonds dürfen ihr Geld zum Beispiel nur in Fonds investieren, die in Deutschland offiziell zum Vertrieb zugelassen sind (→ Seite 288). Außerdem darf kein Unterfonds mehr als 20 Prozent des Gesamtvermögens ausmachen.

Fondscharakter

Ähnlich wie bei einem gemischten Fonds bieten auch Dachfonds eine Art Vermögensverwaltung auf Fondsbasis an. Der Anleger muss dabei nur überlegen, wie lange er sein Geld anlegen möchte. Der Fondsmanager wiederum versucht aus der Vielzahl der Fonds die lukrativsten herauszufinden.

Dachfonds lassen sich häufig hinsichtlich ihrer Risikoorientierung unterscheiden. Einige setzen zum Beispiel stark auf Aktienfonds. Das erweist sich als vorteilhaft in Zeiten, in denen es an den Aktienmärkten aufwärts geht. Dafür sind sie nicht gefeit vor Verlusten, wenn die Kurse an den Weltbörsen unter Druck geraten. Andere Dachfondskonzepte arbeiten mit einer ausgewogenen Mischung aus Aktien-, Renten- und Immobilienfonds. Das senkt die Wertschwankungen, allerdings erreicht die Rendite – wie bei gemischten Fonds – selten überdurchschnittlich gute Werte.

Dachfonds – keine Billiglösung

Dachfonds sind nicht billig. Neben dem Ausgabeaufschlag und den Managementkosten für den eigentlichen Dachfonds fallen diese Kosten auch noch einmal für die Unterfonds im Depot an. Allerdings gibt es dabei eine gesetzliche Einschränkung: Kauft der Manager Fonds aus dem eigenen Haus, dürfen Ausgabeaufschläge und Managementgebühren nicht doppelt berechnet werden. Doch solche „Hauslösungen" sind kaum im Sinne des Anlegers, denn schließlich will er, dass der Dachfonds die weltweit besten Fonds einkauft.

Indexfonds

Fast jeder Fondsmanager orientiert sich bei der Verwaltung des von ihm betreuten Depots an einem bestimmten Index – wie zum Beispiel am Dax. Dabei gilt es als Qualitätsmerkmal, wenn er in einem Jahr die jeweilige Messlatte übertrifft. Doch das schaffen auf Dauer nur die wenigsten Fondsprofis. Indexfonds machen aus der Not eine Tugend. Sie orientieren sich nicht einfach an einem Index, sondern bilden ihn so gut wie möglich nach. Deshalb gelten sie auch als passiv gemanagte Fonds, weil der Verwalter keinen eigenen Anlageideen folgt, sondern die Papiere strikt so zusammenstellt, wie es der aktuellen Indexzusammensetzung (→ Seite 100) entspricht.

Fondscharakter

Der Vorteil von Indexfonds ist, dass der Anleger damit in etwa den gleichen Wertzuwachs erzielt wie der jeweilige Index. Kleinere Abweichungen ergeben sich nur daraus, dass der Fonds eine gewisse Barreserve halten muss, die er nicht investieren kann. Dafür profitiert der Anleger bei Fonds, die sich auf Kurs-Indizes (→ Seite 100) beziehen, davon, dass er zusätzlich die Dividenden der im Depot enthaltenen Aktien erhält. Außerdem sind die laufenden Verwaltungskosten bei Indexfonds häufig geringer als bei aktiv verwalteten Fonds. Eine in vielen Fällen noch kostengünstigere Alternative zu Indexfonds sind Indexzertifikate (→ Seite 347).

Geschlossene Fonds

Ein alternatives Konzept zu offenen Publikumsfonds (→ Seite 298) sind geschlossene Fonds. Diese Fondsart ist in der angelsächsischen Finanzwelt unter dem Namen „Investment trust" oder „Closed-end-Funds" schon seit Jahren bekannt. Im Gegensatz zu offenen Fonds ist bei ihnen die Zahl der ausgegebenen Anteile begrenzt. Geschlossene Fonds werden auch nicht als Sondervermögen aufgelegt, sondern als Aktiengesellschaft gegründet, deren Anteile börsennotiert sind. Die Fondskäufer werden somit zu Aktionären. Wie bei einer normalen Aktienemission wird am Anfang eine bestimmte Anzahl von Aktien verkauft, dann wird der Fonds geschlossen. Anleger, die danach einsteigen wollen, müssen über die Börse kaufen. Der Preis eines Anteils ergibt sich ausschließlich aus Angebot und Nachfrage und nicht etwa aus dem Netto-Inventarwert. Dadurch kann es zu einem Auf- oder Abschlag zum eigentlichen Inventarwert kommen – je nach Marktlage.

Fondscharakter

Geschlossene Fonds investieren ihr Vermögen grundsätzlich nicht anders als offene Fonds. Sie kaufen Aktien, Immobilien und Renten – je nach Anlagekonzept. Auch bei den Kosten ändert sich nichts. Der Anleger, der über die Börse kauft, zahlt allerdings statt des Ausgabeaufschlags die banküblichen Transaktionskosten.

Der Vorteil des geschlossenen Konzepts: Das Management muss nicht ständig Mittelzu- und -abflüsse disponieren. Es kann sich voll und ganz auf die Anlage des Geldes konzentrieren und braucht keine Barreserve zu halten. Mitunter ist dem Management sogar erlaubt, zusätzlich Kredite aufzunehmen, um die Performance zu verbessern. Das funktioniert freilich nur dann, wenn der Fondsmanager das richtige Händchen beweist. Gehen die Kurse abwärts, beschert es den Fondsaktien unter Umständen überproportionale Verluste.

Fonds strategisch einsetzen

Die Beschreibung der einzelnen Fondstypen und -konzepte zeigt, dass die Anlage in Fonds außerordentlich viele Möglichkeiten bietet. Fast jede Strategie, die der Anleger durch den direkten Kauf von Aktien und Anleihen verfolgt, kann er auch mit Fonds realisieren. Ein Depot lässt sich ebenso vollständig mit Fonds aufbauen, wie es möglich ist, sich nur für eine Beimischung zu entscheiden.

Wann auf Fonds setzen?

Die Vielzahl der Möglichkeiten ist zugleich aber auch die Kehrseite der Medaille. Angesichts der großen Auswahl sind viele Anleger mit der Frage überfordert, wann und in welchem Maße es sinnvoll ist, auf Fonds zu setzen. Dazu kommt das Problem, aus dem kaum zu überschauenden Angebot diejenigen Anteile herauszufinden, die zu den eigenen Anlagebedürfnissen passen und gleichzeitig durch gute Renditen überzeugen. Um dieses Auswahldilemma zu lösen beziehungsweise eine Vorstellung davon zu bekommen, wann ein Fonds die geeignete Anlageform ist und wie man ihn in die persönliche Anlagestrategie einbauen kann, ist es sinnvoll, sich erst einmal mit den Vorteilen von Fonds zu beschäftigen.

Pluspunkte: Flexibilität und niedrige Einstiegshürden

Was Investmentfonds gegenüber der Konkurrenz unschlagbar macht, ist zunächst ihre Flexibilität. Nach dem magischen Dreieck der Geldanlage (→ Seite 24) gilt: Eine überdurchschnittlich hohe Rendite ist immer verbunden mit höherem Risiko oder einer langfristigen Bindung. Fondsanleger bleiben dennoch flexibel, denn sie können ihre Anteile börsentäglich zum Inventarwert zurückgeben – auch wenn der Fonds Anlageformen enthält, die nicht von einem auf den anderen Tag zu verkaufen sind wie zum Beispiel Immobilien. Das gilt zumindest bei deutschen Fondsgesellschaften. Auf der anderen Seite kann der Anleger seine Fonds aber auch auf Jahrzehnte behalten, denn sie haben, von Ausnahmen abgesehen, keine feste Laufzeit.

Der zweite große Pluspunkt von Fonds ist, dass der Anleger bereits mit geringen Anlagesummen Zugang zu einem Portfolio bekommt, das über viele Märkte und Titel hinweg gestreut und professionell verwaltet wird. Auf diese Weise ist es zum Beispiel möglich, bereits mit 50 oder 100 Euro an der Entwicklung der weltweiten Aktienmärkte teilzunehmen – eine Summe, für die man in vielen Fällen gerade einmal ein oder zwei Aktien eines einzelnen Unternehmens bekommt.

→ Daraus folgt: Fonds sind immer dann eine gute Wahl, wenn der Anlagebetrag bei einem Kauf von Einzelwerten und unter Berücksichtigung von Kostengesichtspunkten (→ Seite 34) nicht breit genug gestreut werden kann.

Bedeutung hat dieser Punkt vor allem bei der Aktienanlage. Wer dort auf Einzeltitel setzt, sollte mindestens einen fünfstelligen Betrag zur Verfügung haben, um unter Berücksichtigung der Mindestspesen eine sinnvolle Streuung vornehmen zu können (→ Seite 422). Bei kleineren Beträgen sind Aktienfonds also die bessere Alternative.

TIPP

Setzen Sie sich nicht nur mit den beiden Extremmöglichkeiten, ausschließlich alles oder gar nicht in Fonds zu investieren auseinander. Der Charme der Fonds besteht vor allem bei der Aktienanlage in der sinnvollen Kombination mit Einzeltiteln, wenn der Anleger dabei das Gesamtdepot im Auge behält.

Sinnvolle Kombinationen

Eine mögliche Strategie im Aktienbereich besteht darin, beispielsweise zwei oder drei einzelne Aktien mit einem marktbreit anlegenden Fonds zu ergänzen, um so das Gesamtrisiko zu senken. Wer dagegen in seinem Depot mehr als ein halbes oder ganzes Dutzend Dividendenwerte hält, kann diesen einen Länder- oder Regionenfonds beimischen und so bestimmte Märkte abdecken oder übergewichten. Der Vorteil: Der Anleger muss sich nicht mit der Auswahl einzelner Titel aus diesem Markt beziehungsweise der entsprechenden Region beschäftigen. Das kann sinnvoll sein, wenn der Anleger nicht über die notwendigen Informationen verfügt, um auf einer fundierten Basis eine eigene Auswahl zu treffen. Nur wenige Privatanleger werden sich beispielsweise bei südostasiatischen Aktien besonders gut auskennen – es sei denn, sie verfügen über eine sehr gute Informationsquelle.

Eine Gefahr muss der Anleger bei solch einer Kombi-Strategie beachten: das Klumpenrisiko. Damit bezeichnen Fachleute eine mangelnde Balance innerhalb des Portfolios, weil die Einzelaktien selbst oder die Branchen, aus denen sie stammen, zusätzlich noch in einem (oder gar mehreren) im Depot vertretenen Fonds überproportional aufgenommen sind. Klumpenrisiken gibt es aber auch bei der Mischung mehrerer Fonds untereinander.

BEISPIEL: Viele Anleger haben in den Jahren 1998 und 1999 in hohem Maße auf Titel aus den Bereichen Technologie und Telekommunikation gesetzt. Diese Werte waren aber auch in vielen Aktienfonds sehr stark vertreten. Als es Anfang des Jahres 2000 mit den Kursen bergab ging, führte die mangelnde Streuung in vielen Depots zu überdurchschnittlich großen Verlusten – gerade weil sie durch die Mischung von Fonds und Einzelaktien eine Übergewichtung einzelner Titel beziehungsweise Branchen statt einer besseren Streuung provoziert hatten. Um solche Klumpenrisiken zu vermeiden, sollte sich der Anleger beim Kauf eines Fonds regelmäßig über die größten Positionen im Fondsdepot über das Internet informieren (→ Seite 312).

Fonds mit Fonds mischen

Auch bei einem Depot, das nur mit Fonds bestückt ist oder sein soll, sind den Kombinationsmöglichkeiten keine Grenzen gesetzt. Statt eines marktbreit anlegenden Fonds kann der Anleger zum Beispiel einzelne Länder- und/ oder Regionenfonds in Eigenregie mischen – etwa zu jeweils einem Drittel einen Fonds mit Anlageschwerpunkt Japan, Nordamerika und Europa. Das Ganze lässt sich noch ergänzen beziehungsweise gewichten mit einzelnen Index- und Spezialitätenfonds – beispielsweise einem Branchenfonds.

Eingeschränkte Möglichkeiten bei Anleihen

Spezielle Rentenfonds bieten sich ergänzend in Kombination mit Anleihen an. Einem Depot, das ausschließlich erstklassige Euro-Anleihen – etwa Bundeswertpapiere und Pfandbriefe – enthält, kann zum Beispiel ein internationaler Hochzins- oder Emerging-Market-Fonds beigemischt werden. Die breite Streuung auf Anleihen vieler verschiedener Währungen beziehungsweise Schuldner senkt das Wechselkursbeziehungsweise Bonitätsrisiko. Wenn ein Schuldner seine Zahlungen einstellt und die betreffende Anleihe notleidend wird oder der Wechselkurs einer Währung einbricht, macht sich das für den Fondsanleger nicht so stark bemerkbar. Ungeeignet sind Rentenfonds allerdings, wenn der Anleger bestimmte Laufzeitenstrategien verfolgen möchte. Hier agieren die Fondsmanager zu flexibel, sodass sich einzelne, exakt definierte Laufzeiten via Fonds kaum gewichten lassen. Ausnahme: Mit Geldmarkt-, geldmarktnahen Fonds und Kurzläuferfonds lässt sich der kurzfristige Bereich abdecken.

Fondswährung und Anlagewährung gilt es zu unterscheiden

Viele Anleger schrecken zurück, wenn die Währung, in der ihr Fondsanteil notiert, nicht der Euro ist. Grundsätzlich ist es vernünftig, bei jeder Anlageentscheidung auch das Währungsrisiko zu berücksichtigen (→ Seite 260). Die Fondswährung aber, also die Währung, in der der Fondsanteil berechnet wird, hat nichts mit dem Währungsrisiko eines Fonds zu tun. Das wird in erster Linie bestimmt durch die Währungen der Aktien und Anleihen, in die der Fonds investiert.

Beispiel: Legt ein Aktienfonds sein Geld ausschließlich in US-amerikanische Titel an, ergeben sich Wertveränderungen für einen deutschen Anleger nicht nur aus den Kursschwankungen der Aktien, sondern auch aus Kursveränderungen des US-Dollars. Wenn die Fondswährung der Euro ist, macht sich das bei der täglichen Anteilspreisberechnung bemerkbar – auch wenn der Anleger dies nicht sofort mitbekommt. Angenommen die Aktienkurse bleiben über einen Börsentag hinweg konstant und nur der Dollarkurs steigt in dieser Zeit, dann erhöht sich zwangsläufig auch der Euro-Anteilswert. Obwohl sich der Dollarpreis der einzelnen Werte im Fondsdepot nicht verändert hat, werden sie auf Euro-Basis wertvoller. Wird der Anteil dagegen in Dollar berechnet, ändert sich im obigen Beispiel auf dem Papier nichts. Nimmt aber der deutsche Anleger den Taschenrechner zur Hand, rechnet den aktuellen Anteilspreis in Euro um und vergleicht er ihn mit dem Euro-Gegenwert des Vortages, wird er den wechselkursbedingten Wertzuwachs feststellen.

Strategien mit Sparplänen

Wegen ihrer geringen Mindestanlagebeträge sind Investmentfonds immer dann erste Wahl, wenn es um die regelmäßige Anlage von Geld geht. Dafür bieten die meisten Fondsgesellschaften gesonderte Sparpläne an, bei denen, um die Sparrate vollständig anzulegen, auch Bruchteile von Fonds erworben werden.

Vorteile der Sparpläne

Wie bei der Einmalanlage bleibt der Anleger auch bei Investmentfondssparplänen flexibel. Den Sparrhythmus kann er fast beliebig wählen und die Sparrate jederzeit herauf- und wieder herabsetzen. Lediglich von den Fondsgesellschaften festgesetzte Mindestbeträge muss er beachten. Der Sparer kann auch einige Monate aussetzen und außerdem jederzeit und ohne Einhaltung einer Kündigungsfrist das gesamte Kapital oder einen Teil davon zu Bargeld machen.

Mit einem Sparplan löst sich auch das Problem des richtigen Einstiegszeitpunkts. Das gilt vor allem für ein Investment am Aktienmarkt. Der Grund: Der Anleger investiert automatisch gegen den Trend. In einem Monat mit niedrigen Anteilspreisen bekommt er für seine Sparrate relativ viele Anteile, bei hohen Kursen werden entsprechend weniger Anteile für die Sparrate ins Depot gebucht. In der Fachsprache wird dieser ausgleichende Mechanismus auch ☞ Cost-Average-Effekt genannt.

☞ Cost average: Aus dem Englischen frei übersetzt „Durchschnittskosten“ oder „Durchschnittsaufwand“.

Nachteil: Eingeschränkte Kombinationsmöglichkeiten
Wer ausschließlich in Fondssparpläne investiert, muss beim Aufbau eines ausgewogenen Depots berücksichtigen, dass die regelmäßige Sparsumme trotz der geringen Mindestanlagebeträge dennoch nicht auf beliebig viele Fonds aufgeteilt werden kann. Unter Umständen kann der Anleger nur ein bis zwei verschiedene Fonds kaufen – je nach Anlagebetrag.

■ **TIPPS**

- SINNVOLL AUSWÄHLEN. Nicht jeder Fonds ist für einen Sparplan geeignet. Empfehlenswert sind vor allem Aktienfonds mit breiter Streuung im Bereich Welt, Europa und Deutschland. Spezialitäten wie Branchen- und Themenfonds sind dagegen aufgrund ihrer hohen Wertschwankungen kaum für den dauerhaften Vermögensaufbau geeignet. Oft werden sie auch gar nicht als Sparplan angeboten.
- RICHTIG EINSTEIGEN. Einen Sparplan können Sie jederzeit beginnen und auch bei der Höhe der Rate sind Sie flexibel. Allerdings sollten Sie sich vorher über eventuelle Mindestanlagesummen informieren. Eine größere Einzahlung zu Beginn des Sparplans ist wegen des Zinseszinseffekts empfehlenswert.
- STRATEGISCH AUSSTEIGEN. Sparpläne sind flexibel. Sie können jederzeit aussetzen und Ihre Anteile ohne Einhaltung einer Kündigungsfrist ganz oder teilweise zu Geld machen. Allerdings sollten auch Sie selbst beweglich sein. Bei einer Kursschwäche an der Börse ist es ratsam, über den geplanten Endtermin hinaus abzuwarten. Steigen dagegen im letzten Drittel des Anlagezeitraums die Kurse stark an, sollte eine vorzeitige Umschichtung überlegt werden. Auf diese Weise wahren Sie die Chance auf eine hohe Rendite und vermeiden das Risiko eines Kurseinbruchs.
- AUSSCHÜTTUNGEN WIEDER ANLEGEN. Die höchste Rendite erzielen Sie, wenn Sie alle ausgeschütteten Erträge sofort wieder investieren. Viele Fondsgesellschaften verzichten dabei auf den Ausgabeaufschlag. Bei wiederanlegenden (thesaurierenden) Fonds brauchen Sie sich um die Neuanlage Ihrer Erträge nicht zu kümmern.

Strategien für Einmalanlagen
Mit Fonds können Anleger auch bei der einmaligen Anlage größerer Beträge das Timing-Problem mindern. In erster Linie gilt das für die relativ schwankungsanfälligen Aktienmärkte. Je spezieller der Fonds anlegt, desto besser ist es, den Anlagebetrag zu splitten und mehrere Einzelbeträge in Abständen von einigen Monaten zu platzieren. Oder aber am Anfang einen größeren Betrag anzulegen und den kleineren Teil in monatlichen Raten „nachzuzahlen“. Auf diese Weise steigt der Anleger rein rechnerisch zu einem Durchschnittskurs ein, der zwischenzeitliche Kursschwankungen ausgleicht.

Wann Fonds nicht die erste Wahl sind

Die vergleichsweise hohen Kosten machen Fonds dagegen unattraktiv, wenn eine breite Streuung nicht so wichtig oder vom Anleger nicht gewollt ist – beispielsweise bei der Anlage in festverzinslichen Wertpapieren. Hier ist der Kauf von Einzeltiteln oft die bessere Alternative – vor allem, wenn ausschließlich Titel erstklassiger Schuldner gekauft werden und die Papiere bis zur Fälligkeit im Depot bleiben. Wenn der Anleger dabei zum Beispiel auf Bundesobligationen setzt, die bei der Bundeswertpapierverwaltung verwahrt werden (→ Seite 241), fallen weder Depotgebühren noch Transaktionskosten an. Und bei Bundesschatzbriefen wird auch der Vorteil der Fonds – die jederzeitige Rückgabemöglichkeit – wettgemacht, denn die Bundesschätzchen können in bestimmten Grenzen börsentäglich und ohne Kursrisiko zurückgegeben werden (→ Seite 239). In vielen Fällen schneidet deshalb eine Direktanlage in Bundesschatzbriefe besser ab als ein Euro-Rentenfonds.

Das Konzept des Fonds: Ein weiteres Entscheidungskriterium

Was Fonds von der Direktanlage unterscheidet und vermeintlich so bequem macht, ist die Tatsache, dass sich nicht der Anleger selbst, sondern ein professioneller Manager um die Anlage des Geldes kümmert und Entscheidungen abnimmt. Wie weit er das tut, hängt von der Wahl des Fondskonzepts ab.

Rundum-Sorglos-Anlage versus hoch spekulatives Fondsinvestment
Wer sich so wenig wie möglich mit seiner Geldanlage beschäftigen will, sollte zu einem Misch- oder Dachfonds greifen. Dort nimmt der Manager nicht nur eine Auswahl der Einzeltitel vor, er ist auch für die Aufteilung des Kapitals auf Aktien, Immobilien und Anleihen – also für die Asset-Klassen – verantwortlich.

Beim Kauf beispielsweise eines marktbreit anlegenden Aktienfonds hat der Anleger zumindest die Entscheidung, wie viel Geld er in Aktien investieren will, bereits selbst getroffen. Der Fondsmanager übernimmt dann nur noch die Streuung auf verschiedene Märkte. Dabei gilt folgende Faustregel: Je stärker die Spezialisierung eines Fonds oder je enger sein Konzept geschnitten ist, desto stärker wird der Aktionsraum des Verwalters eingegrenzt. Zum Beispiel beschränkt sich seine Aufgabe bei einem Länder- oder Branchenfonds lediglich auf die Auswahl entsprechender Einzelwerte aus dem jeweiligen Markt beziehungsweise der jeweiligen Branche.

Wer solche vergleichsweise spekulativen Fonds kauft, bewegt sich mehr und mehr weg vom Ursprungsgedanken der Investmentidee. Statt einer pflegeleichten Anlageform, die eine Vermögensverwaltung aus einer Hand bietet, übernimmt der Anleger ein Stück weit selbst das Ruder und muss im Grunde Chancen und Risiken in bestimmten Grenzen selbst steuern. Dabei muss er sich im Klaren sein, dass er im Einzelfall immer weniger Verantwortung beim Fondsmanager belässt, während er im umgekehrten Maße gefordert ist, selbst sein Fondsdepot zu beobachten und unter Umständen umzuschichten. Das heißt, der Anleger muss sich nicht nur Gedanken über die Gewichtung des Fonds innerhalb des Gesamtdepots machen, sondern auch über die Perspektiven des jeweiligen Marktes und die Wahl der richtigen Ein- und Ausstiegszeitpunkte. Das erinnert bereits stark an die direkte Anlage in einzelnen Aktien und Anleihen und in der Tat liegt der einzige gravierende Unterschied in vielen Fällen nur darin, dass ein verhältnismäßig kleiner Betrag auf eine größere Zahl von Einzelwerten verteilt wird. Eine solche Strategie ist also nicht für Anleger geeignet, die sich gerade deswegen für einen Fonds entscheiden, weil sie sich selbst diese Anlageentscheidungen nicht zutrauen.

Die Anlagedauer – ebenfalls von Bedeutung

Auch wenn sich ein Manager um das Fondsdepot kümmert, schützt das den Anleger nicht automatisch vor Verlusten. Aber in Verbindung mit dem Faktor Zeit führt eine professionelle Verwaltung zusammen mit einer breiten Streuung dazu, dass die Verlustwahrscheinlichkeit abnimmt, je länger das Geld angelegt wird. Das gilt selbst oder gerade bei den schwankungsintensiven Aktienfonds, wie die Statistik der vergangenen 30 Jahre zeigt (→ Grafik, Seite 310). Bereits auf Sicht von zehn Jahren ist es recht unwahrscheinlich, dass selbst bei den vergleichsweise schwankungsintensiven Aktienfonds am Ende ein Minus herauskommt, wenn der Anleger seine Anteile zurückgibt.

Wann wird ganz sicher ein Verlust vermieden?

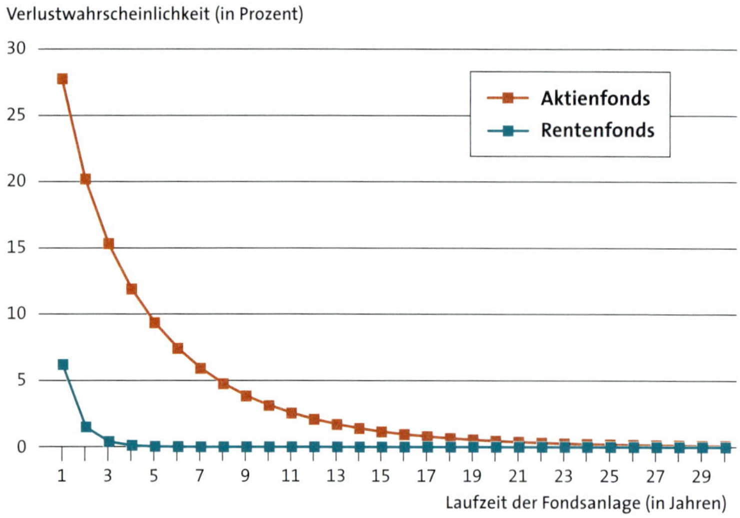

Wie hoch darf der Anteil an Aktienfonds maximal sein?

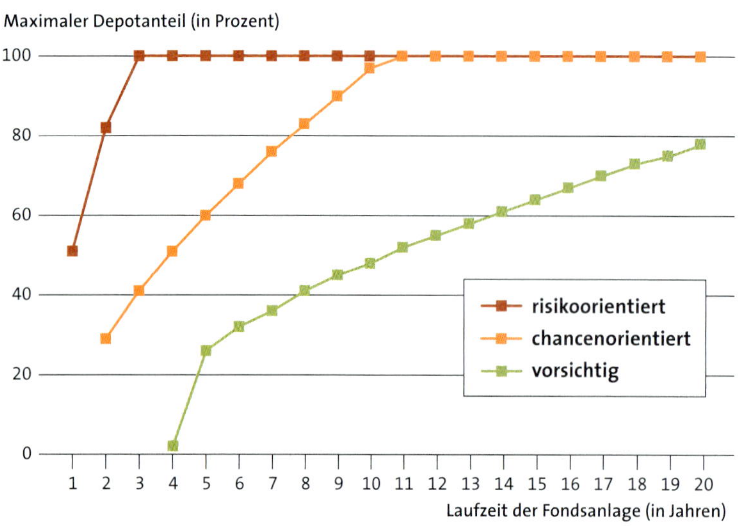

Bei kurzen Anlagezeiträumen ist dagegen das Risiko, mit Aktienfonds einen Verlust zu erleiden, ungleich größer als bei Rentenfonds. Diese sind wesentlich wertstabiler. Ein Verlust von mehr als 10 Prozent ist äußerst selten – und selbst dieser wurde in der Vergangenheit innerhalb von ein oder zwei Jahren wieder aufgeholt.

Die Zeit spricht für Aktienfonds

Daraus folgt: Selbst ein vorsichtiger oder nur durchschnittlich risikobereiter Anleger sollte nicht vollständig auf Aktienfonds verzichten. Voraussetzung ist aber, dass er sein Geld lange genug anlegt. Als Faustregel gilt: Mit steigender Anlagedauer ist ein immer höherer Aktienfondsanteil vertretbar (→ untere Grafik).

Für vorsichtige Anleger ist, wenn sie ihr Geld länger als zehn Jahre investieren, ein Aktienfondsanteil von 30, bei einer sehr langen Anlagedauer – etwa 20 Jahre – sogar bis zu 40 Prozent am Gesamtdepot vertretbar. Risikoorientierte Anleger können sich sogar schon bei einer Anlagedauer von fünf Jahren überlegen, voll und ganz auf Aktienfonds zu setzen.

Welcher Aktienfondsanteil ist für welchen Anlegertyp maximal empfehlenswert?

Anlegertyp	Maximaler Aktienfondsanteil bei Anlagedauer		
	5 Jahre	10 Jahre	20 Jahre
Vorsichtig	10	30	40
Chancenorientiert	50	60	70
Risikoorientiert	90	100	100

Wer Fonds kauft, sollte ohnehin bereit sein, sein Geld mindestens drei bis fünf Jahre zu investieren, denn es dauert schon einige Monate oder im Extremfall ein paar Jahre – je nach Börsensituation –, um allein den Verlust des Ausgabeaufschlags aufzuholen.

All diese Aussagen zur Statistik treffen allerdings nur auf die marktbreit anlegenden Fonds und nicht etwa auf die Spezialitätenfonds zu. Je spezieller und damit spekulativer ein Fonds sein Geld anlegt, desto eher gleicht sich das Verlustrisiko der entsprechenden Einzelanlage an. So kann bei Branchenfonds, die zum Beispiel ausschließlich in Hightechaktien oder Internetwerte investieren, der Verlust im Extremfall bis zu 90 Prozent ausmachen. Entsprechend gering sollte deshalb der Anlagebetrag ausfallen. Als Richtschnur gilt ein maximaler Anteil von 5 bis 10 Prozent am Gesamtdepot.

Welcher Fonds für welchen Anlagezweck?

Fondstyp	Anlage in ...	Geeignet für ...
Rentenfonds Geldmarktfonds	Festgelder, kurzfristige Anleihen	die kurzfristige Geldanlage.
Rentenfonds Euro	Euro-Anleihen	die Basisanlage in Anleihen. Aber kaum Vorteile gegenüber der Direktanlage in Bundesschatzbriefen und Anleihen anderer erstklassiger Schuldner.
Rentenfonds Welt	Anleihen, die auf verschiedene Währungen lauten	die Basisanlage. Für Anleger, die zusätzlich von Währungskursveränderungen profitieren möchten.
Fonds mit Hochzinsanleihen	Staats- und Unternehmensanleihen mit schlechter Bonität	eine Beimischung für risikoorientierte Anleger mit breit gestreutem Anleihedepot bzw. -anteil.
Aktienfonds Aktienfonds Deutschland	Deutsche Aktien	Langfristanleger als Basisanlage.
Aktienfonds Europa	Europäische Aktien	Langfristanleger als Basisanlage.
Aktienfonds Welt	Deutsche und internationale Aktien	Langfristanleger als Basisanlage.
Sonstige Länderfonds	Ausschließlich Aktien eines Landes	risikoorientierte Anleger, die auf einen einzigen Markt setzen und sich nicht um die Auswahl der Einzeltitel kümmern möchten.
Themenfonds, Branchenfonds	Ausschließlich Aktien einer Branche oder eines Bereichs	sehr risikoorientierte Anleger, die auf eine einzelne Branche setzen und sich nicht um die Auswahl der Einzeltitel kümmern möchten.
Mischfonds Gemischter Fonds	Aktien, Anleihen, Immobilien	Anleger, die eine Vermögensverwaltung auf Fondsbasis möchten.
Dachfonds	Aktien-, Renten- und Immobilienfonds	Anleger, die eine Vermögensverwaltung auf Fondsbasis möchten.
Immobilienfonds	Immobilien im In- und Ausland, Anleihen, Geldmarktpapiere	vorsichtige Anleger, die steuersensibel sind.

Informationen auffinden und interpretieren

Um einen Fonds zu finden, der zu den eigenen Anlagebedürfnissen passt, sind Informationen notwendig. Die wichtigste Unterlage, in der alle wesentlichen Punkte eines Fonds, seine Kosten und Ausrichtung, aufgeführt sind, ist der Prospekt (→ Seite 288). Allerdings wird dort nur die grobe Richtung vorgegeben, um den Fondsmanager in der konkreten Anlage nicht allzu sehr festzulegen. Wie das Fondsdepot im Detail gemanagt wird, lässt sich nur durch einen Blick in die Halbjahres- und Jahresberichte erfahren. Dort werden alle im Fonds enthaltenen Wertpapiere und die Käufe und Verkäufe aufgelistet.

Dennoch: Selbst wenn der Anleger seine Auswahl vorab auf fünf oder zehn Fonds eingrenzt, ist es immer noch recht mühsam, diese Unterlagen für eine größere Menge von Fonds zu beschaffen und durchzuarbeiten. Schneller, aktueller und vor allem kompakter lassen sich Informationen über Fonds im Internet abrufen. Erste Anlaufadresse sind die Homepages der Fondsgesellschaften. Auf meist recht gut gemachten Seiten finden sich ausführliche Porträts zu den angebotenen Fonds sowie Angaben zur Performance über unterschiedliche Zeiträume und im Vergleich zu Indizes. Darüber hinaus lassen sich Anlagestrategie beziehungsweise Investment-Stil herausfinden, und zwar durch Analyse der Branchen- und Länderallokation eines Fonds und die größten Positionen im Depot. Eine monatliche Aktualisierung ist bei den meisten Anbietern mittlerweile ebenso selbstverständlich wie die Angabe tagesaktueller Ausgabe- und Rücknahmepreise, Ausschüttungsdaten und Informationen zum Ausgabeaufschlag und zu den laufenden Kosten. Auf den entsprechenden Seiten kann der Anleger auch nach dem Kauf verfolgen, inwieweit der Fonds seiner einmal eingeschlagenen Anlagepolitik treu bleibt und welche Umschichtungen es gibt.

▶ KONTAKT

Anlaufstellen im Netz für Fondskäufer

www.consors.de:
großer Fondsmarkt mit Trainingscenter und Sparplänen

www.advance-bank.de:
alles rund ums Thema Fonds

www.bvi.de:
Seite des Bundesverband deutscher Investmentgesellschaften mit zahlreichen Links

www.fondscheck.de, www.fondsweb.de, www.fonds-world.de, www.fondsonline.de und www.onvista.de:
umfangreiche Infoseiten zu Fonds

www.vwd.de:
Nachrichtenagentur mit spezieller „Fondsabteilung" im Netz.

Auf manchen Seiten kann der Internetnutzer ein Fondsdepot zusammenstellen, das dem eigenen Anlageprofil entspricht. Wenn man sich dieses Profils noch gar nicht bewusst ist, helfen einige Fondsgesellschaften (zum Beispiel Adig, **www.adig.de**) mit einfachen Fragen weiter (bisherige Erfahrungen, Anlagedauer, Aufteilung des Vermögens und so weiter), die dem Anleger Hilfestellung geben.

Nicht nur die Fondsgesellschaften, sondern auch „neutrale" Anbieter von Fondsinformationen finden sich im Netz – beispielsweise die Ratingagenturen (→ Seite 315). Auf ihren Seiten finden sich Performancetabellen, die zeigen, welche Fonds in der Vergangenheit besonders gut abgeschnitten haben. Was die Qualität der Daten angeht, heißt es allerdings in vielen Fällen: keine Gewähr.

KONTAKT ▶

Vom Grundsätzlichen zum Konkreten

Wenn der Anleger seine grundsätzliche Depotaufteilung festgelegt hat, steht die nächste Entscheidung an: Wie lässt sich der qualitativ beste Fonds oder wie lassen sich die besten Fonds herausfinden?

Die am wenigsten geeignete Methode ist es, unkoordiniert aus der Vielzahl denjenigen Fonds herauszusuchen, der in der Vergangenheit die höchste Rendite erzielt hat. Auch wenn fast jeder Berater und jeder Fondsprospekt darauf hinweisen, dass die Ergebnisse der Vergangenheit nur sehr bedingt Rückschlüsse auf zukünftige Erfolge zulassen, glauben vor allem Einsteiger, dass ein Fonds mit gutem Ergebnis zumindest tendenziell auch von der guten Arbeit des Fondsmanagers zeugt. Doch das ist nur bedingt der Fall.

Rating-Listen: Nagelprobe für die Fonds

Der erste Knackpunkt ist, dass „Rendite-Hitparaden“ nur die Gewinne und Verluste einer bestimmten Zahl von Fonds für einen genau definierten Zeitraum wiedergeben. Da sich die Anteilspreise von Tag zu Tag verändern, ergibt sich schon bei einer geringfügigen Verschiebungen des Stichtags für ein und denselben Fonds ein anderes Ergebnis. Folge: Die Wahl eines anderen Untersuchungszeitraums produziert andere Listen mit unterschiedlichen Platzierungen. Das muss der Anleger beim Lesen dieser Orientierungshilfen berücksichtigen.

So wird die Performance berechnet

Um herauszufinden, welche Wertentwicklung ein Fonds innerhalb eines bestimmten Zeitraums erzielt hat, werden die Anteilspreise zu zwei Stichtagen miteinander verglichen. In der Regel wird dazu ein Ein-, Drei- oder Fünfjahreszeitraum gewählt. Aus der prozentualen Differenz der beiden Werte ergibt sich zunächst der reine Wertzuwachs. Dabei werden externe Kosten wie Ausgabeaufschlag, Rücknahmespesen und Depotgebühren des Anlegers nicht berücksichtigt, denn sie sind individuell unterschiedlich – je nach Depotbank und Einkaufsquelle. Die verdeckten Kosten wie zum Beispiel die jährliche Verwaltungsvergütung und die Depotbankgebühr des Fonds dagegen gehen in die Berechnung vollständig ein, denn damit wird jährlich oder vierteljährlich das Fondsvermögen belastet. Das mindert entsprechend den Wert des einzelnen Anteils.
Darüber hinaus wird zur konkreten Berechnung der Wertentwicklung unterstellt, dass sämtliche Ausschüttungen, die zwischen den Stichtagen angefallen sind, rechnerisch wieder in neue Fondsanteile (ohne Berücksichtigung eines Ausgabeaufschlags) angelegt werden. Auf diese Weise kann zum Enddatum der Wertzuwachs unter Einbeziehung aller zwischenzeitlich angefallenen Ausschüttungen beziehungsweise Erträge ermittelt werden – eben die Performance (→ Seite 25). Zudem werden mit diesem Verfahren ausschüttende mit thesaurierenden Fonds vergleichbar.

Vergleichsmaßstäbe prüfen

Ein weiterer Schwachpunkt vieler Ranglisten ist, dass sie verschiedenartige Fondskonzepte wahllos in einen Topf werfen. Fonds eines Typs – zum Beispiel Aktienfonds – konzentrieren sich zwar auf eine Anlageform, aber sie legen ihr Geld dennoch in zum Teil vollkommen unterschiedlichen Märkten an. Die Performance eines Fonds wird im Übrigen weniger durch die Leistung des Managements, sondern zu einem Großteil durch den Trend an den jeweiligen Börsen bestimmt.

Dabei gilt: Je spezialisierter ein Fonds seine Gelder anlegt, desto größer ist die Wahrscheinlichkeit, dass er einen Platz ganz vorn in der Rangliste einnimmt (oder ganz hinten, woran aber ein Anleger, der einen empfehlenswerten Fonds sucht, sicher nicht interessiert ist!). Die Erklärung ist einleuchtend: Wenn ein Fonds von der Wertentwicklung eines einzigen Marktes oder weniger Titel abhängig ist, besitzt er gegenüber den breit anlegenden Fonds automatisch höhere Renditechancen, gleichzeitig aber auch größere Risiken. Um die Qualität von Fonds zu begutachten, muss also eine möglichst einheitliche Gruppe untersucht werden – also zum Beispiel alle Aktienfonds mit Anlageschwerpunkt deutsche Aktien.

Charmanter Rechenschwindel

Neben den professionellen Fondsmanagern gibt es viele Anleger, die sich als Amateure im Rahmen von Investmentclubs zusammenschließen und einen Teil ihres Vermögens als Gruppe in Eigenregie anlegen. Die Beardstown Ladies dürften dabei zweifellos die größte Berühmtheit in den vergangenen Jahren erlangt haben. Der Club der ursprünglich 14 Damen, Durchschnittsalter über 70, aus dem Städtchen Beardstown (Illinois, USA) genoss bis Ende der 90er Jahre Kultstatus in den USA.

Der Grund: Die rüstigen Rentnerinnen hatten behauptet, mit ihrem selbst verwalteten Fondsdepot zwischen 1984 und 1993 stolze 23,4 Prozent pro Jahr erwirtschaftet zu haben. Damit schlugen sie die hoch bezahlten Investmentprofis an der Wall Street um Längen. Die Folge waren Auftritte in Talkshows und Buchverträge. Ihr Buch „Common Sense Investment Guide" (☞ deutsche Ausgabe) entwickelte sich zu einem Bestseller. Doch der Verkaufserfolg wurde den Hobby-Börsianerinnen zum Verhängnis. Ein Journalist begann, sich näher mit der Buchführung der Ladies zu beschäftigen, weil er ihre Angaben anzweifelte. Ein hinzugezogener Wirtschaftsprüfer kam dann relativ schnell dahinter, dass sich die Schatzmeisterin des Clubs schlicht verrechnet hatte. Statt 23,4 Prozent erwirtschaftete das Clubdepot „nur" 9,1 Prozent pro Jahr. Der Rechenfehler war den Damen schrecklich peinlich, doch die Banker an der Wall Street verzichteten auf Häme und waren eher amüsiert.

Die Ladies hatten nämlich auch nach Meinung von Profis viele brauchbare Ratschläge in ihren Büchern parat, mit denen vor allem Kleinanleger an das Aktiensparen herangeführt wurden. Und der gesunde Menschenverstand kam bei ihren Ratschlägen tatsächlich nicht zu kurz. So kauften die Damen für ihr Depot zum Beispiel die Aktien der Kaufhauskette Wal-Mart. Begründung: Der Parkplatz war immer voll!

☞ Deutsche Ausgabe: „Die Beardstown-Ladies – Anlageerfolg durch gesunden Menschenverstand", Verlag für die deutsche Wirtschaft AG, Bonn.

Ergebnisse am Risiko messen

Doch auch wenn ein Fonds innerhalb einer einheitlichen Gruppe ein gutes Anlageergebnis erzielt, heißt das immer noch nicht, dass das Management gut gearbeitet hat. Genauso wichtig wie eine hohe Rendite ist für den Anleger auch, welche Risiken der Fondsverwalter im Verhältnis zum erwirtschafteten Ergebnis eingegangen ist. Um das herauszufinden, analysieren professionelle Fondstester die Entwicklung des Anteilspreises während der Laufzeit. Dabei interessiert sie nicht nur die Rendite, sondern auch wie stark die Schwankungen des Fondspreises innerhalb des Betrachtungszeitraums waren. Bei annähernd gleichem Ergebnis zweier Anteile ist derjenige Fonds besser einzustufen, der die geringeren Schwankungen aufweist. Diese lassen auch Rückschlüsse auf die Qualität der Fondsrendite zu. Je höher nämlich die Schwankung des Fondsanteils, desto größer die Wahrscheinlichkeit, dass ein gutes Ergebnis nur ein „Glückstreffer" ist, der sich durch die zufällige Wahl des Stichtags ergab.

Sortenrein oder verschnitten

Neben der Analyse des Schwankungsrisikos ist es wichtig, einen Blick auf die Zusammensetzung des Fondsdepots zu werfen. Etikettenschwindel ist nämlich bei Investmentfonds keine Seltenheit. Nicht jeder Rentenfonds enthält zum Beispiel ausschließlich festverzinsliche Wertpapiere. Manche Rentenfondsmanager mischen bei einer Hausse (→ Seite 205) Aktien bei, um die Rendite aufzubessern. Aus dem selben Grund finden sich bei Euro-Rentenfonds auch schon einmal auf andere Währung lautende Anleihen. Und bei Aktienfonds, die sich auf Standardwerte konzentrieren, werden nicht selten kleine, hoch spekulative Titel zugekauft, um die Rendite gegenüber der Konkurrenz anzuheben. Für den Anleger sind solche „Kunstgriffe" höchst ärgerlich, denn sie kaufen sich unter Umständen mehr Risiko ein, als es ihrer persönlichen Planung und Depotaufteilung entspricht und es der jeweilige Fonds von seiner ursprünglichen Zuordnung erwarten lässt.

Window-Dressing: Schön machen für den Abschluss

Wenn der Jahres- oder Halbjahresabschluss naht und alle Positionen des Fondsdepots detailliert im Zwischen- beziehungsweise Jahresbericht aufgelistet werden, geraten Fondsmanager in Hektik. Um die Bilanz möglichst gut ausfallen zu lassen und nicht allzu viele Verliereraktien ausweisen zu müssen, bringt der Verwalter das Depot auf Vordermann. Window-Dressing nennt sich diese – erlaubte – Form der Bilanzkosmetik, die vor allem dann praktiziert wird, wenn es an den Aktienmärkten in einem Jahr nicht so gut läuft. Dazu gibt es zwei Möglichkeiten: Die erste besteht darin, die besonders schlecht gelaufenen Titel zu verkaufen und damit die Position zu bereinigen. Stattdessen werden dann häufig noch einige derjenigen Titel ins Depot genommen, die in dem betreffenden Zeitraum überdurchschnittlich gut abgeschnitten haben. Die andere Möglichkeit sieht so aus, durch gezielte Kaufaufträge den Kurs einer bestimmten Aktie zum Stichtag „hochzuziehen". Folge: Ein vermeintlicher Verlust wird kurzfristig kaschiert. Unter Umständen kann die Position sogar noch ins Plus gebracht werden. Das geht natürlich nur dann, wenn die Umsätze bei den entsprechenden Werten nicht allzu hoch sind und der Fonds über genü-gend flüssige Mittel verfügt. Außerdem werden die meisten Fondsmanager ein Window-Dressing nur in begrenztem Maße vornehmen. Durch das Nachkaufen riskieren sie nämlich, ihre Verlustposition auszubauen, wenn der Kurs aufgrund mangelnder Kauforders nach dem Stichtag wieder einbricht. Die professionellen Fondstester lassen sich durch die Bilanzkorrekturen sowieso nicht beeindrucken, denn sie verfolgen in viel kürzeren Abständen den Anteilspreis, sodass sie die Performance und die Wertschwankungen des Fonds zu unterschiedlichen Stichtagen ausrechnen können. Auf diese Weise kommen die Schwächen des Managers unweigerlich ans Tageslicht.

Die Lösung: Detaillierte Bewertungskonzepte

Um all diese Punkte für einen fairen und aussagekräftigen Vergleich zu prüfen, haben eine Reihe von professionellen Fondsrating-Agenturen ausgetüftelte Bewertungssysteme entwickelt, mit denen nicht nur die Rendite und die Wertschwankung der Fonds untersucht werden, sondern auch die Stabilität der Wertentwicklung und die Konstanz geringer Kursschwankungen. KONTAKT ▶

CHECKLISTE VOR DEM EINSTIEG

- ✔ Besitzt der Fonds eine offizielle Vertriebszulassung in Deutschland (→ Seite 288)?
- ✔ Haben Sie sich darüber informiert, welche Anlagestrategie und welches Anlagekonzept der Fonds verfolgt? Und passt beides zu Ihrem Anlagezweck, zur Anlagedauer und zu Ihrem Anlegertypus (→ Seite 16)?
- ✔ Sind Sie sich über das allgemeine Anlagerisiko und das Währungsrisiko des Fonds im Klaren (→ Seite 260, 307)?
- ✔ Haben Sie nachgeprüft, ob sich der Fonds an seine Vorgaben hält, das heißt, inwieweit keine anderen Anlageformen beigemischt werden (→ Seite 312)?
- ✔ Gibt es eine Benchmark, an der sich der Fonds oder der Fondsmanager orientiert (→ Seite 100)?

▶ KONTAKT

Fondsanalysen im Internet:

Feri Trust:
www.feri-trust.de

Morning Star:
www.morningstar.com

Standard & Poor's:
www.funds-sp.de

STIFTUNG WARENTEST:
www.
stiftung-warentest.de
www.finanztest.de

✔ Ist der Fonds von einer professionellen und seriösen Ratingagentur geprüft worden (→ Seite 313)? Und wenn ja, wie hat er abgeschnitten?

✔ Haben Sie den Jahres- und Halbjahresbericht vor dem Kauf gelesen?

✔ Ist der Ausgabeaufschlag verhandelbar oder gibt es den Fonds möglicherweise auf einem anderen Vertriebsweg mit reduziertem Ausgabeaufschlag (→ Seite 290)?

Investmentfonds im Check

- **Beschreibung:**
  Ein Investmentfondsanteil verbrieft das Miteigentum an einem professionell verwalteten Vermögen. Der Anleger hat Anspruch auf anteilige Beteiligung an den jährlich erzielten Erträgen (Zinsen, Dividenden, Miet- und Pachterträge, Kursgewinne usw.).
- **Chance:**
  Abhängig von Fondstyp, Anlagestrategie des Fonds und Qualität des Fondsmanagements. Renditechance in der Regel etwas geringer als bei einer vergleichbaren Einzelanlage (zum Beispiel Aktien oder Anleihe).
- **Risiko:**
  Durch breite Streuung deutlich geringer als bei der entsprechenden Einzelanlage.
- **Geeignet für:**
  Jeden Anlagezweck und Anlegertyp durch entsprechende Mischung verschiedener Fondstypen und Anlagekonzepte.

Plus

- Über Fonds können auch Kleinanleger in Märkte investieren, zu denen sie im Rahmen der Direktanlage keinen Zutritt haben – etwa wegen hoher Einstiegssummen oder anderer Zugangsbeschränkungen.
- Eine staatliche Kontrolle und gesetzliche Regeln gewährleisten Anlegerschutz. Dazu gehören eine Reihe von Publizitätsanforderungen wie die Pflicht zur Erstellung von Jahres- und Halbjahresberichten.
- Geringe Mindestanlagesummen.
- Die Auswahl an Sparplanangeboten für die regelmäßige Anlage ist groß.
- Die Liquidität der Anlageform ist hoch, Anteile können in der Regel jederzeit zurückgegeben werden.
- Investmentfonds besitzen gegenüber der Direktanlage einen kleinen steuerlichen Vorteil: Der Fondsmanager muss keine Spekulationsfristen beachten (→ Seite 372) – wohl aber der Fondsanleger bei der Haltedauer seiner Anteile.

Minus

- Relativ teure Anlageform mit zum Teil wenig transparenter Kostenstruktur.
- Großes Angebot erschwert die Auswahl eines geeigneten Fonds oder einer geeigneten Fondsmischung. Dazu kommt: Es gibt deutliche Qualitätsunterschiede bei den Fonds einer Fondsgruppe.
- Einzelne Fondskonzepte wie beispielsweise Themen- und Branchenfonds sind sehr eng geschnitten. Das läuft dem ursprünglichen Fondsgedanken – breite Streuung der Anlagen über viele Märkte – zuwider und ist nicht für jeden Anleger geeignet.

BCE ECB EZB EKT EKP 2001
20
20
20
20

Derivate: Nicht nur für Einsteiger riskant

Mit Derivaten lassen sich die Chancen, aber auch die Risiken eines Investments an der Börse deutlich steigern. Im Grunde sind sie nichts anderes als Kurswetten auf die Zukunft. Das können die Kurse von Wertpapieren sein, aber auch von Waren – wie zum Beispiel Edelmetalle und Rohstoffe. Eben alles, was an der Börse gehandelt wird. Wie bei jeder Wette ist mit Optionen, Optionsscheinen und anderen derivativen Finanzinstrumenten sowohl eine Vervielfachung des eingesetzten Kapitals als auch der Totalverlust möglich. Der Faktor Zeit spielt bei diesen speziellen Papieren eine entscheidende Rolle und ist im vielzitierten Sinne des Wortes Geld. Wer sein Depot mit Derivaten bestücken will, sollte deshalb wissen, wie diese Papiere funktionieren.

Investment für Fortgeschrittene

Gemessen an den konkreten Vermögensrechten, die Aktien und Anleihen verbriefen, sind die so genannten Derivate keine eigenständige Anlageform. Sie beziehen sich auf die Kursentwicklung anderer Anlageobjekte – beispielsweise Aktien, Indizes, Anleihen, Währungen, Rohöl, aber auch Agrarprodukte wie Sojabohnen und Edelmetalle wie Gold und Silber. Folglich wird der Kurs von Derivaten weniger durch fundamentale Faktoren wie etwa die Konjunkturentwicklung oder die Bonität des Emittenten bestimmt, sondern in erster Linie durch die Preisentwicklung des jeweiligen Finanzobjekts, auf das sich die Derivate beziehen.

Die klassischen Derivate sind so genannte Options- und Termingeschäfte, die an einem gesonderten Markt stattfinden: der Terminbörse. Der Name macht deutlich, dass die dort ausgehandelten Transaktionen hinsichtlich Menge und Preis fest vereinbart werden, aber im Gegensatz zum Kassamarkt (→ Seite 66) wird das Geschäft erst zu einem Termin weit in der Zukunft abgerechnet.

Historische Wurzeln der Derivate

Schädlinge, Unwetter oder ein verregneter Sommer – es gibt eine Reihe von „natürlichen" Feinden, die jeden Bauern um seine Ernte bringen können. Schon vor Jahrhunderten begannen die Landwirte deshalb, im Frühjahr einen Käufer zu suchen, der ihnen – gegen einen Vorschuss – die Früchte ihrer Arbeit zu einem von vornherein festgelegten Preis abnahm. Geliefert wurde natürlich erst im Spätsommer oder Herbst, wenn die Ernte eingebracht war.

Durch den Abschluss dieses Handels – der Urform eines Termingeschäfts – waren die Landwirte unabhängig davon, ob die Marktpreise aufgrund einer sehr guten Ernte sanken oder – weil zum Beispiel ein feuchter Sommer das Angebot knapp hielt – stiegen. Das Risiko des Termingeschäfts allerdings war und ist es, dass beide Vertragspartner daran gebunden sind. Dadurch konnte zum Beispiel der Verkäufer, also der Landwirt, in Schwierigkeiten geraten, wenn seine Ernte zu schlecht ausfiel, um die vereinbarte Menge zu liefern. Um dieses Risiko zu reduzieren, wurde eine Variante des Termingeschäfts entwickelt: das Optionsgeschäft. Dabei verpflichtete der Bauer – um beim Beispiel zu bleiben – seinen Handelspartner, ihm eine bestimmte Menge zu einem festen Preis abzunehmen. Der Bauer selbst war an diese Verpflichtung allerdings nicht gebunden. Er besaß lediglich eine Option auf das vereinbarte Geschäft, die er wahrnehmen oder verfallen lassen konnte – je nachdem wie sich die Ernte und der Marktpreis entwickelten.

Das Optionsrecht gab es natürlich nicht zum Nulltarif. Für die Bereitschaft des Kontrahenten, sich für eine festgelegte Zeit zur Erfüllung der Vereinbarung zu verpflichten, musste der Bauer ihm eine Prämie zahlen.

Da sich die Marktpreise für Agrarprodukte und damit die Optionspreise fast ebenso schnell verändern wie die für Wertpapiere, dauerte es nicht lange, bis die Handelspartner begannen, mit ihren Optionen zu spekulieren. Einige gingen sogar Positionen einzig mit dem Ziel ein, diese mit Gewinn vorzeitig zu verkaufen, und keineswegs, weil sie die entsprechende Ware liefern oder abnehmen wollten. Damit stieg der Bedarf nach einem organisierten Handel – es entstanden die ersten Warenterminbörsen, die wiederum Vorbild für die ersten Finanzterminbörsen waren.

Optionsscheine: Einstieg in die Welt der Derivate

Kaum eine andere börsennotierte Anlageform weist so viele Fußangeln auf und erfordert derart fundierte Kenntnisse wie die Optionsscheine. Denn nicht nur die Gewinnchancen, sondern auch die Verlustrisiken sind bei dieser Anlageform außerordentlich hoch. Die Grundkonstruktion eines Optionsscheins sieht folgendermaßen aus: Der Anleger erwirbt für einen festgelegten Zeitraum das Recht, einen bestimmten Basiswert – etwa eine Aktie – zu einem festen Kurs, dem ☞ **Basispreis**, kaufen oder verkaufen zu können – aber nicht zu müssen.

Wie funktionieren Optionsscheine?

Die Beschreibung des Grundprinzips erklärt allerdings noch nicht den spekulativen Reiz, der ☞ **Warrants** kennzeichnet. Dieser entsteht vor allem durch das, was Fachleute als ☞ **Hebelwirkung** bezeichnen. Damit ist gemeint, dass der Anleger mit einem vergleichsweise geringen Kapitaleinsatz in annähernd gleichem Maße an der Kursentwicklung des jeweiligen Basisinstruments teilnimmt wie mit dem Basisinstrument selbst.

Der Kaufoptionsschein: Spekulationsobjekt für Kursoptimisten

Wie das funktioniert, lässt sich am besten an einem Beispiel erklären: Ein Anleger kauft Ende März 2002 einen ☞ **Kaufoptionsschein**. Dieser gibt ihm das Recht, eine DaimlerChrysler-Aktie innerhalb der nächsten sechs Monate, also bis Ende September 2002, zum Kurs von 40 Euro zu kaufen. Die Aktie selbst, also der Basiswert, steht zu diesem Zeitpunkt bei 50 Euro.

Es liegt auf der Hand, dass der Verkäufer des Scheins zumindest einen Preis von 10 Euro verlangen kann. Läge er niedriger, wäre es billiger, die Aktie mittels Optionsschein und nicht direkt über die Börse zu erwerben. Solche Sonderangebote werden an der Börse kaum gemacht. ☞ **Innerer Wert**

Angenommen, die Aktie des Automobilkonzerns steigt am nächsten Tag auf 52 Euro. Dann kann der Anleger davon ausgehen, dass sich auch der Optionsschein annähernd um 2 Euro verteuert. Absolut gesehen ist damit die Kursveränderung in beiden Fällen etwa gleich groß. Relativ betrachtet fällt sie allerdings beim Schein sehr viel höher aus. Bezogen auf den Kaufpreis von 10 Euro gewinnt der Warrant nämlich 20 Prozent, während die Aktie selbst auf ein Plus von gerade einmal als 4 Prozent kommt.

Allerdings: Die Gefahr der Hebelkraft ist, dass sie mit gleicher Stärke auch in die andere Richtung wirkt, was schnell dazu führt, dass der Einsatz des Anlegers verloren ist. Um auch das anhand des Beispiels zu erklären: Angenommen der Kurs des Daimler-Papiers und mit ihm der Preis des Optionsscheins fällt nach dem Kauf um 6 Euro, dann bedeutet das für den Aktienbesitzer einen Verlust von 12 Prozent. Der Schein verliert dagegen aller Voraussicht nach 60 Prozent seines Wertes. Fällt die Aktie gar auf 40 Euro, also den Basispreis, ist der Schein theoretisch wertlos.

→ Der Verlust, den ein Anleger mit einem Optionsschein erleiden kann, ist aber beschränkt auf den ursprünglichen Kaufpreis.

Der Verkaufsoptionsschein: Spekulationsobjekt für Kurspessimisten

Das Besondere an Optionsscheinen, aber auch an verwandten Derivaten wie Optionen und Futures (→ Seite 335) ist, dass der Anleger damit

☞ **Innerer Wert:** Der Erlös, den der Anleger erzielt, wenn er das Basisinstrument über den Optionsschein bezieht und sofort an der Börse verkauft. Er ergibt sich bei einem Kaufoptionsschein aus dem aktuellen Börsenkurs abzüglich des Basispreises. Beim Verkaufsoptionsschein dreht sich die Rechnung um – also Basispreis minus aktueller Börsenkurs.

☞ **Basispreis:** In der internationalen Finanzsprache als „Strike" bezeichnet.

☞ **Warrant:** Gebräuchliche Bezeichnung für Optionsschein, übersetzt (engl.): Options- oder Berechtigungsschein.

☞ **Hebelwirkung:** In der Fachsprache „Leverage" genannt.

☞ **Kaufoptionsschein:** Dieser Typ heißt in der Fachsprache „Call".

nicht nur auf steigende, sondern auch auf fallende Kurse setzen kann. Bei den Optionsscheinen funktioniert das, indem er einen ☞ Verkaufsoptionsschein ins Depot nimmt.

☞ Verkaufsoptionsschein: Dieser Typ heißt in der Fachsprache „Put".

Damit erwirbt der Anleger das Recht, den Basiswert innerhalb einer bestimmten Frist zu einem festgelegten Preis **verkaufen** zu können. Der Wert des Scheins steigt also umso mehr, je tiefer der aktuelle Börsenkurs des Basiswerts unter den Basispreis fällt. Konkret heißt das, dass sich bei diesem Optionsscheintyp der Kursmechanismus umkehrt.

☞ Standardoptionsschein: In der internationalen Fachsprache heißen diese Warrants „plain vanilla".

Das Beispiel in abgewandelter Form: Angenommen, der oben dargestellte Schein ist kein Call, sondern ein Put. Das würde bedeuten, dass er in der Ausgangsposition – Basispreis 40 Euro, Börsenkurs 50 Euro – nahezu wertlos ist, denn da die Aktie weit oberhalb des Basispreises notiert, ist der innere Wert (beim Verkaufsoptionsschein: Basispreis – Börsenkurs = 40 Euro – 50 Euro) faktisch null. Das ändert sich erst, wenn der Kurs des Daimler-Papiers unter 40 Euro fällt.

Um das Beispiel hinsichtlich der Zahlenverhältnisse in etwa vergleichbar zu gestalten, muss der Basispreis des Puts bei 60 Euro statt 40 Euro liegen. In diesem Fall liegt der innere Wert des Scheins wieder bei 10 Euro (60 Euro – 50 Euro). Der Unterschied ist dann: Mit jedem Euro, den die Aktie im Kurs **verliert**, **steigt** der Wert des Warrants entsprechend.

Optionsscheinbedingungen beachten!
Statt der Lieferung des Basiswerts sehen die meisten Optionsscheinbedingungen zum Fälligkeitstermin einen so genannten ☞ Barausgleich vor – vor allem, wenn es sich um Scheine handelt, die sich auf Indizes, Währungen und Edelmetalle beziehen. Dabei zahlt der Emittent an den Inhaber des Scheins am Fälligkeitstermin oder an einem anderen, ausdrücklich in den Emissionsbedingungen genannten Stichtag den Differenzbetrag zwischen dem Basispreis und dem aktuellen Börsenkurs des Basisinstruments aus. Das dient der Vereinfachung des Optionsgeschäfts: Dass zum Beispiel ein Index als solcher nicht lieferbar ist, dürfte den meisten Anlegern sicherlich einleuchten.

☞ Barausgleich: In der internationalen Fachsprache „Cash Settlement" genannt.

EXKURS

Exotische Optionsscheine – mit Vorbehalt zu genießen

Neben Puts und Calls, den so genannten ☞ Standardoptionsscheinen, haben die Banken eine Vielzahl von speziellen Warrant-Konstruktionen aufgelegt. Der Sinn und Zweck dieser „exotischen" Varianten ist, dem Anleger auch ausgefallene Kurswetten anzubieten, mit denen er spekulieren kann, wenn er nicht von tendenziell steigenden beziehungsweise fallenden Kursen ausgeht.
Kompliziert daran ist allerdings, dass es für diese Sonderkonstruktionen keine einheitlichen Namen und keine bestimmten Standards gibt. Jeder Emittent gibt seinen Kreationen eigene Bezeichnungen. So verbirgt sich hinter unterschiedlichen Namen manchmal das gleiche Anlageprodukt.
Noch tückischer ist jedoch, dass bei den meisten Exoten mehrere „normale" Optionsrechte in einem Schein „zusammengerührt" werden und der normale Privatanleger diese Mixtur kaum durchschaut. Anders als bei einem herkömmlichen Call oder Put ist er daher kaum in der Lage, die Preisentwicklung (→ nachfolgenden Abschnitt) nachzuvollziehen, geschweige denn abzuschätzen, wie sich der Kurs des Scheins entwickelt, wenn der Basiswert in eine bestimmte Richtung tendiert. Und er kann nur schwer beurteilen, ob der Preis, den er anfänglich für den Exotenschein bezahlen muss, auch angemessen ist. Die meisten dieser speziellen Warrants sind nämlich individuelle Einzelkonstruktionen, die

sich, anders als die Standardscheine, so gut wie nicht untereinander vergleichen lassen. Darüber hinaus ist die Liquidität der Spezialitäten sehr gering. Ein vorzeitiger Verkauf (→ Seite 329) ist zwar möglich, aber vielfach nur mit erheblichen Preisabschlägen. So gilt auch bei diesen Exoten wie in vielen anderen Bereichen des Lebens: Individualität hat ihren Preis! Daran sollten Anleger denken, die sich für Warrants abseits der Norm interessieren.

Scheine mit Deckel

Eine Abwandlung von Optionsscheinen traditioneller Bauart sind Warrants mit einem ☞ Kursdeckel oder einer Kursgrenze. Bei diesen Scheinen legt der Emittent für das Basisinstrument eine Kursobergrenze (beim Call) beziehungsweise -untergrenze (beim Put) fest. Folge: Der Schein entwickelt sich zunächst wie ein gewöhnlicher Put oder Call – bis der Basiswert den Kursdeckel beziehungsweise ☞ Kursboden erreicht hat. Steigt oder fällt er noch weiter, hat das auf den Kurs des Optionsscheins keine Auswirkungen mehr. Der Anleger erhält am Ende der Laufzeit nur einen Maximalbetrag ausgezahlt, wenn zu diesem Zeitpunkt beispielsweise die Aktie oder der Index immer noch über (beziehungsweise unter) der Grenze steht. Eine Ausübung während der Laufzeit ist nicht möglich. Als Ausgleich für das begrenzte Chancenpotenzial sind Cap-Scheine deutlich billiger als vergleichbare Standard-Calls beziehungsweise -Puts.

Varianten der Deckelscheine

Eine Abwandlung der „normalen“ Cap-Scheine sind „Cool“- oder „X-tra“-Scheine. Dabei wird die Kursschwelle in genau entgegengesetzter Richtung eingebaut – bei einem Call unterhalb des Basispreises, bei einem Put darüber. Am Ende der Laufzeit erhält der Anleger unabhängig vom inneren Wert einen Bonus, wenn das Basisinstrument während der Laufzeit diese Barriere nicht unterschritten (bei einem Call) beziehungsweise überschritten (bei einem Put) hat. Fazit: Da bei diesen Scheinen faktisch zwei Wetten gleichzeitig laufen, ist der Schein teurer als ein normaler Call oder Put. Die Käufer dieser Warrants müssen sich deshalb ihrer Sache besonders sicher sein, sonst zahlen sie zu.

Scheine mit Deckel und Boden

Die größte Gruppe der exotischen Scheine sind Konstruktionen, bei denen der Emittent zwei Optionen so kombiniert, dass eine Kursuntergrenze und -obergrenze entsteht. Auf diese Weise bildet sich eine genau definierte Kursbandbreite. Diese Scheine werden deswegen auch Korridor- oder Rangescheine genannt. Korridorscheine gibt es in zwei Varianten. Bei der ersten, „Hamster“- oder „Karabiner“-Scheine getauft, wird dem Anleger während der Laufzeit für jeden Tag, an dem sich der Basiswert innerhalb des Korridors bewegt, ein bestimmter Betrag gutgeschrieben. An Tagen, an denen der Wert außerhalb des Korridors notiert, gibt es keine Gutschrift. Am Ende der Laufzeit erhält der Anleger die angesammelte Summe in bar ausbezahlt.
Bei der zweiten Variante, beispielsweise „Dual-Range“-Warrants genannt, erfolgt ebenfalls für jeden Tag eine Gutschrift; wenn der Basiswert aber außerhalb des Cap oder Floor notiert, wird von dem bis dahin angesammelten Guthaben ein bestimmter Betrag wieder abgezogen.

☞ Kursdeckel: Dieser wird in der Fachsprache „Cap“ genannt, entsprechend heißen diese Scheine „Capped Call“ beziehungsweise „Capped Put“.

☞ Kursboden: In der internationalen Fachsprache wird eine solche Kursuntergrenze auch als „Floor“ bezeichnet.

Chancen der Korridorscheine

Als Faustregel gilt: Die Chancen solcher Scheine – also der maximale Auszahlungsbetrag – sind umso größer, je näher Ober- und Untergrenze beieinander liegen und je ausgeprägter die Kursschwankungen des Basisinstruments sind. Fazit: Die Käufer dieser Scheine setzen anders als bei Standardscheinen nicht auf starke Kursbewegungen, sondern darauf, dass sich das Basisinstrument – oft eine Währung oder ein Index – innerhalb der gesteckten Bandbreite seitwärts bewegt.

Hoch spekulative Abwandlung
Eine spekulative Abwandlung der Korridorscheine sind Knock-in- beziehungsweise Knock-out-Varianten, auch Digitalscheine genannt. Sie funktionieren entgegengesetzt zu den Korridorscheinen. Im ersten Fall, der Knock-in-Form, erhält der Anleger erst dann einen bestimmten Betrag, wenn der Basiswert die Ober- beziehungsweise Untergrenze **durchbricht**. Im zweiten Fall ist der Auszahlungsbetrag pro Tag beziehungsweise am Ende der Laufzeit deutlich höher als bei den „normalen" Bandbreitenscheinen. Dafür verfällt der Schein sofort wertlos, wenn die gesetzten Grenzen erreicht oder durchbrochen werden. Fazit: Eine Optionsscheinabwandlung für Anleger, die wissen, worauf sie sich einlassen und den Einsatz erhöhen wollen.

☞ Aufgeld:
Der Betrag gibt an, um wie viel der Kauf eines Optionsscheins und die sofortige Ausübung, also der Bezug beziehungsweise der Verkauf des Basisinstruments – sozusagen der Umweg über den Optionsschein – teurer ist als der direkte Kauf beziehungsweise Verkauf über die Börse.

Optionsscheine mit Turbo
Die dritte Gruppe von Exotenscheinen sind Emissionen, bei denen mehrere Kauf- oder Verkaufsoptionen gebündelt werden – entweder auf ein und denselben oder gleichzeitig auf verschiedene Basiswerte. Bei Kombischeinen auf einen einzigen Basiswert, auch als „Powerscheine" bezeichnet, wird die Hebelwirkung (→ Seite 321) verstärkt. Das ist vor allem dann besonders lukrativ, wenn sich zum Ende der Laufzeit abzeichnet, dass die Finanzwette aufgeht.
Dagegen beziehen sich so genannte Basketoptionsscheine auf einen Korb, der aus mehreren Basiswerten besteht – meist zehn bis zwölf verschiedene Aktien. Der Nachteil dieser Konstruktion: Der Anleger schließt gleichzeitig Optionen auf eine Vielzahl von Basiswerten ab. Gewinnchancen und Verlustrisiken können sich auf diese Weise verstärken oder gegeneinander aufheben. Auf jeden Fall sind sie für den Anleger kaum kalkulierbar. Und hier gilt: Mit der steigenden Zahl von Optionsrechten, die der Schein verkörpert, steigt meistens auch der Preis.

Die Bestandteile des Optionsscheinpreises

In den bisher beschriebenen Beispielen wurde immer davon ausgegangen, dass Optionsscheine in etwa zu ihrem inneren Wert gehandelt werden. Doch das ist in der Praxis nicht der Fall. Tatsächlich kosten sie immer mehr als der innere Wert, denn für das Optionsrecht an sich verlangt der Emittent beziehungsweise der Verkäufer auch noch eine Vergütung. In der Fachsprache wird dieser Preisaufschlag ☞ **Aufgeld** genannt. Das ist auch der Grund, weshalb Optionsscheine selbst dann noch etwas kosten, wenn der Kurs des Basisinstruments unter (bei einem Call) beziehungsweise über (bei einem Put) dem Basispreis notiert – der innere Wert mithin null ist. Zusammengefasst kann man also sagen, dass sich der Preis für einen Optionsschein, die so genannte Prämie, aus dem inneren Wert und dem Aufgeld zusammensetzt.

Um zum Beispiel (→ Seite 321) zurückzukehren: Zum Kaufzeitpunkt beträgt der innere Wert des Calls 10 Euro. Tatsächlich wird der Schein zum Kaufzeitpunkt zu etwa 15 Euro gehandelt, das heißt, der Käufer muss ein Aufgeld von 5 Euro bezahlen.

Damit Profis einen Anhaltspunkt bekommen, ab wann die Spekulation mit einem Optionsschein beginnt erfolgreich zu verlaufen, errechnen sie vor dem Kauf den so genannten Break-even-Kurs. Er ist einfach zu ermitteln, indem bei einem Call zum Basispreis der Preis des Optionsscheins addiert wird (bei einem Put muss die Summe aus Optionsscheinpreis und Basispreis vom aktuellen Börsenkurs abgezogen werden). Der Break-even-Kurs gibt an, um wie viel das Basisinstrument aus Sicht des aktuellen Börsenkurses steigen (beziehungsweise fallen) muss, damit der Optionsscheinkäufer durch die Spekulation keinen Verlust erleidet.

Bei dem genannten Optionsschein auf die DaimlerChrysler-Aktie liegt der Break-even-Kurs des Kaufoptionsscheins bei 55 Euro (= Basispreis + Preis des Optionsscheins = 40 Euro + 15 Euro).

Noch aussagekräftiger als der Break-even-Kurs ist in vielen Fällen die prozentuale Berechnung der gesamten Optionsprämie. Sie ergibt sich aus folgender Rechnung:

Break-even-Kurs : aktueller Aktienkurs × 100 – 100

Für das Beispiel ergibt sich ein Wert von 10 (55 : 50 × 100 – 100), was bedeutet, dass das Basisinstrument um mindestens 10 Prozent steigen muss, damit der Warrantkäufer mit seinem Investment in die Gewinnzone kommt. Das deckt sich mit der vorherigen Berechnung.

Die Preisfalle bei Optionsscheinen: Das Aufgeld

Das Tückische bei der Anlage in Optionsscheinen ist, dass sich das Aufgeld über die Laufzeit hinweg mindert. Es wird deshalb auch als Zeitwert bezeichnet. Anfänglich baut es sich nur unmerklich ab, ehe es zum Ende der Laufzeit rapide gegen null geht und der Preis des Optionsscheins nur noch aus dem inneren Wert besteht. Für den Käufer des Scheins heißt das: Wenn der Kurs des Basiswerts bis zur Fälligkeit des Optionsscheins konstant bleibt, erleidet der Anleger einen Verlust – und zwar in Höhe des Aufgelds.

TIPP

Kaufen Sie keine Optionsscheine mit Restlaufzeiten von einigen wenigen Monaten und halten Sie auf keinen Fall einen Warrant bis zum Ende der Laufzeit im Depot. Empfehlenswert ist es, ihn spätestens sechs Monate vor Fälligkeit zu verkaufen. Auf diese Weise vermeiden Sie es, in die Phase zu geraten, in der sich der Zeitwert besonders schnell mindert.

Preis des Optionsscheins, Zeitwert und Restlaufzeit

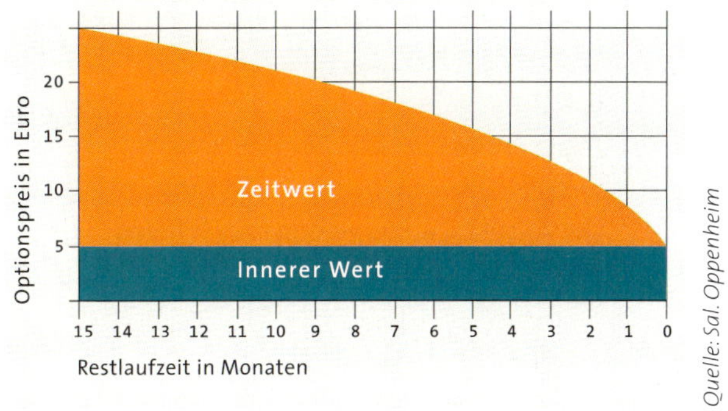

Zeitwertverlust am Beispiel eines Call-Optionsscheins, Basispreis 100 Euro, Kurs des Basiswerts: Konstant 105 Euro

Das heißt umgekehrt: Wenn der Anleger seinen Schein vorzeitig verkauft, muss der innere Wert so weit angestiegen sein, dass er den seit dem Kaufzeitpunkt eingetretenen Verlust des Zeitwerts mehr als wettgemacht hat, damit unter dem Strich ein Gewinn herauskommt. Ganz sicher ist das nur dann der Fall, wenn der Kurs des Basiswerts die Break-even-Schwelle erreicht beziehungsweise überschritten (bei einem Put unterschritten) hat.

Was sich in der Theorie so einfach anhört, erweist sich allerdings in der Praxis für viele Anleger als beträchtliche Hürde. Sie setzen zwar bei der Wahl eines Optionsscheins grundsätzlich auf die richtige Kursrichtung des Basiswerts. Dennoch enden nach Schätzungen von Experten über zwei Drittel aller Warrant-Geschäfte mit Verlust – ganz einfach, weil die Käufer die Veränderungen des Zeitwerts über die Laufzeit hinweg falsch kalkulieren. Dabei muss man berücksichtigen, dass die Aufgelder in den meisten Fällen zwischen 20 und 50 Prozent liegen – also ungleich höher sind als in dem dargestellten Beispiel.

Welche Einflussgrößen bestimmen den Zeitwert?

Die Frage ist also: Was beeinflusst den Zeitwert und warum verliert er ständig an Wert? Um dies zu beantworten, muss man wissen, dass sich die Höhe des Aufgelds nicht willkürlich ergibt. Sie beruht auf mathematisch-statistischen Modellen. Das wiederum heißt, dass jeder Anleger in der Lage ist, die theoretische Höhe des Zeitwerts zu berechnen und zu analysieren. Dieser Umstand hilft ihm dann bei der Auswahl eines geeigneten Scheins (→ Seite 328). Kontakt ▶

▶ Kontakt
Für die Berechnung des theoretischen Preises gibt es im Internet eine Reihe von Seiten mit Optionsscheinrechnern – unter anderem bei **www.xavex.de** (Seite der Deutschen Bank) und **www.oppenheim.de/Optionsscheine.** Für bereits emittierte Optionsscheine lassen sich die theoretischen Preise unter **www.onvista.de**, Menüpunkt „Optionsscheine" und **www.deutsche boerse.com**, Menüpunkt „Marketdata, Finanztools" berechnen.

Erster Faktor: Die Laufzeit

Einer der wichtigsten Faktoren, der den Zeitwert eines Warrants bestimmt, ist die Restlaufzeit des Scheins. Als Faustregel gilt: Je länger diese Zeit, desto teurer ist das Optionsrecht. Das ist insofern verständlich, als mit zunehmender Laufzeit die Wahrscheinlichkeit wächst, dass sich der Basiswert in die vom Anleger angenommene Richtung entwickelt – auf der anderen Seite steigt dadurch das Verlustrisiko für den Verkäufer des Optionsrechts. Umgekehrt wird mit dem Ablauf der Optionsfrist die Chance für den Käufer immer geringer, das ins Auge gefasste Kursziel zu erreichen. Das mindert folglich den Wert des Optionsrechts.

Zweiter Faktor: Die Höhe der Kursschwankung

Die zweite Einflussgröße beim Aufgeld ist die Volatilität (→ Seite 26) des Basiswerts. Dabei gilt folgender Zusammenhang: Je stärker der Kurs schwankt, je größer also die Volatilität ist, desto höher das Aufgeld. Schließlich steigt bei großen Kursausschlägen des Basisinstruments rein statistisch die Chance, dass während der Laufzeit der Basispreis erreicht beziehungsweise überschritten wird (bei einem Put unterschritten).

Dritter Faktor: Der Optionstyp

Bei der Preisbildung eines Optionsscheins spielt letztlich auch eine Rolle, ob es sich um eine Option des so genannten amerikanischen oder des europäischen Typs handelt. Bei der amerikanischen Variante kann der Anleger sein Optionsrecht jederzeit ausüben und entweder die Lieferung des Basisinstruments beziehungsweise einen Barausgleich (→ Seite 322) verlangen. Dagegen kann er bei der europäischen Option nur zum Ende der Laufzeit von seinem Recht Gebrauch machen. Aufgrund dieses Nachteils werden Scheine mit europäischem Optionsrecht im Vergleich zu ihren amerikanischen Pendants mit einem Abschlag gehandelt.

Anpassungsklausel für Aktienoptionsscheine

Führt eine Aktiengesellschaft eine Kapitalerhöhung gegen Bareinlage oder aus Gesellschaftsmitteln (→ Seite 160) durch oder wird das Papier gesplittet (→ Seite 163), mindert das den aktuellen Börsenkurs der jeweiligen Aktie. Bei einem Split von beispielsweise 1 : 1 würde sich der Kurs halbieren. Für die Besitzer eines entsprechenden Kaufoptionsscheins würde das einen herben Verlust bedeuten. Da der Abschlag allerdings nicht auf einem veränderten Verhältnis von Nachfrage und Angebot, sondern einzig auf einem buchhalterischen Vorgang beruht, der am tatsächlichen Wert der Aktien nichts ändert, greift bei Aktienoptionsscheinen in diesem Fall ein so genannter Verwässerungsschutz. Das heißt, der Basispreis wird um den Kursabschlag bereinigt. Anders die Situation, wenn ein Unternehmen Dividende zahlt und diese vom Kurs abgeschlagen wird (→ Seite 199). Eine Anpassung des Basispreises ist in diesem Fall nicht vorgesehen. Die entgangene Ertragsausschüttung muss also stattdessen in der Kalkulation des Zeitwerts berücksichtigt werden.

Vierter Faktor: Das Verhältnis von Basispreis zum Börsenkurs

Der letzte Faktor, der sich auf die Höhe des Zeitwerts, aber auch auf das Preisverhalten des Optionsscheins auswirkt, ist das Verhältnis von

Basispreis zum aktuellen Börsenkurs. Dabei lassen sich drei „Aggregatzustände“ unterscheiden, in denen ein Optionsschein sich befinden kann: Wenn – beispielsweise bei einem Kaufoptionsschein – der Börsenkurs weit unter dem Basispreis notiert, der innere Wert also null ist, wird der Schein als „aus dem Geld“ bezeichnet. Nähert sich der Kurs, egal aus welcher Richtung, dem Basispreis an, ist der Warrant „am Geld“. Und wenn die aktuelle Notierung des Basiswerts über dem festgelegten Basispreis steht, liegt der Schein „im Geld“.

→ Als Faustregel gilt: Je tiefer der Schein im Geld liegt, desto geringer wird der relative Anteil des Zeitwerts am gesamten Warrantkurs. Folglich macht sich darin die zeitlich bedingte Minderung des Aufgelds immer weniger bemerkbar, sodass sich der Kurs des Optionsscheins und der des Basiswerts in etwa gleich bewegen. Notiert der Schein dagegen weit aus dem Geld, reagiert sein Kurs nur schwach auf Preisänderungen des Basiswerts. Vielmehr wird er dann vor allem durch die Veränderung des Zeitwerts bestimmt. Am größten ist der Anteil des Zeitwerts, wenn der Schein am Geld liegt

Drei Aggregatzustände eines Optionsscheins

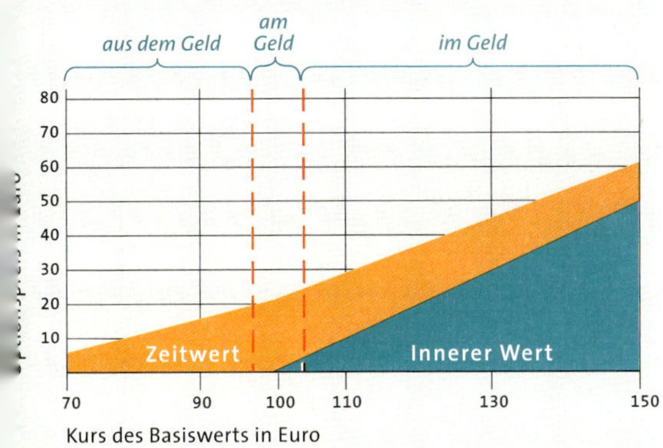

Call-Optionsschein, Basispreis 100 Euro

Quelle: Sal. Oppenheim

Wie in Optionsscheinen anlegen?

In den vergangenen Jahren hat sich der Warrant-Markt in Deutschland rasant entwickelt. Ende 1992 wurden an den deutschen Börsen gerade einmal 800 verschiedene Optionsscheine notiert. Neun Jahre später waren es weit über 25 000. Mit einem Umsatzvolumen von rund 100 Milliarden Euro ist der deutsche Optionsscheinmarkt der wichtigste und größte der Welt.

Der Vorteil des üppigen Angebots ist, dass dem Anleger für ein gängiges Basisinstrument wie zum Beispiel eine Aktie aus dem Dax oder für den Index selbst Dutzende von Scheinen mit unterschiedlichen Laufzeiten und Basispreisen zur Verfügung stehen. Die Kehrseite der Medaille: Vor dem Kauf muss er das Angebot sehr genau sortieren und analysieren, damit er einen Schein auswählt, der zum einen genau zu seiner Anlagevorstellung passt und der zum anderen preisgerecht ist. Um einen Warrant zu finden, der beide Bedingungen weitgehend erfüllt, sind Optionsscheinanleger gut beraten, vor dem Kauf eine sorgfältige Auswahl vorzunehmen.

Eckdaten festlegen

Notwendig ist erst einmal, sich zu überlegen, auf welche Kursrichtung und für welchen Basiswert man eine Kurswette eingehen will. Wichtig ist es dabei vor allem, sich zu überlegen, welches **Kurspotenzial in welchem Zeitraum** man vom Basisinstrument erwartet. Davon hängt die Wahl des Basispreises und der Laufzeit ab.

TIPP

Die Laufzeit des Scheins sollte in etwa dem Doppeltem Ihres eigenen Kalkulationszeitraums entsprechen, das heißt, wenn Sie sich ein Kursziel auf Sicht von sechs Monaten setzen, sollte der Schein eine Laufzeit von einem Jahr besitzen.

Die Analyse von Optionsscheinen

Welcher Schein diese Erwartungen am besten erfüllen könnte, lässt sich ermitteln. Und zwar mithilfe einer Reihe von Kennzahlen – ähnlich wie bei der Aktienanalyse (→ Seite 192). Es gibt eine Fülle davon. Die drei wichtigsten, die zur Unterstützung heranzuziehen sind, sollen nachfolgend dargestellt werden.

Optische Täuschung: Ein niedriger Warrantkurs

Bei der Auswahl und Berechnung von Kennziffern wie zum Beispiel Delta oder Break-even-Kurs muss der Anleger das jeweilige Bezugsverhältnis des Scheins berücksichtigen. Es sagt aus, wie viele Scheine er benötigt, um eine Einheit des Basiswerts zu beziehen. Es ist nur selten 1 : 1. Vielfach wird eine Quote von 100 : 1 benutzt. Das bedeutet: Der Anleger muss 100 Scheine besitzen, um zum Beispiel eine Aktie zu beziehen. Theoretisch hat das auf die Art und Weise, wie der Schein an den Bewegungen des Basisinstruments teilnimmt, keinen Einfluss. Beim Warrantkurs wird lediglich das Komma nach rechts oder links verschoben. In der Praxis hat sich allerdings gezeigt, dass viele Emittenten bewusst ein hohes Bezugsverhältnis wählen, damit ihre Scheine optisch billiger wirken – und die Anleger dadurch zum Kauf zu verleiten. Auf den ersten Blick ist die Aussicht auch verlockend: Scheine mit einem Bezugsverhältnis von 100 : 1 notieren häufig mit Kursen von weniger als einem Euro. Das sieht auf dem Papier günstig aus. Doch bei genauerer Analyse stellt sich oft heraus, dass diese Scheine wesentlich teurer sind als diejenigen mit ähnlicher Laufzeit und ähnlichem Basispreis, aber höherem Bezugsverhältnis – beispielsweise 10 : 1. Effekt: Das Verlustrisiko des vermeintlich billigeren Scheins ist überdurchschnittlich hoch.

Was bestimmt den Optionspreis?

Einflussfaktor	Vorgabe	Auswirkung auf den Preis des Optionsscheins: Call	Put
Basispreis (im Verhältnis zum aktuellen Börsenkurs)	Höher	↘	↗
	Niedriger	↗	↘
Optionstyp	amerikanisch	↗	↗
	europäisch	↘	↘
Laufzeit	Lang	↗	↗
	Kurz	↘	↘
(Implizite) Volatilität	Höhere	↗	↗
	Niedrigere	↘	↘

↗ = steigt tendenziell ↘ = fällt tendenziell

Das Delta

Um abschätzen zu können, wie stark sich der Optionsscheinkurs verändert, wenn sich der Wert des Basisinstruments um einen Prozentpunkt nach oben oder unten bewegt, wird bei der Optionsscheinanalyse das so genannte Delta berechnet. Es ergibt sich aus folgender Formel:

$$\text{Delta} = \frac{\text{Absolute Veränderung des Optionsscheinpreises}}{\text{Absolute Veränderung des Kurses des Basiswerts}}$$

Das Delta für einen Call schwankt zwischen 0 und 1, das eines Puts zwischen –1 und 0. Ein Delta von 0,5 bei einem Call heißt also zum Beispiel: Steigt der Basiswert der Aktie um 1 Euro, legt der Kurs des Optionsscheins 50 Cent zu. Das Delta ist nicht konstant. Es verändert sich in Abhängigkeit davon, wie Basiskurs und Börsenkurs zueinander stehen. Als Faustregel gilt: Je höher der innere Wert des Scheins, je mehr also der Warrants im Geld liegt, desto stärker nähert sich das Delta dem Wert 1 beziehungsweise –1 an.

Wenig sensibel reagieren dagegen Scheine, die aus dem Geld sind. Bei ihnen tendiert das Delta gegen null. Liegen Basispreis und Börsenkurs in etwa auf einer Höhe (am Geld), pendelt das Delta üblicherweise um die Marke von 0,5 beziehungsweise - 0,5.

Das Theta

Die wichtigste Kennzahl in Zusammenhang mit der laufzeitabhängigen Minderung des Zeitwerts ist das Theta. Es gibt an, wie viel Prozent der Optionsschein an Wert bei ansonsten gleichen Einflussgrößen (Börsenkurs, Volatilität) verliert.

$$\text{Theta} = \frac{\text{Veränderung des Optionsscheinpreises}}{\text{Veränderung der Laufzeit}}$$

Je nach Anlagehorizont des Anlegers kann das Theta auf wöchentlicher oder monatlicher Basis ausgerechnet werden. Ein betragsmäßig kleiner Wert bedeutet dabei, dass der Schein relativ unempfindlich auf eine Verkürzung der Restlaufzeit reagiert. Je kürzer allerdings die Restlaufzeit und je weiter der Schein aus dem Geld liegt, desto größer ist das Theta, womit mathematisch das unterlegt wird, was im vorausgegangenen Abschnitt als Faustregel formuliert wurde.

Die implizite Volatilität

Es wurde dort auch gesagt, dass das Aufgeld bei einem Optionsschein nicht willkürlich, sondern nach einem bestimmten Preismodell berechnet wird und eine der dabei verwendeten Einflussgrößen die Volatilität, also die Kursschwankung des Basiswerts, ist. Während jedoch die anderen Faktoren wie Laufzeit, Basispreis und Optionstyp feststehen, ist die Höhe der Volatilität keineswegs vorgegeben. Sie ist, ganz im Gegenteil, eine Art flexible Größe, die verändert werden kann. Bei der Preisberechnung wird nämlich nicht die in der Vergangenheit gemessene Volatilität zugrunde gelegt, sondern diejenige, die der Emittent beziehungsweise der Verkäufer in Zukunft erwartet. In der Fachsprache wird dies auch als implizite Volatilität bezeichnet.

Welche konkrete Bedeutung hat das nun für den Anleger? Zuerst muss er darauf achten, dass sich die eigene Erwartung hinsichtlich der Volatilität mit der in den Optionsschein eingepreisten deckt. Darüber hinaus muss er bedenken, dass sich die implizite Volatilität aufgrund wechselnder Erwartungen der Marktteilnehmer ändern kann – und damit vor allem auch der Preis des Optionsscheins. Im ungünstigsten Fall führt das zum Beispiel bei einem Kaufoptionsschein dazu, dass er an Wert verliert, obwohl der Kurs des Basiswerts in der gleichen Zeit gestiegen ist. Diesen paradoxen Zusammenhang müssen Optionsscheinkäufer berücksichtigen, indem sie bei ansonsten gleichen Ausstattungsmerkmalen denjenigen Schein bevorzugen, in dessen Kurs die niedrigere implizite Volatilität eingepreist wird, denn er beinhaltet ein wenig hohes Verlustrisiko.

Der Handel mit Optionsscheinen

Die meisten Optionsscheine werden im Freiverkehr oder im geregelten Markt einer deutschen Börse notiert. Das Problem ist allerdings, dass angesichts des breiten und unübersichtlichen Angebots bei vielen Scheinen kaum Umsatz über die Börse zustande kommt. Fachleute schätzen, dass nur etwa 20 Prozent aller Scheine eine ausreichende Liquidität aufweisen. Nur in den wenigsten Fällen kann der Anleger also jederzeit zu einem angemessenen Kurs ein- und aussteigen, was gerade bei den schwankungsanfälligen und spekulativen Optionsscheinen wichtig ist.

☞ Gedeckte Optionsscheine: In der internationalen Fachsprache auch „Covered Warrants" genannt.

▶ KONTAKT
Über die Höhe des Spreads kann man sich oftmals auf der jeweiligen Homepage der Bank oder des Investmenthauses informieren. Unter **www.vwd.de/OS-Service** hat die Nachrichtenagentur VWD einen Optionsschein-Service mit Preisen und Links zu vielen Emittenten eingerichtet.

☞ Euwax: Abkürzung für **Eu**ropean **Wa**rrant E**x**change.

▶ KONTAKT
Auf der Homepage der Euwax **www.euwax.de** haben registrierte Nutzer (Anmeldung kostenlos) die Möglichkeit, Echtzeitkurse der Makler abzufragen, die sowohl Geld- und Briefkurse der Emittenten als auch die an der Börse vorliegenden Orders berücksichtigen. Auf diese Weise kann der Besucher sehen, wo er den günstigsten Kurs erhält.

Handel direkt mit dem Emittenten

Eine Alternative zur Börse ist der Kauf direkt beim Emittenten. Die meisten Optionsscheine werden von Banken und anderen Finanzhäusern aufgelegt, die sie zum Beispiel durch ein eigenes Aktienpaket oder ein Devisenguthaben bei einer anderen Bank unterlegen (☞ gedeckte Optionsscheine). Das Geldhaus kann aber auch durch andere Absicherungsgeschäfte dafür sorgen, dass die Ansprüche der Warrant-Inhaber bei Ausübung erfüllt werden können – dafür steht es faktisch mit seiner Bonität ein. Der Vorteil dieser Methode: Auf diese Weise kann das Geldhaus auf alle möglichen Basisinstrumente Optionsscheine begeben. Die Laufzeit der meisten Warrants beträgt dabei ein bis zwei Jahre, in jüngster Zeit wurden aber auch Scheine mit Laufzeiten von teilweise bis zu fünf Jahren emittiert.

In seltenen Fällen geben Banken und Industrieunternehmen Optionsscheine auf ihre eigenen Aktien heraus. Meist geschieht das in Zusammenhang mit der Emission einer Optionsanleihe (→ Seite 343), von der die Optionsscheine dann abgetrennt und gesondert an der Börse gehandelt werden. Dabei beträgt die Laufzeit sowohl der Anleihe als auch des Scheins meistens mehrere Jahre.

Um die Liquidität zu verbessern, organisieren die Banken und Finanzhäuser für die Scheine, die sie selbst herausgeben, einen eigenen Handel. Eine Reihe von Direktbanken und Discountbrokern bieten ihren Kunden sogar per PC und Internet direkten Zugang (→ Seite 51) zu dieser Handelsmöglichkeit an. Doch Kauf und Verkauf beim Emittenten sind nicht ohne Tücken.

Fußangel Nr. 1: Unterschiedlicher Spread

Die erste Fußangel liegt in dem unterschiedlich hohen Spread, den die einzelnen Banken bei ihren Geld- und Briefkursen stellen. Grundsätzlich gilt: Eine große Spanne zwischen Geld- und Briefkurs macht den Schein zusätzlich teuer, denn der Warrant muss erst einmal den Aufschlag zum Rücknahmepreis, also dem Geldkurs, aufholen, ehe der Anleger ohne Berücksichtigung eines zusätzlichen Zeitwertverlusts die Gewinnzone erreicht. Um den notwendigen Kursanstieg zu quantifizieren, rechnen Fachleute deshalb den Spread-Move aus. Dazu wird die Differenz zwischen Geld- und Briefkurs durch den Geldkurs geteilt. Bei 1 Euro und einem Spread von 3 Cent ergibt sich ein Wert von 0,03 (0,03 : 1 = 0,03). Mit dem Faktor 100 multipliziert ergibt, dass der Schein um 3 Prozent steigen muss, damit das Geschäft für den Käufer plus/minus null ausgeht. KONTAKT ▶

Fußangel Nr. 2: Schwierigkeit beim Preisvergleich

Ein zweiter wichtiger Unterschied, der sich von Emittent zu Emittent ergibt, ist die Höhe der impliziten Volatilität, die der jeweilige Emittent in seine Scheine einpreist. Folge: Eine Bank, die beispielsweise für den Dax eine Volatilität von 20 Prozent erwartet, wird einen Optionsschein auf den Index günstiger anbieten als ein Institut, das mit 25 oder 30 Prozent rechnet.

Optionsscheinbörse mit Draht zum Emittenten

Eine Handelsalternative bietet die Optionsscheinbörse ☞ Euwax, die als Teil der Baden-Württembergischen Börse in Stuttgart mittlerweile rund 80 Prozent des börslichen Handels bei Optionsscheinen abwickelt. Der Vorteil der Euwax, die rechtlich unter die Schutzregeln des amtlichen Handels und des geregelten Marktes fällt (→ Seite 69): Sie kombiniert den börslichen und außerbörslichen Handel. KONTAKT ▶

Das funktioniert, indem der Kursmakler die Preise, die der Emittent stellt, bei der Kursberechnung in seinem Skontro (→ Seite 82) mit einbezieht. Auf diese Weise hat der Anleger die

Chance, über den freien Markt einen Kontrahenten zu finden, der ihm ein besseres Angebot macht als der Emittent. Wird die Order dennoch dort ausgeführt – entsprechendes Limit vorausgesetzt –, bedeutet das, dass es zu diesem Zeitpunkt keine günstigere Kauf- beziehungsweise Verkaufsmöglichkeit gab.

Das Internet als Entscheidungshilfe

Im Datennetz gibt es eine Reihe von Seiten, die bei der Auswahl und Analyse des breiten Angebots besonders hilfreich sind. Erste Anlaufstelle für den surfenden Optionsscheininteressenten sollte dabei die Homepage der jeweiligen Emittenten sein. Dort gibt es je nach Anbieter ein unterschiedlich umfangreiches Informationsangebot. Größter Haken bei den Sites der Geldhäuser ist allerdings, dass alle Daten und Kennziffern nur für die eigenen Emissionen verfügbar sind. Zudem mangelt es gelegentlich an der regelmäßigen Auffrischung der Kurse oder sie sind „indikativ", das heißt, es gibt keine Gewähr dafür, eine Order zu diesem Preis auf jeden Fall handeln zu können.

Eine Möglichkeit, die Scheine unterschiedlicher Emittenten zu vergleichen, Ausstattungsmerkmale abzurufen und unterschiedliche Kursszenarien beim Basisinstrument durchzuspielen (Beispiel: Wie entwickelt sich der Schein, wenn die Aktie in drei Wochen 5 Euro zulegt?), bieten Finanzportale und Datenbanken. KONTAKT ▶

■ TIPPS

Wenn Sie Optionsscheine möglichst günstig kaufen wollen, gehen Sie in vier Schritten vor:

1. Vergleichen Sie die angebotenen Scheine für ein Basisinstrument in einer Datenbank.
2. Beobachten Sie vor dem Kauf eines Scheins einige Tage lang die vom Emittenten gestellten Kurse via Internet und Homepage oder rufen Sie die historischen Kurse über die Euwax ab. So erhalten Sie einen Eindruck davon, inwieweit der Spread konstant gehalten wird, wie marktgerecht und permanent der jeweilige Emittent seine Kurse stellt.
3. Recherchieren Sie die Real-Time-Kurse auf der Homepage des jeweiligen Emittenten.
4. Fragen Sie über die eigene Bank oder den eigenen Broker beim Emittenten einen verbindlichen Handelskurs ab oder handeln Sie über die Börse mit einem Limit. KONTAKT ▶

▶ KONTAKT
Die wichtigsten Emittentenadressen im Netz:
www.ubswarburg.de (UBS Warburg, Goldman Sachs),
www.germany-warrants.ml.com (Merrill Lynch),
www.oppenheim.de/optionsscheine (Sal. Oppenheim),
www.commerzbank.de (Commerzbank),
www.warrants.com (Société Générale),
www.citiwarrants.com (Citibank),
www.clwarrants.de (Credit Lyonnais),
www.tradinglab.de (Uni Credito),
www.xavex.de (Deutsche Bank),
www.vereinsbank.de (Hypovereinsbank),
www.hsbctrinkaus.de (HSBC Trinkaus & Burkhardt).

Anlagestrategien mit Optionsscheinen

Der Exkurs über die Exotenscheine (→ Seite 322) hat gezeigt, dass sich durch die Kombination unterschiedlicher Basispreise, Laufzeiten und Optionstypen Dutzende verschiedener Optionsscheinstrategien zusammenstellen lassen.

So ist es zum Beispiel möglich, auf steigende, fallende und gleich bleibende Kurse des Basisinstruments zu setzen, an einer steigenden, aber auch an einer fallenden Volatilität zu verdienen und durch die Kopplung unterschiedlicher Basiswerte die Chancen und Risiken zu erhöhen. Eines haben allerdings all diese Strategien gemeinsam: Das Szenario, das der Anleger für seine Optionsscheinstrategie annimmt, muss genau eintreffen, sonst droht sein Investment im Totalverlust zu enden. Er kann sich zwar durch weitere Optionsscheingeschäfte dagegen absichern – beispielsweise durch den gleichzeitigen Kauf eines Puts und eines Calls auf den gleichen Basiswert –, doch das ist meist mit Abstrichen bei der Rendite verbunden. Zudem muss sich der Anleger auf der Klaviatur der einzelnen Optionsscheinstrategien sehr gut auskennen. Am Anfang sollten Optionsscheinkäufer daher zu Standardkonstruktionen greifen.

▶ KONTAKT
Datendienste/Börsen:
www.euwax.de
www.gatrixx-finanztreff.de
www.onvista.de
www.optionsscheine.de
www.vwd.de

Für vorsichtige Anleger

Vorsichtige Anleger kaufen, wenn überhaupt, nur Verkaufsoptionsscheine für ihr Aktiendepot.

☞ Absicherungsgeschäfte: In der Fachsprache auch Hedging-Geschäft genannt.

☞ Alternative Strategie: Eine andere Möglichkeit besteht darin, Stop-Loss-Limits zu setzen (→ Seite 47). Diese können allerdings in der Regel höchstens für zwei Monate erteilt und müssen danach erneuert werden.

Diese Strategie bietet sich an, wenn sie die mit einer einzelnen Aktie oder mit ihrem gesamten Aktiendepot erzielten Gewinne absichern (☞ Absicherungsgeschäfte), aber nicht endgültig aussteigen wollen. Das Prinzip ist dabei ganz einfach: Sollte es an der Aktienbörse bergab gehen, verlieren zwar die Dividendentitel an Wert. Die Kursgewinne der Put-Scheine machen das aber wieder wett.

Eine solche Strategie kann auch dann sinnvoll sein, wenn der Anleger längere Zeit sein Depot nicht beobachten kann und kurzfristigen Einbrüchen vorbeugen will.
☞ Alternative Strategie

BEISPIEL: Ein Anleger hat 30 Bayer-Aktien im Depot, die ihm bei einem aktuellen Börsenkurs von 40 Euro einen ansehnlichen Gewinn versprechen, wenn er verkaufen würde. Doch das will er nicht. Zur Absicherung der Position kauft er deshalb zusätzlich 30 Put-Optionsscheine mit Basispreis 40 Euro und Bezugsverhältnis 1 : 1 mit einer Laufzeit von sechs Monaten. Der Kurs der Scheine soll mit 5 Euro angenommen werden.

Die Rechnung ist einfach: Notiert die Bayer-Aktie nach sechs Monaten bei unverändert 40 Euro, ist der Wert des Optionsscheins null und der Einsatz vollständig verloren. In diesem Fall wird der Käufer ihn wie eine Prämie für eine nicht in Anspruch genommene Versicherung betrachten müssen. Sinkt dagegen die Aktie beispielsweise auf 30 Euro, erhält der Anleger für den Put einen Barausgleich von 10 Euro. Abzüglich der Optionsprämie ist sein Gewinn aus dem Absicherungsgeschäft 5 Euro – bleibt ein effektiver Wertverlust bei der Aktie von 5 Euro pro Stück (= – 10 Euro + 5 Euro).

Die Frage für den Anleger ist nun: Wie viele Optionen mit welchem Kurs und Basispreis muss er kaufen, damit der Gewinn aus dem Optionsgeschäft den Verlust der Aktien vollständig absichert? Das lässt sich unter Zuhilfenahme des Deltas errechnen (→ Seite 328). Die Formel dazu lautet:

$$\frac{\left(\dfrac{\text{Abzusichernder Kurswert}}{\text{aktueller Börsenwert}}\right)}{\text{Delta des Optionsscheins}} \times 100 \times \text{Bezugsverhältnis}$$

TIPP
Auch wenn sich das Delta eines Optionsscheins laufend verändert, sollte die einmal gewählte Absicherung bis zum Ende unverändert beibehalten werden. Hektisches Umschichten kostet nur Geld.

Aktiendepot mit Indexscheinen absichern
Statt jede Aktie einzeln, gibt es auch die Möglichkeit, ein Depot als Ganzes über einen Indexschein zu sichern. Die Schwierigkeit dabei ist allerdings, dass kaum ein Privatanleger mit seinem Depot den Dax oder einen anderen bekannten Index nachbildet. Deshalb ist meist eine Abwandlung der Berechnungsformel beziehungsweise ein Korrekturfaktor notwendig – je nachdem, wie stark das Depot dem jeweiligen Index in seiner Wertentwicklung tatsächlich folgt. Etwa ein Faktor von 0,5, wenn das Depot Indexbewegungen im Schnitt zur Hälfte mitmacht. Die Formel für die Absicherung per Indexschein muss dann folgendermaßen abgewandelt werden:

$$\frac{\left(\dfrac{\text{Abzusichernder Kurswert}}{\text{aktueller Börsenwert}}\right) \times K}{\text{Delta des Optionsscheins}} \times 100 \times \text{Bezugsverhältnis}$$

K = Korrekturfaktor

Eine andere Variante: Der Anleger stellt eine Mischung aus verschiedenen Index- und Aktienoptionsscheinen zusammen. Möglich ist es auch, das Absicherungsnetz etwas tiefer zu hängen und den Depotwert nur teilweise abzusichern. Dazu muss der Anleger einen Basispreis für den Indexschein wählen, der beispielsweise 20 Prozent unter dem aktuellen Börsenkurs liegt. Dadurch wird der Schein billiger, die Absicherungskosten sinken. Eine Vollkaskoversicherung besteht allerdings nicht mehr.

Darüber hinaus sollte das Depot grundsätzlich nur für einen Zeitraum von höchstens sechs bis zwölf Monaten abgesichert werden, sonst besteht die Gefahr, dass die Kosten für die Puts höher sind als der zu erwartende Kursverlust.

Absicherung in einer anderen Variante

Eine Alternative zu der relativ teuren Absicherung über Put-Optionsscheine bietet eine Strategie, die Fachleute als Cash-Extraction bezeichnen und nach der viele Manager von Garantiefonds vorgehen (→ Seite 302). Dabei verkauft der Anleger die Position, die er zur Absicherung vorgesehen hat: 80 Prozent des Erlöses schichtet er in sichere, festverzinsliche Wertpapiere um und 20 Prozent investiert er nach und nach in Kauf-Optionsscheine auf den zuvor verkauften Basiswert, die am Geld liegen. Auf diese Weise hat er seine einmal erreichten Gewinne realisiert und profitiert dennoch von weiteren Kurssteigerungen beispielsweise der jeweiligen Aktie.

Für chancen- und risikoorientierte Anleger

Die klassische Optionsschein-Strategie für chancen- und risikoorientierte Anleger besteht darin, auf fallende oder steigende Kurse zu spekulieren und dabei die Hebelwirkung (→ Seite 321) der Scheine auszunutzen.

Wer von einer starken Kursbewegung des Basisinstruments ausgeht, aber hinsichtlich des Zeithorizonts unsicher ist, sollte zu Scheinen mit längerer Laufzeit greifen, die deutlich aus dem Geld liegen. Durch die lange Laufzeit sind sie zwar relativ teuer, aber immer noch erschwinglich. Bei einer hohen Volatilität des Basiswerts wahrt der Anleger die Chance, während der Laufzeit ins Plus zu kommen. Doch es gilt: Spätestens sechs Monate vor Fälligkeit den Schein verkaufen, sonst ist der Zeitwertverlust zu groß.

Ein geringeres Risiko weisen Scheine auf, die am oder im Geld liegen, allerdings müssen für die Erstgenannten relativ hohe Aufgelder bezahlt werden. Wer höhere Risiken eingehen will, aber den Verlust des Aufgeldes fürchtet, kauft ausnahmsweise einen Schein mit einer Laufzeit von weniger als sechs Monaten, der tief im Geld notiert. Da der Anteil des Zeitwerts relativ gering ist, bewegt sich der Schein ähnlich wie der Basiswert, aber mit voller Hebelwirkung. Das Verlustrisiko ist auf der anderen Seite aber entsprechend groß.

Was steuerlich zu beachten ist

Unabhängig davon, ob der Anleger absichert oder spekuliert: Die Gewinne aus Optionsscheinen unterliegen fast immer der Spekulationssteuer (→ Seite 372). Ausnahme: Der Schein liegt länger als zwölf Monate im Depot. Aufgrund des spekulativen Charakters dieser Anlageform ist das allerdings nur selten der Fall.

■ TIPPS für die Anlage in Optionsscheinen

- Informieren Sie sich vor dem ersten Kauf über Optionsscheine und investieren Sie nicht in exotische Varianten, deren Funktionsweise Sie nicht verstehen (→ Seite 322). Finger weg von Scheinen, die nur wenige Cent kosten (so genannte Penny-Scheine)! In der Regel sind das Warrants mit hohem Bezugsverhältnis, die weit aus dem Geld liegen und nur noch zu einem „Anstandskurs“ gehandelt werden (→ Seite 328).
- Schätzen Sie Ihr Risiko ein und legen Sie einen Höchstbetrag fest, mit dem Sie spekulieren wollen. Den Betrag sollten Sie so wählen, dass Sie den Totalverlust der Summe verschmerzen können – maximal 5 bis 10 Prozent Ihres Depotvermögens.

- Was für die Aktienanlage gilt, gilt erst recht für Optionsscheine: Setzen Sie gerade am Anfang nicht alles auf eine Karte, sondern teilen Sie Ihren Einsatz auf. Es ist sinnvoller, über einen längeren Zeitraum mehrere kleine Geschäfte abzuschließen, als mit einem vermeintlich sicheren Tipp alles zu riskieren. Wenn Sie dennoch Ihren gesamten Einsatz auf einmal anlegen wollen, ist es besser, mehrere Warrants auf unterschiedliche Basisinstrumente (Aktien, Währungen, Zinsen) zu kaufen.
- Beherzigen Sie bei Optionsscheinen die goldene Anlageregel: Verluste konsequent begrenzen und gegebenenfalls die Notbremse ziehen, anstatt stur an einer Marktmeinung festzuhalten. Gewinne dagegen laufen lassen. Arbeiten Sie dazu mit Stop-Loss-Limiten (→ Seite 47), die Sie Schritt für Schritt nach oben anpassen. Angesichts des Gewinnpotenzials von Optionsscheinen fallen die damit verbundenen Kosten kaum ins Gewicht.
- Schrauben Sie Ihre Erwartungen nicht zu hoch. Ein Plus von 30 oder 40 Prozent mit einem gelungenen Optionsscheingeschäft in wenigen Wochen ist auf das Jahr gesehen eine überdurchschnittlich hohe Rendite.
- Verschaffen Sie sich einen Überblick über die Warrants, die zu dem Basiswert, der Sie interessiert, angeboten werden, und analysieren Sie die infrage kommenden Scheine anhand der vorgestellten Kennziffern. Berücksichtigen Sie das Bezugsverhältnis der Scheine (→ Seite 328).
- Überprüfen Sie die Spreads, die die Emittenten stellen. Wählen Sie bei sonst gleichen Ausstattungsmerkmalen und Kennziffern denjenigen Schein, dessen Emittent die engsten Spreads und den liquidesten Markt organisiert (→ Seite 330). Faustregel: Je gängiger das Basisinstrument (beispielsweise der Dax), desto größer das Angebot. Das drückt auf die Spreads.
- Eine Reihe von Banken bietet ihren Warrant-Kunden zusätzlichen Service – etwa Handelszeiten über den offiziellen Börsenschluss hinaus, schriftliche Informationsmaterialien und Zusatzinformationen zu den emittierten Scheinen, Kundentelefone und Hotlines für Rückfragen und manchmal, quasi als Sonderangebot, für eine befristete Zeit auch reduzierte Handelsgebühren für die Kunden bestimmter Depotbanken – meist Direktinstitute und Discountbroker.

Optionsscheine im Check

- **Beschreibung:** Optionsscheine, auch Warrants genannt, verbriefen das Recht, ein bestimmtes Basisinstrument (zum Beispiel Aktie, Index) innerhalb einer festgelegten Frist zu einem festen Preis kaufen oder verkaufen zu können.
- **Chance:** Bei Calls theoretisch unbegrenzt hoch, wenn die Kurssteigerungen des Basiswerts entsprechend sind. Bei Puts beschränkt auf die Höhe des Basispreises, denn der Kurs des Basiswerts kann nicht tiefer als auf null fallen.
- **Risiko:** Hoch. Totalverlust des Einsatzes möglich.
- **Geeignet für:** Chancen- und risikoorientierte Anleger. Für vorsichtige Anleger nur zu Absicherungsgeschäften.
- **Alternativen:** Optionen und Futures an der Eurex (→ nachfolgenden Abschnitt).

Plus

- Breites Angebot mit unterschiedlichen Laufzeiten, Basispreisen und Optionstypen (Exoten und Standardscheine, → Seite 422).
- Möglichkeit für Privatanleger, einfach und mit relativ geringem Einsatz Geld am Terminmarkt anzulegen.

Minus

- Viele Scheine illiquide, dadurch ist der Anleger auf den vom Emittenten organisierten Handel angewiesen. Spreads und implizierte Volatilität kann dieser weitgehend selbst festlegen.
- Komplizierte Anlageform, Verständnis für Entwicklung und Ermittlung des Optionspreises (Einfluss von Volatilität, Laufzeit und Ähnliches) erfordert Vorkenntnisse und Erfahrung.

Optionen und Futures: Investments für die Profis

In dem vorangegangenen Abschnitt wurde bereits gesagt, dass sich das Angebot an Optionsscheinen vor allem an private Anleger richtet. Derivate sind allerdings von ihrem Ursprung her eine Anlageform, mit der vornehmlich Profis zu tun haben. Für diese Anlegergruppe gibt es in Deutschland eine gesonderte Terminbörse: die ☞ Eurex.

Vorteile der Eurex: Höhere Liquidität und standardisiertes Angebot ...
An diesem rein elektronisch betriebenen Handelsplatz werden ausschließlich Optionen und Termingeschäfte, so genannte Futures, gehandelt. KONTAKT ▶

Der wesentliche Unterschied zum unübersichtlichen Optionsscheinmarkt ist, dass das Angebot an der Eurex straff organisiert ist. Das beginnt damit, dass pro Basisinstrument mehrere Market Maker (→ Seite 86) für Liquidität und marktgerechte Preise sorgen. Zur besseren Übersicht und Markttransparenz tragen standardisierte Laufzeiten bei. Anders als bei Optionsscheinen, bei denen es ein buntes Durcheinander von Fälligkeitsterminen gibt, sind an der Eurex insgesamt nur vier Fälligkeitstermine möglich (→ Kasten „Gefürchteter Hexensabbat", Seite 340).

... sorgen für besseren Überblick
Und nicht zuletzt: Die Zahl der gehandelten Basisinstrumente und der Basispreise ist begrenzt. Ende 2001 wurden an der Eurex Optionen auf rund 100 europäische – vorwiegend deutsche – und US-amerikanische Titel gehandelt, dazu Optionen und Futures auf wichtige Indizes wie Dax, Stoxx und Euro Stoxx 50, Nemax 50 und eine künstliche Bundesanleihe – kurz Bund-Future genannt. Das kompakte Angebot sorgt dafür, dass Liquidität gebündelt wird und die Preise besser miteinander vergleichbar sind. Das führt auch dazu, dass Optionen an der Eurex preisgünstiger sind als vergleichbare Optionsscheine.

Eurex-Handel: Nicht für den Normalanleger
Viele Geldinstitute verlangen Sicherheiten, bevor sie einen ihrer Kunden zum Handel an der Eurex zulassen. Der Nachweis eines überdurchschnittlich hohen Einkommens, ein bestimmter Depotwert (20 000 bis 30 000 Euro sind üblich) und/oder ein mindestens fünfstelliger Barbetrag müssen nachgewiesen beziehungsweise als Startkapital hinterlegt werden, ehe die erste Order an der Eurex platziert werden kann.

Optionsgeschäfte

Optionen – Optionsscheine: Was ist der Unterschied? Eigentlich gibt es keinen – jedenfalls keinen grundsätzlichen. Optionsgeschäfte an der Eurex funktionieren im Prinzip genauso wie Optionsscheine. Der Anleger kann Calls und Puts kaufen und verkaufen – allerdings keine exotischen Varianten. Es gibt auch keine gebrochenen Bezugsverhältnisse (→ Seite 328). Für eine Option kann immer genau eine Aktie bezogen werden. Dass die Eurex allerdings eher ein Tummelplatz für die Profis ist, zeigt sich daran, dass die ☞ kleinste handelbare Einheit 100 Optionen umfasst (oder ein Vielfaches davon; Ausnahme: Optionen auf Allianz- und Münchner Rück-Aktien. Die kleinste handelbare Einheit ist in diesen Fällen 50 Stück). Auf diese Weise kommt schnell ein vierstelliger Einsatz zusammen.

Einmal Emittent an der Eurex spielen
Das Besondere an Eurex ist aber, dass dort jeder Anleger die Möglichkeit hat, selbst ☞ Optionen zu begeben. Faktisch ist das das

☞ Eurex:
Die Eurex ist 1998 aus der Deutschen Terminbörse (Deutsche Börse AG) und der schweizerischen Terminbörse Soffex hervorgegangen. Sie ist mittlerweile die weltgrößte Terminbörse.

▶ KONTAKT
Die Kurse an der Eurex können unter **www.eurexchange.de** und **www.deutsche-boerse.com** mit 15 Minuten Zeitverzögerung im Internet verfolgt werden.

☞ Kleinste handelbare Einheit:
In der Fachsprache auch „Mindestkontraktgröße" genannt.

☞ Eine Option begeben: In der Sprache der Börsianer nennt sich das einen Call oder Put „schreiben".

Gleiche wie die Emission eines Optionsscheins durch eine Bank. Und das funktioniert so: Der Anleger hat beispielsweise 100 Bayer-Aktien im Depot. Er beauftragt seine Bank, eine Kaufoption mit einem Basiskurs von 40 Euro zum Fälligkeitstermin in sechs Monaten über die Eurex anzubieten. Die Prämie dafür, also den Optionspreis von angenommenen 5 Euro, erhält der Anleger. Damit hat er für die Laufzeit der Option die **Verpflichtung** übernommen, seine Papiere auf Anforderung an den Käufer der Option für 40 Euro zu **verkaufen.** An diese Verpflichtung ist der Verkäufer der Option, in der Fachsprache Stillhalter genannt, bis zum Fälligkeitstag gebunden.

Chancen und Risiken für Stillhalter

Diese Stillhaltergeschäfte scheinen auf den ersten Blick kalkulierbar, da Laufzeit, Basispreis und Prämie feststehen. Doch der Eindruck täuscht. In dem Beispiel wird der **Optionskäufer** von seinem Recht wahrscheinlich Gebrauch machen, wenn der Kurs der Bayer-Aktie auf mehr als 40 Euro steigt. Das ist für den Stillhalter besonders dann ärgerlich, wenn die Notierung der Bayer-Aktie die Summe aus Basispreis und erhaltener Prämie, also 45 Euro (40 Euro + 5 Euro) übertrifft. In diesem Fall muss er das Papier effektiv billiger verkaufen, als er es am Markt tun könnte.

Kritisch wird es für den Stillhalter aber dann, wenn das Papier in die andere Richtung tendiert und beispielsweise auf 20 Euro fällt. Die Ausübung der Option wird in dem Fall unwahrscheinlich; der Stillhalter muss dennoch dem Kursverfall seiner Papiere tatenlos zusehen, denn solange die Option läuft, kann er seine Papiere nicht verkaufen, um damit seinen Verlust zu begrenzen – schließlich ist er an die Verpflichtung gebunden. Er hat allerdings die Möglichkeit, die fast wertlose Option an der Eurex „zurückzukaufen" und auf diese Weise das Geschäft zu schließen.

Noch gefährlicher ist es, wenn der Anleger eine Verkaufsoption verkauft. Das heißt, er verpflichtet sich für eine bestimmte Zeit, beispielsweise ein Aktienpaket zu einem festen Preis zu **kaufen**. Fällt der Kurs der betreffenden Aktien entgegen seiner Erwartung, macht der Käufer der Verkaufsoption von seinem Recht Gebrauch. Folge:

Spekulationsmöglichkeiten bei Optionen

Position	Optimale bzw. erwartete Marktentwicklung	Gewinnpotenzial	Verlustpotenzial
Kauf einer Kaufoption	Preis des Basisinstruments steigt stark an	Theoretisch unbegrenzt	Verlust der Optionsprämie
Verkauf einer Kaufoption (Stillhalter)	Preis des Basisinstruments sinkt leicht oder bleibt annähernd konstant	Begrenzt auf die Optionsprämie	Entgangener Gewinn, wenn Marktpreis über Basispreis plus Optionsprämie steigt.
Kauf einer Verkaufsoption	Preis des Basisinstruments fällt stark	Begrenzt (maximal Basispreis minus Optionsprämie)	Verlust der Optionsprämie
Verkauf einer Verkaufsoption (Stillhalter)	Preis des Basisinstruments steigt leicht oder bleibt annähernd konstant	Begrenzt auf die Optionsprämie	Aktie kann wertlos werden; in diesem Fall beträgt der Verlust des Stillhalters Basispreis abzüglich Optionsprämie

Terminmarktgeschäfte auf britische Art

Die Wettleidenschaft unserer „Insel-Nachbarn" ist berühmt. In Großbritannien kann man eigentlich auf nahezu jedes Ereignis tippen – von Fußballergebnissen über Hunderennen bis zum nächsten Thronfolger des britischen Empire. Da Termingeschäfte vom Charakter her ebenfalls Kurswetten sind, ist es kein Wunder, dass die Briten ihr Geld auch in Finanzderivaten verwetten. Allerdings gehen sie nicht an eine organisierte Terminbörse, sondern zu einem Buchmacher. Financial Spread Bettings heißt das Ganze und läuft so: Wer zum Beispiel glaubt, dass die Aktie von BP in der nächsten Zeit an Wert gewinnt, ruft bei einem Wettbüro an, das diese Wetten anbietet, und bekommt beispielsweise für einen Termin in drei Monaten die Spanne (Spread) 580/590 genannt. Wenn der Kunde seinen Einsatz – in der Regel 10 Pfund (rund 16 Euro) – auf „buy" (kaufen) setzt, erhält er für jeden Penny, den die Aktie über der Marke von 590 Penny notiert, zusätzlich zu seinem Einsatz 10 Pfund. Umgekehrt muss er 10 Pfund pro Penny nachschießen, wenn die Aktie wider Erwarten unter die 580-Pence-Grenze fällt. Die Position kann allerdings jederzeit geschlossen werden. Dann ist der Einsatz komplett verloren. Experten schätzen, dass mit Financial Spread Betting im Jahre 2000 etwa 50 bis 60 Millionen Pfund umgesetzt wurden – Tendenz steigend.

Die Beliebtheit der Finanzwetten hat ihren Grund: In Großbritannien sind die Gewinne beim Spread Betting im Gegensatz zu denen bei „echten" Anlagen am Terminmarkt steuerfrei!

Quelle: Die Welt, Spiegel Online, Handelsblatt

Der Stillhalter muss Papiere kaufen, die am Markt nur einen Bruchteil dessen wert sind, was dafür aufgrund des Optionsgeschäfts zu zahlen ist. Im Extremfall muss er sogar Papiere abnehmen, die nahezu wertlos sind.

Diese Beispiele zeigen, dass sich Stillhalter ebenso wie die Käufer von Optionen sehr wohl eine Meinung über die Kursentwicklung des Basisinstruments bilden müssen, damit sie mit ihrem Geschäft keinen Schiffbruch erleiden.

Damit das Geschäft für den Verkäufer der Option nicht zu einem unkalkulierbaren Finanzabenteuer wird, bestehen die Banken meistens darauf, dass die entsprechenden Aktien (beim Verkauf einer Kaufoption) beziehungsweise das Geld (beim Verkauf einer Verkaufsoption) auf ein Sperrdepot oder -konto eingebucht werden, bevor die Option geschrieben wird. Auf diese Weise ist sie gedeckt.

Futures: Ein Geschäft für Spekulanten

Das zweite Derivat, mit dem die Anleger an der Eurex spekulieren können, sind so genannte Futures. Das sind rechtlich gesehen „unbedingte" Termingeschäfte. Im Unterschied zu einem Optionsgeschäft, bei dem der Käufer wählen kann, ob er sein Recht wahrnimmt oder nicht, sind Futures für beide Partner verbindlich. Am Abrechnungstag muss der Käufer eines Futures das Basisinstrument liefern und der Verkäufer muss es abnehmen. Future-Geschäfte sind äußerst spekulativ und aufgrund des Einsatzes, den sie verlangen, nur etwas für absolute Profis.

BEISPIEL: Ein Anleger glaubt an steigende Kurse bei deutschen Aktien. Er kauft deshalb einen Future auf den Dax bei 5 000 Punkten. Jeder Dax-Punkt entspricht dabei einem Gegenwert von 25 Euro. ☞ Punkt-Gegenwert

☞ Punkt-Gegenwert: In der Fachsprache auch „Tick" genannt. Er entspricht dem kleinsten Preisschritt, den der Future machen kann. Die Höhe des Ticks wird von der Börsenverwaltung bei der Konzeption des Futures festgelegt. Sie beträgt beim Dax, Stoxx 50 und Euro Stoxx 50 12,50 Euro pro 0,5 Indexpunkte, beim Bund-Future 10 Euro pro 0,01 % (= 1 Basispunkt) und beim Nemax 50-Future 1 Euro pro Indexpunkt.

☞ Margin: Eine Sicherheitsleistung, die der Anleger bis zur endgültigen Abrechnung des Geschäfts leisten muss. Die Höhe ist abhängig vom Kontraktwert. Da die Depotbank für Erfüllung des Geschäfts ihrer Kunden geradesteht, nehmen viele Institute hausintern einen zusätzlichen Sicherheitsaufschlag vor. Anleger, die ihre Future-Position über mehrere Tage offen halten, müssen ihre Margin tagtäglich anpassen. Das heißt, es findet ein täglicher Barausgleich statt. Dadurch haben sie die Chance, Gewinne zu realisieren, laufen aber ebenso Gefahr, an jedem Börsentag Verluste ausgleichen zu müssen.

▶ Kontakt
Mehr zu den Margins an der Eurex unter www.eurexchange.com, Menüpunkt: entrance hall/information center/clearing.

Das heißt, bei 5 000 Punkten hat das Geschäft ein Gesamtvolumen von 125 000 Euro (= 5 000 Punkte × 25 Euro). Diesen Betrag muss der Käufer allerdings erst am Abrechnungstermin bezahlen. Bis dahin hinterlegt er nur einen Bruchteil dieser Summe als so genannte ☞ Margin. Für ein Futuregeschäft in dieser Größenordnung werden 10 000 Euro fällig (Stand: 1. 1. 2002). Kontakt ▶

In der Zwischenzeit macht der Future-Käufer mit jedem Punkt, den der Dax steigt oder fällt, einen Gewinn beziehungsweise Verlust von 25 Euro. Angenommen, er verkauft den Future nach einer Woche zu einem Kurs von 5 100 und schließt damit seine Position, dann ergibt sich folgende Erfolgsrechnung (ohne Berücksichtigung von Spesen):

	Futurekurs	Tickwert pro Punkt	Kontraktwert
Verkauf	5 100	25 Euro	127 500 Euro
Kauf	5 000	25 Euro	– 125 000 Euro
Gewinn			2 500 Euro

Verliert im Beispiel der Dax entgegen den Erwartungen 100 Punkte, beträgt der Verlust des Anlegers 2 500 Euro – immer bezogen auf einen Kapitaleinsatz von 10 000 Euro. Natürlich kann der Anleger mit dem Future auch auf fallende Kurse setzen. Er verkauft dazu zunächst den Future und kauft ihn dann zu einem späteren Zeitpunkt wieder zurück, um auf diese Weise die Position glattzustellen, wie es in der Fachsprache heißt.

Das Beispiel zeigt, welche enorm hohen Chancen, aber auch Risiken Future-Geschäfte bieten. Angesichts der Summen, die dabei auf dem Spiel stehen, sollten Privatanleger mit einem Vermögen von weniger als 500 000 Euro besser davon die Finger lassen.

Wenn der Börsensaal zum Spielcasino wird

Die Liste der Profis, die sich mit Derivaten ernsthaft verspekuliert haben, ist lang. Der bislang wohl spektakulärste Fall dürfte dabei das Debakel sein, das ein Mann namens Nick Leeson 1995 auslöste. Leeson ging im Juni 1992 als Manager zur Singapur-Filiale des angesehenen britischen Bankhauses Barings und war dort nach einiger Zeit zuständig für den Handel mit asiatischen Terminprodukten. Damit verdiente er eine Menge Geld für sein Haus, sodass ihm seine Chefs bei seinen Transaktionen weitgehend freie Hand ließen. Das Unheil begann mit einer Differenz von rund einer viertel Million Euro aufgrund einer falsch ausgeführten Transaktion eines seiner Händler. Angesichts der Summen, die tagtäglich bei Barings bewegt wurden, war das keine Katastrophe, aber eben auch kein Pappenstiel. Da Leeson allerdings einen Dämpfer für seine Karriere befürchtete, beschloss er, die Sache zu vertuschen. Dazu wollte er den Fehlbetrag mit Gewinnen aus Termingeschäften, die er im Namen der Bank abschloss, ausgleichen. Doch seine Anlagestrategie erwies sich als falsch. Folge: Statt die Sache aus der Welt zu schaffen, vergrößerte er noch das Defizit.

Die größten Fehlspekulationen mit Finanzderivaten

Gesellschaft	Instrument
Sumintomo Corp.	Warentermingeschäfte
Showa Shell Sekiyu	Warentermingeschäfte
Kashima Oil	Währungstermingeschäfte
Metallgesellschaft	Rohöltermingeschäfte
Barings	Aktienindex-Futures und -Optionen
Orange County	Finanzderivate
Klöckner & Co.	Warentermingeschäfte
Allied Lyons	Währungsoptionen
Volkswagen	Warentermingeschäfte
Procter & Gamble	Finanzderivate
Nippon Steel	Währungstermingeschäfte

Stand: 31. 12. 2001

Auch das wäre am Anfang wahrscheinlich noch keine Katastrophe gewesen. Leeson machte aber den Fehler, dass er an seiner Einschätzung festhielt und immer neue Geschäfte abschloss, anstatt den entstandenen Verlust in Grenzen zu halten – vergleichbar in etwa mit einem Roulettespieler, der nach jedem verlorenen Spiel dieselbe Farbe oder Zahl mit verdoppeltem Einsatz spielt. Doch das Börsenglück war Leeson nicht hold und so häufte er nach und nach einen riesigen Fehlbetrag an, den er mit Bilanzfälschungen und geschickten Finanzmanövern über Jahre hinweg verschleierte. Doch als im Februar 1995 die asiatischen Aktienmärkte einen kleinen Crash erlebten und sich Leeson vollkommen verspekuliert hatte, brach sein System zusammen und der Schwindel flog auf. Am Ende hinterließ der Banker einen Verlust von weit über einer Milliarde US-Dollar – eine Finanzlast, die auch von einer Traditionsbank nicht zu schultern war. Barings musste Konkurs anmelden.

Quelle: Nick Leeson. Das Milliarden-Spiel – wie ich die Barings-Bank ruinierte. Spiegel-Buchverlag und Hoffmann und Campe Verlag, Hamburg, 1996.

Verlust (in Mio. US-Dollar)	Jahr
1 800	1998
1 580	1992
1 450	1994
1 340	1992
1200	1995
1 200	1993
380	1988
275	1986
260	1987
155	1996
130	1986

elle: HWWA-Institut für Wirtschaftsforschung, eigene Recherchen

Der Future als Optionsschein

Mit einem neuen Typ von Optionsscheinen, den die Banken Ende 2001 neu kreiert haben, werden Futuregeschäfte auch für den kleinen Geldbeutel erschwinglich. Mehr noch, die „Wave"-, „Turbo"- oder „Bull"- beziehungsweise „Baer"-Schein genannten Konstruktionen haben sogar das Zeug dazu, den herkömmlichen Optionsscheinen den Rang abzulaufen. Der Grund: Sie bilden die Kursentwicklung des Basiswerts in etwa 1 : 1 ab, das heißt, der Schein wird nur mit einem sehr geringen Aufgeld (je nach Laufzeit 3 und 10 Prozent) gehandelt. Auch dieses Aufgeld baut sich wie bei einem herkömmlichen Schein ab. Angesichts des relativ geringen Anteils ist es allerdings zu vernachlässigen, sodass der Futureschein immer knapp an seinem inneren Wert notiert. Ein klarer Vorteil für den Anleger, denn er muss sich nicht mit dem komplizierten und schwer kalkulierbaren Zeitwert auseinander setzen. Das geringe Aufgeld führt außerdem dazu, dass der Kapitaleinsatz bei gleichem Basispreis sinkt, die Hebelwirkung damit also zunimmt. Der Haken an der Sache: Bei jedem Schein baut der Emittent eine Kursbarriere ein. Wird diese Barriere unterschritten (bei einem Call) beziehungsweise überschritten (bei einem Put), verfällt der Schein sofort und der Anleger hat seinen gesamten Einsatz auf der Stelle verloren.

Beispiel: Die ABN Amro Bank hat im November 2001 ihren Dax-Turbo-Schein mit zweijähriger Laufzeit herausgebracht. Der Basispreis, der gleichzeitig die Kursbarriere ist, wurde auf 4 500 Punkte festgelegt. Bei einem Dax-Stand von beispielsweise 5 000 Punkten kostet der Schein 5,05 Euro bei einem Bezugsverhältnis von 1 : 100 und für jeden Punkt, den der Index gewinnt, steigt der Kurs des Scheins um einen Cent. Rutscht der Dax allerdings während der Laufzeit unter 4 500 Punkte, wird der Warrant wertlos.

■ TIPP

Die Spekulation an der Terminbörse spielerisch, aber trotzdem mit einem gewissen finanziellen Engagement erlernen – das können die Teilnehmer an der Gumex, die Anfang 2002 ihre Pforten geöffnet und sich auf den Handel mit Gummibärchen spezialisiert hat. Was sich wie ein Jux anhört, ist durchaus ernst gemeint, denn wie an der richtigen Terminbörse können die Teilnehmer via Internet auf steigende und fallende Kurse spekulieren. Doch Vorsicht: Wer seine offenen Verkaufspositionen nicht bis zum letzten Handelstag glatt stellt, bekommt die entsprechende Menge Gummibärchen nach Hause geliefert – pro Kontrakt sind das immerhin zehn Kilogramm. Deshalb müssen Anleger vor dem ersten Handel eine Margin hinterlegen – und zwar 5 Euro für jeden Kontrakt, was an der Gumex einem „Yummy" entspricht. Der Mindesteinzahlbetrag pro Teilnehmer beträgt zum Start 100 Euro, der maximale Einsatz pro Konto ist auf 250 Euro festgeschrieben. Es kann börsentäglich von 10 bis 12 und von 14 bis 17 Uhr gehandelt werden. Anmelden können sich Interessenten (die Teilnehmerzahl ist beschränkt auf 1 000 Mitspieler) via Gumex-Website.

KONTAKT ▶

▶ KONTAKT
Die Gumex im Internet:
www.gumex.de

Gefürchteter Hexensabbat

Alle drei Monate kommt es an der Eurex zum so genannten Hexensabbat oder Hexentanz. Der jeweils dritte Freitag im März, Juni, September und Dezember ist bei Anlegern gefürchtet. An diesen Terminen laufen drei Termingeschäfte gleichzeitig an der Eurex aus: der Futures auf den Dax und andere Indizes, Optionen auf den Dax und Optionen auf die an der Eurex als Basiswerte gehandelten Aktien. Als Faustregel gilt: Je größer die im vorangegangenen Vierteljahr aufgetretenen Kursschwankungen, desto höher die Wahrscheinlichkeit, dass viele Optionen ☞ **ausgeübt** werden und die entsprechenden Papiere über den Kassamarkt direkt wieder zu Geld gemacht oder von den Stillhaltern zugekauft werden. Niemand kann aber genau vorausberechnen, welche und wie viele Positionen auf diese Art und Weise aufgelöst werden. Durch die hohen Umsätze kommt es an der Kassabörse aber immer wieder zu heftigen Ausschlägen in beide Richtungen.

☞ Aktienanleihen: In der Fachsprache „Reverse Convertible Bonds" oder „Equity-linked Notes" genannt.

☞ Ausüben (einer Option): Ausdruck dafür, dass der Optionskäufer von seinem Recht Gebrauch macht und den Basiswert vom Stillhalter bezieht beziehungsweise an ihn verkauft.

Option plus Anleihe: Teure Spekulation mit Airbag

Viele Anleger interessieren sich für Derivate, weil sie die Chancen sehen, die in den spekulativen Papieren stecken. Doch gleichzeitig scheuen sie die damit verbundenen Risiken. Um diesem Zwiespalt abzuhelfen, sind die Finanzingenieure in den Banken darangegangen, sichere Anleihen und spekulative Optionen miteinander zu kombinieren. Die Ergebnisse dieser „Züchtung" scheinen auf den ersten Blick die Vorzüge beider Anlageformen miteinander zu verbinden. Doch wie so oft bei Derivaten liegt die Tücke im Detail. Bei genauerer Analyse entpuppen sich die meisten dieser Papiere als keineswegs so harmlos, wie sie zunächst aussehen.

Aktienanleihen

Zu den populärsten Kombinationsprodukten aus Anleihe und Option gehörten in den vergangenen Jahren die ☞ Aktienanleihen. Sie haben einen wahren Boom erlebt. Das liegt vor allem an der optisch hohen Verzinsung, die diese Anleihen bieten. Zinssätze von 10, 15 oder auch 20 Prozent sind keine Ausnahme. Die Differenz zu marktüblich verzinsten Anleihen ist auf den ersten Blick erstaunlich, denn als Schuldner treten ausnahmslos erstklassige Banken auf, deren Bonität (→ Seite 245) außer Frage steht.

Aktien statt Geld bei Fälligkeit

Der hohe Kupon ist allerdings der „Preis" für ein Wahlrecht, das der Anleihekäufer dem Emittenten der Anleihe einräumt. Dieser kann sich am Ende der Laufzeit – in der Regel nach 12 bis 15 Monaten – aussuchen, ob er dem Gläubiger den Nennwert (→ Seite 224) oder eine festgelegte Zahl von Aktien zurückzahlt. Die Zinsen sind in jedem Fall in bar fällig. Für die Frage, wie sich der Schuldner bei der Tilgung der Anleihe entscheidet, ist der aktuelle Börsenkurs der jeweiligen Aktie maßgebend.

Beispiel: Ein Anleger besitzt eine Aktienanleihe im Nennwert von 5 000 Euro. Der Anleiheschuldner, die Commerzbank, hat das Recht, entweder das Kapital oder 100 VW-Aktien zurückzuzahlen. Liegt der Börsenkurs zum Fälligkeitstermin unter der Kursgrenze von 50 Euro (= Nennwert geteilt durch die Zahl der Aktien = 5 000 Euro : 100), ist es für die Commerzbank billiger, die Aktien zu liefern. Anderenfalls zahlt sie die Anleihe in bar zurück.

Für den Anleger sind nun verschiedene Szenarien denkbar. Liegt der Aktienkurs nur geringfügig unter der Marke von 50 Euro, ist das für ihn kein Drama. Er kann die Papiere sofort an der Börse verkaufen. Der kleine Verlust, den er gegenüber dem ursprünglich eingezahlten Kapital macht, wird durch den stattlichen Zinsgewinn aufgefangen. Auch wenn die VW-Aktien bis zum Fälligkeitstag deutlich unter diesen Wert rutschen, bewahrt der hohe Kupon zunächst vor Schlimmerem.

Die Frage ist: Ab wann beginnt für den Anleihekäufer die „echte" Verlustzone. Das hängt vor allem vom Zinsvorteil ab, den die Aktienanleihe gegenüber herkömmlichen Anleihen vergleichbarer Laufzeit und Bonität bietet. Mit einer recht einfachen Rechnung kann der Anleger den für ihn kritischen Aktienkurs näherungsweise berechnen. Dazu wird der Zinsvorteil der Anleihe – gerechnet in Euro und Cent – vom Nennwert abgezogen und das Ergebnis durch die Zahl der Aktien geteilt.

Angenommen, im Beispiel beträgt das Zinsplus etwa gegenüber einem einjährigen Finanzierungsschatz (→ Seite 240) genau 10 Prozentpunkte, dann ergibt sich folgende Rechnung:

(5 000 – 500) Euro : 100 (Aktien) = 45,00 Euro.

Erst auf den zweiten Blick ist zu erkennen, dass Aktienanleihen die Kombination einer herkömmlichen Anleihe und einer Kaufoption sind. Der Anleihekäufer wird damit Stillhalter und Verkäufer einer Kaufoption. Der üppige Zinssatz erklärt sich aus der Basisverzinsung der Anleihe und der Optionsprämie, die der Verkäufer der Option, in diesem Fall also der Käufer der Aktienanleihe, erhält. Beides wird zu einem Zinskupon zusammengefasst.

Aktienanleihen:
Keine Anlageform für vorsichtige Anleger

Sicher und trotzdem hochverzinslich – so wünschen sich viele vorsichtige Anleger ihr Anleiheinvestment und greifen zu Aktienanleihen. Das böse Erwachen folgt dann bei Fälligkeit, wenn der Emittent statt des eingezahlten Kapitals Aktien zurückzahlt, deren Wert teilweise deutlich geringer ist. Wenn allerdings ein Anleger von seinem Berater auf dieses Risiko im Beratungsgespräch nicht hingewiesen worden ist, kann er unter bestimmten Voraussetzungen Schadenersatz geltend machen (→ Seite 397).

Steuerlicher Nachteil

Dieser zusammengefasste Zinskupon ist steuerlich ein Nachteil, denn dadurch wird für den Käufer der Anleihe nicht nur der Zinsertrag der Anleihe, sondern auch die Optionsprämie steuerpflichtig, die von der Spekulationssteuer

(→ Seite 372) verschont bliebe, wenn er die Anleihe länger als zwölf Monate im Depot behält. Darüber hinaus besitzen Aktienanleihen den Nachteil, dass sie der Fiskus als so genannte Finanzinnovationen einstuft, sodass sämtliche realisierten Kursgewinne versteuert werden müssen, Verluste allerdings steuermindernd geltend gemacht werden können (→ Seite 381).

Einflussgrößen auf den Zinssatz

Wie bei Optionen und Optionsscheinen orientiert sich die Höhe des Anleihezinssatzes – also vor allem die Optionsprämie – an der Laufzeit und an der Volatilität der Aktie, auf die sich das Optionsrecht bezieht. Als Faustregel gilt auch hier: Je höher die Volatilität, desto höher die Optionsprämie (→ Seite 326), und damit der Zinssatz. Besonders hoch fällt deshalb der Kupon dann aus, wenn sich die Anleihe auf zwei Basiswerte zugleich bezieht. In diesem Fall summiert sich die Volatilität der beiden Einzelwerte. Mit dem Kauf dieser Kombi-Aktienanleihen steigt dann aber auch für den Anleger das Risiko, am Fälligkeitstag eines der beiden Papiere statt Geld zurückzubekommen.

Gerade solche Varianten machen das grundsätzliche Problem der kompakten Aktienanleihen für den Anleger besonders deutlich. Inwieweit nämlich die Höhe des Kupons und damit die Optionsprämie angesichts der Volatilität des Basiswerts beziehungsweise der Basiswerte angemessen ist, kann er kaum überprüfen. Dazu müsste er sowohl die Anleihe als auch den Kupon in seine Bestandteile zerlegen – für den Einsteiger ein fast aussichtsloses Unterfangen. KONTAKT ▶

▶ KONTAKT
Einen empfehlenswerten Renditerechner für Aktienanleihen bietet das Institut für betriebswirtschaftliche Geldwirtschaft der Uni Göttingen im Internet: **www.wertpapiermanagement.de**

Risiken der Aktienanleihen

Der hohe Kupon und die ausgezeichnete Bonität des Schuldners führen dazu, dass viele Anleger das Risiko von Aktienanleihen unterschätzen. Denn damit die Spekulation des Anleihekäufers aufgeht, muss sich der Basiswert, also die Aktie, auf die sich die Aktienanleihe bezieht, tendenziell seitwärts bewegen. Entwickelt sie sich zwischenzeitlich zu einem Kursüberflieger, hätte der Anleger besser direkt zugegriffen, statt den Bond zu kaufen.

Kritisch wird es, wenn der Basiswert während der Laufzeit stark fällt. In diesem Fall muss der Anleihekäufer damit rechnen, am Fälligkeitstag ein Aktienpaket zu erhalten, das nur noch ein Bruchteil dessen wert ist, was er ursprünglich für die Anleihe gezahlt hat. Anders als ein Stillhalter an der Eurex kann er seine Kaufoption nicht zurückkaufen (→ Seite 326). Höchstens ein vorzeitiger Verkauf der Anleihe über den Emittenten ist möglich. Aber auch in diesem Fall muss der Anleger mit einem überdurchschnittlich hohen Kursverlust rechnen.

Aktienanleihe mit Sicherheitsnetz

Nach den schlechten Erfahrungen, die viele Anleger mit Aktienanleihen in den vergangenen Jahren gemacht haben, ist eine Reihe von Banken dazu übergegangen, bei neuen Emissionen zusätzliche Puffer einzubauen, um die Papiere für den Käufer attraktiver und die Lieferung von Aktien möglichst zu vermeiden.
Eine Variante besteht darin, unterhalb des Kurses, ab dem Aktien geliefert werden, eine zusätzliche Kursgrenze einzubauen.
Eine Lieferung von Aktien erfolgt nur dann, wenn dieser Sicherungskurs während der Laufzeit mindestens einmal erreicht oder unterschritten wurde und die Aktie am Fälligkeitstag unter dem Basispreis notiert. Dieses zusätzliche Sicherheitspolster muss der Anleger allerdings in Form eines niedrigeren Kupons bezahlen.
Die zweite Möglichkeit besteht darin, dass der Emittent einen Kurs deutlich über dem Basispreis setzt. Erreicht oder überspringt der Basiswert während der Laufzeit nur einmal diese Marke, wird die Anleihe auf jeden Fall zum Nennwert in bar zurückgezahlt – egal, wie hoch der Kurs am Fälligkeitstag steht.

Der Haken dabei ist, dass diese Barrieren bei vielen Emissionen so hoch gesetzt werden, dass ein Erreichen sehr unwahrscheinlich ist. Geschieht das dennoch, bedeutet das oft, dass der Anleger mit dem direkten Kauf des Basiswerts viel besser gefahren wäre.

TIPPS
für den Kauf von Aktienanleihen

- Setzen Sie sich mit den Kurschancen des Basiswerts auseinander und überlegen Sie, ob Sie eine Stillhalterposition (→ Seite 336) bei diesem Wert eingehen wollen.
- Lassen Sie sich nicht durch die hohen Kupons bei den Aktienanleihen verführen. Eine hohe Verzinsung signalisiert eine große Wahrscheinlichkeit, am Ende der Laufzeit Aktien statt Bargeld zurückzubekommen.
- Meiden Sie exotische Konstruktionen. Zusätzliche Sicherheitsbarrieren, die eine Aktienlieferung unwahrscheinlicher machen sollen, kosten nur Geld, das heißt, sie mindern die Rendite.

Aktienanleihen im Check

- **Beschreibung:** Aktienanleihen sind eine Kombination von Anleihe und dem Verkauf einer Verkaufsoption. Der Emittent kann sich zum Fälligkeitstermin aussuchen, ob er die Anleihe in bar oder mit einer festgelegten Anzahl von Aktien bezahlt.
- **Chance:** Begrenzt auf den Kupon.
- **Risiko:** Hoch. Anleger riskiert, zum Fälligkeitstermin Aktien zu bekommen, deren Wert deutlich unter dem ursprünglich gezahlten Kaufpreis für die Anleihe liegt. Theoretisch sogar Totalverlust des Einsatzes möglich.
- **Geeignet für:** Risikoorientierte Anleger, die Stillhaltergeschäfte (→ Seite 336) in kompakter Form und für kleinere Anlagebeträge (ab 1 000 Euro) suchen.
- **Alternativen:** Kauf von Bundeswertpapieren und Abschluss eines Stillhaltergeschäfts an der Eurex (→ Seite 335).

Plus

- Breites Angebot vieler Emittenten mit unterschiedlichen Laufzeiten und Basisinstrumenten.
- Kompakte Anlageform (ein Papier, feste Verzinsung).

Minus

- Intransparente Anlageform beziehungsweise Kombination von Anleihe und Option. Anleger ist kaum in der Lage zu überprüfen, ob der gebotene Kupon (= Optionsprämie) angesichts der Volatilität des Basisinstruments, des Basispreises und der Laufzeit angemessen ist.
- Vorzeitiger Verkauf über Börse bzw. Emittenten nur mit Kursabschlägen möglich.

Optionsanleihen

☞ Optionsanleihen sind sozusagen die Geburtsform klassischer Optionsscheine. Sie bestehen, wie der Name sagt, aus einer gewöhnlichen Anleihe und einem oder mehreren Optionsscheinen, die zum Bezug von Aktien des Anleiheschuldners berechtigen.

Die Warrants erhalten die Käufer der Anleihe natürlich nicht kostenlos. Sie „bezahlen" meist in Form einer im Vergleich zu Bundesanleihen und anderen erstklassigen Staatspapieren sehr niedrigen laufenden Verzinsung – meist nur 1 oder 2 Prozent.
☞ Preis der Optionsscheine

Vorteil der Kombipapiere

Für den Anleger besteht der Vorteil von Optionsanleihen darin, dass er eine relativ sichere, wenn auch niedrige Basisverzinsung seines Kapitals mit den hohen Gewinnchancen eines Optionsscheins verbindet. Selbst wenn der Warrant bei der Fälligkeit der Anleihe wertlos verfällt, weil die Aktie unter dem Basispreis notiert, erhält der Anleihekäufer immer noch seinen Einsatz plus Zinsen zurück.

Der besondere Reiz liegt aber darin, dass der Anleger Optionsscheine und Anleihe voneinander trennen und separat an der Börse verkaufen kann. Auf diese Weise kann der Anleger zum Beispiel einen zwischenzeitlichen Höhenflug der Aktie dazu nutzen, die Scheine zu Geld zu machen, und sich fortan nur noch mit dem

☞ Optionsanleihen: Diese Art der Schuldverschreibung wird im Rahmen einer so genannten bedingten Kapitalerhöhung (→ Seite 160) von Industrieunternehmen und Banken herausgegeben.

☞ Preis der Optionsscheine: Herauszufinden, wie viel die Warrants kosten, ist eine Wissenschaft für sich. Grob gesagt besteht der Preis im Renditeunterschied zu einer vergleichbaren Unternehmensanleihe mit ähnlicher Laufzeit und Bonität (→ Seite 246), geteilt durch die Anzahl der beigefügten Optionsscheine.

laufenden Zins zufrieden geben. Er kann aber auch die Anleihe verkaufen und mit den Warrants ganz auf die Aktie setzen.
☞ Notierung

☞ Notierung:
Damit der Anleger weiß, welcher Preis für welche Variante gilt, werden Optionsanleihen mit Schein mit dem Zusatz „cum" notiert, die ohne mit der Bezeichnung „ex".

Die Kreuzung aus Festzinspapier und Optionsschein erfreute sich vor allem bis Mitte der 90er Jahre großer Beliebtheit bei Emittenten und Anlegern. Angesichts der breiten Auswahlmöglichkeiten, die der Anleger sowohl bei den Optionsscheinen (→ Seite 327) als auch bei Unternehmensanleihen (→ Seite 246) mittlerweile hat, stellt sich jedoch die Frage, ob solche Kombiprodukte noch sinnvoll sind. In Eigenregie kann der Anleger beide Anlageformen so mischen, dass er eine individuelle Strategie verfolgen kann, bei der sich Chancen und Risiken unter Umständen wesentlich besser dosieren lassen. Gleichzeitig sind die Kosten (des Optionsrechts) beziehungsweise Erträge (der Anleihe) klar überschaubar.

Klassische Wandelanleihen

Nach einem ganz ähnlichen Prinzip wie Optionsanleihen funktionieren ☞ Wandelanleihen. Auch bei ihnen wird Anleihe und Option kombiniert, wobei der Anleger ebenfalls in Form einer unterdurchschnittlichen Verzinsung für sein Wahlrecht „bezahlen" muss. Der wesentliche Unterschied zur Optionsanleihe besteht aber darin, dass ein separater Verkauf des Optionsrechts nicht möglich ist. Der Anleger muss sich stattdessen entscheiden, ob er am Ende der Laufzeit sein Kapital ausbezahlt haben möchte und sich bis dahin mit der niedrigen Verzinsung zufrieden gibt – oder ob er die Anleihe **während** der Laufzeit in Aktien des Unternehmens, das die Schuldverschreibung emittiert hat, umtauscht – also eine Wandlung vornimmt.

☞ Wandelanleihen:
Im angelsächsischen Sprachraum werden diese Papiere auch Convertible Bonds genannt.

Gedeckte Wandelanleihen

So wie Finanzhäuser und Banken vor einigen Jahren begonnen haben, gedeckte Optionsscheine aufzulegen, bringen immer mehr Emittenten gedeckte Wandelanleihen auf den Markt.
Das heißt, als Schuldner der Anleihe tritt eine Bank oder auch ein Industrieunternehmen auf, gewandelt wird allerdings in Aktien eines anderen Unternehmens, dessen Anteile im Tresor des Emissionshauses liegen, das sich auf diese Weise von einem größeren Aktienpaket trennen will. Im Börsendeutsch heißen diese Papiere Umtauschanleihen oder auch Exchangeables. Die Allianz-Versicherung hat zum Beispiel 2001 eine Umtauschanleihe auf RWE-Aktien aufgelegt.

BEISPIEL: Im Jahre 2001 hat der Chip-Produzent Infineon eine Wandelanleihe emittiert. Während der fünfjährigen Laufzeit kann der Anleger die Anleihe im Nennwert von 50 000 Euro in 1 411 Infineon-Aktien wandeln oder er gibt sich mit der Verzinsung von 4,25 Prozent zufrieden, was auf den ersten Blick gar nicht so niedrig aussieht, aber angesichts der Bonität des Schuldners deutlich unter dem liegt, was er bei einer normalen Anleihe zahlen müsste.

Ob der Anleger von seinem Recht Gebrauch macht, hängt nicht nur von der Kursentwicklung der Infineon-Aktie ab, sondern auch von der so genannten Wandlungsprämie. Bei der Wandelanleihe gilt nämlich das Gleiche wie bei Optionsscheinen: Der Bezug der Aktie – in diesem Fall über die Anleihe – ist teurer als der Kauf über die Börse. Aus dem Wandlungsverhältnis (50 000 : 1 411) errechnet sich in dem Beispiel ein Aktienpreis 35,43 Euro. Zum Zeitpunkt der Emission lag der Aktienkurs aber „nur" bei 25 Euro. Daraus ergibt sich eine Wandlungsprämie von rund 42 Prozent. Sie sagt aus, dass der Aktienkurs während der Laufzeit der

Anleihe um 42 Prozent steigen muss, damit sich die Wandlung für den Käufer lohnt.

Achtung, Emissionsbedingungen

Die Emissionsbedingungen von Wandelanleihen sehen meist sehr unterschiedliche Wandlungsbedingungen vor, auf die Anleger achten müssen. Beispiel: Zu bestimmten Zeitpunkten ist eine Wandlung nicht möglich oder die bezogenen Aktien werden erst für ein späteres Geschäftsjahr dividendenberechtigt (→ Seite 162). Manch ein Emittent überrascht seine Anleger aber positiv – zum Beispiel mit einem Rückzahlungskurs von über 100 Prozent.
Um all diese Feinheiten herauszufinden, gehört das Lesen des Emissionsprospekts für den Anleger vor dem Kauf einer Wandelanleihe zur Pflicht.

Im Grunde entspricht das Wandlungsrecht einer Kaufoption. Den konkreten Optionspreis zu berechnen ist allerdings mit ähnlichen Schwierigkeiten verbunden wie bei der Optionsanleihe. Entscheidend dafür ist neben dem Wandlungsverhältnis auch die laufende Verzinsung, die Volatilität der Aktie, die Entwicklung des Zinsniveaus und der Renditenachteil gegenüber Anleihen mit vergleichbarer Laufzeit und Bonität – eine Kalkulation, die viele Daten erfordert und von einem Laien kaum zu bewältigen ist. Selbst viele Profis sind bei Wandelanleihen eher zurückhaltend.

Bonität beachten

Klassische Wandelanleihen bieten zudem ein ungünstiges Risikoprofil, weil Anleihe- und Aktienemittent identisch sind. Wenn nämlich das jeweilige Unternehmen in finanzielle Schwierigkeiten gerät, wird nicht nur die Wandlung unattraktiv und damit das Optionsrecht wertlos. Der Besitzer der Anleihe muss im Extremfall auch noch um seine Zinsen und die Rückzahlung seines Kapitals bangen – wie das Beispiel der EM.TV-Wandelanleihe beweist. Deren Kurs ist im Zuge der Finanzkrise, in die das Medienunternehmen in den Jahren 2000 und 2001 geraten ist, um die Hälfte eingebrochen – gegenüber einem Minus von über 95 Prozent bei der Aktie. Und die Rückzahlung 2005 ist alles andere als sicher.

Die Beschreibung zeigt bereits, dass Wandelanleihen eine Anlageform sind, deren Funktionsweise kaum ein Einsteiger auf Anhieb verstehen wird. Es mag den Anleger sicherlich reizen, dass sein Kapital laufend verzinst wird und er gleichzeitig die Chance wahrt, an der positiven Wertentwicklung der zugrunde liegenden Aktie teilzunehmen. Dennoch gilt auch hier das Gleiche wie bei der Optionsanleihe: Mit einer selbst zusammengestellten Mischung von Anleihen und Optionen beziehungsweise Optionsscheinen kann der Anleger individuellere und transparentere Strategien verfolgen als mit Wandelanleihen.

Discountzertifikate: Verwandtschaftliche Beziehungen

Discountzertifikate beinhalten das gleiche Optionsmodell wie eine Aktienanleihe – allerdings zusammengestellt in einer anderen Art von Wertpapier. Die Bezeichnung Discount soll deutlich machen, dass der Anleger bei dieser Art von Derivat den Basiswert mit einem Rabatt zum aktuellen Börsenkurs kauft. Ein Zertifikat berechtigt den Emittenten bis zur Fälligkeit, den vereinbarten Basiswert zu liefern. Davon macht er Gebrauch, solange der Basiswert unterhalb einer bestimmten Kursgrenze notiert. Liegt er am Fälligkeitstag darüber, bekommt der Anleger einen bei der Emission festgelegten Maximalbetrag in bar ausbezahlt. Der Unterschied zur Aktienanleihe ist also, dass der Anleger von vornherein davon ausgehen muss, dass er den Basiswert, der dem Zertifikat zugrunde liegt, auch erhält. Sein Spekulationsmotiv muss deshalb sein: die Aktie über das Zertifikat mit Rabatt zu bekommen.

Beispiel: Die Deutsche Bank hat Ende Januar 2002 ein Discountzertifikat auf Allianz-Aktien herausgebracht. Bei der Emission kostete das Papier rund 237 Euro. Zu diesem Zeitpunkt wurden die Aktien des Versicherungskonzerns an der Börse zu einem Preis von rund 260 Euro gehandelt. Das Zertifikat wies demnach einen Abschlag von etwa 8,8 Prozent auf:

$$\frac{260 - 237 \text{ Euro}}{260 \text{ Euro}} \times 100 = 8{,}85\,\%$$

Der Cap (→ Seite 323) wurde von der Deutschen Bank bei 300 Euro festgesetzt. Notiert das Papier im September 2002 unter dieser Grenze, erhält der Besitzer des Zertifikats die Aktie. Die Differenz zum Börsenkurs am Emissionszeitpunkt kann er nur dann spekulationssteuerfrei vereinnahmen, wenn zwischen dem Bezug und dem Verkauf der Aktie zwölf Monate liegen.

Notiert das Allianz-Papier allerdings über 300 Euro, gibt es pro Zertifikat eben diesen Barbetrag zurück. In diesem Fall wäre der Anleger mit dem direkten Kauf der Aktie unter Umständen besser gefahren, und zwar dann, wenn die Aktie über 326 Euro (= 300 Euro + 8,9 Prozent) notiert. Dann nämlich fällt der Wertzuwachs der Aktie im direkten Vergleich besser aus als der des Zertifikats.

Ein echtes Minus macht der Anleger mit dem Zertifikat, wenn das Allianz-Papier unter den ursprünglichen Zertifikatpreis von 237 Euro rutscht. Dann bleibt ihm nichts anderes übrig, als den Verlust auszusitzen oder die Aktie bei Lieferung sofort zu verkaufen und damit den Verlust zu realisieren.

Was bestimmt die Höhe des Rabatts?
Wie der Zins bei der Aktienanleihe richtet sich der Abschlag beim Discountzertifikat nach der Volatilität der zugrunde liegenden Aktie und der Laufzeit des Zertifikats. Wenn der Cap nahe am aktuellen Börsenkurs liegt oder die Laufzeit verhältnismäßig lang ist, fällt die Differenz groß aus.

Sonderfall: Strukturierte Anleihen

Neben der Möglichkeit, Anleihen und Optionen miteinander zu kombinieren, gibt es auch eine Reihe von Papieren, die Renten- und Aktienanlage verbinden. Bei diesen so genannten strukturierten Anleihen erhält der Anleger eine relativ geringe Basisverzinsung von 1 oder 2 Prozent. Dazu nimmt er meist in einem festen Verhältnis an der Entwicklung bestimmter Indizes teil – zum Beispiel zu 50 Prozent am Dax. Möglich ist auch, dass statt einer fortlaufenden Beteiligung quotenmäßige Stufen vereinbart werden, bei deren Erreichen beziehungsweise Überspringen der Anleger einen festen Bonus erhält.
Vom Konzept her entsprechen strukturierte Anleihen Garantiefonds (→ Seite 302): Ein Teil des Anlagebetrags wird in sichere Anleihen gesteckt, der andere in Aktien- oder Indexoptionen. Die damit verbundene Sicherheit muss aber mit Abstrichen bei der Rendite bezahlt werden. Und auch hier gilt: In Eigenregie kommt der Anleger meist besser, das heißt rentabler, zum Ziel. Er kann zum Beispiel 25 Prozent seines Anlagebetrags in eine Bundesobligation stecken. Die bot ihm per Ende 2001 etwa 4 Prozent Zinsen. Auf den gesamten Anlagebetrag kommt so eine Basisverzinsung von 1 Prozent. Den Rest des Geldes investiert er in ein Indexzertifikat (→ folgende Seiten) – beispielsweise auf den Dax. Bei dieser Kombination profitiert der Anleger von der Indexentwicklung stärker als bei den meisten strukturierten Produkten. Schließlich wollen die Banken auch etwas verdienen.

Zertifikate: Die Quadratur des Kreises

Die einfachste und für Anleger sicherlich attraktivste Variante eines Derivats sind so genannte Zertifikate. Diese Papiere sind erst in den vergangenen Jahren aus der Taufe gehoben worden und eine Bereicherung auch für vorsichtige Anleger. Die optionsscheintypischen Fußangeln wie Hebel, Basispreis und Aufgeld gibt es bei ihnen nicht. Rechtlich sind sie eine Schuldverschreibung des Emittenten – in der Regel einer Bank. Allerdings erhält der Anleger keine laufenden Zinszahlungen, sondern bekommt die Anleihe am Fälligkeitstag zu einem bestimmten Wert eines Aktienkorbs zurückgezahlt.

Achtung, Risiko beim Emittenten

Da Indexzertifikate rechtlich gesehen Anleihen sind, unterliegen sie auch den gleichen Risiken. Für den Anleger bedeutet das: Auch die Bonität des Emittenten ist nicht ganz zu vernachlässigen. Zwar handelt es sich fast durchweg um erstklassige Banken. Dennoch: Sollte ein Institut in finanzielle Schwierigkeiten geraten, dürfte die Auszahlung des Zertifikats am Ende der Laufzeit gefährdet, wenn nicht sogar zweifelhaft sein.

Indexzertifikate

Die gängigsten und bekanntesten Aktienkörbe sind dabei die wichtigen Indizes wie der Dax, der Stoxx und der Standard-&-Poor's-500-Index. Das Praktische für den Anleger: Die Indexzertifikate folgen den jeweiligen Börsenbarometern mit geringen Abweichungen fast punktgenau.

Beispiel: Der deutsche Aktienindex steht bei 5 000 Punkten, dann kostet ein entsprechendes Indexzertifikat mit einem Bezugsverhältnis 1 : 1 demgemäß 5 000 Euro. Steigt der Index nun beispielsweise um 500 Punkte, macht das Papier diese Bewegung annähernd mit und kostet dann rund 5 500 Euro.

Das Bezugsverhältnis – auch bei Indexzertifikaten wichtig!

Fast alle wichtigen Indizes notieren im vierstelligen, wenn nicht sogar im fünfstelligen Bereich. Für ein Indexzertifikat heißt das: Bei einer maßstabsgerechten Abbildung muss der Anleger beispielsweise für ein Dax-Zertifikat 5 000 Euro zahlen. Da dies für ein einziges Papier relativ „schwer" ist bauen die Emittenten genauso wie bei Optionsscheinen ein Bezugsverhältnis ein. Statt 5 000 werden bei einem Bezugsverhältnis von 1 : 10 oder 1 : 100 also nur 500 beziehungsweise 50 Euro fällig. Auf die Genauigkeit beim Verfolgen der Indexspur hat das allerdings keinen Einfluss.

Pluspunkte der Indexzertifikate

Mit Indexzertifikaten schneidet der Anleger also in etwa so gut oder schlecht ab wie der jeweilige Index. Damit sind die Zertifikate eine echte Alternative zu Indexfonds (→ Seite 304).

Zertifikate werden wie Aktien und Anleihen an der Börse gehandelt. Zudem organisieren die Emittenten für ihre eigenen Emissionen einen Markt – wie bei den Optionsscheinen (→ Seite 330). Das hat zunächst den Nachteil, dass der Anleger auf die Höhe der Spreads zwischen Ankauf- und Verkaufskurs achten muss. Er schwankt von Emittent zu Emittent. Allerdings fällt aufgrund des starken Wettbewerbs der Spread bei Scheinen auf gängige Indizes wie den Dax oder den Euro Stoxx in vielen Fällen so gering aus, dass er fast zu vernachlässigen ist. Einige Banken verzichten bei einigen ihrer Papiere mittlerweile sogar ganz darauf.

Indexzertifikate und Indexfonds im Vergleich

	Indexfonds	Indexzertifikat
Laufzeit	Unendlich	5 Jahre bis unbegrenzt
Kosten	Ausgabeaufschlag und laufende Verwaltungsvergütung	Übliche Bankspesen bei Kauf und Verkauf
Währungsrisiko	Wird vom Fondsverwalter gemanagt	Je nach Zertifikat vollständig oder gar nicht abgesichert
Ertragszahlungen	Steuerpflichtig, werden in der Regel wieder angelegt	Bei Performanceindizes steuerfreie Wiederanlage, ansonsten Verlust der Ertragszahlungen
Spread	Keiner, außer bei börsengehandelten Fonds (→ Seite 292), ansonsten Rücknahme zum Inventarwert	Keiner bis sehr geringer (0,2 Prozent) – je nach Emittent
Sicherheit	Hoher Insolvenzschutz der Fondsanleger	Zertifikatkäufer ist rein rechtlich normaler Gläubiger der Bank; Insolvenzrisiko bei deutschen Instituten aber eher gering

■ TIPP

Wie bei Optionsscheinen gilt auch bei Indexzertifikaten: Besuchen Sie mehrere Anbieter im Internet, um sich über Spreads, Laufzeiten und andere Daten zu informieren. Kontakt ▶

▶ Kontakt
Anlaufstellen im Internet:
www.onvista.de
www.consors.de (großer Zertifikatebereich) und
www.zertifikateweb.de

Pluspunkte sammeln können die Zertifikate bei den Kosten. Neben dem Spread werden nur die üblichen Wertpapierspesen bei Kauf und Verkauf fällig. Bei Fonds fallen dagegen ein hoher (einmaliger) Ausgabeaufschlag (→ Seite 295) und eine jährliche Verwaltungsgebühr (→ Seite 297) an.

Ein Manko vieler Zertifikate war und ist dagegen die begrenzte Laufzeit. Das bedeutet: Bei Fälligkeit wird das Zertifikat zum aktuellen Indexstand zurückgezahlt. Will der Anleger in dieser Form weiter anlegen, muss er ein neues Zertifikat aussuchen. Für die Umschichtung fallen dann erneut Transaktionskosten an. Indexfonds laufen dagegen unbegrenzt. Mittlerweile hat aber eine Reihe von Finanzhäusern so genannte Open-End-Zertifikate mit unbegrenzter Laufzeit auf den Markt gebracht und damit den Kostennachteil der Zertifikate wettgemacht.

Steuerlicher Pluspunkt

Steuerlich sind Zertifikate ebenfalls interessant. Beim Dax und dem Euro Stoxx 50-Index werden Dividendenzahlungen und Bezugsrechtserlöse rechnerisch wieder angelegt und zum Indexstand addiert (→ Seite 100). Folge: Mit dem Zertifikat auf diese Indizes kann der Anleger die Ausschüttungen steuerfrei vereinnahmen, wenn er das Zertifikat selbst mindestens zwölf Monate hält. Voraussetzung ist allerdings, dass sich das Zertifikat auch auf die Performance- und nicht etwa auf die Kursvariante bezieht (→ Seite 101), die es von den genannten Indizes zusätzlich gibt. Bei vielen Indexzertifikaten ist aber genau das der Fall – mit der Folge, dass der Anleger später überrascht ist, dass die Wertentwicklung des Zertifikats hinter der des Indexes zurückbleibt. Eine Nachfrage beim Emittenten vor dem Kauf ist deshalb angeraten. Fonds schütten dagegen die Dividenden an ihre Anteilseigner aus, die sie versteuern müssen (→ Seite 377).

Dieser vermeintliche Nachteil der Fonds wird allerdings zum Vorteil bei reinen Kursindizes – wie etwa dem Standard-&-Poor's 500, der diese Ertragszahlungen nicht berücksichtigt. In diesem Fall haben die Zertifikatekäufer das Nachsehen gegenüber den Fonds, denn die Dividenden der Indexmitglieder fließen bei vielen Zertifikaten auf Kursindizes in die Tasche der Bank, die das entsprechende Zertifikat ausgegeben hat.

Der starke Wettbewerb zwingt allerdings die Institute dazu, den Kunden einen Schritt entgegenzukommen. Einige Emittenten verkaufen Scheine auf Kursindizes mit einem kleinen Abschlag, um auf diese Weise den Dividendennachteil auszugleichen. Andere wiederum nutzen die Erträge, um das Indexzertifikat gegen Währungsverluste (→ Seite 260) abzusichern. Woran nämlich kaum ein Indexanleger denkt: Die Punkte beispielsweise eines Standard-&-Poor's-Indexes werden selbstverständlich in US-Dollar gerechnet, die des Nikkei in Yen und so weiter. Währungsgesicherte Zertifikate stellen die Rechenbasis im Verhältnis 1 : 1 auf Euro um. Ein Nikkei-Stand von 10 000 Punkten entspricht also 10 000 Euro (oder einem Bruchteil davon – je nach Bezugsverhältnis des Zertifikats).

Achtung, Cap!
Einige Zertifikate älteren Datums besitzen eine Kursobergrenze, bei deren Erreichen sie ausbezahlt werden. Dieser Cap ist ein Relikt aus früheren Tagen, in denen die Emittenten Konflikte mit dem deutschen Währungsgesetz befürchteten, das den Banken die Ausgabe indexierter Anleihen verbietet. Steuerlich ist der Cap nicht ohne Tücken, denn er führt dazu, dass das Zertifikat für den Fiskus zu den Finanzinnovation zählt und damit besonderen steuerlichen Regelungen unterworfen ist (→ Seite 381). Auch hier gilt also: Ein Blick in die Emissionsbedingungen schafft Klarheit!

Strategiezertifikate

Neben den Indexzertifikaten bringen die Banken und Investmenthäuser eine Vielzahl von Zertifikaten auf Aktienkörbe heraus, die sie individuell zusammenstellen – so genannte Strategie- oder Basketzertifikate. Basketzertifikate sind eine Art kleiner Investmentfonds. Allerdings setzen Sie auf eine viel geringere Zahl von Titeln – meist nicht mehr als ein Dutzend verschiedener Titel. Das Risiko ist damit also nicht so breit gestreut wie bei einem Fonds.

Die Strategie, sprich die Auswahl der jeweiligen Titel, wird bei vielen Baskets nach bestimmten Themen oder Branchen vorgenommen. So gibt es zum Beispiel Biotechnologie-, Internet- und Logistikzertifikate, mit denen der Anleger mit einem Papier auf ausgesuchte Aktien aus dem jeweiligen Bereich setzen kann – wie mit einem Branchenfonds also.

Es gibt aber auch Zertifikate, bei denen die Titel nach bestimmten Kennziffern oder rein subjektiv von einem Vermögensverwalter oder Analysten zusammengestellt werden. Unproblematisch sind solche Varianten nur dann, wenn die Auswahlkriterien klar nachvollziehbar sind. Zudem sollte bei den Strategiezertifikaten geprüft werden, ob die Zusammensetzung über die Laufzeit hinweg konstant bleibt oder regelmäßig überarbeitet wird. Wenn ja, ist wichtig, in welchem Turnus und nach welchen Gesichtspunkten die Revision stattfindet.

Auch hier gilt: Der Wechsel muss für den Anleger nachvollziehbar sein, sonst droht die Gefahr, dass Werte ins Depot kommen, bei denen nicht zu erklären ist, warum sie gegen einen bislang erfolgreichen Titel ausgetauscht wurden. Oder umgekehrt: Flops bleiben zu lange im Korb. Wichtig ist darüber hinaus Transparenz. Das heißt: Der Anleger muss sich über die neue Gewichtung informieren können – zum Beispiel im Internet.

Die Haken und Ösen

Grundsätzlich ist bei der Auswahl von Strategiezertifikaten wesentlich mehr Sorgfalt nötig als bei Indexzertifikaten, denn es gibt dort etliche Fußangeln. Das fängt an bei den Dividenden der Gesellschaften, deren Aktien im Zertifikat zusammengefasst sind. Die Ertragsausschüttungen werden fast nie an die Zertifikateanleger weitergegeben.

Nicht zum Nachahmen geeignet

Die Hypovereinsbank hat im Jahre 2001 ein Zertifikat aufgelegt, dass Aktien mit einer besonders hohen Dividendenrendite (→ Seite 198) zusammenfasst. In der Vergangenheit hat sich nämlich gezeigt, dass diese Titel über lange Zeiträume hinweg teilweise deutlich besser abschneiden als der Gesamtmarkt (→ „Ein altbewährtes Verfahren: Die Dividendenmethode", Seite 216). Die Ironie daran: Die hohen Ertragsausschüttungen, die einen nicht unwesentlichen Beitrag zum guten Vergangenheitsergebnis beigetragen haben, werden bei dem Zertifikat der bayerischen Großbank den Anlegern vorenthalten.

Auch laufende Verwaltungskosten oder anfängliche Verwaltungsaufschläge sind keine Seltenheit. Besonders böser Trick: Der Emissionspreis beträgt 100 Euro, aber 1 oder 2 Euro kassiert der Emittent stillschweigend als anfängliche Managementvergütung. Ein solches Entgelt für die Verwaltung ist im Gegensatz zu den reinen Indexzertifikaten gang und gäbe. Dazu kommt in vielen Fällen: Auch mit den Kosten für die laufende Umschichtung wird der Anleger belastet. Und nicht zuletzt stellen die Emittenten für ihre individuellen Konstruktionen im Eigenhandel zum Teil deutlich höhere Spreads als bei den Indexvarianten. Der Ein- und Ausstieg in Strategiezertifikate ist also dementsprechend teuer.

Dazu war in den vergangenen Jahren zu beobachten, dass die Emittenten ihre Zertifikate prozyklisch – so der Fachausdruck – herausgebracht haben. Das bedeutet: Das Investmentthema war an der Börse schon so gut wie „abgehakt", als das entsprechende Zertifikat dazu herauskam, die Renditechancen waren also schon weitgehend ausgereizt. Bei vielen der Strategiezertifikate sind Anleger also gut beraten, Zurückhaltung zu üben.

Anlagestrategien

Empfehlenswert bei Indexzertifikaten sind die Emissionen, die sich auf bekannte Indizes beziehen. Ihr Einsatz ist überall da sinnvoll, wo der Wertpapiersparer aufgrund seines Anlegertyps und/oder seines Anlagebetrags eine kostengünstige Möglichkeit sucht, um eine passive Anlagestrategie zu verfolgen. Dies ist vor allem bei der Aktienanlage für vorsichtige und chancenorientierte Anleger von Bedeutung (→ Seite 214). Sie können mittels Zertifikat entweder ganz auf ein breit gestreutes Indexdepot setzen oder einen Markt mit Einzelwerten kombinieren. Einige Banken haben sogar spezielle Zertifikate aufgelegt, mit denen sich wie mit Put-Optionsscheinen auf sinkende Aktienkurse spekulieren lässt oder die zur Depotabsicherung verwendet werden können. Aufgrund des langfristigen Charakters dieser Anlageform ist dies allerdings nur bedingt empfehlenswert, denn auf Dauer, so hat sich gezeigt, ist die Tendenz bei Aktien eher aufwärts gerichtet.

■ TIPPS

für die Anlage in Zertifikaten

Die wichtigsten Fragen, die vor dem Kauf beantwortet werden sollten:

- Machen Sie sich den Wettbewerb zunutze und kaufen Sie nur Zertifikate, die ohne oder mit sehr geringem Spread gehandelt werden.
- Greifen Sie zu Zertifikaten auf bekannte Indizes mit möglichst unbegrenzter Laufzeit.
  Aus einer langen Laufzeit entstehen Ihnen keine Nachteile. Sie können das Zertifikat jederzeit über die Börse beziehungsweise beim Emittenten nahezu zum aktuellen Indexstand verkaufen.
- Als steuersensibler Anleger greifen Sie zu Zertifikaten auf Performance-Indizes. Auf diese Weise können Sie zwischenzeitliche Ertragszahlungen der Indexunternehmen steuerfrei vereinnahmen (→ Seite 348).

- Lesen Sie sich bei individuell zusammengestellten Basketzertifikaten die Emissionsbedingungen genau durch. Gibt es versteckte Kosten? Wie werden Dividenden gehandhabt? Nach welchen Kriterien wurde der Korb zusammengestellt beziehungsweise wird er verändert?

Zertifikate im Check

- **Beschreibung:** Zertifikate bilden die Wertentwicklung eines Aktienkorbs beziehungsweise eines Index 1 : 1 oder in einem Bruchteil nach.
- **Chance:** Überwiegend passives Investment. Abhängig vom jeweiligen Index beziehungsweise Aktienkorb.
- **Risiko:** Bei Indexzertifikaten vergleichsweise niedrig, da Anlage in marktbreit gestreutem Aktienportfolio. Bei Strategiezertifikaten oftmals höheres Risiko, da einseitige Zusammenstellung des Aktienkorbs – beispielsweise bei Branchenzertifikaten.
- **Geeignet für:** Alle Anlegertypen.
- **Alternativen:** Indexfonds (→ Seite 304).

Plus

- Kostengünstige Anlageform für Indexinvestments.
- Bei Zertifikaten auf Performance-Indizes steuerfreie Vereinnahmung der Dividendenausschüttungen möglich.
- Leicht verständlich und transparent, wenn Zertifikat an allgemein bekannten Index gekoppelt ist.

Minus

- Teilweise versteckte Kosten (zum Beispiel keine Dividendenbeteiligung, zusätzliche Verwaltungsvergütung) bei Strategiezertifikaten.
- Bei Zertifikaten mit begrenzter Laufzeit unter Umständen kostenträchtige Umschichtung notwendig.
- Bei den meisten Emissionen illiquider Handel an der Börse, beim Handel mit Emittenten Spread-Problematik (→ Seite 330).

Steuern: Aus der Not eine Tugend machen

Das Thema Steuern ist bei keinem Anleger sehr beliebt. Trotzdem – oder gerade deshalb – gehört die Beschäftigung damit zum Pflichtprogramm für jeden Wertpapiersparer. Zumal: Der Fiskus gewährt Freibeträge und -grenzen, die dazu führen, dass nicht die gesamten Kapitalerträge versteuert werden müssen. Darüber hinaus gibt es Möglichkeiten, das Depot mit steuerschonenden Anlageformen zu bestücken und die zeitliche Verteilung von Zinserträgen und Spekulationsgewinnen zu optimieren. Immer aber sollte der Grundsatz gelten: Kein Investment nur nach steuerlichen Gesichtspunkten auswählen.

Keine Pflichten ohne Rechte

Für Anleger gilt: Grundsätzlich muss jeder Euro, der beispielsweise als Zins- oder Dividendenertrag anfällt, versteuert werden. Ganz so konsequent wird es aber wiederum nicht gehandhabt, denn der Gesetzgeber hat jedem Steuerzahler eine Reihe von Freibeträgen eingeräumt, in deren Grenzen die einzelnen ☞ Einkunftsarten und am Ende auch noch ein gewisses Existenzminimum, der so genannte Grundfreibetrag, steuerfrei bleiben.

☞ Einkunftsarten: Das deutsche Steuerrecht unterscheidet bestimmte Einkunftsarten, deren Summe das zu versteuernde Einkommen ergibt (→ Seite 372). Dazu gehören zum Beispiel Einkünfte aus Vermietung und Verpachtung, unselbstständiger und selbstständiger Arbeit, aus Kapital und Vermögen.

☞ Quellensteuer: Jede Steuer, die sofort bei der Auszahlung abgezogen wird, ist eine Quellensteuer. Dazu gehört zum Beispiel die Lohnsteuer. Bei Zinserträgen gilt der Begriff der Zinsabschlagsteuer. Eine Quellensteuer, mit der alle Ansprüche des Finanzamts abgegolten sind, heißt auch Abgeltungsteuer.

☞ Freistellungsauftrag: Darin wird festgelegt, bis zu welchem Bruttobetrag Kapitalerträge auf dem Depot beziehungsweise den Sparkonten bei dem jeweiligen Institut ohne Steuerabzug ausgezahlt werden. Freistellungsaufträge können befristet werden, anderenfalls gelten sie bis auf Widerruf.

Freibeträge und Pauschalen

Für Anleger besonders interessant ist dabei der so genannte Sparerfreibetrag. Jeder Anleger kann von 2002 an pro Jahr 1550 Euro steuerpflichtige Kapitalerträge erzielen, ohne dafür Steuern zahlen zu müssen. Bei Eheleuten, die zusammen veranlagt werden, verdoppelt sich dieser Betrag auf 3100 Euro.

Jeder Anleger kann bestimmte Freibeträge, -grenzen und Pauschalen in Anspruch nehmen, bevor er für seine steuerpflichtigen Kapitalerträge tatsächlich Steuern zahlen muss.

Zusätzlich zum Sparerfreibetrag kann eine so genannte Werbungskostenpauschale geltend gemacht werden. Sie beträgt 51 Euro für Alleinstehende und 102 Euro für zusammenveranlagte Eheleute.

→ Insgesamt bleiben also auf jeden Fall Kapitalerträge in Höhe von 1601 beziehungsweise 3202 Euro pro Jahr steuerfrei.

■ **TIPP**

Ein Einzelnachweis sämtlicher Werbungskosten (→ Seite 382) lohnt sich grundsätzlich nur, wenn Ihre gesamten steuerpflichtigen Kapitalerträge höher sind als die Summe aus Ihrem Sparerfreibetrag und der Werbungskostenpauschale. Erst dann mindert jeder zusätzliche Euro die Steuer.

Der Freistellungsauftrag

Das Finanzamt wartet allerdings nicht, bis der Anleger seine Steuererklärung einreicht, in der er seine Kapitalerträge deklariert. Bei jeder Zins- und Dividendenzahlung behält die Depotbank bestimmte Steuern ein. ☞ Quellensteuer

Aus dem Zusammentreffen von Freibetrag und Quellensteuer ergibt sich eine Schwierigkeit: Für einen bestimmten Teil der Erträge werden Steuern zu Unrecht abgezogen – nämlich den Teil, der im Rahmen der Freibeträge beziehungsweise Pauschalen liegt. Die darauf einbehaltene Steuer bekommt der Anleger auf jeden Fall zurück. Dass dies eine Ungerechtigkeit vor allem gegenüber den Kleinanlegern wäre, die erst das Jahresende abwarten müssen, ehe sie ihre Steuererklärung einreichen können und die zu viel gezahlten Steuern erstattet bekommen, hat auch der Fiskus eingesehen. Deshalb hat jeder Anleger die Möglichkeit, seiner Bank einen so genannten ☞ Freistellungsauftrag zu erteilen.

Soweit es in den folgenden Abschnitten nicht gesondert erwähnt wird, erhält ein Anleger Zinsen, Dividenden und Fondserträge aus inländischen Wertpapieren ohne Steuerabzug ausbezahlt, wenn ein entsprechender Freistellungsauftrag bei der Depotbank vorliegt und der darin festgelegte Freibetrag noch nicht überschritten worden ist.

Um einen Missbrauch dieser Freistellungsaufträge zu vermeiden, müssen Anleger allerdings folgende Spielregeln beachten:

- Wer mehrere Depots bei unterschiedlichen (inländischen) Banken besitzt, kann seinen Freibetrag beliebig aufteilen, indem er jedem Institut einen Freistellungsauftrag erteilt. Für alle Konten, die bei ein und derselben Bank geführt werden, genügt ein Freistellungsauftrag.

Die Summe der in allen Freistellungsaufträgen festgelegten Beträge darf allerdings 1 601 beziehungsweise 3 202 Euro nicht übersteigen. Ist das dennoch der Fall und erzielt der Anleger auch noch entsprechend hohe Kapitalerträge ohne Steuerabzug, muss er mit einer Kontrollmitteilung in seiner Steuerakte rechnen. Das heißt, das Finanzamt wird mit großer Wahrscheinlichkeit eine Steuererklärung anfordern und prüfen, ob und in welcher Höhe Kapitalerträge deklariert werden.

- Freistellungsaufträge bei Ehepaaren, die zusammen veranlagt werden, müssen von beiden Ehepartnern unterschrieben werden – auch wenn es sich um ein Einzelkonto eines Partners handelt und der freigestellte Betrag 3 202 Euro nicht übersteigt.
- Für Konten, die auf den Namen minderjähriger Kinder laufen, müssen die Eltern gesonderte Freistellungsaufträge stellen. Unterschreiben müssen dabei beide Erziehungsberechtigten.

Freistellungsaufträge mit doppeltem Nutzen
Vorsicht: Freistellungsaufträge sind nicht nur für den Steuerzahler, sondern auch für die Steuerfahndung nützlich. Denn die Banken melden inzwischen alle ohne Steuerabzug ausgezahlten Kapitalerträge an die Finanzbehörden. So kann sich die Steuerfahndung ein Bild über die Kapitalerträge eines Anlegers machen und gezielt auf Jagd nach Steuersündern gehen. Das örtliche Finanzamt kann dann bei der Steuererklärung genau prüfen, ob die Angaben des Anlegers mit den von den Banken übermittelten Informationen übereinstimmen.

TIPP
Wenn Sie in der Steuererklärung exakt 1 601 Euro beziehungsweise 3 202 Euro an Zins- oder Dividendenerträgen angeben, erwecken Sie mit Sicherheit das Misstrauen des Finanzbeamten.

Steuern auf Zinserträge

„Zinsen sind steuerpflichtig" – diesen Satz können Anleger in fast jedem Sparbuch nachlesen und er sagt eigentlich alles zum Thema Zinserträge und Steuern.

Die Zinsabschlagsteuer …

Die Bank ist bei jeder Zinszahlung verpflichtet, zum Beispiel bei der Einlösung eines Zinsscheins von einer Anleihe, 30 Prozent als ☞ Zinsabschlagsteuer und 5,5 Prozent Solidaritätszuschlag einzubehalten und an das Finanzamt abzuführen. Wer seine festverzinslichen Wertpapiere als effektive Stücke daheim oder im Bankschließfach verwahrt und effektive Kupons am Schalter zur Einlösung vorlegt, muss sogar 35 Prozent Zinsabschlagsteuer zahlen. Mit diesem höheren Satz sollen Tafelgeschäfte (→ Seite 36) unattraktiver gemacht werden.

☞ **Zinsabschlagsteuer:** Da die Steuermoral der Bundesbürger in der Vergangenheit nicht besonders hoch war, hat der Gesetzgeber reagiert und im Jahr 1993 die so genannte Zinsabschlagsteuer (ZaSt) auf Zinserträge eingeführt.

Der Solidaritätszuschlag: Kleiner Bruder der Einkommensteuer
Der Solidaritätszuschlag begleitet Deutschlands Steuerzahler seit der Wiedervereinigung. Er wurde Mitte 1991 zuerst befristet und nach einer Pause 1995 unbefristet als Ergänzungsabgabe auf die Lohn-, Einkommen- und Körperschaftsteuer eingeführt. Da Zinsabschlagsteuer und Kapitalertragsteuer (→ Seite 365) Vorauszahlungen auf die Einkommensteuer darstellen, wird der Soli, wie er auch kurz genannt wird, dabei ebenfalls als zusätzliche Abschlagszahlung fällig. Die Höhe des Solidaritätszuschlags beträgt seit 1998 5,5 Prozent der Einkommensteuer, die sich im Rahmen der Steuererklärung nach Ermittlung des zu versteuernden Einkommens ergibt.

… ist nur Vorauszahlung

Die einbehaltene Zinsabschlagsteuer ist allerdings nur eine Vorauszahlung auf die Einkommensteuer des Anlegers. Endgültig versteuert werden Zinserträge zusammen mit allen anderen Kapitalerträgen im Rahmen der Einkommensteuererklärung – allerdings nur der Betrag, der über dem Sparerfreibetrag und den geltend gemachten Werbungskosten liegt.

☞ Steuerformular: Zinserträge und gezahlte Zinsabschlagsteuer werden auf der Anlage KAP der Einkommensteuererklärung eingetragen.

→ Dafür wird der persönliche Spitzensteuersatz fällig, der sich nach Ermittlung des gesamten zu versteuernden Einkommens (→ Seite 372) ergibt.

Liegt dieser Satz unter 30 beziehungsweise 35 Prozent, bekommt der Anleger die anteilig zu viel gezahlte Zinsabschlagsteuer zurück. Liegt der errechnete Steuerabzug darüber, verlangt das Finanzamt eine Nachzahlung oder verrechnet die Forderung mit eventuell für andere Einkünfte – etwa Lohn und Gehalt – zu viel gezahlter Einkommensteuer.

BEISPIEL: Auf seine zu versteuernden Zinserträge von insgesamt 2 000 Euro hat der Anleger Zinsabschlagsteuer von 600 Euro gezahlt. Seinem Konto wurden also zunächst nur 1 400 Euro gutgeschrieben. ☞ Steuerformular

Nachdem das Finanzamt das zu versteuernde Einkommen auf Basis der Einkommensteuererklärung ermittelt hat, ergibt sich ein persönlicher Spitzensteuersatz von angenommen 28 Prozent. Für die Zinserträge werden somit nur Steuern in Höhe von 560 Euro (2 000 Euro × 0,28 = 560 Euro) fällig. Folglich erhält der Anleger eine anteilige Steuererstattung von 40 Euro (600 – 560 = 40).

Aus Schwarz mach Weiß

Schwarzgeld und Steuerflucht sind jedem Finanzminister ein Dorn im Auge. Um diesem Problem Herr zu werden, hat man in Spanien 1992 ein Experiment gewagt: In dem Jahr legte Finanzminister Carlos Solchaga Staatsanleihen mit sechsjähriger Laufzeit auf, die nicht vorzeitig veräußert werden konnten. Steuersünder, die diese so genannten Amnestie-Anleihen kauften, bekamen nach Ablauf der Frist ihr auf diese Weise angelegtes Schwarzgeld reingewaschen zurück. Sämtliche Steuerdelikte aus der Zeit vor der Anleiheemission waren damit verjährt. Als Buße mussten sie allerdings einen Minizins von 2 Prozent akzeptieren – ein Zinssatz, der unter der damaligen Inflationsrate von 5 Prozent lag. Am Kapitalmarkt ließ sich zu diesem Zeitpunkt das Sechsfache erzielen. Der spanische Staat sparte auf diese Weise Zinskosten in Höhe von umgerechnet rund 3 Milliarden Euro, die er anderenfalls für marktgerecht verzinste Staatspapiere hätte zahlen müssen. Als die Anleihen 1997 fällig wurden, warteten Banker, Börsianer und der neue Finanzminister Rodriga Rato mit Spannung darauf, was mit den Geldern passieren würde.

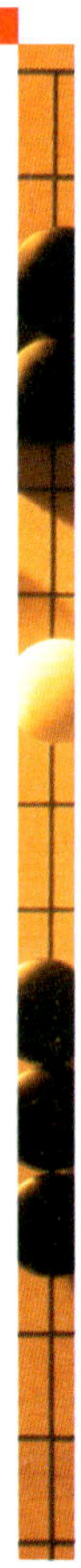

Vor allem Rato hoffte, dass sie dem regulären Wirtschaftskreislauf in Form von Investitionen oder als Anlagekapital der Börse zur Verfügung gestellt würden. Doch der erhoffte Boom blieb aus und noch heute haben Experten keine schlüssige Antwort darauf, wohin die damals sauberen Milliarden von Peseten geflossen sind. Deutsche Steuerzahler, so schätzen Finanzexperten, haben seit Einführung der Zinsabschlagsteuer und verstärkt vor der Bargeldeinführung des Euro einen hohen dreistelligen Milliardenbetrag ins Ausland gebracht, der von dort wieder am deutschen Kapitalmarkt angelegt wurde, ohne dass der deutsche Fiskus Zugriff darauf hat. Schließlich entfällt bei aus dem Ausland eingereichten Zinsscheinen der Steuerabzug, und viele deutsche Steuerzahler mit einem Auslandsdepot „vergessen“ hinterher, diese Zinseinkünfte in ihrer Steuererklärung anzugeben. Darüber hinaus: Drastische Strafen schrecken Steuersünder davon ab, den Weg zurück in die Legalität zu suchen. Allerdings: Ob sie ohne Strafe anders reagieren würden, muss nach den geschilderten Erfahrungen bezweifelt werden.

Quelle: Handelsblatt

Steuerliche Finessen bei laufenden Anleihen

Wenn der Anleger eine bereits laufende Anleihe kauft, zeigt sich das Steuerrecht von seiner besonders komplizierten Seite. Die seit dem letzten Zinszahlungstermin aufgelaufenen Zinsen muss er dem Verkäufer in Form von Stückzinsen am Abrechnungstag erstatten (→ Seite 323). Am nächsten Zinstermin kassiert der Anleihekäufer dann die vollen Zinsen. Wenn in diesem Fall auf den gesamten Betrag 30 Prozent Zinsabschlagsteuer fällig würden, wäre das für ihn eine ungerechtfertigte Benachteiligung. Das erkennt auch das Finanzamt an. Deshalb kann der Anleger die beim Kauf gezahlten Stückzinsen, die er mittels Abrechnung nachweisen kann, mit seinen Zinserträgen im gleichen Kalenderjahr verrechnen. Umgekehrt erzielt der **Verkäufer** mit den erhaltenen Stückzinsen steuerpflichtige Zinserträge. Konsequenterweise zieht die Bank davon Zinsabschlagsteuer ab.

Der Stückzinstopf

Solange der Anleger in einem Kalenderjahr nur ein einziges Zinspapier kauft oder verkauft, lässt sich das am Jahresende relativ übersichtlich in die Steuererklärung eintragen. Doch wenn er viele Anleihen handelt, geht es nicht mehr ohne Nebenrechnung. Diese Nebenrechnung wird bereits während des laufenden Jahres von der depotführenden Bank aufgemacht. Um nicht mehr Zinsabschlagsteuer als notwendig abzuziehen, verrechnet sie die vom Anleger insgesamt gezahlten Stückzinsen mit den eingenommenen. In diesem Fall bildet die Bank einen so genannten Stückzinstopf.

In diesem Stückzinstopf sammeln sich die gezahlten Stückzinsen, aber auch gezahlte Zwischengewinne aus Fondskäufen (→ Seite 378) über das Jahr hinweg als Guthaben an. Erhaltene Stückzinsen und Zwischengewinne bei Verkäufen werden dann mit diesem Guthaben verrechnet.

→ Erst wenn dieses Guthaben plus dem im Freistellungsauftrag festgelegten Betrag ausgeschöpft ist, führt die depotführende Bank Zinsabschlagsteuer ab.

Andere Depotbank, neuer Stückzinstopf

Der Stückzinstopf wird immer nur für die Transaktionen gebildet, die bei ein und demselben Kreditinstitut durchgeführt wurden. Wird ein weiteres Kreditinstitut in Anspruch genommen, wird ein zusätzlicher Stückzinstopf eröffnet.

Abgerechnet wird am Jahresende

Steuerliche Spielräume ergeben sich daraus, dass das Finanzamt bei Privatpersonen als Steuerperiode immer nur das Kalenderjahr betrachtet, also die Jahre voneinander abgrenzt. Am Ende eines Jahres steht deshalb der Kassensturz im Stückzinstopf an. Wenn der Anleger nicht die gesamten über das Jahr gezahlten Stückzinsen „verbraucht" hat, kann er den Betrag mit seinen sonstigen Kapitaleinkünften – zum Beispiel Dividenden – verrechnen. Unter Umständen kann er dadurch seine Kapitaleinkünfte unter den Sparerfreibetrag (→ Seite 354) drücken, sodass die Gesamtsumme in dem betreffenden Jahr steuerfrei bleibt.

Fällt das Guthaben im Stückzinstopf durch mehrere Anleihekäufe besonders hoch aus oder sind keine weiteren Erträge angefallen, rutschen die Einnahmen aus Kapitaleinkünften unter Umständen sogar ins Minus. In diesem Fall mindern die gezahlten Stückzinsen über die Steuererklärung sogar andere Einkünfte des entsprechenden Kalenderjahres – etwa Arbeitslohn oder Mieteinnahmen.

Justitia hilft Steuerzahlern

Das deutsche Steuerrecht ist für Normalbürger kaum noch zu durchschauen und Fehler in der Steuererklärung sind deshalb fast unvermeidlich. Wenn der Steuerzahler also die Formulare missversteht, darf ihm daraus kein Nachteil erwachsen – so entschied das oberste deutsche Finanzgericht, der Bundesfinanzhof, im Jahr 2001 *(Az: XI R 42/00)*. Es kann nicht sein, dass man ein versierter Steuerexperte sein muss, um die Steuererklärung korrekt ausfüllen zu können, so die Meinung der Richter. In dem zugrunde liegenden Fall hatte ein selbstständig Tätiger den Begriff „Gewinn" missverstanden. Er war davon ausgegangen, dass das Finanzamt nur schwarze Zahlen interessieren. Ein Steuerberater klärte ihn dann darüber auf, dass er auch Verluste steuermindernd geltend machen kann. Der Steuerpflichtige versuchte daraufhin, seine Defizite nachträglich anrechnen und die rechtskräftig ergangenen Einkommensteuerbescheide ändern zu lassen – zunächst vergeblich. Das zuständige Finanzamt weigerte sich hartnäckig. Doch die Finanzrichter waren „bürgerfreundlicher". Wer mit dem steuerlichen Begriff „Gewinn" als Nichtfachmann nur positive Einnahmen verbindet, begeht keinen groben Fehler, urteilten sie. „Es besteht auch keine allgemeine Rechtspflicht, vor dem Ausfüllen der Steuererklärung fachkundigen Rat einzuholen."

Gestaltungsmöglichkeiten nutzen

Durch geschicktes Timing kann der Anleger die Höhe der zu zahlenden Stückzinsen beeinflussen. Das funktioniert so: Er kauft kurz vor Jahresende eine Anleihe, deren Zinstermin in den ersten Monaten des neuen Jahres liegt – beispielsweise einen 8-prozentigen Pfandbrief mit Zinstermin 1. März. Abgerechnet wird der Kauf zum 1. Dezember. Dabei zahlt der Käufer zunächst Stückzinsen für die Zeit, die seit dem letzten Zinszahlungstermin vergangen ist – also für ein Dreivierteljahr. Bei einem Nennwert der Anleihe von 10 000 Euro sind das 600 Euro (10 000 Euro × 0,08 × 0,75). Diese Stückzinsen gibt er in seiner Steuererklärung an und mindert auf diese Weise seine positiven Kapitalerträge, die er in diesem Jahr erzielt hat.

Im neuen Jahr bekommt der Anleihebesitzer zum Zinstermin am 1. März die Zinsen für den gesamten Zinszeitraum ausgezahlt, also 800 Euro. Wenn dieser Zinsertrag zusammen mit den anderen angefallenen Kapitalerträgen seine Freibeträge am Ende dieses Jahres nicht übersteigt, muss er dafür keine Kapitalertragsteuer zahlen. Folge: Er hat zweimal profitiert.

Gestaltungsmissbrauch vermeiden

Verständlicherweise ist diese Gestaltung der Finanzverwaltung ein Dorn im Auge. Vor allem die Urteile des Niedersächsischen Finanzgerichts *(Az: XII 986/97)* und des Bundesfinanzhofs *(Az: VIII R 36/98)* haben gezeigt, wo die Grenzen dieser Strategie liegen. Gestaltungsmissbrauch unterstellen die Richter immer dann, wenn es dem Anleger offensichtlich nur auf die Steuerersparnis ankommt. Dazu werden meist drei Kriterien geprüft:

- Sind die letztlich deklarierten gesamten Zinseinnahmen niedriger als die gezahlten Stückzinsen?
- Bleiben nach Abzug aller Werbungskosten (→ Seite 382) – zum Beispiel der Zinsaufwendungen für einen im Rahmen des Anleihekaufs in Anspruch genommenen Kredit – nur Verluste übrig?
- Ist das Geschäft nicht eigentlich unwirtschaftlich? Diese Frage stellt sich, wenn Anleger die Transaktion mit einem Kredit finanzieren und/oder beim Verkauf Verlust machen.

Trifft einer dieser Punkte zu, muss der Anleger damit rechnen, dass das Finanzamt fehlende Gewinnerzielungsabsicht unterstellt und eine Anerkennung verweigert.

Das Zuflussprinzip: Zu welchem Zeitpunkt müssen Kapitalerträge versteuert werden?

Bei ... (Anlageform)	... müssen Erträge versteuert werden
Anleihen mit jährlichem Zinskupon, z. B. Bundesschatzbriefe Typ A (→ Seite 239),	in dem Kalenderjahr, in dem die Zinsen fällig werden. Wenn effektive Zinsscheine zu einem späteren Zeitpunkt eingelöst werden, ist das unerheblich.
auf- oder abgezinsten Anleihen z. B. Zerobonds, Bundesschatzbriefe Typ B (→ Seite 239),	im Jahr der Einlösung – und zwar für den Unterschiedsbetrag zwischen Ausgabekurs und Einlösungsbetrag. Bei einem vorzeitigen Verkauf muss der Kursgewinn, der auf die Besitzzeit entfällt, versteuert werden (→ Seite 360).
(erhaltenen) Stückzinsen	am Abrechnungstag des Geschäfts, endgültige Versteuerung des Stückzinstopfes im Rahmen der Einkommensteuererklärung.
Spareinlagen	in dem Jahr, zu dem sie wirtschaftlich gehören – auch wenn sie dem Konto erst im Januar des Folgejahres gutgeschrieben werden.
Dividenden (→ Seite 153 und 198)	an dem Tag bzw. zu dem Kalenderjahr, den bzw. das die Hauptversammlung für die Auszahlung der Dividende bestimmt. Wenn kein Termin festgelegt wurde, gilt der Tag nach der Hauptversammlung als Zuflusstermin.
ausschüttenden Fonds (→ Seite 285)	in dem Kalenderjahr der Ausschüttung.
thesaurierenden Fonds (→ Seite 285)	nach dem Prinzip der Zuflussfiktion: Die Erträge gelten mit Ablauf des jeweiligen Geschäftsjahres als zugeflossen.
Zwischengewinnen (bei Fonds, → Seite 378)	am Abrechnungstag des Geschäfts, endgültige Versteuerung im Stückzinstopf.

Zinsstrategien für steuersensible Anleger

Für Anleger, die eine sichere Geldanlage suchen und deren Vermögen nicht so hoch ist, dass sie steuerliche Gesichtspunkte bei der Wahl ihrer Anlageform beachten müssten, sind Anleihen eine unproblematische Wahl. Wer aber mit seinen Kapitalerträgen die Freibeträge regelmäßig übersteigt, muss unter steuerlichen Aspekten bei Rentenpapieren taktisch vorgehen.

Niedrig verzinsliche Anleihen

Die erste Möglichkeit, die Steuerlast bei Zinsersparnissen gering zu halten, besteht darin, am Rentenmarkt gezielt nach laufenden Anleihen zu suchen, die in Zeiten niedriger Zinsen ausgegeben wurden. Wenn die Sätze am Kapitalmarkt nach der Emission erheblich angestiegen sind, notieren diese Papiere je nach Restlaufzeit deutlich unter 100 Prozent, um die nicht mehr marktgerechte Nominalverzinsung auszugleichen (→ Seite 234).

Der Clou für den Anleger: Sofern die Anleihe zum Nennwert emittiert wurde und auch wieder zurückgezahlt wird, ist der Rückzahlungsgewinn steuerfrei. Nur die (niedrige) laufende Verzinsung ist dem Finanzamt anzugeben. Einziger Schönheitsfehler: Niedrig verzinsliche Papiere sind nicht regelmäßig erhältlich, sondern nur, wenn es zu der beschriebenen Zinsentwicklung am Kapitalmarkt kommt.

Anleihen mit Emissionsdisagio

Manchmal wird der steuersensible Anleger allerdings nicht nur bei laufenden, sondern auch bei frisch ausgegebenen Anleihen fündig. Die wenigsten Rentenpapiere werden nämlich bei der Emission zu genau 100 Prozent verkauft. Meist nehmen die Emissionsbanken ein Emissionsdisagio vor, das in bestimmten Grenzen steuerfrei ist (→ Seite 230). Folge: Wer die Anleihe bis zur Fälligkeit hält, kann bei der Einlösung den Rückzahlungsgewinn steuerfrei vereinnahmen.

TIPP

Fragen Sie Ihre Bank nach neu aufgelegten Anleihen mit hohem, aber noch steuerunschädlichem Disagio. Fast jedes Institut kennt die Bedürfnisse der steuersensiblen Kundschaft und hat solche Papiere im Angebot. Dazu zählen auch Optionsanleihen, deren Optionsschein abgetrennt worden ist (→ Seite 343) .

Auf- und abgezinste Schuldverschreibungen

Eine ganz andere Möglichkeit, steuerliche Gestaltungsmöglichkeiten mit Anleihen zu nutzen, besteht darin, auf- oder abgezinste Papiere zu kaufen – zum Beispiel Zerobonds (→ Seite 225) oder Bundesschatzbriefe Typ B (→ Seite 239). Bei diesen Schuldverschreibungen sammelt sich der Zinsertrag im Kurs an und wird bei Fälligkeit in einer Summe zusammen mit dem eingesetzten Kapital ausbezahlt.

Einen Nachteil zum Vorteil machen

Kursgewinne sind zwar unter bestimmten Voraussetzungen steuerfrei (→ Seite 372), der Fiskus hat aber bei dieser Art von Zinspapieren sein Veto eingelegt. Er zählt die Kursdifferenz zwischen Kaufkurs und Rückzahlungs- beziehungsweise Verkaufspreis voll zum steuerpflichtigen Zinsertrag. Folge: Diese Differenz muss im Jahr der Fälligkeit oder des vorzeitigen Verkaufs in einer Summe versteuert werden. Das ist in den meisten Fällen zunächst einmal ein Nachteil, denn durch diese Versteuerungsmethode kommen unter Umständen selbst Kleinanleger über ihren Freibetrag hinaus.

→ Anleihen mit jährlicher Zinsausschüttung sind für steuersensible Anleger deshalb grundsätzlich die bessere Wahl.

Was auf- und abgezinste Papiere allerdings interessant macht, ist der Aspekt, dass der steuerpflichtige Zinsertrag gebündelt auf Jahre hinaus verschoben wird. Das ist vor allem für die Zeit bis zum Jahre 2005 interessant, denn durch die im Jahre 2000 verabschiedete Steuerreform sinken die Steuersätze bis dahin schrittweise – beim Spitzensteuersatz von derzeit 48,5 Prozent auf 42 Prozent (2005). Folge: Wenn der Anleger seine Zinseinkünfte auf die Zeit nach 2005 verschiebt, mindert sich unter Umständen seine effektive Steuerlast allein dadurch, dass sein persönlicher Spitzensteuersatz sinkt. Darüber hinaus kann er die steuerliche Belastung drücken, indem er eine Anleihe wählt, die zu einem Zeitpunkt fällig wird, zu dem er zusätzlich aus persönlichen Gründen einen niedrigeren Steuersatz hat – zum Beispiel, weil er nicht mehr im Erwerbsleben steht und eine (geringe) gesetzliche Rente bezieht.

Exkurs:

Steuern beim vorzeitigen Verkauf abgezinster Anleihen

Viele Anleger halten ihre festverzinslichen Wertpapiere bis zur Einlösung durch den Emittenten. Aber selbstverständlich ist auch ein vorzeitiger Verkauf nicht ausgeschlossen – zum Beispiel, um eine Immobilie zu erwerben oder das Depot umzuschichten und einen größeren Teil des Geldes in andere Anlageformen zu stecken. Vor allem der vorzeitige Verkauf einer auf- oder abgezinsten Anleihe ist steuerlich betrachtet eine Angelegenheit mit vielen Fußangeln, denn für die Berechnung der steuerlichen Bemessungsgrundlagen im Rahmen seiner Einkommensteuererklärung kann der Anleger zwischen unterschiedlichen Methoden wählen. Wer dabei Fehler macht, zahlt unter Umständen zu viel Kapitalertragsteuer.

Am Rentenmarkt wird der Kurs eines festverzinslichen Wertpapiers von der Nominalverzinsung und dem allgemeinen Renditeniveau am Kapitalmarkt bestimmt (→ Seite 234). Für ab- oder aufgezinste Anleihen ergeben sich damit zu jedem Zeitpunkt während der Laufzeit zwei verschiedene Kurse:

- ein theoretischer Kurs, der auf Basis der Emissionsrendite (→ Seite 230) berechnet wird. Sie ist steuerlich nicht definiert und muss vom Anleger zum Beispiel mittels Emissionsprospekt oder durch Bestätigung der Depotbank nachgewiesen werden.
- der tatsächliche Marktkurs, der sich aufgrund von Angebot und Nachfrage und dem aktuellen Marktzinsniveau für die entsprechende Restlaufzeit des Papiers ergibt. Dieser Kurs bewegt sich in etwa auf dem Niveau des theoretischen Kurses.

Es liegt auf der Hand, dass der Marktkurs aufgrund der genannten Einflussfaktoren um den theoretischen Kurs auf Basis der Emissionsrendite pendelt (→ Grafik).

Ganz entscheidend für die Besteuerung des Zinsertrags bei einem vorzeitigen Verkauf der Anleihe ist, wie beide Kurse gegenüber dem Finanzamt voneinander abgegrenzt werden und welcher davon als Basis für den zu versteuernden Zinsertrag herangezogen wird.

Die Differenzmethode

Bei der Berechnungsmethode auf Basis der Marktrendite gilt die Differenz zwischen tatsächlichem Emissions- oder Kaufkurs und dem Einlösungs- beziehungsweise Verkaufspreis als Bemessungsgrundlage für den steuerpflichtigen Zinsertrag. Das heißt, Kurseffekte aufgrund von Zinsveränderungen am Kapitalmarkt gehen bei diesem Verfahren in die Steuerrechnung mit

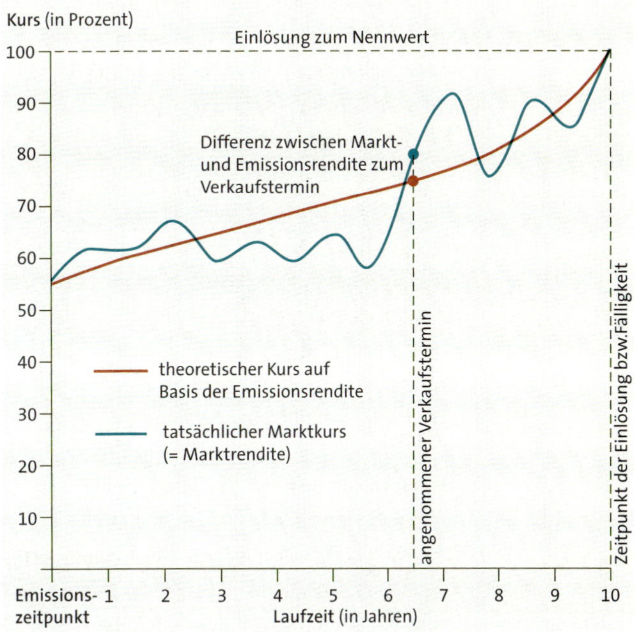

ein. Das ist bei Zinssenkungen am Kapitalmarkt (= steigende Anleihekurse, → Seite 234) steuerlich nachteilig, weil der zwischenzeitliche Kursgewinn der Anleihe deutlich höher ausfällt, als es dem theoretischen Kurszuwachs auf Basis der Emissionsrendite entspricht. Dagegen bedeuten zwischenzeitliche Zinssteigerungen (= fallende Anleihekurse) einen Steuervorteil. Je nach Höhe des Zinsanstiegs und der Haltedauer kann die Differenz sogar negativ ausfallen. In diesem Fall kann der Verlust beim Verkauf ähnlich wie beim Stückzinstopf mit positiven Kapitaleinkünften verrechnet werden.

Die Methode auf Basis der Emissionsrendite

Bei der Kursberechnung anhand der Emissionsrendite bleibt der Marktpreis der Anleihe unberücksichtigt. Stattdessen wird ein rechnerischer Steuerkurs auf Basis der Emissionsrendite ermittelt, und zwar jeweils für den Kauf- und Verkaufszeitpunkt – also für die Zeit des Besitzes. Der auf diese Weise ermittelte Kaufkurs wird dann vom rechnerischen Verkaufskurs abgezo-

Das Finanzamt rechnet die steuerliche Bemessungsgrundlage einer auf- oder abgezinsten Anleihe nicht zugunsten des Anlegers nach. Das muss er selbst tun und aktiv werden.

gen und die Differenz bildet den so genannten steuerpflichtigen, besitzanteiligen Ertrag. Zwangsläufig ist der Anleger bei diesen Angaben auf die Hilfe seiner Bank angewiesen. Kann er die notwendigen Unterlagen nicht beibringen, nimmt das Finanzamt die Berechnung automatisch auf Basis der Differenzmethode vor.
Beispiel: Der Anleger kauft eine zinslose Anleihe im Nennwert von 1 000 Euro zum Emissionstermin 1. Februar 1995. Zum Fälligkeitstermin am 1. Februar 2005 wird das Papier zu 100 Prozent eingelöst. Auf Basis des Emissionskurses von 46,16 Prozent ergibt sich eine Emissionsrendite von 8,04 Prozent. Der Anleger verkauft das Papier vorzeitig am 6. Februar 2000.

- Erster Fall: Die Zinsen sind in der Zwischenzeit gefallen. Das Papier hat übermäßig im Kurs gewonnen. Auf Basis der Emissionsrendite müsste der Kurs theoretisch bei 68,00 Prozent stehen. Tatsächlich kann der Anleger 73,80 Prozent erzielen.

Berechnung (in Euro) auf Basis der ...

Marktrendite (Differenzmethode)		Emissionsrendite	
Tatsächlicher Verkaufserlös	738,00	Theoretischer Verkaufserlös	680,00
tatsächlicher Kaufpreis	– 461,60	theoretischer Kaufpreis (in diesem Fall Emissionskurs)	– 461,60
Steuerpflichtiger Zinsertrag	= 276,40	Steuerpflichtiger Zinsertrag	= 218,40

Der Anleger wird in dieser Konstellation die Emissionsrendite vorziehen. Vorausgesetzt, er kann dem Finanzamt die entsprechenden Angaben machen, muss er nur 218,40 Euro als Zinsertrag versteuern. Auf Basis der Marktrendite sind es 276,40 Euro.

- Zweiter Fall: Die Zinsen sind seit dem Kauftermin gestiegen. Die Anleihe hat sich deshalb in der Zwischenzeit unterdurchschnittlich im Kurs entwickelt. Mit einem Verkaufskurs von 67,20 Prozent bekommt der Anleger etwas weniger, als es der theoretischen Emissionsrendite entspricht.

Berechnung (in Euro) auf Basis der ...

Marktrendite (Differenzmethode)		Emissionsrendite	
Tatsächlicher Verkaufserlös	672,00	Theoretischer Verkaufserlös	680,00
tatsächlicher Kaufpreis	– 461,60	theoretischer Kaufpreis (in diesem Fall Emissionskurs)	– 461,60
Steuerpflichtiger Zinsertrag	= 210,40	Steuerpflichtiger Zinsertrag	= 218,40

In dieser Konstellation erweist sich die Wahl der Marktrendite als steuergünstiger. Nach der Emissionsrendite sind unverändert 218,40 Euro zu versteuern. Auf Basis der Marktrendite sinkt der Wert auf 210,40 Euro.

Ordnung zahlt sich aus

Nicht nur bei der Berechnung des steuerpflichtigen Ertrags, sondern auch bei der Ermittlung der Bemessungsgrundlage für die Zinsabschlagsteuer gibt es unterschiedliche Vorgehensweisen. Wird die Anleihe bei ein und demselben Kreditinstitut erworben, verwahrt und verwaltet und am Ende verkauft, kann die Depotbank die bereits beschriebene Differenzmethode für die Berechnung des 30-prozentigen Zinsabschlags anwenden.
Wird das Papier allerdings während der Laufzeit auf ein Depot bei einer anderen Bank übertragen, ist das Institut, das den Verkauf vornimmt, verpflichtet, den Zinsabschlag nach der so genannten Pauschalmethode vorzunehmen.
Dabei werden gemäß einem Erlass der Finanzverwaltungen 30 Prozent vom **gesamten Rückzahlungsbetrag** als Berechnungsgrundlage für die Abschlagsteuer herangezogen.
Beispiel: Der Anleger hat vor Jahren einen Pfandbrief über 1 000 DM erworben, der zur Rückzahlung fällig ist. Der damalige Ausgabekurs lag bei 65 Prozent, der Anlagebetrag also

bei 650 DM (ohne Berücksichtigung von Kaufspesen). Nach der Differenzmethode werden 30 Prozent Zinsabschlagsteuer auf den Rückzahlungsgewinn von 350 DM fällig – also 105 DM. Da der Anleger zwischenzeitlich sein Depot auf eine andere Bank übertragen hat und auch keine Kaufabrechnung mehr für die Anleihe vorlegen kann, führt die Bank 30 Prozent von 1 000 DM, also 300 DM beziehungsweise 153,39 Euro als ZaSt an das Finanzamt ab.

KONTAKT ▶

Vorsicht bei notleidenden Anleihen!

Eine böse Überraschung erlebten 2002 die Besitzer von Argentinien-Anleihen – und zwar in doppelter Hinsicht. Zum einen stellte das Land seine Zins- und Tilgungszahlungen auf seine international begebenen Staatsanleihen ein. Folge: Die Anleihen wurden notleidend (→ Seite 295), die Kurse stürzten ab. Zum anderen mussten die Anleger, als sie vorzeitig verkaufen wollten, auch steuerlich Nachteile in Kauf nehmen: Vom gesamten Verkaufserlös behielt die Depotbank nämlich entsprechend der Pauschalmethode 30 Prozent Zinsabschlagsteuer ein. Der Grund: Zum 2. Januar 2002 hatte die Deutsche Börse AG beschlossen, die Kursnotiz der Argentinien-Papiere auf die Flat-Notierung (→ Seite 276) umzustellen. Stückzinsen wurden damit nicht mehr berechnet, da Zinszahlungen des Schuldners ohnehin nicht mehr zu erwarten waren. Steuerlich wurde die Anleihe mit der Umstellung zu einem Kursdifferenzpapier. Das heißt, der Anleger muss in diesem Fall die Differenz zwischen An- und Verkaufspreis wie bei einem Zerobonds versteuern – unabhängig davon, dass die Umstände beim Kauf ganz andere waren und wie lange er die Anleihe im Depot hatte.

Da die Banken nur in den seltensten Fällen den Kaufkurs der Anleihe für ihre Kunden abspeichern, müssen sie beim Verkauf die Pauschalmethode anwenden, wenn der Handel auf die Flat-Notiz übergeht. Um das zu verhindern, muss der Anleger selbst aktiv werden, wenn er verkaufen will. Wenn er seine Depotbankverbindung zwischenzeitlich nicht gewechselt hat, kann er seiner Bank seine Kaufabrechnung vorlegen (wenn er sie noch hat!) und auf einer exakten Ermittlung der Kursdifferenz bestehen. Soweit die Anleihe vor der Finanzkrise gekauft worden ist, wird sich in aller Regel herausstellen, dass er einen Kursverlust erlitten hat, sodass beim Verkauf überhaupt keine Steuern zu zahlen sind. Vielmehr kann er die Wertminderung im Jahr des Verkaufs steuermindernd geltend machen – allerdings nur im Rahmen der Steuern auf Spekulationsgewinne (→ Seite 372). Dazu darf zwischen An- und Verkaufstermin nicht mehr als ein Jahr liegen.

▶ KONTAKT
Weiterführende Literatur zu dem Thema: „Kapitalanlagen & Steuern: auf den Punkt gebracht", S. Dankert und M. Weber, Dresdner Bank, 4. Aufl., 2001

Anleihen mit fiktiver Quellensteuer

Eine der ausgefeiltesten, aber auch kompliziertesten und nicht ganz risikolosen Möglichkeiten, Steuern auf Zinserträge zu sparen, besteht im Kauf von Anleihen mit so genannter fiktiver Quellensteuer. Mit diesen von bestimmten Ländern ausgegebenen Staatsanleihen können steuersensible Anleger ihre Rendite nach Steuern deutlich aufbessern. Das funktioniert, indem der Anleger gegenüber dem deutschen Fiskus einen Quellensteuerabzug geltend machen kann, der tatsächlich nie gezahlt wurde. Trotzdem wird er in der Einkommensteuererklärung wie eine bereits gezahlte Steuer angerechnet.

Kompliziertes Verfahren

Dieses Steuerprozedere läuft aber nicht so einfach ab, wie es auf den ersten Blick aussieht. Damit der Anleger die fiktive Quellensteuer voll ausnutzen kann, muss er einige Voraussetzungen erfüllen.

So rechnet das Finanzamt bei fiktiver Quellensteuer

Der Anleger hat eine brasilianische Staatsanleihe mit einem Nominalzins von 10 Prozent und einem Nennwert von 5 000 Euro in seinem Depot. Aufgrund des Doppelbesteuerungsabkommens mit der Bundesrepublik gewährt der lateinamerikanische Staat deutschen Anlegern eine fiktive Quellensteuer von 20 Prozent. Der persönliche Spitzensteuersatz des Anlegers (allein stehend) beträgt 35 Prozent. Im gesamten Kalenderjahr erzielt er Kapitalerträge von insgesamt 5 000 Euro.

Renditeberechnung

Anrechnung fiktiver Quellensteuer	
Nennwert der Anleihe	5 000 Euro
Nominalzins	10 Prozent
Zinsen vor Einkommensteuer	500 Euro
Fiktive Quellensteuer	100 Euro
Anteilige Einkommensteuer auf Zinsertrag (500 × 0,35)	175 Euro
Effektive Einkommensteuer (175–100 Euro)	75 Euro
Effektiver Nettoertrag (500–75 Euro)	425 Euro
Rendite nach Steuern	**8,5 Prozent**

Berechnung des Anteils der ausländischen Einkünfte an den gesamten Kapitaleinkünften	
Ausländische Einkünfte mit fiktiver Quellensteuer von 20 Prozent	500 Euro
Sonstige Einkünfte aus Kapitalvermögen	4 500 Euro
Daran Anteil der ausländischen Einkünfte	10 Prozent
Abzüglich Freibetrag	1 550 Euro
Abzüglich Werbungskostenpauschale	51 Euro
Zu versteuernde Kapitalerträge	3 399 Euro
Anteilige Einkommensteuer (3 399 × 0,35)	1 189,65 Euro
Maximal anrechenbare ausländische Quellensteuer [1 189,65 × 0,1 (= Anteil der ausländischen Einkünfte)]	118,96 Euro
Ergebnis: Tatsächlich nachgewiesene Quellensteuer von 100 Euro kann voll angerechnet werden.	

So zum Beispiel muss er für seine gesamten Kapitaleinkünfte auch tatsächlich Steuern an den deutschen Fiskus zahlen. Die Anrechnung der Schein-Steuer erfolgt dann auch nur bis zur Höhe der Kapitalertragsteuer, die der Anleger für seine ausländischen Kapitaleinkünfte zahlen muss. Liegt er unter den Freibeträgen, geht die fiktive Quellensteuer verloren. Eine Erstattung oder Verrechnung mit anderen Einkunftsarten – wie etwa bei den Stückzinsen – ist nicht möglich.

Die Gefahr vieler Anleihen mit fiktiver Quellensteuer: Die Bonität der Schuldner ist oftmals nicht gerade die beste. Ein regelmäßiger Blick auf die Noten, der internationalen Rating-Agenturen (→ Seite 247), ist deshalb bei diesen Papieren Pflicht.

Die wichtigsten Länder mit fiktiver Quellensteuer

Land	Dividenden	Zinsen	Rating
Argentinien	20	15	D
Bolivien	Keine	20	B+
Brasilien	20	20	BB–
China	10	15	BBB
Ecuador	Keine	20	CCC+
Griechenland	Keine	10	BBB
Indien	Keine	15	BB
Indonesien	Keine	10	CCC
Israel	25	15	A–
Jamaika	15	12,5	B+
Malaysia	18	15	BBB
Marokko	15	10 oder 15	BB
Mexiko	10	Keine	BB
Philippinen	20	15	BB+
Portugal	15	15	AA
Südkorea	20	20	BBB+
Tunesien	15	10	BBB
Türkei	10	10	B–
Uruguay	Keine	20	BBB–
Venezuela	15	5	B

(Alle Angaben in Prozent)
Stand: 1. 1. 2002

Quelle: Dresdner Bank, Rating: Standard & Poor's

TIPPS

- Planen Sie die Zeitpunkte Ihrer Zinserträge. Diese werden nach dem so genannten Zuflussprinzip (→ Seite 359) erfasst, das heißt, sie müssen in dem Jahr versteuert werden, in dem sie Ihnen zufließen. Daraus folgt, dass Sie versuchen sollten, Ihre Zinserträge bevorzugt in Jahre mit niedrigem persönlichen Spitzensteuersatz zu verschieben – zum Beispiel, wenn Sie nicht mehr im Berufsleben stehen. Dabei helfen ab- oder aufgezinste Papiere (→ Seite 360). Wenn Ihr Einkommen stark schwankt, zum Beispiel weil Sie selbstständig sind, sollten Sie auch das bei der Zusammenstellung Ihres Anleihedepots berücksichtigen. Das gilt zum Beispiel für die Wahl der Laufzeiten, der Kupons (auch auf niedrig verzinsliche Anleihen achten, → Seite 359) und für die Termine für einen vorzeitigen Verkauf.
- Nutzen Sie gezielt den Stückzinstopf, indem Sie Anleihen mit einem Zinstermin kurz vor Jahresende wählen. Die gezahlten Stückzinsen dürfen Sie von den Zinserträgen des entsprechenden Jahres abziehen (→ Seite 357). So mindern Sie Ihre Steuerlast.
- Verteilen Sie Ihre Zinserträge in der Familie, indem Sie Teile des Depots an Ihren Nachwuchs verschenken. Jedes Kind kann pro Jahr mehr als 8 000 Euro steuerfrei einnehmen, denn auch Minderjährigen steht zum Beispiel schon ein Grundfreibetrag zu.
  Aber Achtung! Bei einem Schenkungsvertrag, der Ihre wirtschaftliche Verfügungsmacht weiterhin sicherstellt, erkennt das Finanzamt die Schenkung oft nicht an. Allerdings sind Regelungen zulässig, mit denen verhindert wird, dass das Geld vom Beschenkten verschleudert wird. Eine solche Regelung könnte darin bestehen, dass das Kapital bis zur Volljährigkeit des Depotinhabers auf diesem Konto bleiben muss.

Steuern auf Dividenden

Den Zinsen bei Anleihen entsprechen die Dividenden bei Aktien. Der Steuerabzug des Fiskus heißt in diesem Fall Kapitalertragsteuer (KeSt) und nicht Zinsabschlagsteuer, die wiederum eine Steuervorauszahlung darstellt. Darüber hinaus gibt es eine Reihe von Unterschieden gegenüber der Besteuerung von Zinserträgen.

Die doppelte Besteuerung

Das betrifft zunächst einmal die Höhe des Steuersatzes. Wenn ein Unternehmen Dividende ausschüttet, werden 20 Prozent Kapitalertragsteuer und darauf 5,5 Prozent Solidaritätszuschlag von der Bank einbehalten. Ein weiterer Unterschied: Bei Dividenden ist es unerheblich, ob die Papiere im Depot verwaltet oder, was selten ist, effektive Dividendenscheine an der Kasse zur Einlösung vorgelegt werden.

Auf den ersten Blick scheinen Dividenden damit besser wegzukommen als Zinserträge. Doch der Eindruck täuscht, denn die KeSt ist nicht die einzige Steuer, die das Finanzamt von diesem Gewinn einbehält. Es hat vorher bereits beim jeweiligen Unternehmen die so genannte Körperschaftsteuer (KöSt) eingezogen. Diese ist für gewerbliche Unternehmen das, was für den Arbeitnehmer die Lohn- und Einkommensteuer ist. Jede Aktiengesellschaft muss auf ihren erwirtschafteten Jahresgewinn KöSt zahlen. Erst der danach verbleibende Rest kann in Form einer Dividende an die Anteilseigner verteilt oder den Gewinnrücklagen zugeführt werden. Lange Zeit galten dabei unterschiedliche Steuersätze für einbehaltene, also thesaurierte, und ausgeschüttete Gewinne. Damit ist es allerdings seit Anfang 2002 vorbei. Seitdem wird ein einheitlicher Steuersatz von 25 Prozent erhoben.

Unabhängig vom Steuersatz bedeutet diese Steuersystematik nach wie vor, dass vom ursprünglichen Gewinn des Unternehmens nur ein Bruchteil den Aktionären zugute kommt – und dieser wird dann zusätzlich noch einmal mit Kapitalertragsteuer belegt. Da diese Doppelbesteuerung von Dividenden eine deutliche Benachteiligung gegenüber der steuerlichen Behandlung von Zinsen darstellt, hat der Fiskus bislang ein Verfahren angewandt, mit dem Aktienanleger den Besitzern von Anleihen steuerlich in etwa gleichgestellt wurden. Dieses „alte" Anrechnungsverfahren (→ Exkurs) ist mit der Steuerreform zum 1. Januar 2002 durch das neue „Halbeinkünfteverfahren" abgelöst worden.

☞ Nettodividende: Bardividende minus Kapitalertragsteuer und Solidaritätszuschlag.

EXKURS

Das bisherige Anrechnungsverfahren

Das Anrechnungsverfahren galt letztmalig für Dividenden, die für das Geschäftsjahr 2000 gezahlt wurden – in der Regel am Tag nach der Hauptversammlung im Jahr 2001. Für Unternehmen, deren Geschäftsjahr vom Kalenderjahr abweicht, gibt es eine Übergangsregelung. Danach gilt das alte System auch noch für die auf das Geschäftsjahr 2000/2001 entfallende und im Jahr 2002 ausgezahlte Dividende.

So funktioniert es

Bei der Anrechnungsmethode kann der Anleger die von der Aktiengesellschaft bereits an das Finanzamt gezahlte Körperschaftsteuer ähnlich wie die Zinsabschlagsteuer und die Kapitalertragsteuer als Vorauszahlung im Rahmen seiner Einkommensteuererklärung geltend machen. In der Praxis wurden von einem Euro, der bei der Aktiengesellschaft als Jahresgewinn zur Ausschüttung bereitstand – der so genannten ☞ Bruttodividende –, zunächst 30 Prozent Körperschaftsteuer (vor Inkrafttreten der Neuregelung!) an das Finanzamt abgeführt.
Was dann an die Aktionäre ausgeschüttet wird beziehungsweise wurde, ist die so genannte ☞ Bardividende. Bei einer Barausschüttung von zum Beispiel 5 Euro betrug die vorher an den Fiskus gezahlte KöSt 2,14 Euro, die Bruttodividende lag damit also bei 7,14 Euro.

☞ Bruttodividende: Sie umfasst beim Anrechnungsverfahren die steuerpflichtige Gesamtausschüttung.

☞ Bardividende: Bruttodividende minus Körperschaftsteuer.

Von der Bardividende wurden dann noch einmal 25 Prozent Kapitalertragsteuer plus Solidaritätszuschlag (Soli) abgezogen – wenn der Depotbank kein Freistellungsauftrag vorlag oder die Freibeträge bereits überschritten waren. Die abgeführte KeSt und der Soli können dann als Vorauszahlung geltend gemacht werden. Im anderen Fall wurde die Bardividende zuzüglich des damit verbundenen Körperschaftsteuerguthabens dem Konto des Anlegers gutgeschrieben. Dadurch ist die ☞ Nettodividende gleich der Bruttodividende.

Der Vorteil

Die Anrechnung aller vorab gezahlten Ertragsteuern führt bei Normalverdienern und Durchschnittsanlegern in aller Regel zu einer Steuererstattung, die im Rahmen der Einkommensteuererklärung vorgenommen wird. Erst bei einem Spitzensteuersatz von über 48 Prozent muss bei der Einkommensteuererklärung von einer Nachzahlung beziehungsweise einer Verrechnung mit anderen Guthaben ausgegangen werden. Das Rechenbeispiel zeigt, wie sich das Anrechnungsverfahren bei einem persönlichen Spitzensteuersatz von 30 Prozent auswirkt.

So funktioniert das Anrechnungsverfahren *

	Bruttodividende	100,00
–	30 Prozent Körperschaftsteuer (anrechenbare Vorauszahlung)	30,00
=	**Bardividende**	**70,00**
–	25 Prozent Kapitalertragsteuer[1] (anrechenbare Vorauszahlung, 70 × 0,25)	17,50
	Nettodividende (Auszahlung an Aktionär)	52,50
	Steuerpflichtig (Bruttodividende)	100,00
	Persönlicher Spitzensteuersatz in Prozent	30
	Einkommensteuerbelastung[1] (100 × 0,3)	30,00
–	Vorauszahlungen (30 + 17,50)	47,50
=	Rückerstattung	17,50
=	**Nettoertrag nach Steuern (Nettodividende + Rückerstattung)**	**70,00**

* ohne Berücksichtigung von Freibeträgen
[1] ohne Berücksichtigung des Solidaritätszuschlags, (alle Angaben in Euro)

Das neue Halbeinkünfteverfahren

Das so genannte Halbeinkünfteverfahren ist systematisch völlig anders aufgebaut – mit erheblichen Konsequenzen für Aktionäre. Es wird seit 2002 angewandt.

Europatauglich
„Nicht konform mit europäischem Recht und viel zu kompliziert“, so urteilten die Urheber des neuen Verfahrens über die bisherige Anrechnungsmethode. Tatsächlich konnte ein ausländischer Anleger mit der Bescheinigung über die von der deutschen Aktiengesellschaft abgeführte Körperschaftsteuer bei seinem heimischen Finanzamt nichts anfangen. Ebenso erging es deutschen Anlegern mit Bescheinigungen über im Ausland erhobene Körperschaftsteuer.
Um das Steuersystem europatauglicher zu machen, hat sich der Finanzminister für ein vollkommen neues Steuerverfahren bei der Besteuerung von Dividendeneinkünften entschieden: das Halbeinkünfteverfahren. Das bringt zwar noch keine Harmonisierung der Steuersysteme in Europa, soll aber die Abrechnung mit dem Finanzamt vereinfachen.

So funktioniert es
Unverändert ist vom Unternehmen Körperschaftsteuer für den Bruttogewinn beziehungsweise auf die Bruttodividende zu zahlen – und zwar 25 Prozent. Die Körperschaftsteuer ist jetzt allerdings eine so genannte ☞ Definitivsteuer. Das heißt, der Anleger kann sie nicht mehr in seiner Einkommensteuererklärung als Vorauszahlung geltend machen und gegebenenfalls vom Finanzamt zurückholen.

Um die Wirkung dieser Definitivbesteuerung zu mildern, ist von der Bardividende, die an die Aktionäre ausgeschüttet wird, nur noch die Hälfte steuerpflichtig. Diese Halbierung wirkt sich allerdings erst bei der Ermittlung der steuerpflichtigen Kapitalerträge im Rahmen der Einkommensteuererklärung aus. Im Voraus erhebt der Fiskus 20 Prozent Kapitalertragsteuer auf die volle (!) Bardividende – mit der üblichen Einschränkung, dass der Anleger seine Freibeträge überschritten hat und/oder kein Freistellungsauftrag bei der Depotbank vorliegt.

Nach wie vor wird allerdings diese KeSt als Vorauszahlung des Aktionärs auf seine persönliche Einkommensteuerschuld anerkannt. Allgemeiner Wermutstropfen des Halbeinkünfteverfahrens: Da der Anleger nur 50 Prozent der Bardividende versteuern muss, kann er auf der anderen Seite auch nur die Hälfte der im Zusammenhang mit der Aktienanlage angefallenen Werbungskosten (→ Seite 382) und Spekulationsverluste (→ Seite 375) in seiner Steuererklärung geltend machen.

TIPPS

- Kontrollieren Sie Ihre Steuerbescheinigung bei Dividendenausschüttungen:
  Als Nachweis für das Finanzamt druckt die depotführende Bank eine Steuerbescheinigung aus, auf der alle bereits vorab gezahlten Steuern (ggf. KöSt, KeSt und Solidaritätszuschlag) bescheinigt werden. Diesen Beleg müssen Sie mit der Anlage KAP im Rahmen Ihrer Einkommensteuererklärung abgeben.
- Bei der Ermittlung Ihrer steuerpflichtigen Dividendeneinkünfte (und ebenso der Spekulationsgewinne, → Seite 372) geht das Finanzamt nach der Bruttomethode vor. Das heißt, Sie müssen den **Gesamtbetrag** der in einem Kalenderjahr erhaltenen Dividenden (beziehungsweise Spekulationsgewinne) in der Steuererklärung angeben. Der Finanzbeamte berücksichtigt dann von sich aus nur die Hälfte bei der Berechnung des zu versteuernden Einkommens.

☞ Definitivsteuer: Damit wird eine Steuer bezeichnet, die der Anleger definitiv zahlen muss. Die von der Aktiengesellschaft abgeführte Körperschaftsteuer gehört jetzt dazu. Eine Anrechnung als Steuervorauszahlung wird nicht vorgenommen.

So funktioniert das Halbeinkünfteverfahren *

	Bruttodividende	100,00
–	25 Prozent Körperschaftsteuer	25,00
=	**Bardividende**	**75,00**
–	20 Prozent Kapitalertragsteuer[1] (anrechenbare Vorauszahlung) (75 × 0,2)	15,00
	Nettodividende (Auszahlung an Aktionär: 75,00–15)	60,00
	Steuerpflichtig (50 % der Bardividende: 75,00 × 0,5)	37,50
	Persönlicher Spitzensteuersatz in Prozent (Beispiel)	30
	Einkommensteuerbelastung[1] (37,50 × 0,3)	11,25
–	Vorauszahlungen	15,00
=	Rückerstattung	3,75
=	**Nettoertrag nach Steuern (60,00 + 3,75)**	**63,75**

* Ohne Berücksichtigung von Freibeträgen
[1] Ohne Berücksichtigung des Solidaritätszuschlags
(alle Angaben in Euro)

Steuerbelastung beider Verfahren im Vergleich *

	Bruttodividende				100,00
	Nettodividende beim Halbeinkünfteverfahren				60,00
	Steuerpflichtig (50 % der Bardividende)				37,50
	Steuersatz in Prozent	20	30	40	48,50[1]
	Einkommensteuer-belastung	7,50	11,25	15	18,19
–	anrechenbare Vorauszahlungen				15,00
=	Rückerstattung/ Nachzahlung (–)	7,50	3,75	0	–3,19
=	**Nettoertrag nach Steuern beim Halbeinkünfteverfahren (Nettodividende + Rückerstattung bzw. abzüglich Nachzahlung)**	**67,50**	**63,75**	**60**	**56,81**
=	**Nettoertrag nach Steuern beim Anrechnungsverfahren**	**80**	**70**	**60**	**51,50**

* Ohne Berücksichtigung des Solidaritätszuschlages und von Freibeträgen
[1] Höchststeuersatz, Stand 1. 1. 2002
(alle Angaben in Euro)

Die Verfahren im Vergleich

Ob das neue Verfahren für den Anleger eine Verbesserung oder Verschlechterung darstellt, lässt sich nicht pauschal sagen. Dies ist abhängig vom persönlichen Spitzensteuersatz. Als Faustregel gilt: Je höher der persönliche Spitzensteuersatz, desto günstiger ist das neue Verfahren gegenüber der alten Regelung. Für Anleger, die ihre Dividenden im Rahmen des Sparerfreibetrags brutto für netto beziehen, ist das neue Verfahren nachteilig. Der Grund: Die von der Aktiengesellschaft vorab gezahlte Körperschaftsteuer wird nicht mehr wie früher ausgezahlt.

Steuerstrategien für Aktionäre

Grundsätzlich können Aktionäre im Gegensatz zu Anleihebesitzern auf eine ausgefeilte Steuerstrategie verzichten, denn Aktien sind eine steuerschonende Anlageform. Sie bieten auf lange Sicht eine überdurchschnittlich hohe Rendite, die zu einem Großteil steuerfrei ist, weil sie in Form von steuerfreien Kursgewinnen anfällt. Einzige Voraussetzung: Der Anleger muss seine Anteile länger als zwölf Monate im Depot haben, um die steuerliche Spekulationsfrist (→ Seite 372) zu wahren. Doch selbst wenn er früher verkauft, bleibt der Gewinn unter bestimmten Voraussetzungen steuerfrei (→ Seite 375).

Dividenden kommt dagegen nicht erst seit der Einführung des Halbeinkünfteverfahrens unter steuerlichen Gesichtspunkten eine untergeordnete Rolle zu. Zwar kann der Anleger versuchen, durch Verkauf der Papiere kurz vor der Hauptversammlung und Rückkauf kurz nach der Dividendenzahlung die Ertragszahlungen weitgehend zu umgehen. Doch angesichts der Kosten, die damit verbunden sind, und der niedrigen Dividendenrenditen (→ Seite 198), die anfallen, ist diese Strategie wenig sinnvoll.

International angelegt – doppelt besteuert?

Die Käufer festverzinslicher Wertpapiere und Aktien haben unter Umständen auch mit dem ausländischen Finanzamt zu tun – und zwar dann, wenn sie Papiere internationaler Emittenten kaufen. Wenn diese Zinsen und Dividenden zahlen, möchte nicht nur der deutsche Fiskus beteiligt sein; oft zieht zunächst die ausländische Finanzverwaltung eine Quellensteuer ab. Der Schweizer Fiskus berechnet zum Beispiel bei Anleihen eine so genannte Verrechnungsteuer in Höhe von 35 Prozent, in den USA liegt die Quellensteuer für Bonds bei 30 Prozent und in Japan sind es 15 Prozent. Für Dividenden gelten in vielen Ländern abweichende Quellensteuersätze gegenüber Zinserträgen.

Für die deutschen Anleger heißt das: Sie erhalten ihre Zinsen und Dividenden aus dem Ausland unter Abzug der dortigen Quellensteuer. Zusätzlich müssen sie diese Erträge auch noch einmal gegenüber dem deutschen Fiskus in der Steuererklärung angeben und versteuern und sich gegebenenfalls vorab den Abzug von Zinsabschlagsteuer beziehungsweise Kapitalertragsteuer gefallen lassen. Deutsche Anleger zahlen also zweimal Steuern für ein und denselben Ertrag. ☞ Steuerformular

Um das zu verhindern, haben die deutschen Finanzbehörden mit vielen Ländern Doppelbesteuerungsabkommen (DBA) abgeschlossen. Diese Abkommen sehen vor, dass eine bereits im Ausland gezahlte Quellensteuer bei der Berechnung der deutschen Einkommensteuer ganz oder teilweise berücksichtigt und angerechnet wird.

Beispiel: Ein Anleger erhält Zinsen im Gegenwert von brutto 1 000 Euro aus einer ausländischen Staatsanleihe. Der dortige Fiskus behält vorab 300 Euro Quellensteuer ein. Dennoch muss der deutsche Anleger in seiner Einkommenssteuererklärung bei seinen Kapitalerträgen zunächst den vollen Zinsertrag von 1 000 Euro angeben und zu seinem persönlichen Steuersatz versteuern. Bei einem angenommenen persönlichen Steuersatz von 35 Prozent wären noch einmal 350 Euro an den deutschen Fiskus zu zahlen. Besteht ein Doppelbesteuerungsabkommen zwischen Deutschland und dem jeweiligen Staat, wird die Quellensteuer als Vorauszahlung angerechnet. Der deutsche Anleger muss also in diesem Fall nur 50 Euro an sein Finanzamt überweisen.

Quellensteuer – eine Reise durch die wichtigsten Länder

- **Frankreich:** Die Quellensteuer in Höhe von 25 Prozent, die bei Aktien einbehalten wird, können sich deutsche Anleger vollständig erstatten lassen. Die Zeiten, in denen deutsche Aktionäre französischer Unternehmen auch noch in den Genuss der so genannten „avoir fiscal", eine Art Körperschaftsteuer, kamen, sind inzwischen allerdings vorbei. Ein entsprechendes Gesetzesvorhaben zur Änderung des DBA hat die Bundesregierung Anfang 2002 auf den Weg gebracht.

- **Niederlande:** Bei Dividenden niederländischer Unternehmen müssen deutsche Aktionäre zweigleisig fahren. Zwei Fünftel der 25-prozentigen Quellensteuer können sie sich erstatten lassen. Der verbleibende Rest wird auf die Einkommensteuerschuld als Vorauszahlung angerechnet. Nach dem neuen Halbeinkünfteverfahren braucht der deutsche Anleger nur noch die Hälfte der Bardividende zu versteuern, allerdings kann er die vollen 15 Prozent der einbehaltenen Quellensteuer aufgrund des DBA geltend machen. Gemäß der bevorstehenden Änderung im DBA könnte dann wohl nur noch die Hälfte der einbehaltenen Quellensteuer (= 7,5 Prozentpunkte) anerkannt werden.

☞ Steuerformular: In der Einkommensteuererklärung kann ausländische Quellensteuer mit der Anlage AUS geltend gemacht werden.

- **Schweiz:** Ähnlich wie in den Niederlanden läuft es auch bei schweizerischen Unternehmen. Von der Dividende wird eine so genannte Verrechnungsteuer von 35 Prozent einbehalten. Gemäß dem deutsch-schweizerischen Steuerabkommen können 20 Prozentpunkte direkt vom eidgenössischen Fiskus erstattet werden. Die übrigen 15 Prozentpunkte können sich deutsche Anleger wiederum auf ihre Einkommensteuer anrechnen lassen.

- **Spanien:** Für spanische Dividenden ist laut Doppelbesteuerungsabkommen maximal eine Quellensteuer von 15 Prozent zulässig gegen Vorlage einer Bestätigung der deutschen Finanzverwaltung. Tatsächlich erhebt Spanien 18 Prozent Quellensteuer. Dennoch können sich deutsche Anleger nach dem Doppelbesteuerungsabkommen nur einen 15-prozentigen Abzug auf die anteilige deutsche Steuer anrechnen lassen. Bei Zinserträgen ist eine Quellensteuer von 10 Prozent vorgesehen. Wenn sie netto über eine deutsche Bank zufließen, kann der Anleger von einer fiktiven Anrechnung einer spanischen Abzugsteuer in Höhe von 10 Prozent des Bruttoertrags der Zinsen profitieren.

- **USA:** Der US-amerikanische Fiskus ist deutschen Anlegern gegenüber gnädig gestimmt. Bei Dividenden werden nur 15 Prozent statt der sonst üblichen 30 Prozent als Quellensteuer einbehalten. Aufgrund des Doppelbesteuerungsabkommens können deutsche Aktionäre diese 15 Prozent voll als Steuervorauszahlung im Rahmen der Steuererklärung geltend machen. Stand: 1. 1. 2001

Zwei Anrechnungsverfahren sind möglich

Grundsätzlich hat der Anleger gegenüber dem deutschen Finanzamt zwei Möglichkeiten, die im Ausland einbehaltene Quellensteuer geltend zu machen

- Bei der Anrechnungsmethode wird wie bei Anleihen mit fiktiver Quellensteuer für die anrechenbare ausländische Quellensteuer ein Höchstbetrag ermittelt (→ Seite 364), der als Vorauszahlung auf die deutsche Einkommensteuerschuld betrachtet wird. Das geht natürlich nur, wenn der Anleger in Deutschland auch tatsächlich Einkommensteuer zahlen muss. Bei minderjährigen Kindern und Rentnern wird dieser Fall aufgrund hoher persönlicher Freibeträge nicht eintreten. Auch Selbstständige, die im betreffenden Steuerjahr keine Gewinne verbuchen konnten, kommen mit dieser Methode nicht weiter.
- Die Alternative besteht in der Abzugsmethode. Dabei wird die ausländische Quellensteuer schon bei der Ermittlung der steuerpflichtigen Kapitaleinkünfte abgezogen – etwa so, als handle es sich um Werbungskosten (→ Seite 382). So können auch Anleger, die sonst keine weiteren steuerpflichtigen Einkünfte beim Finanzamt zu melden haben, die ausländische Quellensteuer nutzen, um ihre Kapitaleinkünfte unter die Freibeträge zu drücken. Ein etwaiger Verlust, der dadurch entsteht, kann sogar in andere Steuerjahre übernommen werden. Wenn die Kapitaleinkünfte allerdings vor und nach dem Abzug in den Freibetragsgrenzen liegen, hat auch diese Methode keinen zusätzlichen steuerlichen Effekt. Für fiktive Quellensteuern ist die Abzugsmethode allerdings seit dem Steuerjahr 1996 nicht mehr möglich.

Sonderregelungen bei Aktien

Aktionäre haben, anders als die meisten Anleihebesitzer, wesentlich häufiger mit ausländischen Finanzämtern zu tun. Schließlich ist es bei Aktien wichtig, auch internationale Titel im Depot zu haben, um das Risiko besser zu streuen. In manchen Fällen werden Aktionäre auch unbeabsichtigt Anteilseigner einer ausländischen Gesellschaft – zum Beispiel bei der Fusion oder Übernahme eines deutschen Unternehmens durch einen ausländischen Konzern.

Das neue Halbeinkünfteverfahren gilt für deutsche Anleger auch, wenn sie Dividenden aus dem Ausland bekommen. Steuerpflichtig gegenüber dem deutschen Finanzamt ist dabei der Aktionär und zwar wie bei Anleihen grundsätzlich mit dem Bruttobetrag, also dem Betrag vor Abzug der ausländischen Quellensteuer. Entsprechend regeln die von der Bundesrepublik mit anderen Staaten abgeschlossenen Doppelbesteuerungsabkommen, inwieweit der Anleger die von seinen Dividenden im Ausland einbehaltene Quellensteuer gegenüber dem deutschen Finanzamt geltend machen kann.

Eigeninitiative gefragt

Manchmal kommt es vor, dass der ausländische Staat höhere Quellensteuern abzieht als im jeweiligen Doppelbesteuerungsabkommen zugrunde gelegt sind. In diesem Fall kann sich der Aktionär den zu viel gezahlten Betrag von der ausländischen Finanzverwaltung erstatten lassen. Dabei sind Eigeninitiative und Stehvermögen gefragt, denn ein solches Vorhaben ist mit einer Menge Papierkrieg verbunden, für den man reichlich Zeit einplanen sollte. Die Depotbanken übernehmen diesen Service nämlich nur in ganz wenigen Fällen – und wenn, dann lassen sie ihn sich meistens extra bezahlen, sodass der Aufwand vielfach erst ab einer Summe von mindestens 100 Euro lohnt.

Wer es auf eigene Faust probiert, muss sich beeilen, denn in der Regel hat der Aktionär nur drei Jahre Zeit, sich die im Ausland gezahlte Quellensteuer ganz oder teilweise zurückzuholen. In den Niederlanden, in Kanada und Luxemburg muss er sogar schon nach zwei Jahren und in Spanien bereits nach einem Jahr alle Unterlagen beisammen und den Antrag vorgelegt haben. Diese Frist beginnt mit dem Ende des Jahres, in dem die Erträge zugeflossen sind.

Wenn der ausländische Fiskus allerdings exakt die Quellensteuer einbehält, die im Doppelbesteuerungsabkommen vereinbart worden ist, kann sich der Anleger die Mühen sparen. Eine Erstattung ist dann auch nicht auf Antrag möglich.

So holen Sie Ihr Geld vom ausländischen Fiskus zurück

- **Schritt 1:** Für jedes Land, von dem Sie sich Quellensteuer erstatten lassen möchten, müssen Sie sich gesonderte Antragsformulare besorgen. Wenn die depotführende Bank sie nicht zur Hand hat, bekommen Sie die notwendigen Unterlagen kostenlos vom Bundesamt für Finanzen. Hier erfahren Sie auch, welche Behörde Ihre Ansprechpartnerin im Ausland ist und wohin der Antrag geschickt werden muss.
  KONTAKT ▶
- **Schritt 2:** Füllen Sie das Formular mit den Angaben über die einbehaltene Quellensteuer aus. Die Abrechnung über die abgeführten Steuern ist oft unübersichtlich gestaltet. Scheuen Sie im Zweifel nicht die Nachfrage bei Ihrer Depotbank. Sie muss Ihnen behilflich sein und Auskunft erteilen, wenn Sie Detailfragen zur ausgestellten Dividenden- und Quellensteuerbescheinigung haben.

▶ KONTAKT
Bundesamt für Finanzen
Friedhofsweg 1
53225 Bonn
Tel. 02 28/40 60
www.bff-online.de

- **Schritt 3:** Das ausgefüllte Formular müssen Sie an Ihr heimisches Finanzamt schicken, um dort eine Wohnsitzbestätigung zu erhalten. Das führt in der Regel zu einer Kontrollmitteilung in Ihrer Steuerakte. Das heißt, der Finanzbeamte wird später in Ihrer Einkommensteuererklärung kontrollieren, ob Sie auch die ausländischen Dividendeneinkünfte in voller Höhe angegeben haben und nicht etwa nur die Quellensteuer kassieren wollen.
- **Schritt 4:** Alle Unterlagen werden über die eigene Depotbank an das Bundesamt für Finanzen oder direkt an die zuständige ausländische Behörde geschickt.

Steuern auf Spekulationsgewinne

Gerade bei Aktien besteht der Großteil der Rendite aus Kursgewinnen. Einen Kursgewinn verbucht der Anleger – vereinfacht gesagt –, wenn der Verkaufserlös höher ist als die Anschaffungskosten. Dabei ist es unerheblich, mit welcher Art von Wertpapieren der Anleger diese Kursgewinne erzielt hat. Solche Kursgewinne sind für Privatleute nur dann steuerpflichtig, wenn zwischen Kauf und Verkauf weniger als ein Jahr liegt. Dieses Jahr heißt im Steuerdeutsch Spekulationsfrist.

☞ Freigrenze: Wird dieser Betrag erreicht oder überschritten, ist der Anleger für den gesamten Gewinn beziehungsweise Ertrag steuerpflichtig. Wird die Freigrenze nicht überschritten, ist alles steuerfrei. Im Gegensatz dazu steht der Freibetrag. Bis zu diesem Betrag bleiben steuerpflichtige Erträge auf jeden Fall steuerfrei (→ Seite 354).

Freigrenze ist nicht gleich Freibetrag

Der Privatanleger wird allerdings nicht sofort beim ersten Kursgewinn, den er innerhalb der Spekulationsfrist erzielt, vom Fiskus zur Kasse gebeten. Es gibt eine so genannte ☞ Freigrenze von 511,99 Euro. Das heißt aber auch: Wer in einem Kalenderjahr durch geschickte Spekulation Gewinne von 512 Euro und mehr tatsächlich realisiert, muss den **gesamten** Betrag mit seinem persönlichen Steuersatz versteuern.

So rechnet das Finanzamt

In diesem Zusammenhang sollte der Anleger verstehen, wie das Finanzamt das zu versteuernde Einkommen und damit seinen persönlichen Steuersatz ermittelt.

Zuerst werden alle Einkünfte des Steuerpflichtigen zusammengezählt, also zum Beispiel Lohn oder Gehalt aus einer nichtselbstständigen Tätigkeit, Mieteinkünfte aus Vermietung und Verpachtung oder eben Einkünfte aus Kapitalvermögen (das sind im Wesentlichen die Zinsen und Dividenden) und nicht zuletzt die Erträge aus privaten Veräußerungsgeschäften. In diese letzte Position fallen Spekulationsgewinne. Sie haben also für das Finanzamt nicht direkt etwas mit den Einkünften aus Kapitalvermögen zu tun. Deshalb darf der Anleger auch nicht auf die Idee kommen, die Freigrenze für Spekulationsgewinne und die Freibeträge, die für Anleger gelten (→ Seite 354), zu addieren. Wenn die Summe der steuerpflichtigen Einkünfte feststeht, ermittelt das Finanzamt anhand der Steuertabelle, wie viel Steuern dafür zu zahlen sind.

→ Wichtig für alle Anleger ist, dass nur die realisierten, das heißt im Rahmen von Verkäufen auch tatsächlich erzielten Kursgewinne steuerpflichtig sind und nicht etwa auch Buchgewinne, die nur auf dem Papier stehen.

Für das Finanzamt gilt bei der Frage, ob ein realisierter Kursgewinn steuerpflichtig ist, der Tag des Kaufs als Stichtag.
BEISPIEL: Ein Anleger kauft 100 Aktien am 31. Januar 2002. Ein möglicher Kursgewinn ist nur dann steuerfrei, wenn er frühestens am 1. Februar 2003 verkauft.

Achtung, Tausch und Transaktion

Bei Umtausch- und Übernahmeangeboten (→ Seite 175) muss der Anleger immer das Datum dieser Transaktion im Auge haben.

Wenn er das entsprechende Papier noch kein Jahr im Depot hat, muss er einen eventuell erzielten Veräußerungsgewinn als Spekulationsertrag versteuern, sobald die Freigrenze von 512 Euro überschritten ist. Ein solcher Veräußerungsgewinn entsteht in den Augen des Fiskus, wenn die Papiere, die der Anleger vom Aufkäufer oder Fusionspartner im Gegenzug erhält, zum Zeitpunkt des Umtauschs mehr wert sind als die Titel des Übernahmeopfers beziehungsweise des verschmolzenen Unternehmens. Eine Tauschaktion bedeutet deshalb auch eine Verlängerung der Spekulationsfrist. Denn die neu erhaltenen Aktien können erst nach einem Jahr wieder steuerfrei verkauft werden.

Eine klare Meinung hat sich der Fiskus mittlerweile auch zu so genannten Treueaktien gebildet. Diese Papiere wurden in der Vergangenheit beispielsweise von der Deutschen Telekom und der Deutschen Post an ihre Anteilseigner verteilt, wenn diese ihren Aktienbestand nach dem Börsengang beziehungsweise nach einer durchgeführten Kapitalerhöhungen eine bestimmte Zeit in ihrem Depot hielten – eine Art Belohnung für Langfristanleger. Für das Finanzamt zählen diese Bonuspapiere zu den Einkünften aus Kapitalvermögen. Versteuert werden müssen sie in dem Kalenderjahr, in dem sie in das Depot des Anlegers eingebucht worden sind. Dabei ist in der Steuererklärung der Wert anzugeben, der dem niedrigsten am Zuflusstag an einer deutschen Börse (einschließlich Xetra) festgestellten Kurs entspricht. Wie bei Dividenden ist nach dem neuen Steuerrecht allerdings nur die Hälfte des Wertes steuerpflichtig.

Auch für die Treueaktien gilt die Spekulationsfrist. Werden sie innerhalb eines Jahres nach der Einbuchung veräußert, ist der Gewinn beziehungsweise Verlust bei der Ermittlung der steuerpflichtigen Spekulationsverluste im Rahmen der Einkommensteuererklärung zu berücksichtigen. Als Anschaffungszeitpunkt gilt dabei nicht der Einbuchungstag, sondern das Ende der vom Emittenten vorgeschriebenen Haltefrist. Für den Anschaffungspreis ist hingegen wiederum der Kurs am Einbuchungstag maßgebend.

Genau Buch führen

Solange der Anleger nur ein einziges Papier im Depot hat, sind die Termine einfach im Kopf zu behalten. Doch wer mit Aktien spekuliert, verteilt sein Kapital in der Regel auf viele verschiedene Positionen, um das Risiko zu mindern. Dadurch kommt es in einem breit gestreuten Depot nicht selten zu Dutzenden grundsätzlich steuerpflichtigen Transaktionen während eines Kalenderjahres. Kompliziert wird die Sache, wenn der Anleger ein bestimmtes Wertpapier nachkauft oder aber eine Position teilweise auflöst und zu Geld macht. Und das neue Halbeinkünfteverfahren, das bei Aktien gilt, macht die steuerliche Beurteilung doppelt schwierig. Danach sind nicht nur die Dividenden lediglich zur Hälfte zu versteuern; auch die steuerpflichtigen Spekulationsgeschäfte werden nur zu 50 Prozent steuerlich berücksichtigt – allerdings trifft das auch auf die Verluste zu. Für alle anderen Wertpapiertransaktionen, beispielsweise mit Optionsscheinen und Indexzertifikaten, gilt das aber nicht. In diesen Fällen muss nach wie vor der volle Betrag angesetzt werden.

→ Für den Anleger heißt das: Er muss bei jedem Verkauf nachrechnen, ob und in welcher Höhe ein steuerpflichtiger Spekulationsgewinn entstanden ist und wie viel davon tatsächlich zu versteuern ist.

Die Aufbewahrung aller Kauf- und Verkaufsabrechnungen als Beleg für das Finanzamt ist deshalb Pflicht.

Ehrlich währt am längsten

Die Finanzbeamten interessieren sich verstärkt für Spekulationsgewinne. Seit der Steuererklärung für das Jahr 2000 müssen Steuerzahler auf der Anlage SO ihre Spekulationsgewinne und -verluste detailliert dokumentieren. Anleger, die dabei widersprüchliche oder lückenhafte Angaben machen, weil sie in den Jahren davor ihre Spekulationsgewinne nicht deklariert haben, müssen mit intensiven Nachfragen des Finanzbeamten rechnen. Gibt der Steuerzahler keine oder keine ausreichende Antwort, muss er damit rechnen, dass sich der Beamte an die Depotbank wendet und dort die nötigen Daten anfordert. Bei dieser Gelegenheit könnten dann auch die Steuersünden der Vergangenheit auffliegen. Fazit: Besser gleich mit offenen Karten spielen.

Bei Wertpapiergeschäften sind drei Fälle denkbar:

- Eine Aktie wird zu einem bestimmten Termin verkauft. Das Papier liegt bereits länger als ein Jahr im Depot, die Spekulationsfrist ist also abgelaufen, sodass der erzielte Kursgewinn steuerfrei bleibt.
- Ein Teil der verkauften Papiere wurde vor mehr als einem Jahr angeschafft, der andere Teil innerhalb der Spekulationsfrist. Da das Finanzamt in der Regel nicht zwischen steuerfreiem Altbestand und „neuen" Papieren unterscheiden kann, arbeitet es in diesem Fall mit einem Hilfsverfahren, um den steuerpflichtigen Gewinn zu ermitteln.

BEISPIEL: Angenommen der Anleger besitzt seit 1. März 1998 200 Stück Aktien der X-AG. Am 15. Mai 2001 kauft er weitere 100 Stück dazu. Der Kurs der X-Aktie entwickelt sich prächtig, sodass sich der Anleger entschließt, am 30. November 2001 250 Stück zu verkaufen. Das Finanzamt rechnet dann folgendermaßen: 200 Stück davon werden dem „Altbestand" zugeordnet. Deren Kursgewinn beim Verkauf bleibt also steuerfrei. 50 Stück stammen allerdings – steuerlich gesehen – aus dem Anfang Mai getätigten Kauf. Die Differenz vom Verkaufskurs zum damaligen Kaufkurs multipliziert mit 50 Stück ist deshalb steuerpflichtiger Spekulationsgewinn. Angenommen der Anleger hätte nur 100 Stück verkauft, dann wäre der Kursgewinn gänzlich steuerfrei gewesen.

- Die verkauften Papiere wurden allesamt innerhalb eines Jahres angeschafft – allerdings zu unterschiedlichen Zeitpunkten und Kursen. Das Finanzamt bildet in diesem Fall aus den unterschiedlichen Kaufkursen einen Durchschnittspreis, der vom Verkaufskurs abgezogen wird.

BEISPIEL: Ein Aktionär kauft zum 1. Juli 2001 20 Aktien der Firma XY zu 50 Euro. Der Kurs fällt in den Wochen danach, deshalb ordert der Anleger am 15. August noch einmal 20 Stück zu 40 Euro und zwei Wochen später 10 Stück zu 37,50 Euro. Kurz vor Jahresende verkauft er den gesamten Bestand an XY-Aktien zu 48 Euro. Das Finanzamt rechnet dann so: Der Durchschnittskaufpreis (ohne Berücksichtigung der Transaktionskosten) beträgt 43,50 Euro (20 × 50 + 20 × 40 + 10 × 37,50 = 2 175 : 50 = 43,50). Dieser wird vom Verkaufspreis (48 Euro) abgezogen. Der steuerpflichtige Spekulationsgewinn pro Aktie beläuft sich damit auf 4,50 Euro (48 – 43,50). Das ergibt multipliziert mit 50 Stück einen Spekulationsgewinn von insgesamt 225 Euro. Die Hälfte davon, also 112,50 Euro, ist steuerpflichtiger Spekulationsgewinn. Hat der Anleger in diesem Jahr darüber hinaus keine steuerpflichtigen Spekulationsgewinne oder -verluste erzielt, bleibt er unter der Freigrenze und der Ertrag damit steuerfrei. Nicht viel anders ist das Prozedere, wenn die Aktien innerhalb der Spekulationsfrist auch zu unterschiedlichen Zeitpunkten verkauft werden. Dann rechnet das Finanzamt analog einen durchschnittlichen Verkaufskurs aus.

Beständig ist nur der Wandel
Die Meinung der Finanzbehörden ändert sich in den steuerlichen Detailfragen von Zeit zu Zeit. Wenn das Finanzamt im konkreten Fall von einem hier beschriebenen Verfahren zu Ihrem Nachteil abweicht, müssen Sie unter Umständen einen Fachmann konsultieren, der überprüfen kann, ob und wie sich die Handhabung geändert hat. Gerade in den letzten Jahren ist das recht häufig der Fall gewesen – eine Entwicklung, die für den Anleger sehr unbefriedigend ist (→ auch Aktienanleihen, Seite 381).

Wie bei anderen Einkunftsarten auch, darf der Anleger bei den Spekulationsgewinnen die Kosten, die zur Gewinnerzielung nötig waren, gegenrechnen. Dazu gehören:

- Verkauf- und Ankaufspesen wie Maklercourtage, Fremdprovisionen und Bankgebühren,
- der Ausgabeaufschlag beim Kauf von Investmentfonds.

Wer mit seinen Kursgewinnen nur knapp über der Freigrenze liegt, kann, wenn er die Kosten abzieht, vielleicht doch noch den steuerpflichtigen Spekulationsgewinn unter die 512-Euro-Freigrenze drücken – auch deswegen lohnt es sich, alle Unterlagen aufzubewahren. Aber auch hier gilt: Die Kosten bei Aktiengeschäften können nur zur Hälfte berücksichtigt werden.

Verluste gegen Gewinne aufrechnen
Noch interessanter als der Abzug von Transaktionsspesen ist die Möglichkeit, innerhalb der Spekulationsfrist realisierte Verluste mit steuerpflichtigen Spekulationsgewinnen zu verrechnen. Ganz wichtig: Als Betrachtungszeitraum kommt nur das Kalenderjahr infrage.

BEISPIEL: Durch den Verkauf von Aktien der Firma A im Jahr 2001 hat der Anleger einen Kursgewinn von 1 200 Euro erzielt. Da er die Aktien nur neun Monate im Depot gehalten hat, ist der realisierte Gewinn voll steuerpflichtig, weil er die Freigrenze überschreitet. Kurz vor Jahresende entdeckt der Anleger allerdings, dass der Kurswert eines anderen, erst vor kurzem erworbenen Aktienpakets der Gesellschaft B um insgesamt 520 Euro gegenüber dem Einstandskurs gesunken ist. Er kann dann überlegen, die Position aus steuerlichen Gründen zu verkaufen und den Verlust realisieren. Dadurch mindert sich der Spekulationsgewinn von 1 200 Euro um den Verlust von 520 Euro und der verbleibende Rest von 480 Euro, von dem wiederum nur 240 Euro steuerpflichtig sind, liegt unter der Freigrenze von 512 Euro, bleibt also steuerfrei. Dabei ist es unerheblich, ob der Anleger im neuen Jahr die Aktien der Gesellschaft B wieder zurückkauft.

→ Grundsatz: Bei Einzelgeschäften können nur Gewinne und Verluste, die innerhalb derselben Spekulationsfrist realisiert werden, miteinander verrechnet werden.

Da es durchaus möglich ist, dass ein Anleger in einem besonders schlechten Börsenjahr durch Fehlspekulationen ausschließlich Verluste innerhalb der Spekulationsfrist realisiert, hält das Finanzamt für diesen Fall ein Trostpflaster bereit: Der Anleger kann die Verluste mit Spekulationsgewinnen im Vorjahr oder in den kommenden Jahren verrechnen.

Die Verrechnung von Spekulationsgewinnen und -verlusten ist zwischen festverzinslichen Wertpapieren und Aktien, aber auch bei Immobilien in jeder Kombination möglich. Kursverluste bei Aktien werden allerdings nur zur Hälfte berücksichtigt.

Verluste steuerstrategisch verteilen ...
Ein Anleger hat im Jahr 2000 einen steuerpflichtigen Spekulationsgewinn in Höhe von 1 200 Euro erzielt.
2001 summieren sich seine steuerpflichtigen Spekulationsverluste auf 2 350 Euro und die Spekulationsgewinne auf 310 Euro.

... mit folgendem Vorgehen:

▶ **1. Schritt: Spekulationsgewinn beziehungsweise -verlust feststellen (im Jahr 2001).**
Sämtliche steuerpflichtigen Spekulationsverluste und -gewinne im gleichen Kalenderjahr werden summiert und gegeneinander aufgerechnet. Im Beispiel ergibt sich danach folgende Rechnung:

	2 350 Euro	Spekulationsverlust
–	310 Euro	Spekulationsgewinn
=	**2 040 Euro**	**Restverlust**

Eine Verrechnung des Verlusts mit positiven Einkünften aus anderen Einkunftsarten, etwa Mieteinkünften, ist nicht möglich.

▶ **2. Schritt: Verluste rückrechnen.**
Für das Jahr 2001 ergibt sich per Saldo ein restlicher Spekulationsverlust von 2 040 Euro. Der Anleger beantragt, von diesem Restverlust 1 200 Euro auf das Jahr 2000 zurückzutragen und mit dem damals erzielten Spekulationsgewinn zu verrechnen.

☞ Steuerformular: Der Rück- und Vortrag von Spekulationsverlusten wird über die Anlage VA beantragt.

☞ **Steuerformular**
Die mit dem Einkommensteuerbescheid für das Jahr 2000 gezahlte Steuer für den Spekulationsgewinn wird vom Finanzamt erstattet.

▶ **3. Schritt: Vortrag des Restsaldos auf kommende Steuerjahre verteilen.**
Nachdem 1 200 Euro in das Jahr 2000 zurückgetragen worden sind, bleibt vom Verlust im Jahr 2001 ein Saldo von 840 Euro. Dieser Restsaldo lässt sich mit Spekulationsgewinnen in den kommenden Steuerjahren verrechnen – allerdings nur, wenn diese die Freigrenze von 512 Euro überschreiten. Dadurch kann sich die Verlustrechnung über mehrere Jahre hinziehen. Als Faustregel gilt: Die Verrechnung wirkt sich für den Steuerzahler umso günstiger aus, je höher sein persönlicher Spitzensteuersatz ist.

■ **TIPPS**

- Alle Belege über An- und Verkaufsspesen sorgfältig aufbewahren. Sie dienen zum Nachweis der Transaktionskosten und der Spekulationsfristen.
- Für Eheleute mit einem Oder-Depot: Die ungenutzte Freigrenze des einen Partners steht nicht automatisch dem anderen zu. Auch in dieser Hinsicht unterscheidet sich der Freibetrag von einer Freigrenze. Handelt es sich aber um ein Oder-Depot, können Eheleute beim Finanzamt leicht glaubhaft machen, dass beide an der Börse aktiv waren. Ein gemeinsam veranlagtes Ehepaar darf zusammen Spekulationsgewinne bis zu 1 024 Euro steuerfrei verbuchen.
- Nutzen Sie alle Möglichkeiten der Verlustverrechnung. Deshalb: Kursverlierer verkaufen, wenn die Freigrenze gerade überschritten wird. Mit den realisierten Spekulationsverlusten lassen sich die Spekulationsgewinne in diesem Jahr unter Umständen unter die Freigrenze drücken. Ein Rückkauf ist später möglich. Doch Vorsicht: Gleichzeitig abgegebene Kauf- und Verkaufsorders wecken das Misstrauen der Finanzbeamten.

Der Ehrliche sollte nicht benachteiligt werden
Wer steuerehrlich ist und seine Spekulationsgewinne in der Steuererklärung angibt, sollte nicht der Dumme sein. Legen Sie deshalb Einspruch in diesem Punkt ein und beantragen Sie ein Ruhen des Verfahrens. In einem derzeit laufenden Musterprozess muss sich der Bundesfinanzhof damit auseinander setzen, dass es der Gesetzgeber duldet, dass weniger ehrliche Anleger ihre steuerpflichtigen Spekulationsgewinne ohne weiteres verschweigen können *(Az. IX R 62/99)*.

Steuern auf Fondserträge

Investmentfonds gelten, wie im einschlägigen Abschnitt beschrieben (→ Seite 309), als pflegeleichte Anlageform. Wenn es allerdings darum geht, die Erträge dieser Anlageform zu versteuern, kann von Bequemlichkeit keine Rede mehr sein. Das fängt bereits beim entsprechenden Formular in der Einkommensteuererklärung an. ☞ Steuerformular

Oftmals scheitern auch erfahrene Anleger beim Ausfüllen der Kästen und Spalten. Und die meisten Bankberater können ihren Kunden ebenfalls nicht detailliert erklären, was addiert, subtrahiert, wie und wann berücksichtigt werden muss. KONTAKT ▶

Dabei ist das Steuerprinzip bei Fonds im Grundsatz kaum anders als bei Aktien und Anleihen. Die vom Fonds erwirtschafteten Erträge werden vom Anleger genau so versteuert, als würde er die entsprechenden Papiere im eigenen Depot halten. Zu versteuern sind Zinserträge, Dividenden, Spekulationsgewinne bei Termin- und Optionsgeschäften und Stückzinsen. Damit eine Doppelbesteuerung vermieden wird, bleiben die Einnahmen des Fonds, wenn sie der Fondsgesellschaft zufließen, allerdings erst einmal steuerfrei. Erst wenn die Erträge ausgeschüttet oder thesauriert werden oder der Anleger vorzeitig verkauft, wird die Steuerfrage relevant.

In der Praxis wird das dann allerdings ein Fall für Tüftler, denn die Fondsmanager haben im Laufe des Jahres unter Umständen eine Vielzahl verschiedener Papiere gekauft. Dabei werden Erträge erwirtschaftet und einzelne Positionen unter Umständen wieder verkauft. Für die steuerliche Behandlung eines Fonds ist deshalb vor allem eine Frage wichtig: In welche Art von Fonds hat der Verwalter das Geld seiner Kunden angelegt?

Was bei Rentenfonds steuerpflichtig ist

Bei Rentenfonds fallen in erster Linie Zinserträge an, die genauso wie bei einer Anleihe voll steuerpflichtig sind. Steuerpflichtig sind grundsätzlich auch Gewinne aus Termingeschäften des Fondsverwalters (→ Seite 337), wenn die Laufzeit kürzer ist als ein Jahr. Zusätzlich kann die Ausschüttung aber auch steuerfreie Bestandteile, zum Beispiel realisierte Wechselkursgewinne, enthalten. Grundsätzlich gilt: Der Fondsmanager muss anders als Privatanleger keine Spekulationsfrist beachten. Er kann Papiere in beliebig kurzer Zeit kaufen und wieder verkaufen – und auf diese Weise steuerfreie Kursgewinne erzielen. Diese Regelung gilt übrigens auch für jeden anderen Fondstyp.

Bevor die Erträge an den Anleger ausgezahlt werden, behält die Fondsgesellschaft eine Steuervorauszahlung für das Finanzamt ein. Auf die steuerpflichtigen Zinserträge und die Gewinne aus Termingeschäften führt die Fondsgesellschaft 30 Prozent Zinsabschlagsteuer plus den darauf entfallenden Solidaritätszuschlag von 5,5 Prozent ab. Ebenso wie bei Anleihen gilt: Die einbehaltene Zinsabschlagsteuer stellt lediglich eine Vorauszahlung auf die Einkommensteuerschuld dar. Die Erträge muss der Anleger mit seinem persönlichen Spitzensteuersatz versteuern. Wer keine oder nur geringe Steuern zahlt, erhält die einbehaltene Steuer über die Einkommensteuererklärung ganz oder teilweise zurück.

Bruttomethode befolgen

In der Steuererklärung müssen die Erträge von Rentenfonds nach der so genannten Bruttomethode eingetragen werden. Das heißt, die gesamte Ausschüttung – unabhängig, welcher Betrag davon steuerpflichtig ist und welcher nicht – wird in das Formular eingesetzt.
Dazu werden dann der Reihe nach die steuerfreien Anteile, die abgeführte Zinsabschlag-

☞ **Steuerformular:** Anleger müssen Fondserträge ebenso wie Dividenden und Zinserträge in die Anlage KAP (früher KSO) eintragen.

▶ KONTAKT
Buchtipp:
Eine kostenlose Anleitungsbroschüre für die Steuererklärung bekommen Fondsanleger beim BVI (Bundesverband Deutscher Investment-Gesellschaften) unter der Telefonnummer 0 69/15 40 90 245, per Fax 0 69/1 54 09 02 38 oder **www.bvi.de**

steuer und der Solidaritätszuschlag eingetragen. Wenn von den Fondserträgen zudem noch ausländische Quellensteuer gezahlt, aber nicht erstattet wurde, kann der deutsche Anleger bei einem Fonds deutscher Herkunft (→ Kasten „Keine Schwarz-weiß-Malerei", Seite 379) diesen Abzug ebenfalls in seiner Steuererklärung geltend machen – und zwar nach beiden Methoden, die auch bei der Direktanlage angewandt werden (→ Seite 370). Allerdings gilt auch hier: Diese Möglichkeit lohnt nur, wenn die relevanten Freibeträge (→ Seite 354) überschritten werden.

Die steuerliche Behandlung von Aktienfonds

Bei Aktienfonds setzt sich der Ertrag hauptsächlich aus Dividenden und Spekulationsgewinnen zusammen. Zusätzlich erzielen Aktienfonds zu einem geringen Teil Zinserträge – zum Beispiel, wenn der Fondsmanager liquide Mittel auf Tagesgeldkonten parkt oder dem Depot Anleihen beimischt. Das heißt, die Ertragsbescheinigung bei diesem Fondstyp weist nicht selten auch Zinserträge einschließlich der darauf gezahlten ZaSt und des Solis auf.

☞ Zwischengewinn: Zwischengewinne entsprechen den seit der letzten Ausschüttung oder Thesaurierung angesammelten Zinserträgen und Zinsansprüchen. Sie enthalten auch die Gewinne aus steuerpflichtigen Termingeschäften, jedoch keine Dividenden oder Mieterträge.

Auch hier gilt das Bruttoprinzip: Den Gesamtertrag muss der Fondsanleger als erstes in die zur Steuererklärung gehörende Anlage KAP eintragen und danach sämtliche Steuern (KeSt, Soli und so weiter) und steuerfreien Anteile auflisten. Nach dem Halbeinkünfteverfahren (→ Seite 367) muss auch der Aktienfondsbesitzer den Teil der Fondserträge, die aus in- und ausländischen Dividenden bestehen, nur zur Hälfte versteuern.

Die Versteuerung des steuerpflichtigen Ertrags erfolgt wie bei Rentenfonds zum persönlichen Steuersatz, wobei die vorab von der Fondsgesellschaft abgeführten Steuern vom Finanzamt ebenfalls als Vorauszahlung angerechnet werden.

Zwischengewinne und Spekulationsgeschäfte

Auch beim Verkauf von Fondsanteilen fallen steuerpflichtige Erträge an. Der Grund: Der Fonds erwirtschaftet innerhalb seines Wirtschaftsjahres Erträge in Form von Zinsen und Dividenden. Diese Erträge führen zu einer Wertsteigerung des einzelnen Fondsanteils. Würde der Anleger zum Beispiel einen Fonds, den er zwei Jahre besitzt, kurz vor dem Ausschüttungstermin verkaufen, erzielt er auf den ersten Blick einen steuerfreien Kursgewinn, weil er die einjährige Spekulationsfrist, die auch bei Investmentfondsanteilen gilt, eingehalten hat. Allerdings würde er dadurch auch die seit dem letzten Ausschüttungstermin aufgelaufenen Erträge steuerfrei vereinnahmen. Damit dies nicht passiert, dem Anleger also die Wertsteigerung nicht einfach als steuerfreier Kursgewinn zufließt, ermittelt die Fondsgesellschaft auf Anweisung der Finanzverwaltung den so genannten ☞ Zwischengewinn. Diesen Zwischengewinn muss jede Investmentgesellschaft täglich ausrechnen, vom aktuellen Anteilswert abgrenzen und veröffentlichen.

Stückzinstopf auch bei Fonds

Von dem im tagesaktuellen Rücknahmepreis enthaltenen Zwischengewinn muss die Depotbank 30 Prozent Kapitalertragsteuer abziehen. Das Verfahren gleicht der Stückzinsberechnung bei festverzinslichen Wertpapieren. Anleger können es deshalb auch zu ihren Gunsten nutzen. Wer einen Fondsanteil kauft, übernimmt die bis dahin erwirtschafteten und noch nicht ausgeschütteten Zwischengewinne. Die Vorauszahlung auf später ausgeschüttete Erträge werden dem Stückzinstopf (→ Seite 357) zugefügt. Einen möglichen Zinsabschlag bei einem vorzeitigen Verkauf eines anderen Fonds oder festverzinslichen Wertpapiers darf der Anleger mit vereinnahmten Stückzinsen **und/oder** gezahlten Zwischengewinnen verrechnen.

Fondsbesteuerung im Überblick

Geschäftsvorgang	Besteuerung
Kauf	Anleger zahlt gegebenenfalls Zwischengewinn. Es entsteht Guthaben im Stückzinstopf (→ Seite 357).
Ausschüttung von Zinsen und Erträgen aus steuerpflichtigen Termingeschäften	Es werden 30 % Zinsabschlagsteuer (zuzüglich des anteiligen 5,5 %igen Solidaritätszuschlags) einbehalten. Kein Halbeinkünfteverfahren!
Ausschüttung von Dividenden	Nach Einführung des Halbeinkünfteverfahrens keine Anrechnung der 25 %igen KöSt mehr. Auf Dividende wird 20 % Kapitalertragsteuer (zuzüglich des anteiligen 5,5 %igen Solidaritätszuschlags) fällig; zu versteuern ist allerdings nur noch die Hälfte der Bardividende.
Substanzausschüttungen, Spekulations- oder Währungsgewinne	Steuerfrei für den Anleger, wenn er den Fonds mindestens ein Jahr lang im Depot hält.
Thesaurierung von Zinsen und Erträgen aus steuerpflichtigen Termingeschäften	Investmentgesellschaft behält 30 % Zinsertragsteuer (zuzüglich des anteiligen 5,5 %igen Solidaritätszuschlags) ein. Die Vorauszahlung wird auf die Einkommensteuerschuld des Anlegers angerechnet[1]. Zuflussfiktion am Ende des Geschäftsjahres (→ Seite 380).
Thesaurierung von Dividenden	Investmentgesellschaft führt 20 % Kapitalertragsteuer und anteilig 5,5 % Solidaritätszuschlag ab (Halbeinkünfteverfahren)[1]. Zuflussfikiton am Ende des Geschäftsjahres (→ Seite 380). Der Anleger muss erstmals im Jahr 2002 diesen Anteil der Ausschüttung nur noch zur Hälfte versteuern.
Verkauf oder Rückgabe innerhalb der ersten 12 Monate	Kursgewinne sind als Spekulationsgewinne steuerpflichtig, werden aber um die vereinnahmten und versteuerten Zwischengewinne gekürzt, um Doppelbesteuerung zu vermeiden. Kein Halbeinkünfteverfahren.
Verkauf oder Rückgabe mit Gewinn nach 12 Monaten	Eventuell vereinnahmte Zwischengewinne sind steuerpflichtig.

[1] Anleger, die ihren Sparerfreibetrag nicht überschreiten, bekommen als Ausgleich für die Vorauszahlung neue Anteile gutgeschrieben oder einen Ausgleich in bar.

Ausnahme: Spekulationsgewinne bei Aktien

Einen Nachteil haben Fondsanleger allerdings gegenüber Aktienkäufern bei der Versteuerung von Spekulationsgewinnen: Das neue Halbeinkünfteverfahren gilt für sie nicht. Das heißt, die Änderung, dass Direktanleger seit 2002 nur noch die Hälfte ihrer Veräußerungsgewinne im Rahmen ihrer Einkommensteuererklärung versteuern müssen, die sie vor Ablauf der einjährigen Spekulationsfrist realisiert haben, ist für Fondsanleger nicht relevant.

Auslandsfonds: Keine Schwarz-weiß-Malerei

Bei Fonds von Investmentgesellschaften mit Sitz im Ausland spricht das Finanzamt von Auslandsfonds. Bei diesen Fonds werden im Ausland keine Steuern einbehalten, die Erträge sind jedoch in voller Höhe gegenüber dem deutschen Finanzamt steuerpflichtig und müssen in der Steuererklärung des Anlegers angegeben werden. Auslandsfonds werden in drei Gruppen (weiß, grau, schwarz) eingeteilt. Ausschlaggebend für die Einteilung ist, ob der Fonds ☞ vertriebskontrolliert und/oder börsennotiert ist.

☞ Vertriebskontrolliert: Dazu zählt ein Fonds, wenn er die gesetzlichen Vorschriften der Bundesrepublik hinsichtlich seiner Anlagepolitik, beim Vertrieb und bei der Publizität erfüllt und die für die Besteuerung nötigen Angaben veröffentlicht. Diese Fonds sind beim Bundesaufsichtsamt für das Kreditwesen registriert.

Als **weiße Auslandsfonds** werden Anteile bezeichnet, die vertriebskontrolliert oder börsennotiert sind. Diese Fonds sind bei der Zwischengewinnbesteuerung Fonds deutscher Herkunft gleichgestellt. Werden solche Anteile bei einer inländischen Bank verwahrt, wird auch Zinsabschlagsteuer für die ausgeschütteten steuerpflichtigen Erträge abgeführt. Doch darüber hinaus gibt es bei der Besteuerung einige wichtige Unterschiede, die vor dem Kauf bedacht werden sollten:

- Bei der Steuervorauszahlung wird nicht zwischen Dividenden, Zinserträgen und steuerpflichtigen Termingeschäften unterschieden. Sie bilden zusammen den Ertrag, von dem die 30-prozentige Zinsabschlagsteuer abgeführt wird.
- Bei thesaurierenden Fonds dieses Typs wird die Zinsabschlagsteuer erst bei der Rückgabe über eine inländische Bank abgeführt. Steuerpflichtig sind die Erträge aber in dem Jahr, in dem sie entstehen – in der Fachsprache wird das auch ☞ Zuflussfiktion genannt.
- Ausländische, in Deutschland zum Vertrieb zugelassene Fonds werden nicht nach dem Halbeinkünfteverfahren besteuert. Die Dividenden, die diese Fonds einnehmen, muss der Anleger deshalb voll versteuern. Diese Benachteiligung wurde beim neuen Finanzmarktförderungsgesetz beibehalten (→ Seite 424).

☞ Zuflussfiktion: Normalerweise müssen Erträge immer dann versteuert werden, wenn sie dem Anleger zufließen (→ Seite 359). Bei thesaurierenden Fonds gibt es als Ausnahme die Zuflussfiktion: Der Anleger muss die thesaurierten Erträge jährlich versteuern, auch wenn er sie erst mit der Rückgabe tatsächlich erhält (über den realisierten Kursgewinn).

Graue Auslandsfonds sind in Deutschland nicht zum öffentlichen Vertrieb zugelassen. Sie werden weder im amtlichen Handel noch am geregelten Markt notiert. Sie weisen aber alle Besteuerungsgrundlagen, auch die Zwischengewinne, nach und haben in Deutschland einen Steuervertreter bestellt.

- Im Gegensatz zu den weißen Fonds wird bei diesem Typ der Veräußerungsgewinn zusätzlich steuerpflichtig,
- Wenn es bei der Ausschüttung einen steuerfreien Anteil gibt, wird die Steuervorauszahlung auf diese erweiterte Bemessungsgrundlage berechnet.

Schwarze Auslandsfonds sind weder vertriebskontrolliert noch börsennotiert, haben keinen steuerlichen Vertreter im Inland und weisen ihre Besteuerungsgrundlagen nicht einwandfrei nach. Weil die tatsächlich anfallenden Erträge für den Fiskus nur schwer nachprüfbar sind, greift er drastisch zu.

- Es gibt keinen steuerfreien Anteil an der Ausschüttung.
- Zusätzlich zur Ausschüttung werden 90 Prozent des innerhalb eines Kalenderjahres erzielten Wertzuwachses besteuert. Weil dieser Wert schwer zu ermitteln ist, wird vereinfacht mit 10 Prozent des Rücknahmepreises gerechnet.
- Bei Rückgabe oder Verkauf werden 20 Prozent des Rücknahmepreises als Ertrag versteuert.
- Der pauschal ermittelte Zwischengewinn wird nicht mit dem Stückzinstopf verrechnet.

Steuerstrategien für Fondsanleger

Da Investmentfonds vom Grundprinzip her genauso besteuert werden wie die jeweiligen Einzelanlagen, gilt hier das Gleiche wie bei Aktien und Anleihen.

Aktienfonds sind für Anleger, deren Kapitaleinkünfte über den Freibeträgen liegen und die unter Umständen zusätzlich einen hohen persönlichen Spitzensteuersatz haben, steuerlich die bessere Wahl. Der Großteil der Erträge wird bei diesem Fondstyp in Form von steuerfreien Kursgewinnen erzielt, wobei der Fonds den zusätzlichen Vorteil besitzt, dass der Fondsmanager selbst an keine Spekulationsfristen gebunden ist. Lediglich der Fondsbesitzer muss die Anteile mindestens zwölf Monate im Depot halten.

Rentenfonds sind dagegen unter steuerlichen Gesichtspunkten nur dann ein guter Kauf, wenn der Anleger weiß, dass er seine Freibeträge nicht überschreitet, denn die Erträge, die im Wesentlichen aus Zinseinnahmen bestehen, sind meistens voll zu versteuern. Lediglich bei internationalen Rentenfonds besteht ein Teil der Ausschüttung beziehungsweise des Wertzuwachses aus Währungskursgewinnen. Eine Ausnahme bilden spezielle Laufzeitfonds (→ Seite 298). Sie sind im Rentenfondsbereich eine steueroptimierte Alternative, mit der ein höherer Teil der Erträge steuerfrei bleibt. Generell ist die absolute Verzinsung dieser Fonds zwar relativ niedrig. Aber sie ist zu einem Teil steuerfrei, sodass sie für diejenigen Anleger attraktiv sind, die an einer hohen Nach-Steuer-Rendite interessiert sind.

Finanzinnovationen – steuerlich Papiere besonderer Art

In den Emissionsabteilungen der Banken kreieren die Finanzingenieure immer neue Produkte, die herkömmliche Anlageformen wie Aktie und Anleihe mit Termin-, Options- und Tauschgeschäften kombinieren. Dazu gehören zum Beispiel Aktienanleihen (→ Seite 340) und Indexzertifikate (→ Seite 347).

Der Ertrag dieser Produkte ist nicht so einfach in die Kategorie „steuerpflichtig" oder „steuerfrei" einzuordnen. Manchmal haben die Emittenten auch das Ziel, mit einer besonders ausgefeilten Konstruktion aus steuerpflichtigen Zinsen steuerfreie Kursgewinne zu machen. Verständlicherweise sind solche Papiere dem Fiskus ein Dorn im Auge. Er hat deshalb bei einer Reihe von „Neuentwicklungen" – den so genannten Finanzinnovationen – die Notbremse gezogen: Bei Produkten, die als Finanzinnovation eingestuft werden, muss der Anleger grundsätzlich den Gesamtertrag der Anlage, also Zins- und Kursgewinne, ermitteln und vollständig versteuern – und zwar unabhängig von Spekulationsfristen.

Nachfolgend werden die derzeit wichtigsten Sonderformen vorgestellt:

Aktienanleihen

Die Zinsen der Aktienanleihe sind wie jeder andere Zinskupon voll steuerpflichtig und werden mit Kapitalertragsteuer belegt. Verkauft der Anleger vor dem Laufzeitende, werden die anteiligen Stückzinsen besteuert. Die Einlösungs- oder Veräußerungsgewinne ebenso wie die -verluste galten nach der allgemeinen Meinung der Steuergesetzgebung und -auslegung lange Zeit als unbeachtlich, wenn sie außerhalb der Spekulationsfrist entstanden sind. Das Bundesfinanzministerium hat im Frühjahr 2001 aber eine Kehrtwende vollzogen. Seitdem zählen Aktienanleihen zu den Finanzinnovationen, sodass Anleger sämtliche realisierten Kursgewinne versteuern müssen – unabhängig von der Spekulationsfrist. Trostpflaster: Anleger können Verluste bei der Rückzahlung (= negative Kursgewinne) mit den Zinsen der Anleihe (= positive Kapitalerträge) verrechnen.

Das ist dann der Fall, wenn der Emittent eine Aktienanleihe mit Aktien zurückzahlt. Denn das heißt: Der Kurs der Papiere ist unter den bei der Ausgabe der Anleihe festgelegten Basiskurs gefallen (→ Seite 341). Der Anleger nimmt also zwangsläufig mit der Einlösung einen Verlust hin, denn er erhält Papiere zurück, die weniger wert sind als der Betrag, den er ursprünglich für die Anleihe gezahlt hat.

Dem Anleger steht es frei, die ausgezahlten Aktien zunächst in seinem Depot zu halten und erst nach Ablauf der Spekulationsfrist zu veräußern. Hat sich der Kurs der Papiere bis dahin wieder erholt, bleibt ein zu diesem Zeitpunkt erzielter Kursgewinn steuerfrei. Wird dann allerdings der Kursverlust endgültig realisiert, kann der Anleger dieses Minus nicht mehr mit Kursgewinnen aus anderen Geschäften verrechnen. Anders ist die Situation, wenn die Aktien aus der Anleihe vor Ablauf der Spekulationsfrist verkauft werden. Kursgewinne und -verluste können dann steuerlich in vollem Umfang berücksichtigt werden (→ Spekulationsgewinne, Seite 372). Die Anschaffungskosten der Aktie sind mit dem (Kassa-)Kurswert der Aktie im Zeitpunkt der Rückgabe anzusetzen.

Umtauschanleihen

Wie bei Aktienanleihen sind bei Umtauschanleihen (→ Seite 344) nicht nur die Zinsen, sondern auch die realisierten Kursgewinne steuerpflichtig, die bei einem eventuell während der Laufzeit vorgenommenen Umtausch der Schuldverschreibung in Anteile des Basiswertes entstehen. Dieser steuerpflichtige Betrag ergibt sich aus der Differenz zwischen dem Entgelt für Erwerb und Einnahmen am Tag der Veräußerung beziehungsweise der Einlösung. Von der Steuerpflicht verschont bleiben aber Kursgewinne bei Wandelanleihen, bei denen der Emittent das Papier auf eigene Aktien ausgibt (→ Seite 343).

☞ Steuerformular: Auf der Anlage KAP können alle Aufwendungen, die für die Kaufentscheidung erforderlich sind und die der Sicherung und Erhaltung von Kapitalerträgen dienen, als Werbungskosten abgesetzt werden.

Steuerliche Behandlung von Finanzinnovationen

Bei Papieren, die nach den Maßstäben der Einkommensteuerstelle Finanzinnovationen sind, wird der Gesamtnutzen besteuert, den sie dem Anleger bringen.

- **Der Vorteil:** Eventuelle Kursverluste bei Fälligkeit mindern auch außerhalb der Spekulationsfrist die Steuern.
- **Der Nachteil:** Kursgewinne müssen auch dann versteuert werden, wenn sie erst nach Ende der Spekulationsfrist erzielt wurden.

Folgende Papiere gehören unter anderem dazu (die Liste wird durch das Bundesfinanzministerium laufend erweitert):

- Stripped Bonds (→ Seite 254),
- Step-down-Anleihen und Floater (Gleitzinsanleihen), Aktienanleihen, bestimmte Index- und Basketzertifikate (→ Seite 347),
- sämtliche Garantieprodukte (das heißt, Anlageprodukte, die einen sicheren Kursgewinn versprechen. Ausnahme: Garantiefonds, → Seite 302).

Werbungskosten drücken Lasten

Wer Einkünfte aus Kapitalvermögen erzielt, hat in der Regel auch Kosten für notwendige Vorleistungen und zur Wahrung und Sicherstellung dieser Einkünfte. Deshalb können Anleger alle Ausgaben, die in ursächlichem Zusammenhang mit diesen Erträgen stehen, als Werbungskosten in der Steuererklärung geltend machen und damit ihre steuerpflichtigen Erträge mindern – und zwar auch über den Pauschbetrag von 51 beziehungsweise 102 Euro hinaus.
☞ Steuerformular

Doch welche Ausgaben in direktem Zusammenhang mit der Kapitalanlage stehen und welche nicht – darüber gibt es oft unterschiedliche Vorstellungen zwischen Steuerzahler und Finanzamt.

Nachteil des Halbeinkünfteverfahrens

Darüber hinaus hat die Einführung des Halbeinkünfteverfahrens bei Dividendenerträgen auch Auswirkungen auf die Handhabung der entsprechenden Werbungskosten. Weil seit 2002 nur noch die Hälfte der Dividenden zu versteuern ist, können auch nur noch 50 Prozent der in diesem Zusammenhang entstandenen Kosten dagegen aufgerechnet werden. Das praktische Problem, das diese Neuregelung nach sich zieht, besteht darin, dass bestimmte Allgemeinkosten, die im Rahmen der Kapitalanlage entstanden sind – zum Beispiel Depotgebühren oder Telekommunikationskosten –, auf die einzelnen Papiere oder Anlageformen aufgeteilt werden müssen.

Das können Anleger absetzen

- **Depot- und Kontoführungsgebühren.**
  Die Kosten für die Verwahrung und Verwaltung von Wertpapieren können voll abgesetzt werden. Aber: Kauf- und Verkaufsspesen gehören in die Rubrik Anschaffungskosten und nicht zu den Werbungskosten. Diese Transaktionsgebühren sind wichtig in Zusammenhang mit der Ermittlung der Spekulationsgewinne (→ Seite 375).

- **Fahrtkosten.**
  Wer Bank, Steuerberater und Finanzberater aufsucht, kann die Fahrtkosten als Werbungskosten ansetzen – entweder die tatsächlichen Kosten oder die Dienstreisepauschale von 0,30 Euro/km bei Fahrten mit dem eigenen Pkw.

- **Finanzierungskosten.**
  Kosten für einen Kredit sind durchweg Werbungskosten, wenn das Geld ausschließlich dazu verwendet wurde, Wertpapiere zu erwerben. Zu den Ausgaben, die das Finanzamt anerkennt, gehören neben den Schuldzinsen auch Bereitstellungszinsen, ein Damnum oder Disagio. Doch Vorsicht: Als Voraussetzung für den Werbungskostenabzug prüft das Finanzamt, ob auf die Gesamtdauer der Anlage gesehen ein Überschuss der laufenden Erträge über die Ausgaben, also über die Darlehenszinsen, erwartet werden kann. Dazu zählen in der Regel keine Kursgewinne. Wer mehrere Kredite zum Wertpapierkauf aufnimmt, muss dem Finanzamt außerdem eine detaillierte Aufteilung der Schuldzinsen und eine Zuordnung zu den einzelnen Wertpapiertransaktionen liefern. ☞ **Veranlassungsprinzip**

- **Kosten für einen Internetanschluss.**
  Wer sich via Internet zum Beispiel über die aktuellen Börsenkurse auf dem Laufenden hält oder seine Wertpapierorders erteilt, kann die Aufwendungen dafür absetzen. Auch hier können die gemessen an der Nutzung anteiligen Kosten geltend gemacht werden. Nutzungsgebühren für das Internet erkennt das Finanzamt aber höchstens an, wenn der Anleger protokolliert, wann er welche Seiten im Netz besucht hat.

- **Kosten in Zusammenhang mit der Ausübung von Vermögensrechten.**
  Aktionäre, die die Hauptversammlung besuchen, können Fahrt-, Verpflegungs- und gegebenenfalls Übernachtungskosten als Werbungskosten geltend machen. Der Aktionär hat keinen Einfluss auf den Ort der Hauptversammlung. Deshalb kann er die Kosten auch für eine weite Anreise absetzen – sagen die Finanzgerichte. Die voraussichtlich erzielbaren Dividenden müssen allerdings auf die Dauer höher sein als die Werbungskosten (→ Seite 156), anderenfalls wird das Argument der Liebhaberei eingewandt.

- **Kosten für Fachliteratur.**
  Wer Börsen- und Wertpapierinformationsdienste bezieht, kann die Ausgaben dafür geltend machen. Schwierigkeiten macht das Finanzamt bei Wirtschaftszeitungen, wenn diese auch über allgemeine Themen und nicht ausschließlich über die Kapitalanlage informieren. Reine Fachbücher (Quittung mit Titel und dem Namen des Anlegers als Käufer) erkennt das Finanzamt allerdings in der Regel ohne Probleme an.

☞ **Veranlassungsprinzip: Kreditkosten sind nur Werbungskosten für Kapitalerträge, wenn die Schulden dazu dienen, Kapitalerträge zu erzielen. Es kommt also auf den Zweck der Kreditaufnahme an.**

▶ **Seminarkosten.**
Wer ein Seminar zum Thema Geldanlage besucht, kann Kursgebühren und Reisekosten absetzen. Steuerzahler sollten aber mit einer Kopie des Veranstaltungsprogramms nachweisen, dass neben dem Seminar keine oder kaum Zeit für touristische Aktivitäten blieb. Der Anleger sollte auch darauf achten, dass die Aufwendungen für die Fortbildungsmaßnahme in einem angemessenen Verhältnis zu den Erträgen stehen, wobei vom Finanzamt aber nicht nur die Erträge eines Kalenderjahres zugrunde gelegt werden dürfen.

▶ **Kosten für Schließfächer.**
Die Kosten gehören zu den Werbungskosten, wenn darin ausschließlich Wertpapiere verwahrt werden und nicht etwa persönliche Wertgegenstände wie Schmuck und Familiensilber. Wer allerdings diese Kosten geltend macht, dann aber keine Dividenden oder Zinsen in der Steuererklärung angibt, macht das Finanzamt misstrauisch.

▶ **Kosten für Software.**
Für die elektronische Hilfe beim Management des Depots am heimischen PC können die Kosten ebenfalls voll abgesetzt werden. Anteilig können Anleger dem Finanzamt in dieser Rubrik auch die Kosten für die Hardware (PC, Bildschirm und so weiter) in Rechnung stellen.

▶ **Telefonkosten.**
Die Telefonkosten, um Orders fernmündlich aufzugeben oder online an die Depotbank zu übermitteln, sind grundsätzlich absetzbar. Viele Telefongesellschaften schicken ihren Kunden mittlerweile einen Einzelnachweis, mit dem sich die Gesprächsgebühren für die Anrufe bei der Bank genau zuordnen und nachweisen lassen. Die Grundgebühren dürfen anteilig berücksichtigt werden. Wenn zum Beispiel 10 Prozent der Gesprächsgebühren in Zusammenhang mit der eigenen Depotverwaltung entstanden sind, dürfen auch 10 Prozent der Grundgebühren als Werbungskosten bei den Kapitaleinkünften geltend gemacht werden. Es genügt übrigens auch eine handschriftliche Aufstellung oder wenigstens eine plausible Schätzung der Nutzungsanteile.

■ **TIPPS**

- Sparerfreibetrag immer voll nutzen. Wer in einem Jahr 500 Euro und im nächsten Jahr 2 500 Euro an Kapitalerträgen verbucht, muss im zweiten Jahr rund 899 Euro – also 2 500 Euro Kapitalerträge abzüglich 1 601 Euro Sparerfreibetrag plus Werbungskostenpauschale (bei Alleinstehenden, → Seite 354) – versteuern. Planen Sie so gut wie möglich Ihre Erträge und achten Sie schon beim Kauf darauf, die Ausschüttungs- und Fälligkeitstermine möglichst gleichmäßig zu verteilen, sodass die Freibeträge immer optimal ausgenutzt werden.
- Wenn Sie generell einen Steuerberater in Anspruch nehmen, lassen Sie sich die Arbeiten im Zusammenhang mit der Anlage KAP getrennt in Rechnung stellen und machen Sie sie als Werbungskosten bei ihren Kapitalerträgen geltend.
- Auch wenn Sie am Ende in Ihrer Steuererklärung doch nur die Pauschbeträge nutzen: Sammeln Sie über das Jahr hinweg alle Belege. Rutschen Sie doch einmal mit Ihren Zins- und Dividendeneinnahmen über 1 601 beziehungsweise 3 202 Euro, können Sie in diesem Fall in der Steuererklärung Ihre Kosten problemlos nachweisen.
- Die Bruttomethode beim Halbeinkünfteverfahren gilt nicht nur bei den Erträgen, sondern auch bei den Kosten. Das heißt, beim Einzelnachweis müssen Sie stets Ihre **vollen** Werbungskosten in die Steuererklärung eintragen. Das Finanzamt berücksichtigt dann von sich aus nur die Hälfte der in Zusammenhang mit Aktien angefallenen Aufwendungen. Achtung: Nehmen Sie bereits selbst den 50-prozentigen Abschlag vor, rechnet der Finanzbeamte effektiv nur ein Viertel Ihrer Kosten an.

Ein Wertpapierdepot verschenken oder vererben

Viele Wertpapierdepots „überleben" ihre Inhaber. Damit es in einer solchen Situation keine zusätzlich belastenden Probleme für die Hinterbliebenen gibt, planen vorausschauende Anleger auch für diesen Fall vor: durch die richtige Weichenstellung schon zu Lebzeiten.

Wenn der Verstorbene keine entsprechenden Regelungen getroffen hat, können die Erben oftmals nicht so schnell über das Depot verfügen, wie es gemäß der aktuellen Börsensituation unter Umständen notwendig wäre. Bis das Nachlassgericht den ☞ **Erbschein** ausstellt, können Wochen oder sogar Monate vergehen – beispielsweise wenn nicht eindeutig ist, wer Erbe ist, oder wenn ein Testament angefochten wird. In dieser Zeit können die Papiere nicht verkauft werden. Bei Wertpapierdepots kann das für die Erben besonders teuer werden: Denn wenn die Kurse in der Zwischenzeit fallen, kann die Erbschaftsteuer den dann noch verbleibenden Wert der Papiere leicht übersteigen.

Stichtag entscheidend

Der Grund: Die Erbschaft- und Schenkungsteuer ist eine Stichtagsteuer. Alle Papiere, die am Todestag des Erblassers oder zum Zeitpunkt der Schenkung an einer deutschen Börse im amtlichen Handel, im geregelten Markt oder im Freiverkehr gehandelt werden, bewertet das Finanzamt zu diesem Stichtag. Werden an diesem Tag mehrere Kurse festgestellt, gilt der jeweils niedrigste Wert. Fällt der Todestag auf einen Tag, an dem an der Börse nicht gehandelt wird – zum Beispiel auf einen Sonntag –, ist für die Steuer der letzte innerhalb von 30 Tagen vor dem Stichtag festgestellte Kurs maßgeblich.

Erbschein: So kommen die Erben an das Vermögen

Die Erben oder der Testamentsvollstrecker können beim Nachlassgericht einen Erbschein beantragen. Auf den Erbschein als Besitzurkunde können sich die Geschäftspartner des Verstorbenen – zum Beispiel die Depotbank – im guten Glauben verlassen. Aufgrund des Erbscheins können also Konten umgeschrieben, Häuser veräußert und Kredite aufgenommen werden. Nur die Kosten der Beerdigung dürfen die Hinterbliebenen auch ohne Erbschein vom Konto des Erblassers bezahlen. Das Gericht verlangt für den Erbschein einen Totenschein, das Testament, den Erbvertrag oder, wenn es keinen letzten Willen gibt, einen Nachweis über die verwandtschaftlichen Beziehungen zwischen Erbe und Erblasser. Für die Bestimmung der Erbquoten möchte das Gericht außerdem wissen, in welchem Güterstand die Eheleute gelebt haben – vorausgesetzt, der Erblasser war verheiratet.

Wenn am Todestag die Kurse besonders hoch stehen und danach sehr stark fallen – wie Ende 2000 am Neuen Markt –, haben die Erben Pech. Was nach dem relevanten Stichtag an der Börse passiert, spielt für das Finanzamt keine Rolle. Allerdings: Eine nachträgliche Wertsteigerung wird bei der Berechnung der Erbschaftsteuer ebenfalls nicht zusätzlich berücksichtigt.

Die Finanzbehörden sind bislang nicht bereit gewesen, von der Stichtagsregelung abzugehen, und vor den Finanzgerichten fanden die dadurch benachteiligten Erben bisher kein Gehör.

Kontovollmachten erteilen

Damit die Erben im Ernstfall sofort über das Wertpapierdepot verfügen können, kann der Erblasser schon zu Lebzeiten seinen Erben, aber zum Beispiel auch einem Anwalt, Notar

☞ Erbschein: Er bescheinigt dem Erben, welcher Erbteil auf ihn entfällt. Der Erbschein wird auf Antrag vom Nachlassgericht ausgestellt und berechtigt den Erben, die Herausgabe des Ererbten von denjenigen zu verlangen, die es gerade besitzen oder verwalten.

In Erb- und Schenkungsfällen ist für den Fiskus ausschließlich der Stichtag wichtig. Alle Wertveränderung danach interessieren ihn nicht.

oder einer Person seines Vertrauens eine Vollmacht erteilen und darin bestimmen, dass sie „über den Tod hinaus" wirksam bleibt. Bei einer solchen Vollmacht ist es nicht mehr – wie im Testament – erforderlich, dass ausdrücklich eine Verfügung von Todes wegen erklärt wird. Der Vorteil für den Bevollmächtigten: Er muss nicht abwarten, bis der Erbschein erteilt ist und kann beispielsweise durch raschen Verkauf den Wert zum Zeitpunkt des Todes sichern.

Der Nachteil für die Erben: Wer eine solche Vollmacht besitzt, ist an die Grenzen, die einem Testamentsvollstrecker gesetzt sind, nicht gebunden. Er kann verfügen, als wäre er der Erblasser selbst. Für den Testamentsvollstrecker kann dagegen der Erblasser Grenzen der Verfügungsmacht setzen. Allerdings können die Erben die Vollmacht jederzeit widerrufen.

→ Eine unwiderruflich über den Tod hinaus erteilte Vollmacht für eine andere Person als den gesetzlichen oder testamentarisch eingesetzten Alleinerben ist in aller Regel unwirksam, weil sie den Erben auf Dauer in der Möglichkeit beschränkt, über sein Erbe zu verfügen.

Schenkung durch Vertrag zugunsten Dritter

Eine weitere Möglichkeit, einem Dritten den schnellen Zugriff auf das Wertpapierdepot zu ermöglichen, ist ein Vertrag zugunsten Dritter auf den Todesfall. Darin vereinbart der Inhaber des Depots mit seiner Bank, dass das Guthaben auf einem Konto oder der Inhalt eines Depots am Todestag auf den im Vertrag benannten Dritten übergeht.

Auch solche Verträge müssen nicht ausdrücklich als letztwillige Verfügung bezeichnet werden. Die meisten Banken verwenden dafür Formularverträge, die auch vom Begünstigten unterschrieben werden – was schon deshalb anzuraten ist, um Auseinandersetzungen mit den Erben zu vermeiden. Denn wenn der Begünstigte von der Schenkung nichts weiß, kann es passieren, dass das vermachte Vermögen – also auch das Wertpapierdepot – dennoch an die Erben fällt. Da die Schenkung ein Vertrag ist, der vom Beschenkten angenommen werden muss, können die Erben als Rechtsnachfolger des Erblassers das Schenkungsangebot widerrufen, solange der Begünstigte die Schenkung nicht angenommen hat. Er geht also leer aus. Der Erblasser kann jedoch, wenn der Begünstigte von der Schenkung nichts wissen soll, im Vertrag mit der depotführenden Bank die Möglichkeit des Widerrufs für sich ausschließen – dann können auch die Erben nicht widerrufen.

■ **TIPP**

Lassen Sie sich von Ihrer Bank über die Möglichkeit eines Schenkungsvertrags zugunsten Dritter beraten. Es gibt Formulare, mit denen Sie ohne Widerrufsvorbehalt über Ihr Konto oder Ihr Depot für den Zeitpunkt des Todes verfügen können, ohne dass dies Ihre eigenen Verfügungsmöglichkeiten beeinträchtigt.

Die Folge eines solchen Vertrags ist, dass das Depot nicht zum Nachlass gehört – allerdings fällt für den Begünstigten eine Schenkungsteuer an, die in der Höhe der Erbschaftsteuer entspricht.

Zu berücksichtigen ist jedoch, dass der Erbe möglicherweise einen Pflichtteilsanspruch gegen den durch Vertrag begünstigten neuen Inhaber des Wertpapierdepots hat. Denn die gesetzlichen Erben, die durch Verfügungen von Todes wegen oder durch Testament quasi enterbt sind, können die Hälfte dessen, was sie als gesetzliche Erben bekämen, als Pflichtteil verlangen. Hat nun der Erblasser sein Wertpapierdepot durch Schenkungsvertrag zugunsten eines Dritten einer anderen Person vermacht, ist der Vertrag nichtig, wenn das verbliebene Erbe unter den Wert des Pflichtteils fällt, der

So werden Wertpapiere bei der Erbschaft- und Schenkungsteuer behandelt

Anlageform	Steuerlicher Wert
Aktien, festverzinsliche Wertpapiere, Zerobonds (börsennotiert)	Niedrigster Kurs am Todes- oder Schenkungstag. Ist das ein Feiertag, arbeitet das Finanzamt mit dem Kurs am letzten vorangegangenen Börsentag.
Wertpapierfonds und offene Immobilienfonds	Rücknahmepreis am Todes- oder Schenkungstag.
Bundesschatzbriefe Typ A und aufgezinste Sparbriefe	Nennwert. Anfallende Stückzinsen werden gesondert angesetzt.
Bundesschatzbriefe Typ B und abgezinste Sparbriefe	Rückkaufs- bzw. Einlösungswert.
Finanzierungsschätze	Kurswert zuzüglich fiktiver Zinsen.
Zerobonds (nicht börsennotiert)	Werden vom Finanzamt wie vergleichbare börsennotierte Bonds zu ihrem Marktwert bewertet.
Genussscheine	Vermögensbeteiligung, die, wenn nicht börsennotiert, mit dem ☞ gemeinen Wert anzusetzen ist.
Optionsscheine, Genussscheine, Bezugsrechte	Börsenkurs, falls vorhanden, anderenfalls wird der gemeine Wert angesetzt.

☞ Gemeiner Wert: Damit ist der Wert gemeint, der sich aufgrund der allgemeinen Marktverhältnisse ergibt – also bei Immobilien der Verkehrswert und bei Wertpapieren der (angenommene) Kurswert.

sich unter Einbezug des Wertpapierdepots ergäbe. Doch nur dann! Hat das restliche Erbe einen höheren Wert, kann der Erbe keinen Pflichtteilsanspruch geltend machen, da er dann nicht faktisch enterbt wurde.

Spezielles Schenkungsversprechen

Dies gilt auch bei „Schenkungen von Todes wegen". Ein solches Schenkungsversprechen, das unter der Bedingung erteilt wird, dass der Beschenkte den Schenker überlebt, kann durch einen notariellen Erbvertrag des Erblassers mit dem Begünstigten geschlossen werden.

Testamentsvollstrecker

Wenn ein weit verzweigter Nachlass im Rahmen der Erbauseinandersetzung erst entwirrt werden muss, dauert es oft Jahre, bis das Nachlassgericht einen Erbschein ausstellt. Dann kann zwischenzeitlich auch die Einsetzung eines Testamentsvollstreckers eine vernünftige Verwaltung des Vermögens sicherstellen. Der Erblasser kann den Testamentsvollstrecker selbst bestimmen oder jemanden benennen, der dies nach seinem Tod tun soll. Das Nachlassgericht ernennt den Testamentsvollstrecker offiziell.

Übertragung des Depots schon zu Lebzeiten

Aus steuerlichen Gesichtspunkten ist eine Übertragung des Vermögens schon zu Lebzeiten günstiger. Der Vorteil: Der Schenkende kann gezielt einen steuerlich optimalen Termin wählen, bei dem das Stichtagsprinzip zugunsten des Begünstigten wirkt. Aber: Es fällt auch dann die Schenkungsteuer an. Darüber hinaus ist zu berücksichtigen, dass etwaigen Erben ein so genannter Pflichtteilsergänzungsanspruch zustehen könnte. Der besteht, wenn der Erblasser den Nachlass durch eine Schenkung in den letzten zehn Jahren vor dem Erbfall vermindert und dem Erben nicht so viel hinterlassen hat, wie sein Pflichtteil unter Einbezug der Schenkung ausmachen würde. Er kann dann eine entsprechende Ergänzung seines Pflichtteils verlangen.

Anleger und ihr gutes Recht

Finanzdienstleister sind wegen ihrer Vertrauensstellung zur Sorgfalt verpflichtet. Doch natürlich kommt es immer wieder zu Fehlern und Pannen. Manchmal werden Anleger auch Opfer von leichtfertigen Beratern, geschäftstüchtigen Bankern oder skrupellosen Unternehmensvorständen. In diesem Fall stellt sich die Frage, wer für den Schaden geradesteht. Das Risiko einer riskanten Spekulation muss jeder selbst tragen, doch Missmanagement und schlechter Beratung sind Wertpapierkäufer nicht schutzlos ausgeliefert. Sie können auf eine Reihe von Rechten zurückgreifen. Aktionäre haben zudem als Miteigentümer eines Unternehmens eine besondere Rechtsstellung inne.

Recht haben und bekommen sind zweierlei Dinge. Wer sich nicht gütlich einigen kann und deshalb seine Ansprüche vor Gericht durchsetzen will, muss wissen, auf welche Punkte es ankommt, um Aussicht auf Erfolg zu haben.

Fehlerhaft abgewickelte Börsengeschäfte

Zehn Siemens-Aktien gekauft statt verkauft, bei einer Kauforder ein Limit von 54 statt 45 Euro eingegeben oder ein Abrechnungskurs von 106 Euro, obwohl das Papier an einem Tag 3 Euro günstiger notierte – mit solchen Pannen wird jeder Anleger irgendwann einmal konfrontiert werden. Da die Kurse an der Börse permanent in Bewegung sind, können selbst kleine Fehler viel Geld kosten. Im besten Fall entgeht dem Wertpapierkunden nur ein Kursgewinn, weil er mit seiner fehlerhaften Order nicht zum Zuge gekommen ist.

☞ Anscheinsbeweis: Verweigert die Bank die Vorlage des Bandes, auf dem das Telefongespräch mitgeschnitten wurde, spricht der Anscheinsbeweis für den Anleger. Das bedeutet: Vom Gericht wird das Verschulden eines Beteiligten aufgrund der Sachlage vermutet. Diese Vermutung begründet sich auf Erfahrung oder vergleichbare typische Sachverhalte beziehungsweise Ereignisse. Das Gericht geht in diesem Fall davon aus, dass die Kunden-Version vom telefonischen Auftrag an die Bank stimmt.

Wird eine Order zum Beispiel wegen eines Eingabe-, Schreib- oder Hörfehlers seitens der Angestellten der Bank nicht korrekt abgewickelt, haftet dafür grundsätzlich das Institut. Es schließt mit der Depotkontoeröffnung einen so genannten Geschäftsbesorgungsvertrag mit seinem Kunden ab. Das heißt, der Kunde gibt der Bank den generellen Auftrag, seine Vermögensinteressen im Wertpapiergeschäft zu wahren. Dazu gehört auch, konkrete Weisungen wie zum Beispiel eine bestimmte Order auszuführen. In diesem Punkt unterscheidet sich der Vertrag des Wertpapierkunden nicht von dem des Girokonteninhabers.

→ Unverzüglich nach Ausführung ihrer Order, spätestens aber zum Abrechnungstermin (→ Seite 45) haben Wertpapierkunden Anspruch auf eine schriftliche Abrechnung. Bleibt diese aus, muss sie sofort angemahnt werden, damit das Kreditinstitut Gelegenheit hat, einen möglichen Fehler zu korrigieren.

Stolperstein Beweislast

Grundsätzlich gilt: Wenn die Bank gegen die Weisung ihres Kunden im Rahmen dieser Geschäftsbesorgung verstößt oder sie außer Acht lässt, muss sie für den entstandenen Schaden aufkommen. Die fehlerhafte Bearbeitung – die Order wird beispielsweise zu spät ausgeführt – muss der Anleger allerdings beweisen. Bei schriftlich erteilten Aufträgen ist dies meist kein Problem. Auch bei telefonisch übermittelten Orders ist ein Nachweis grundsätzlich möglich, wenn die Bank alle telefonisch eingehenden Orders aufzeichnet. Verweigert sie ihrem Kunden das Abhören der Aufzeichnung, kann sie in einem möglichen Schadenersatzprozess vom Gericht dazu gezwungen werden, die Aufnahme vorzulegen. ☞ Anscheinsbeweis

Schwierig wird es jedoch, wenn die Aufträge überhaupt nicht dokumentiert sind. Dann steht Aussage gegen Aussage. Geht der Anleger in dieser Sache vor Gericht, kann er nur darauf hoffen, dass er dort glaubwürdiger erscheint als die Bank. Hilfreich ist es, wenn er in dem Verfahren auf andere Kunden des betroffenen Instituts verweisen kann, die bereits die gleichen Probleme hatten. Das lässt dann die Aussagen der Bank in einem anderen Licht erscheinen.

Zeit ist Geld

Hat der Anleger den Verdacht, dass ein Auftrag zu seinen Ungunsten abgerechnet worden ist, sollte er prüfen, wann seine Order angenommen und an die Börse geleitet worden ist. Viele Kursdifferenzen ergeben sich durch zeitliche Verzögerungen. Das Wertpapierhandelsgesetz verpflichtet jeden Finanzdienstleister, Orders „unverzüglich“ auszuführen oder weiterzuleiten. Unter „unverzüglich“ verstehen die Juristen: ohne schuldhaftes Zögern. Das nachzuweisen ist wiederum Sache des Kunden. Das betroffene Institut ist allerdings auch hier verpflichtet, in einem – möglichen – Verfahren die entsprechenden Buchungsunterlagen vorzulegen. Das Wertpapierhandelsgesetz gibt dem Anleger trotz der darin formulierten Verpflichtung jedoch keine Handhabe, seinen Anspruch durchzusetzen, wenn seine Order nicht unverzüglich ausgeführt wurde. Er muss – ebenso wie bei einem Übermittlungsfehler – seinen Schaden im Rahmen des Geschäftsbesorgungsvertrags geltend machen.

Spezialproblem:
Die Direktbank ist nicht erreichbar

Moderne Kommunikationstechnologien können zum Fluch werden, wenn man auf deren Funktionieren und Schnelligkeit vertraut. Wer im Internet verheißungsvolle Kursbewegungen bestimmter Aktien beobachtet hat und telefonisch oder per Mausklick kaufen oder verkaufen will, erreicht nicht immer sein Ziel, weil zum Beispiel die Leitungen belegt sind, oder andere Pannen auftreten.

Direktbanken können ihre Haftung dafür nicht mit pauschalen Klauseln im Kleingedruckten generell ausschließen. Dies hatte die Postbank in den Bedingungen für ihre Direktbank-Kunden versucht, der Bundesgerichtshof hat dem Einhalt geboten *(Urteil vom 12. 12. 2000, Az. XI ZR 138/00, NJW 2001, Seite 751)*. Das bedeutet: Ist speziell ein Discountbroker oder eine Direktbank nicht erreichbar, sind Klagen wegen entgangener Kursgewinne oder erlittener Kursverluste aufgrund nicht rechtzeitig ausgeführter Orders in der Theorie relativ aussichtsreich. Denn als Finanzdienstleister müssen die Institute sicherstellen, dass sie ihre Vertragspflichten auch erfüllen können.

In der Praxis hat es der Kunde bislang allerdings mit seiner Klage nicht ganz einfach. Er muss beweisen, dass er die Bank nicht erreichen konnte. Dabei muss er auch versucht haben, andere Kommunikationswege, wie beispielsweise E-Mail oder Telefax, zu nutzen. Die Banken ihrerseits müssen beweisen, dass sie ausreichend Kapazitäten zur Verfügung gestellt haben.

In der Vergangenheit waren die Gerichte häufig auf der Seite der Anleger. Wenn beispielsweise Discountbroker damit werben, die Order besonders schnell auszuführen, darf der Kunde das nach Ansicht der Gerichte wörtlich nehmen und kann Schadenersatz verlangen, wenn es zu Verzögerungen kommt. Dies machen mehrere Gerichtsurteile deutlich, die in den Aussagen „sekundenschnelle Abwicklungen" oder „tagesgültige Abwicklungen" Garantiezusagen der Banken sahen. So musste der Discountbroker Consors nach einem Urteil des Landgerichts Nürnberg-Fürth einem Kunden Kursverluste in Höhe von 12 000 DM ersetzen, weil eine Order verspätet ausgeführt wurde. Die Richter sahen in der Aussage, Orders „sekundenschnell" weiterzuleiten, eine Garantie. In dem vor Gericht verhandelten Fall hatte ein Softwarefehler das Geschäft um eine halbe Stunde verzögert *(Landgericht Nürnberg-Fürth, Urteil vom 19. 5. 1999, Az. 14 O 9971/98, WM 2000, Seite 1005)*.

In diesem Zusammenhang steht ein weiteres anlegerfreundliches Urteil: Die Comdirect Bank hatte in ihren Werbeaussagen versprochen, Kauf und Verkauf „intraday", also an einem Tag abzuwickeln. Trotzdem ließ sie die Reklamation eines Kunden bis zum nächsten Tag liegen. Sie musste die Kursverluste des Anlegers ersetzen *(Landgericht Nürnberg-Fürth, Urteil vom 21. 9. 2000, Az. 6 O 197/00, Zeitschrift für Wirtschaftsrecht 2001, Seite 154)*.

Wenn der Makler Fehler macht

Nicht immer ist die Bank dafür verantwortlich, wenn ein Börsengeschäft nicht korrekt abgewickelt wurde. Auch der Makler kann einen Fehler machen – zum Beispiel weil er den Auftrag zu lange in seinem Orderbuch hat liegen lassen oder, was noch gravierender ist, ihn ganz bewusst zu einem schlechteren Kurs abgerechnet hat, als es der tatsächlichen Marktlage entsprach. Wenn die Order an eine deutsche Wertpapierbörse geleitet wurde, kann der Anleger, am besten mit Hilfe seiner Bank, eine Anfrage oder Beschwerde an die zuständige Handelsüberwachungsstelle (HüSt, → Seite 94) der jeweiligen Börse richten. Die Frankfurter Börse hat mittlerweile sogar eine gesonderte Beschwerdestelle für Privatanleger eingerichtet (→ Seite 88).

Die Kontrolleure der Handelsaufsicht können anhand der Orderbücher und Schlussnoten (→ Seite 67) nachvollziehen, zu welchem Zeitpunkt und auf Basis welcher Orderlage ein Auftrag abgerechnet wurde und ob der Makler bei der Kursermittlung die gesetzlichen und börslichen Vorschriften und Regeln beachtet hat. Stellt die HüSt einen Verstoß fest, muss der Makler die Order nachträglich zum theoretisch marktgerechten Kurs abrechnen.

Die Kosten der Wertpapieranlage: Nicht immer gerechtfertigt

Für den Kauf und Verkauf von Aktien und Anleihen, das Depotkonto und andere Leistungen im Wertpapiergeschäft verlangen die Banken – durchaus verständlich – Provisionen. Ärgerlich ist es allerdings, wenn der Anleger nach der Depoteröffnung feststellen muss, dass er für eine Reihe von Leistungen zusätzlich zur Kasse gebeten wird. Das können zum Beispiel Extra-Gebühren bei der Limiterteilung oder der Nichtausführung von Aufträgen sein, so genannte Zeichnungsgebühren bei einer Neuemission oder Extrakosten für die Bearbeitung von Freistellungsaufträgen.

Die Frage ist dann, was mit dem jährlichen Depotpreis abgegolten ist und was die Bank tatsächlich zusätzlich berechnen darf.

Nicht jede Gebühr ist rechtens

Zu den von Banken und Sparkassen berechneten Entgelten bei Freistellungsaufträgen (→ Seite 354) hat das Bundesverfassungsgericht im September 2000 ein Urteil des Bundesgerichtshofs bestätigt, wonach Kreditinstitute keine Provisionen für diese Bearbeitung erheben dürfen, weil dies keine Dienstleistung gegenüber dem Kunden ist. Juristen haben daraus die allgemeine Schlussfolgerung gezogen, dass die Banken ihre Kunden für Leistungen, die nach gesetzlichen Regeln – etwa im Steuerrecht – zu erbringen sind, nicht zur Kasse bitten können *(Bundesverfassungsgericht, Urteil vom 28. 8. 2000, Az. 1 BvR 1821/97, NJW 2000, Seite 3635).*

Auch wenn die Rechtslage in Sachen Preispolitik selten so eindeutig ist wie in diesem entschiedenen Fall, müssen Anleger und Bankkunden nicht jede Preiserhöhung hinnehmen. Nach dem Gesetz über allgemeine Geschäftsbedingungen sind Klauseln in den allgemeinen Geschäftsbedingungen (AGB) der Banken unwirksam, wenn sie besonders überraschend sind oder den Kunden benachteiligen. Wenn bestehende Preise erhöht werden – zum Beispiel Mindestgebühren oder Depotkontopreise –, so ist das allein nicht von vornherein unwirksam – auch wenn der Kunde das als Nachteil empfindet. Nur wenn die Erhöhung unverhältnismäßig hoch ist oder völlig neue Gebühren eingeführt werden, könnte dies rechtlich zu beanstanden sein. Mangels genauer Vorschriften ergeben sich dabei allerdings rechtliche Spielräume, sodass im Einzelfall oft das Gericht klären muss, ob die Einführung oder Erhöhung eines bestimmten Entgelts rechtens ist.

■ TIPP

Erscheint Ihnen eine Bankgebühr oder eine Klausel in den allgemeinen Geschäftsbedingungen nachteilig, sollten Sie die Verbraucherzentrale Bundesverband (VZBV), oder Ihre regionale

Verbraucherzentrale informieren. Diese haben ein so genanntes Verbandsklagerecht und können vom Gericht feststellen lassen, ob solche Klauseln tatsächlich Bestand haben. Sie können außerdem die Verwender derartiger Klauseln abmahnen. Der Verbraucherschutzverein, der im VZBV aufgegangen ist, hat beispielsweise mehreren Banken die Verpflichtung abgenommen, keine zusätzlichen Zeichnungsgebühren zu berechnen. KONTAKT ▶

Haftung bei mangelhafter Beratung

Viel häufiger als um Fehler bei der Abwicklung geht es um die Anlage selbst. Solange die ausgewählten Papiere die erwartete Rendite erzielen, gibt es meistens keine Probleme. Diese entstehen erst dann, wenn sich ein Tipp als Flop oder – noch schlimmer – als ein hoch riskantes Investment erweist, das dem Anleger kräftige Verluste beschert. „Hätte mich mein Anlageberater nicht warnen oder mir von vornherein abraten müssen?", fragen sich dann die Betroffenen.

Präzedenzfall Bond

Wann und unter welchen Voraussetzungen Berater für ihre Empfehlungen haften, war unter Juristen lange Zeit umstritten – bis der Bundesgerichtshof 1993 in dem so genannten ☞ Bond-Urteil die juristische Grundlage für die Beratungshaftung gelegt hat *(Urteil vom 6. 7. 1993, Az. XI ZR 12/93, NJW 1993, Seite 2433).*

Der Bundesgerichtshof hat in diesem Urteil erstmals ausdrücklich gesagt, dass mit dem Beratungsgespräch zwischen einem Anlageinteressenten und einem Kreditinstitut, an dessen Ende eine konkrete Anlageentscheidung steht, „stillschweigend" ein Beratungsvertrag zustande kommt.

Was auf den ersten Blick wie eine juristische Feinheit aussieht, ist für den Anleger von entscheidender Bedeutung: Aus einem solchen Beratungsvertrag ergeben sich konkrete Rechtspflichten für die beratende Bank. Werden diese verletzt, können Schadenersatzansprüche geltend gemacht werden. Die Rechtspflicht, so die Entscheidung des BGH, kann sich jedoch auch aus dem allgemeinen Geschäftsbesorgungsvertrag, der mit der Depotkontoeröffnung zwischen Kunde und Bank abgeschlossen wird, ergeben, wenn anzunehmen ist, dass der Kunde bei bestimmten Geschäften eine Beratung erwartet.

Der Berater muss dabei „anlegergerecht" informieren und beraten. Das heißt, er muss

- die Anlageformen und das Volumen des beabsichtigten Geschäfts ermitteln;
- ermitteln, wie die finanziellen Verhältnisse des Kunden sind, welche Anlageziele er verfolgt, und herausfinden, über welche Erfahrungen und Kenntnisse der Kunde verfügt. Weil die Anlagemöglichkeiten immer komplizierter werden, muss der Bankberater genau erfragen, ob der Kunde sich damit auskennt, so der Bundesgerichtshof *(Urteil vom 4. 10. 1995, Az. XI ZR 152/94, NJW 1996, Seite 121).*

Hat der Kunde bereits ähnliche Wertpapiere gekauft, darf der Berater annehmen, dass er keinen Neuling vor sich hat. Verweigert der Kunde die Angaben, muss der Berater dies dokumentieren und eine Beratung zumindest anbieten. Dabei muss er

- zutreffend, vollständig und aktuell über allgemeine Eigenschaften der Anlageform, allgemeine Risiken hinsichtlich Ertrag, Bonität, Kurse, Liquidität, Währung und Konjunktur (dazu über spezielle Marktrisiken bei nicht börsengehandelten Papieren) und über Geschäftsusancen wie zum Beispiel Börsenzeiten, Ordergrößen oder die Möglichkeit von Limitierungen informieren,

▶ KONTAKT
Verbraucherzentrale Bundesverband
Markgrafenstr. 66
10969 Berlin
www.vzbv.de
www.verbraucherzentrale.de

☞ Bond-Urteil:
In diesem Fall ging es um die Empfehlung eines Kreditinstituts. Der Berater hatte einem Kunden des Instituts zum Kauf von DM-Anleihen der australischen Bond-Finance Ltd. geraten, die einige Jahre später in Konkurs ging. Für die Besitzer der Anleihe bedeutete dies annähernd einen Totalverlust, worauf einige von ihnen vor Gericht zogen.

- über das konkrete Anlageobjekt (Branchenrisiko der Aktien, Konjunktur- und Währungsrisiko im Land des Emittenten bei Auslandsanleihen, das Rating einer Emission, Berichte der Wirtschaftspresse) informieren und sich die notwendigen Informationen gegebenenfalls selbst besorgen.

Eine wichtige Rolle spielt die Sachkunde der Anleger. Die Gerichte geben bei gewerblichen Anlegern und Kaufleuten, die zwar privat Aktien erwerben wollen, aber eben doch eine gewisse professionelle Erfahrung mit solchen Anlageformen mitbringen, von einem geringeren Beratungs- und Aufklärungsbedarf aus. Dies hat der Bundesgerichtshof noch einmal grundsätzlich in einem Fall bestätigt, in dem es um spekulative Indextermingeschäfte (→ Seite 337) ging.

In dem konkreten Fall verlangte die Bank von ihrem Kunden den Ausgleich seines Kontos, das nach einer Reihe von Börsentermingeschäften ins Minus geraten war. Der Kunde, ein Kaufmann, war jedoch der Ansicht, er müsse nicht zahlen, weil die Bank ihrerseits nicht umfassend über das Risiko des Börsengeschäftes informiert habe. Den Einwand ließ das Gericht allerdings nicht gelten: Bei Kaufleuten, die Anlageerfahrung mit Renten, Aktien und Optionsscheinen haben, könne bereits die Übersendung von Informationsschriften wie „Verlustrisiken bei Börsentermingeschäften" genügen, um die Informationspflicht zu erfüllen. Außerdem seien Kreditinstitute nicht generell verpflichtet, gewerbliche Anleger bei Börsentermingeschäften davon zu unterrichten, dass die aufgelaufenen Verluste ein Ausmaß erreicht haben, bei dem die geleisteten Sicherheiten (→ Margin, Seite 338) abgeschmolzen sind *(Bundesgerichtshof, Urteil vom 27. 6. 2001, Az. 7 U 246/00, ZIP 2001, Seite 1911).*

Das Wertpapierhandelsgesetz – eine stumpfe Waffe

Dass sich bei der Wertpapieranlage viele Probleme mit einem guten Beratungsgespräch vermeiden lassen, hat in der Zwischenzeit auch der Gesetzgeber erkannt. Er hat deshalb im Rahmen des Wertpapierhandelsgesetzes (WpHG) festgelegt, dass sich Berater und Anleger bereits bei der Depoteröffnung oder der ersten Order im Rahmen eines Beratungsgesprächs darüber austauschen müssen, welche Erfahrungen und Kenntnisse mit Wertpapieren der Kunde mitbringt und welche Anlageziele er verfolgt. Diese Angaben, die nach dem WpHG schriftlich aufgezeichnet werden müssen, sind Basis für die Einstufung des Anlegers in eine bestimmte bankinterne Anlageklasse (→ Seite 39). Auf diese Weise soll verhindert werden, dass der Bankkunde Papiere kauft, deren Charakter und Funktionsweise er nicht versteht oder die nicht zu seinen Anlagezielen passen. So anlegerfreundlich das erst einmal klingt – einen unmittelbaren Schutz für den Anleger bedeutet es nicht.

→ Denn wenn ein Berater die Verhaltenpflichten nach dem Wertpapierhandelsgesetz verletzt, kann der Kunde zwar das Bundesaufsichtsamt für den Wertpapierhandel (→ Seite 94) darüber informieren, das dem betroffenen Finanzdienstleister in schwerwiegenden Fällen sogar die Erlaubnis zum Betreiben von Bankgeschäften entziehen kann. Einen Anspruch auf Schadenersatz hat der Anleger deswegen noch nicht. Dieser steht ihm nur zu, wenn der Berater auch noch andere Beratungspflichten verletzt hat.

Keine verbindlichen Regelungen für die Beratung
Eine bestimmte Form der Beratung sieht allerdings weder das WpHG für die Aufklärung vor, noch haben die Gerichte zwingende und klare Vorgaben entwickelt. Bei besonderen Risiken

einer Anlageform – zum Beispiel das Risiko des Totalverlusts – muss der Anleger nach Auffassung des Bundesgerichtshofs allerdings schriftlich informiert werden mit der Folge, dass bereits aufgrund der fehlenden schriftlichen Aufklärung ein Schadenersatzanspruch besteht und die falsche Beratung nicht mehr nachgewiesen werden muss *(Bundesgerichtshof, Urteil vom 16. 2. 1981, Az. II ZR 179/80, NJW 1981, Seite 1266).*

Aber Vorsicht vor zu viel Optimismus: Ob das Anlagegeschäft besonders riskant und – vor allem – ein Kursverlust vorhersehbar und deshalb die vom Bundesgerichtshof geforderte schriftliche Aufklärung erforderlich ist, darüber kann vor Gericht trefflich gestritten werden.

Wie Gerichte urteilen

Neben der Frage, ob der Berater eine für den Anleger geeignete Anlage empfohlen hat, ist auch die Frage von Bedeutung, ob seine Kunden auch korrekt informiert worden sind. Die Gerichte befassen sich bereits seit Ende der 70er Jahre damit, ob Berater dafür einstehen müssen, wenn sie über Kapitalanlagemodelle nicht einwandfrei Auskunft gegeben haben. Dabei unterscheiden die Richter inzwischen nicht mehr zwischen dem Berater in der Bank und einem freien Vermittler. Letztgenannte versuchten sich früher gern mit dem Argument aus der Verantwortung zu ziehen, „doch gar nicht beratend, sondern nur vermittelnd tätig geworden zu sein". Mittlerweile gilt: Wer fehlerhaft berät und dadurch die Anlageentscheidung und später den Verlust des Anlegers provoziert, muss dafür einstehen.

Was so plausibel klingt, ist in der Praxis allerdings nicht ganz einfach umzusetzen. Erst einmal muss der Anleger überhaupt einen „Schaden" nachweisen. Der subjektiv von ihm als Schaden empfundene Vermögensverlust – beispielsweise die Wertminderung eines Aktienpakets – ist dabei juristisch gesehen nicht unbedingt entscheidend und reicht für sich allein bei weitem nicht aus, um Schadenersatz zu fordern. Für die Gerichte ist ausschlaggebend, dass eine so genannte „Kausalität" besteht.

→ Das heißt, die Beratung muss ursächlich für den Schaden sein.

Der Fall Fokker

Diese Voraussetzung war beispielsweise erfüllt, als Kunden der Dresdner Bank und einer Tochtergesellschaft der Bayerischen Hypobank Anleihen des niederländischen Flugzeugherstellers Fokker empfohlen wurden. Das Oberlandesgericht Nürnberg sprach 1998 Kunden dieser Institute Schadenersatz zu, weil die betroffenen Anleger im Rahmen der Beratung nach einer sicheren Anlage gefragt hatten und ihnen daraufhin die Fokker-Anleihen empfohlen wurden *(Urteile vom 28. 1. 1998, Az. 12 U 2130/97, AG 1998, Seite 194, sowie vom 28. 1. 1998, Az. 12 U 2131/97, ZIP 1998, Seite 380).* Zu dem Zeitpunkt war die Bonität der Papiere allerdings schon zweifelhaft. Hätten die Bankberater auf diese erkennbaren Risiken hingewiesen, hätten die Anleger die Anleihen nicht gekauft und keine Verluste erlitten.

Zudem hat der Bundesgerichtshof Folgendes festgestellt:

→ Wenn eine Bank ein bestimmtes Wertpapier in ihre hauseigene Empfehlungsliste für private Kunden aufnimmt, darf sie sich nicht auf die Prüfungen im Rahmen der Börsenzulassung verlassen; sie muss darüber hinaus auch eigene Ermittlungen und Prüfungen zur Qualität des Papiers – etwa die aktuelle Bonität des Emittenten – anhand sämtlicher öffentlich zugänglicher Quellen vornehmen. Anderenfalls müssen die Berater der Bank die fehlenden Kenntnisse offenbaren und vor allem auf eine Empfehlung verzichten.

Die Behauptung, nur als Vermittler tätig gewesen zu sein, schützt nicht vor Schadenersatzansprüchen. Auch Vermittler können wegen falscher Beratung haftbar gemacht werden.

Es zählt der Einzelfall

Das alles klingt theoretisch sehr einleuchtend. Dennoch zeigt sich immer wieder, dass es auf den Einzelfall ankommt. Wann, fragt sich der Anleger mit Recht, war die Beratung unzulänglich? Wann hat der Berater meine Position als Anleger und die speziellen Risiken der Anlage nicht ausreichend berücksichtigt?

Im „Bond-Fall" (→ Seite 393) war beispielsweise entscheidend, dass die Empfehlung der Anleihe weder anleger- noch objektgerecht war. Der Kunde hatte bislang immer sichere Anlageformen wie Festgelder, Sparbücher und Bundesschatzbriefe bevorzugt. Außerdem war durch Publikationen in der Wirtschaftspresse und die Abwertung einer Rating-Agentur das Insolvenzrisiko des Emittenten bereits bekannt. So eindeutig werden die Indizien für einen Beratungsfehler allerdings nicht immer sein.

Der Anleger sollte immer so klug sein, dem Berater genau zu sagen, was er über die Anlage weiß und was sein Anlageziel ist. Dabei sollte er darauf bestehen, dass dies schriftlich dokumentiert wird. Das erleichtert später die Durchsetzung von Schadenersatzansprüchen.

Auch auf die vom Kunden in der Beratung geäußerten Wünsche und Kenntnisse kommt es an.

→ Wer nach einer renditeorientierten Anlage fragt und damit deutlich zum Ausdruck bringt, dass er an einem spekulativen Geschäft interessiert ist, hat kaum eine Chance, Ansprüche geltend zu machen, wenn die Anlage ein Flop wird.

Bei Industrieanleihen hat das Oberlandesgericht Koblenz dagegen entschieden, dass der Bankberater darauf hinweisen muss, dass ein Unternehmen insolvent werden kann, und dem Anleger damit Schadenersatz zugesprochen. Unterlässt er diesen Hinweis, ist die fehlerhafte Beratung für den Kauf ursächlich, denn mit dem Wissen der möglichen Insolvenz hätten die Anleger diese Anleihen nicht gekauft *(Oberlandesgericht Koblenz, Urteil vom 22. 3. 1996, Az. 8 U 1120/95, NJW-Rechtsprechungsreport 1996, Seite 1391)*.

Das Oberlandesgericht Brandenburg sprach einer Bankkundin Schadenersatz zu, die 1997 telefonisch den Kauf von Aktien der Bremer Vulkan AG vereinbart hatte. Der letzte Kurs lag bei 3,60 DM. Tatsächlich stieg der Kurs der Werft bis zur Ausführung der Order auf 10 DM, sodass die Bank das Konto mit 273 000 DM statt der vereinbarten 100 000 DM belastete. Die Folge: Obwohl die Kundin auf eine Beratung verzichtet hatte, musste die Bank zahlen. Das Gericht war der Ansicht, das Institut hätte über die Abwicklung des Geschäfts und die Zweckmäßigkeit einer Limitierung der Kundenorder aufklären müssen *(Oberlandesgericht Brandenburg, Urteil vom 24. 3. 1999, Az. 7 U 238/98, OLG-Report Brandenburg 1999, Seite 265)*.

Einem Bankkunden, der seine Börsengeschäfte finanzierte, versagte der Bundesgerichtshof jedoch den Schadenersatz. Als die Verluste zu drückend wurden, hatte der Kunde moniert, er sei nicht auf die Risiken seines Handelns hingewiesen worden. Die Sparkasse konnte aber nachweisen, dass ein Angestellter auf die Verlustgefahren hingewiesen und gleichzeitig erklärt hatte, dass er sich auf dem Gebiet nicht sonderlich gut auskenne. Der BGH wertete dies zugunsten der Sparkasse *(Bundesgerichtshof, Urteil vom 19. 5. 1998, Az. XI ZR 286/97, NJW 1998, Seite 2675)*.

Für Aktionäre, die durch den Crash an den internationalen Aktienmärkten in den vergangenen Jahren Verluste erlitten haben, ist eine Entscheidung des Oberlandesgerichts Zweibrücken von

Börse mit Vollkasko

Wenn private Anleger Schadenersatz für mangelhafte Beratung erstreiten wollen, haben viele Gerichte dafür ein offenes Ohr. Doch wer sich für Verluste aus hoch spekulativen Aktiengeschäften an seiner Bank schadlos halten will, kann auch bei anlegerfreundlichen Richtern nicht auf Unterstützung hoffen. So musste das Oberlandesgericht Oldenburg einen Berufungsfall entscheiden, in dem eine Bankkundin Ende 1999 bei ihrem Geldinstitut den Kauf von Aktien der Holzmann AG in Auftrag gegeben hatte. Faktisch stand der Baukonzern zu diesem Zeitpunkt vor dem Konkurs. Doch hart gesottene Spekulanten schöpften Mut, nachdem Bundeskanzler Schröder das angeschlagene Unternehmen durch Staatshilfen vor dem Untergang rettete, und stiegen ein – so auch die Klägerin. Die erwarteten Kursgewinne bei der zuvor abgestürzten Aktie blieben jedoch aus. Ganz im Gegenteil: Nachdem die Notierung beim Bekanntwerden der Nachricht einen ersten „Freudensprung" gemacht hatte, sackte sie nach wenigen Handelsstunden wieder in sich zusammen. Das bescherte der risikobereiten Anlegerin immerhin einen deutlichen Verlust von rund 14 000 Euro, für den sie die Bank verantwortlich machen wollte. Doch für so viel tollkühnen Wagemut hatten auch die Richter wenig Verständnis. Sie schmetterten die Klage in Bausch und Bogen ab.

Quelle: Die Welt vom 25. 1. 2001

Bedeutung: Auch der Hinweis, dass bei einer längeren Hausse-Phase die Gefahr der Marktüberreizung und einer anschließenden Abkühlung bestehe, gehört zur notwendigen Beratung *(Oberlandesgericht Zweibrücken, Urteil vom 26. 3. 1996, Az. 5 U 107/93, unveröffentlicht).*

Auch das Verhalten von Kunde und Berater zählt

Wichtig für die Durchsetzung von Schadenersatzansprüchen ist auch das konkrete Verhalten des Beraters:

→ Er muss „schuldhaft" gehandelt haben. Für die Juristen heißt das: vorsätzlich oder fahrlässig.

Das ist dann der Fall, wenn dem Berater nachgewiesen werden kann, dass er wissen musste oder zumindest „hätte wissen können", dass seine Beratung nicht korrekt ist.

Voraussetzung: Beratungsvertrag

Nach dem Bond-Urteil hat der BGH in verschiedenen Urteilen präzisiert, wann kein Beratungsvertrag vorliegt. Ein Beratungsvertrag besteht zum Beispiel dann **nicht**, wenn der Kunde einen gezielten Auftrag zum Kauf bestimmter Wertpapiere erteilt *(Bundesgerichtshof, Urteil vom 27. 2. 1996, Az. XI ZR 133/95, NJW 1996, Seite 1744).*

Das gilt auch, wenn der Kunde durch einen Vermögensberater betreut wird und mit klaren Vorstellungen über das beabsichtigte Anlagegeschäft an die Bank herantritt. In diesem Fall muss der Berater der Bank den Wissensstand des Kunden nicht ermitteln und auch nicht über alle in Betracht kommenden Anlagemöglichkeiten informieren.

Sonderfall Optionsscheingeschäft

Im Optionsscheingeschäft gelten darüber hinaus spezielle Regeln. Zu den allgemeinen Aufklärungspflichten der Bankberater kommt hier die Problematik der so genannten Börsentermingeschäftsfähigkeit hinzu. Vor dem Kauf von

Wenn der Kunde einen ganz konkreten Auftrag erteilt, reduziert sich die Pflicht zur Beratung – und damit auch die Haftung des Beraters für unliebsame Konsequenzen der Anlageentscheidung.

Optionsscheinen oder Optionen (→ Seite 321) muss die Bank ihren Kunden – sofern er nicht Kaufmann ist – schriftlich über die speziellen Risiken dieser Art von Geschäften informieren. Das ergibt sich aus dem Börsengesetz *(§ 53 Abs. 2 BörsG)*. Zu den Börsentermingeschäften gehören nach einem Urteil des Bundesgerichtshofs auch Optionsgeschäfte über Aktien an deutschen Börsen. Der Handel mit Aktienanleihen (→ Seite 340) ist dagegen kein Börsentermingeschäft. Das hat der Bundesgerichtshof im März 2002 entschieden und dabei deutlich gemacht, dass Banken Privatanleger nicht schriftlich über die Risiken von Aktienanleihen informieren müssen. Aktienanleihen hätten nicht die Termingeschäfte kennzeichnende Gefährlichkeit, so der BGH, denn der Käufer werde nicht dazu verleitet, ohne Einsatz eigenen Vermögens und ohne Aufnahme eines Kredits auf eine günstige, aber ungewisse Entwicklung des Marktpreises in der Zukunft zu spekulieren, sondern müsse bei Vertragsabschluss den vollen Preis für die Anleihen bezahlen *(Urteil vom 12. 3. 2002, Az. XI ZR 258/01, ZIP 2002, Seite 254)*.

Der Bundesgerichtshof hob damit ein Urteil des Kammergerichts Berlin auf. Das hatte die Landesbank Berlin dazu verurteilt, einem Kunden Schadenersatz in Höhe von 12 060 DM zu zahlen, weil er von dem Institut nicht schriftlich über die Risiken von Aktienanleihen aufgeklärt worden war. Der Anleger hatte im Juli 1998 nach einem telefonischen Beratungsgespräch mit einem Mitarbeiter der Bank eine Volkswagen-Aktienanleihe im Wert von 50 000 DM gekauft. Dafür sollte er am Fälligkeitstag – im August 1999 – 10 Prozent Zinsen erhalten. Als die Anleihe fällig war, erhielt er statt Bargeld 305 VW-Stammaktien, die zum Rückzahlungstermin aufgrund eines zwischenzeitlich eingetretenen Kursverfalls nur noch einen Kurswert von 32 940 DM hatten, sowie eine Zinszahlung von 5 000 DM in bar.

→ Das Informationsblatt, das der Normalanleger unterzeichnen muss, damit er börsentermingeschäftsfähig wird, ist keine Aufklärung über die Anlageform als solche im Sinne der Beratungshaftung.

Denn wenn die Information nicht so erteilt wird, wie es das Börsengesetz vorsieht, löst das – anders als bei der Falschberatung über eine Geldanlage – keinen Anspruch auf Schadenersatz aus. Bleibt die Information zur Börsengeschäftsfähigkeit aus, ist der Kunde lediglich nicht termingeschäftsfähig und kann daher den Differenzeinwand geltend machen (→ Seite 41). Mit der Novelle des beschlossenen Finanzmarktförderungsgesetzes ändert sich dies allerdings (→ Seite 424).

Der Einwand war bislang unter Umständen sogar bei so genannten Intra-Day-Geschäften möglich, das heißt, wenn der Anleger ein Wertpapier an einem Tag kauft und sofort wieder verkauft. Nach einem Ende 2001 ergangenen Urteil des Bundesgerichtshofs sind solche Transaktionen als „verdeckte Differenzgeschäfte" zu betrachten, da es bei dieser Art des Investments einzig und allein darum gehe, kurzfristige Spekulationsgewinne zu erzielen – auch wenn es sich dabei rein börsenrechtlich „nur" um Kassa- und nicht etwa Termingeschäfte handelt. In diesem Fall musste der von seiner Bank verklagte Anleger für seine bei Intra-Day-Geschäften entstandenen Verluste nicht gerade stehen *(Urteil vom 18. 12. 2001, Az. XI ZR 363/00, ZIP 2002, Seite 254)*.

Meist kommt im schnellen Geschäft mit den spekulativen Papieren auch kein Beratungsvertrag zustande, weil der Anleger das Kreditinstitut häufig nur zur Aufgabe und Abwicklung seiner Order nutzt. Wenn es also einen solchen nicht gibt, besteht auch kein Anspruch auf Schadenersatz. Das entbindet die Kreditinstitute allerdings nicht von ihrer Pflicht, die Order zuverlässig auszuführen (→ Seite 390).

Die Haftung der Vermögensverwalter

Wertpapiergeschäfte müssen nach dem Wertpapierhandelsgesetz „im Interesse der Kunden" ausgeführt werden. Verletzen beispielsweise Banken, die aktiv Aktiendepots betreuen, die Interessen ihrer Kunden und die Pflicht, deren Vermögen gewissenhaft zu verwalten, sind sie zum Schadenersatz verpflichtet. Zum Beispiel ist es nicht im Interesse des Kunden, wenn die Bank das betreute Depot immer wieder kostenträchtig umschichtet (das so genannte ☞ Churning), um Provisionen berechnen zu können. Dabei kann der Anleger zwar Kursgewinne erzielen, was aber dann bedeutungslos ist, wenn es nach Abzug der Gebühren dennoch ein Zuschussgeschäft bleibt. Der Bundesgerichtshof sieht darin eine „vorsätzliche sittenwidrige Schädigung" nach § 826 des Bürgerlichen Gesetzbuchs (BGB), für die die Bank Schadenersatz zahlen muss *(Bundesgerichtshof, Urteile vom 25. 5. 1993, Az. XI ZR 45/91, ZIP 1993, Seite 993 sowie vom 23. 9. 1999, Az. III ZR 214/98, ZIP 1999, Seite 1838).*

Allerdings muss der Kunde den Nachweis führen, dass die Umschichtung des Depots ausschließlich dem Provisionsinteresse diente – auch hier eine Frage der Beweiskraft.

Die Haftung der Discountbroker

Keine Beratung, keine Tipps – „execution only": Bei den so genannten Direktbanken und Discountbrokern werden Wertpapieraufträge per Telefon, Fax oder Internet getätigt. Trotzdem müssen auch Discountkunden nach einem Urteil des Bundesgerichtshofs zumindest mit standardisierten Broschüren über Börsenrisiken informiert werden. Vor allem müssen die Discounter darüber aufklären, dass sie eben keine Beratung, sondern nur Orders ausführen. Der Verzicht auf Beratung bedeutet jedoch nicht den Verzicht auf Grundstandards des Bankgeschäfts.

BEISPIELE: Weil eine Bank eine Kauforder wegen einer geringfügigen Überziehung des Kontos nicht termingerecht ausgeführt, den Kunden jedoch über die Situation seines Kontos nicht informiert hatte, musste sie ihm den entgangenen Kursgewinn des Tagesgeschäfts ersetzen.

Das Landgericht Itzehoe hat in einem Urteil im März 2001 darüber hinaus ausdrücklich gesagt, dass Direktbanken bei Geschäften, die über ein normales Wertpapierdepot abgewickelt werden, durchaus Beratung schulden. In dem Fall hatte der telefonische Berater unzutreffenderweise darüber informiert, dass der Kunde den Vortageskurs für Fondsanteile in Höhe von 83,79 Euro erzielen würde, wenn er die Verkaufsorder bis 10.15 Uhr erteile. Tatsächlich betrug der für den Tag ermittelte Rücknahmepreis 80,44 Euro, sodass der Kunde, der knapp 4 000 Anteile verkaufte, rund 12 000 Euro weniger dafür bekam – ein Schaden, für den die Direktbank haften musste *(Landgericht Itzehoe, Urteil vom 22. 3. 2001, Az. 6 O 396/00, ZIP 2001, Seite 1000).*

☞ Churning: Aus dem Englischen, von „to churn": umschlagen, schütteln

Nicht Ursache mit Folge verwechseln

Das oft unterschätzte Problem beim Schadenersatz wegen fehlerhafter Anlageberatung ist der Beweis der Ursächlichkeit zwischen falscher Beratung und eingetretenem Schaden. Entsprechend den Fokker-Urteilen (→ Seite 395) vermuten die meisten Gerichte, dass ein Anleger ein Wertpapiergeschäft nicht abgeschlossen hätte, wenn er korrekt beraten worden wäre. Dies muss er in einem Schadenersatzprozess darlegen. Die Bank oder das Wertpapierdienstleistungsunternehmen können dies aber widerlegen, wenn sie ihrerseits beweisen, dass der Schaden auch bei ordnungsgemäßer Beratung eingetreten wäre. Dieser Beweis kann durchaus gelingen, und zwar dann, wenn der Kunde in der Vergangenheit trotz Warnung seitens des Beraters im Beratungsgespräch sehr spekulative Anlagegeschäfte abgeschlossen hat.

Juristische Schwierigkeiten hinsichtlich der Ursächlichkeit ergeben sich auch dann, wenn der Anleger nach dem ersten Geschäft Folgegeschäfte abschließt und weitere Verluste hinnehmen muss. Der Bundesgerichtshof vertritt die Auffassung, dass sich der erste Beratungsfehler auch auf die weiteren Transaktionen auswirkt: Der Anleger verstehe die ersten Verluste nicht als Warnung, sondern sehe sich im Gegenteil sogar veranlasst, die Verluste durch Folgegeschäfte zu kompensieren. So umfasse der Schaden, der wegen falscher Beratung ersetzt werden müsse, nach Ansicht des Gerichts auch spätere Verluste *(Bundesgerichtshof, Urteil vom 22. 6. 1993, Az. XI ZR 215/92, NJW 1993, Seite 2434)*.

Verallgemeinern lässt sich diese Rechtsauffassung allerdings nicht. Auch hier hängt es wieder vom Einzelfall ab. Das Oberlandesgericht Köln warf beispielsweise einem Kunden vor, dass er nicht abgewartet habe, wie sein erstes Geschäft mit Optionsscheinen verlaufen würde, sondern noch in der gleichen Woche weitere Käufe getätigt habe. Damit sei die erste Beratung nicht mehr ursächlich für den Schaden *(Urteil vom 27. 10. 1995, Az. 19 U 275/94, WM 1996, Seite 18)*.

Wem Schadenersatz zusteht, der kann seinen finanziellen Einsatz plus Zinsen gegen Rückgabe der Wertpapiere zurückverlangen oder die Differenz zwischen Einsatz und aktuellem Wert der Papiere.

Berechnung der Schadenhöhe

Bei der Berechnung des Schadenersatzes gilt folgender Grundsatz, der sich aus den allgemeine Regeln des Bürgerlichen Gesetzbuchs ergibt. Der Anleger ist „so zu stellen, wie er ohne den Erwerb der Wertpapiere stünde". Das heißt: Er kann verlangen, dass er seinen finanziellen Einsatz, also den Kaufpreis der Papiere, zuzüglich Zinsen erhält. Das sind entweder die gesetzlichen Zinsen in Höhe von 5 Prozent oder aber – wenn er darlegen kann, dass er einen Kredit zur Begleichung des Kaufpreises in Anspruch genommen hat – die Zinsen dieses Kredits.

Der Anleger kann also – wenn er mit seiner Klage vor Gericht Erfolg hat – entweder seinen gesamten Kapitaleinsatz gegen Rückgabe der Wertpapiere verlangen oder die Papiere behalten und die Differenz zwischen dem eingesetzten Kapital und dem aktuellen Wert der Papiere fordern.

Problem Verjährung

Gelingt dem betroffenen Anleger sowohl der Nachweis eines Schadens als auch der Ursächlichkeit, gibt es eine weitere juristische Fußangel: Ansprüche aus dem Beratungsvertrag verjährten bisher in 30 Jahren. Mit dem Inkrafttreten des Dritten Finanzmarktförderungsgesetzes 1998 ist die Verjährungsfrist allerdings auf drei Jahre verkürzt worden – und zwar von dem Zeitpunkt an gerechnet, in dem der Anspruch entstanden ist (§ 37 a WpHG). Diese verkürzte Frist gilt jedoch nicht für Ansprüche, die vor dem 1. April 1998 entstanden sind.

→ Entscheidend für die genaue Berechnung der Verjährungsfrist ist jedoch, dass der Schadensersatzanspruch nicht erst dann „entsteht", wenn der Wertverlust eintritt oder sich der Kurs negativ entwickelt. Vielmehr ist der Zeitpunkt maßgebend, zu dem der Anleger die Wertpapiere wegen unsachgemäßer Beratung gekauft hatte.

Wann kann Beratungshaftung gegeben sein?

- **Sachverhalt:** Der Anleger hat durch die Marktentwicklung Kursverluste erlitten.
  Haftungsvoraussetzung: Der Berater hat Informationen, die ihm bekannt sein müssen und die schon zum Zeitpunkt der Beratung eine negative Kursentwicklung erwarten lassen, nicht an den Kunden weitergegeben, sondern diesem das Papier als zu dem Zeitpunkt sichere Anlage verkauft.
- **Sachverhalt:** Der Anleger hat Kursverluste durch den Konkurs eines Unternehmens erlitten.
  Haftungsvoraussetzung: Der Berater hat zum Zeitpunkt der Beratung bereits die Umstände kennen müssen, die auf drohende Insolvenz der emittierenden Gesellschaft hindeuten, gleichwohl aber die Aktien empfohlen.
- **Sachverhalt:** Der Anleger hat die Wertpapiere gekauft, weil er die Informationen nicht verstanden und deshalb eine falsche Kaufentscheidung getroffen hat.
  Haftungsvoraussetzung: Der Berater hat dem Kunden nicht alle notwendigen Informationen auf verständliche Art gegeben, weil er dessen Kenntnisstand über diese spezielle Anlageform nicht ausreichend erfragt hat.

Waffengleichheit vor Gericht

Wer einen Schaden wegen fehlerhafter Anlageberatung gerichtlich durchsetzen will, weil er sich mit der Bank nicht einvernehmlich einigen kann, muss Klage bei dem Gericht einreichen, in dessen Bezirk die Beratung stattgefunden oder die Bank ihren Sitz hat. Vor Gericht muss er – so ist es immer im Zivilprozess – die Tatsachen darlegen und beweisen, die seinen Anspruch begründen. Hat er bei dem Beratungsgespräch, das letztlich Gegenstand des Verfahrens ist, keinen Dritten hinzugezogen, kann als Zeuge nur der Berater vernommen werden, weil der Anleger als Kläger selbst Partei ist.

Eine Möglichkeit, diesen Grundsatz zu umgehen, gibt es jedoch: wenn der Kunde seinen eigenen Schadenersatzanspruch an eine dritte Person abtritt. Nach § 398 des Bürgerlichen Gesetzbuchs können Ansprüche und Forderungen durch Vertrag – dieser muss nicht einmal schriftlich abgefasst sein – an Dritte abgetreten werden. Folge dieses Schachzugs: Jetzt kann der Dritte als Kläger vor Gericht auftreten und den Anleger als Zeugen benennen. Dieser ist dann nicht Partei des Rechtsstreits und kann daher vom Gericht über das Beratungsgespräch befragt werden. Damit können Anleger eine Art Waffengleichheit schaffen, wenn sie ihre Bank verklagen: Denn diese kann ihren Berater stets als Zeugen für den Inhalt des Kundengesprächs benennen.

Diesen prozessualen Trick hatte der Anwalt einiger Aktionäre gewählt, die die Geschäftsführer des in Konkurs gegangenen Technologieunternehmens Infomatec auf Schadenersatz verklagt haben. In dem Verfahren ging es allerdings nicht um ein Beratungsgespräch, sondern um einen Aktienkauf, der, wie sich später herausstellte, aufgrund einer falschen Ad-hoc-Mitteilung getätigt wurde. Der geschädigte Aktionär trat in diesem Fall gegen Infomatec als Zeuge auf.

TIPP

Nehmen Sie – wenn möglich – einen vertrauenswürdigen Bekannten zum Beratungsgespräch mit. Dann können Sie bei einem späteren Prozess auf einen eigenen Zeugen zurückgreifen. Haben Sie keinen Zeugen, sollten Sie Ihren Schadenersatzanspruch abtreten. Auf jeden Fall empfiehlt es sich, Notizen beim Gespräch zu machen und den Berater um seine Originalaufzeichnungen zu bitten (→ Beratungsgespräch, Seite 39).

CHECKLISTE

Um Ihre Bank oder Ihren Vermögensberater wegen fehlerhafter oder mangelhafter Beratung verklagen zu können, müssen folgende Voraussetzungen erfüllt sein:

- ✔ Der Vermittler muss zur Information und/oder Beratung verpflichtet sein. Diese Pflicht ergibt sich entweder aus der Geschäftsbeziehung zwischen Ihnen und Ihrer Bank, wobei Beratung und Information quasi eine Nebenpflicht der Bank darstellen, oder aus einem Beratungsvertrag. Dieser entsteht in den meisten Fällen bereits mit Aufnahme des Beratungsgesprächs. Ein gesonderter Vertrag muss dafür nicht ausdrücklich geschlossen werden.
- ✔ Der Berater hat diese Pflicht verletzt, weil er unzutreffend oder unvollständig informiert, nicht interessengerecht beraten oder einen unrichtigen Prospekt herausgegeben hat.
- ✔ Er hat die Pflichtverletzung zu vertreten, also vorsätzlich oder fahrlässig verschuldet – zum Beispiel, weil er sich selbst nicht sorgfältig informiert hat.
- ✔ Ihnen ist durch die Pflichtverletzung ein Vermögensnachteil entstanden. In einem Verfahren vor Gericht müssen Sie beweisen, dass
  - die Beratung fehlerhaft war,
  - Ihre Anlageentscheidung und damit der Schaden auf die unsachgemäße Beratung zurückzuführen sind,
  - Sie einen Schaden erlitten haben,
  - der Berater wusste oder hätte wissen können, dass seine Beratung fehlerhaft war.

Die Prospekthaftung: Schutzrecht für Wertpapierkäufer

Als im Frühjahr 2000 die Kurse am Neuen Markt bergab gingen, kam nach und nach ein Skandal nach dem anderen ans Tageslicht: Falsche Ad-hoc-Mitteilungen, geschönte Gewinnprognosen und Verletzung von Haltefristen beim Verkauf von Aktien durch die Altaktionäre waren nur einige Missstände, die das Vertrauen der Anleger erschütterten und das Image der Wachstumsbörse beschädigten. Den Preis dafür bezahlte vor allem eine Gruppe: die Privatanleger, die ihre Aktien bis zum Bekanntwerden der bitteren Wahrheit gehalten und auf Erholung der Kurse gehofft hatten. Besonders in den Fällen, in denen nichts mehr zu retten war, versuchten die geprellten Aktionäre die Verantwortlichen aus Vorstand und Aufsichtsrat der jeweiligen Gesellschaften zur Rechenschaft zu ziehen und für den Schaden, der ihnen entstanden war, haftbar zu machen.

Die Tücken des Aktien- und Börsenrechts

Doch das ist nach dem deutschen Aktienrecht nicht so einfach: Die Vorstände haften nur gegenüber der Gesellschaft selbst, und deren Ansprüche kann wiederum nur der Aufsichtsrat geltend machen. Dazu kann ihn seit Inkrafttreten des Gesetzes zur Kontrolle und Transparenz in Unternehmen (KonTraG) 1998 eine Minderheit von Aktionären, die 5 Prozent des Grundkapitals der Gesellschaft halten, zwingen.

Eine weitere Möglichkeit steht den betroffenen Anlegern mit der so genannten Prospekthaftung nach dem Börsengesetz zur Verfügung (→ Zulassungsprospekt, Seite 69). Bei einem daraus abgeleiteten Anspruch können Aktionäre von den Verantwortlichen des Prospekts die Übernahme der Wertpapiere gegen Erstattung des Erwerbspreises verlangen, wenn wesentliche Angaben im Prospekt unvollständig oder unrichtig sind. Dabei ist es unerheblich, ob es dadurch zu einem Vermögensschaden gekommen ist. Ein Problem ist allerdings der relativ kurze Anspruchszeitraum (→ Seite 400).

Seit Inkrafttreten des Dritten Finanzmarktförderungsgesetzes im April 1998 haften diejenigen für den Prospekt, die das Dokument unterzeichnet haben: der Emittent selbst und das Kreditinstitut, das die Emission federführend begleitet. Bei einem Konsortium haften alle Konsortialbanken als Gesamtschuldner. Das bedeutet: Wer Ansprüche aus der Prospekthaftung geltend machen möchte, kann sich an eine der Banken im Konsortium wenden. Das gilt für Wertpapiere im amtlichen Handel, dem geregelten und dem Neuen Markt gleichermaßen.

Für den betroffenen Anleger hat diese Regelung Vorteile, denn das bedeutet, dass er einen Anspruch hat auch gegen die Banken, wenn er bei der Gesellschaft keine Aussicht auf Erfolg hat – zum Beispiel, weil sie zahlungsunfähig ist.

Voraussetzung für die Prospekthaftung

Um allerdings überhaupt einen Anspruch geltend machen zu können, ist es wichtig, dass es sich bei den strittigen Angaben im Prospekt um wesentliche Informationen handelt. Paradoxerweise sind nicht alle Angaben, die nach der Börsenzulassungsordnung vorgeschrieben sind, automatisch auch wesentlich. Als wesentlich im Sinne der Juristen gelten zum Beispiel wertbildende Faktoren, etwa die Angabe von Vermögenswerten in der Bilanz, die der durchschnittliche Anleger bei seiner Kaufentscheidung berücksichtigt. Als fehlerhaft gilt für die Richter, wenn objektiv feststellbar ist, dass Tatsachen, Prognosen oder Werturteile in den Prospektangaben unwahr sind.
☞ Prospektangaben

Außerdem muss der Prospekt den Gesamteindruck des Wertpapiers zutreffend wiedergeben. Das bedeutet: Daten, Zahlen und Fakten dürfen dem Käufer nicht einfach nur „irgendwie" mitgeteilt werden, er muss vielmehr in der Lage sein, aus den Angaben zutreffende Schlussfolgerungen zu ziehen. So ist ein Prospekt unrichtig, wenn er zwar die erforderlichen Angaben enthält, diese aber völlig unübersichtlich präsentiert *(Oberlandesgericht Frankfurt, Urteil vom 17. 3. 1999, Az. 21 U 260/97, ZIP 1999, Seite 1005)*.

Auf der anderen Seite kann ein Prospekt auch dann unvollständig sein, wenn er den Mindestanforderungen nach der Börsenzulassungsverordnung genügt. Auch hierbei kommt es immer auf die „Wesentlichkeit" der fehlenden Angaben für die Kaufentscheidung des Anlegers an. Dazu gehören nach Ansicht der Gerichte auch alle Maßnahmen zur „Kurspflege", beispielsweise durch Aktienrückkauf. Dessen Folgen für die Kursentwicklung muss der Laie aus dem Prospekt ersehen können. Der Bundesgerichtshof hat außerdem entschieden, dass Anfechtungsklagen einzelner Aktionäre beispielsweise gegen einen Beschluss zur Kapitalerhöhung im Prospekt erwähnt werden müssen *(Urteil vom 14. 7. 1998, Az. XI ZR 173/97, WM 1998, Seite 1772)*.

Im Zusammenhang mit den „Bond-Prozessen" (→ Seite 393) wurde die Frage diskutiert, ob negative Ratings und Presseberichterstattungen über die Solvenz oder Geschäftsentwicklung des Emittenten auch im Prospekt erwähnt sein müssen. Das Landgericht Frankfurt/Main hielt einen Prospekt für unvollständig, weil nicht ausführlich darüber berichtet wurde, dass die Mehrheit der australischen Finanzanalysten vom Kauf der Bond-Anleihen abriet, was überall in der internationalen Wirtschaftspresse zu lesen war. Inzwischen sind die Gerichte allerdings der Auffassung, dass solche Angaben zwar bei einer Beratung erwähnt werden sollten, nicht aber unbedingt im Prospekt stehen müssen.

Geld zurück gibt es nur, wenn der Prospekt fehlerhaft oder unvollständig ist. Dabei ist entscheidend, dass die Angaben, die fehlen oder falsch sind, wesentlich sind.

☞ Prospektangaben: Entgegen früheren Urteilen geht die Rechtsprechung inzwischen davon aus, dass auch Werturteile und Prognosen als unrichtige Angaben gewertet werden können und einen Anspruch aus Prospekthaftung auslösen. Denn Angaben zu den Geschäftsaussichten gehören nach der Börsenzulassungsverordnung zu den zwingenden Angaben eines Prospekts *(Bundesgerichtshof, Urteil vom 12. 7. 1982, Az. II ZR 175/81, WM 1982, Seite 862; Oberlandesgericht Frankfurt, Urteil vom 1. 2. 1994, Az. 5 U 213/92, ZIP 1994, Seite 282)*. Notwendig ist auch, dass Werturteile und Prognosen durch Tatsachen gestützt werden und auf eventuelle Risiken aufmerksam gemacht wird.

Von großer Bedeutung ist auch die Aktualität des Prospekts. Überholte Daten können einen Prospekt unrichtig machen. Die Börsenzulassungsverordnung und das Verkaufsprospektgesetz schreiben deshalb vor, dass bei wesentlichen Veränderungen einzelner Daten ein Nachtrag veröffentlicht werden muss – und zwar sofort, wenn diese Veränderungen bekannt sind. Das gilt bis zum Ende des öffentlichen Angebots. Der Emittent hat also die Pflicht, seine Prospektangaben zu aktualisieren. ☞ Abweichungen bei Prospektangaben

☞ Abweichungen bei Prospektangaben: Geringfügige Abweichungen bei einzelnen Zahlenangaben sind rechtlich unerheblich. Kein Zweifel an der Unrichtigkeit von Prospektangaben besteht aber zum Beispiel bei Bilanzfälschungen.

Die Prospekthaftung gilt allerdings nur für Wertpapiere, die aufgrund des Prospekts zugelassen wurden, und für solche, die schon vorher von der Gesellschaft im Umlauf waren und die gleichen Ausstattungsmerkmale aufweisen, wie die neu emittierten, für die der Prospekt gilt. Der Emittent kann jedoch durch entsprechende Regelungen seine Haftung nur auf die neuen Papiere beschränken.

Juristisches Neuland: Schadenersatzklagen gegen die Skandalfirmen am Neuen Markt

Nachdem die Kurse von großen und bekannten Neue-Markt-Aktien wie beispielsweise EM.TV, Intershop und Metabox drastisch gefallen sind, wollen Aktionäre ihr Geld zurück. Die Klagen, die ihre Anwälte im April 2001 bei Gericht eingereicht haben, stützen sich in erster Linie auf Ansprüche aus Prospekthaftung. Damit wird juristisches Neuland betreten – vor allem beim einstigen Börsen-Überflieger EM.TV.

In dem Verfahren werfen die Anwälte dem Filmrechtehändler, den Vorständen Thomas und Florian Haffa sowie der konsortialführenden Bank, der WestLB, vor, dass die vereinbarte Haltefrist von sechs Monaten – die so genannte Lock-up-Vereinbarung (→ Seite 171) – verletzt wurde, weil die Gebrüder Haffa eigene Aktien bereits vor Ablauf dieser Periode verkauft haben. Deshalb, so die Argumentation, seien die Angaben im Prospekt über eben jene Haltefrist falsch gewesen.

Ob eine solche Lock-up-Vereinbarung jedoch zu den wesentlichen Angaben eines Prospekts gehört, wurde bislang noch nie gerichtlich entschieden. Dies wird aber schon bald mit dem Vierten Finanzmarktförderungsgesetz geregelt (→ Seite 424).

Außerdem gelten die Prospekthaftungsansprüche nur bei solchen Aktien, die innerhalb von sechs Monaten nach erstmaliger Einführung der Wertpapiere gekauft wurden. Damit sind die meisten Anleger außen vor, denn Verluste haben vor allem diejenigen zu beklagen, die im Jahre 2000, als die Aktie – zwei Jahre nach ihrer Emission – ihren absoluten Kursgipfel erreicht hatte, gekauft haben. Die Hoffnung der Anwälte ruht darauf, dass die Gerichte das Börsengesetz großzügig auslegen und die Prospekthaftung auch auf Prospekte ausdehnen, die im Zusammenhang mit einer Kapitalerhöhung ausgegeben wurden.

Die Folge: Jedes Mal, wenn ein Aktionär nach einer Kapitalerhöhung neue Aktien erwirbt, könnte er innerhalb von sechs Monaten seinen Anspruch geltend machen. Doch auch dann gibt es noch einen Stolperstein: Wer seine Aktien erst später am freien Markt gekauft hat, könnte bei seiner Kaufentscheidung vom positiven Kursverlauf und nicht von Angaben im Prospekt beeinflusst worden sein.

Das Landgericht München hat in einem Verfahren gegen das Unternehmen EM.TV entschieden, dass die Anleger, die geklagt hatten, durch konkrete Handlungen der Unternehmensvorstände – zum Beispiel Ad-hoc-Mitteilungen – und nicht lediglich durch eine „günstige Anlagestimmung“, also steigende Börsenkurse, zum Kauf der Papiere veranlasst wurden *(Landgericht München I, Urteil vom 18. 10. 2001, Az. 12 O 7922/01, unveröffentlicht).*

Und das Landgericht Augsburg ließ sich in einem Verfahren gegen das ehemals am

Neuen Markt gelistete Unternehmen Infomatec davon überzeugen, dass der Anleger, der die Klage eingereicht hatte, die Aktien der Gesellschaft aufgrund eines mehrstelligen Großauftrags gekauft hatte, den der Vorstand per Ad-hoc-Meldung bekannt gegeben hatte. Tatsächlich aber umfasste das Geschäft am Ende einen viel niedrigeren Gegenwert, ohne dass das Unternehmen dies entsprechend mitteilte *(Az. 3O 4995/00).*

Problem Anspruchszeitraum

Ein entscheidender, wenn nicht sogar der entscheidende Haken bei der Prospekthaftung ist die Anspruchsfrist: Seit der Dritten Novelle des Finanzmarktförderungsgesetzes muss der Anleger seine Wertpapiere binnen einer Frist von sechs Monaten nach erstmaliger Einführung an einer inländischen Börse und nach Veröffentlichung des Prospekts erworben haben, damit er einen Rechtsanspruch aus der Prospekthaftpflicht begründen kann. Das ist von erheblicher praktischer Bedeutung, denn damit kann der Prospekt nur für einen relativ kurzen Zeitraum als Haftungsgrundlage herangezogen werden. Ebenfalls seit der Gesetzesnovelle gilt darüber hinaus die Regelung, dass auch diejenigen Anleger einen Anspruch geltend machen können, die nicht mehr im Besitz der betreffenden Wertpapiere sind. Schon eine entsprechende Kaufabrechnung reicht im Zweifelsfall als Nachweis, dass die Papiere in der Sechs-Monats-Frist erworben wurden. In diesem Fall kann der Anleger aber lediglich den Unterschiedsbetrag zwischen dem Erwerbs- beziehungsweise Emissionspreis und dem Veräußerungspreis plus die üblichen Transaktionskosten geltend machen (→ auch Seite 406, „Vierte Novelle des Finanzmarktförderungsgesetzes“).

Einen Anspruch aus Prospekthaftung haben nicht nur Anleger, die noch im Besitz der Papiere sind. Auch frühere Eigentümer, die ihre Papiere verkauft haben, können sich, wenn der Prospekt bei der Erstemission falsch oder unvollständig war, darauf berufen.

Umkehr der Beweislast

Eine weitere anlegerfreundliche Neuregelung wurde ebenfalls 1998 eingeführt: die Umkehr der Beweislast. Die für den Prospekt Verantwortlichen haften nur dann nicht, wenn sie nachweisen, dass sie den Fehler im Prospekt nicht kannten und diese Unkenntnis nicht auf „grober Fahrlässigkeit“ beruhte.

Das erscheint auf den ersten Blick wie ein Hintertürchen für Vorstände und Aufsichtsräte. Doch die Maßstäbe, die die Gerichte dafür bei den Verantwortlichen des Emittenten anlegen, sind wesentlich höher als die, die für die Emissionsbank(en) gelten. Denn die Verantwortlichen des Unternehmens, das die Wertpapiere ausgibt, haben schließlich Zugriff auf sämtliche Daten der Buchführung und kennen die Entwicklung des Marktes besser als alle anderen. Dennoch: Auch für die Banken gilt die Verpflichtung, sich hinreichend zu informieren und möglicherweise einen Sachverständigen zurate zu ziehen.

→ Ausgeschlossen ist die Prospekthaftung nur, wenn die Prospektverantwortlichen beweisen können, dass

- sie den Fehler des Prospekts selbst nicht kannten,
- die Anleger ihre Papiere nicht aufgrund des Prospekts erworben haben,
- der Fehler nicht zur Wertminderung der Papiere beigetragen hat.

Nach einer Berichtigung des Prospekts können außerdem Ansprüche aus diesem Punkt für die Zukunft ausgeschlossen werden. Ein genereller Haftungsausschluss für den gesamten Prospekt ist jedoch nicht möglich.

☞ Verjährungsfrist: Die Verjährung von Prospekthaftungsansprüchen ist in § 47 Börsengesetz geregelt.

☞ Vierte Novelle des Finanzmarktförderungsgesetzes: Mit Inkrafttreten der Novelle wird sich die Verjährungsfrist auf ein Jahr verlängern (→ Seite 424).

Problem Verjährung

Das zweite große Problem für Anleger war bisher die kurze ☞ **Verjährungsfrist** bei Prospekthaftungsansprüchen. Sie verjähren innerhalb von sechs Monaten, nachdem der Anleger die Fehlerhaftigkeit oder Unvollständigkeit des Prospekts erkannt hat oder darauf aufmerksam gemacht wurde. Danach kann er juristisch nichts mehr unternehmen.

☞ **Vierte Novelle des Finanzmarktförderungsgesetzes**

→ Unabhängig davon verjähren die Ansprüche in jedem Fall nach drei Jahren ab Prospektveröffentlichung, auch wenn der Erwerber der Wertpapiere nicht weiß, dass der Prospekt nicht korrekt war.

Schadenersatz bei falschen Ad-hoc-Mitteilungen

Das Wertpapierhandelsgesetz (WpHG) verpflichtet die Emittenten von Wertpapieren zur unverzüglichen Ad-hoc-Mitteilung über alle Tatsachen, die die Kurse beeinflussen können (→ Seite 132). Die Frage ist, was geschieht, wenn der Emittent diese Pflicht verletzt oder sich die in der Ad-hoc-Meldung enthaltenen Informationen als unrichtig erweisen. Zwar hat das Bundesaufsichtsamt für den Wertpapierhandel bislang den korrekten Ablauf bei einer Ad-hoc-Meldung überwacht. Verstöße wurden allerdings nur mit einer relativ geringen Geldbuße geahndet. Verhängt wurde die Geldbuße außerdem nur gegen den betreffenden Emittenten. Die Anleger aber, die sich auf diese Meldung verlassen und entsprechend gehandelt haben, konnten lange Zeit die dafür Verantwortlichen weder persönlich haftbar machen noch von ihnen Schadenersatz verlangen. Es fehlte eine gesetzliche Anspruchsgrundlage. Bislang sah erst ein Gericht in den Prozessen gegen die Firmen des Neuen Marktes einen gesetzlichen Schadenersatzanspruch der Anleger gegeben. Das Landgericht Augsburg entschied (→ Kasten, Seite 404), dass ein Anspruch auf Basis des allgemeinen, im Bürgerlichen Gesetzbuch (BGB) geregelten Schadenersatzrechts zusammen mit § 88 des Börsengesetzes gegeben sei. Nach der genannten börsenrechtlichen Bestimmung können Vorstände und Aufsichtsräte bestraft werden, wenn sie falsche Informationen über das Vermögen der Gesellschaft geben. Diese Bestimmung, so die Auffassung des Gerichts, schütze auch den Anleger.

Paradox daran: Eine andere Kammer des gleichen Landgerichts sah in einem anderen Verfahren keinen Anspruch auf Grundlage des BGB gegeben. Folglich wies es die Klage eines anderen Infomatec-Aktionärs ab. Auch eine vorsätzliche sittenwidrige Schädigung nach § 826 BGB, die ebenfalls einen Anspruch auf Schadenersatz begründet, sahen die Richter nicht gegeben. Dazu hätten ihrer Ansicht nach die Infomatec-Vorstände die negative Entwicklung des Unternehmens und die Vermögensschäden der Anleger zumindest billigend in Kauf nehmen müssen, als sie die falsche Ad-hoc-Mitteilung veröffentlichten *(Landgericht Augsburg, Urteil vom 9. 1. 2002, Az. 6 O 1640/01)*. So urteilte auch das Landgericht München in den bereits entschiedenen Verfahren gegen EM.TV.

Die Regelungslücke schließt das Vierte Finanzmarktförderungsgesetz: Danach wird ein neuer Paragraf in das Wertpapierhandelsgesetz ein geführt, der einen gesetzlichen Schadenersatzanspruch bei falschen, unrichtigen oder unterlassenen Ad-hoc-Mitteilungen begründet. Diese Neuregelung beendet jedoch nur den Streit um die rechtlichen Grundlagen des Schadenersatzanspruchs: Nach wie vor ist es der Aktionär, der beweisen muss, dass er die Aktien aufgrund der falschen Ad-hoc-Mitteilung gekauft und deswegen einen Schaden erlitten hat.

Rechtskunde für Aktionäre

Für die Anteilseigner an einem Unternehmen ist die Hauptversammlung (HV) die Gelegenheit, ihre Rechte als Miteigentümer auszuüben (→ Seite 151).

Weil das Aktiengesetz die ☞ **Zuständigkeit der Hauptversammlung** bei einer Reihe von Entscheidungen stark begrenzt, haben die Gerichte in den vergangenen Jahren die Mitbestimmung der Aktionäre erweitert: In seiner so genannten „Holzmüller"-Entscheidung hat der Bundesgerichtshof 1992 dem Vorstand einer Aktiengesellschaft aufgetragen, Maßnahmen, die mit schwerwiegenden Eingriffen in die Rechte der Aktionäre verbunden sind, der Hauptversammlung vorzulegen. Sieben Jahre später entschied das gleiche Gericht in der so genannten „Siemens-Nold-Entscheidung", dass die Verwaltung die Aktionäre bei einer Kapitalmaßnahme (→ Seite 160) nicht ohne sachliche Rechtfertigung außen vor lassen darf.

Aktionäre können grundsätzlich alle Auskünfte verlangen. Nur wenn deren Veröffentlichung der Gesellschaft schaden kann, beispielsweise weil dadurch Konkurrenten in den Besitz von wichtigen Daten kommen, darf der Vorstand die Auskunft verweigern.

Wenn der Vorstand die Auskunft verweigert

Der klassische Konfliktpunkt ist allerdings das Auskunfts- und Fragerecht der Aktionäre. Das Aktiengesetz räumt den Aktionären eines Unternehmens das Recht ein, in der Hauptversammlung vom Vorstand Auskunft über alle Angelegenheiten der Gesellschaft zu verlangen, wenn diese zur „sachgemäßen Beurteilung" der Gegenstände der Tagesordnung erforderlich sind.

Streit vor Gericht gibt es in der Regel, wenn ein Aktionär eine verlangte Information nicht bekommt und er sein Auskunftsrecht gerichtlich durchsetzen muss. Das lässt sich relativ leicht in Gang setzen. Der betroffene Aktionär muss lediglich einen Antrag bei dem Landgericht stellen, in dessen Bezirk die Aktiengesellschaft ihren Sitz hat. Das Gericht entscheidet dann, ob der Vorstand die geforderte Auskunft geben muss.

Natürlich gibt es bei den Klageparteien und den Juristen unterschiedliche Meinungen darüber, welche Informationen und Auskünfte „erforderlich" sind, damit sich der Aktionär eine Meinung bilden kann. Verweigern darf der Vorstand nach dem Aktiengesetz eine Auskunft aber nur dann, wenn nach „vernünftiger kaufmännischer Beurteilung" zu befürchten ist, dass es nachteilig für die Gesellschaft ist, wenn die geforderten Informationen öffentlich gemacht werden. Aufgrund dieser Regelung darf er beispielsweise stille Reserven gegenüber den Aktionären geheim halten. Auskunft über die Bezüge seiner Mitglieder muss der Vorstand hingegen geben.

Im Rahmen der Auskunftspflicht haben Kapitalverflechtungen der jeweiligen Gesellschaft mit anderen Unternehmen besondere Bedeutung. So kann ein Aktionär verlangen, dass der Vorstand die von der Gesellschaft oder von mit ihr verbundenen Unternehmen gehaltenen Anteile an anderen Gesellschaften, die in einem der Dax-Indizes (Dax, MDax oder SDax) gelistet sind, mitteilt, sofern die Beteiligung mehr als 10 Prozent – diese Schwelle soll nach dem neuen ☞ **Corporate-Governance-Kodex** auf 5 Prozent gesenkt werden – ausmacht oder einen Börsenwert von 50 Millionen Euro überschreitet.

☞ Die Zuständigkeit der Hauptversammlung: Die Zuständigkeit ist begrenzt. Sie erstreckt sich aber beispielsweise auf die Zustimmung zu Kapitalmaßnahmen und die Wahl des Aufsichtsrats (→ Seite 153). Nach dem Konzept des Aktiengesetzes ist die HV nicht die höchste Instanz der Gesellschaft. Die Führungsrolle hat der Vorstand, und er ist es, der bei vielen Entscheidungen das letzte Wort hat.

☞ Corporate-Governance-Kodex: Der voraussichtlich ab Mitte 2002 geltende Kodex (→ Seite 427) hat zum Ziel, einheitliche Regeln zur Unternehmensführung aufzustellen. Sie bestimmen zum Beispiel, dass Anteilseigner das Recht haben, Auskunft auch über weitere Mandate der Aufsichtsratmitglieder und deren Dotierung einzufordern.

Grenzen der Auskunftspflicht

Nicht alles, was Aktionäre fragen und wissen dürfen, ist dem Vorstand auch zuzumuten. Das gilt insbesondere dann, wenn er bei der Beantwortung an praktische Grenzen stößt. Das zeigt der Fall eines Aktionärs, der in einer Hauptversammlung forderte, dass der Vorstand jeden einzelnen Erwerb und die Veräußerung eigener Aktien der Gesellschaft in der Hauptversammlung benennt. Der Vorstand hätte 25 000 Einzelangaben machen müssen, um diese Frage zu beantworten. Das Oberlandesgericht Frankfurt hatte diese Angaben zwar als „erforderlich" angesehen – also kein Auskunftsverweigerungsrecht des Vorstandes angenommen – , vom Aktionär jedoch verlangt, sich an die Grenzen des Zumutbaren zu halten, und ihm letztendlich doch die Auskunft verweigert.

Beschränkung der Redezeit

Immer wieder taucht im Zusammenhang mit dem Auskunftsrecht die Frage auf, unter welchen Voraussetzungen der Leiter der Hauptversammlung – üblicherweise der Aufsichtsratsvorsitzende – berechtigt ist, die Redezeit eines Aktionärs zu beschränken und ihm das Wort zu entziehen. Das darf und muss er sogar, wenn die sachgemäße Durchführung der Hauptversammlung gefährdet ist. Das generelle Auskunftsrecht der Aktionäre bleibt dadurch jedoch unberührt – sie müssen es notfalls eben gerichtlich durchsetzen.

Wichtigste Waffe: Das Anfechtungsrecht

Aktionäre gehen nicht nur auf die Hauptversammlung, um Fragen zu stellen. Sie stimmen dort auch über wichtige Vorhaben und Entscheidungen ab. Dabei können sie nicht nur ihre Zustimmung verweigern. Das Aktiengesetz sieht vor, dass bestimmte Beschlüsse sogar für nichtig erklärt werden können oder nachträglich anfechtbar sind.

Nichtig sind beispielsweise Beschlüsse, wenn eine Hauptversammlung nicht ordnungsgemäß einberufen worden ist. Ein Beschluss ist auch dann nichtig, wenn er „mit dem Wesen der Aktiengesellschaft nicht zu vereinbaren ist oder durch seinen Inhalt Vorschriften verletzt, die ausschließlich oder überwiegend zum Schutze der Gläubiger der Gesellschaft oder sonst im öffentlichen Interesse gegeben sind".

Dazu zählen die Gerichte zum Beispiel Versuche, die Regelungen der unternehmerischen Mitbestimmung durch Änderung der Satzung zu unterlaufen. Der Bundesgerichtshof erklärte einen Hauptversammlungsbeschluss für nichtig, nach dem der Aufsichtsrat auch beschlussfähig sein sollte, wenn das von den Anteilseignern in dieses Organ entsandte Mitglied nicht anwesend ist.

CHECKLISTE

Aktionäre können Anfechtungsklagen erheben, wenn ...

- ✔ Vorschriften im Aktiengesetz oder in der Satzung der Gesellschaft durch Beschlüsse der Hauptversammlung verletzt werden, beispielsweise die Vorschriften über die erforderlichen Mehrheitsverhältnisse auf der Hauptversammlung,
- ✔ beispielsweise der Mehrheitsaktionär sich mit seinem Stimmrecht Vorteile verschafft, die sich für die Gesellschaft oder die anderen Aktionäre nachteilig auswirken. Man spricht in diesem Falle von der „Treuepflicht der Aktionäre untereinander", die sich aus dem Aktiengesetz ergibt.

Alle anderen Beschlüsse, zum Beispiel zu Kapitalerhöhungen, über die Gewinnverwendung oder die Zustimmung zu einem Unternehmenskauf, sind nur anfechtbar. Das heißt: Sie sind zunächst wirksam, bis sie vom zuständigen Gericht aufgrund einer Klage der Aktionäre oder des Vorstands aufgehoben werden.

Kurze Frist, um zu klagen
Die Fristen für eine Anfechtungsklage sind kurz. Sie muss innerhalb eines Monats nach Beschlussfassung erhoben werden und richtet sich gegen die Gesellschaft, die durch Vorstand und Aufsichtsrat gemeinsam vertreten wird. Zuständig ist das Landgericht, in dessen Bezirk der Sitz der Aktiengesellschaft liegt. Zwingende Voraussetzung, dass der Aktionär vor Gericht gehen kann, ist jedoch, dass er gegenüber dem Leiter der Hauptversammlung oder dem schriftführenden Notar bei dem strittigen Punkt „Widerspruch zur Niederschrift" erklärt hat. Das klingt komplizierter, als es ist. Es reicht, wenn der Aktionär direkt an Ort und Stelle der HV zum Podium oder zu dem schriftführenden Notar geht und dort unter Angabe seines Namens und gegebenenfalls seiner Stimmrechte den Widerspruch zu Protokoll gibt.

Schutz für Minderheiten

Der Einfluss der Kleinaktionäre hat recht enge Grenzen. Wenn allerdings der Streubesitz nur 10 oder 20 Prozent ausmacht, besteht die Gefahr, dass Großaktionäre die Minderheitsgesellschafter auf der HV immer überstimmen. Mit einer Reihe von Regelungen hat der Gesetzgeber sichergestellt, dass auch die Kleinaktionäre ihre Rechte als Gesellschafter ausüben können.

Eine Minderheit, deren Aktien ein Zwanzigstel, also 5 Prozent, des Grundkapitals repräsentieren, kann die Einberufung der Hauptversammlung erzwingen und verlangen, dass bestimmte Themen – beispielsweise eine drohende Übernahme – auf die Tagesordnung gesetzt werden. Außerdem können die Minderheitsaktionäre eine Sonderprüfung durch die Bundesaufsichtsämter beantragen und damit bestimmte Ansprüche erzwingen: Sie können Auskünfte über Geschäftsangelegenheiten verlangen, Bücher einsehen und eventuell aufsichtsrechtlich gegen die Vorstände vorgehen.

Beschlüsse, die besonders kritisch sind
HV-Beschlüsse, mit denen Unternehmenstransaktionen wie Verschmelzungen, Gewinnabführungs- oder Beherrschungsverträge (→ Seite 181) und Übernahmen (→ Seite 175) unter Dach und Fach gebracht werden, sind für Aktionäre von besonderer Bedeutung. Nach deutschem Recht müssen die Hauptversammlungen beider beteiligter Unternehmen diesen Vorhaben zustimmen. Oft sind damit für die Aktionäre des übernommenen oder verschmolzenen Unternehmens Ausgleichszahlungen, ein Aktienumtausch oder Abfindungen verbunden. Wenn die betroffenen Aktionäre Zweifel an der marktgerechten Höhe dieser Offerten haben, müssen sie ein so genanntes Spruchstellenverfahren bei den Oberlandesgerichten beantragen. In diesen Verfahren wird die Höhe der Abfindung vom Gericht überprüft.

Das Spruchstellenverfahren ist eine Besonderheit im deutschen Recht: Denn auch für Aktionäre, die nicht selbst Antragsteller des Verfahrens sind, muss von Amts wegen ein gemeinsamer Vertreter bestellt werden, der ihre Interessen wahrnimmt. Die Entscheidung des Gerichts betrifft alle Anteilseigner, sodass auch diejenigen Aktionäre, die sich gar nicht am Verfahren beteiligt haben, möglicherweise eine Nachbesserung ihrer Ausgleichszahlung, ihrer Abfindung oder des Aktienumtauschs bekommen können. Der Vorgang ist also eine Art Sammelklage, die es eigentlich im deutschen Recht nicht gibt.

Abfindungen für Aktionäre: Neue Regeln ab 2002
Mit dem Übernahmegesetz, das seit Anfang 2002 gilt, hat sich die Stellung der Minderheitsaktionäre verschlechtert. Es hat die so genannte Squeeze-out-Regelung einge-

führt, nach der Minderheitsaktionäre, die weniger als 5 Prozent des Grundkapitals halten, gegen Abfindung herausgekauft werden können (→ Seite 181). Damit ist Ärger programmiert, denn die Basis für den Abfindungskurs ist nicht etwa der aktuelle Börsenkurs, sondern ein Bewertungsgutachten, das bei einem unabhängigen Wirtschaftsprüfer in Auftrag gegeben wird. Dabei gibt es erhebliche Spielräume, wie bereits Dutzende von Fällen in der Vergangenheit gezeigt haben. Bei ihnen wurde die Abfindung im Rahmen eines gerichtlichen Spruchstellenverfahrens nachträglich deutlich heraufgesetzt.
Darüber hinaus: Abfindungen und Ausgleichszahlungen an Minderheitsaktionäre sind immer ein schwieriges Thema und häufig Gegenstand von langwierigen Rechtsstreitigkeiten. Das liegt an der konträren Ausgangslage. Derjenige, der die Anteile übernimmt, möchte natürlich so wenig wie möglich zahlen; die auszukaufenden Aktionäre wollen dagegen so viel wie möglich bekommen. Grundsätzlich braucht sich der gebotene Übernahmepreis nicht nach dem Börsenkurs eines bestimmten Stichtages zu richten, sondern kann sich an einem Durchschnittswert orientieren, errechnet aus den vorangegangenen drei Monaten. Dies hat der Bundesgerichtshof im März 2001 entschieden *(Urteil vom 12. 3. 2001, Az. II ZB 15/00, NJW 2001, Seite 2080)*.
Dies gilt nicht nur für Barabfindungen, sondern auch für den Umtausch von Aktien bei Unternehmensverschmelzungen. Bei einer Stichtagsregelung – so der Bundesgerichtshof – ist zu befürchten, dass Vorstände den Börsenkurs und damit die Höhe der Abfindungen in ihrem Interesse gezielt beeinflussen könnten. Solche Manipulationen werden bei einem Durchschnittszeitraum erheblich erschwert – wenn nicht sogar ausgeschlossen.

▶ KONTAKT
Bundesverband
deutscher Banken
Burgstraße 28
10178 Berlin
Tel. 0 30/16 63-0
Fax 0 30/16 63-13 99
www.bdb.de

Ansprüche durchsetzen

Wenn es tatsächlich zum Konflikt kommt und der Bankkunde zum Beispiel einen Haftungsanspruch gegen seine Bank durchsetzen will, muss er nicht immer sofort vor Gericht gehen. Die Kunden von Banken und Sparkassen können sich vorher noch an eine Schiedsstelle oder einen Ombudsmann wenden.

Schiedsstellen der Banken und Sparkassen

Seit 1992 gibt es für Kunden der privaten Banken die Möglichkeit, sich bei einem so genannten Ombudsmann über das Geschäftsgebaren ihres Kreditinstituts zu beschweren – dazu gehören alle Leistungen, die der Kunde dort erhält, also auch die Beratung in Anlagegeschäften. Der Vorteil für den Bankkunden: Das Verfahren kostet ihn nichts und er verbaut sich damit auch nicht den weiteren Schritt, nämlich den Weg zu einem ordentlichen Gericht. Wer als privater Bankkunde meint, von seiner Bank nicht korrekt behandelt worden zu sein, wendet sich an den Bundesverband deutscher Banken in Berlin. KONTAKT ▶

Der Bundesverband prüft zunächst, ob die Beschwerde für ein Verfahren beim Ombudsmann geeignet ist. Das ist nicht der Fall, wenn bereits ein Gerichtsverfahren in der Sache läuft, eine Strafanzeige gestellt wurde, ein eventueller Anspruch verjährt ist oder Beweise für die Klärung des Sachverhalts erhoben werden müssten.

Der Ombudsmann darf bei Beschwerden bis zu einem Wert von 5 000 Euro verbindlich entscheiden. Der Bankkunde kann jedoch danach vor einem Gericht klagen, wenn er mit dem Spruch des Ombudsmanns nicht einverstanden ist.

Für die Sparkassen gibt es keine einheitliche Regelung. Die zentrale Ansprechstelle ist der Deutsche Sparkassen- und Giroverband. Die Sparkassen- und Giroverbände der Bundesländer, teilweise auch die großen Sparkassen selbst, haben regionale Schlichtungsstellen eingerichtet. Es gibt sowohl externe Regelungen – dann sind mit dem Bank- und Börsenrecht vertraute Personen, meistens Richter, mit der Bearbeitung der Beschwerden befasst – als auch interne. In diesen Fällen entscheiden Mitglieder der Sparkassen- oder Verbandsorganisationen, die jedoch – anders als der Ombudsmann – keine verbindliche Entscheidung treffen können. Ihren Empfehlungen wird jedoch meistens gefolgt. Ähnlich ist das Schiedswesen bei den Genossenschaftsinstituten organisiert. Hier ist die zentrale Ansprechstelle der Bundesverband der Deutschen Volks- und Raiffeisenbanken (BVR).
Kontakt ▶

Der Gang vor Gericht

Hat auch die Schiedsstelle nicht den erwünschten Erfolg gebracht, muss der Anleger eine Klage bei einem Zivilgericht einreichen. Um das Kostenrisiko des Rechtsstreits abschätzen zu können, ist es wichtig, vorher eine Auskunft über die vermutliche Höhe des Streitwerts einzuholen, der Grundlage für die Berechnung der Gerichtskosten und Anwaltsgebühren ist. Der Streitwert bemisst sich bei einer Schadenersatzklage in aller Regel nach der Höhe des Vermögensschadens. Bei einem Streitwert unter 5 000 Euro ist das Amtsgericht zuständig, liegt der Schaden jedoch darüber, ist die Klage beim Landgericht einzureichen. Seit Inkrafttreten des Gesetzes zur außergerichtlichen Streitbeilegung im Jahr 2000 ist in einigen Bundesländern ein außergerichtliches Schlichtungsverfahren bei Streitwerten unter 600 beziehungsweise 750 Euro obligatorisch.

Wichtig für den Anleger: Vor dem Amtsgericht kann er sich selbst vertreten. Beim Landgericht herrscht allerdings Anwaltszwang. Anleger, die vor Gericht gehen, sollten jedoch in jedem Fall einen auf Kapitalanlagerecht spezialisierten Anwalt zurate ziehen, denn in diesen Verfahren ist immer damit zu rechnen, dass über die Qualität der Anlageberatung oder die Auslegung von Rechtsvorschriften und Gesetzen heftig gestritten wird. Mit Zeugenvernehmungen haben Anwälte mehr Erfahrung und können verhindern, dass die Befragung eines Zeugen in eine Richtung geht, die für den Anleger nicht vorteilhaft ist. Auskunft über Rechtsanwälte, die auf Kapitalanlagerecht spezialisiert sind, geben die örtlichen Rechtsanwaltskammern, die Deutsche Anwaltauskunft und der Anwalt-Suchservice.
Kontakt ▶

Wenn die Klage eingereicht wird, muss der Anleger zunächst einmal die so genannten Gerichtsgebühren einzahlen. Die Gerichte unterscheiden bei ihren Kosten nicht nach Verfahrensabschnitten, sondern es gibt eine Gebühr, die sich nach dem Streitwert richtet. Und bei einem Prozess, der in der ersten Instanz mit einem Urteil beendet wird, kostet das Verfahren eben drei Gebühren. Gewinnt der Anleger die Klage, muss der Gegner alle Kosten tragen – die Gerichtskosten und auch die Anwaltsgebühren des Anlegers. Verliert der Anleger, muss er alle Gerichtskosten, seine eigenen Anwaltskosten und die des Gegners bezahlen. Bei einem Streitwert von 10 000 Euro (→ Tabelle, Seite 412) kostet ein verlorener Rechtsstreit – in der ersten Instanz – fast 4 000 Euro. Bei mehreren Instanzen und höheren Streitwerten wird es entsprechend teurer.
Kontakt ▶

Einigen sich die Parteien im Laufe des Rechtsstreits und schließen einen Vergleich, fällt bei den Anwaltskosten eine Vergleichsgebühr an,

▶ Kontakt

Deutscher Sparkassen- und Giroverband
Behrenstraße 31
10117 Berlin
Tel. 0 30/2 02 25-0
www.dsgv.de

Bundesverband der Deutschen Volks- und Raiffeisenbanken (BVR) e.V.
Heussallee 5
53113 Bonn
Tel. 02 28/5 09-0
www.vrnet.de

Deutsche Anwaltauskunft
Tel. 0 180 5/18 18 05
www.anwaltauskunft.de

Anwalt-Suchservice
Tel. 0 180 5/25 45 55
www.anwalt-suchservice.de

▶ Kontakt

Unter **www.marktplatz-recht.de** finden sich Links zu Kostentabellen und Gebührenrechnern.

die sich bei einem angenommenen Streitwert von 10 000 Euro auf 724,75 Euro beläuft. Allerdings entfällt ein Teil der Gerichts- und eventuell auch Anwaltsgebühren. Üblich bei einem Vergleich ist, dass jeder seine eigenen Anwaltskosten trägt.

Besonderheiten bei der Anfechtungsklage

Wie bei einer Auskunftsklage geht ein Aktionär auch bei einer Anfechtungsklage gegen seine Gesellschaft vor, die durch Vorstand und Aufsichtsrat vertreten wird. Das Besondere daran: Den Streitwert setzt das Gericht fest. Er darf allerdings ein Zehntel des Grundkapitals oder 500 000 Euro nur überschreiten, wenn das Gericht der Auffassung ist, dass die Bedeutung des angefochtenen Beschlusses von besonderer Tragweite ist. Das ist allerdings nur selten der Fall. Auch bei den Gerichtskosten gelten besondere Regeln. Das Gericht kann bestimmen, dass der Aktionär die Gerichtskosten nur nach einem Streitwert einzahlt, den seine wirtschaftliche Lage erlaubt. In dem Fall muss er auch die Anwaltsgebühren nur nach einem reduzierten Streitwert bezahlen. Dafür muss er einen Antrag bei der Geschäftsstelle des Gerichts einreichen, in dem er glaubhaft erklärt, dass es für ihn wirtschaftlich unzumutbar ist, die Kosten in voller Höhe zu tragen.

Der Anwalt: Rechnung mit Unbekannten

Solange der Rechtsanwalt seine Arbeit nach der so genannten Bundesrechtsanwaltsgebührenordnung (BRAGO) abrechnet, lassen sich die Kosten vorhersehen. Viele Anwälte schließen jedoch gesonderte Honorarvereinbarungen ab. Das ist möglich und erlaubt, birgt jedoch für den Mandanten das Risiko, dass er, wenn er seine Klage gewinnt, vom Gegner nur die gesetzlichen Gebühren erstattet bekommt. Den Rest muss er trotz gewonnenen Prozesses aus eigener Tasche begleichen. Und auch die Rechtsschutzversicherungen zahlen nicht unbedingt alle Honorarforderungen der Anwälte.

Wann hilft die Rechtsschutzversicherung?

Generell deckt eine Privat- und Berufsrechtsschutzversicherung auch die Durchsetzung von Schadenersatzansprüchen bei Anlagegeschäften ab. Das heißt allerdings nicht, dass sie

Ein Kostenbeispiel

Schadenersatzklage vor dem Landgericht:
Streitwert 10 000 Euro mit einem Beweistermin und abschließendem Urteil[1]

	Kosten und Gebühren	Euro
Gerichtskosten nach dem Gerichtskostengesetz (GKG)	Bei einer Klage mit Urteil drei Gebühren zu 196 Euro, zu bezahlen bei Einreichung der Klage	588,00
Anwaltsgebühren nach der Bundesrechtsanwalts-gebührenordnung (BRAGO)	Prozessgebühr	486,00
	Verhandlungs- oder Erörterungsgebühr	486,00
	Beweisgebühr	486,00
Gesamt		**2 046,00**

[1] Das anwaltliche Gebührenrecht soll durch ein Rechtsanwaltsvergütungsgesetz ersetzt werden. Die Beweisgebühr entfällt, aber für alle anderen Verfahrensabschnitte fallen dann 1,5 Gebühren an. Bei Redaktionsschluss war nicht bekannt, ob und wann das neue Gesetz in Kraft tritt.

auch bei einem Verfahren wegen mangelhafter Anlageberatung, bei Anfechtungsklagen oder Spruchstellenverfahren in jedem Fall einspringt. Viele Versicherungen behalten sich eine Prüfung des Einzelfalls vor. Bevor rechtliche Schritte unternommen werden, sollte der Anleger oder sein Rechtsanwalt bei der Rechtsschutzversicherung nachfragen, ob diese die Kosten des Verfahrens übernimmt. Die Übernahme wird in der Regel abgelehnt, wenn die Police erst vor kurzem abgeschlossen wurde – meistens gibt es eine Wartezeit von drei Monaten – oder wenn der Versicherungsfall – also beispielsweise das Beratungsgespräch und der Kauf der Wertpapiere – eingetreten ist, bevor die Rechtsschutzversicherung abgeschlossen wurde.

Bei vielen Prozessen, die im Zusammenhang mit Kursmanipulationen und Schadenersatzforderungen gegen die Verantwortlichen von Neue-Markt-Unternehmen angestrengt wurden, haben sich allerdings viele Rechtsschutzversicherer geweigert, die Deckung zu übernehmen. Die Unternehmen haben sich dabei oft auf eine in den Versicherungsbedingungen enthaltenene Klausel berufen, nach der die Interessenwahrnehmung aus Rechtsgeschäften, die Handelsgesellschaften betreffen, ausgeschlossen werden. Verbraucherrechtsexperten bezweifeln zwar, dass die Anwendung dieser Regelung auf Privatanleger einer rechtlichen Prüfung standhält. Doch um das zu überprüfen, müssten die betroffenen Versicherungsnehmer zuerst gegen ihre Rechtsschutzversicherung vor Gericht ziehen. Oder der VZBV (→ Seite 393) müsste dies im Rahmen einer Verbandsklage feststellen lassen.

Andere Versicherer lehnen die Deckung von Aktionärsklagen ab mit dem Hinweis, dass Spiel- und Wettverträge sowie Spekulationsgeschäfte grundsätzlich nicht Gegenstand des Versicherungsschutzes sind. Und nicht zuletzt ziehen eine Reihe von Assekuranzen die Konsequenz aus der Tatsache, dass viele klagende Aktionäre in erster Instanz eine Niederlage hinnehmen mussten. Dadurch können sich die Versicherer darauf berufen, dass die Erfolgsaussichten aufgrund der geltenden Gesetzeslage unter realistischer Beurteilung als zu gering einzuschätzen sind.

Hoffnung macht aber ein Spruch des Ombudsmanns der Versicherungswirtschaft. KONTAKT ▶ Er hatte im März 2002 einer Rechtsschutzversicherung die Empfehlung gegeben, ihrem Kunden „bedingungsgemäßen Rechtsschutz" zu gewähren. Vor die Schiedsstelle war ein EM.TV-Aktionär gezogen, der das Unternehmen in Zusammenhang mit falschen Ad-hoc-Meldungen verklagen wollte. Seine Rechtsschutzversicherung, die Allianz Rechtsschutz Service GmbH, hatte dies abgelehnt und sich dabei – nach Ansicht des Ombudsmanns zu Unrecht – auf Klauseln der von allen Versicherungen verwendeten Allgemeinen Rechtsschutzbedingungen (ARB) berufen. Einziger Schönheitsfehler in der Angelegenheit: Da der Streitwert über 5 000 Euro liegt, hat der Schiedsspruch des Ombudsmanns nur empfehlenden Charakter. Die Juristen der Rechtsschutzversicherung haben allerdings zum Redaktionsschluss des Buches noch geprüft, ob und inwieweit sie sich an den Schiedsspruch halten wollen. Sollten die Versicherungen, die bislang die Übernahme der Kosten für solche Verfahren noch verweigern, trotz der Empfehlung des Ombudsmannes weiterhin bei ihrer Linie bleiben, wird darüber wohl vor Gericht gestritten werden – wegen der grundsätzlichen Bedeutung für das Versicherungsrecht wahrscheinlich bis zum zuständigen Senat des Bundesgerichtshofs.

Übernimmt die Versicherung die Kosten, bezahlt sie die gesetzlichen Gebühren des Rechtsanwalts, die Gerichtskosten einschließlich

▶ KONTAKT
Der Ombudsmann der Versicherungswirtschaft entscheidet prinzipiell nach den gleichen Regeln wie der der privaten Banken.
Versicherungsombudsmann e.V.
Postfach 08 06 32
10006 Berlin
Tel. 0 18 04/22 44 24
Fax 0 18 04/22 44 25
E-mail: beschwerde@versicherungsombudsmann.de
www.versicherungsombudsmann.de

der Entschädigung für Zeugen und Sachverständige, die Kosten des Gerichtsvollziehers und die des Prozessgegners, wenn der Versicherungsnehmer diese nach einem verlorenen Prozess erstatten muss.

Prozessfinanzierer als Alternative

Wenn der Anleger keine Rechtsschutzversicherung besitzt oder die Assekuranz eine Absage erteilt hat, muss der Anleger das Verfahren aus eigener Tasche bezahlen. Eine Möglichkeit, in diesem Fall das Kostenrisiko zu begrenzen, besteht darin, mit ☞ Prozessfinanzierern zusammenzuarbeiten.

☞ Prozessfinanzierer: DAS-Profi (**www.das-profi.de**) Foris (**www.foris.de**) und Juragent (**www.juragent.de**) beispielsweise sind solche Unternehmen, die Prozessfinanzierungen anbieten.

Vor allem bei teuren Prozessen kann es sich – nach genauer Prüfung des Unternehmens und seiner Seriosität – lohnen, diese Leistungen in Anspruch zu nehmen. Der Prozessfinanzierer übernimmt den Fall nach eingehender Prüfung auf eigene Rechnung und fordert bei einem Sieg vor Gericht etwa 30 Prozent der erstrittenen Summe – nach Abzug der Kosten. Der Kläger muss also den Prozess nicht „vorfinanzieren".

Prozess gewonnen: Wie kommt man an sein Geld?

Auch nach einem erfolgreichen Prozess ist der Anleger noch nicht am Ziel: Hat er auf Schadenersatz geklagt, geht es im zweiten Schritt darum, das Geld vom Gegner auch tatsächlich zu bekommen. Das Urteil allein hilft manchmal nicht weiter. Wenn es vollstreckbar ist, der Gegner also nicht in die Berufung geht, kann der Anleger die Zwangsvollstreckung betreiben. Das heißt, er kann einen Gerichtsvollzieher beauftragen, die Konten zu pfänden oder in andere Vermögenswerte zu vollstrecken. Bei Schadenersatzklagen gegen Banken, beispielsweise wegen fehlerhafter Anlageberatung, ist Geld vorhanden. Anders ist es jedoch zum Beispiel in den Fällen, in denen die Vorstände einer Gesellschaft persönlich verklagt wurden. Wenn dort nach Abschluss eines Verfahrens nichts mehr zu holen ist, gibt es die Möglichkeit, zur Sicherung der späteren Zwangsvollstreckung einen so genannten Arrestbeschluss zu erwirken. Dabei wird das Vermögen des Gegners „verhaftet". Das heißt, der Beklagte kann vorläufig nicht darüber verfügen. Das Arrestverfahren gehört wie die einstweilige Verfügung zum gerichtlichen Eilverfahren. Einen Arrestbeschluss kann man oft innerhalb eines Tages bekommen.

Der Antrag ist entweder bei dem Gericht zu stellen, bei dem auch die Klage verhandelt wurde, oder bei dem Amtsgericht, in dessen Bezirk sich das Vermögen befindet, das man sichern will. Allerdings ist es nicht ganz einfach, einen Arrestbeschluss zu erwirken: Wer ihn beantragt, muss dem Gericht überzeugend darlegen, dass ohne den Beschluss seine Vermögensinteressen gefährdet sind.

Gemeinsam stark?

Im Zusammenhang mit den Klagen der Aktionäre gegen Neue-Markt-Firmen traten Anwälte auf den Plan, die ganze Heerscharen geprellter Anleger vertreten haben. Ein Vorgehen nach dem Motto „geteiltes Leid ist halbes Leid" ist juristisch gesehen allerdings nur bedingt möglich. Sammelklagen wie die „class action" nach US-amerikanischem Recht gibt es hierzulande nicht. In den USA sind sie seit langem ein wichtiges Instrument für Gruppenklagen, beispielsweise bei Produkthaftungsfällen. Bei der „class action" werden potenzielle Streitgenossen auf Kläger- oder Beklagtenseite von Repräsentanten vertreten. In manchen Verfahren können sich einzelne Kläger ausschließen, wenn sie ein Interesse daran haben, selbst zu prozessieren. Für alle anderen Kläger ist das Urteil bindend, das heißt, sie können den Gegenstand des Verfahrens nicht noch einmal gerichtlich geltend machen. Class actions sind auch in den USA nicht unumstritten, da sie oft zu Klagen führen, die wegen der Geringfügigkeit der Schäden für den Einzelnen gar nicht stattfänden. Aktionärsschützer (→ Seite 156) fordern, dass auch in Deutschland die Möglichkeit von Sammelklagen geschaffen wird. Über eine entsprechende Gesetzesänderung denkt die Bundesregierung bereits nach. Das deutsche Recht kennt bislang nur die so genannte Streitgenossenschaft, bei der mehrere Parteien – dabei handelt es sich um eine überschaubare Gruppe von Klägern, für die das gleiche Gericht zuständig ist – zusammengefasst werden. Die Streitgenossenschaft bringt allenfalls eine geringe Ersparnis für den Einzelnen bei den Gerichtskosten und ist daher beispielsweise vorteilhaft in Prozessen, die im Rahmen der Prospekthaftung angestrengt werden, wenn sich alle Kläger auf die gleichen fehlerhaften Angaben im Prospekt berufen. Doch verfahrenstechnisch bleibt jeder Einzelne selbst Kläger.

Eine andere Möglichkeit ist die Musterklage. Dabei gilt das Prinzip: Einer klagt, und wenn es gut geht, dann ziehen die anderen nach. Das klingt besser, als es ist. Denn nach erfolgreichem Abschluss eines Musterverfahrens muss jeder einzelne Anleger noch einmal selbst klagen. Damit besteht für Betroffene die Gefahr, dass bei einem länger dauernden Verfahren ihre Ansprüche bereits verjährt sein können oder beim Gegner nichts mehr zu holen ist. Die Verjährungsfristen werden nämlich durch den Musterprozess eines Leidensgenossen nicht unterbrochen.

CHECKLISTE

- ✔ Handeln Sie nicht unüberlegt, wenn Sie bei einem Anlagegeschäft die Vermutung haben, dass nicht alles mit rechten Dingen zugegangen ist. Behalten Sie einen kühlen Kopf, analysieren Sie die Situation und holen Sie den Rat eines Fachmanns ein (Kontaktadressen → Seite 411).
- ✔ Tragen Sie alle schriftlichen Dokumente zusammen und legen Sie nach der Chronologie der Abläufe einen Ordner an.
- ✔ Wenn Sie Ihre Bank wegen mangelhafter Beratung haftbar machen wollen, tragen Sie zuerst die Fakten zusammen und prüfen Sie die Sachlage. Vergleichen Sie dazu das Risikoprofil der Anlageformen und Wertpapiere in Ihrem Depot mit der Risikoeinstufung, die aufgrund des ersten Beratungsgesprächs bei Ihrer Bank vorgenommen wurde (→ Seite 39).
- ✔ Stellen Sie Unterschiede fest, versuchen Sie herauszufinden, worauf diese Differenzen beruhen – auf Ihren eigenen ausdrücklichen Anlagewünschen oder auf Vorschlägen Ihres Beraters.
- ✔ Wenn Sie glauben, es liege ein Versäumnis Ihrer Bank vor oder wenn Sie mit dem Geschäftsverhalten Ihres Kreditinstituts nicht zufrieden oder einverstanden sind: Suchen Sie zuerst das Gespräch mit einem der dort Verantwortlichen. Versuchen Sie herauszufinden, ob eine Kompromisslösung möglich ist oder ob man vonseiten des Geldhauses auf Konfrontationskurs geht.
- ✔ Prüfen Sie, ob Sie mit Ihrem Anliegen vor einen Ombudsmann gehen können (→ Seite 410).
- ✔ Machen Sie sich klar, dass eine Klage das letzte Mittel ist. Prüfen Sie, ob alle notwendigen Voraussetzungen erfüllt sind (→ Seite 402), um überhaupt Aussicht auf Erfolg zu haben, und schätzen Sie vorher das Kostenrisiko (→ Seite 411) ab.
- ✔ Prüfen Sie, ob und bis zu welcher Instanz Ihre Rechtsschutzversicherung – soweit vorhanden – für die Kosten einspringt (→ Seite 412). Holen Sie eine konkrete Deckungszusage ein.
- ✔ Kämpfen Sie nicht für eine aussichtslose Sache und wahren Sie die Verhältnismäßigkeit, sonst besteht die Gefahr, dass Ihr Schaden noch größer wird.

Bühne frei!

Die Lektüre des Buches wird für die meisten Leser kein „Selbstzweck“ sein, sondern ein erster wichtiger Schritt auf dem Weg in die Börsenpraxis. Die Basis ist also gelegt. Nun geht es um die praktische Umsetzung des „Gelesenen und Gelernten“. Dazu sollen am Schluss noch einmal die wichtigsten Punkte rekapituliert werden: Welche Voraussetzungen müssen geschaffen werden? Welche Fragen sind zu klären? Und welche Möglichkeiten gibt es, ein Depot zu einem funktionierenden Ganzen zu gestalten?

Der letzte Check vor dem Auftritt

Stichpunkt Streuung

Viele Einsteiger werden sich vor allem fragen, wie sie denn tatsächlich zu ihrer persönlichen Asset-Allocation (→ Seite 29) kommen. Denn dies ist schließlich das A und O einer erfolgreichen Kapitalanlage.

Ein Konzept mit universeller Tauglichkeit
Experten sind sich einig: Ihre Wirkung kann die von Harry M. Markowitz entwickelte Idee erst dann in vollem Umfang entfalten, wenn sie konsequent, das heißt für verschiedene Wertpapierarten, angewendet wird. Markowitz' Maxime lautet: Das Depot muss strukturiert werden, indem das Anlagekapital auf unterschiedliche Wertpapiere verteilt wird. Der Grund für dieses Vorgehen: Die einzelnen Werte werden sich nie allesamt in eine Richtung entwickeln. Kommt es beispielsweise zu Verlusten bei Aktien, werden diese durch Gewinne bei Anleihen gemildert oder aufgefangen. Folge: Das Schwankungsrisiko des Gesamtdepots sinkt, ohne dass dies – wie es nach der Gesetzmäßigkeit des magischen Dreiecks (→ Seite 24) eigentlich der Fall wäre – in gleichem Maße zulasten der Rendite geht.

Der Sinn und Zweck einer systematischen Asset-Allocation besteht darin, das Chance-Risiko-Profil eines Depots zu optimieren. Unter Einbeziehung weiterer Anlageformen wie beispielsweise Immobilien- und Kontenanlagen lässt sich dieses Konzept sogar auf den gesamten Vermögensaufbau ausweiten. Das Ganze ist vergleichbar mit dem Bild eines Orchesters und seinem Dirigenten: Jedes Instrument, in diesem Fall jede Anlageform, übernimmt einen bestimmten Part. Damit aber nicht alle durcheinander spielen, sondern Geige, Oboe und die anderen Instrumente miteinander harmonieren und sich gegenseitig ergänzen, bedarf es eines Dirigenten, der die Einsätze vorgibt, die Lautstärke bestimmt und den Überblick behält. Das ist der Anleger.

Stichpunkt Selbsteinschätzung

Um bei diesem Bild zu bleiben: Jeder dirigiert und musiziert natürlich mit einem anderen Temperament und hat seinen persönlichen Stil. Auf die Geldanlage gemünzt heißt das: Das Temperament des Wertpapierkäufers ist vor allem durch seine Risikoneigung charakterisiert. Wer es ruhiger liebt, greift zu sicheren Anlageformen, bei denen er nicht ständig um seinen Einsatz fürchten muss – etwa erstklassige Anleihen oder Rentenfonds. Liebhaber des Fortissimo, also Anleger, die die Chancen an der Börse aktiv nutzen wollen und bereit sind, auch etwas zu riskieren, werden bei spekulativeren Papieren fündig – zum Beispiel Aktien und Optionsscheinen.

Entscheidend für den Einsteiger ist es also, sich richtig und zutreffend einzuschätzen, denn weder sollte die Sorge um das Depot ihn um den Schlaf bringen, noch sollte er das Gefühl haben, Chancen zu verpassen. Die nochmalige Beschäftigung mit der persönlichen Anlagementalität ist in diesem Stadium dringend anzuraten. Im Sinne des obigen Bildes vom Dirigenten: Er muss erst einmal sein musikalisches Gefühl entwickeln, bevor er den Takt vorgeben und ein Orchester leiten kann.

Stichpunkt Anlagedauer

Eng verbunden mit der Risikoneigung ist auch die Frage, wie langfristig das Kapital an der Börse angelegt werden kann beziehungsweise wie lange es angelegt sein sollte. Sie muss immer wieder neu beantwortet werden, weil sich die Umstände ändern können. Um auf das zurückzukommen, was zu Anfang des Buches gesagt worden ist: Je länger man auf das Geld verzichten und je flexibler der Rückzahlungstermin gehandhabt werden kann, desto höhere Risiken können tendenziell eingegangen werden.

Ein Anleger, der zum Anlagezeitpunkt weiß, dass er seinen Einsatz zu einem bestimmten Zeitpunkt auf jeden Fall benötigt, ist nach diesem Leitsatz zum Beispiel nicht gut beraten, in sehr schwankungsanfällige Anlageformen zu investieren, denn er geht damit unverhältnismäßig hohe Risiken ein. Wer dagegen sein Geld auf dem Sparbuch belässt und keinerlei Pläne für die Zukunft hat, verschenkt kostbare Renditechancen.

Stichpunkt Lebensphase

Unabhängig von Risikoneigung und Spekulationslust: Der Einsteiger muss bei der Depotzusammenstellung immer seine Lebensumstände berücksichtigen. Das heißt, er muss sich bewusst sein, in welcher Phase seines Lebens er zum Anlagezeitpunkt steht. Derjenige, der gerade eine Familie gegründet hat und das Haupteinkommen erzielt, muss sein Depot anders aufbauen als etwa ein Single, der weitgehend finanziell abgesichert ist. Letzterer kann es sich erlauben, zum Teil auch sehr risikoreich zu spekulieren – wenn er seinen Einsatz begrenzt!

Allerdings: Persönliche Anlageziele und Risikobereitschaft ändern sich über die Jahre und mit den Lebensumständen. Was in welcher Phase die richtigen Ratschläge für das Wertpapierdepot und die Vermögensanlage im Allgemeinen sind, wird durch das Lebensphasenmodell beschrieben (→ Seite 20). Es ist also ratsam, die eigene Situation, die persönliche Risikoeinstellung und die Asset-Allocation noch einmal konkret mit diesem Modell abzugleichen.

Stichpunkt Depotstruktur

Der nächste systematische Schritt besteht darin, die Einteilung beziehungsweise Gewichtung der einzelnen Anlageklassen innerhalb des Depots festzulegen. Der Einsteiger muss, wie der Dirigent, sein Orchester arrangieren und bestimmen, welche Instrumente überhaupt eingesetzt werden sollen. Auf das Depot bezogen, heißt das: Der Anleger muss entscheiden, mit welchen prozentualen Anteilen die beiden großen Anlageklassen Aktien und Anleihen vertreten sein sollen. Als Faustregel gilt: Je risikofreudiger er ist, desto höher darf der Anteil der Dividendenwerte ausfallen.

Gut essen oder gut schlafen?
Diese Frage gehört zu den Lieblingsthemen der Börsianer. Wer Anleihen hält, kann auch dann beruhigt schlafen, wenn es an der Börse turbulenter zugeht. Dafür muss er aber eine vergleichsweise niedrige Verzinsung in Kauf nehmen. Aktien sind dagegen in puncto Rendite auf lange Sicht kaum zu schlagen – ab und an ein Essen im Fünf-Sterne-Restaurant können sich Aktionäre deshalb ohne weiteres leisten, ohne dass es ihnen finanziell auf den Magen schlägt. Die Kehrseite der Medaille: Auf kurze Sicht können die Kursschwankungen dafür sorgen, dass Dividendenpapiere gegenüber den Anleihen das Nachsehen haben, sodass auch einmal Schmalhans Küchenmeister ist.
Um Aktien und Anleihen miteinander zu vergleichen und zu entscheiden, welche der beiden Anlageformen zu einem bestimmten Zeitpunkt die besseren Chancen bietet, haben die Anlageprofis das aus der Aktienanalyse bekannte Kurs-Gewinn-Verhältnis (KGV) entlehnt (→ Seite 194).

Das KGV lässt sich nämlich auch für den gesamten Rentenmarkt errechnen – und zwar recht einfach. Dazu wird die Zahl 100 durch die Rendite lang laufender Staatsanleihen, zum Beispiel 10-jähriger Bundesanleihen, geteilt. Liegt die Rendite des Bundespapiers beispielsweise bei 4 Prozent, heißt das, dass das KGV des Rentenmarktes bei 25 liegt. Steigt die Rendite auf 5 Prozent, sinkt das Renten-KGV auf 20.
Bildet man aus den Branchenwerten des Aktienmarkts (→ Seite 197) ein Durchschnitts-KGV, lässt sich auf einen Blick sehen, ob Unternehmensanteile gegenüber Zinspapieren vergleichsweise billig oder teuer sind. Eine gute Ausgangslage und ein klarer Pluspunkt für Aktien ist es, wenn das Renten-KGV über dem der Aktien liegt. Das kann darauf hindeuten, dass Aktien Nachholbedarf haben, denn im Normalfall muss es genau umgekehrt sein, weil die Anleger für die schwankungsanfälligen Aktien eine Risikoprämie verlangen.

In diesem Zusammenhang muss dann auch noch einmal die Bedeutung der dritten großen Anlageklasse betrachtet werden, die Währung. Das heißt, steht das Aufteilungsverhältnis zwischen Aktien und Anleihen fest, geht es in einem zweiten Schritt darum zu entscheiden, welcher Prozentsatz jeweils bei den beiden Teilen auf Währungsanlagen entfallen soll. Dies gilt besonders für die Entscheidung bei Währungsanleihen (→ Seite 260) – sie hängt ganz eindeutig davon ab, wie vorsichtig oder wagemutig der Anleger ist. Bei Dividendentiteln stellt sich diese Frage dann nicht, wenn der Anleger seinen Einsatz breit über viele Märkte und Regionen streut (→ Seite 187). Dass Genussscheine (→ Seite 272) und Derivate (→ Seite 320) nur als Beimischung beziehungsweise Abrundung für das Depot infrage kommen – auch das sollte sich der Einsteiger, der sein Depot plant, in Erinnerung rufen. Die Genüsse sind eine zinsstarke Alternative zu Rentenpapieren; Optionsscheine und Optionen sind eine Möglichkeit, um überdurchschnittlich spekulative Strategien mit geringem Kapitaleinsatz zu verfolgen.

Depotvorschläge für die unterschiedlichen Anlegertypen

So weit die Kurzfassung des theoretischen Prozedere. Lassen sich denn, so wird sich sicherlich manch einer fragen, nicht Musterdepots entwickeln, denen der Einsteiger folgen kann und die auch noch Fortgeschrittenen Orientierungshilfe geben? Nachvollziehbar ist dieses Bedürfnis nach einer solchen konkreten Hilfestellung. Aber dennoch: Mustervorschläge wird es im Rahmen dieses Buches nicht geben. Lebensumstände, Risikoneigung, Anlagedauer – um aus diesen und anderen wichtigen Angaben die richtigen Schlüsse zu ziehen, bedarf es einer individuellen Analyse und Beratung. Dieses Buch ist mit einer solchen Aufgabe überfordert, denn nicht umsonst veranschlagen seriöse Vermögensverwalter, Honorar- und Bankberater dafür mehrere Stunden Zeit und kommen am Ende auch nur im Idealfall zu einer langfristigen und umfassenden Vermögensstrategie. Die nachfolgend vorgestellten Modelldepots für die Anlegertypen „vorsichtig", „chancenorientiert" und „risikoorientiert" können und sollen deshalb nur grobe Richtwerte sein. Es werden auch keine festen Prozentsätze, sondern Bandbreiten angegeben, an denen sich der jeweilige Anlegertyp orientieren kann.

Für vorsichtige Anleger

Klar ist: Auch vorsichtige Anleger sollten nicht ganz auf Dividendenwerte verzichten. Ihr breit gestreuter Aktienanteil sollte langfristig bis zu 30 Prozent ausmachen und der Rest des Depots sollte dann auf erstklassige Anleihen – beispielsweise Bundeswertpapiere (→ Seite 239) oder Pfandbriefe (→ Seite 243) – entfallen. Ein geringer Teil der Zinspapiere – bis zu 10 Prozent – kann auch durch Genussscheine mit anleiheähnlichem Charakter (→ Seite 273) und hoher Bonität (→ Seite 246) ersetzt werden, um die Verzinsung des Depotanteils mit vertretbarem Risiko zu steigern.

Musterdepot für vorsichtige Anleger

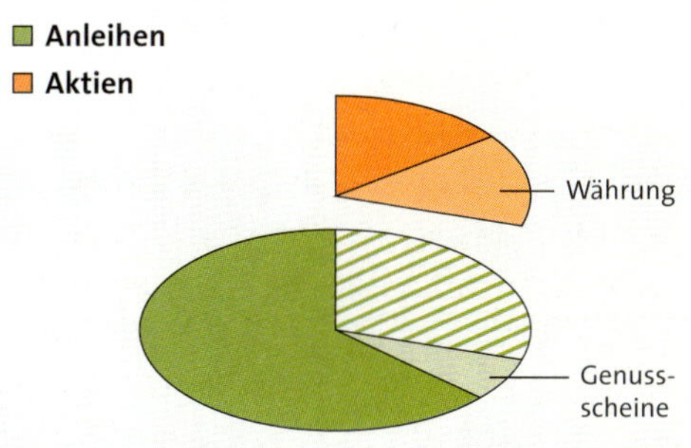

Anleihen: 70–100 Prozent
Aktien: 0–30 Prozent
Währung: rund die Hälfte des Aktienanteils im Rahmen der weltweiten Streuung
Genussscheine: (bis zu) 10 Prozent vom Anleiheanteil

stückt. Ansonsten legt er wie der vorsichtige Anleger noch einmal bis zu 10 Prozent in rentenähnlichen Genussscheinen an. Vom Aktienanteil werden kurzzeitig bis zu 5 Prozent in Optionsscheinen und Optionen investiert, wenn es darum geht, lang andauernde Auf- beziehungsweise Abschwungphasen vor allem am Aktienmarkt auszunutzen.

Musterdepot für chancenorientierte Anleger

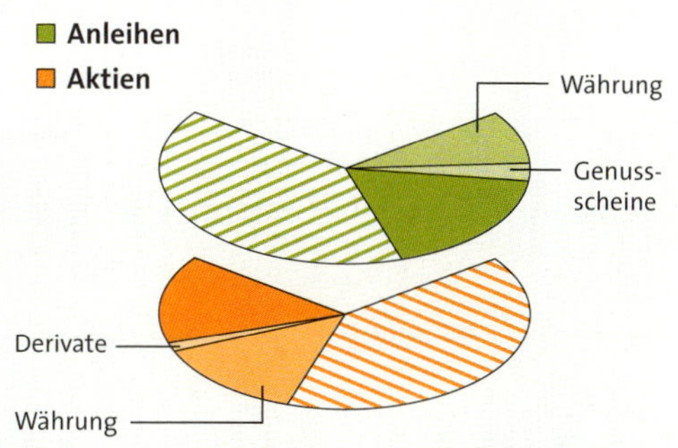

Anleihen: 30–70 Prozent
Aktien: 30–70 Prozent
Währung: 30 Prozent des Anleiheanteils, ansonsten Hälfte des Aktienanteils im Rahmen der Streuung
Genussscheine: (bis zu) 10 Prozent vom Anleiheanteil
Derivate: (bis zu) 5 Prozent des Aktienanteils

Für chancenorientierte Anleger

Der chancenorientierte Anleger sucht nach den Märkten beziehungsweise Anlageformen, die ihm die jeweils besten Renditen bieten, ohne dass sein Depot seine Grundstabilität verliert. Das bedeutet: Je nach Börsensituation gewichtet er einmal Aktien und dann wieder Anleihen stärker. Keine der beiden Anlageformen erreicht allerdings mehr als einen maximalen Anteil von 70 Prozent beziehungsweise rutscht unter den Schwellenwert von 30 Prozent. Um die Anlagechancen in anderen Währungen auszunutzen, werden bis zu 30 Prozent des Anleiheanteils mit Währungspapieren be-

Für risikoorientierte Anleger

Risikoorientierte Anleger scheuen es nicht, auch höhere Risiken in Kauf zu nehmen. Sie bestücken ihr Depot mitunter vollständig mit Aktien – vorausgesetzt, das Geld wird langfristig angelegt und es besteht eine Liquiditätsreserve, also ein Notgroschen für unvorhergesehene Fälle, der zum Beispiel auf einem Spar-, Festgeld- oder Tagesgeldkonto verzinslich geparkt ist. Auch bei den vermeintlich sicheren Anleihen haben spekulative Anleger die Möglichkeit, ihre Chancen, aber auch die Risiken deutlich zu erhöhen, indem sie auf Titel von Emittenten schlechterer Bonität

(→ Unternehmensanleihen, Seite 246) oder auf Währungsanleihen setzen. Der Anteil von Optionsscheinen, Optionen und anderen Derivaten erreicht innerhalb des Aktienanteils aber dennoch nicht mehr als 10 Prozent. Spekulativ darf schließlich nicht mit leichtsinnig verwechselt werden.

Musterdepot für risikoorientierte Anleger

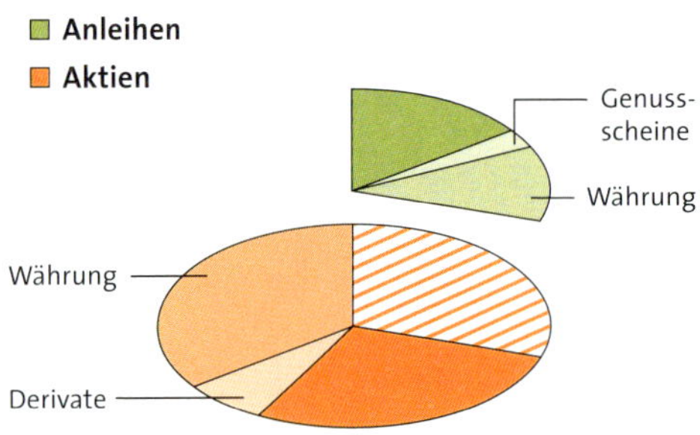

Anleihen: 0–30 Prozent
Aktien: 70–100 Prozent
Währung: bis zu 40 Prozent des Anleiheanteils, Hälfte des Aktienanteils im Rahmen der Streuung
Genussscheine: (bis zu) 10 Prozent vom Anleiheanteil
Derivate: (bis zu) 10 Prozent des Aktienanteils

Der Anlagebetrag

Mit der Umsetzung der Asset-Allocation verbunden ist die Frage, ob das Depot mit Einzelwerten oder Fonds und Zertifikaten bestückt werden soll. Dabei spielt vor allem eine Rolle, welcher Anlagebetrag zur Verfügung steht.

Hohe Einstiegshürden bei Aktien ...

Eine Reihe von Experten behaupten, dass die direkte Anlage in einzelne Aktien erst ab einem sechsstelligen Betrag infrage kommt, damit das Geld auch wirklich systematisch und über mehrere Märkte hinweg breit gestreut werden kann. Für diese Ansicht gibt es aber angesichts des breiten Angebots an Anlageformen und -alternativen keine Grundlage. Dennoch sollte ein Anleger, wenn er ausschließlich auf Einzelwerte setzt, mindestens 10 000 Euro, besser noch 15 000 Euro zur Verfügung haben. Denn um eine Mindeststreuung zu erzielen, ist es empfehlenswert, am Anfang acht bis zehn verschiedene Aktien zu kaufen und diese Zahl auf lange Sicht auf mindestens 12 bis 15 Werte auszubauen. Und wenn pro Order – als Richtwert – mindestens 1 000 Euro bis 1 500 Euro als Gegenwert zusammenkommen, ist zugleich erreicht, dass Mindestgebühren die Kostenbelastung nicht zu stark in die Höhe treiben (→ Seite 34).

... niedrigere bei Anleihen

Bei Anleihen reicht es dagegen aus, sich auf zwei bis fünf verschiedene Titel im Depot zu konzentrieren, da das grundsätzliche Risiko von Bonds wesentlich geringer ist als bei Aktien – wenn es sich um Emittenten erstklassiger Bonität handelt. Bei Zinspapieren ist es daher möglich, schon mit etwa 5 000 Euro eine ausgewogene Mischung zu erzielen.

Alternativen für den kleinen Geldbeutel

Auch wenn weniger Kapital zur Verfügung steht, gibt es keinen Grund, sich resignierend von dem Entschluss, an der Börse einzusteigen, zu verabschieden. Denn es gibt in diesem Fall ja Alternativen: Es werden einfach Einzeltitel mit marktbreit anlegenden Investmentfonds (→ Seite 283), speziellen Indexfonds (→ Seite 304) und Indexzertifikaten (→ Seite 347) gemischt. Auf diese Weise lässt sich auch mit Beträgen von weniger als 10 000 Euro ein gut sortiertes Aktienportfolio zusammenstellen. Das gilt auch für den Fall, dass es sich der Anleger am Anfang nicht zutraut, mehr als eine Hand voll Unternehmen auszuwählen. Generell sollte dabei jedoch unbedingt die Grundregel beherzigt werden: Der Anteil einzelner Aktien am gesamten Aktienanteil darf 10 Prozent nicht übersteigen.

Depotpolitik der ruhigen Hand

„Die ruhige Hand“ – das ist der letzte wichtige Tipp, den ein Einsteiger beherzigen sollte. Nie darf er den Fehler machen, sich unter Zeitdruck zu setzen und überhastet einzusteigen aus Angst, die Kurse könnten davonlaufen. Für übertriebene Eile gibt es meist keinen Grund, denn mit den Anlagechancen an der Börse ist es wie mit den Straßenbahnen (heute würde man wohl U-Bahnen sagen): Die nächste kommt bestimmt. Andererseits sollte man die ersten Transaktionen auch nicht ständig hinausschieben in der Hoffnung, der optimale Einstiegszeitpunkt werde noch kommen. Vor allem bei der Aktienanlage ist es nahezu unmöglich, den richtigen Kaufzeitpunkt zu erwischen (→ Seite 213).

Jeder Anleger muss sich außerdem klarmachen, dass die einmal gefundene Depotaufteilung nicht für alle Zeiten die geeignete ist. Sie bedarf einer ständigen Pflege und Anpassung. Denn im Zeitablauf entwickeln sich die einzelnen Anlageformen unterschiedlich, sodass sich dadurch die Depotgewichtungen verschieben. Das geschieht sozusagen automatisch ohne Einflussnahme des Anlegers. Hektische Anpassungen in zu kurzen Zeiträumen sollte er deswegen aber keinesfalls vornehmen. Schließlich kostet jede Umschichtung Geld. Außerdem: Wenn zum Beispiel der Aktienanteil deswegen ein Übergewicht bekommen hat, weil, was ja der Wunsch jedes Anlegers ist, die Kurse stark gestiegen sind, erhöhen sich erfahrungsgemäß die Chancen, dass eine Korrektur an der Börse die Verhältnisse wieder gerade rückt.

Als generelle Regel gilt: Bei einem ausgewogenen Depot sollte nur dann eine Umschichtung der einzelnen Anlageklassen erfolgen, wenn die Gewichtung fünf Prozentpunkte über oder unter den ursprünglichen Wert steigt beziehungsweise fällt.

Und wenn es ein Fehlstart wird?

Natürlich ist es trotz aller guten Vorbereitung nicht ausgeschlossen, dass der Start an der Börse nicht besonders gut gelingt. Die ersten Aktienkäufe erweisen sich als Flop oder ein Crash erschüttert die Märkte – Möglichkeiten dafür, dass die Börse eher Frust als Lust machen kann, gibt es genug.

Für den betroffenen Anleger heißt es in dieser Situation, zunächst Ruhe zu bewahren anstatt in Aktionismus zu verfallen. Schon gar nicht sollte er an sich zweifeln. Entscheidend ist in diesem Fall, Ursachenforschung zu betreiben: Welche Faktoren haben zum Verlust beziehungsweise Kursverfall geführt? Ist es ein bloßer plötzlicher Stimmungswechsel oder stehen fundamentale Überlegungen dahinter? Bin ich allein betroffen oder ist eine marktübergreifende Entwicklung dafür verantwortlich? Habe ich überlegt und konsequent gehandelt? All das sind Fragen, mit denen der Anleger möglichen individuellen Fehlern auf die Spur kommen kann, aber nicht muss. Schließlich und auch wenn es in der konkreten Situation ein schwacher Trost ist: Verluste und Fehlspekulationen gehören zur Börse dazu. Und vielleicht mag es viele Einsteiger zumindest aufmuntern, dass auch die Profis keineswegs davor gefeit sind.

Die Erwartungen und Ansprüche an die in diesem Buch vorgestellten Investmentkonzepte dürfen deshalb nicht überstrapaziert werden. Sie sind nützliche Hinweise für eine sinnvolle Anlage, aber keineswegs Garanten für einen Erfolg. Dazu ist die Börse zu unberechenbar, launisch und unergründlich. Wenn der Anleger also alle genannten Schritte und Stichpunkte beachtet hat, sollte er sich von einer Verlustphase gleich am Anfang nicht entmutigen lassen und es mit Börsenlegende André Kostolany halten: Börsengewinne sind Schmerzensgeld. Erst kommen die Schmerzen, dann das Geld.

Börsen im Umbruch: Neue Gesetze und Regeln

Vierte Novelle des Finanzmarktförderungsgesetzes

Lange Zeit sah es nach einer parlamentarischen Hängepartie aus. Erst sollte das neue Finanzmarktförderungsgesetz (FiMaFöG) Ende 2001, dann im Frühjahr 2002 verabschiedet werden, und nun wird es, wenn die Beschlussvorlage wie geplant kurz nach Ende des Redaktionsschlusses dieses Buches den Bundestag und den Bundesrat passiert, im Sommer 2002 (wahrscheinlich am 1. Juli) in Kraft treten.

Seit den 90er Jahren hat der Gesetzgeber mit nunmehr vier Novellen des Finanzmarktförderungsgesetzes den deutschen Kapitalmarkt dereguliert und modernisiert, damit die heimischen Börsen nicht den Anschluss an die internationale Konkurrenz verlieren und attraktiv für ausländisches Kapital bleiben. Ziel dieser Vierten Novelle ist es in erster Linie, den Börsenhandel zu reformieren und den Anlegerschutz zu verbessern. Damit haben dann die Tricks und Betrügereien vor allem am Neuen Markt, bei denen Tausende von Anlegern Geld verloren haben, nachträglich doch noch ihr Gutes gehabt. Erst sie waren der Anstoß dafür, dass Börse und Gesetzgeber die Spielregeln am Kapitalmarkt anpassen und weiterentwickeln.

Modernisierung des Börsenrechts

Die Börsensegmente in ihrer jetzigen Form bleiben zwar bestehen, werden aber modernisiert. Dazu werden die Zulassungsvoraussetzungen (→ Seite 69) von der Art der Preisfeststellung (→ Seite 82) entkoppelt, die Trennung zwischen amtlichen Kursmaklern und freien Börsenmaklern entfällt. Stattdessen soll es den Börsen überlassen bleiben, nach welchen Regeln und mit welchen Handelssystemen (Parketthandel, elektronisch gestützter Handel oder vollelektronischer Handel) Preise in den verschiedenen Segmenten zustande kommen. Bei der Preisfeststellung können nun auch ganz offiziell die Preise an anderen organisierten Börsen im In- und Ausland in der Berechnung berücksichtigt werden. Die amtliche Kursfeststellung entfällt. Nunmehr können die Börsen entscheiden, ob und inwieweit Skontroführer bei der Preisfeststellung einbezogen werden.

Wertpapierorders müssen nicht mehr automatisch auf dem Parkett ausgeführt werden, wenn der Anleger nichts anderes im Auftrag vermerkt. Auch ein Ausführungsanspruch wie jetzt im amtlichen Handel besteht nicht mehr. Wenn auf einer Order nicht ausdrücklich ein Börsenplatz vermerkt ist, kann der Auftrag auch bankintern, sozusagen im Eigenhandel, oder in alternativen Handelssystemen ausgeführt werden. Eine Handelsplattform dafür bietet die Deutsche Börse AG bereits mit dem System Xetra Best an, in dem, vereinfacht gesagt, auf Basis der Xetra-Kurse eine Art außerbörslicher Handel unter Banken stattfindet. Kritiker wenden hierzu ein, dass die Anleger vor allem bei weniger liquiden Titeln übervorteilt werden könnten, weil hier kein neutraler Makler für eine marktgerechte Preisbildung sorgt.

Die gesetzlichen Zulassungsvoraussetzungen für den amtlichen Handel beziehungsweise den geregelten Markt bleiben bestehen. Allerdings haben die Börsen die Möglichkeit, für Teilbereiche in beiden Segmenten über die gesetzlichen Vorgaben hinaus weitere Zulassungsanforderungen und Folgepflichen festzulegen. Eine Veranstaltung wie der Neue Markt (→ Seite 70) fällt damit nicht mehr unter privatrechtliche Regelungen, sondern unter die öffentlich-rechtliche Börsengesetzgebung.

Neuemissionen:
Verschärfung der Lock-up-Fristen

Verkaufsbeschränkungen bei neu emittierten Aktien, die Lock-up-Fristen (→ Seite 171), müssen beim Börsengang offiziell in den Prospekt aufgenommen werden, damit sie für jeden Anleger einsehbar und zugänglich sind. Ebenso muss der Prospekt darüber berichten, welche Abreden mit der Börse getroffen wurden, um die Einhaltung der Haltefrist zu gewährleisten (beispielsweise Verwahrung in einem Sperrdepot). Werden neue Aktien auf elektronischem Wege zur Zeichnung angeboten, muss auch der Emissionsprospekt auf elektronischem Wege (zum Beispiel per Internet) verfügbar sein.

Die Aufgaben der Zulassungsausschüsse bei der Zulassung von Wertpapieren zum geregelten Markt werden künftig durch die Zulassungsstelle wahrgenommen (→ Seite 78). Außerdem: Die Verjährungsfrist für Ansprüche aufgrund falscher oder unrichtiger und gleichzeitig wesentlicher Angaben im Börsenprospekt wird von sechs Monaten auf ein Jahr verlängert. Dabei zählt der Zeitpunkt, zu dem der Anleger Kenntnis von der Unrichtigkeit oder Unvollständigkeit bekommen hat (→ Seite 403). Die Frist endet jedoch spätestens nach drei Jahren, gerechnet ab der Veröffentlichung des Prospekts. Aufgrund der vielfach komplexen Sachverhalte, die in den wesentlichen Ausführungen des Prospekts angesprochen werden, halten viele Fachleute diese Fristen immer noch für zu kurz.

Wertpapierhandelsrecht

Der Straftatbestand der Kurs- und Marktmanipulation wird gesetzlich geregelt beziehungsweise präzisiert (→ Seite 138). Dazu gehören nun unter anderem die Verbreitung unrichtiger Angaben, das Unterlassen von Angaben, konkrete Täuschungshandlungen und jede Transaktion, die über die tatsächliche Geschäftslage bei einem Wertpapier, also dem Verhältnis von Angebot und Nachfrage, hinwegtäuscht. Der Einwand der Kritiker: Im praktischen Einzelfall ist es schwierig abzugrenzen, wann beispielsweise ein Makler beziehungsweise Skontroführer lediglich Interessen ausgleichend in die Preisbildung eingreift und damit Kursschwankungen glättet und wann ein Selbsteintritt bereits als manipulativ zu werten ist.

Um Manipulationsversuche aufzudecken, werden die Kontroll- und Eingriffsrechte der Börsenaufsichtsbehörden (→ Seite 94) deutlich erweitert. In diesem Zusammenhang steht auch die vom Bundestag im Zuge der Bundesbankreform bereits beschlossene Zusammenfassung der Bundesaufsichtsämter für Versicherungswesen, Kreditwesen und Wertpapierhandel zu einer zentralen Behörde mit dem Namen Bundesanstalt für Finanzdienstleistungsaufsicht, die in puncto Handelsüberwachung zentral die Aufgaben und Befugnisse der Länderaufsicht und die des Bundesaufsichtsamtes für den Wertpapierhandel übernimmt.

Neu ist: Der Anstalt müssen Leerverkäufe (→ Seite 66) eines Depotinhabers ab einem Volumen von 2 Millionen Euro gemeldet werden. Leerverkäufe heißt, der Anleger verkauft eine Aktie, die er zum Zeitpunkt des Verkaufs nicht besitzt. Er leiht sie sich beispielsweise von seiner Bank und gibt sie später wieder zurück, indem er sie dann über den Markt einkauft – zu einem, wie er hofft, niedrigeren Preis. Die Anstalt kann derartige Leerverkäufe bei inländischen Aktien für maximal zehn Tage untersagen, wenn die Gefahr einer Marktstörung – etwa ein Crash (→ Seite 205) – droht.

Neu ist auch, dass die Bundesanstalt bei Markt- und Kursmanipulationen in minder schweren Fällen selbst Bußgelder verhängen kann, anstatt das Verfahren an die Staatsanwalt abzugeben. Diese Bußgelder wurden drastisch erhöht.

Verbesserte Ad-hoc-Publizität

Die Ad-hoc-Publizität soll deutlich verbessert werden. Dazu werden die bestehenden Vorschriften (→ Seite 132) konkretisiert. Demnach unterliegen offensichtlich unwichtige, das heißt nicht kursrelevante Mitteilungen ausdrücklich einem Veröffentlichungsverbot. Auf diese Weise sollen als Ad-hoc-Mitteilung getarnte Werbebotschaften verhindert und die Zahl der Mitteilungen eingedämmt werden. In diesem Zusammenhang werden die Unternehmen verpflichtet, bei der Veröffentlichung von Geschäftszahlen allgemein bekannte und vergleichbare Zahlen zu verwenden und nicht etwa irgendwelche Fantasiekennziffern. Zudem sind unwahre Angaben umgehend per Ad-hoc-Mitteilung zu berichtigen.

Neu ist auch: Anleger können, wenn ihnen aufgrund einer unrichtigen, unterlassenen oder verspäteten Veröffentlichung einer kursbewegenden Mitteilung ein Schaden entstanden ist (→ Seiten 399 und 404), auf Schadenersatz klagen – allerdings nur gegen die Gesellschaft selbst. Kritiker monieren an dieser Regelung, dass die Aktionäre damit faktisch gegen sich selbst vorgehen, denn schließlich gehört ihnen ja das Unternehmen. Besser sei es, wenn die Verantwortlichen (Vorstand, Aufsichtsrat) direkt haftbar zu machen sind. Zusätzlich geforderte Verschärfung: Die Schadenersatzpflicht soll auf alle kapitalmarktrelevanten Informationen, die das Unternehmen oder seine Verantwortlichen herausgeben, ausgedehnt werden. Zu diesen Informationen zählen beispielsweise Interviews, Pressemitteilungen, Quartalsberichte und so weiter.

Schadenersatzansprüche aufgrund unrichtiger verspäteter oder unterlassener Ad-hoc-Mitteilung unterliegen der gleichen Verjährungsfrist wie Ansprüche bei fehlerhaften Börsenprospekten (→ Seite 425).

Veröffentlichung der Geschäfte von Unternehmensinsidern (Directors' Dealings)

Organmitglieder (Vorstände und Aufsichtsräte) aller(!) börsennotierter Gesellschaften (und nicht nur der am Neuen Markt und im Smax), ihre Ehepartner und ihre Verwandten ersten Grades (Kinder) werden verpflichtet, Geschäfte mit eigenen Aktien, Directors' Dealings, unverzüglich zu veröffentlichen. Dabei gibt es allerdings eine so genannte Bagatellklausel: Die Verpflichtung gilt nicht, wenn ein **Erwerb** auf arbeitsvertraglicher Grundlage als Vergütungsbestandteil erfolgt und der Gegenwert von 25 000 Euro innerhalb von 30 Tagen nicht überschritten wird.

Kritikern geht diese Regelung nicht weit genug. Sie verlangen eine **vorherige** Bekanntgabe der Geschäfte. Befürworter der gefundenen Regelung halten wiederum dagegen, dass auch das die Gefahr von Marktmanipulationen in sich berge, nämlich dann, wenn es bei der Ankündigung bleibt und das tatsächliche Geschäft nicht vollzogen wird.

Neue Regelungen zu Termingeschäften

Die Aufklärungspflichten bei Termingeschäften werden nunmehr im Wertpapierhandelsgesetz geregelt. Damit ist es für Privatanleger nicht mehr möglich, den Differenzeinwand geltend zu machen. Die besondere Aufklärungspflicht der Finanzdienstleister gegenüber ihren Privatkunden (→ Seite 39) wird allerdings beibehalten. Die Aufklärung selbst muss alle zwei Jahre erneuert beziehungsweise wiederholt werden.

Wohlverhaltensregeln für Finanzanalysten

Aktien- und Finanzanalysten, die ihre Tätigkeit bei einem Wertpapierdienstleistungsunternehmen ausüben, werden dazu verpflichtet, bestimmte Grundregeln der Analyse (beispielsweise Verständlichkeit) und Sorgfaltspflichten einzuhalten, sowie ihre wirtschaftlichen Interessen offen zu legen – beispielsweise ob sie selbst oder ihre Arbeitgeber Anteile an dem untersuchten Unternehmen besitzen. Verstöße gegen diese Wohlverhaltensregeln sollen mit Bußgeldern bis zu 1,5 Millionen Euro geahndet werden. Für Journalisten und „Börsengurus" gelten diese Pflichten jedoch nicht.

Maßnahmen gegen Geldwäsche und die Finanzströme terroristischer Netzwerke

Um gegen Geldwäsche vorzugehen und die Finanzaktionen von Terrorgruppen besser aufspüren zu können, sollen die Depots und Konten aller Anleger zusammen mit Angaben über die getätigten Wertpapiergeschäfte bei einer zentralen Datenstelle gesammelt werden. Dabei sollen die Aufsichtsbehörden vollständigen elektronischen Zugriff auf diese Datenbank erhalten, auch wenn kein konkreter Verdacht besteht – eine Art permanente Rasterüberwachung des Finanzverhaltens aller Bürger also.

KONTAKT ▶

▶ KONTAKT
Der vollständige Text der Novelle im Internet unter **www.bundesfinanzministerium.de**

Corporate-Governance-Kodex

Ende Februar 2002 stellte die von der Bundesjustizministerin Herta Däubler-Gmelin eingesetzte Corporate-Governance-Kommission einen umfassenden Verhaltenskodex für die Vorstände und Aufsichtsräte börsennotierter Unternehmen vor.

Er regelt unter anderem, dass Manager in einem konkurrierenden Unternehmen keinen Aufsichtsratsposten mehr übernehmen dürfen. Ein Aufsichtsrat soll zudem nicht mehr als vier weitere Mandate statt der gesetzlich erlaubten Gesamtzahl von zehn innehaben. Ferner sollen dem Aufsichtsrat maximal zwei ehemalige Vorstände des jeweiligen Unternehmens angehören, um eine dauerhafte Trennung zwischen Kontrolle und Leitung zu gewährleisten.

Aktien mit Mehrstimmrechten sowie Stimmrechtsbeschränkungen soll es nicht mehr geben. Die Verwaltung wird zudem angehalten, allen Aktionären die gleichen Informationen zum gleichen Zeitpunkt zur Verfügung zu stellen.

Für Diskussionen auch in der Kodex-Kommission sorgten die Empfehlungen zum Verhalten des Vorstands bei Übernahmen. Grundsätzlich sollte die Verwaltung, wie bereits im Übernahmegesetz geregelt, zur Neutralität verpflichtet sein. Allerdings kann sie Abwehrmaßnahmen ergreifen, wenn sie vorher von der Hauptversammlung dazu ermächtigt wurde und der Aufsichtsrat dem zugestimmt hat. Die Kommission empfiehlt allerdings, bei einer Übernahme generell eine außerordentliche Hauptversammlung einzuberufen, auf der die Aktionäre über das Angebot beraten und abstimmen können – auch in den Fällen, in denen dies gesetzlich nicht vorgeschrieben ist.

Zudem sollen in Zukunft die Vorstandsgehälter detailliert nach Personen getrennt veröffentlicht werden, und der bestellte Wirtschaftsprüfer muss gegenüber dem Aufsichtsrat offen legen, welche Berater- und andere Verträge er mit der entsprechenden Gesellschaft hat.

Der Kodex hat nicht den Charakter eines Gesetzes, sondern ist nur eine Empfehlung, an die sich die Verantwortlichen eines Unternehmens freiwillig halten können. Verstöße bleiben dennoch nicht folgenlos: Mit einem noch in der Entwurfphase befindlichen Transparenz- und Publizitätsgesetz soll die Verwaltung verpflichtet werden, Abweichungen im Geschäftsbericht bekannt zu machen und diese zu begründen. Der Kodex soll zusammen mit dem Gesetz, wahrscheinlich im August 2002, in Kraft treten. Parallel dazu soll das Handelsgesetzbuch in der Weise reformiert werden, dass börsennotierte Unternehmen zukünftig zur Quartalsberichterstattung verpflichtet sind.

KONTAKT ▶

▶ KONTAKT
Der vollständige Kodex im Internet unter **www.corporate-governance-code.de**

Impressum

Herausgeber und Verlag
Stiftung Warentest
Lützowplatz 11–13, 10785 Berlin
Telefon: 0 30/26 31-0
Telefax: 0 30/26 31-25 25
www.stiftung-warentest.de

Vorstand
Dr. jur. Werner Brinkmann

Weitere Mitglieder der Geschäftsleitung
Hubertus Primus (Publikationen)
Prof. Dr. Carl-Heinz Moritz (Dienstleistungen, Planung, Marketing)
Dr.-Ing. Peter Sieber (Warentests)

Autor
Thomas Luther, Diplom-Kaufmann, Wuppertal

Lektorat
Uwe Meilahn (Leitung)
Ingrid Burghardt-Falke
Ursula Rieth

Lektoratsassistenz
Heike Plank

Redaktionelle Mitarbeit
Sabine Koch (Dokumentation)
Bettina Mävers (Recht), Düsseldorf
Karin Schütrumpf (Steuern), Meckenbeuren

Fachliche Beratung
Roland Aulitzky, Karin Baur, Stephan Kühnlenz, Aenne Riesenberg, Lutz Wilde, Rainer Zuppe

Layout und Produktion
Karin Siemoneit, Kerstin Uhlig

Titel
Layout: Karin Siemoneit
Realisierung: René Reichelt
Fotos: Zefa/Masterfile

Fotos
Deutsche Bahn, Seite 223
Gesa Herbst, Hamburg, Seiten 60, 96, 144, 220, 258, 270, 282, 318, 352, 388, 416
Gesa Herbst, Andreas Batke, Seite 22
Getty Images, Seiten 8 (A. Kühn), 32, 93 (T. Mein), 121 (C. Davidson), 124 und 210 (P. & L. Ambrose), 141 (T. Paviot), 226/227 (D. Noble), 288 (J. Kirn), 314 (D. Sacks), 337 (C. Thomaidis), 338/339 (J. Shaw)
Keystone, Seiten 13, 397
The Image Bank, Seiten 76 (A. Johnson), 206/207 (B. Mullennix)
Zefa/Masterfile, Seite 154, Zefa/Index Stock, Seite 356 (F. Cruz)

Diagramme
Kati Kritsch, Berlin
Hajo Eggstein, Seite 203
Olaf Hartung, Seiten 140 und 361

Verlagsherstellung
Rita Brosius
Christian Wagner

Litho
C.R.I.S., Berlin

Druck
westermann druck GmbH, Braunschweig

Vertrieb
ZENIT-PRESSEVERTRIEB, Stuttgart

Einzelbestellung
Stiftung Warentest
Vertrieb, Postfach 81 06 60
70523 Stuttgart
Telefon: 0 180 5/00 24 67 (12 Cent pro Minute)
Telefax: 0 180 5/00 24 68 (12 Cent pro Minute)
www.stiftung-warentest.de

Redaktionsschluss
März 2002